GDLT

广东地税

江 西 省
JIANGXI
福 建 省
FUJIAN
大余 Dayu
信丰 Xinfeng
安远 Anyuan
寻乌 Xunwu
定南 Dingnan
龙南 Longnan
全南 Quangnan
武平 Wuping
上杭 Shanghang
永定 Yongding
龙岩市 Longyan
漳平市 Zhangping
华安 Hua'an
长泰 Changtai
南靖 Nanjing
漳州市 Zhangzhou
龙海 Longhai
平和 Pinghe
漳浦 Zhangpu
云霄 Yunxiao
诏安 Chaoan
东山 Dongshan
东山岛 Dongshan Dao
仁化 Renhua
南雄市 Nanxiong
始兴 Shixing
韶关市 Shaoguan
曲江区 Qujiang
翁源 Wengyuan
新丰 Xinfeng
连平 Lianping
和平 Heping
龙川 Longchuan
平远 Pingyuan
蕉岭 Jiaoling
梅州市 Meizhou
梅县 Meixian
兴宁市 Xingning
大埔 Dapu
五华 Wuhua
丰顺 Fengshun
潮州市 Chaozhou
饶平 Raoping
揭东 Jiedong
揭阳市 Jieyang
揭西 Jiexi
潮安 Zhao'an
澄海区 Chenghai
南澳 Nan'ao
南澳岛 Nan'ao Dao
汕头市 Shantou
潮南区 Chaonan
潮阳区 Chaoyang
濠江区 Haojiang
普宁市 Puning
惠来 Huilai
陆河 Luhe
海丰 Haifeng
陆丰市 Lufeng
汕尾市 Shanwei
东源 Dongyuan
河源市 Heyuan
紫金 Zijin
新丰江水库
龙门 Longmen
从化市 Conghua
增城市 Zengcheng
博罗 Boluo
惠城区 Huicheng
惠州市 Huizhou
惠东 Huidong
惠阳区 Huiyang
东莞市 Dongguan
龙岗区 Longgang
深圳市 Shenzhen
宝安区 Bao'an
盐田区 Yantian
福田区 Futian
南山区 Nanshan
南沙区 Nansha
珠海市 Zhuhai
香港 Hong Kong
香港特别行政区 HONGKONG SAR.
澳门 Macao
澳门特别行政区 MACAO SAR.
担杆列岛 Dangan Liedao
万山群岛 Wanshan Qundao
大万山岛 Dawanshan Dao
佳蓬列岛 JiaPeng Liedao
海门湾 Haimen Bay
神泉港 Shenquan Bay
红海湾 Honghai Bay
大亚湾 Daya Bay
勒门列岛 Lemen Liedao
南澎列岛 Nanpeng Liedao
北回归线
北卫滩
南卫滩
东沙群岛 Dongsha Qundao
东沙岛
东沙礁
南海
SOUTH CHINA SEA
韶关市
梅州市
河源市
潮州市
揭阳市
汕头市
汕尾市
惠州市
东莞市
深圳市
广州
114° 115° 116° 117° 118°
25° 24° 23° 22° 21° 20°
图例 LEGEND
省级行政中心 Province-level Administrative Centre
地级行政中心 Prefecture-Level Administrative Centre
县级行政中心 County-level Administrative Centre
省界 Province-Level boundary
(未定)
地级市行政区界 Prefecture-Level boundary
县级行政区界 County-level boundary
香港特别行政区界 HK SAR. boundary
铁路 Railway
(未建成)
高速公路 Expressway
国道 National Highway
机场 Airport

2012

廣東地稅年鑑

广东省地方税务局　编

中國稅務出版社

图书在版编目(CIP)数据

广东地税年鉴(2012)/广东省地方税务局编.
--北京:中国税务出版社,2012.12
ISBN 978-7-80235-896-6

Ⅰ.①广… Ⅱ.①广… Ⅲ.①地方税收-广东省-2012-年鉴
Ⅳ.①F812.765.042-54

中国版本图书馆CIP数据核字(2012)第289475号

书　　名:《广东地税年鉴》(2012)
编　　者:广东省地方税务局　编
责任编辑:陈金艳
责任校对:于　玲
技术设计:刘冬珂
出版发行:中国税务出版社
北京市西城区木樨地北里甲11号(国宏大厦B座)
邮编:100038
http://www.taxation.cn
E-mail:zgswnj@taxation.cn
发行中心电话:(010)63908889/90/91
邮购直销电话:(010)63908837　传真:(010)63908835
经　　销:各地新华书店
印　　刷:广州市快美印务有限公司
规　　格:880×1230毫米　1/16
印　　张:53.75
字　　数:1698000字
版　　次:2012年12月第1版　2012年12月广州第1次印刷
书　　号:ISBN 978-7-80235-896-6
定　　价:200.00元

《广东地税年鉴》(2012)编辑委员会

《广东地税年鉴》(2012)编辑人员

《广东地税年鉴》(2012)
编写负责人及特约撰稿人

(以姓氏笔画为序)

一、省局

王秀婷	邓晓炜	叶友法	付海涛	冯振宇
刘　伟	苏动宇	李祖光	杨若婷	吴　澜
吴建东	吴晨曦	张浩林	陈壮练	陈曼君
林伟涛	林克波	罗志刚	罗奇星	罗维明
赵永清	姚　波	茹岱芸	倪文俊	符建红
梁婷婷	覃干乐	温丽萍	詹锦松	蔡光华
潘雪平	戴宏辉			

二、各市局

王明耀	王雄武	刘　阔	刘科佳	汤环跃
苏长华	李　素	杨光照	肖　平	邱身聪
何智锋	余慧霞	辛诗瑄	陈泽曼	陈美燕
林明辉	郑少奕	罗金星	周勇杰	姚志成
覃小明	谢少华	魏王斌		

编　辑　说　明

《广东地税年鉴》是广东省地方税务局主办的地方税务综合性年鉴，2002 年创办。年鉴的编辑事务由广东地方税收科学研究所负责。年鉴的编辑出版宗旨是：全面、系统、准确地记述上一年度广东省地方税收的基本情况和发生的大事、要事，为社会各界了解、研究广东地税提供参考资料，为广东省社会、经济建设服务。

本年鉴主要收录 2011 年广东地方税收的基本资料，全书 130 万字，设九个篇章：

第一篇　图说地税。用图片和图表反映 2011 年广东省地方税务局主要工作和重要活动及税费收入概况。

第二篇　大事记。主要记载广东省地方税务局（简称省局）大事要事，由省局办公室供稿。

第三篇　全省地方税收工作。主要综述省局各部门的工作情况，由省局各处（室）、直属单位供稿。

第四篇　各市地方税收工作。内容包括各市经济概况、税收概况、各项工作的开展情况，由各市地税局供稿。

第五篇　税费统计。内容包括 2011 年全省地税及各市地税部门税费收入，分企业类型、相关税种分项目、全省地税纳税登记户数等统计资料，由省局规划核算处供稿。

第六篇　机构与人员。内容包括省局处级以上干部和各市局领导班子成员名单，全省地税系统机构设置及人员构成等情况，由省局人事处供稿。

第七篇　先进集体与个人。收录 2011 年受表彰的各类先进集体与个人资料。

第八篇　税收文选。选编 2011 年全省地税系统重要文章和调研报告。

第九篇　文件选编（目录）。选编 2011 年省局发布和转发的税收法规及规范性文件目录。

本年鉴的统计数字均经供稿单位确认，资料准确、可靠。资料与数据起止时间：2011 年 1 月 1 日至 2011 年 12 月 31 日。

《广东地税年鉴》的出版得到广东地税系统各级领导以及有关部门的鼎力支持，中国税务出版社在编审、出版过程中也给予了指导与协助，在此一并表示衷心的感谢！本书疏漏之处，敬请批评指正。

编　者

2012 年 9 月

目　录

第一篇　图说地税

第二篇　大　事　记

第三篇　全省地方税收工作

第四篇　各市地方税收工作

第五篇　税费统计

第六篇 机构与人员

第七篇 先进集体与个人

第八篇 税收文选

第九篇　文件选编（目录）

第一篇

图说地税

SHENG JU FENG CAI

省局风采

一、领导调研

★ 2011年11月3日，时任省委副书记、省长黄华华到省地税局调研，时任省委常委、常务副省长朱小丹参加调研。黄华华（左二）、朱小丹（左一）在省地税局党组书记、局长王南健（右二）陪同下视察省地税局发票在线系统和自助办税终端演示厅。

★ 2011年12月31日，时任省委常委、常务副省长朱小丹（右二）到省地税局慰问指导工作，对省地税局工作给予充分肯定。

★ 2011年10月11～12日，国家税务总局党组成员、副局长丘小雄（右四）到广东调研指导工作。图为丘小雄在省地税局局长王南健（右三）陪同下参观多功能演示厅。

★ 2011年1月17～18日，国家税务总局党组成员、副局长宋兰(中)在省地税局党组书记王南健（左）的陪同下，到江门市新会区地税局开展春节慰问调研工作。

★ 2011年11月23日，省局党组书记、局长王南健（左）到汕头调研指导工作。

★ 2011年5月24日，省局党组副书记、巡视员杨楚潮到五华县棉洋镇美光村检查指导扶贫开发“双到”工作。图为杨楚潮（右）为美光村60周岁老人发放养老保险存折。

★ 2011年4月15日，省局党组成员、副局长罗与洪（左）到梅州大埔县百侯镇武塘村指导对口帮扶工作。

★ 2011年4月15日，省局党组成员、副局长宋爱勤（右二）到高要市局调研指导工作。

★ 2011年5月18日，省局党组成员、副局长揭晔（左二）到中山国土部门调研了解房地产评估业务。

★ 2011年6月2日下午，省局党组成员、副局长李华东（右）到横琴新区局调研指导工作。

★ 2011年7月19日，省局党组成员、副局长杨朝峰（中）在韶关市浈江区地税局调研指导工作。

★ 2011年6月29日，省局党组成员、纪检组长王中福（前）到佛山市局调研指导工作。

★ 2011年1月20日，时任省局党组成员、总经济师杨荣华（右五）到汕尾市地税局各基层分局慰问。

★ 2011年1月20日，省局党组成员、总会计师苏振钿（前排左四）深入珠海西区慰问基层干部职工。

二、加快推进法治型地税建设

★ 2011年4月1日上午，省地税局联合广州市地税局在广州花城广场举办税收宣传月启动仪式，时任省委常委、常务副省长朱小丹（中）亲临现场并宣布第20个税收宣传月启动。

★ 2011年3月23日，省局召开全省地方教育附加开征工作会议，部署做好地方教育附加开征工作。

★ 2011年3月17日，全省地税稽查工作会议在佛山召开，部署开展税收专项检查和专项整治。

★ 2011年7月27日，省局召开全省地税系统组织收入工作会议，总结上半年工作，部署下半年税费收入工作。

★ 2011年8月9日，省局召开全省地税系统规范税务行政处罚裁量权试点工作动员培训会，不断规范税收执法行为。

★ 2011年7月27日，省局在中山召开全省地税系统税政工作会议。省局揭晔副局长在会上讲话。

★ 省局严格落实税收优惠政策。图为2011年12月23日，省局与惠州市相关部门联合举办中小企业税收优惠政策解读宣讲会。

★ 省局在"地税开放日"活动期间，召开A级纳税人代表座谈会，听取纳税人的意见和建议。

★ 省局持续推进税收宣传，推广建设"税费宣传示范街"。

三、全面构建现代税收征管体系

★ 2011年12月13日，《广东地税发票兑奖话费充值业务合作协议》签约仪式在省地税局举行。

★ 2011年10月4日，省局举行税源综合管理平台交接仪式。

★ 2011年4月26～27日，省地税局党组书记、局长王南健（右三）在省财政厅与曾志权厅长（左二）交流座谈。

★ 李永恒（右）和王南健（左）分别代表省国、地税局交换签署的协议书。

★ 2011年6月29日，在时任省委常委、常务副省长朱小丹（中）的见证下，省国税局局长李永恒（右）和省地税局局长王南健（左）分别代表省国、地税局签署合作协议。

★ 2011年7月27日，省局在中山市召开了全省加强存量房税收征管工作会议。

★ 省局完善“走出去”企业税收服务与管理机制。图为2011年召开的“走出去”企业和个人税收服务与管理研讨会。

★ 省局加强对大企业税源调查评估，实施税源分类管理，形成“抓大、控中、规范小”的税源管理格局。图为2011年2月24日，全省大企业税收工作会议在南海召开。

★ 2011年11月15日，发展中国家政府职员到省局参观学习。

四、着力提升税收信息化发展管理水平

★ 2011年12月28日，绩效管理指导专家证书颁发暨佛山市局绩效软件移交省局仪式在省局举行。省局副局长杨朝峰（中）出席仪式。

★ 2011年10月11～12日，国家税务总局党组成员、副局长丘小雄一行到广东视察指导工作。图为丘小雄（中）在广东省地税局局长王南健（右）陪同下，考察国家税务总局（南海）数据处理中心及广东地税信息数据处理中心。

★ 广东地税数据交换平台项目全省数据下发实施准备工作会议在南海召开。

★ 省局加大信息化项目建设力度，着力改造升级网上办税系统。图为2011年12月9日,大集中征管应用服务器合同签署仪式在南海举行。

五、深入推进全员全程全方位服务

★ 省局举办“在线访谈”活动，通过网络为纳税人释疑解惑。

★ 2011年7月28日，全省地税纳税服务工作会议在省局召开，省局党组书记、局长王南健在会上作重要讲话。

★ 税务工作者开展低碳式乡村税法宣传。

★ 省局荣获国家税务总局"我在办税服务厅"征文"组织奖"。

★ 税务人员开展社保费户外咨询，耐心解答缴费人的问题。

★ 税务人员主动上门提供纳税服务。

六、继续提升干部队伍素质和能力

★ 2011年1月11日下午，省局在全省地方税务工作会议上隆重表彰第一批优秀兼职教师，并为新选拔的第二批兼职教师颁发聘书。

★ 2011年1月27日，省局举行“2011迎春联欢会”。图为省局领导和演员合影。

★ 2011年2月24日，省局举办“幸福地税，青年给力”专题大讨论。省局党组副书记、巡视员杨楚潮在会上讲话。

★ 2011年6月9日，广东地税系统处级领导干部“发扬革命传统，坚定理想信念”研修班在中国井冈山干部学院开班，来自全省地税系统的各市（区）局局长、省局各处室及直属单位主要负责人约40名学员参加。

★ 参加培训的学员穿着红军服重走红军路。

★ 省局稳妥推进全系统津补贴规范工作，逐步实施事业单位绩效工资改革。图为2011年10月14日，省局局长王南健在全省地税系统绩效管理试点工作培训班上讲话。

★ 2011年7月5日，省局定点联系企业税务风险管理培训班在扬州开班。省局副局长李华东在会上讲话。

★ 2011年4月27日，为期18天的广东省地税系统内审业务骨干培训班在南京审计学院圆满结束。来自全省地税系统57名内审业务骨干参加了培训。

★ 省局深入推进地税文化建设，举办了“幸福地税”书画摄影展等活动。图为2011年10月13日，省局副书记、巡视员杨楚潮参观幸福地税书画摄影展等活动。

★ 2011年10月19日，省局举办了加快经济发展方式专题讲座。

★ 2011年7月19日，广东地税文学创作座谈会在云浮召开。

★ 2011年4月20日，省局召开"创先争优促发展"主题实践活动动员大会。省局党组副书记、巡视员杨楚潮作讲话动员。

★ 2011年11月8日，全省地税系统入选国家税务总局企业所得税人才库人员座谈会在省局召开。省局副局长揭晔在会上作讲话。

七、进一步加强党风廉政建设

★ 2011年9月20日，全省地税系统党员领导干部"三纪"教育培训班在省局召开。省纪委副书记丘海在培训班上作专题辅导报告，省局局长王南健主持会议并作讲话。

★ 2011年5月27日上午，国家税务总局在北京召开"全国税务系统专项治理工作视频会议"，广东省地税局党组书记、局长王南健代表广东地税在会上作经验介绍。

★ 2011年6月17日，省局举办庆祝建党90周年红歌大合唱。

★ 广东地税的音乐情景剧《廉政日记》参加全国税务系统学习落实《廉政准则》成果展示并荣获一等奖。

★ 2011年2月28日晚，省局在广州军区礼堂举办以“廉洁清风，幸福地税”为主题的第二届“清风颂”廉政文艺汇演。

市局风采

SHI JU FENG CAI

广州市地方税务局

◉ 2011年5月31日，省局局长王南健到市局调研指导工作。

◉ 2011年3月29日，广东商学院税务干部进修学院成立大会暨开学典礼在广东商学院举行。

◉ 2011年1月4日，广州市契税征管职能划转后首个工作日，市局局长罗与洪到珠江新城契税征收点指导工作。

◉ 2011年7月1日，市局局长罗与洪、副局长林如山为庆祝中国共产党成立90周年书画摄影展揭幕。

◉ 2011年7月1日，市局隆重召开先进基层党组织、优秀共产党员和优秀党务工作者座谈暨表彰会。

◉ 2011年6月8日晚，市局局长罗与洪出席金税合唱团成立暨颁证仪式。

◉ 2011年5月10日，越秀区地税局荣获“全国五一劳动奖状”。

◉ 2011年4月14～15日，市局局长罗与洪到“双到”对口帮扶村大埔县百侯镇武塘村指导扶贫开发工作。

深圳市地方税务局

◉ 2011年10月10～11日，国家税务总局副局长丘小雄（右二）到市局调研二手房核定征税工作开展情况。（谢莉娜 摄）

◉ 2011年1月17日，省局党组书记、局长王南健（中）到深圳基层税务所调研指导工作。（张晓春 摄）

◉ 2011年2月28日，市局党组书记、局长钱勇（右一）在企业调研指导工作。（卢勋 摄）

◉ 2011年6月9日，市局联合规划国土委召开新闻发布会，对存量房进行核定征税。（吴畅 摄）

◉ 2011年9月27日，国家税务总局反避税热点问题交流会在深圳举行。图为国家税务总局总经济师张志勇在会上讲话。（卢勋 摄）

◉ 2011年 11月 28日，市局举行电子税务管理升级改造系统上线启动仪式。（谢莉娜 摄）

◉ 2011年12月22日，深圳市窗口单位和服务行业创先争优现场会在深圳市保税区地税局召开。（吴畅 摄）

珠海市地方税务局

◉ 2011年7月19日，时任珠海市市长钟世坚，市委常委、常务副市长刘小龙一行到市局调研。（李朋林 摄）

◉ 2011年1月20日，省局苏振钿总会计师深入珠海西区慰问基层干部职工。（孙幼娇 摄）

◉ 2011年4月26日，市局党组书记、局长赵平与北师大党委副书记、珠海分校党委书记为税法宣传基地揭牌。（孙幼娇 摄）

◉ 2011年4月1日，市局举办"地税开放日"活动。（李朋林 摄）

◉ 2011年4月1日，市局举办翼税服务体系全面推广会。

◉ 2011年4月1日，市局举行“地税开放日”活动。

◉ 2011年3月11日，珠海市政府在市局举行2011年全市涉税信息交换与共享工作会议。（孙幼娇 摄）

汕头市地方税务局

◉ 2011年1月18日，汕头市市委常委、常务副市长郑人豪和省局副局长刘小涛参观汕头地税系统第三届书画摄影展，并充分肯定汕头地税文化建设。

◉ 2011年11月23日，省局党组书记、局长王南健到市局调研指导工作。

◉ 2011年1月26日，市局党组书记、局长林达生带队到驻村点慰问特困户。

◉ 2011年4月2日，市局与市国税局联合举办税收宣传月活动暨联合办理税务登记启动仪式。

◉ 2011年5月31日，市局组织评估人员、房地产开发企业的税收管理员等进行《土地增值税实时预征系统》的学习培训。

◉ 2011年5月11日，市局科级干部在宝塔山下重温入党誓词。

◉ 市局荣获“广东省文明单位”荣誉称号。

佛山市地方税务局

◉ 2011年8月30日下午，时任佛山市代市长刘悦伦到市局调研指导工作。（邱撼栋 摄）

◉ 2011年4月1日，市局举办“走进地税 同创幸福”地税开放日活动。（劳嘉华 摄）

◉ 2011年1月11日，市局举行文化建设年文艺汇报演出。（招志锋 摄）

◉ 2011年1月3日上午，全省地税系统首张契税完税凭证在南海大沥分局诞生，标志着佛山市“两税”征收管理职能顺利从财政部门划转至地税部门。（冯绮华 摄）

◉ 2011年5月18～19日，佛山地税四大专题调研成果汇报研讨会在高明区召开。（邱撼栋 摄）

◉ 2011年10月14日，全省地税系统绩效管理培训班在佛山举行。禅城区地税局作为率先建成“目标绩效管理新体系”基层单位，被定为全省地税系统唯一的绩效管理培训基层考察点。（叶小妍 摄）

◉ 2011年7月28日，市局在上半年全系统工作总结暨信息化建设动员会议上正式提出“智慧地税”战略构想，省局党组成员、副局长李华东出席会议并给予充分肯定。（邱撼栋 摄）

韶关市地方税务局

◉ 2011年8月，市局举办POS直入库系统启动仪式。（黄德明 摄）

◉ 2011年4月1日，市局举办地税通短信平台启动仪式，拉开税宣月序幕。（黄德明 摄）

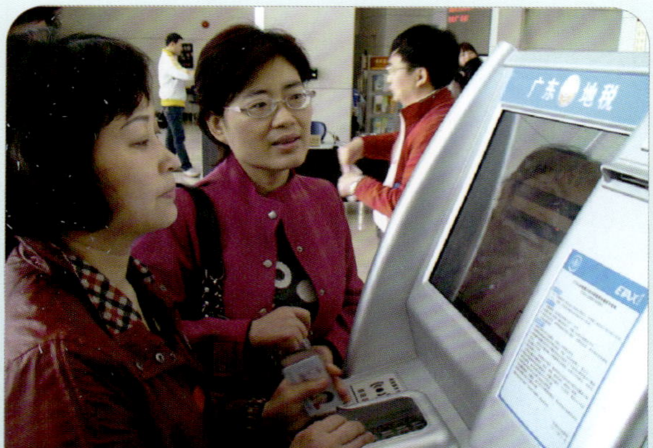

◉ 2011年4月，纳税人在市局自助终端服务机上查询相关涉税信息。（黄德明 摄）

◉ 2011年6月22日，市局在二楼会议室举办车船税代扣软件师资培训班。（黄德明 摄）

◉ 乳源县地税局获“广东省文明单位”荣誉称号。

◉ 市局举行税宣文艺表演。（陈宇清 摄）

◉ 市局举办社会保险法讲座。（徐立 摄）

河源市地方税务局

◉ 河源市委书记陈建华（前排中）与市局班子合影。

◉ 河源市市委书记陈建华到市局调研指导工作。

◉ 河源市市长彭建文到市局调研指导工作。

◉ 市局党组书记、局长严贵杨在税宣咨询日上与纳税人交谈。

◉ 河源市源城区地税局荣获“全国文明单位”荣誉称号。

◉ 市局举办绩效管理（试点）上线启动仪式。

◉ “地税系统服务建设幸福广东”座谈会在河源召开。

◉ 市局举办税收宣传惠民活动。

梅州市地方税务局

◉ 深入开展“连心桥”活动。

◉ 2011年，梅州地税政风行风评议在当地名列第一。（黎滔滔 摄）

◉ 不断推进地税家园文化建设。（黎滔滔 摄）

◉ 大力宣传税费政策。（黎滔滔 摄）

◉ 联合国税举办迎春文艺晚会。

◉ 实现国地税联合办证。

◉ 推广使用“自助办税机”。

惠州市地方税务局

◉ 时任惠州市委副书记、市政府副市长、代市长陈奕威到市局视察办税服务厅建设情况。（吴嘉宾 摄）

◉ 市局局长钟毅民走进“惠民在线”论坛，与广大网友在线交流，解答网友税费问题。

◉ 2011年4月1日，市局三级联动开展“地税开放日活动”。图为纳税人代表在税务人员的指导下体验自助办税终端。

◉ 2011年9月27日，市局举办“税法进校园”——大中专学生税法宣传海报设计和动漫制作作品颁奖仪式。

◉ 惠阳区地税局荣获“广东省文明单位”荣誉称号。图为揭牌仪式。

◉ 惠州市存量房交易价格评估系统通过专家组评审。（黄广 摄）

◉ 全国第二十个税宣月期间，惠州国、地税首次联合举办“2010年度惠州纳税百强发布会”。（黄广 摄）

◉市局到省级贫困村——龙门县六子园村开展文化下乡及慰问活动。（刘云龙 摄）

汕尾市地方税务局

◉ 2011年10月9日，市委副书记、市长吴紫骊（中）到市局调研指导工作。（林学敏 摄）

◉ 2011年9月7日，汕尾市局姚小健局长走访慰问贫困户。（林学敏 摄）

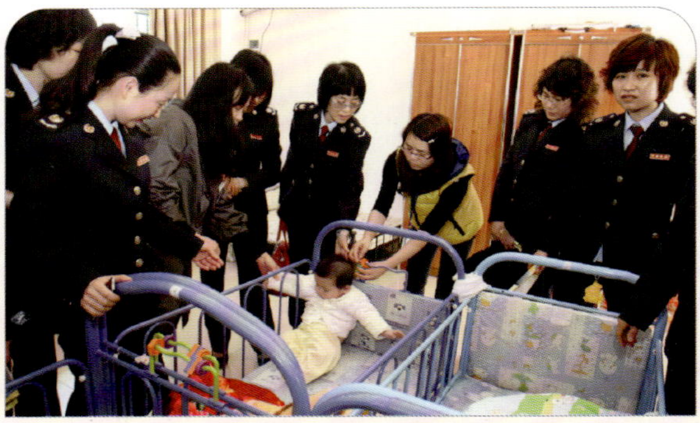

◉ 2011年3月1日，市局组织年轻干部到孤儿院慰问。

◉ 2011年4月19日，市局林永胜纪检组长做客“行风热线面对面”节目。

◉ 2011年4月26日，汕尾地税局调研组深入城区重点税源户开展“上门调研服务日”活动。

◉ 2011年7月6日，市局联合市人力资源和社会保障局等单位开展汕尾市《社会保险法》宣传周活动。

◉ 2011年7月6日，市局组织干部职工开展户外拓展活动。

东莞市地方税务局

◉ 2011年2月17日，市局局长刘茂坤（右四）等领导为大岭山地税分局荣获“省青年文明号”揭牌。（张淑玲 摄）

◉ 2011年4月16日，市局参与“阳光热线”电台直播与听众交流。（张淑玲 摄）

◉ 2011年1月14日起，市局推广应用自助办税服务系统。图为税务人员为纳税人介绍系统情况。（张淑玲 摄）

◉ 2011年3月25日，市局召开规费工作会议暨地方教育附加开征工作动员大会。（张淑玲 摄）

◉ 2011年5月19日，市局举办高校毕业生创业就业税收优惠政策讲座。

◉ 2011年7月6日，市局举行建党90周年机关红歌会。（张淑玲 摄）

◉ 市局税务干部为纳税人释疑解惑。

中山市地方税务局

◉ 2011年9月29日，中山市国、地税局召开联席会议，会议举办国、地税信息交换签约仪式，由市国税局局长严宪生（前排左一）与市地税局局长区艳钊（前排右一）共同签署。（陈文杰 摄）

◉ 2011年3月23～24日，市局局长区艳钊（右四）带队到汕尾市海丰县了解“双到”扶贫工作开展情况。

◉ 2011年4月1日，市局举行“税收宣传绿道游”活动。（关绮霞 摄）

◉ 2011年6月8日，市局举行“幸福地税”演讲比赛。（黄珍燕 摄）

◉ 2011年8月31日，市局举行“我阅·我思·我行”廉政文化创建系列活动揭幕仪式。（陈文杰 摄）

◉ 2011年12月4日，市局向第二届“地税杯”中学生法律知识竞赛获奖单位及个人颁奖。

◉ 2011年12月18日，市局举行大规模业务知识“大过关”考试，提升干部员工业务知识水平。（张克荣 摄）

江门市地方税务局

◉ 2011年4月2日，市局在东湖广场举办税收宣传单车接力活动。

◉ 2011年4月8日，市局举办预防渎职侵权专题讲座。

◉ 2011年4月13日，市局开展税法宣传进校园活动。

◉ 2011年4月21日，市局举办“地税开放日”活动。

◉ 2011年4月25日，市局被市政府评为先进单位。

◉ 2011年10月21日，市局开展个人所得税法培训。

◉ 2011年12月23日，市局领导出席“民声热线”节目。

阳江市地方税务局

◎ 阳江市委常委关则双（右）、市局局长林永锋（左）为市地税局获得的“全国三八红旗集体”荣誉揭牌。（苏明广 摄）

◎ 市局举办书画展。

◎ 市局举行“全国文明单位”挂牌揭幕仪式。

◎ 市局举行绿色税宣环岛行。

◉ 市局开展税法进校园暨纳税服务志愿者授旗活动。（苏明广 摄）

◉ 市局启用24小时自助办税系统。

◉ 市局推广应用天翼税通在线开票和网上办税系统。（苏明广 摄）

◉ 市局组织开展“地税核心价值观”大家谈活动。

湛江市地方税务局

◉ 2011年8月8日，湛江市委书记、市人大主任刘小华到市局调研指导工作。

◉ 2011年9月16日，市局党组书记、局长林兆华率队深入东海岛分局调研指导工作。

◉ 2011年3月31日，专家学者在湛江地税学习论坛上为地税干部作专题讲座。

◉ 2011年4月1日，时任湛江市副市长赵平、市政府副秘书长马贵和市局局长林兆华一起启动“地税开放日”活动。

◉ 2011年5月13日，市局党组书记、局长林兆华为湛江地税扶贫开发项目落成剪彩。

◉ 市局党组书记、局长林兆华出席中南大学MBA湛江地税班暨湛江第四期班开学典礼。

◉ 2011年10月28日，市局党组书记、局长林兆华在全市地税系统绩效管理试点工作动员大会上作动员讲话。

茂名市地方税务局

◉ 2011年1月27日，市局"双到"扶贫点山华食用菌基地揭幕。（潘强 摄）

◉ 2011年6月9日，省人大常委会委员、农村农业委员会主任委员柳锦州率调研组到市局双到扶贫点山华村调研考察。（闯下春元 摄）

◉ 2011年4月1日，茂名市局举办"地税开放日"活动，拉开第20个全国税收宣传月活动序幕。

◉ 2011年4月16日，市局联合茂名国税局在省税收宣传教育基地举办"税收杯"第九届学生才艺大赛。（邹小宁 摄）

◉ 2011年5月25日，市局走进高校培训文秘人员提升写作能力。（邹小宁 摄）

◉ 茂名地税精心打造税费宣传示范街形成宣传规模效应，反响强烈。（邹小宁 摄）

◉ 市局联合公安部门成功捣毁一特大制售假新版发票窝点。（严欣 摄）

肇庆市地方税务局

◉ 2011年12月31日，市委书记徐萍华、常务副市长刘惠祥到端州区地税局办税服务厅调研。（何智锋 摄）

◉ 2011年4月1日，市局举办2011年“地税开放日”暨税收宣传月启动仪式。

◉ 2011年9月23日，肇庆市政风行风评议团到市局检查工作。（何智锋 摄）

◉ 2011年10月28日，市局局长梁友平到封开扶贫点探望贫困户。（梁杰明 摄）

◉ 2012年3月27日，市局召开党组中心组理论学习扩大会议。（何智锋 摄）

◉ 市局荣获“广东省先进集体”荣誉称号。

清远市地方税务局

◉ 国家妇联副主席洪天慧莅临洲心分局视察工作，对该局的纳税服务大加赞赏。（孔庆文 摄）

◉ 清远市委书记葛长伟与经济开发区局龙塘分局办税服务厅“广东省三八红旗集体”成员亲切握手。（骆岚 摄）

◉ 市局局长罗镜文与基层税务干部谈心。

◉ 2011年4月28日，清远地税法律志愿队成立。

◉ 全市首个24小时自助办税厅在洲心分局正式启用。

◉ 市局派发税务卡通明信片宣传税法。

◉ 市局庆祝建党90周年文艺晚会取得圆满成功。（陈光颂 摄）

潮州市地方税务局

◉ 潮州市委副书记、市长李庆雄到市局检查指导工作。（庄煜强 摄）

◉ 市局结合实际开展扶贫工作。（丁轶 摄）

◉ 市局开展送税法进校园活动，扩大税法宣传覆盖面。

◉ 市局深入开展"每月一课"教育培训活动。（杨晓东 摄）

◉ 市局组织干部职工参观预防渎职侵权展览。

◉ 市局组织送税法进企业活动，融洽征纳关系。

揭阳市地方税务局

◉ 2011年12月31日，揭阳市市长陈东到市局慰问。（翁梦寒 摄）

◉ 2011年11月8日，领导、嘉宾与纳税服务之星合影。（周坤亮 摄）

◉ 市局举办美术书画摄影作品展。（周坤亮 摄）

◉ 市局培训新招录人员。（黄春城 摄）

◉ 市局组织“税务行政诉讼”培训。（黄春城 摄）

◉ 税务干部送税法进企业。（吴秋鸿 摄）

云浮市地方税务局

◉ 市局参加市“行风热线”节目。

◉ 市局开展扶贫开发工作。

◉ 市局加强信息化建设。

◎ 市局举办发票在线应用服务体系培训推广会。

◎ 市局举办户外领导接访活动。

◎ 市局开展“税法进校园”活动。

◎ 郁南县地税局城区分局荣获广东省“巾帼文明岗”荣誉称号。

横琴新区地方税务局

◉ 2011年3月9日，区局召开党风廉政建设工作会议，向新聘请的首届特邀监察员发放了聘书。（何伟凯 摄）

◉ 2011年4月21日，区局与中国电信珠海分公司联合召开横琴新区天翼税通推广会。（刘斌 摄）

◉ 2011年4月24日，横琴新区局税务人员耐心解答纳税人的涉税问题。（刘斌 摄）

◉ 2011年6月29日，区局举办“党旗飘飘·清风和韵”诗歌朗诵比赛。(刘斌 摄)

◎ 2011年11月16日，珠海国际学校外籍师生到区局参观学习。（刘斌 摄）

◎ 区局干部职工合影。（刘斌 摄）

◎ 2011年11月19日，区局全体人员及家属在珠海市党员活动天地举办了创先争优暨家庭助廉活动。(刘斌 摄)

顺德区地方税务局

◉ 2011年1月25日，时任顺德区区长梁维东在2010年度纳税百强表彰大会上为企业颁奖。（陈烜　摄）

◉ 2011年11月29日，区局举办基层分局创新工作推介交流会，加强创新成果普及利用。（陈烜 摄）

◉ 2011年4月15日，区局组织青年学生开展绿道自行车环游活动，营造浓厚税宣氛围。（马晓红 摄）

◎ 2011年4月16日，区局结合“创文”工作举行税宣志愿者启动仪式。（陈烜 摄）

◎ 2011年8月25日，区局开展税法直通车活动，为大型集团企业举办专场辅导会。（叶丹 摄）

◎ 区局纳税服务局举行广东省“巾帼文明岗”挂牌仪式。（陈烜 摄）

◎ 2011年12月13日，区局在容桂街道举行综合治税管理办公室揭牌仪式，开启零散税源社会化综合治税新模式。（胡恒辉 摄）

SHU ZI DI SHUI

数字地税

1995 ~2011 年广东省地方税务局税收收入情况

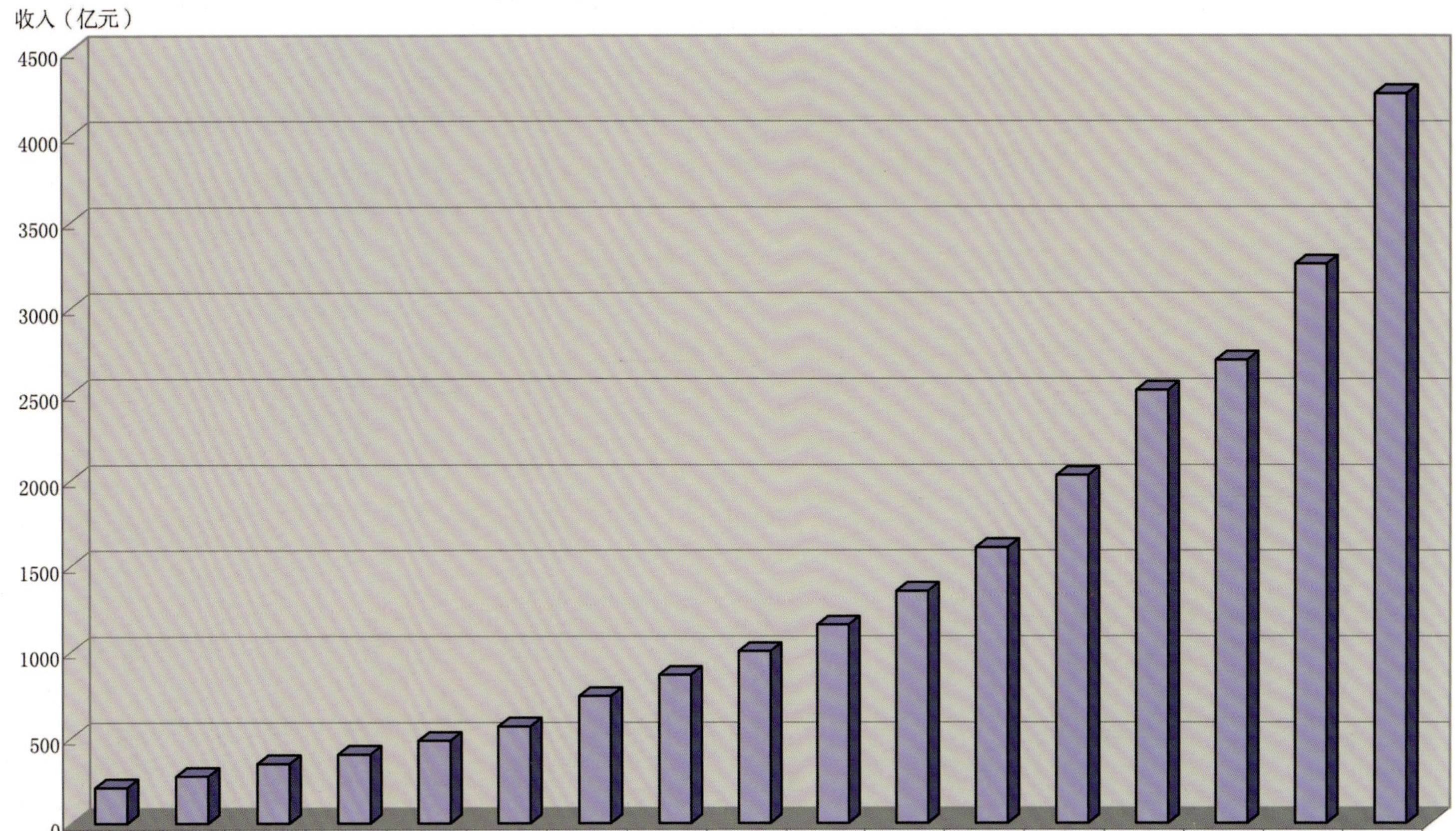

	1995年	1996年	1997年	1998年	1999年	2000年	2001年	2002年	2003年	2004年	2005年	2006年	2007年	2008年	2009年	2010年	2011年
■税收收入	208	275	348	402	482	564	740	863	1000	1155	1351	1605	2026	2521	2696	3256	4248

注:2011 年广东省地方税务局税收收入(不含契税、耕地占用税)3987.64 亿元。

2011 年广东省各市地方税务局税收收入(不含契税、耕地占用税)情况

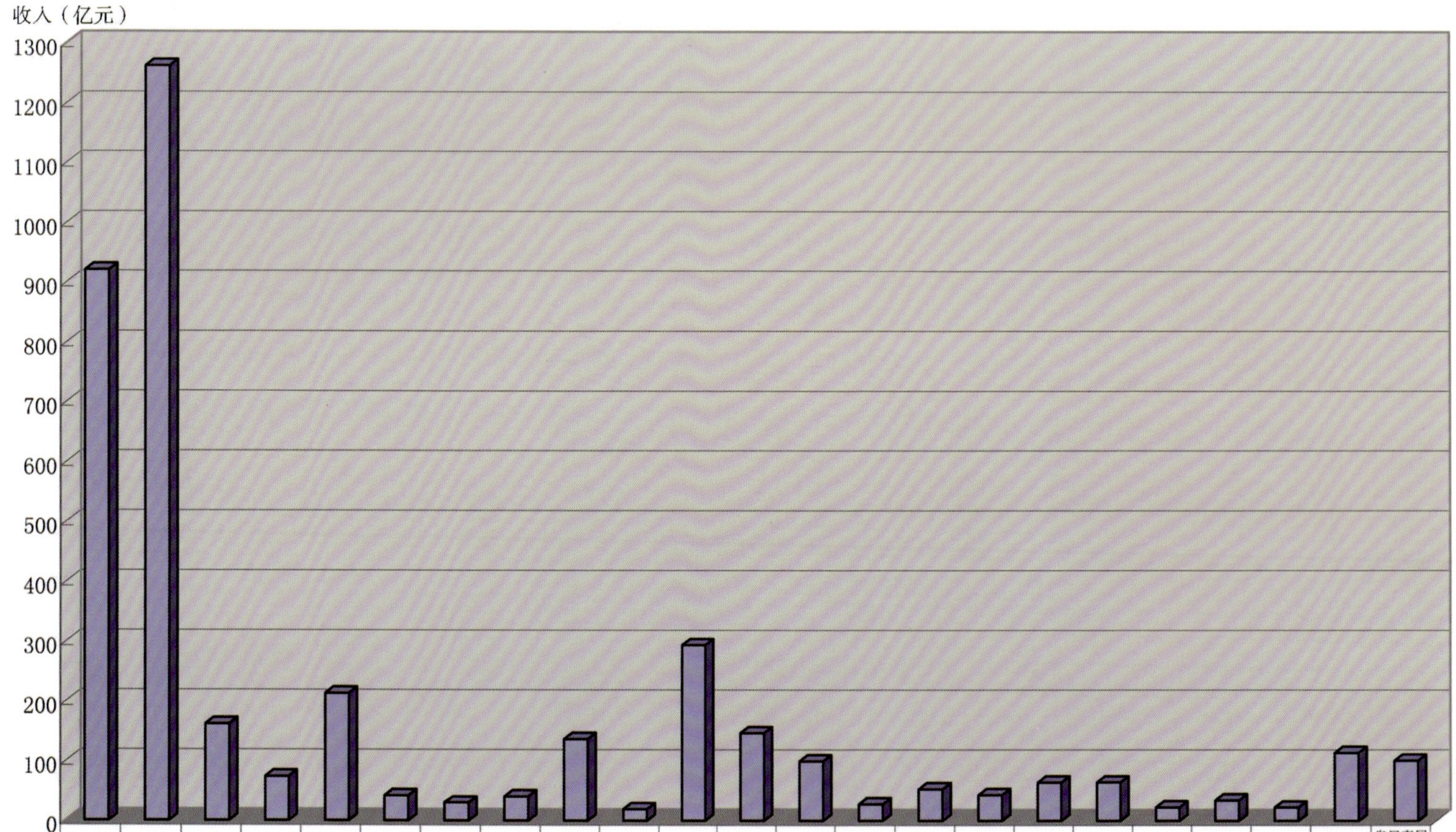

	广州	深圳	珠海	汕头	佛山	韶关	河源	梅州	惠州	汕尾	东莞	中山	江门	阳江	湛江	茂名	肇庆	清远	潮州	揭阳	云浮	顺德区	省局直属分局
■税收收入	920.65	1261.96	161.71	74.24	213.2	41.83	30.09	40.64	136.4	19.27	293.89	146.57	99.58	27.88	53.19	43.26	64.25	64.56	22.86	34.51	22.56	113.86	100.68

注:2011 年广东省地方税务局税收收入(不含契税、耕地占用税)3987.64 亿元。

2011年广东省地方税务局税收收入（含契税、耕地占用税）占全省GDP比重

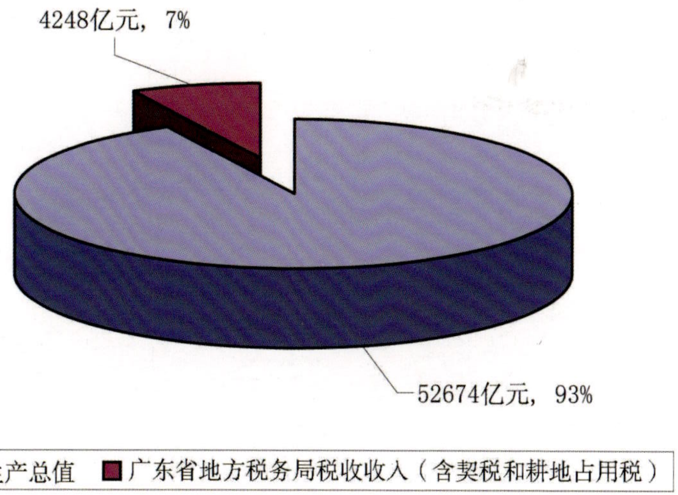

单位：亿元

项目	数值
广东省生产总值	52674
广东省地方税务局税收收入（含契税和耕地占用税）	4248

2011 年广东省地方税务局税收收入(不含契税、耕地占用税)分级次结构

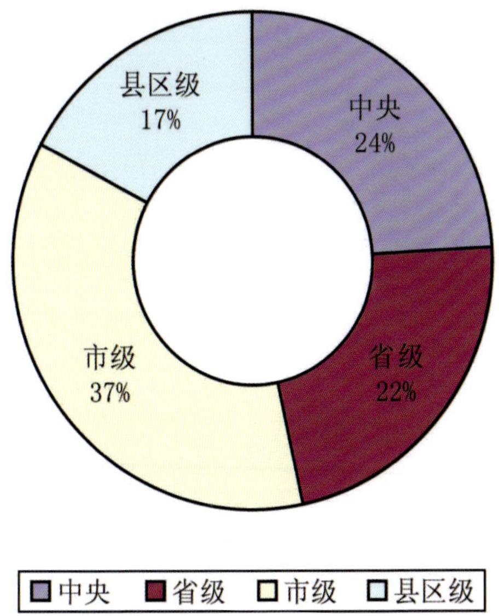

单位：万元

总计	中央	省级	市级	县区级
39876419	9676220	8912991	14436441	6850767

2011 年广东省地方税务局税收收入(不含契税、耕地占用税)分税种情况

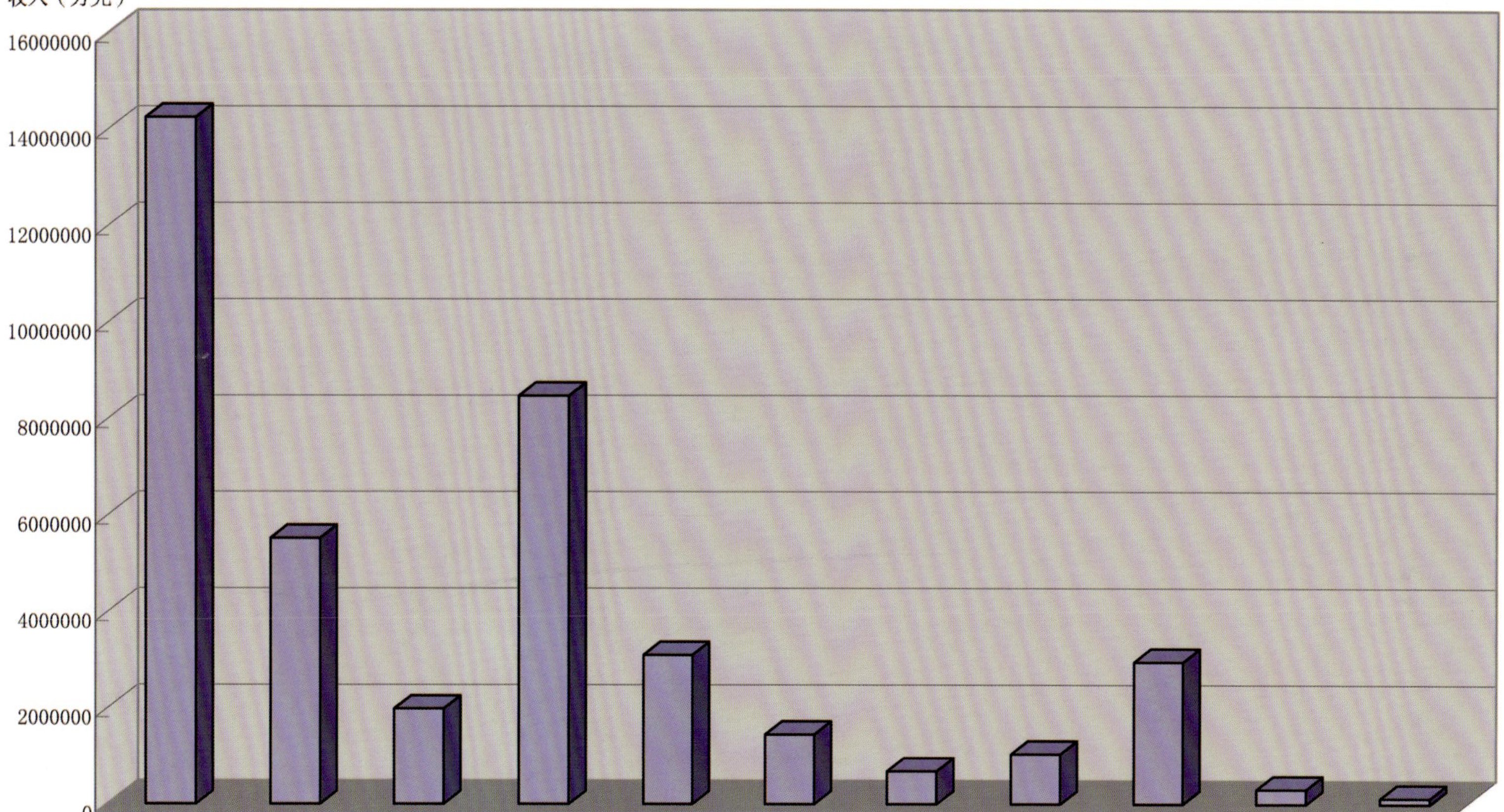

	营业税	内资企业所得税	外资企业所得税	个人所得税	城市维护建设税	房产税	印花税	城镇土地使用税	土地增值税	车船税	其他各税
■税收收入	14249891	5518527	1978857	8474519	3093991	1451709	684883	1040353	2952133	306275	125281

注:2011 年广东省地方税务局税收收入(不含契税、耕地占用税)39876419 万元。

2011年广东省地方税务局税收收入(不含契税、耕地占用税)分税种结构

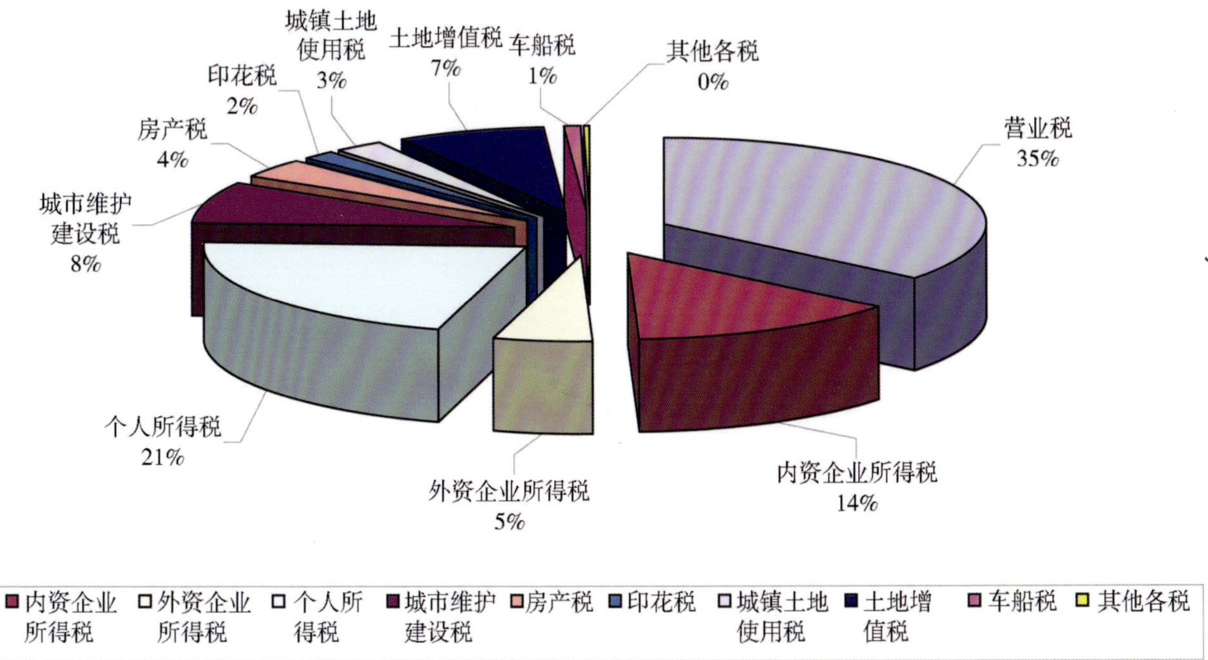

单位:万元

总计	营业税	内资企业所得税	外资企业所得税	个人所得税	城市维护建设税	房产税	印花税	城镇土地使用税	土地增值税	车船税	其他各税
3987641	14249891	5518527	1978857	8474519	3093991	1451709	684883	1040353	2952133	306275	125281

2011 年广东省地方税务局税收收入(不含契税、耕地占用税)分区域结构

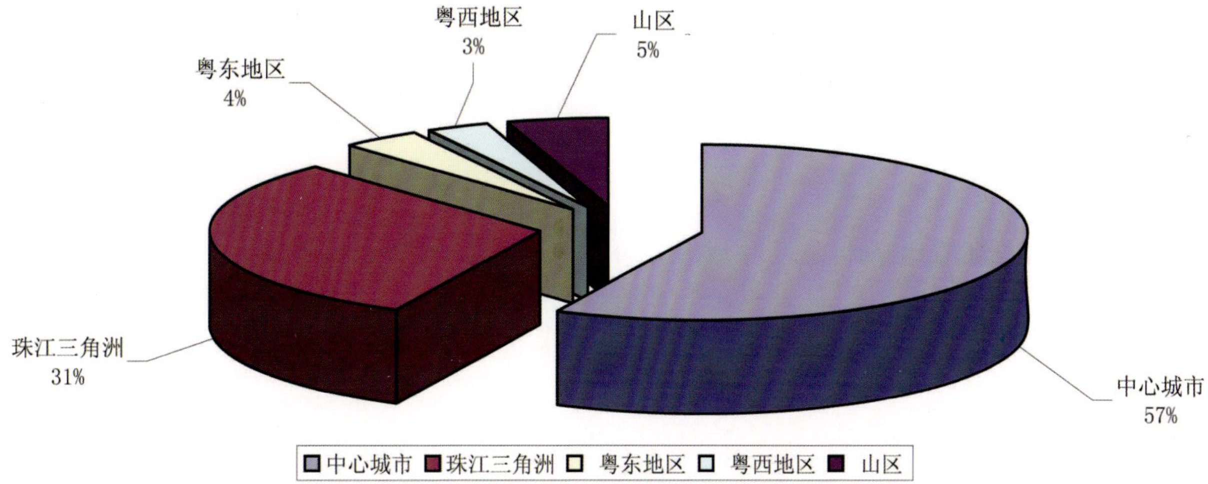

单位:万元

全省(不含契税、耕地占用税)	中心城市	珠江三角洲	粤东地区	粤西地区	山区
39876419	22832887	12294514	1508795	1243343	1996880

分地区说明:中心城市为广州、深圳;

珠江三角洲为珠海、中山、江门、佛山、东莞、惠州、肇庆、顺德;

粤东地区包括汕头、汕尾、潮州、揭阳;

粤西地区包括湛江、茂名、阳江;

山区包括韶关、河源、梅州、清远、云浮。

2011年广东省地方税务局税收收入(不含契税、耕地占用税)分产业结构

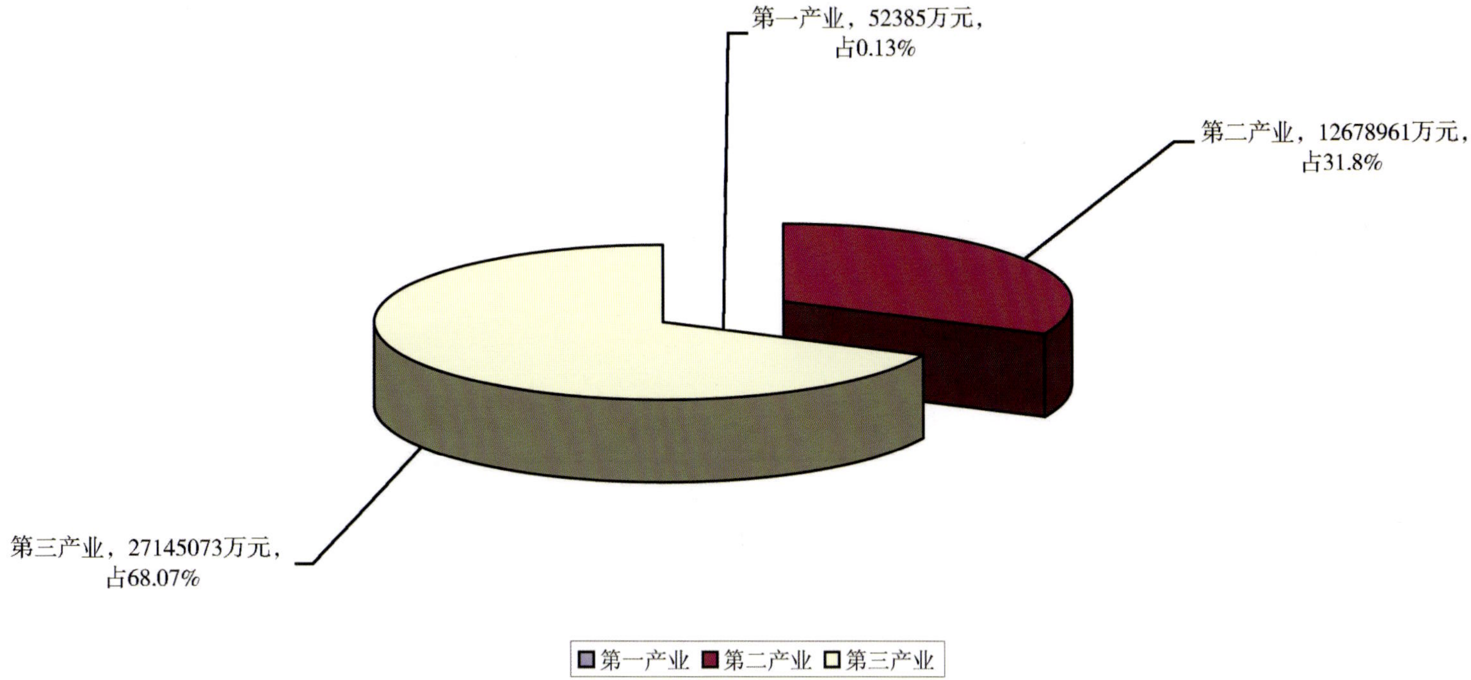

单位：万元

税收收入合计	第一产业	第二产业	第三产业
39876419	52385	12678961	27145073

2011 年广东省地方税务局税收收入（不含契税、耕地占用税）分企业类型结构

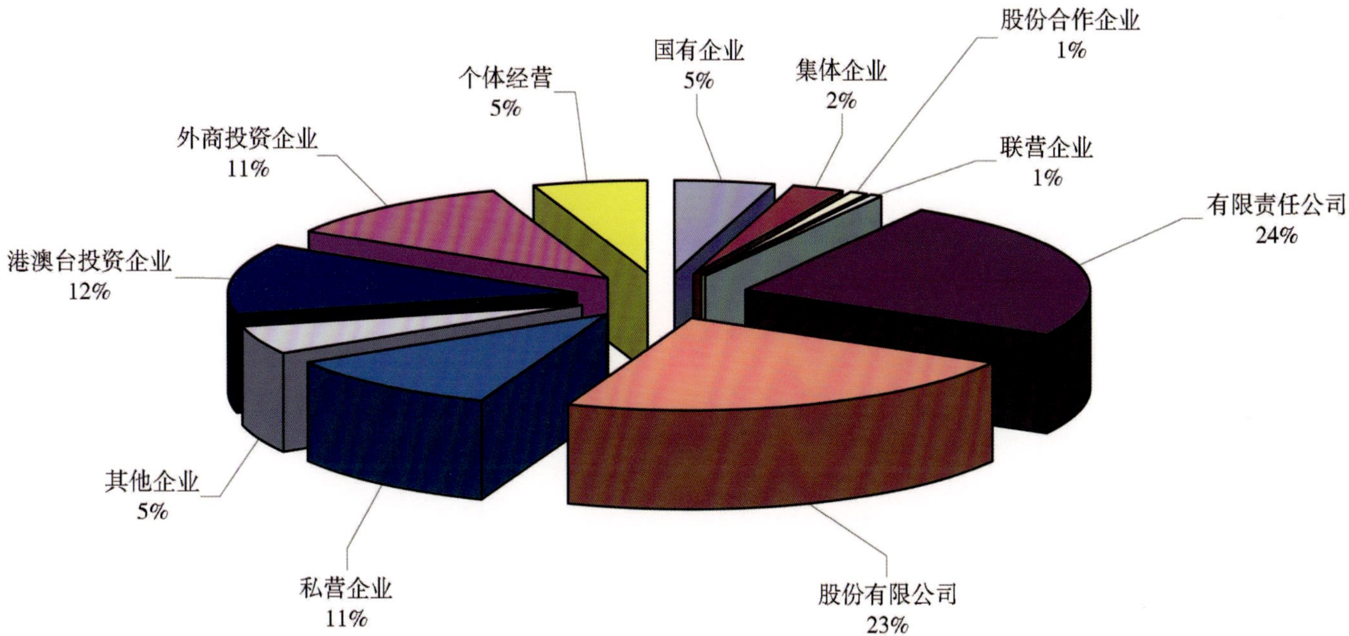

单位：万元

总计	国有企业	集体企业	股份合作企业	联营企业	有限责任公司	股份有限公司	私营企业	其他企业	港澳台投资企业	外商投资企业	个体经营
39876419	1931202	987964	238847	295221	9713572	9118606	4206893	1979110	4884531	4372520	2147953

2011 年广东省各市地方税务局营业税收入情况

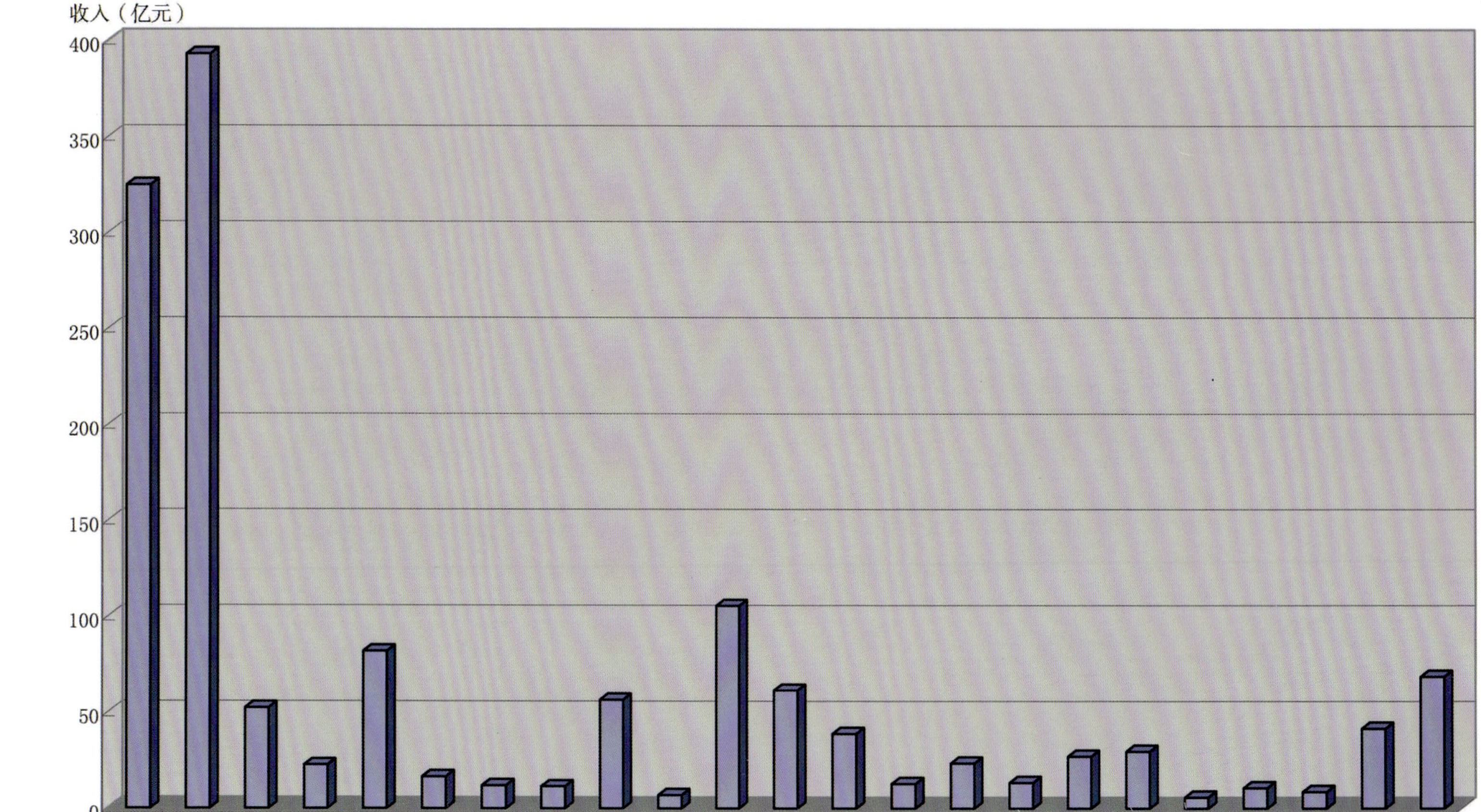

	广州	深圳	珠海	汕头	佛山	韶关	河源	梅州	惠州	汕尾	东莞	中山	江门	阳江	湛江	茂名	肇庆	清远	潮州	揭阳	云浮	顺德区	省局直属分局
■营业税收入	324.64	392.98	52.3	22.62	81.92	16.5	11.96	11.43	56.54	6.93	105.44	61.44	38.76	12.84	23.46	13.38	26.97	29.56	5.78	10.66	8.63	41.58	68.66

注:2011 年广东省地方税务局营业税收入 1424.98 亿元。

2011年广东省各市地方税务局企业所得税收入情况

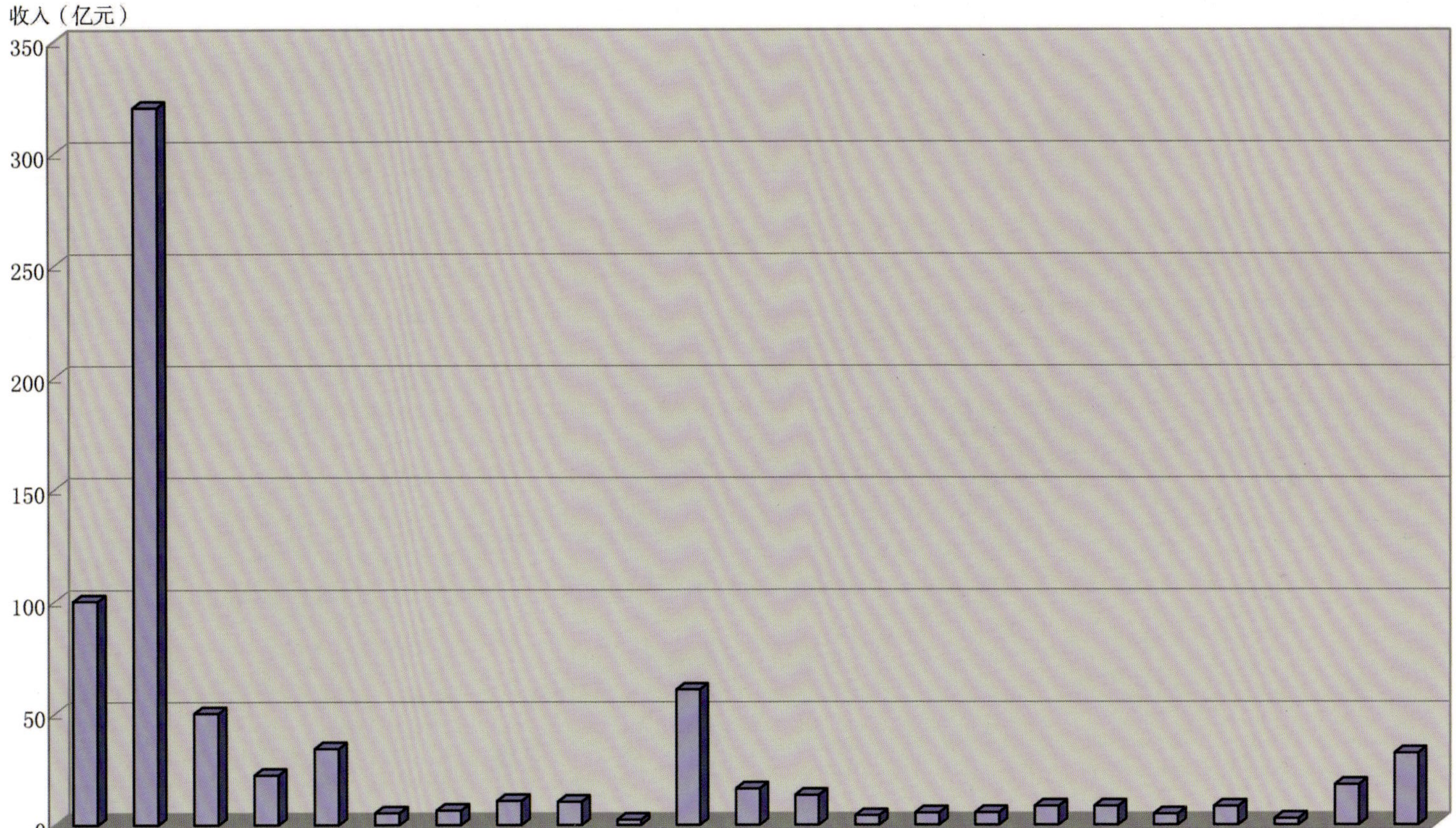

	广州	深圳	珠海	汕头	佛山	韶关	河源	梅州	惠州	汕尾	东莞	中山	江门	阳江	湛江	茂名	肇庆	清远	潮州	揭阳	云浮	顺德区	省局直属分局
■企业所得税收入	99.88	320.29	49.88	22.23	34.06	5.32	6.57	10.83	10.44	2.34	60.42	16.21	13.35	4.2	5.37	5.48	8.38	8.45	4.87	8.25	2.92	17.98	32.01

注:2011年广东省地方税务局企业所得税收入749.73亿元。

2011 年广东省各市地方税务局个人所得税收入情况

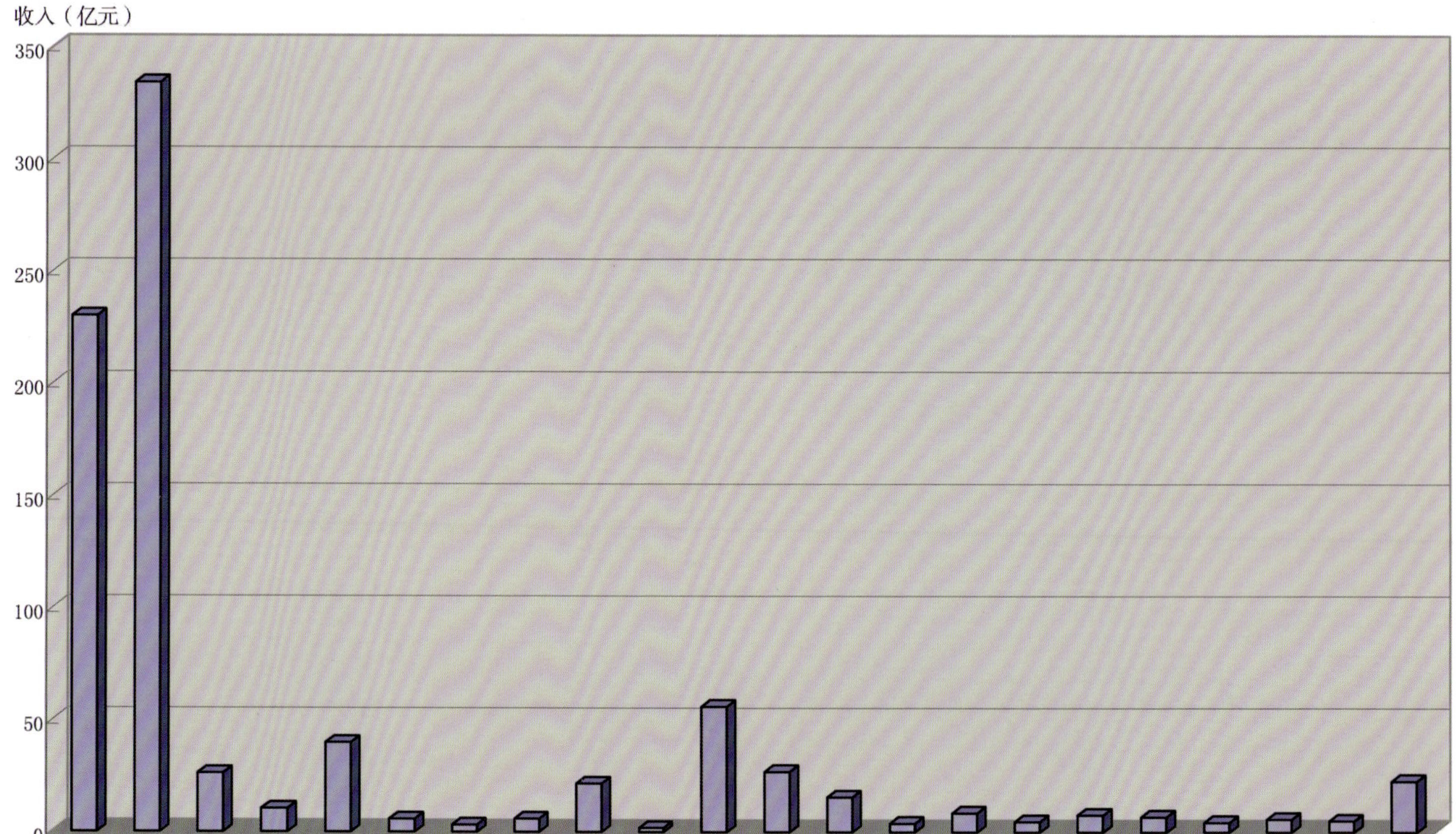

	广州	深圳	珠海	汕头	佛山	韶关	河源	梅州	惠州	汕尾	东莞	中山	江门	阳江	湛江	茂名	肇庆	清远	潮州	揭阳	云浮	顺德区
■个人所得税收入	230.14	334.24	26.33	10.42	39.94	5.77	3.18	5.84	21.67	1.86	55.92	27.03	15.69	3.84	8.53	4.68	7.59	6.81	4.36	5.75	5.02	22.84

注:2011 年广东省地方税务局个人所得税收入 847.45 亿元。

2011 年广东省各市地方税务局涉外税收收入情况

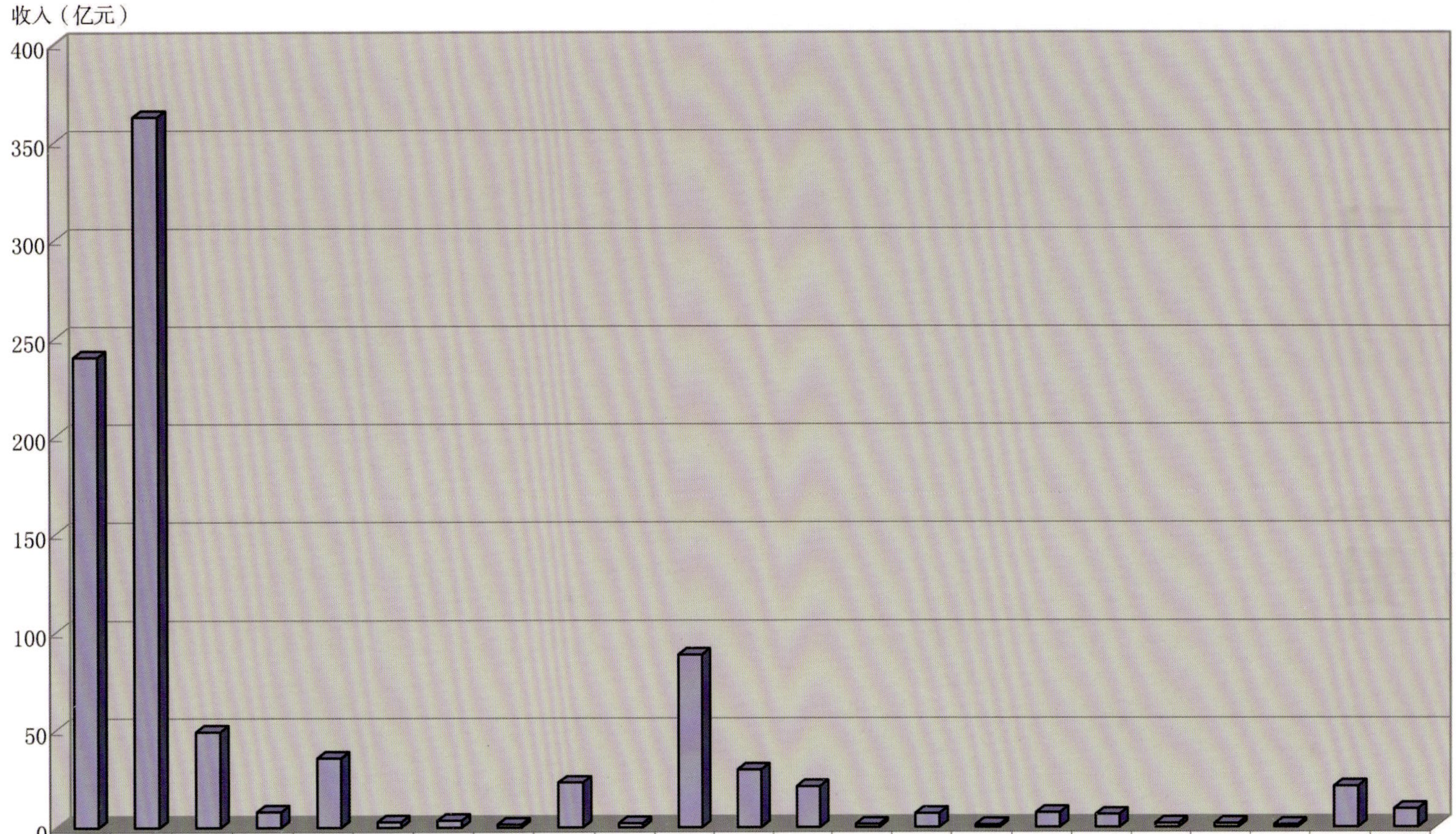

	广州	深圳	珠海	汕头	佛山	韶关	河源	梅州	惠州	汕尾	东莞	中山	江门	阳江	湛江	茂名	肇庆	清远	潮州	揭阳	云浮	顺德区	省局直属分局
■涉外税收收入	240.07	362.5	48.95	8	35.56	2.86	3.6	1.55	22.93	2.15	88.08	29.58	20.77	1.62	7.02	1.24	7.41	6.52	1.99	1.9	1.3	20.82	9.28

注:2011 年广东省地方税务局涉外税收收入 925.70 亿元。

2011 年广东省各市地方税务局资源税收收入情况

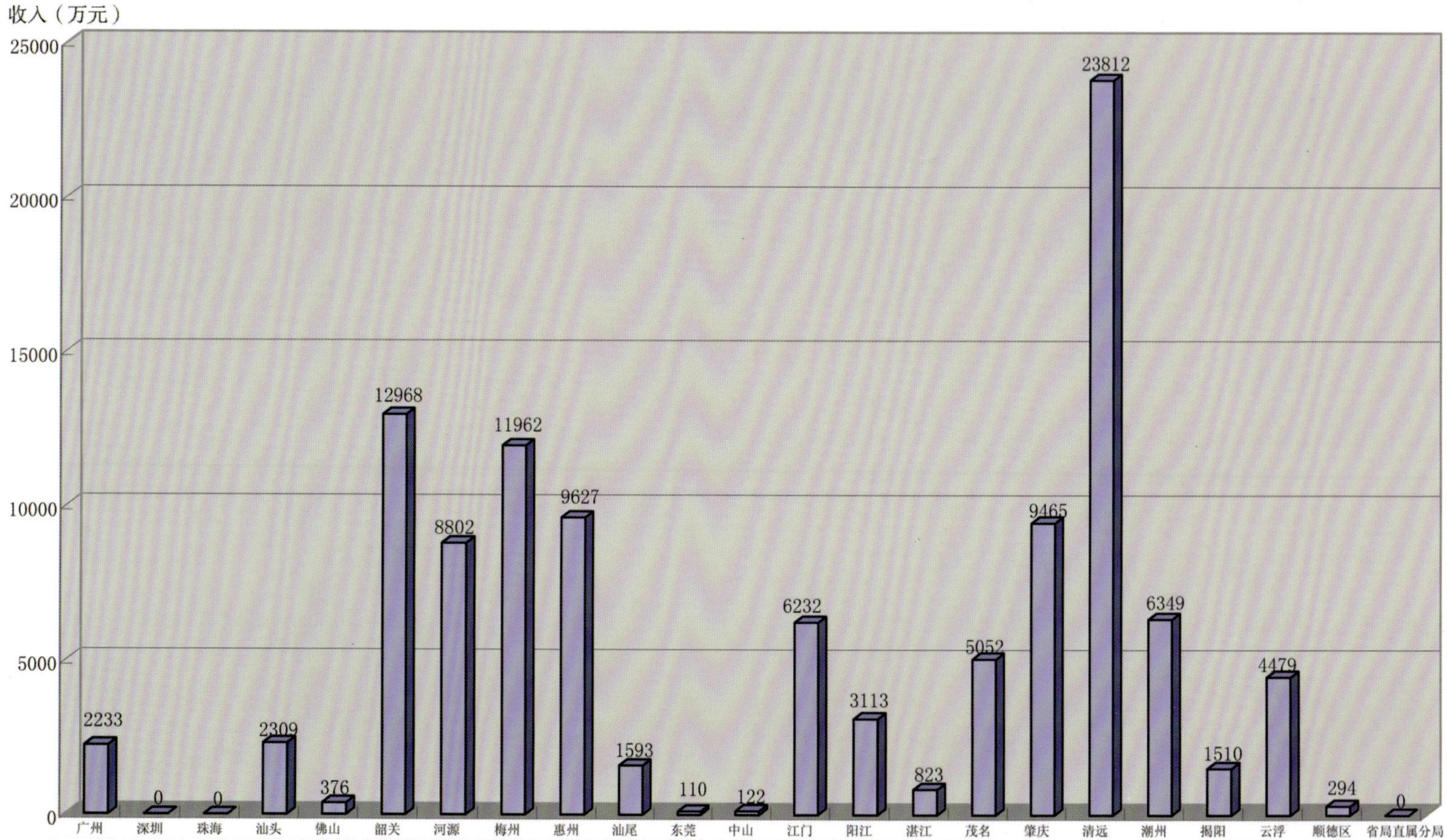

注:2011 年广东省地方税务局资源税收收入 111231 万元。

2011 年广东省各市地方税务局社会保险基金收入情况

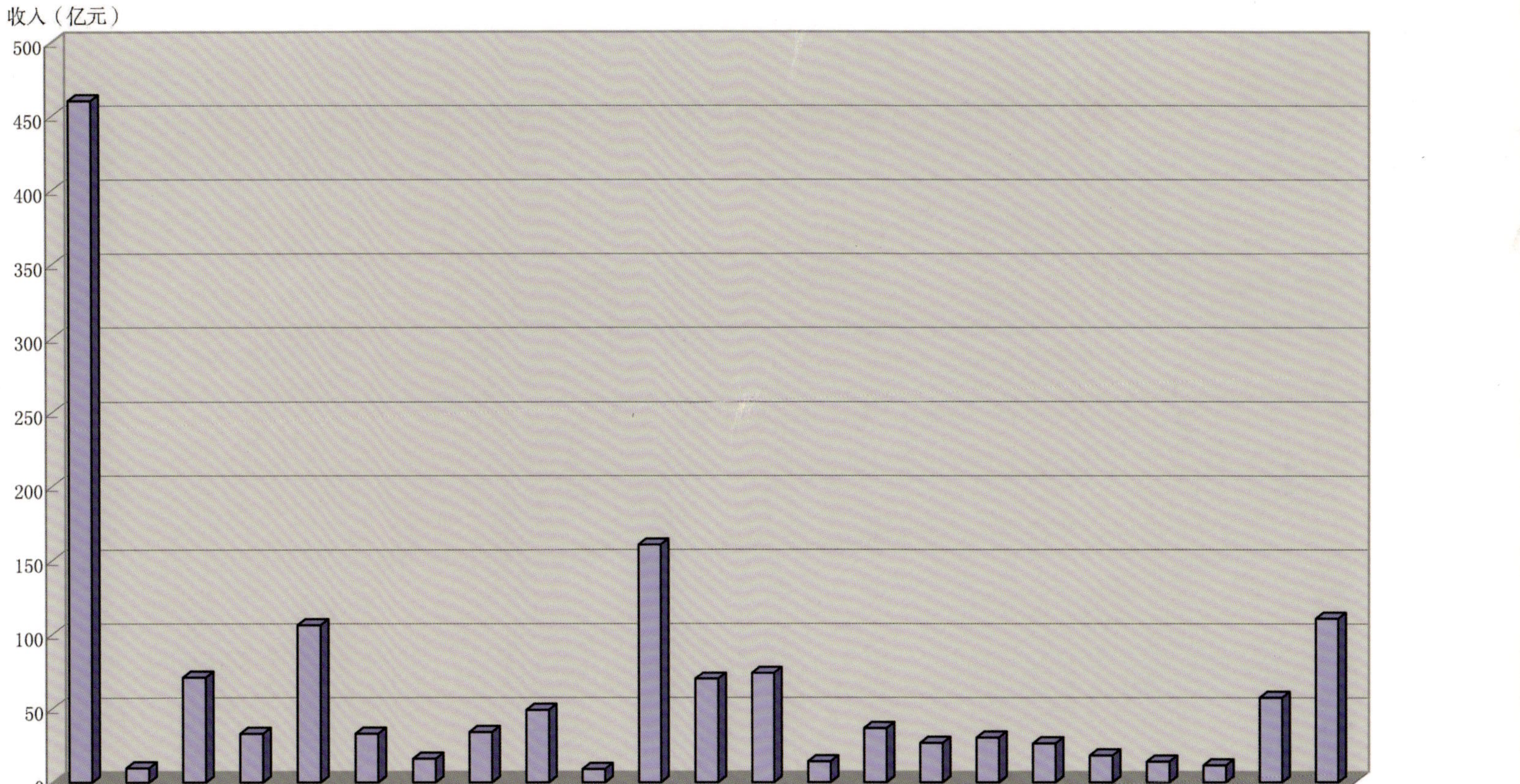

	广州	深圳	珠海	汕头	佛山	韶关	河源	梅州	惠州	汕尾	东莞	中山	江门	阳江	湛江	茂名	肇庆	清远	潮州	揭阳	云浮	顺德区	省局直属分局
■社会保险基金收入	460.54	9.68	70.92	32.88	106.2	32.88	16.03	34.03	48.88	9.05	160.59	69.85	73.81	14.06	36.41	26.66	30.14	26.2	18.09	14.07	11.56	57.08	110.62

注:2011 年广东省地方税务局社会保险基金收入 1470.23 亿元。

2011年广东省地方税务局社会保险基金收入结构

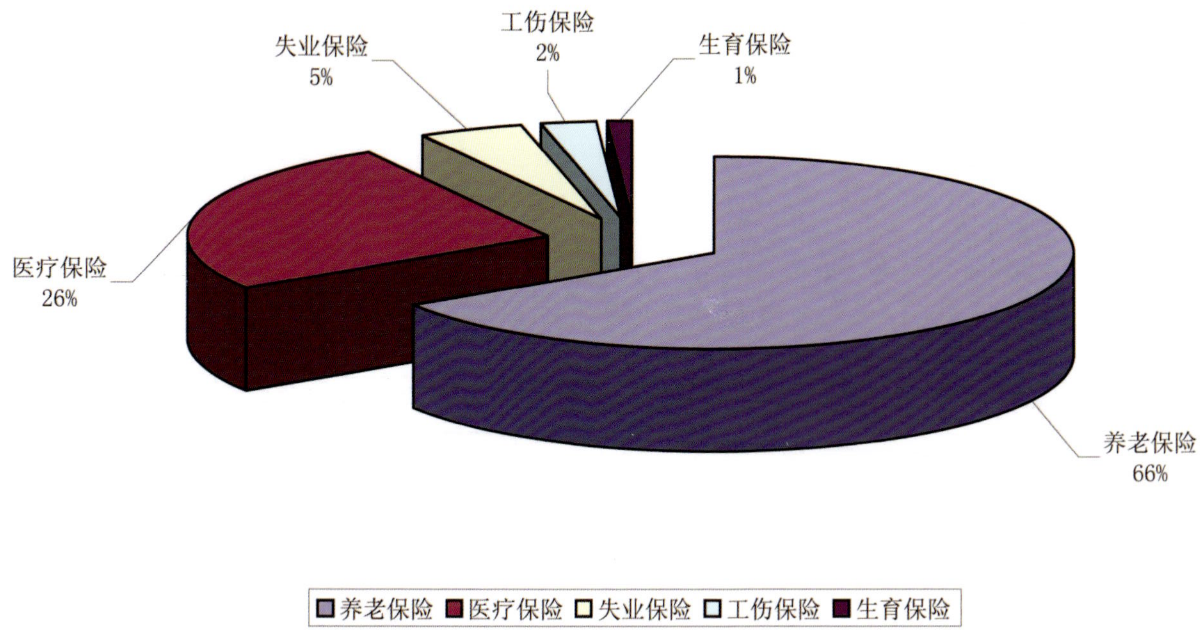

单位:万元

合计	养老保险	医疗保险	失业保险	工伤保险	生育保险
14702393	9679139	3810257	691142	355232	166623

2011年广东省地方税务局纳税登记户分经济类型结构情况(含社保费登记户)

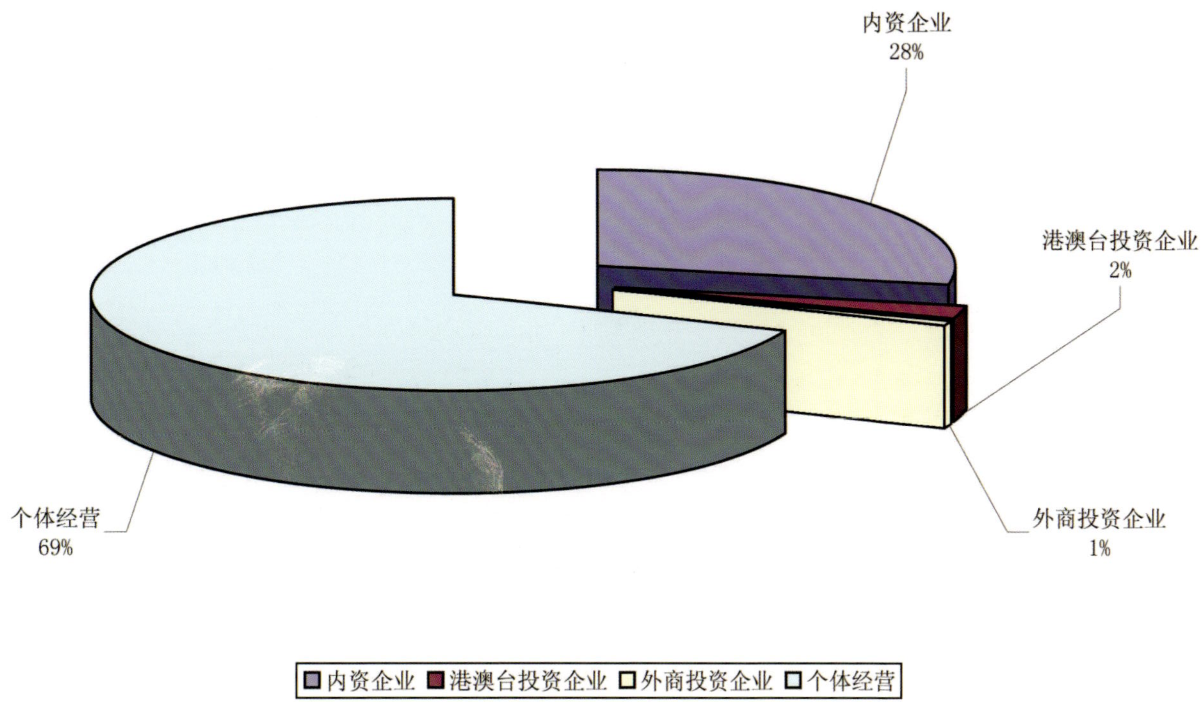

单位:户

合　计	内资企业	港澳台投资企业	外商投资企业	个体经营
4042923	1136797	83150	40649	2782327

2011 年广东省地方税务局一般税务登记及扣缴税款登记户数分登记注册类型结构

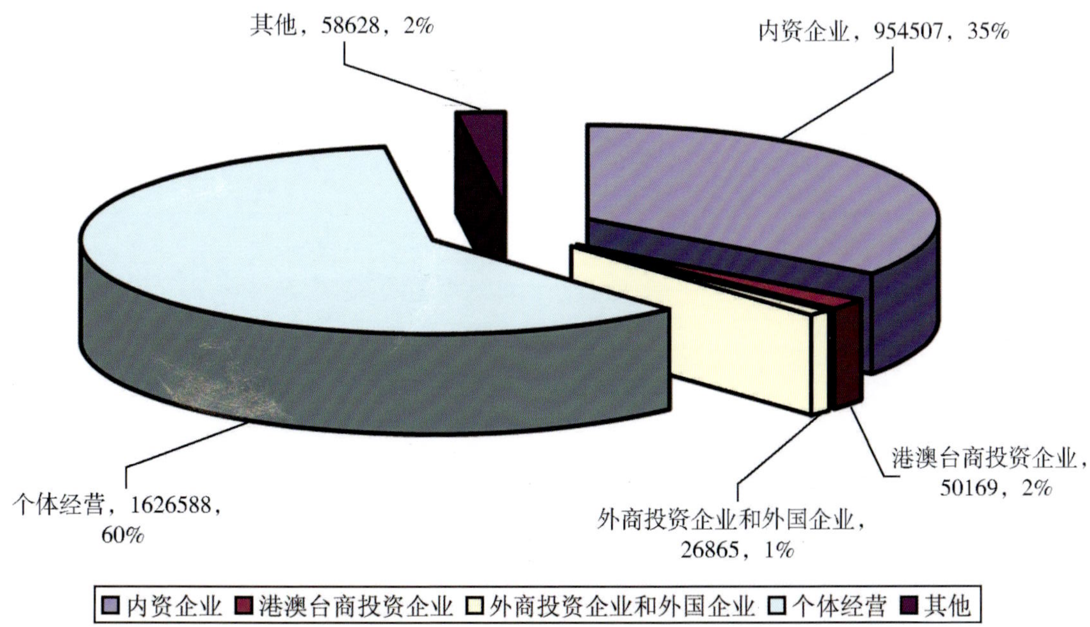

单位:户

总计	内资企业	港澳台商投资企业	外商投资企业和外国企业	个体经营	其他
2716757	954507	50169	26865	1626588	58628

第二篇

大 事 记

第一季度

1月1日　规费处成立大集中系统社保模块第二阶段升级改造项目组，开始实施第二阶段项目开发。

1月1日　大集中系统契税、耕地占用税申报征收功能上线，标志着地税接管"两税"征收工作正式运作。

1月3日　科研所所长钟文锋陪同副局长揭晔参加《中国税务报》主编座谈会。

1月5日　省政府下发《关于继续执行地税系统经费管理办法的通知》（粤办函〔2011〕7号），明确广东省地税系统征收经费核定办法。

1月7日　全省地税第十期赴港培训工作总结会在香港召开。省局党组成员、总会计师苏振钿率领国际处、人事处及教育处人员参加。赴港学员所在的东莞市、江门市、顺德区局分管局领导也出席了会议。

1月11日　全省地方税务工作会议召开，省委常委、常务副省长朱小丹，省政府副秘书长李春洪，省局领导、局内各单位主要负责人，各市（区）局局长、办公室主任，各县（市、区）局局长出席会议。会上隆重表彰第一批优秀兼职教师，并为新选拔的第二批兼职教师颁发聘书。省局党组副书记、局长吴昇文，党组书记、副局长王南健等领导为兼职教师颁发证书和聘书；省局党组副书记、巡视员杨楚潮在颁发仪式上宣读通报、通知。

1月11日　社保费全责征收新系统在汕尾成功上线运行，标志着社保费升级改造项目取得阶段性成果。

1月12日　《关于赖小玲同志免职退休的通知》（粤地税任免字〔2011〕5号）广东省地方税务局决定：免去赖小玲同志的阳江市地方税务局副调研员职务，按规定办理退休；《关于杜添洪同志免职退休的通知》（粤地税任免字〔2011〕6号）广东省地方税务局决定：免去杜添洪同志的广州南沙开发区地税局局长职务，按规定办理退休。

1月13日　省局纳税服务处应邀参加第二届广东省政府公共服务论坛。广东省省情调查研究中心在论坛上发布的《2010年广东省地方服务型政府建设系列调研报告》和《广东省政务窗口服务满意度调研报告》显示，广东地税在被调查的全省18个窗口单位中，公众满意度综合得分排名第二（其中窗口环境评价方面位居第一）。

1月17日　省局党组成员、副局长杨朝峰一行莅临南海税务信息中心慰问信息中心全体干部职工。

1月17日　《关于林兆华同志职务任免的通知》（粤地税任免字〔2011〕7号）广东省地方税务局2010年12月28日决定：林兆华同志提任湛江市地方税务局局长，试用1年，免去其湛江市地方税务局副局长职务。

1月20日　广东省地方税收研究会、广东省国际税收研究会在省局9楼2号会议室召开2011年新春茶话会，"两会"顾问参加了会议。省人大常委会原副主任、地方（国际）税收研究会名誉会长黄伟鸿，省地方税务局副局长揭晔，省国税局国际税务处处长曾昭孔，省民间组织管理局副局长黎建波和省社科联专职副主席李旭明应邀出席会议并作讲话。"两会"秘书处汇报了2010年"两会"工作和2011年工作计划，大家对"两会"工作给予了充分肯定。

1月21日　省局纳税服务处在广东地税门户网站举办"年所得超过12万元个人所得税自行申报"专题在线访谈活动，围绕个人所得税自行申报的有关政策，与社会公众进行在线交流。

1月24日　《关于邓健儿等同志任职的通知》（粤地税任免字〔2011〕8号）广东省地方税务局2010年12月14日决定：邓健儿同志提任江门市地方税务局副调研员；刘爱萍同志提任江门市地方税务局副调研员。

1月27日　广东省办公厅、省经济和信息化委员会联合召开2010年广东省政府网站评估结果发布会，省局门户网站以87.1分的成绩名列省直部门第一名，实现2008年至2010年广东省政府网站评估"三连冠"。省局纳税服务处处长黄桂祥参加会议并作题为《全局共建　突出办事　持续发展　构建服务型税务网站》的报告。

1月28日　规费处向省物价局发送《关于解决市县级价格调节基金地税代征有关问题的函》（粤地税函〔2011〕68号）。

1月28日 《关于黄新发同志职务任免的通知》(粤地税任免字〔2011〕10号)广东省地方税务局2010年11月30日决定:黄新发同志任惠州市地方税务局调研员,免去其惠州市地方税务局副局长职务。

1月29日 《关于王中福、许振嘉同志职务任免的通知》(粤组干〔2011〕47号)中共广东省委组织部2011年1月19日决定:王中福同志任省地税局党组成员,免去许振嘉同志的省地税局党组成员职务;《关于陈韩晓等同志职务任免的通知》(粤组干〔2011〕94号)中共广东省委组织部2011年1月19日决定:许振嘉同志任省纪委、省监察厅派驻省经济和信息化委纪检组组长、监察专员,免去其省纪委、省监察厅派驻省地税局纪检组组长、监察专员职务。

1月30日 规费处与人社厅联合下发《关于认真做好〈关于完善企业职工基本养老保险继续缴费有关规定的通知〉实施工作的通知》(粤人社函〔2011〕297号)。

1月30日 《关于龚学泉等同志职务任免的通知》(粤地税任免字〔2011〕11号)广东省地方税务局2011年1月13日决定:龚学泉同志提任省地税局政策法规处处长,试用期1年,免去其省地税局政策法规处副处长职务;龙磊同志提任省地税局税政二处处长,试用期1年,免去其省地税局税政二处副处长职务;陈小东同志提任省地税局财务与装备管理处处长,试用期1年,免去其省地税局财务与装备管理处副处长职务;何革明同志提任省地税局机关服务中心主任,试用期1年,免去其省地税局机关服务中心副主任职务。

2月11日 省局党组书记王南健、总经济师杨荣华一行赴直属局、大企业管理局,与两局干部亲切座谈。王南健在充分肯定两局过去一年工作的同时,要求大企业管理局要进一步在省级层面上探索建立完善大企业管理与服务的新模式、新体制和新机制。

2月11日 省局副局长宋爱勤到科研所检查指导工作。

2月15日 规费处成立贯彻实施《社会保险法》专项工作组,开展贯彻实施《社会保险法》调研及工作布署。

2月15日 香港税务学会到省地税局与省地税局、省地方税收研究会和省国际税收研究会举行新春团拜会。省地税局局长吴昇文、省地税局党组书记王南健、省地税局副局长揭晔,省地方税收研究会会长鲁兰桂,副会长李贵、杨汉廷,省国际税收研究会会长黄炎光,副会长伍绍焕、谭惠坚,省地税局办公室、税政一处、税政二处、国际税务处、规费处、征管科技处和科研所等相关处室领导共40人参加团拜会。

2月16日 省局总经济师杨荣华到科研所检查指导工作。

2月18日 《关于刘昌祺同志免职退休的通知》(粤地税任免字〔2011〕14号)广东省地方税务局决定:免去刘昌祺同志的佛山市地方税务局副调研员职务,按规定办理退休。

2月18日至3月4日 国家税务总局科研所副所长靳东升带队到广东开展铁路运输营业税转增值税问题调研。

2月21日至22日 全国税务稽查工作会议在广西南宁召开。省局稽查局局长余振荣同志参加会议。会议总结了2010年全国税务稽查工作情况,提出了2011年全国税务稽查工作思路和要求。

2月21日至25日 财务装备处在汕尾、阳江市地税局召开2010年度财务决算报表汇审会,各市财务人员参加了会议。

2月24日 省局机关团委举办青年文化沙龙——“幸福地税,青年给力”专题大讨论。省局党组副书记、巡视员杨楚潮专程出席沙龙活动并作重要讲话;来自省局以及广州、珠海、佛山、东莞、惠州、清远等市局近50名青年代表,围绕“什么是幸福广东地税”、“如何建设幸福广东地税”、“青年如何给力幸福广东地税”等内容进行热烈讨论。

2月24日至25日 全省大企业税收管理工作会议在南海桃源楼召开,回顾总结2010年全省大企业税收服务和管理工作,交流探讨有关经验与做法,并对2011年大企业税收管理工作进行部署与安排。税务总局大企业管理司司长任荣发、省局书记王南健出席会议并作重要讲话。全省各市(区)分管大企业税务管理工作的局领导及征管部门负责人近70人参加会议。

2月28日 省局党组成员、总会计师苏振钿和机关服务中心主任何革明等会见广州市消防局政委林炳荣、处长李梅玲等一行,积极配合广州市消防局开门评警“大走访”活动;双方深入交流消防安全工作动态和先进经验。

2月28日 法规处牵头办理美国对华厨房架反补贴年度复查应对工作,得到国家商务部充分肯定。起草完成省地税系统涉税反补贴调查应对工作规范。

2 月 28 日至 3 月 1 日　在省局 9 楼 1 号会议室召开全省地税系统党风廉政建设工作会议。

2 月 28 日至 3 月 4 日　分别向珠海、梅州、肇庆、湛江、韶关、顺德 6 个 2010 年重点检查单位下发《税收执法检查处理决定书》,要求限时整改有关问题。

3 月 2 日　《关于何革明同志职务任免的通知》(粤地税任免字〔2011〕15 号)广东省地方税务局 2011 年 1 月 13 日决定:何革明同志提任省地税局直属税务分局调研员,免去其省地税局直属税务分局副调研员职务;《关于刘梓先同志免职退休的通知》(粤地税任免字〔2011〕16 号)广东省地方税务局决定:免去刘梓先同志的梅州市地方税务局副调研员职务,按规定办理退休。

3 月 3 日　信息中心与广东省信息工程有限公司在省局会议室举行"广东省地方税务局基层分局网络设备更换升级项目合同"签字仪式。该合同的签署标志着基层分局网络设备更换升级项目正式进入实施阶段,也标志着 2011 年度全省地方税务局网络升级改造拉开帷幕。

3 月 5 日　省局机关团委组织青年干部参加省直机关"创先争优促发展"青年服务月启动仪式。省委组织部副部长、省直工委书记罗东凯专程到现场咨询点看望慰问参加活动的省局青年干部,并指出"近年来省地税局团委工作开展有声有色,值得充分肯定"。

3 月 5 日　在省政府组织的扶贫开发"规划到户责任到人"工作评选中,省局以 98.8 分的成绩,被评为全省"红旗单位"。

3 月 8 日　法规处牵头启动 2011 年税收规范性文件清理工作(初步清理文件 2505 份)。

3 月 9 日　信息中心成立 IT 运维管理办公室。该办公室是有效开展运维工作的重要保障机制,它的成立是广东地税 IT 系统运维工作迈向成熟的一个重大里程碑。

3 月 10 日　《关于成志杰等同志职务任免的通知》(粤地税任免字〔2011〕18 号)广东省地方税务局 2011 年 2 月 24 日决定:成志杰同志任云浮市地方税务局总经济师,免去其云浮市地方税务局稽查局局长职务;免去周石南同志的云浮市地方税务局总经济师职务。

3 月 11 日　省局印发《关于 2010 年全省地税系统开展面向纳税人税法宣传辅导活动情况的通报》(粤地税函〔2011〕137 号)。据统计,2010 年全省地税系统共举办面向纳税人税法宣传辅导活动 2301 场次,参与人员 30 余万人。

3 月 14 日至 4 月 2 日　省局在广东税务干部学院举办军队转业干部培训班,来自全省地税系统的 49 名军队转业干部参加了培训。

3 月 14 日至 6 月 21 日　省局在广东税务干部学院举办 4 期公务员初任培训班,来自全省地税系统的 370 名初任公务员参加了培训。

3 月 15 日　春季学期开学典礼暨新进公务员宣誓仪式在广东税务干部学院隆重举行。省局党组副书记、巡视员兼广东税务干部学院院长杨楚潮出席开学典礼和宣誓仪式,为公务员出任班、军转干班和兼职老师班共 141 位学员讲授第一课。

3 月 15 日　全省地税文化建设工作座谈会在阳江召开,专题研究地税文化建设"十二五"纲要。

3 月 17 日　全省地税稽查工作会议在佛山市召开,省局党组书记、副局长王南健,省局党组成员、副局长宋爱勤,省局党组成员、纪检组长王中福,省局有关处室、稽查局领导和各科负责人,各市局分管稽查工作的领导、稽查局长,以及省检察院、公安厅的代表参加了会议。王南健、宋爱勤和王中福作重要讲话。王南健要求各级地税部门领导要充分认识稽查工作的作用和地位,指出当前制约稽查工作发展的难题,并提出破解的办法。

3 月 17 日　与财政厅、教育厅、人社厅共同下发《关于贯彻落实广东省地方教育附加征收使用管理暂行办法的意见》(粤财综〔2011〕58 号)。

3 月 17 日　广东地税市局横向联网安全防护加固项目启动会在省局召开。本项目是省地税第一个覆盖全省范围的网络安全加固项目,填补了地税业务网络最大的安全漏洞,有助于提高广东地税业务专网的防护水平。

3 月 19 日至 27 日　组织全省各市 50 名法规业务骨干到扬州税务培训学院进行"关于行政复议、行政应诉工作"培训。

3 月 22 日　省局印发《关于进一步加强社保费征缴前台服务工作的通知》(粤地税函〔2011〕163 号),要求各级地税部门注意预防和化解社保费征缴工作矛盾,提升窗口服务质量,维护征纳和谐关系。

3 月 22 日　大企业管理局、科研所在佛山市三水区地税局联合召开专业化税源管理新模式调研会,交流探讨了专业化税源管理的经验和做法。

3 月 23 日　全省地方教育附加开征工作会议召开,局长吴昇文、副局长李华东作重要讲话,各市局分管规费工作副局长、规费科(处)长参加会议。

会议部署了地方教育附加开征各项工作,分析了当前社保费全责征收工作存在的问题,并提出了解决措施及要求,布署了下一步工作。

3月23日 省委组织部大规模培训干部检查组组长、干部培训处副处长张俊棉一行莅临省局检查指导工作,召开大规模培训干部考核座谈会并进行加快转变经济发展方式学习情况现场抽考。省局党组副书记、巡视员杨楚潮代表省局党组向检查组汇报省局2010年以来大规模培训干部工作情况。

3月24日 局务会议讨论同意将2010年清理的655份税收规范性文件上报省法制办审查。

3月24日 省局党组会议讨论通过纳服处提交的《广东省地方税务局网站"局长信箱"栏目管理办法》、《广东地税12366纳税服务系统运行维护管理办法》,并决定于4月中旬发文执行。

3月24日 规费处下发《关于召开全省开征地方教育附加工作会议的紧急通知》(粤地税办函〔2011〕12号)。

3月25日 收入规划核算处在省局召开全省地税系统收入规划核算工作会议,下达2011年的税收收入任务,部署全年收入规划核算工作。会议由各市地税局、省局直属分局收入规划核算部门负责人及分管收入规划核算工作的局领导参加。吴昇文、李华东对全省收入规划核算工作作了重要指示。

3月25日 《关于庞信城同志免职的通知》(粤地税任免字〔2011〕19号)广东省地方税务局决定:免去庞信城同志的惠州市地方税务局稽查局局长职务。

3月28日 固定资产管理系统开发及推广项目获准立项管理。项目由财务装备处牵头,成员由财务装备处、信息中心、服务中心及广州、肇庆借调人员组成。

3月30日 "广东省地方税务局信息安全服务项目"和"广东省地方税务局信息化设备维护及计算机机房监控服务项目"成功举行合同签字仪式。

3月30日 直属分局召开2011年党风廉政工作会议。省局纪检组长王中福、总经济师杨荣华出席会议。

3月31日 完成全省社会保险费申报前置审核软件推广工作。

3月31日 财务装备处在省局召开地方政府性债务核对会议,审计署广州特派办派员参与审核,韶关、湛江等市工作人员参加会议。

3月31日 《关于梁灼权等同志任职的通知》(粤地税任免字〔2011〕21号)广东省地方税务局2011年2月24日决定:梁灼权同志任韶关市地方税务局副调研员;杨成祥同志任韶关市地方税务局副调研员。

第二季度

4月1日 《关于吴昇文同志职务任免通知》(粤组干〔2011〕232号)吴昇文同志任省地税局巡视员,免去其省地税局党组副书记职务。

4月1日 全省地税系统举办以"走进地税,了解税收"为主题的"地税开放日"活动。全省21个市局、125个县(市、区)局在同一时间向社会敞开大门,广邀社会各界人士走进地税局,通过座谈、参观、体验等形式,深入、全面了解地税工作,并对地税工作建言献策。

4月1日 省局与广州市局联合举办"A级企业座谈会"。

4月1日 省地税局召开省局机关开展"创先争优促发展"主题实践活动动员大会。

4月1日 省局召开A级纳税人代表座谈会,同时启动税收宣传月暨"地税开放日"活动。省局、广州市局领导以及有关部门负责人与19家纳税信用A级企业代表,围绕促进税收信用体系建设,改进税收管理与服务等问题进行了深入交流。

4月1日 社保申报前置审验系统在珠海成功上线。至此省地税有16个市引入了社保费申报前置审核校验机制,这标志着系统推广工作基本完成。

4月1日至30日 省局开展"送税法进机关"活动,向各级党政领导干部赠送税法知识读本、税收知识书籍、报刊等。

4月7日至15日 省局召开全省地税系统党建和思想政治工作座谈会。

4月8日 省局副局长宋爱勤、纳税服务处副处长刘柯赴北京参加全国注册税务师行业党建工作座谈会。

4月8日 省局稽查局正式启用网络版查账软

件——计算机辅助查账系统1.0，并成功导入了某企业的两个财务账套数据进行分析。

4月11日　“广东地税定点联系企业专业化管理信息系统”业务需求分析会第一次会议在大企业管理局召开，标志着“广东地税定点联系企业专业化管理信息系统”开发工作正式启动。

4月12日　《关于胡泽民同志任职的通知》（粤地税任免字〔2011〕22号）广东省地方税务局决定：胡泽民同志兼任广东省地税干部进修学校校长。

4月13日　省局印发《关于全省地税系统办税服务厅评估情况的通报》（粤地税函〔2011〕225号），广州南沙开发区地税局第一税务分局办税服务厅等53个单位被评为“全省地税一级办税服务厅”。

4月14日　《关于陈德亮同志职务任免的通知》（粤地税任免字〔2011〕23号）广东省地方税务局2011年3月22日决定：陈德亮同志任阳江市地方税务局副局长，免去其阳江市地方税务局总会计师职务。

4月14日　省局教育处组织全省地税系统机关干部进行时事政治和业务知识考试，全系统共有14105名干部参加考试。

4月14日至30日　针对大学生就业，省局联合共青团广东省委，在中山大学等7所高校开展“大学生创业促就业政策宣传”活动。

4月15日　2011年第1期（总第30期）“南粤金税”全省发票统一抽奖活动在省局举行。由珠海竹苑门诊部开出的一张面额90.40元的电子发票中得特等奖（25万元）。据统计，本期参与抽奖的发票总计1136.7万张，与上期基本持平。

4月16日至25日　省局组织各市局有关人员对全省地税系统教育培训工作进行一次大规模的检查调研。省局领导高度重视，党组副书记、巡视员杨楚潮在检查出发前召集检查组人员作动员和部署。

4月18日　《广东省地方税务局信息系统运行维护管理办法（试行）》发布。

4月21日　组织召开“省级社会保险基金财务核对管理”联席会议，省财政厅、省审计厅、省人社厅、省社保局的分管局领导及相关工作人员参加了会议。

4月22日　《关于黄锡深同志任职的通知》（粤地税任免字〔2011〕25号）广东省地方税务局2011年4月19日决定：于黄锡深同志兼任广东省地税干部进修学校副校长，试用期1年。

4月25日22点整　省局新版门户网站正式切换上线，正式对外提供服务，标志着历时6个月的改版工作圆满完成，局长王南健和副局长宋爱勤对网站成功上线先后作出重要批示。

4月25日至30日　国家税务总局财产和行为税司司长陈杰到广东省就加强房地产开发企业税收管理，完善土地增值税相关政策等工作进行专题调研，并召开座谈会。省局主管局领导、一处、稽查局有关人员及广州等部分市局分管局长、税政科（处）长参加了座谈会。

4月25日至5月6日　大企业管理局联合属地征管机关，联合走访33户总局定点联系企业在广州的二级成员单位，向企业介绍了大企业管理局的工作职责和工作情况，了解了企业的经营状况，并与企业的高层管理人员就一些具体涉税问题进行了沟通与交流。

4月26日　《关于杨荣华、苏振钿同志任职的通知》（粤人社发〔2011〕110号）广东省人民政府2011年4月26日决定：任命杨荣华同志为广东省地方税务局总经济师；任命苏振钿同志为广东省地方税务局总会计师。《关于王南健、吴昇文同志职务任免的通知》（粤人社发〔2011〕122号）广东省人民政府2011年4月26日批准：任命王南健同志为广东省地税局局长；免去吴昇文同志的广东省地税局局长职务。

4月26日　全国税务系统纳税服务工作会议在广西南宁召开。省局副局长宋爱勤和处长黄桂祥参加，省局纳税服务处提交的《全局共建　突出办事　打造纳税人满意的网上服务平台》作为经验材料在会上进行交流。

4月27日　为期18天的广东省地税系统内审业务骨干培训班在南京审计学院举办，全省地税系统57名内审业务骨干参加了培训。

4月27日　统一工作平台和OA系统新版首页在“一省四市”成功上线，使工作信息的传递和处理更加方便和快捷，提高了办公效率。

5月5日至7日　召开全省地税系统政策法规工作会议，总结上一年度工作情况，部署下阶段工作，并交流了行政复议行政诉讼专题工作经验。

5月11日　省局印发《关于全省地税系统2011年第一季度面向纳税人税法宣传辅导活动情况的通报》（粤地税函〔2011〕298号）。据统计，2011年一季度全省各级地税部门组织开展各类税法宣传培训辅导活动505场次，参加活动的纳税人约5.2万人次。

5月11日　《关于郑小明同志任职的通知》

（粤地税任免字〔2011〕27 号）广东省地方税务局 2011 年 4 月 19 日决定：郑小明同志任惠州市地方税务局稽查局局长，试用期 1 年；《关于王玉昌同志任职的通知》（粤地税任免字〔2011〕30 号）广东省地方税务局 2011 年 4 月 19 日决定：王玉昌同志任汕头市地方税务局副调研员。

5 月 12 日 《关于林永锋同志任职的通知》（粤地税任免字〔2011〕28 号）：鉴于林永锋同志任职试用期已满，经考核，广东省地方税务局决定：林永锋同志任阳江市地方税务局局长，任职时间从 2010 年 4 月算起；《关于李喜妍同志任职的通知》（粤地税任免字〔2011〕29 号）：李喜妍同志任职试用期已满，经考核，广东省地方税务局决定：李喜妍同志任珠海横琴新区地方税务局副局长，任职时间从 2010 年 4 月算起。

5 月 13 日 省局纳税服务处、信息中心组织的 12366 系统优化工作取得阶段性成果，累计解决系统问题与建议 1449 条，问题解决率突破 90%，保证了全省统一的 12366 系统顺利运行。

5 月 16 日 转发国家税务总局《关于开展 2011 年税收执法督察工作的通知》（国税发〔2011〕54 号），启动 2011 年税收执法重点检查。

5 月 16 日 “广东省审计厅关于审计广东省地方税务局 2010 年度税收征管和部门预算执行情况审计意见反馈会”在省局召开，省审计厅副厅长何丽娟和审计组其他成员参加了会议。

5 月 16 日至 17 日 2011 年广东地税科研工作会议在南海召开。会议传达了 2011 年全国税收科研工作会议精神，总结了“十一五”时期全省地税科研工作，研究规划了“十二五”时期科研工作，布置了 2011 年科研工作。省局党组书记、局长王南健对全省地税科研工作作出了重要批示，省局副局长揭晔作了讲话。会议期间还举办了第七届岭南财税论坛，邀请财政部财科所所长、教授贾康就“个税改革：如何真正为藏富于民创造条件”进行演讲。

5 月 16 日至 20 日 省局稽查局在肇庆市举办全省地税稽查系统资本交易项目专项检查业务培训班，全省地税稽查系统近 70 名业务骨干参加了培训。

5 月 17 日 广东地税统一工作平台试点工作总结暨推广应用部署动员会在省局召开，省局参加领导有王南健、罗与洪、杨朝峰、王中福、苏振钿、朱汉锋。省局各单位主要负责人，各市（区）局分管领导、办公室主任、信息科（处）长参加了会议。

5 月 18 日 《关于庞信城等同志职务任免的通知》（粤地税任免字〔2011〕32 号）广东省地方税务局决定：庞信城同志任省地方税务局稽查局副调研员；免去郑小明同志的省地方税务局稽查局副调研员职务。

5 月 19 日 《关于张楚标同志免职退休的通知》（粤地税任免字〔2011〕35 号）广东省地方税务局决定：免去张楚标同志的广州市地方税务局副巡视员职务，按规定办理退休。

5 月 20 日 发出《关于报送广东省地方税务局 2010 年政府采购工作自查情况的函》（粤地税函〔2011〕315 号），省局机关服务中心根据（粤财采购〔2011〕6 号）要求，制订了政府采购工作自查方案，并向省财政厅、省监察厅、省审计厅报送省局 2010 年政府采购工作的自查情况。

5 月 20 日 省治贿办一行 4 人在省监察厅副厅长（正厅级）、省治贿办主任陈伟东的带领下，到省局检查治理商业贿赂和调研市场诚信体系建设情况。

5 月 23 日至 24 日 省局党组副书记、巡视员杨楚潮率队到梅州五华县棉洋镇美光村开展扶贫开发“双到”工作。

5 月 25 日 直属分局办税服务大厅被评为“全省一级办税服务大厅”。

5 月 31 日 茂名市地税局所有基层单位成功切换至新的扁平化网络架构下，提前完成了测试第一阶段的目标，标志着市局网络扁平化改造及核心重构测试项目取得阶段性成果。

6 月 1 日 省局副局长李华东带领规费处会同省残联理事长宋卓平、省委办公厅督查室副主任罗长城赴珠海召开现场协调会，与珠海市副市长邓群芳和有关部门协调，研究解决珠海全面开征残保金问题。

6 月 2 日 全省地税稽查系统税务行政执法与刑事司法相衔接工作座谈会在清远召开。省局稽查局领导、省检察院反渎职侵权局、侦察监督一处、省公安厅经侦局有关领导，以及广州、珠海、佛山、东莞、中山、江门、清远、韶关 8 个市地税稽查局局长和省局稽查局有关人员约 50 人参加了会议。

6 月 2 日 全省发票管理办法师资培训班在南海举办。省局相关部门人员、各市局征管科（处）长和业务骨干 100 多人参加了培训。

6 月 9 日 广东省地税系统处级领导干部“发扬革命传统，坚定理想信念”研修班在中国井冈山干部学院隆重开班，来自全省地税系统的各市（区）局局长、省局各处室及直属单位主要负责人约 40 人参加。

6月10日 财务装备处下发《关于明确全省地税系统基建项目立项前审核有关事项的通知》(粤地税函〔2011〕398号)。

6月10日 5户金融保险业省局定点联系企业及粤电集团将自评软件“上报包”报送至大企业管理局及属地征管机关。企业自评阶段工作完成,进入税务机关复核阶段。

6月17日 全省地税系统公务用车问题专项治理工作部署会在省局召开。省局参加领导有王中福、苏振钿、朱汉锋,各单位1名负责人和各市、区局纪检组长、机关服务中心主任,以及省局公务用车问题专项治理工作领导小组办公室成员参加了这次会议。

6月17日 省直机关工委副书记姚楚旋带领“创先争优促发展”主题实践活动指导组到省局检查指导。

6月18日至22日 副巡视员伍绍焕带队与省编办、省局人事处组成联合调研小组,以广州、江门为调研单位,对全省社保费征管人力资源情况进行调研。

6月21日 《关于蒋安平等同志任职的通知》(粤地税任免字〔2011〕37号):蒋安平、熊保利两位同志任职试用期已满,经考核,广东省地方税务局决定:蒋安平同志任省地方税务局信息中心主任;熊保利同志任省地方税务局大企业税收管理局副局长。以上两位同志的任职时间从2010年5月21日起算。

6月22日 省局大企业管理局局长刘通天带队,前往税务总局大企业管理司,将前一阶段定点联系企业税务风险自评软件上报总局审核,并汇报工作,了解相关要求。

6月22日 经省局机关党委推荐,直属分局党支部被中共广东省直属机关工委评为“省直机关先进基层党组织”。

6月23日 国际处及日方税务部门在北京就此两户企业的预约定价安排谈签举行第一次双边磋商,广东省地税系统首例双边预约定价安排谈签工作取得突破性进展。

6月26日 广东地税纪念建党90周年大合唱活动在广州市天河体育馆内隆重举行,该活动由省局主办、广州市局协办。来自全省地税系统的3500多名干部职工观看了演出。广东省委组织部副部长、省直属工委书记罗东凯,省局党组书记、局长王南健率党组班子成员杨楚潮、罗与洪、宋爱勤、揭晔、李华东、王中福、杨荣华、苏振钿参加活动。

6月28日 广东地税门户网站群各分站及“纳服网”改版项目通过审批,进入招投标阶段。该项目是省局门户网站改版工作的后续项目,也是《广东省地方税务局信息化项目管理办法(试行)》实施以后的第一个正式立项项目。

6月28日至7月1日 召开贯彻《社会保险法》东、西片区座谈会。会议对广东省7月1日正式实施《社会保险法》后需要注意的问题提出了要求,通报了7月1日起社保费征收、加收滞纳金等业务变化、系统修改的情况,以及近期省局与省人社厅就如何贯彻实施《社会保险法》形成的会议纪要;明确了全省贯彻实施《社会保险法》采取分期过渡的办法逐步落实;对《社会保险法》实施后人社及地税两部门职能的分工、责任的分解进行了深入的讨论研究。

6月29日 广东省国家税务局、广东省地方税务局第四次联席会议在省局召开。省委常委、常务副省长朱小丹,省政府副秘书长李春洪和省国地税领导、有关单位主要负责人参加了会议。

至6月30日 稽查部门积极配合公安部门开展假发票“卖方市场”的打击整治工作,查处一批发票犯罪大要案件。同时,认真开展虚假发票“买方市场”整治工作,1月至6月,全省检查企业547户,查处违法企业33户,涉及非法发票6757份,涉及金额2727.69万元,查补税款、加收滞纳金、罚款合计204.45万元。

6月30日至7月2日 由国家税务总局主办、省局科研所承办的“混合税制下个人所得税征管研究”课题开题会在肇庆召开。国家税务总局科研所办公室主任李平、理论政策研究室主任石坚,以及来自北京、江苏、湖北、海南、杭州、厦门7省市课题会成员近30人参加会议,会议由总局科研所办公室主任李平主持,省局副局长揭晔到会看望了会议代表。

6月至9月 2010年度企业所得税汇算清缴各项工作顺利完成。据统计,2010年度(不含深圳)共约有17.76万户参加企业所得税汇算清缴,增长37.57%。2010年企业所得税汇算清缴采取了以下措施:改进管理方式、完善电子申报,优化办理流程、提高服务质量,切实抓好汇算清缴事前、事中、事后各环节服务和管理工作。

6月至11月 省局切实落实2010年度企业所得税优惠备案项目核查工作制度,补充核查要点,加强督促落实,确保优惠政策贯彻落实到位。据统计,全省2011年共对7148户管户进行核查,补缴税款

2306 万元，增长 3.57 倍。

6 月至 12 月 全省地税系统通过做好新个税法宣传、征管系统软件修改、纳税服务、内外部培训等工作，实现了新个人所得税法的平稳实施，全省有 434 万人不用再缴纳工资薪金个人所得税，广大纳税人的权益依法得到保障。

第三季度

7 月 1 日 省局组织的韶关等 15 市广域网带宽升级项目顺利竣工，基层分局信息化步入快车道。本次带宽升级项目的成功完成标志着 2011 年度规划的广东地税全省网络升级改造取得阶段性成果，同时为后续工作打下良好基础。

7 月 5 日至 8 日 省局在国家税务总局扬州税务进修学院举办定点联系企业税务风险管理培训班，中化广东、建设银行等 45 户总局定点联系企业广东成员企业和广发银行、广东建工等 30 户省地税局定点联系企业主管财务领导近 45 人参加了培训。国家税务总局大企业税收管理司司长任荣发出席开班典礼并为学员授课，省局党组成员、副局长李华东作开班动员。

7 月 7 日 省局党组成员、副局长李华东赴北京参加税务总局召开的部分地区大企业税收管理工作座谈会，研究如何开展大企业专业化管理试点工作。

7 月 11 日 省局党组研究确定现阶段广东地税 12366 热线以“省局主导、市局集中”的服务模式运营，要求省、市两级按照职责分工，加强 12366 热线的建设与管理工作。

7 月 15 日 2011 年第 2 期(总第 31 期)“南粤金税”全省发票统一抽奖活动在省局举行，珠海德顺轩饮食有限公司开出的一张面额 45 元的电子发票，中特等奖(25 万元)。据统计，本期参与抽奖的发票总计 1188.29 万张，比上期略增 4.54%。

7 月 18 日 省局局长办公会议审议通过《广东省地方税务局规范税务行政处罚裁量权实施办法(审议稿)》。8 月 9 日，启动规范税务行政处罚裁量权试点工作。在收集整理 8 个试点单位及其他市局意见和建议的基础上，对试点版的《实施办法》进行修改完善，提请省局局长办公会议审议通过，并于 12 月 21 日正式发布《广东省地方税务局规范税务行政处罚裁量权实施办法(试行)》。

7 月 19 日至 20 日 科研所在云浮市地方税务局召开广东地税文学创作座谈会，省局党组成员、副局长揭晔，省作协副主席杨克出席会议并讲话。会议邀请黄天骥、朱子庆、世宾、马莉等专家学者进行授课并点评，全省地税系统 30 多位获奖作者参加了会议。

7 月 27 日 全省地税系统纳税服务工作会议在省局召开，传达全国税务系统纳税服务工作会议精神，总结 2009 年以来全省地税系统纳税服务工作情况，研究和部署今后一段时期的纳税服务工作。省局党组书记、局长王南健，党组成员、副局长宋爱勤，省局机关各部门负责人，各市局“一把手”、分管纳税服务的局领导以及纳服部门负责人参加了会议；总局纳服司处长郝军辉和省国税局纳服处处长彭妙群应邀出席会议。

7 月 27 日至 28 日 省局在中山市召开全省加强存量房税收征管工作会议暨全省税政工作会议，省局领导，省财政厅、省住建厅等单位代表，省局有关处室主要负责人及相关人员，各市(区)局局长、分管局领导及税政科(处)长等参加会议。省局党组书记、局长王南健，党组成员、副局长揭晔对全省加强存量房税收征管工作和全省税政工作作重要指示。

8 月 1 日 省局党组成员、副局长杨朝峰在省局党组会议室主持召开“建设应用系统稳定运行体系”专题会议。

8 月 17 日 国家税务总局召开全国系统视频大会，对全国税务系统纪检监察先进集体和先进工作者进行表彰，驻省地税局纪检组监察室荣获“全国税务系统纪检监察先进集体”称号。

8 月 19 日 应对墨西哥对华阿莫西林产品反补贴调查。

8 月 22 日 广东省地方税务局关于地方税收发票网络开具的管理办法》(简称《办法》)(广东省地方税务局 2011 年 2 号公告)颁布实施。该《办法》是全国首个经省政府法制办审查通过的网络开具发票管理办法，《办法》的出台，标志着广东省内网络开具地方税收发票有章可循。

8月23日　广东地税发票在线应用系统启用专用域名 http://fp.gdltax.gov.cn，从根本上解决了大数据量下载、高峰期网上申报等业务挤占发票在线应用系统互联网出口带宽问题，实现预期目标。

8月30日　顺德区地方税务局成立全职能的大企业征收管理税务分局，开展大企业税收专业化管理试点改革。

9月1日　社保费全责征收优化改造项目第二阶段功能模块在汕尾成功上线运行，标志着社保优化项目主要目标基本实现。

9月1日至7日　2011年广东地税系统党支部书记培训班在辽宁税务高等专科学校开班，并圆满完成学业。这次培训是广东地税系统深入学习贯彻胡锦涛总书记在庆祝中国共产党成立90周年大会上重要讲话精神，进一步推动机关党建工作的科学化水平的一项重要举措。学习培训内容包括胡锦涛总书记重要讲话主要精神解读、新形势下的税务文化建设、学习型党组织建设、信息时代的人本管理、危机管理与突发事件应对等。省局党组副书记、巡视员、机关党委书记杨楚潮参加培训，并作动员讲话。省局机关及基层部分单位党支部书记共50多人参加了培训。

9月5日　启动2011年省局税收执法重点检查工作，开始对广州、佛山、汕头、潮州、河源5个市局进行实地检查。

9月8日　发票在线数据利用平台上线应用。上线内容包括电子发票查询（发票明细查询、防伪码验证、电子发票扫描识别、一户式查询、抵减发票查询、取得发票查询、开票参数查询、发票库存查询、开票状态查询、关注户查询）、电子发票统计报表（发票在线用户统计表、电子发票开具情况报表）两大部分。发票在线数据利用平台具备发票数据查询、统计、分析功能，可全程监控纳税人发票使用情况，实现票表比对，进一步规范了日常税收征管工作。

9月10日　下发《关于明确提请省局审批减免税若干问题的通知》，完善减免税审批工作有关流程。

9月20日　广东地税数据交换平台开发集成和维护项目启动会召开。该平台将优化广东地税的应用系统数据分布架构，规范数据交换服务，从而推进数据资源的合理利用，为资源整合工程提供重要支持，全面打造数字地税。

9月20日　省局局长办公会议研究审议通过《广东省地方税务局纳税服务工作联席会议制度》和《广东地税12366纳税服务热线管理办法》。《广东省地方税务局纳税服务工作联席会议制度》规定纳服联席会议原则上每季度召开一次，由"一把手"任第一召集人，分管纳服工作的局领导任召集人，省局各处室、直属单位为会议参加单位。联席会议主要研究内容包括具有较强代表性和倾向性的纳税人反映诉求典型案例及问题归集，省局网站"局长信箱"和"服务投诉"栏目内容摘要及处理情况通报，以及持续推进纳税服务工作方面存在的困难及问题。《广东地税12366纳税服务热线管理办法》围绕现阶段广东地税12366热线以"省局主导、市局集中"的服务模式运营工作要求，从服务范围、职责分工、业务流程和后台管理监控、人员培训、保障措施、考核评估、应急处理等方面进一步规范12366热线的服务与管理工作。

9月20日　省局向各市局下发《关于开展全省地税系统门户网站群分站改版工作的通知》（粤地税函〔2011〕685号），对网站群分站改版工作做出具体安排和部署，并提出相关要求，正式启动市局分站改版工作。

9月23日　省局内审处被授予"全省内部审计先进集体"荣誉称号，省局党组成员、纪检组长王中福作出批示肯定内审处工作："内审处被评为先进集体（省直厅局共两个）值得祝贺，望再接再厉，各项工作不断上新台阶。"

9月26日至28日　由国家税务总局税科所主办、省局科研所承办的2011年部分省市区税收科研机构座谈会在江门市举行，省局党组成员、副局长杨朝峰出席会议。国家税务总局税科所副所长靳东升、人事司高存玉（处长），以及各省市代表共22人参加会议。

9月底　全省地税系统持续开展3个月的纪律教育学习月活动圆满结束。活动中，省局通过"教育培训系统"组织全系统干部开展预防渎职知识考试，组织省局机关副处以上干部参加省纪委部署反腐倡廉知识竞赛，开展以"读廉洁书籍，扬清风正气"为主题的"廉洁读书月"活动等一系列活动，进一步增强了干部职工廉洁意识。

第四季度

10月8日 国家税务总局在湛江召开涉税反补贴工作座谈会，讨论通过《广东省地方税务系统应对国外涉税反补贴调查工作规范》（试行）。

10月8日 下发《关于开展教育费附加和地方教育附加分析评价工作的通知》（粤地税发〔2011〕129号），在全省范围内开展“两费”分析评价工作。

10月8日 承办国家税务总局在湛江召开的涉税反补贴工作座谈会。向会议提交的《广东省地方税务系统应对国外涉税反补贴调查工作规范》（试行）获得通过。

10月10日至23日 省局组织全省系统纪检监察干部41人，参加由中纪委纪检监察学院举办的纪检监察业务培训班，重点进行纪检监察专业知识培训。培训取得较好效果，纪检监察干部综合素质得到进一步提升。

10月12日 国家税务总局党组成员、副局长丘小雄莅临广东南海税务信息处理中心视察指导工作，并对广东地税信息化工作取得的成绩给予高度评价。

10月12日 下发《关于确保落实公务用车专项治理有关工作的通知》（粤地税函〔2011〕739号）。

10月13日 召开全省地税系统队伍建设工作会议，贯彻落实省委十届九次会议和国家税务总局队伍建设会议精神，总结交流队伍建设经验，研究部署下一阶段队伍建设工作任务。

10月17日 《关于下发社会保险费银行扣划文书及说明的通知》（粤地税发〔2011〕144号）下发执行。

10月17日 2011年第3期（总第32期）“南粤金税”全省发票统一抽奖活动在省局举行。佛山市南海区九江房地产交易中心开出的一张面额25元的电子发票，中特等奖（25万元）。据统计，本期录入参与抽奖的发票总计1129.13万张，与上期相比，参与抽奖的发票总量减少4.98%。

10月20日 根据《国家税务总局关于大企业税收专业化管理试点工作的意见》（国税发〔2011〕105号），广东地税等18个省市国地税作为试点单位，结合税源专业化管理试点工作的具体要求，进一步探索大企业税收专业化管理模式。

10月21日 “广东地税定点联系企业专业化管理项目”启动暨合同签订仪式在南海信息处理中心举行，大企业税收管理信息化建设进入攻坚阶段。

10月25日 省局信息中心成功实现实时记录纳税人开票网络地址信息的功能。本次系统调整工作，为相关部门追查假发票源头提供了技术解决方案，完善了发票在线系统数据收集与利用的功能，提升了数据管税的水平。

10月28日 省国、地税局在珠江宾馆联合举办“民营企业税务风险和防范途径”税法宣传培训班，进一步落实深化国、地税合作要求，正式启动国、地税联合开展税法宣传和培训辅导工作，300多名企业财会人员参加了活动。

10月28日至29日 省局信息中心成功组织实施广东地税2011年度信息系统灾难应急演练，验证了广东地税关键应用系统容灾机制的有效性，提高了业务人员和技术人员的风险防范意识，锻炼了应对突发事件的能力。

11月2日至3日 国家税务总局在省局南海信息处理中心召开“网络发票管理研究课题”专题会议。国家税务总局征管和科技发展司副司长赵福增及有关人员，以及广东、深圳、江苏、青岛、浙江、陕西省市国家税务局，广东、陕西、深圳、江苏、江苏淮安、浙江省市地方税务局主管发票工作的处长及有关人员参加了会议。省局党组成员、副局长杨朝峰出席会议并介绍了广东省推行网络发票的经验。各地对如何在全国范围内推行网络发票进行了热烈的讨论。会议决定，由省局牵头研究编写全国“网络发票管理研究课题”。

11月3日至18日 省局成立4个检查组，在全省开展防范征管执法风险工作检查，检查的主要内容：《广东省地方税务局“大集中”系统权限管理暂行办法》的贯彻落实情况；针对登记、申报、核定等征管风险点的防范情况；落实个体税收优惠政策的情况。通过检查整改，进一步降低了征管执法风险。

11月4日 应对加拿大对华不锈钢洗手盆反补贴调查案。

11 月 4 日　税源综合管理平台交接仪式在省局举行。省局党组成员、副局长罗与洪，党组成员、副局长杨朝峰，税源综合管理平台接收及试点工作组、广州市局相关人员参加了交接仪式。至此，广州市税源综合管理平台正式交与省局。

11 月 7 日至 9 日　省局党组成员、副局长李华东及收入规划核算处有关人员参加国家税务总局于北京召开的全国部分省市组织收入工作会议。会议通报了全国组织收入形势，并针对经济增长放缓的现实，对 2011 年后两个月的组织收入工作进行了部署。

11 月 15 日至 17 日　由中国国际税收研究会主办、省地税局和省国际税收研究会承办的"2010 至 2011 年全国国际税收理论研讨会"在南海南国桃源楼举行。中国国际税收研究会会长郝昭成，省局党组书记、局长王南健，党组成员、副局长揭晔，巡视员吴昇文及全国各省市区代表共 130 多人参加。

11 月 16 日　广东省地方税务局网络扁平化改造及核心重构项目启动会在广东南海税务信息处理中心召开。该项目的实施适应了县区局信息机构弱化和基层分局机构调整的现状，解决了网络设备老化的问题，满足了业务的发展。

12 月 1 日　广东地税门户网站群 22 个市局新版分站正式切换上线，标志着广东地税门户网站群改版工作全面上线成功。

12 月 6 日　《广东省地方税务局关于"南粤金税"发票抽奖的暂行办法》（简称《办法》）（广东省地方税务局 2011 年 5 号公告）颁布实施。按照《办法》的规定，全新的发票抽奖方式于 2012 年起启动。

12 月 8 日　省局局长办公会议研究审议通过《广东省地方税务系统行政效能及纳税服务投诉管理办法》和《广东地税门户网站群工作办法》。《广东省地方税务系统行政效能及纳税服务投诉管理办法》内容主要包括总则、机构设置和分工、受理范围和要求、办理程序和方式、监督管理和问责、附则等。该《办法》融合了行政效能及纳税服务投诉办理的相关规定，具有一定的创新性，需要监察和纳服部门合力执行，也需要其他部门的密切配合。《广东地税门户网站群工作办法》主要围绕 2011 年全省地税网站群进行全面改版升级的工作要求，进一步明确系统网站的"主站"（省局）及"分站"（各市局等）运作模式、职责分工、协调联动、运维流程、账号管理、监督考核及人员经费等日常运维工作提出具体要求。

12 月 7 日　省财政厅、省国税局、省地税局联合下发《关于调整增值税和营业税起征点的通知》（粤财法〔2011〕109 号），规定从 2011 年 11 月 1 日起，按次纳税的营业税起征点调整为每次（日）营业额 500 元；按期纳税的营业税起征点调整为月营业额 20000 元。

12 月 8 日　与省人社厅、省民政厅、省财政厅、省卫生厅联合下发《关于请审查〈关于切实解决早期下乡知青社会保险问题的通知〉的函》（粤人社函〔2011〕5209 号）。

12 月 13 日　省局与广东移动、电信、联通三大运营商在省局举办发票兑奖话费充值业务合作协议签约仪式。省局党组书记、局长王南健，党组副书记、巡视员杨楚潮，党组成员、副局长宋爱勤，党组成员、副局长杨朝峰，以及三大运营商的领导班子共同出席签约仪式。中央电视台和省内各大媒体对全新发票抽奖方式进行了播报。

12 月中旬　省局纳税服务处荣获国家税务总局颁发的全国"我在办税服务厅"征文活动组织奖。

12 月 13 日至 17 日　国家税务总局在南海桃源楼举办全国税务系统大企业税收管理培训班，全国各地国、地税大企业管理部门及海洋石油分局负责人合计约 100 人参加了培训。国家税务总局大企业管理司司长任荣发在开班典礼及结业仪式上作重要讲话。省局党组成员、总经济师杨荣华致欢迎词。

12 月 14 日　省局与中国电信广东公司翼税服务项目合作签约仪式在广州电信广场举行。省局党组书记、局长王南健，中国电信广东公司党组书记、总经理陈德兴分别代表广东地税和广东电信签署《翼税服务项目合作协议》。双方领导班子共同见证了协议的签署。翼税服务项目是落实广东地税与中国电信广东公司《战略合作框架协议》的重要项目之一，是对广东地税现有纳税服务体系的有效补充，是构建服务型政府并且实现服务社会化的一种积极探索和创新。

12 月 19 日　统一工作平台和公文处理及辅助办公系统在广州上线应用，至此，统一工作平台项目各系统在全省上线完成，标志着广东地税信息资源整合升级工程取得重大成果。

12 月 19 日至 23 日　科研所在厦门市举办广东地税科研骨干培训班，省局党组成员、副局长揭晔出席会议并作动员讲话，省局及各市局共 30 多名科研骨干参加培训。

12 月 28 日　广东省地税局绩效管理指导专家证书颁发暨佛山市局绩效软件移交省局仪式召开。省局聘请复旦公共绩效与信息化研究中心为省局绩效管理指导机构，聘请复旦大学教授牛军钰、中山大学教授蔡立辉和广东省委党校教授李绥州为指导专家。佛山绩效管理软件使用权移交省局。

12 月 29 日 广东省国、地税 2011 年信息中心联谊活动成功举行。通过这次联谊活动，增加了彼此了解，增进了双方感情，促进了双方的交流和合作。

12 月 31 日 省政府出台《关于我省车船税征收有关事项的通知》（粤府〔2011〕150 号），明确了广东省车辆车船税的具体适用税额、公共交通车船减免、农村车辆减免及车船税申报纳税期限等问题，保证了《中华人民共和国车船税法》及其实施条例 2012 年 1 月 1 日起在广东省顺利施行。

12 月底 省纠风办对包括地税在内的 10 个执法部门进行民主评议政风行风，省地税系统的政风行风评议工作取得优异成绩，共有 10、5、3 个市局（深圳没有公布排名）分别取得第一、第二、第三名。

第 三 篇

全省地方税收工作

全省地方税收工作综述

经济概况

2011年,广东省生产总值52673.59亿元,比上年增长10%;人均生产总值50500元,增长8%。来源于广东的财政总收入达13668亿元,增长15.4%;地方财政一般预算收入5514亿元,增长22.1%。城镇居民人均可支配收入26897元,增长12.6%;农村居民人均纯收入9372元,增长18.8%。产业结构调整步伐加快,三次产业比重调整为5.1∶49.7∶45.2。消费、投资、出口拉动的协调性增强。社会消费品零售总额达20247亿元,增长16.3%;固定资产投资总额16933亿元,增长17.6%;出口总额达5319亿美元,增长17.4%,占全国1/4强。进出口总额9135亿美元,增长16.4%。

税收概况

[税费收入] 2011年,广东省地税系统累计组织税费收入6092亿元,增收1422亿元,增长30.4%,其中税收收入(含契税和耕地占用税)4248亿元,增收932亿元,增长28.1%。组织社保费1478亿元,增收305亿元,增长26.0%;组织其他费金366亿元,增收184亿元,增长127.7%。

[税收收入特点] 2011年,广东省地税局税收收入主要特点:一是税收增速呈前高后低走势。1~5月全省月度税收持续高位增长,5月达37.2%的年内最高增速。从6月起,税收月度增幅连续5个月大幅回落,至12月税收月度增幅略有回升。全年1~4季度税收增速分别为29.4%、29.7%、25.1%和6.3%。二是地方级税收增速快于中央级。中央级、省级和市县级税收收入分别为967.62、891.30和2128.72亿元,分别可比增长16.9%、20.2%和26.2%,其中省级税收收入占税收总额的比重上升。全省省级税收收入占总税收收入(剔除深圳)比重达32.7%,比上年提高4.8个百分点。三是地方小税种比重上升。营业税收入1424.99亿元,增长15.0%,对税收增收贡献率为25.5%;所得税(含企业所得税和个人所得税)收入1597.19亿元,增长16.7%,对税收增收贡献率为31.3%;地方小税种收入965.47亿元,占总税收比重24.2%,比上年提升4.3个百分点,增长48.7%,对税收增长贡献率为43.3%。四是税收收入区域分布进一步优化。税收收入主要集中在珠三角9市,欠发达地区税收收入比重提升、增速加快。广州、深圳等珠三角9市税收收入3512.74亿元,占全省总税收的88.1%,增长22.2%;其余12个市税收收入474.90亿元,占全省总税收的11.9%,比上年增加0.2个百分点,增速达24.2%,高出全省平均增速1.7个百分点。五是税收收入产业结构合理。全省三次产业税收依次为5.23、1267.90和2714.51亿元,分别增长2.3%、20.7%和23.4%。第三产业税收占税收总额的比重达到68.1%,比上年同期提高0.5个百分点。

[税收收入分析] 影响2011年全省税收收入增长的主要因素:一是全省经济稳中趋缓,是税收增速高位回稳的决定因素。广东省坚持加快转变经济发展方式,经济总体保持平稳运行,2011年全省地区生产总值增长10.0%,为税收增长提供了坚实的经济税源保障。二是2010年度企业效益良好,企业所得税汇算清缴、个人所得税工资薪金所得和利息股息分红均实现快速增长,带动2011年上半年税收快速增长29.6%。三是物价上涨助推税收较快增长。2011年全省居民消费价格总水平累计上涨5.3%,比上年提高2.2个百分点,物价上涨使全年税收增收超过224亿元,拉动税收增长6.9个百分点。四是税收增收政策影响:涉外企业征收城建税和深圳上调城建税税率,城建税收入高增107.9%,拉动总税收增长4.9个百分点,其中涉外企业城建税增收96.39亿元;受提高土地增值税预缴率、核定征收率翘尾因素影响,土地增值税收入快速增长55.5%,拉动税收增长3.2个百分点。五是全省地税系统狠抓组织收入中心工作不放松,推进征管改革,增强信息管税能力,落实税收政策,堵塞征管漏洞,强化依法治税,发挥税收检查稽查震慑作用,为年度税收实现较快增长提供有力保障。

全省税收增速下半年逐步回落主要因素:一是受原材料和人力成本持续上升、融资困难、国外需求不稳等因素综合影响,全省外贸出口进入下行通道,企业经营压力增大,利润增长持续低位运行,1~11

月全省工业企业利润总额仅增长4.1%，导致企业所得税增速逐月回落，其中9～12月连续4个月同比下降，明显影响总税收增速。二是受房地产调控措施及全省基础设施投资持续下滑影响，房地产营业税和建筑安装营业税分别低增9.7%和10.7%，均低于总税收增速。三是受税收减收政策影响：2011年9月1日起开始实施个人所得税新法，工资薪金扣除额提高到3500元，导致第四季度个人所得税收入同比下降16.4%，较1～3季度增速(31.2%)大幅回落47.9个百分点。

各项工作

[征管改革] 广东省地税局在广州税源综合管理平台基础上，制订了平台改造及试点推广方案。优化纳税评估方法和指标体系，深化第三方数据应用，全面启动行业评估模型建设，佛山等9个地市初步完成建筑安装、房地产等5个行业的建模工作。加快发票管理综合改革，推广发票在线应用，健全门前代开、电子发票查询等功能。出台网络开票管理办法，与广东电信合作建立翼税服务平台，与广东移动等三大运营商合作创新发票抽奖兑奖模式，实现电子发票的闭环管理。2011年底全省发票在线用户18.46万户，日开票最高达77万份，月开票最高达2000万份。积极探索大企业属地主管机关日常化管理和各级大企业管理部门专业化管理相结合的模式，夯实大企业税收管理基础。

[信息管税] 推进涉税信息交换与共享工作，与有关涉税部门协商细化操作办法，提请省政府对各地各部门落实情况开展检查，加大信息分类筛查和内外数据比对力度。共有14个市(区)由市政府出台贯彻落实《广东省涉税信息交换与共享规定(试行)》的实施办法，其他各市均不同程度地建立了涉税信息交换制度。强化征管质量分析监控，出台《"大集中"系统权限管理暂行办法》，上线应用"注销税务登记"等四大风险管理模块，开展对核心征管系统和税管员平台户籍数据比对清理。加大网报推广力度，网报率达87.6%，较2010年提升3.6个百分点。加强信息化建设一体化管理，完成统一工作平台在全省的推广应用，加快自助办税服务系统建设，实现契税、耕地占用税上线征收和社保数据前置审核。实施互联网业务安全加固项目，提高安全运维管理水平。

[纳税服务] 完善纳税人诉求搜集、分析和响应机制，实行第三方调查、服务评议，建立纳税服务联席会议制度等，妥善处理好纳税人诉求，全年全系统共受理纳税人有效投诉692件，办结率100%。加快办税服务厅规范化建设，优化窗口设置，简化办理程序，在2011年全省政务窗口评比中，广东地税综合满意度排名第二、窗口环境排名第一。升级改版门户网站，网站群日均访问量40万人次。推进"省局主导、市级集中"的12366热线建设，全年累计话务量244万次。举办宣传、辅导、培训等2400场次26万人次，其中"走出去"企业税收辅导会、大型企业税务风险管理培训班等反响良好。组织第四次省国地税联席会议，出台具体合作意见，确立和推进6大类20项合作事项。在不增加纳税人负担的前提下，探索纳税服务社会化途径，为纳税人提供翼税服务等更加方便优质的服务。

[税种管理] 做好企业所得税预缴工作，加大企业所得税申报数据审核和优惠备案项目核查力度，提高汇算清缴工作质量。推进年所得12万元以上个人所得税自行申报后续管理，提升全员全额明细申报质量，加强文化教育行业劳务报酬个人所得税征管。完善非居民企业所得税管理，规范外国企业代表处管理、纳税申报和核定征收。加强外籍人员税收档案管理，强化源头控管。扩大反避税调查的行业和范围，仅与韩国某跨国企业谈签的单边预约定价就成功防止上亿元税款流失。积极推进应用评估技术加强存量房交易税收征管工作，中山、顺德、深圳、清远、佛山、潮州6个市(区)全面完成上线应用任务，惠州、揭阳、河源、梅州4个市基本完成上线工作，其他各市也将于2012年完成。落实城建税扩围政策。按国家税务总局要求，2011年底前完成确定省车辆车船税使用税额标准、税收减免范围和征收期限的工作。完成契税、耕地占用税业务划转工作。合理调整房地产开发项目土地增值税预征率。实施对建筑业、房地产业的项目管理，全面推行货运发票税控系统。财行税以占税收收入总额28.9%的规模，贡献了55.5%的收入增量，实现"小税种，大贡献"。

[规范费金征管] 广东省地税局严格执行新社保法，建立健全省局、财政厅、人社厅三方对账制度和协调机制，明晰与人社厅职责分工。出台《社保费欠费管理办法》，对全省16.4万户欠费企业组织清缴，入库9.76亿元。出台《突发事件紧急预案》，妥善处理茂名露天煤矿职工等一批社保费欠费追讨集体上访事件。会同省财政厅等有关部门制订工作方案，开发相关征管模块，2011年4月1日在全省顺利开征地方教育附加。加强统筹指导，实现广州等16个市(区)的市县级价格调节基金的

地税代征，完成残疾人就业保障金全省地税代征，全面开展堤围费专项检查。

［税收调控］ 落实上级决策部署，发挥税收调控调节作用。2011年，全省地税累计减免各项税收收入178亿元，其中现代服务业减免额比上年多23.6%、先进制造业减免额占制造业减免总额比重比上年多8.6个百分点。战略性新兴产业享受税收优惠的企业户数比上年多6.3%。做好个人所得税工资薪金所得费用扣除标准调整，全省有434万人不用再缴纳工资薪金个人所得税；做好营业税起征点调整工作，惠及195万户个体工商户及其他个人。

［依法治税］ 加强税收规范性文件制定管理和清理工作，省局集中清理文件2191份，首次公布现行有效文件目录。强化执法检查，实行查前电子数据集中分析和实地检查的有机结合。在8个县（区）局试点的基础上，制定《规范税务行政处罚裁量权实施办法（试行）》，细化8大类53小类处罚裁量基准。推进内部审计，开展任前审计，抓好问题整改和成果运用，共开展各类审计255项，提出建议296项。全省统一开展资本交易项目、广告业等5个行业税收专项检查，严厉打击发票违法行为，全系统共查补收入5.35亿元，组织企业自查补税22.62亿元，破获制售假发票案件132起，收缴假发票1279万份。

［行政效能］ 推进项目预算管理，加强部门预算编制，扩面推行绩效评价，资金使用效率进一步提高。规范基建项目立项前审核，加大对基层办公业务用房基建扶持力度。开发应用固定资产管理系统，提高资产管理效能。加强督查督办，完善工作规程，健全OA系统督办功能，组建专、兼职督查员队伍，紧扣重点任务强化办理时间和质量监控。实施省局机关"百日工作改进"计划，促进工作水平实质性提高。完善OA系统文件流转、局务公开、群言堂等模块功能。扎实推进机关后勤管理的规范化和制度化。

［机构人员情况］ 广东省地方税务局现设办公室、政策法规处、税政一处、税政二处、国际税务管理处、规费管理处、收入规划核算处、纳税服务处、征管和科技发展处、财务与装备管理处（与内审处合署）、人事处、教育培训处、基层工作处（与机关党委办公室合署）13个处室，监察室（省纪委、省监察厅派驻），稽查局、直属税务分局（与大企业税收管理局合署）2个直属行政单位，以及信息中心、机关服务中心、广东地方税收科学研究所、广东地方税务票证专业印刷中心、广东省地税干部进修学校5个事业单位。

广东省地方税务局下辖广州、珠海、汕头、佛山、韶关、河源、梅州、惠州、汕尾、东莞、中山、江门、阳江、湛江、茂名、肇庆、清远、潮州、揭阳、云浮共20个地级以上市地方税务局（深圳市地方税务局及佛山市顺德区地方税务局在2009年机构改革中改由地方政府管理），135个县、市、区局（含行政及经济开发区局），663个税务分局（所）。珠海横琴新区地方税务局为省地税局的直属机构，委托珠海市地方税务局管理。深汕特别合作区地方税务局为省地税局的直属机构，委托深圳、汕尾市地税局管理。

至2011年，全省地税系统共有正式干部职工24998人，其中博士32人、硕士1051人、研究生学历以上1320人、本科学历13857人，占55%，大专学历7766人，占31%；党员18147人，占73%，团员1000人，占4%。

［队伍建设］ 实施管理科学化行动，出台《关于进一步加强市、县地方税务局领导班子建设的意见》，提高班子建设的规范化、科学化水平；推广禅城区局绩效管理做法，建立绩效评价体系，在全省各市部署开展试点；以分类管理为主线，在国家税务总局支持下，部署河源市局等6个单位开展行政执法类公务员管理试点，积极探索职务晋升与能级提升"双梯制"；全面规范津（补）贴，在政策范围内保障干部职工待遇；出台加强协税员管理指导意见。实施党务政务公开行动，出台《基层党务公开实施意见》，提高权力运行透明度。实施干群连心桥行动，通过OA系统、邮箱、手机、谈心等方式，畅通群众诉求反映渠道，营造畅所欲言、心情舒畅的工作环境。实施岗位练兵行动，制定"十二五"教育培训规划，落实学分制管理，加大分类分级培训力度，加强应知应会知识技能实操训练，全系统举办培训班1571期，培训7.8万人次。推进地税文化建设，组织纪念建党90周年、建设幸福地税系列活动，打造健康向上的地税文化。

［政风行风建设］ 深入开展机关作风整顿，重点整治"庸、懒、散"现象，增强干部职工爱岗敬业意识。通过暗访发现苗头抓典型，坚决纠正损害纳税人利益的不正之风。认真开展公务用车专项治理，规范公车管理和使用。有11个市局在全省民主评议执法单位政风行风工作中排名第一，7个市局排名第二或第三；有236个单位和个人分别获得"五一劳动奖状"和"文明单位"、"文明窗口"、"窗口之星"等荣誉称号，其中43个单位和个人获得省部级

以上荣誉。

[廉政建设] 办好培训班，开展纪律教育月活动，落实廉政谈话制度，强化干部群众廉政意识。积极推进制度建设，省局出台57项制度，着力抓好党风廉政建设责任制的落实。重视开展预防侵权渎职教育和风险排查，省局直属分局对8类主要岗位业务制定《风险防范手册》，省局稽查局与省检察院、公安厅等部门联合出台《税务行政与刑事司法衔接若干问题的意见》，有效降低隐患风险。出台《关于加大查办案件工作力度的意见》，鼓励各级地税主动查办案件，2011年全系统纪检监察部门共受理信访举报119件，初核56件，立案2件，行政处分4人。

[地方党政领导关心税收工作] 2011年全省地税工作得到省委、省政府和国家税务总局的充分肯定。中央政治局委员、省委书记汪洋同志2012年1月8日对全省税收工作作出重要批示："成绩可贵，工作可嘉。希望新的一年再接再厉，使工作再上新台阶。"时任省委副书记、省长黄华华同志2011年11月视察地税时指出："地税工作在全省改革发展大局中地位很重要、作用非常大，地税系统全力组织税收收入，着力为经济社会发展服务，全省地税工作实现了新的跨越，为广东省经济社会加快发展和转变经济发展方式作出了重要贡献。"省委副书记、代省长朱小丹同志2011年12月30日专程到省局慰问，2012年1月2日又专门作出重要批示："此成绩来之不易，凝聚了广大地税干部的辛劳和奉献。希望做好迎接新一年新挑战的准备，努力争取地税平稳增长。"国家税务总局党组成员、副局长丘小雄同志2011年11月上旬在广东调研时认为："广东地税组织税费收入取得很大成绩，税收信息化建设取得很大进步，纳税服务工作取得喜人成效，队伍建设工作富有创新。"

（詹锦松）

办　公　室

[综述] 2011年是省局办公室积极转型自我超越的一年，也是办公室全体人员团结一心奋力拼搏的一年，实现了办公室工作的"稳、准、深"。这一年，办公室主要领导到地方挂职锻炼，2名干部调离，1名干部脱产学习，工作压力陡然提升。在省局领导的大力支持下，办公室新增4名干将，伴随着科组职能的重新划分，办公室内部岗位职责基本明晰，做到了"稳"。这一年，省局党组对办公室工作提出一系列更新、更高的要求，办公室适时转变思维，在公文流转、督办信访、文秘写作等方面积极探索、大胆创新，做到了"准"。这一年，为充分发挥办公室职能作用，更好地为领导、机关和基层服务，工作标准从高从严，工作执行求实求透，做到了"深"。2011年，办公室的工作得到上级部门和省局领导的肯定。获得了省委、省政府信息先进单位荣誉，所拍摄的《喜羊羊和灰太狼》系列税法宣传剧在第七届全国税法动漫大赛获最佳编剧奖和组织奖两项大奖，所报送作品在全国首届税收平面宣传品征集活动中荣获一等奖。省局2011年度档案工作被确定为优秀等级。

[参谋助手] 1. 全力以赴完成综合性材料起草。一是起草省局主要领导讲话材料。深入贯彻省局党组治税理念和思路，撰写了主要领导同志在全国税收工作、全省经济形势分析、全省地税工作、国地税联席工作和省局党组民主生活会等重大会议上的讲话，有力地凝聚共识，为全面落实省局党组各项决策部署发挥了积极作用。二是准确反映广东地税各项工作情况。起草向广东省委书记汪洋，省长黄华华，代省长朱小丹，国家税务总局副局长钱冠林、丘小雄等领导的汇报材料，及时准确反映地税各项工作情况，最大限度地争取领导支持。通过汇报，上级领导对全省地税改革创新、应对挑战的工作情况给予了高度肯定，并就有些做法在全国推广，为工作的深入推进创造了良好环境，奠定了坚实基础。经统计，全年共完成重要文稿230多份，超过70万字。2. 编辑四大类政务信息，为领导提供决策参考。2011年，办公室始终坚持站在为领导决策和中心服务的角度思考问题，认真搜集税务工作信息，掌握社会热点动态，做好《广东地税简报》、《信息专报》、《新闻舆情摘编》、《领导参阅》四大类政务信息，为领导及时掌握情况、指导工作提供了有力的参考。共编辑《广东地税简报》126期，《信息专报》82期，《新闻舆情摘编》50期，《领导参阅》14期，36条

信息获得省领导、省局领导批示。其中，省委书记汪洋同志在信息专报《2010 年广东地税收入实现快速增长　全年税费收入超过 4600 亿元》上批示："成绩可喜，地税可嘉"。3. 围绕上级重要工作部署提供决策参考。先后牵头组织了"产业园区税收"专题调研、配合开展"长三角、珠三角、环渤海六省市经济税收竞争力分析"等大型调研活动，并围绕"转型升级，扶持民营企业、中小企业、文化企业、外经贸企业发展"形成了一批有分量的调研报告，为各级领导科学决策提供了有益参考。

[协调把关] 1. 加强与各级沟通，为省局工作营造良好环境。在继续加强与省委、省政府和总局办公厅各有关部门联络沟通的基础上，重点做好了省局与省国税、财政、工商、公安、国土、人保等部门走访的组织筹备工作，多项工作得到相关部门的支持、配合，为省局各项工作开展创造了良好的外部环境。2. 严把公文审核关，不断提高公文质量。继续贯彻省委、省政府关于严格控制办文数量的精神，2011 年，共审核公文 1405 份，对能以便函、邮件、公告下发的坚决不发，从严控制公文数量。认真开展公文管理检查。以税务总局开展公文档案管理检查督导为契机，于 2011 年 6 月至 8 月对 2009 ~ 2010 年所有省局制定下发的正式公文进行了全面自查。2011 年 12 月税务总局派出检查组对省局的公文档案管理工作进行了检查督导，共抽取检查 20 份正式公文，所有公文在行文规则和文种使用方面均准确无误，税务总局检查组对省局公文制发的质量以及公文审核工作给予了高度肯定。3. 规范简化征求意见稿办理流程。规范征求意见稿分办、反馈、催办等各个流转环节，为确保征求意见稿的时效性，在流程上通过"一般"和"简易"两种流转方式的设置，大大减少了流转环节，提高了回复效率。增设了"粤地税便函"文件字，进一步规范了无意见回复的征求意见稿的编号、归档和查询。增加了"催办设置"功能，通过"催办设置"向所有未办结的责任人员发送短信进行提醒，提高了征求意见稿催办工作的效率。4. 尽职尽责做好局领导公务安排及服务工作。协调处理外单位会议通知 700 多份，协助安排和落实领导的公务活动 320 多次，处理密码电报 49 份。做好党组会的会务工作，做好 48 次党组会议决定事项的交办和督办。5. 创新工作方法，圆满完成建议提案办理工作。2011 年，省局领办省人大建议 11 份、省政协提案 30 份，其中独办 1 份、分办 1 份，均按规定完成。从委员反馈情况来看，对省局的办理答复意见均表示"满意"，对省局日常税收工作以及建议提案办理工作都给予了高度评价。6. 认真落实厉行节约，推动省局实现会议数量、经费等"五个零增长"。办公室一方面认真落实省委、省政府和国家税务总局关于厉行节约有关规定，另一方面，积极配合驻省局监察室重点加强对庆典活动、会议和公文的管理。一是严格控制晚会、庆典等活动。发文明确，未经省分管领导及省局批准，各级单位一律不得举办、参与和赞助举办晚会、展览、庆典、论坛活动。确需举办的，严格审批程序，务求实效。二是强化会议管理。对全省性会议实行会议计划管理，对会议安排有冲突等情况进行审核，并从严控制计划外全省性会议；尽可能采用视频会议等高效、节俭的形式召开，确保会议数量、经费的零增长。三是切实精简公文。在认真把好公文程序关、政策关、文字关、格式关、时限关的同时，坚持实事求是的态度和少而精的原则，可发可不发的公文一律不发，可合并发的尽可能合并，力争少发文、发短文。

[综合督办] 1. 认真抓好重点工作督办。全省网报开户数从 6 月的 109.6 万户增长至 12 月的 123.5 万户，网报率从 6 月的 85.22% 增长至 12 月的 87.57%。统一工作平台在全省顺利推广使用，实现了全覆盖。存量房评估系统在多个市上线运行。加强涉税信息交换与共享，2011 年全省地税部门从有关部门和单位获得 6911 万条涉税信息，通过信息利用，共补缴税款 21 亿元。"两税"征管职能移交与人员划转在全省 20 个市基本完成。2. 突出抓好专项督办工作。制订全省地税系统岗位练兵活动计划、处理省委党校教授个税凭证问题及省局办公大楼突发停电事故专项整改等事项按时办结或取得初步成果；形成落实省局领导在《广州地税费金征收工作思考》和 12366 专报上的批示意见工作规划。3. 抓好公文流转的日常督办。对收文的督办，在分办公文时，对有时间限制的，通过 OA 的重点关注模块进行督办，对没有办理的公文，通过打电话、发邮件等方式催办；对发文的督办，在每份公文排版后，对该文的文号、下发单位、标题、附件等重新进行校对、登记，并以短信提醒各市局收文人员进行跟踪督办；对联合发文的督办，通过 OA 系统公文管理的联合发文较对稿处理表将信息发到相关处室，督促处室相关人员到办公室进行校对，提高公文流转速度。

[税收宣传] 1. 创新宣传形式，建立联动机制。办公室建立宣传、信息、政务公开横向联动机制。积极推进税收政策热点宣传，开展了"年收入 12 万元以上自行申报"、"促进就业税收优惠政策"、

"外资企业统一征收城建税、教育费附加"等阶段性工作和税法新政策的宣传;围绕省局各项重点工作部署,开展了"国地税合作"、"政风行风评议"、"绩效管理"、"新发票抽奖"等工作的宣传,有力地推动了省局各项工作部署落到实处。继续在省、市、县纵向"三级联动"上下工夫。形成全省地税宣传工作"一盘棋"的大税收宣传格局。共组织140多场座谈会,近4000名社会各界代表参加了此次活动。同时,在全系统共打造125个税费宣传示范区,形成"月月都是宣传月,人人都是宣传员"的浓厚氛围。2. 巩固宣传阵地,打造精品品牌。一是媒体税宣品牌。报纸方面共报道近80篇,实现了报纸专版宣传的常态化。特别是12月,中央电视台新闻特别报导了广东地税发票抽奖兑奖合作协议签约仪式,关于广东地税出台发票抽奖新方法的报道成为了各大报刊的头版头条。电视、广播方面,继续在广东电视台推出每周一期每期20分钟的《税收进行时》电视节目,在广东电台推出每周一期的《税收进行时》电台节目。二是动漫税宣品牌。办公室制作的"喜羊羊系列税宣动漫短片"获得全国税务系统税收动漫大赛特等奖,并被中央电视台"社会与法"栏目播出。拍摄制作了"年收入12万元以上自行申报"、"12366,听得见的纳税服务"、"人人都会老,好在有社保"等税宣动漫短片,广受好评。3. 聚焦热点,精心组织税收宣传月活动。主要包括与广州市局联合举办"A级企业座谈会",联合共青团广东省委在中山大学等7大高校开展"大学生创业促就业政策宣传"活动,开展向各级党政领导干部、新闻宣传媒体等赠送税法知识读本、《中国税务报》、《广东地方税务》等税收知识书籍、报刊等"送税法进机关"活动,开展"环保税宣品进万家"活动,统一制作发放一批印有税费宣传口号的环保购物袋、雨伞、扑克牌等宣传品。

[档案管理] 1. 夯实档案基础工作。2011年共整理归档文书档案5000多份,会计、实物档案一批。收集整理2007年以来的相片,并录入档案管理系统,实现了照片档案的电子化管理。2. 顺利通过上级部门检查。11月1日,由省档案局牵头的省直机关档案评估小组对省局各门类档案的整理、编研工作、相片档案管理电子化、档案管理信息化、档案室库设施、档案开发利用、指导系统工作等方面给予充分肯定。12月16日,国家税务总局公文档案管理检查组到省局检查指导公文档案工作,省局档案工作再次赢得好评。省局2011年度档案工作被省档案局确定为优秀等级。3. 积极提供查阅档案服务。在档案借阅过程中,办公室严格按照省档案局的有关规定,对档案利用进行审批,对利用效果进行登记。2011年,省局利用档案合计160人次,12700卷次/件次。

[资源整合] 根据广东省地税信息资源整合工程总体部署,广东地税统一工作平台项目于2010年1月立项实施,历时两年,完成了统一工作平台、全省集中公文处理和辅助办公系统(以下简称新OA系统)、邮件系统开发建设、优化完善及在全系统除深圳外的21个市、区(横琴新区)推广应用工作。统一工作平台的上线运行,实现统一用户管理、统一任务管理、统一信息展现、统一消息管理"四个统一";新OA系统实现机关办文、办会、办事由省局至市局、由市局至县区分局的规范统一,构建全省地税行政管理的"大集中"系统,促进了全系统机关管理的规范化建设,提高了工作效率和工作质量,标志着广东地税信息资源整合取得重大阶段性成果,标志着全省"一个电子税务局"建设迈出了实质性的关键步伐。

[运转保障] 2011年,办公室注重细节管理,强化服务,运转保障能力有新提升。1. 确保文件流传顺畅。2011年共交换文件1万多份,做到了万无一失;共扫描、登记、录入收文5953份;及时通知相关处室签收公文1000多封,邮寄文件155份;编号、排版公文1773份,印制纸质件13611份,报送国家税务总局的电子文件78份。2. 提升公文分办水平。一是制定《广东省地方税务局公文公办规则》。进一步规范省局机关的公文分办处理工作,提高公文分办质量和效率。二是重新调整文件呈送顺序。按从下至上的顺序进行呈送,并写出详细的分办意见。2011年共分办来文5898(电子公文4532份、联合发文153份、密件371份、局外会议通知782份)。3. 苦练内功,努力提高会议管理水平。较好地完成了黄华华省长、朱小丹代省长、李玉妹组织部长、丘小雄副局长、宋兰副局长等上级领导来粤视察调研活动,以及2011年全省地税工作会议、第四次国地税联席工作会议、广东地税统一工作平台推广动员会,及党组会议、局长办公会和专题会议等125个会议和活动的接待及会务工作,多次得到省局领导的肯定。一是注重细节。事前做好会议与活动的筹备方案,拟定职责分工,召开碰头会议;事中层层落实,灵活处理突发事件;事后强化总结提高。二是提前统筹。大型会议和活动同时涉及多个部门,办公室主动牵头召开筹备会,充分调动各个部门的积极性,确保每一个环节不出问题。三是创新手

段。配备对讲机,会务人员实时沟通,提高大型会议和活动现场协调的效率。四是加强会风监督。加强会风监督工作,重要会议实行签到制度并提前发布会场座位表,维持良好的会场秩序。此外,完成了全省地税系统视频会议室的改造和指导各市局进行视频传输调试工作,全省性会议视频效果大幅提升。4. 热情周到地做好兄弟单位来访、考察接待、协助工作。接待江苏省地税局局长李小平、内蒙古自治区地税局副局长云飞、新疆维吾尔自治区地税局副局长李体超及中国税务报社和陕西、河北、湖北、湖南、江西等兄弟省区地税局共16批次近200人的各类考察学习,赢得到访人员的表扬和肯定。5. 提早制订节假日值班安排。2011年省局机关值班安排及说明经局领导审定后执行,在每个法定节假日前的5天做好值班安排表,将安排表和省局主要负责人的活动去向向省委、省政府报送。6. 扎实做好维稳信访工作。2011年共收到群众来信103件,转办85件,转外单位18件;接访来访9起34人。督办信访组自10月成立以来,收到局长阅批群众来信4件,截至12月31日办结3件。7. 强化保密管理。对省局的密码电报、保密电话、涉密计算机和涉密移动存储介质、计算机信息系统和办公自动化设备的保密管理情况进行自查,未发现重大违反保密法规行为和安全隐患。组织137名签订保密承诺书人员参观"全国窃密泄密案例展",通过实地参观窃密泄密案例,了解日常工作中容易忽视的泄密渠道,进一步树立保密工作无小事的责任意识。8. 做好舆情监测工作。2011年,办公室有理有利有节地及时处理舆情问题,包括《羊城晚报》报道海珠区地税局社保费欠费催缴不力等问题、"广州市局科员网上晒工资收入"、天涯论坛关于深圳市局负面贴子、21世纪网关于资源税改革的不实报道、新华社关于广东地税发票抽奖弃奖过多现象的评论等10多起突发舆情事件。特别是中央人民广播电台播出《多地出现9月个税征收标准未执行新税法现象》的新闻,多家网站予以转载后,办公室反应迅速,及时发出新闻通稿做出正面回应,消除误解,并进一步强化了广大纳税人对新个税法的理解。此举得到国家税务总局及省局领导的充分肯定。9. 继续推行政务公开工作。2011年,办公室通过网上受理依申请公开、广东省依申请公开政府信息网上管理系统,共妥善处理政府信息公开申请6件;撰写2010年政府信息公开年度报告并在门户网站公布,同时检查督促各市局政府信息公开年报公布,要求各地在门户网站上单独设"公开年报"栏目;自查政府信息公开保密审查情况,并函送省国家保密局;向国家税务总局办公厅报送依申请公开案例6件,被采纳编入总局案例集。积极参与省局门户网站改版工作,主要负责政务公开方面,撰写改版需求、审定改版方案;为省局门户网站提供公开信息749条,使其保持了良好的更新速度和新闻信息质量。

(赵永清)

税收法规建设

[宏观税收政策调研] 省局法规处充分发挥参谋助手作用,立足税收中心工作和地方经济社会发展大局,以经济税收领域的热点难点问题为切入点,深入开展前沿性、前瞻性调查研究,为领导决策提供参考。围绕加快珠海横琴、广州南沙、深圳前海新区建设,多次牵头向国家和省提出适应科学发展要求、具有广东特色的税收政策建议,为促进省区域经济发展贡献力量。针对个人限售股异地减持、支持深圳市行使省级税收管理权限、南海区农村体制综合改革等涉税问题,结合地税实际,向省政府提出意见。其中,《关于我省个人限售股非正常异地减持税源流失情况的报告》得到省政府副秘书长李春洪(批示)表扬。参与国家税务总局"税收执法风险控制研究"课题研究写作,获得2011年总局课题评比第二名。参与省地方税收研究会"税收科学征收"专题调研,完成《论科学组织税收收入的八大关系》课题报告中的三大关系论述。启动促进文化产业发展的税收政策调研,取得阶段性进展。

[税收规范性文件制定管理] 按照省政府和总局的要求,加强税收制度建设,建立健全规范性文件合法性审查、统一公开发布和集中清理制度,全面提高文件制定质量,从源头上确保执法行为合法、适当。严格做好合法性审核和送审发布工作。2011年,经合法性审核的税收规范性文件10份,通过审核的6份,其中报送5份省法制办审查。在规范性文件清理过程中,按要求将2005年以前出台的

57份规范性文件补报省政府办公厅统一发布，将2005～2010年间出台的未经法制办审查的20份规范性文件补报审查。组织开展集中清理工作。启动新一轮规范性文件集中清理工作。本次清理的文件，包括国地税分家以前的相关文件以及使用OA系统办公以前的大量纸质文件，是省局开展的时间跨度最长、清理范围最广、文件数量最多、清理难度最大、公布要求最高的一次清理工作。共清理文件2191份，其中确认属于税收规范性文件的331份，全文有效的155份，部分条款废止或失效的28份，全文废止失效的148份。清理工作结束后，经省政府法制办审查，省局以公告形式向社会公布全部清理结果，并首次公布现行有效文件目录。认真开展备案审查工作。牵头对2011年各市局上报的税收规范性文件进行备案审查。报送5份省局出台的规范性文件给国家税务总局备案审查。积极主动办好其他涉税文件。发挥专业特点，当好“法律管家”，全年累计审核省局签订的政府采购合同协议90余份，为日常税收执法和行政管理提供全面、优质、高效的法律服务。认真办理回复人大建议、政协提案及各有关部门征求意见稿160余份，办复率100%，得到来文单位的肯定。

［综合税政管理］ 坚持将综合税政管理摆在突出位置。规范减免税审批流程。发文明确各地向省局递交减免税请示有关问题，实行集中受理、集中审批，进一步规范工作流程，提高工作效率。全年共会签同意286户企业的减免税申请。加大指导落实力度，坚持将减免税审批纳入年度执法检查，如实反映各地执行中的问题，督促整改落实。积极应对反补贴调查。在上级部门的统一部署下，精心准备，加强培训，牵头完成美国对华厨房架、墨西哥对华阿莫西林产品两起反补贴调查应对任务，切实维护国家和企业合法权益，获得商务部来函表扬。适应涉税反补贴调查形势任务需要，全面总结2008年以来工作情况，借鉴外单位经验，在全国地税系统率先以制度形式出台工作规范，明确机构设置、工作职责、工作流程和工作要求，从整体上规范和提高涉税反补贴调查应对工作，得到国家税务总局高度肯定。加强民生优惠政策管理。坚持以人为本、民生优先，突出抓好下岗再就业、残疾人就业、节能减排、民办教育等惠民税收政策管理，确保政策执行不折扣、不走样，让大家共享改革发展成果。同时，为妇女儿童工作委员会、老龄委员会等领导小组、联席会议报告工作情况或提供税收政策建议。

［规范税收执法行为］ 积极推进规范税务行政处罚裁量权。该项工作2011年初由省局主要领导批示，纳入全局重点督办事项，是2011年法规工作的重中之重。为高质高效完成工作任务，法规处倒排工作计划，牵头有关部门，稳步推进实施。学习借鉴外单位经验，广泛征求基层意见，研究起草省局实施办法，拟定“裁量基准”。按照先试点后推广、先局部后整体的思路，选取8个基层单位进行试点。试点期间，组织6场专题培训，对500多名基层执法人员进行针对性培训；加强试点工作指导，多次深入试点单位，召开现场会和座谈会，充分听取工作意见和建议，确保试点工作顺利进行；反复修改实施办法，增强可行性、操作性和指导性，实施办法提交局长办公会议审议及省政府法制办合法性审查通过；根据试点效果，调整业务需求，修改执法文书，完善系统操作流程。

深入推行税收执法责任制。贯彻落实“半年通报制度”，通报上半年考核情况，肯定先进做法，指出存在问题，引发各地明显反响。深入开展调研，形成书面报告，梳理总结工作成效和存在不足，务实提出完善建议。认真研究执法责任制考核与相关工作协调推进，参与研究江门市局风险控管平台建设项目论证；借鉴扬州地税“集体审议、阳光问责”经验做法，提出完善考核系统建议，得到局领导肯定。

［税收执法检查］ 按照总局统一部署，组织20多名骨干检查人员，历时2个月，对广州等5个市局税收执法情况进行重点检查。首次开展查前信息数据集中分析，紧紧依托“大集中”信息平台，编写检索指令，分地区、分类别、分税种进行查询，大幅提高了检查针对性和实效性。立足风险防范控制，梳理历年审计发现的重大问题，将其纳入检查疑点范围。借鉴纳税评估工作思路，确立“数据选案、疑点核查、意见交换、问题确认”工作模式，成功查出一批执法隐患，堵塞一批征管漏洞。共延伸检查36个基层单位，抽查企业资料2300多户，发现11大类35项问题，查实违规少征、少缴税款及滞纳金1000多万元。

［税务案件办理］ 积极稳妥办好各种新型复议案件。2011年，在网络社会的外部影响下，一些职业举报人打出“举报－信息公开－复议－诉讼－信访”的连环套、组合拳，税务行政复议工作发生新变化。对此，法规处主动适应，发挥专长，积极应对，认真办好每一件案件。第一，强化责任落实，实行职能分设、岗位专列、人员专职，保证办案质量。第二，依法公正办理，努力做到案结事了。对符合法定受理条件的复议案件依照规定时限、程序受理，按

时办结。对被申请人的违法或不当具体行政行为，该变更的予以变更，该撤销的坚决撤销，维护申请人的合法权益和复议机关的权威。对属于可调解、和解结案的复议案件，尽量通过调解、和解方式结案，以妥善解决争议，化解矛盾，维护社会和谐。第三，交流经验，加强办案指导。通过对典型复议、诉讼案例的分析，加强对基层的办案指导。对于复议工作中发现的执法问题，通过书面或口头形式向有关部门提出整改建议或意见，进一步规范执法水平，切实做到“办理一案，规范一片”，预防和化解争议。同时，各级税务机关在办理行政应诉案件的过程中，注重加强与各级人民法院的沟通和联系。第四，强化专项专题培训，提高办案人员素质。2011 年 3 月，组织全省地税系统复议应诉工作人员到扬州税务进修学院，开展为期 10 天的行政复议行政应诉专题培训。第五，印制《税收常用法律文件选编》，供全省地税系统使用。《选编》收录或节录 100 件与税收执法工作密切相关的法律、法规、规章、司法解释以及其他涉税文件 50 多万字，分 8 部分，受到基层执法人员广泛好评。全年省局共收到复议案件 7 件，受理 5 件，全部结案，没有形成诉讼，办案效果明显，且受理的案件数量比上年明显下降。

慎重办理疑难投诉信访案件。2011 年，根据省局主要领导指示，法规处再度受理主办梅州市某当事人投诉举报当地两家上市公司偷逃税款的案件。此案跨时 16 年，案情复杂，牵涉面广，而且当事人反复使用投诉、复议、信访等法律救济渠道，不依不饶。面对这样一块“硬骨头”，法规处迎难而上，发扬敢打硬仗、善打硬仗的精神，深入扎实地开展办案工作。认真钻研相关法律法规，多次开展实地调查，耐心与当事人沟通，广泛征求意见，切实做到依法依规、客观公正、认真负责，形成有理有据、合情合理的案情报告。当事人基本接受省局处理意见，表示不再投诉举报。

[相关政策法规工作]　开设“税收法治”专栏。以“推广经验、推动工作、推介人才”为宗旨，在《广东地方税务》杂志开设“税收法治”专栏，向全省地税各级法规部门和人员约稿，刊登 30 多篇文章和案例分析。专栏的创办为全省地税法规干部提供了一个交流工作、展示自我的平台，深受大家欢迎。推进学习贯彻行政强制法。拟定《行政强制法学习贯彻工作方案》，转发国家税务总局贯彻落实行政强制法通知，组织做好行政强制规定清理工作。订购《行政强制法解读》书籍，组织安排省局和部分市局法规业务骨干参加专题培训，举办“行政强制法的税务适用”研讨会。协助贯彻实施社会保险法。参与征收社会保险费以及开征地方教育附加等规费工作相关法制研究。

（李祖光）

营业税与财行税管理

[分税种税收计划执行情况]　广东地税（含深圳）2011 年营业税收入 1424.99 亿元，同比增收 186.17 亿元，增长 15%；财产行为各税中资源税收入 9.35 亿元，同比增收 1.51 亿元，增长 19.2%；城镇土地使用税收入 104.04 亿元，同比增收 16.33 亿元，增长 18.6%；城市维护建设税收入 309.4 亿元，同比增收 160.59 亿元，增长 107.9%；印花税收入 68.49 亿元，同比增收 5.94 亿元，增长 9.5%；土地增值税收入 295.21 亿元，同比增收 105.42 亿元，增长 55.5%；房产税收入 145.17 亿元，同比增收 22.87 亿元，增长 18.7；车船税收入 30.63 亿元，同比增收 3.26 亿元，增长 11.9%；烟叶税收入 1.41 亿元，同比增收 2068 万元，增长 17.3%。

[依法治税]　1. 严格减免税管理，坚决杜绝乱开口子，擅自减免税的现象。2011 年共审核申请减免城镇土地使用税 10 万元以上 100 万元以下的困难企业 257 户，减免 2010 年城镇土地使用税 8400 多万元。审核申请减免城镇土地使用税 100 万元以上的困难企业 38 户，减免 2010 年城镇土地使用税约 1.1 亿元。2. 认真做好 2011 年度动漫企业认定、年审工作。2011 年全省共 38 户申请认定动漫企业、10 户申请认定重点动漫产品、10 户申请认定重点动漫企业以及 29 户动漫企业办理年审。3. 根据省物流业发展的实际情况，继续选取具有一定经营规模、管理集约化并依法纳税的现代物流企业，向国家税务总局推荐参与试点。至 2011 年底全省（不含深圳）共有试点物流企业 82 户，给予享受国家规定的差额征税政策。4. 对经国家发展改革委、国家税

务总局批准并公布免税名单的担保机构国家规定，自主管税务机关办理免税手续之日起，3年内免征营业税。至2011年底全省（不含深圳）53户中小企业信用担保机构享受3年内免征营业税的优惠政策。5. 为加强财产行为税政策管理，方便各级税务干部学习查询财产行为税政策知识，提高全省地税相关干部政策管理水平，对省局1998年印制的《地方税法令汇编》进行修订（增加了耕地占用税和契税两个税种相关政策，更名为《财产行为税法规汇编》）。

［税制改革］ 1. 2011年2月25日，全国人大常委会通过《中华人民共和国车船税法》（以下简称车船税法）。11月23日，国务院182次常务会议通过《中华人民共和国车船税法实施条例》（以下简称实施条例）。12月31日，广东省政府确定广东省车船税具体适用税额。车船税法及其实施条例于2012年1月1日起施行。2. 2011年9月30日，国务院通过《关于修改〈中华人民共和国资源税暂行条例〉的决定》，将资源税的应纳税额计算方法由从量定额改为从价定率或从量定额。10月28日，财政部、国家税务总局公布修订后的《中华人民共和国资源税暂行条例实施细则》，自2011年11月1日起施行。

［税收政策调整］ 1.《国务院关于统一内外资企业和个人城市维护建设税和教育费附加制度的通知》（国发〔2010〕35号）和《财政部、国家税务总局关于对外资企业征收城市维护建设税和教育费附加有关问题的通知》（财税〔2010〕103号）的决定，对外资企业2010年12月1日之后发生纳税义务的增值税、消费税、营业税征收城市维护建设税和教育费附加。2.《财政部、国家税务总局关于调整个人住房转让营业税政策的通知》（财税〔2011〕12号）将原个人购买不足5年的普通住房对外销售差额征收营业税的政策调整为全额征收营业税。3.《关于调整增值税和营业税起征点的通知》（粤财法〔2011〕109号），规定从2011年11月1日起，将按次纳税的营业税起征点调整为每次（日）营业额500元；按期纳税的营业税起征点调整为月营业额20000元。4.《关于我省车船税征收有关事项的通知》（粤府〔2011〕150号），明确广东省车辆车船税的具体适用税额、公共交通车船减免、农村车辆减免及车船税申报纳税期限等问题。

［征收管理］ 1.《关于我省耕地占用税和契税征管职能划转有关问题的通知》（粤办函〔2010〕747号）规定，从2011年1月1日起，广东省契税和耕地占用税的征管职能划转地税部门。2. 按照国家税务总局要求，借助契税为抓手，加强应用房地产估价技术加强存量房交易税收征管工作，强化房地产税收一体化管理，堵塞因纳税人虚报、瞒报、低报交易价格形成的税收漏洞，杜绝“阴阳合同”和“人情税”、“关系税”，把国家针对房地产市场制定出台的宏观调控政策落到实处。3. 督促各地建立健全房地产开发项目税源登记制度，依托“建筑安装业、房地产业”税源控管系统，推广《房地产开发项目土地增值税日常管理台账》，结合当地土地增值税清算的实际税负、房价的上涨等因素，对土地增值税预征率进行及时调整，确保土地增值税在预征阶段及时、充分发挥调节作用。同时，继续推进土地增值税清算，加强清算分类，制订土地增值税清算工作计划，提出清算进度的具体指标。

（苏动宇）

所得税管理

［税收收入］ 2011年广东省地税系统累计组织企业所得税收入749.74亿元（含深圳），同比增长14.3%，累计组织个人所得税收入847.45亿元，同比增长19.0%。

［依法治税］ 认真贯彻落实各项所得税政策，积极发挥税收杠杆作用。一是及时将国家税务总局出台的各项税收政策转发各级地税部门，并提出执行意见，确保政策落实；二是加强对基层贯彻执行税收优惠政策的指导力度，严格执行有关鼓励企业自主创新、促进科技进步、再就业等税收优惠政策，积极发挥所得税杠杆调节作用；三是做好相关税收政策的解释工作。对于基层税务部门反映的所得税有关税收法律法规在执行中的问题，及时研究并给予答复，对于政策尚不明确的问题，及时行文请示总局后给予答复。

［征收管理］ 按照科学化、精细化要求，落

实所得税管理工作。一是切实提高汇算清缴数据质量。及时将以前年度汇算清缴过程中发现的和本年度汇算清缴可能存在的数据质量问题提交信息中心分析和解决。同时,合理运用现有的数据分析系统分析汇缴数据。二是认真组织全省地税系统相关人员开展各项培训工作。组织全省地税相关基层领导和业务骨干参加省局举办的全省地税系统企业所得税和个人所得税业务培训班。培训以当前所得税热点难点重点问题作为主要内容,为提高全省地税税政干部所得税政策业务水平和岗位技能,加强所得税政策执行力度,进一步统一政策执行规范起到积极作用。三是按照总局管理思路,完成个人所得税全员全额明细申报工作,扩大建档管理面,积极做好独立纳税人的基本信息和税源管理。四是提高个人所得税全员全额明细申报的数据质量。按照省局要求对全员全额明细申报的数据严格把关,保障全员全额明细申报数据质量。针对扣缴义务人只对本身员工进行明细申报,而对临时雇用人员采取汇总申报的情况,各地积极督促扣缴单位补充雇用人员明细申报,从源头上把关有效保证明细申报的申报质量。

［税收政策］　认真贯彻落实所得税税收政策,积极发挥税收调节职能。1. 加强对重点行业的管理。对建筑安装企业所得税的征收方式、查账征收建安企业所得税管理、加强异地施工管理、加强对建筑安装企业施工劳务真实性和合理性审核以及强化对建安企业的稽查管理等方面提出具体意见,同时对加强其他重点行业管理提出具体指导性意见,要求各级税务系统根据当地税源情况做好监督管理。2. 加强企业所得税预缴管理。要求各地加强对重点税源企业的预缴管理。对于纳入本地区重点税源的企业,各地在接受企业预缴申报时,要做到对企业当期会计利润与预缴申报实现利润的数据比对。通过核对企业预缴利润额,确保企业按照预缴要求如实申报。3. 强化汇算清缴后续管理工作。加强对企业所得税减免税事项的后续管理。要求主管税务机关在规定期限内将所有按规定应完成备案程序方可享受的企业所得税优惠的项目纳入核查。核查内容包括纳税人享受税收优惠政策是否按规定进行备案;纳税人享受该项税收优惠提交的备案资料是否提交齐全并符合法定形式要求;纳税人享受税收优惠是否取得税务机关准予备案的通知;纳税人享受税收优惠是否符合法定的条件。4. 下文加大对高收入者的征管力度。根据总局加强高收入群体个人所得税征管力度的要求,下文强调全省各地以非劳动所得为抓手,重点做好文化教育行业劳务报酬征管、提升全员全额明细申报质量、加强年所得12万元以上个人所得税自行申报工作后续管理、个人工资薪金所得与企业工资费用支出信息比对分析以及开展个人所得税专项检查工作等五项重点工作。5. 加强个人所得税征管。采取的管理措施:对高收入行业和个人开展全面自查和重点检查、强化对个体工商户、个人独资企业和合伙企业投资者以及独立从事劳务活动个人的个人所得税征管、对全省前100名个人所得税扣缴义务人以及全省收入变动前100名个人所得税扣缴义务人进行重点监管和做好个人所得税纳税人相关涉税信息的比对工作以及建立了个人所得税收入情况定期分析制度等。

［专项工作］　1. 扎实做好新个人所得税法贯彻落实工作。通过有步骤开展新法实施前期工作、深入推进新个税法宣传、强化与纳税人和媒体的交流、抓紧对内与对外学习培训、研究制定配套征管措施等措施,实现了新个人所得税法在广东的顺利实施。2. 全面提升个人所得税完税证明开具质量。一方面,结合实际制定新的完税证明开具方案,明确完税凭证开具程序采取“各市抽取审核数据、省局统一印制、征收门前补开”形式,加大后续管理力度,提高了开具质量,提升了纳税服务水平;另一方面,针对因出台房屋限购令而出现虚假完税证明现象,在完税证明上设置了防伪标志,加强台账管理,确保相关数据完备。据统计,2011年,全省(不含深圳)共开具完税证明1530万份,同比增长56%。3. 督促指导全省各级地税做好年所得12万元以上个人所得税自行纳税申报工作。按照国家税务总局和省局的统一部署及要求,认真贯彻落实《个人所得税自行纳税申报办法(试行)》,积极推进年所得12万元以上个人所得税自行纳税申报工作,实现了预期工作目标。据统计,截至2011年4月1日,全省地税(不含深圳)系统共受理2010年度年所得12万元以上自行纳税申报人数30.1万人。4. 组织开展企业及个人捐赠行为相关所得税优惠政策专题调研。根据省委关于“继续贯彻落实好企业及个人捐赠行为相关所得税优惠政策,对企业及个人用于帮扶对象的资金实行免所得税制度”的建议要求,完成“企业及个人捐赠行为所得税税前扣除政策专题调研”工作,并形成调研报告。

(吴建东)

国际税收管理

[税收收入] 2011年,全省共组织涉外税收收入(不含深圳)563.21亿元,增长31.96%。其中营业税收入158.30亿元,增长2.73%;个人所得税126.83亿元,增长19.28%;企业所得税69.11亿元,增长20.46%;房产税、城镇土地使用税59.60亿元,增长21.48%。涉外地方税收收入占全省地税税收收入(不含深圳)的20.66%。涉外地方税收收入保持稳定增长,为全省地税收入任务的完成作出了积极的贡献。

[反避税工作] 实施专业化管理,反避税工作见成效。2011年,全省地税系统(不含深圳)共完成3户转让定价案件调查,结案金额合计2000多万元;重点跟踪管理以前年度已结案的转让定价调查企业,相应调补了企业所得税;在执行的预约定价安排2户,成功谈签1户新的单边预约定价安排。1.转变工作思路,拓宽反避税领域。一是扩大反避税调查的行业和范围。开拓反避税新领域,把反避税工作拓宽到营业税、企业所得税、个人所得税等税种进行。至2011年底,成功办结4户企业营业税方面的特别纳税调整,调整入库1900多万元。二是预约定价谈签取得突破。2011年6月,在总局的支持下,省地税系统首例双边预约定价安排谈签工作取得突破性进展。在北京与日本国税厅就广东省某企业双边预约定价安排成功举行首次双边磋商,双方就一些问题达成共识,同时对存在分歧的事项交换了意见。10月,与韩国某特大跨国企业成功谈签了至今为止全省最大的一例单边预约定价案件,防止了3亿多元的企业所得税税款流失。2.国地税反避税部门进一步加强合作。2011年,结合全省国地税密切合作这一契机,国际税务处成功办理多起特别纳税调整案件协查工作。与广东省国税局制定并出台《国地税反避税协助联系工作方案》,进一步加大国地税反避税工作协助力度。方案明确规定国、地税反避税工作交流制度化、日常化。对于国税局、地税局办理的反避税全国联查案件或行业联查案件,凡涉及对方业务的线索和情况,及时商请对方介入,必要时可以开展反避税联合调查或辅助调查。3.优化整合全省反避税专业队人员结构,开展基础培训和专业培训,提升业务素质。对全省反避税专业队进行优化整合。着重从两方面对反避税专业队队员加强培训。一是加强理论基础知识的学习,组织全省反避税专业队队员集中培训。二是有针对性地加强反避税专业培训,继续开展全省反避税专业队人员以案代训工作,分地区组织反避税专业队队员进行特别纳税调整案前摸底调查工作,增强反避税工作的自觉性和敏锐性,拓宽了工作思路,取得了较好的效果。

[非居民税收管理] 实行科学化、专业化管理机制,非居民企业所得税管理质效明显提升。1.充分依托非居民税收的协税护税机制,加强非居民股权转让税收管理。针对非居民股权转让交易多发生在境外和企业集团内部,税务机关难以获取真实税源信息的现状,指导基层加强与外经、工商、外管、银行等其他部门的协调配合,将非居民股权转让的管理关口前移,实施有效的源头控管。2011年3月,广州市地税局对英属维尔京某企业转让广州某企业股权的财产转让所得征收了2.2亿元税款,成为广东省单笔入库金额最高的非居民企业所得税。2.多项举措强化非居民来华提供劳务和承包工程税收管理。一是及时做好来华提供应税劳务的非居民企业的临时税务登记管理。珠海地税在日常管理工作中注重做好涉及承接境内建安或咨询、设计劳务的非居民企业临时税务登记工作,加强对港珠澳大桥设计咨询项目、珠海市博物馆新馆设计项目、东澳岛整体景观设计等项目的管理。二是加强与我方建设投资单位的沟通,及时获取对非居民企业管理的有利信息。珠海地税要求负有扣缴义务的建设单位填报《工程建设项目情况信息反馈表》,提供建设项目中涉及的非居民企业的名称、合同、款项支付情况及是否有来华外籍人员等相关的信息,强化对非居民企业的税收管理。3.运用售付汇管理,发挥境内机构和个人向非居民支付款项开具售付汇证明的把关作用。对于付汇前有欠税情形的,及时通知纳税人或扣缴义务人履行纳税和扣缴义务。通过由企业提供的付汇资料,建立售付汇台账,强化对非居民企业和外籍个人来华信息的收集,及时跟踪非居民企业税收问题。4.落实公安地税协作机制,发挥社会管理效能。充分利用与公安局出入境管理两部门

的协作机制，提升了外籍人员的纳税遵从度，外籍人员的纳税意识明显增强。同时，强化了政府对外籍人员社会管理能力。通过信息共享、税收监控、双向把关、联合执法等，使外籍人员管理从各部门“单兵作战”转变为多部门“协同管理”，形成了更为强大的社会管理合力，提高了社会综合治理效率，减少了“三非”外籍人员带来的社会维稳压力。5. 加强对构成常设机构外籍雇员的管理。日资汽车行业临时派员来华提供劳务的情况，在广东省乃至全国不同地区不同行业都普遍存在。广州市在2010年突破日资汽车行业该类税收政策问题的基础上，在全市开展临时来华提供劳务构成常设机构外籍人员个税清理工作，将行业由日本汽车行业扩大到所有行业，将劳务事项由技术转让支援劳务扩大到从事承包工程作业、设计和咨询劳务、管理服务等所有类型的劳务项目，对构成常设机构的劳务项目的来华外籍人员个人所得税进行深入检查，依法查补应缴未缴个人所得税款。2011年广州市局成功判定35家外国企业在华的技术劳务项目构成常设机构，共征收临时来华提供劳务构成常设机构外籍人员个人所得税3722万余元。6. 试点开发电子档案管理系统，健全外籍人员资料一户一档管理机制。广州市局在开发区局试点开发了“广州开发区地方税务局外籍人员一户一档管理平台”。管理平台采集了试点局在管外籍人员的个人登记信息、在华工作信息及个人所得税纳税申报情况等数据，以企业为单位建立外籍人员台账，在台账管理基础上实行外籍人员一户一档管理，同时存放外籍人员纸质档案资料的扫描件。数据库直观全面地提供全局、经管分局、各税管员管户及在管每一位外籍人员的基本信息和纳税申报情况。

［税收情报交换］ 2011年共核查外来专项情报5份、收集制作对外专项情报4份、对外自动情报435份。利用日本国税厅发来的自动税收情报交换，在对某日本企业的反避税调查中取得重大突破，共计调增该企业的企业所得税1100万元。通过对外专项情报交换机制掌握外籍人员境外收入水平，查补广州某日本企业外籍人员个人所得税和罚款142万元，发挥了情报交换对纳税人申报不实行为的震慑作用。协助省局稽查局对取得巨额财产转让所得的国内某个人逃避个人所得税纳税义务的案件进行调查，通过国家税务总局向瑞士和香港税务局发出情报交换请求。接受日本国税厅对省局的第一次授权代表访问，针对国内某个人和在国内工作的某日籍人员个人所得税案件与日方进行深入的探讨，为顺利结案创造了积极的条件。

［“走出去”企业的税收服务与管理］

1. 组织调研掌握情况。组织全省各地对“走出去”企业的生产经营和纳税情况进行深入细致地调研。与国际知名的会计师事务所普华永道咨询有限公司召开“走出去”企业和个人税收服务与管理研讨会，全面了解“走出去”企业税收服务与管理需求。2. 开展全方位宣传活动。在省局门户网站上设立“‘走出去’企业管理与服务”专栏，为“走出去”企业和个人提供境内外法律法规和征管制度介绍和咨询。与省局直属分局联合专门为广东火电工程总公司和广东电力设计研究院两家大型企业量身定做了一期“走出去”企业税收专题辅导会。在香港《文汇报》上发表《广东地税优化税收政策服务，助力企业走出去》的专题文章，详细介绍了“走出去”企业在境外投资经营所涉及的税收政策和征管规定。3. 组织编写税收服务指南。与香港普华永道咨询有限公司合作，并邀请省国税参与编写《境外投资税收服务与风险管理指南》，为各级税务机关境外投资税收管理，对外宣传、咨询以及纳税人境外投资经营税收方面提供指导、规范。

［台港澳涉税工作］ 按照省政府推动珠海横琴新区、深圳前海和广州中新科技城的发展举措，积极协助相关部门向中央争取税收优惠政策，充分发挥税收服务经济社会发展大局的职能作用。加强对来粤台、港、澳工作人员的税收管理服务，加强他们的档案管理和个人所得税源头控管。按照省政府对台工作会议精神，正确处理涉台税收政策，为台资企业的发展创造更好的税收环境。贯彻落实《粤港合作框架协议》，确保有关扶持粤港服务业发展的税收优惠政策落到实处，帮助广大港资企业转型升级。积极开展与香港会计界的沟通交流，促进粤港两地合作发展。加强与香港税务学会的交流。作为粤台、粤港、粤澳合作联席会议专责小组成员单位，参加对台港澳政策宣讲会，与台港澳各界人士广泛接触，宣传税收政策，帮助解决台港澳人士在内地经商所碰到的税收问题。

［业务培训］ 自2002年起，广东省就开展全省赴港培训工作，延续至今，全省共选派11批57名干部，前往香港毕马威、普华、德勤、安永以及马赛知名会计师事务所进行培训和实习，培养了一批综合素质高、业务能力强的涉外税收业务骨干。国际税务处在总结过去几年工作经验的基础上，进一步完善了赴港培训选拔机制和赴港人员后续管理机制，特别是在选拔中更加全面地考察人员的专业素质与

英语水平。同时,对学成归来的学员,纳入到全省反避税专业队伍中,充实专业队伍的力量,充分体现学以致用,理论与实践结合的原则,培养了一批业务能力过硬的国际税收管理人才。

(林伟涛)

规 费 管 理

[各费收入] 2011年,全省地税系统累计征收社保费1477.72亿元,同比增收306.96亿元,增长26.22%,征缴率达99.84%(含清欠额)。其中,养老保险费收入973.73亿元,增收153.35亿元,增长18.69%;医疗保险费收入382.24亿元,增收38.22亿元,增长30.49%;失业保险费收入69.39亿元,增收46.82亿元,增长207.42%;工伤保险费收入35.63亿元,增收1.36亿元,增长61.84%;生育保险费收入16.72亿元,增收3.88亿元,增长30.16%。

[社保费征缴管理] 1. 征缴情况分析。一是市县级累计收入继续保持较高增幅,省级收入增长速度快。分级次看,省级基本养老保险等"三险"收入135.12亿元,同比增长19.83%,相对2010年8.18%的增幅而言,增速较快,主要原因有两点,其一,下半年开始大学生转为新入职人员增加,缴费人数的增加是增收因素之一;其二,省社保局于2011年9月1日将省农村信用社系统社保费征收工作移交省地税直属分局,直接影响省级收入,市县级基本养老保险等"五险"收入1342.60亿元,同比增长21.20%,增幅稳定。从分单位看,各地区收入相差甚远。剔除省级收入,其中广州、东莞、佛山三市收入共727.23亿元,占全省征收总量54.17%,表明三市的经济实力雄厚费源相对集中。地区收入增长明显,增幅不均衡。全省共15个地区累计收入增幅超过全省平均水平(26.22%),其中5个地区增幅超40%:潮州50.21%、阳江47.41%、江门46.79%、广州42.50%、肇庆42.39%。增幅低于10%的有3个地区。失业保险、工伤保险增幅高。主要是从2011年1月1日起阶段性调整企业职工失业和工伤保险缴费比例的政策到期结束,恢复原缴费比例。二是制度建设进一步健全,征收管理日趋规范。全年主要完成8项规费制度的建设和落实任务。其一,按新《社保法》规定,完善社保费征缴管理流程(完成修订和讨论,准备和人社厅联合上报省政府实施)。其二,完善《广东省地方税务局处理社会保险费突发性群体性事件应急预案》(完成修订工作,上报办公室)。其三,制定《社会保险费欠费管理办法》,对社保费欠费的分类、管理、考核等内容进行严格的规定。其四,建立社保费三方对账机制。组织财政、人社和省局领导参加的社保费三方对账联席会议,初步拟定社保费三方对账规则。其五,建立强制保全措施文书管理制度(完成相关文书,拟上报省政府统一下发时间)。其六,建立社保费监控管理制度和社保费信息数据异常事件预防和处理制度(完成监控业务需求并提交省局征科处和信息中心)。其七,规范和健全地方教育附加管理、堤围防护费代征管理、残疾人就业保障金代征管理制度。分别与省财政厅、省水利厅、省人社厅、省物价局、省残联等工作部门制定堤围防护费、价格调节基金、教育费附加和地方教育附加、残疾人就业保障金等联席会议工作制度。同时,制定了《关于贯彻落实广东省地方教育附加征收使用管理暂行办法的意见》。另外,根据各个时期的工作重点,分别下发了《关于做好春节期间社会保险费征缴工作的通知》、《关于加强两会期间社保费征管工作维护社会稳定的通知》。根据各项规费业务的开展情况,与财政厅、人社厅联合下发了《关于认真做好〈关于完善企业职工基本养老保险继续缴费有关规定的通知〉实施工作的通知》、《关于加强社保缴费信息发布工作管理的通知》、《省人力资源和社会保障厅关于做好广东电网直供直管范围农电体制改革单位职工社会保险工作的通知》、《关于请审定〈转发人力资源和社会保障部、财政部关于解决未参保集体企业退休人员基本养老保障等遗留问题意见的通知〉的请示》、《广东省失业保险条例(修订征求意见稿)》的意见。向省银监局征求对社会保险费银行扣款文书通知意见。三是进一步加强风险防范能力。深入推进征管改革、防范征管风险:其一,制定预警管控预案。制定《社保费征收管理突发事件紧急预案》,部署定期排查工作,层层分解落实责任。其二,加强重点时期的安全维稳工作。春节期间、两会期间,下发《关于做好春节期间社会保险费征缴工作的通知》、《关于加

强两会期间社保费征管工作维护社会稳定的通知》,督促指导各级地税部门制订应急处置方案,维护社会稳定。其三,及时妥善处置社保费追缴群体事件。2011年上半年妥善处理了茂名露天煤矿职工、广州海珠区职工社保欠费追讨两起集体上访事件,保护了参保人利益,未造成重大损害,未发生大规模上访事件和群体性事件、恶性事件。其四,规范社保缴费信息发布工作。针对个别地市对社保费缴费信息查询功能权限控制不严情况,下发《关于加强社保缴费信息发布工作管理的通知》,指导协调各地对查询功能进行排查,组织技术人员进行分析研究,确保不发生缴费信息泄密情况。其五,召开三方对账联席会议,确保基金安全。2011年4月,组织召开省财政厅、省人社厅和省地税局联席会议,就社保费三方对账、贯彻实施社保法等一系列工作形成了初步实施方案,为社保法实施和确保基金安全打下坚实的组织和业务基础。四是进一步完善社保征管信息系统建设。加紧推动社保费升级项目建设。2010年3月,社保费征管模块升级改造项目正式启动,其主要目标是提高社保费征管的质量和效率。项目采用分步实施的策略,经过前期调研、需求分析、设计和开发,第一期39个模块于2011年1月12日在汕尾成功上线。系统上线以来,运行效果明显:其一,社保费申报流程得到优化,减轻了前台工作人员和缴费人的负担;其二,完善了个人核定管理,确保实现个人参保的精细化管理;其三,灵活配置系统的相关功能,满足了各地市社保业务的差异需求。项目一期功能上线的同时,二期建设着力推进。二期建设主要包括单位核定、网报改造、扩充业务(如政策性补缴、"两农"社保、退费业务)、自然人管理(个人费款清缴)、清缴环节的重构、地税社保对账系统等。另外,积极利用"大集中"信息平台安排专人对IT服务台的问题进行处理,对社保费欠费情况、其他规费管理情况进行分析,对社保费接口问题进行实时监控,提高了征缴管理质量。全面完成前置审核系统在全省的推广应用。截至2011年3月30日,规费处督促指导前置审核系统在15个地市(除中山、东莞、清远、汕尾、梅州)成功上线,系统推广工作基本完成。前置审核系统充分发挥各地市熟悉社保业务政策规定的优势,由各地自行设置和维护地税征管和社保政策规则,对参保人申报缴费信息严格审核校验,将错误信息进行拦截。在提高社保费征缴申报数据准确性、规范前台征管行为、降低社保费执法风险等方面取得了显著成效。

[教育培训及缴费服务] 1. 全方位拓展宣传阵地。全省开展了声势浩大、形式多样、生动活泼、内容丰富的全民社保宣传活动。创建社保宣传示范街、通过省"民生热线"、"在线访谈"等栏目直接为老百姓提供专题咨询服务。大力推动各地社保费宣传进企业、进街道、进社区、进公共场所。2. 拓宽服务渠道。12366服务平台既向参保人提供咨询服务、政策解释、缴费指引,还通过短信温馨提醒参保人按时缴费;要求各地采取税企座谈会形式了解企业诉求,解决存在问题;各地还利用电子邮箱、QQ群、远程监控等网络手段,打造全天候实时缴费服务平台。3. 加强培训,提高服务能力。一方面加强业务人员政策水平和业务操作技能培训。举办6期全省社保费征收操作强化培训班,培训业务骨干360人次;组织拟定有关社保费政策100题,进行全系统人员网络考试;各地采取灵活多样方式对社保费征管人员进行专项培训。另一方面在省局门户网站举办针对社会各界的"社保知识有奖问答",深入企业举办参保人培训班,创办"网上缴费人学校",讲解社保政策和办费程序,努力拓宽服务渠道。配合相关部门一方面着手全省自助缴费服务系统的推广,使缴费人在征收大厅不需提交征管资料、不需等待叫号排队、方便自主办理缴费服务。一方面进行省局门户网站的改版工作:在网站首页的突出位置设计社会保险费服务标示,方便缴费人点击进入办理相关业务;增加了社会保险费缴费查询栏目及缴费指引栏目,届时不管缴费人身处何地,只要上省地税局门户网站,输入本人的识别码,就可以查询到本人的缴费情况,也可以查询到全省各地的办理缴费业务的流程指引;利用信息短信平台提供按时缴费提醒;在门户网站开通社保政策宣传、咨询、报表下载等服务。

[其他工作] 1. 措施到位,推动地方教育附加顺利开征。严格依照省政府工作要求,克服时间紧、任务重、压力大的特殊困难,精心组织,周密部署,积极开展代征准备工作,确保地方教育附加在4月1日顺利开征。一是及时主动协调省财政厅、教育厅和人保厅等部门制定工作方案。联合下发《关于贯彻落实广东省地方教育附加征收使用管理暂行办法的意见》,明确从2011年4月1日起,全省统一启动地方教育附加申报征收工作。二是召开动员大会。3月23日,召开全系统地方教育附加开征动员会,对开征工作进行总体部署。三是做好宣传发动工作。分别在《南方日报》、《广州日报》、《羊城晚报》和《南方都市报》向社会公告开征有关事项。与省财政厅、教育厅和人保厅通过主流报纸联合对外宣传。协助纳税服务处印制宣传手册20万份发放

各地使用。四是协调信息中心开发完善大集中征管系统。4月1日，地方教育附加地税大集中征收系统正式启用，网上办税系统相应功能同步开放。2. 再接再厉，促残保金全面地税代征。继续加大督查力度，针对珠海市对企业未开征残保金和东莞市未使用"大集中"接口系统代征残保金情况，一是下发《关于进一步做好残疾人就业保障金地税代征工作的通知》等督办性文件；二是前往珠海与市政府分管领导和残联、财政等部门协调，开展重点督导；三是密切部门配合，力促珠海、东莞残保金地税代征实现新突破。珠海市政府签发《珠海市残疾人就业保障金征缴暂行办法》，规定从2011年1月1日起对所有单位征收残保金。5月16日起，珠海市机关和企事业单位残保金应征数据陆续通过全省统一接口传送大集中征收。东莞市按要求于5月11日应用"大集中"接口系统传送和征收残保金。3. 加强指导，重点推动市、县级价格调节基金地税代征。在2010年率先推动省级价格调节基金地税代征基础上，2011年加强协调指导，积极推进各地市、县级价格调节基金地税代征。截至2011年底，广州、汕头、韶关、肇庆、清远、潮州、揭阳、梅州、河源、汕尾、茂名、阳江、云浮等14市和顺德区陆续开展了价格调节基金地税代征工作；佛山市实行部分代征；中山、江门、湛江等市有关工作正在协调中。4. 严格执法，全面开展堤围费专项检查。2011年4月，针对部分地方一再执行堤围费封顶政策和个别地方还没有开征堤围费情况，组织人员认真参与省政府统一部署的全省堤围费专项检查工作，省地税局牵头带领第四检查组分别对深圳、中山、惠州、河源等市开展重点检查。通过检查，督促中山、珠海两市取消封顶政策，并协助水利厅完成堤围费和水资源费专项检查情况报告上报省政府。5. 积极推动肇庆市地税局代征工会经费试点工作。按照局领导指示精神，对肇庆市局请示代征工会经费给予批复，同意作为工会经费的代征试点单位开展工会经费代征工作。

（戴宏辉）

规划核算管理

［概述］ 2011年，规划核算工作坚持围绕组织收入中心，科学谋划，精心实施，确保了税收收入任务的完成。全省地税累计完成税费收入6092亿元，增收1422亿元，比上年增长30.4%，其中国内税收收入（含契税和耕地占用税）4248亿元，增收932亿元，比上年增长28.1%。组织税收收入（不含契税和耕地占用税）3988亿元，增收731亿元，比上年增长22.5%，其中中央级收入968亿元，比上年增长16.9%；省级收入891亿元，比上年增长43.7%；市县级收入2129亿元，比上年增长17.7%。税收收入总量继续稳居全国地税系统首位。

［组织收入工作］ 面对2011年前高后低的税收增长走势，科学制订收入计划，根据情况变化及时调整，积极发挥组织收入导向作用。一是把握重点，积极采取有针对性的计划管理措施。根据2011年契税和耕地占用税全面移交地税征管的实际情况，开展"大集中"税收分析系统与国库、财政以及各级地税部门多方的数据核对，确定税收收入数据可比口径；同时，按照省以下财政分配体制调整方案校正税收增长参照系，增加可比增长指标，并作为分配下达税收各项任务和分析税收级次增长情况的意见，进一步完善税收计划考核和分析基础。在对全年税收收入形势进行分析研究的基础上，遵循"积极稳妥、把握重点、转换基数"原则，审慎客观地制定并下达2011年税收计划和税收任务。二是任务追加首次预留各地超收空间，为全年税收收入稳定增长创造条件。根据7月省财税工作联席会议精神，按照"确保完成、客观稳妥、兼顾差异、可持续增长"的原则，及时分解下达追加后的2011年省级税收收入目标。在准确研究判断全省经济税源形势前提下，充分考虑部分地区超额完成任务而推高全省增幅的可能性，首次在下达任务时适当预留各地超收空间，为全省税收增长留有余地，保证了省局下达组织收入指令的稳定性、连续性和可行性，促进组织收入工作的有序开展，为省级收入目标的圆满完成奠定坚实基础。三是强化联动协调机制，密切监控收入进度。一方面上下联动，加强收入预测，动态跟踪各单位税收进度与预测情况差异，严密监控各地收入异动情况；另一方面左右协调，加强与征管、稽查、税政和直属局等部门的沟通，通过合理调控减免税审批、缓缴、退税和查补税款入库进度等合法依规手段，确保全省后期税收收入的持续稳定增长。四

是深化税收分析调研,切实掌握各地税源现状潜力。进一步加强税收分析预测的精细化、前瞻性,对重点地区、重点行业、重点企业和重点项目进行深入调研摸查,及时召开季度全省经济税收分析会、重点地区税收形势座谈会,力求摸清全省税收收入盘子和政府追加任务情况,及时掌握税收税源变化态势,有针对性地提出后期组织收入工作的方向和建议。五是突出收入质量管理,努力构建税收可持续增长长效机制。根据年初确定的重点工作任务,结合国家税务总局经验方法及广东省实际,建立省税收收入质量评价指标体系,以税收的稳定可持续增长作为税收质量评价的重要内容,提升制度化、规范化管理的引导效应,推动税收收入逐步实现从计划管理向质量管理转变。

[收入核算管理]　加强监督指导,深化改革发展,促进会计、统计及票证管理规范,确保税费资金入库安全高效。一是强化税费资金监督管理,狠抓制度落实。组织开展以税收资金安全为重点的全省税收会计检查工作,在各县(区)局全面自查、各地市局抽查的基础上,省局于7月初完成对6个地市的重点检查工作,重点对税收资金管理情况、税收票证管理情况和税收会计核算情况进行检查。通过检查,及时总结,对各地普遍存在的问题进行深入剖析,提出改进意见,进行整改,强化制度落实。7月底,积极配合并顺利完成国家税务总局税收会计抽查工作,省地税系统税费资金管理情况获得总局检查组的肯定。二是推进缴库方式改革,加快推广财税库银横向联网电子缴税系统(TIPS)。在继续完善和认真总结2010年汕尾市、清远清新县、肇庆四会市3个试点地区TIPS上线工作经验的基础上,进一步完善系统功能设置,6月顺利完成肇庆全市、阳江阳东县的推广上线工作,并认真组织做好珠海地区的上线工作。上线地区系统运行正常。通过推进缴库方式改革,强化对税费征缴入库的监督,促进各项税费及时、足额、准确入库,提高了税费征缴入库工作的质量和效率。三是夯实会统工作基础。汇编整理税收会统票业务手册,为基层业务人员日常工作开展提供参考和指引,促进基层干部严格落实有关制度。针对历史遗留的大集中系统欠税数据核算失真问题,着手梳理会统核算业务规则,检查欠税数据生成问题,逐步完善系统核算数据的拆分、结转方案设定,解决欠税数据失真问题,提高报表数据质量。

[重点税源监控]　一是加强重点税源监控数据的发布力度,及时发布省局直接监控的约1650户重点税源监控企业运行情况及约120个重点建设项目的开工建设纳税情况;详细掌握约280户各市排名前列的纳税大户生产经营与纳税情况,按季发布重点税源监控分析报告;全年通报一次各市重点税源监控工作的质量,强化工作考核。二是开展审计式专项评估,大力推动重点税源监控见实效。组织全省业务骨干,在依托大集中和重点税源监控系统采集数万条数据记录的基础上,通过技术手段和人工逐户排查相结合,对2010年及2011年1~4月全省部分疑点纳税大户进行排查,对相关指标进行对比分析,努力把握税源潜力和征管可能存在的漏洞,指导各地对异常企业进行核查,努力挖掘税收潜力。三是认真完成全省税收调查工作。2011年省税收调查户数比2010年增加1倍,每一户企业的调查指标达到400项,同时抽样调查企业采取网上直报新报送方式,导致年度数据采集及审核任务异常繁重。通过各级规划核算部门共同努力,圆满完成全年税收调查工作。四是密切关注经济动态,积极调研,服务领导决策。及时完成房地产行业发展和税收情况分析报告,在对省房地产走势进行科学分析判断基础上,力求准确预测未来税源变化;参与完成科学组织税收收入的八大问题调研,为努力破解税收收入发展难题提出意见建议;组织开展世界500强企业的摸底排查,充分掌握2010年世界500强企业在广东省的纳税情况。各项分析调研,为全年组织收入工作和领导决策提供了参考,受到省局领导的肯定。

[规划核算信息化]　一是研究开发重点税源分析模块,努力提升监控质量。通过利用统计分析工具和查询、预警提醒等功能,将全省重点税源户纳入常态化管理和监控,及时发现税收疑点,提高税源控管能力。二是启动省税收收入能力估算评价体系项目建设,与暨南大学合作,研究省地方税收收入能力及分税种、分行业、分地区的税收收入能力估算,采用计量经济学方法,建立起适合广东省税收收入能力估算模型,以及适合广东省经济和税收实际情况的整套分析方法体系,进一步提升税收管理科学化、精细化水平。三是推广应用重点税源网报采集模块。贯彻落实省局"数据管税"和"两个减负"的重要举措,夯实重点税源企业报表数据采集基础。根据国家税务总局2011年重点税源报表指标,对重点税源网报采集模块的指标、口径和功能进行了修改、完善和测试并推广上线,做到数据口径规范、统一,切实为基层税务机关和纳税人减负。

（叶友法）

纳税服务

[“四个重在”统领纳税服务工作] 省局党组书记、局长王南健在7月27日召开的2011年全省地税纳税服务工作会议上强调要准确把握纳税服务工作重点，做到“四个重在”(重在以人为本，寓管于服；重在发现不足，把握需求；重在协调联动，双核互动；重在强化落实，完善机制)，持续改进和不断优化服务。为更加全面准确地把握纳税人的实际需求，有针对性地不断优化和改进纳税服务，省局委托第三方专业机构，首次在全省组织开展纳税服务第三方调查活动，采取问卷调查及办税服务厅暗访检测方式，综合评价分析全省地税纳税服务能力，积极推动各地市纳服工作的持续优化。

[纳税服务平台建设] 以不断优化和提升服务效能为目标，持续推进全省地税12366纳税服务热线、门户网站群、税法宣传、办税服务厅等各大服务平台建设，努力构建多渠道、多元化、专业化的服务体系。在2010年底全省地税12366服务热线运行的基础上，研究确定“省局主导、市局集中”热线服务运营模式，实现全省统一系统、统一号码、统一流程、统一数据、统一监控、市局统一坐席的热线服务“六统一”，研究制定服务热线管理办法等制度，加强话务监控及培训力度，不断提高热线接通率和咨询满意率。对全省地税门户网站群进行全面改版升级，努力打造纳税人更加满意的“电子税务局”服务平台，至2011年，连续4年荣获全省政府网站评比第一名。积极组织开展全省“我在办税服务厅”征文活动，投稿量居全国首位，被国家税务总局授予集体组织奖。2011年全省各级纳税服务部门牵头统筹开展各类税法宣传培训辅导活动2400场次，参加活动的纳税人约26万人次，取得了宣传税费政策、和谐征纳关系的良好效果。

[纳税人权益保护] 贯彻落实2011年全省地税纳税服务会议提出的维护纳税人合法权益是纳税服务工作核心组成部分的理念要求，从夯实制度建设和创新工作机制入手，积极扎实做好纳税人权益保护工作，坚持充分尊重纳税人及客观事实、程序规范完备、回复及时满意的工作导向，着力提升纳税人权益保护工作水平。注重以规范、高效解决纳税人诉求为“龙头”，积极做好门户网站“局长信箱”和“服务投诉”受理工作，健全工作制度，定期整理反馈，落实“事事有回音，件件有落实”的服务承诺，研究制定《纳税服务工作联席会议制度》，建立健全部门协同服务工作机制。联合国税部门开展税法宣传辅导活动、协同解决12366热线互联互通、纳税信用等级评定、加强涉税中介行业监管等工作，努力提高服务资源整合和共享程度，为广大纳税人提供更加全面及时的纳税服务。

(姚　波　罗志刚)

税收征管

[概述] 2011年，省局征管科技处以“巩固、完善、提高”为主线，不断深化改革创新，强化数据管理应用，全面实施信息资源整合，加强信息化项目管理，完善税源管理和监控，大力夯实税收管理基础，完善征管科技制度，进一步提高征管质量和效率，为“十二五”规划的顺利实施开好头、起好步作出了贡献。截至2011年末，全省地税系统税务登记户数271.68万户，其中国有企业2.97万户、集体企业5.68万户、私营企业46.39万户、外商投资及港澳台商投资企业7.7万户、个体经营户162.23万户。

[涉税信息交换与共享] 一是向广东省政府上报《关于报送广东省涉税信息交换与共享规定落实情况的报告》(粤地税发〔2011〕83号)，就全省各地落实《广东省涉税信息交换与共享规定》(以下简称《规定》)的措施、成效以及存在问题向省政府作了专题汇报。二是走访部分省直部门，积极争取

支持,并与省国土资源厅、建设厅和南方电监局联合发文,提出贯彻《规定》的具体措施。三是提请省政府下发《关于开展〈广东省涉税信息交换与共享规定〉落实情况检查总结的通知》,狠抓对各地落实《规定》的督促检查并建立了定期报告制度。

[税源管理]　省局征管科技处在总结全省推广经验的基础上,整理了各地对专业化税源管理新模式提出的问题和建议,同时注意收集安徽国税、江苏地税、福建地税税源专业化管理方面的经验,形成《我省地税与安徽国税江苏地税福建地税税源专业化管理的差异分析与启示》报告,建议逐步完善广东省专业化管理的做法。接收税源综合管理平台,并在做好业务差异分析的基础上,组织编写税源综合管理平台标准版需求,推进了税源综合管理平台的开发建设工作。

[发票管理综合改革]　全面推进发票在线应用,实现地税行业的全覆盖;取消100元以上定额发票。2011年,全省发票在线用户18.5万户,日开票量70多万份,月开票金额高达1700多亿元。出台《广东省地方税务局关于地方税收发票网络开具的管理办法》,进一步规范了纳税人使用网络开具发票的行为。不断完善系统功能,上线应用发票在线系统门前代开模块,全省自开、代开发票使用同一套系统,实现全省发票管理的一致性;开发建设并上线应用发票在线系统数据利用平台,发票数据应用的步伐进一步加快。健全发票在线应用服务保障体系,一是以"首问责任制"、"分级服务管理"、"12366"服务为纳税人提供8小时之内的政策业务咨询服务;二是在与广东电信建立战略合作伙伴关系基础上,合作建立翼税服务平台,为纳税人提供24小时不间断的技术服务和故障申报、反馈、公告服务。出台《广东省地方税务局关于"南粤金税"发票抽奖的暂行办法》,与广东移动、广东电信、广东联通共同签订《广东地税发票兑奖话费充值业务合作协议》,为2012年推行全新的发票抽奖方式奠定坚实的基础。

[继续加强纳税评估]　一是采用专刊报道、组织实地考察学习和培训交流等形式,继续指导各地加强纳税评估工作机制建设;二是及时总结推广各地在纳税评估方面的经验,指导各地完善纳税评估方法和指标构建、第三方数据应用以及信息化评估系统开发等工作;三是在组织佛山、江门、潮州等9个典型地市初步完成建筑安装、房地产、货物运输、日用陶瓷和电力等5个行业纳税评估模型的基础上,在全省全面启动建设行业纳税评估模型工作。

[强化征管质量分析监控]　在全面清理大集中系统管理权限的基础上,出台《广东省地方税务局"大集中"系统权限管理暂行办法》,规范"大集中"操作人员代码、功能及角色、权限等方面的管理。开展全省防范征管执法风险工作检查,成功上线修改税种核定信息、注销税务登记、变更税务登记、停业登记4个重大风险模块,屏蔽了修改开业登记信息模块,进一步降低执法风险。组织各地开展户籍数据清理工作,解决了长期以来核心征管系统与税管员平台两个系统之间户籍信息的差异问题。

[积极推进电子办税]　一是加快自助办税服务系统的建设步伐。实现纳税人自助完成开具小额发票、打印缴款凭证、清缴税费、申报缴纳车船税等业务。同时,在网上办税系统已有申报、缴款等功能的基础上,增加了打印缴款凭证的功能,让纳税人用白纸即可在网上自行开具缴款凭证,并在省局网站上提供缴款凭证查验功能,首次实现以"数据防伪"方式进行税收凭证的管理。截至2011年底,全省向纳税人开放564台自助办税终端,使用超过383万户次,征收税费超过2413万元,开具发票超过2.6万张(开具发票征收税款851多万)。二是加大网报推广力度。下发《关于进一步做好网上办税系统推广工作的通知》,督促各地加大网报推广力度。在统一工作平台上开发了网报统计功能,便于省局和各地掌握进度及工作方向。经过各方面努力,全省网报应用水平得到明显提高,开通网报的正常业户从年初的85.27万户增长至12月底的100万户,增长17.27%。

[夯实征管基础工作]　一是继续优化征管业务流程。针对门前办税压力大的情况,分别深入佛山、东莞等地进行调研,及时研究解决基层和纳税人的实际问题,进一步落实切实减轻纳税人办税负担和基层税务机关工作负担"两个减负":一方面,组织开展对门前代开发票应用中基层和纳税人反映的共性的、迫切性高的如申请表必录项过多、发票附注可录字数过少等内容进行了优化,并在全省实现门前代开发票免填单业务;另一方面,在充分论证的基础上,在全省范围内放宽了对纳税人领票量、开票额的限制。二是积极推进国地税联合办税。在与省国税征科部门进行多次磋商并召开联席会议的基础上,研究确定了联合办证、核定、试点评估等下一步联合办税的内容。三是在收集整理1998年1月至2011年8月间国家税务总局以及广东省发布的有关税收征管方面文件的基础上,编印了《税收征收

管理文件汇编》并发送省局各有关部门和各市局参考使用。

[提升信息化建设管理水平] 一是健全信息化建设管理制度。出台《广东省地方税务局信息化项目管理办法(试行)》和《广东省地方税务局信息化项目业务需求管理办法(试行)》(简称"两个办法"),进一步提高"信息管税"效能。二是稳步推进项目建设。继续推进统一工作平台项目、短信平台和纳税服务渠道整合项目建设,完成了统一工作平台在全省的推广应用;积极推进社保优化改造项目;稳步推进数据交换平台项目;着手搭建风险内控平台。三是强化日常信息化项目的管理。以《两个办法》的出台为契机,进一步加大了对日常信息化项目的管理力度,组织审核了数据交换平台项目、两税比对系统升级维护服务采购项目等。加强信息化项目的立项管理,推动定点联系企业专业化管理信息系统项目建设的立项及采购申请工作、税收分析系统优化改造项目的立项审批工作等。四是积极推进与三家通信运营商的合作。先后与广东移动、广东电信、广东联通运营商就未来合作方向进行探讨与沟通,并达成基本共识。在此基础上,向省局党组提交了《关于进一步加大与三家通信运营商合作力度的情况说明》,就三家通信运营商的总体情况、与各运营商未来合作方向、下一步工作设想等向省局党组专题汇报。

(茹岱芸)

财务管理

[经费保障] 按照省政府文件规定,地税系统经费管理办法于2010年底到期。为了落实好地税系统经费保障工作,省局财务处在2010年开展经费调研的基础上,对系统近三年经费使用情况进行分类汇总、分析,并结合外省经费调研情况,形成《广东省地税系统经费调研报告》,提出进一步完善经费管理办法的意见。积极、主动与财政等部门协商、沟通,依据全面、精确的分析测算,取得相关部门的理解和支持。2011年1月,省政府下发《关于继续执行地税系统经费管理办法的通知》(粤办函〔2011〕7号),确定全省地税系统经费管理体制在成本比率略有下降的基础上延续执行二年。经费体制的延续,为全省地税系统"十二五"期间的发展提供了坚实有力的保障。

为进一步拓宽经费来源渠道,财务处与规费处、直属税务分局共同努力,争取省政府和财政部门的支持,2011年新增省级社保征收经费9105万元,价格调剂金征收经费902万元。

[部门预算] 为适应部门预算改革需要,财务管理紧紧围绕重点工作和中心工作,按照"勤俭节约,量入为出;权责结合、保证重点"的原则,积极推进项目预算管理,科学编制部门预算,省局机关和二级核算单位项目支出全额纳入省级经费支出预算,各地级市局项目支出预算已占省级经费总支出预算的65.2%。省局被省财政厅评为2011年度省直部门预算编报先进单位。

[资金使用管理] 1. 切实贯彻省局党组关于加强省级征收经费管理的要求,拟订《关于规范省级征收经费使用管理的意见》,适时调整了省级征收经费的分配方式,立足于向偏远地区、向重点项目倾斜,减少对地级市局的业务经费补助3100万元,适当增加了对县(区)级地税局的补助,业务经费补助范围涵盖税收征管、信息化建设及教育培训等七大项,加大了对自助办税服务系统及税源管理平台建设、大企业征收管理等项目的投入。2. 扩大绩效评价范围,适当增加县级项目,全省地税系统纳入绩效评价的项目增加到34个。此外,举办两期培训班,对省局相关处室及部分县(区)局经办人员进行了系统的培训,帮助经办人员充分认识绩效评价的重要意义,熟练掌握业务操作。3. 积极应对,未雨绸缪,及时把握正确引导结余经费投向。针对2010年度财务决算报表反映部分市地税局结转结余资金余额较大的问题,对全系统坏账、负债、增人增资、基建、修缮以及未来三年拟投入的重大项目开支等情况进行了调查摸底,形成了《地税系统历年累计结余经费情况说明》,对经费结余情况和成因进行了全面分析,统计、测算了结余资金未来三年的投向和规模;引导基层严格按有关规定,合理使用结余资金,加快完善办公、纳税服务环境建设,不断提升征管手段。4. 从严把关,精打细算,确保厉行节约落到实处。为全面了解、把握省局机关财务收支情况,财务处对2010年度局机关财务报表进行深入分析,针对机关

财务管理存在的问题，提出完善意见和建议。

坚持按月发布费用预警报告，及时向局领导和有关处室通报费用支出详细情况；年底根据各类费用指标完成情况，采取停止报账等措施，有效控制费用增长，确保零增长目标实现。

［基建、资产管理］ 1. 严格审核，大力扶持，逐步消化系统基建欠账。在基建管理方面，对全省各级地税部门的基建情况进行动态跟踪了解，及时掌握各级地税机关在基建立项、报建、财务管理、工程结算、决算及结转固定资产等方面的情况；坚决贯彻落实上级有关政策和文件规定，下发了《关于明确广东省地税系统基建项目立项前审核有关事项的通知》，对新建基建项目立项前的审核从严把关，2011 年共审核基建项目 28 个，核准批复 19 个项目。注重把握政策和有利时机，大力扶持基层改善办公和纳税服务环境，2011 年下拨的基建补助经费比上年增加 1.8 亿元，为全省地税系统 32 个纳税服务厅的修缮、改造，以及 15 个市、县级办公楼基建提供了有力支持。2. 清理统计，研发系统，提高资产管理效能。开展固定资产清理统计工作。全省地税 150 个核算单位参与，采取分片审核的方式，提高工作效率，保证数据质量，历时 3 个月，圆满完成省财政厅布置的资产统计报表工作。开发建设全省地税固定资产管理系统。在深入调研、充分论证的基础上，采取对在用的用友固定资产管理模块进行升级改造方案，并通过积极、有效的沟通争取到省财政厅的支持。升级改造后的固定资产管理系统，将固定资产全生命周期纳入系统管理，引入条形码管理技术提高资产清查效率和准确性，借助信息化管理提升全系统固定资产管理效能。

［制度建设］ 为适应财政部门预算改革及强化国有资产管理工作要求，修订、下发《广东省地税系统财务管理办法》、《广东省地税系统固定资产管理办法》，补充明确各级地税部门的管理职责；细化、规范管理程序；修订管理权限，有效堵塞管理漏洞。

［税务制服换装］ 按照国家税务总局的统一部署完成制服换装招标工作。通过适当提高投标企业资质标准、实行开标前样品检测等方式确保产品质量；坚持重要事项集体研究，严格按程序参与政府采购招标，自觉抵制商业贿赂行为。至 2011 年底，招标工作完成，为 2012 年各市局实施换装工作奠定了坚实基础。

［其他工作］ 2011 年，省审计厅对省局的审计工作重点已由征收管理转变为财务管理。鉴于此，年初财务处在审计厅进驻前召开专题会议，明确审计资料提交程序，要求各业务组提前做好准备工作；在审计过程中，及时按审计厅要求提供相关资料，主动就审计厅提出的问题进行沟通、协调，尽力争取审计部门的理解和支持。地方性政府债务核查工作是 2011 年全国各级审计部门的重点督办工作，为配合审计署广州特派办完成对全省地税系统的核查工作，财务处克服时间紧、任务重的困难，通过采取层层把关，集中汇审，请特派办工作人员上门辅导、现场审核等方式，高效地完成了工作，得到特派办的充分肯定。在配合审计厅开展工作的同时，按月完成省局机关个税申报，2011 年 3 月完成了年收入 12 万元以上的干部个税申报工作；加强对住房公积金有关制度的解读，对局机关干部职工提出的问题及时予以指导帮助；积极、主动参与沟通、协调，货币分房补贴得以在年底前顺利发放。

（邓晓炜）

内审管理

［基础建设］ 结合广东省地税系统“制度建设年”的工作部署，2011 年内审制度建设稳步推进，同时加大队伍培训力度，从人员素质上保障制度执行到位，努力打好内审基础。1. 加强制度建设，完善内审制度体系。坚持边审计边建设，边规范边完善的原则，不断推进内审工作制度规范化建设，修订下发了《广东省地方税务系统内部审计工作暂行办法》和《广东省地方税务系统经济责任审计工作联席会议制度》。两项制度全面涵盖了内审工作，对整个内审工作流程和机制进行了规范，明确了机构、人员、职责、权限、内容、程序、结果运用等方面的内容，并把行政问责引入内部审计，建立内审问责机制。2. 加强内审队伍建设，确保工作顺利开展。针对市以下地税局没有独立内审机构和专职内审人员

的情况,省局努力克服人员编制暂时未能解决的客观因素,在系统内部审计工作暂行办法中对系统内审人员的配置作出明确,要求市局配备专职审计人员不少于2名,兼职审计人员不少于3名,县(市、区)局配备专职审计人员不少于1名,兼职审计人员不少于2名,为内审工作的有效开展提供人员保障。针对内审人员工作经验不足以及专业技能有待提高的情况,省局组织举办了为期18天的全省地税系统内审业务骨干培训班。来自全省地税系统57名内审业务骨干参加了培训。通过培训,提升了内审人员的工作能力和业务素质,增强了内审人员间的沟通和交流,为内审工作的深入开展奠定了良好的基础。

[内审监督] 注重有效统筹各类审计项目,有效地构建了上下联动、内外联合的内审格局。全年系统共完成领导干部经济责任审计125项、财务审计68项、专项审计130项、其他审计项目12项,提出并被采纳建议296条。其中省局组织开展领导干部经济责任审计6项,完成专项审计调查4项。1. 抓好领导干部经济责任审计。严格按照国家税务总局要求,认真贯彻落实《中共中央办公厅、国务院办公厅关于印发〈党政主要领导干部和国有企业领导人员经济责任审计规定〉的通知》(中办发〔2010〕32号),加强系统领导干部经济责任审计。按照审计工作规程制订详细的全年审计计划,明确经济责任审计开展范畴、原则,并通过项目计划表及时掌握项目进程,定期召开经济责任审计工作分析会,实时开展对经济责任审计情况的检查督导,切实做到"逢离必审"、"任中必审"。进一步规范审计程序,实施项目负责制,明确主审和审计组长职责,确保了审计项目从方案制定、进点审计到整改落实阶段有序开展。首次对拟提省局副巡视员的东莞、江门市局局长开展任前经济责任审计,审计结果成为选人用人的重要依据。2. 抓好财务收支审计。减少重复检查,避免多头审计,结合经济责任审计财务收支情况进行财务审计,包括财务收支、预算内外资金管理、内控制度建设等方面。积极开展发票工本费和税务登记证工本费收入审计。按照上级要求,将会议费、培训费、出国(境)费、公务接待费、车辆购置及运行费和水电油费等支出情况,列为审计重点,确保"六个零增长"得到全面贯彻执行,有效推动了节约型机关建设。3. 抓好专项审计。加强专项审计,研究制定详细可行的方案,采取全面自查和重点检查相结合的形式,有效扩大了专项审计的覆盖面。开展系统内政府采购项目专项审计,对采购项目申报、审批和执行程序的合法合规性进行检查,确保"采购有预算、预算有执行、执行有规范"。开展全省地税系统坏账情况专项审计调查,全面调查系统内坏账的情况,分析原因和问题,追究有关人员责任,研究解决坏账历史问题的方式,为领导决策提供参考。开展系统内学历教育管理中心专项经费使用情况专项审计,对化解信访矛盾起到了积极作用。开展原省局纳税人服务中心账户清理专项审计,规范撤并单位的账务处理工作,保证了国有资产的机构调整过程中的安全完整。

[外部审计协调] 进一步加强外部审计协调力度,省局全年顺利完成财政部广东专员办、审计署广东特派办、省审计厅等部门7项专项检查的协调工作。一是尝试建立外部审计协调合作机制,提前介入财政部专员办和省审计厅对花都、东莞、河源、梅州、韶关、清远等地的审计工作,陪同审计部门深入基层了解审计重点和有关情况,沟通协调更加主动畅顺。二是尝试内外两审联合开展检查,避免重复检查。省局内审处与省审计厅整改处共同开展了对审计整改落实情况和工本费的检查工作;与财专办一起到东莞、河源和花都区地税局进行征管检查。联合检查既密切了工作联系,又提高了工作效率,促进了外部审计协调从被动配合到主动合作的实质性转变,效果显著。

[审计整改] 为了确保整改成效,内审处从两个方面切实抓好对审计问题整改的跟进、督促。1. 注重整改机制创新,切实提高审计刚性。健全整改执行机制,加强对内外部审计各项审计建议和审计决定整改落实的监督力度,从三方面进一步加大整改问责力度。一是向在审计中发现有问题的单位下达《审计整改通知书》,明确整改时限,逐条确定主办单位和协办单位,指定主办单位主要负责人为整改第一责任人,制定整改措施,限时上报整改情况。二是加强督办,倒排整改日程,帮助协调解决整改过程中的困难。省局派出检查组对部分市局整改落实情况进行重点检查,确保整改力度和成效。三是把对整改的后续跟踪贯穿审计工作始终,多个市局针对近年来内外部审计发现问题的整改落实情况开展"回头看"工作,将往年审计发现问题整改情况作为审计重点,做到逐项检查,加强对整改落实的长效监督,不留死角。2. 注重强化责任追究,避免屡查屡犯。采取有效措施加大审计问责力度。一是建立责任追究机制,并在系统内部审计工作暂行办法中予以明确;二是通过召开落实审计报告整改工作会议,强化对审计发现问题,特别是屡查屡犯的问题

的责任追究；三是在全系统下发《关于进一步加强坏账清理工作的通知》（粤地税发〔2011〕117 号），责成各市局重新核查每一笔坏账，提出处理意见，对造成重大损失的直接责任人提出问责意见，并明确今后若违反规定借款的，省局将严厉查处，并追究相关领导责任。上述问责措施有力地促进了各有关单位加强内部管理，避免屡查屡犯的情况的再次发生。

［"小金库"治理］　深入推进"小金库"专项治理工作，通过三项措施巩固专项治理成果，推进监督检查的常态化。一是对列入"小金库"专项治理范围的 14 个单位，逐条对照"小金库"的表现形式进行全面复查，确保复查面达到 100%。二是严格落实承诺制、公示制。通过承诺书的形式保证零申报报表的真实，并及时公示复查情况。三是把防治"小金库"工作纳入惩防体系建设和党风廉政建设责任制的考核内容，从加强教育、完善制度、深化改革、强化监督等方面入手，研究制定防治"小金库"长效机制建设的工作方案，建立举报长效机制。

（吴晨曦）

人事管理

［制度建设］　一是制定《关于进一步加强市、县地方税务局领导班子建设的意见》，强化领导班子和领导干部思想建设、组织建设、制度建设、作风建设、廉政建设。二是修订完善《省地税局干部选拔任用工作手册》，为全省地税系统干部选拔任用工作提供指引。三是完善《广东省地税系统协税员管理指导意见》。采取新的"统一测算、严控数量"方法控制协税员用工指标，同时建立健全协税员考核激励机制、工资增长机制、协税员解聘机制等制度。四是起草《关于抽调地方人员帮助工作管理暂行办法》，明确抽调人员原因、资格条件、抽调期限和审批程序；同时，规范了抽调人员的日常管理和抽调工作的纪律。五是印发《广东省地方税务局离退休人员管理办法》，以人为本，进一步规范了对老干部的管理。

［规范省局及市、县局津（补）贴］　根据省纪委、省人事厅等六部门《关于印发〈广东省直驻穗外机关单位规范公务员津贴补贴实施办法〉的通知》（粤人发〔2009〕228 号）规定精神，人事处草拟初步方案，经省局党组研究后，于 3 月 24 日下发《关于落实中央、省关于规范机关津贴补贴有关问题贯彻意见的通知》，为全省各级地税部门落实津贴补贴精神提供了依据。在指导广州市局完成自查自纠的基础上，4 月 22 日组织召开全省地税系统人事工作会议，要求各市地税系统开展"三个一"活动：召开一次党组会，吃透精神，提高认识，研究整改措施；开展一次全面彻底的"自查自纠"，对照文件规定认真进行整改，并将各自整改情况以市局为单位按整改时限上报省局；召开一次干部职工大会，做好政策解释工作，教育引导干部职工正确看待和处理个人利益与大局利益的关系，取得大家的体谅、理解和支持。之后通过省局党组、人事部门与省纪委、省财厅、省人社厅等六部门大量的沟通协调，基本达成共识，形成最终方案，并上报了有关部门。此项工作，既严格执行上级文件规定，又充分考虑了全局的实际情况，积极稳妥地分步实施，尽量减轻因收入减少对干部思想的负面影响，确保税收收入任务的顺利完成。

［推行绩效管理试点和分类管理试点工作］　佛山禅城区局绩效管理成功运行后，按照省局党组的统一部署，人事处组织人员深入到实地进行调研，研究制定全省地税系统推行绩效管理试点的初步方案，在全省地税系统内选取 28 个试点单位，举办跨越三地、为期 7 天的全省地税系统绩效管理培训班，为在 2～3 年内在全省地税系统推行绩效管理奠定了基础。各试点单位紧锣密鼓地进行试点的筹备工作。

［机构编制管理］　一是进一步推进市县地税机构调整优化工作。加大与省编办的沟通协调力度，持续推进市县地税机构调整优化工作，向省机构编制委员会办公室报送了市（县）地方税务系统机构改革实施意见以及广州市局机构编制的调整意见，先后完成了系统内成立深汕（尾）特别合作区地税局、河源市高新区地税局工业园税务分局、韶关市高新技术产业开发区地税局、揭阳市大南海国际石化综合工业园地税局、梅州市高新技术产业园区地税局 5 个市（县）地税机构的实地调研和向省编办

的行文报送工作。二是做好贯彻机构编制实名制管理有关工作。指导各市局在省编办核定的编制限额内定编定岗定员，建立健全人员编制台账，完成了机构编制实名制管理各项工作。

[2011 年度招录公务员工作] 认真贯彻公务员法相关配套法规，做好公务员日常登记工作。坚持凡进必考，形成公开、平等、竞争、择优的机制，实现考录工作的制度化、规范化和正常化。2011年，按照各市局提出的需求，全省地税系统共计划招录公务员500名，有3.1万人报名，2.9万人参加笔试，有470人通过各项考录环节被录用。全年共转调任公务员23名，接收军队转业干部47名。

[人事制度落实的监督检查] 按照省局党组的统一部署，组织对全省地税系统20个市局近年来贯彻执行干部人事工作的有关法规政策情况进行了全面深入地检查。从检查的情况来看，各市局能高度重视学习宣传《干部任用条例》和监督制度，能按照"学条例、用条例"的思路抓好人事工作，能严格贯彻执行《干部任用条例》和监督制度，严把选拔各个关口，选拔程序较为健全规范，积极开展整治用人上不正之风工作，没有发现违规违纪行为，落实规范政策执行到位。

（林克波）

税务教育

[干部培训工作] 2011年，全省地税系统共举办各类培训班1287期，培训115749人次，培训规模为358838人天。其中初任培训6期，培训510人次，培训规模10105人天；专门业务培训781期，培训46223人次，培训规模133007人天；任职培训4期，培训330人次，培训规模4830人天；其他培训496期，培训68686人次，培训规模210896人天；参加税务总局组织的各类培训共98人，培训规模为1496人天，年度人均培训天数达到16.7天。其中，由省局牵头主办的主体培训班和业务培训班共58期，培训24748人次，培训规模88958人天。全省地税系统参加视频培训17718人次，共95859学时；参加网络培训17087人次，共1447106学时；参加内部培训40971人次，共415375学时。

[师资力量] 全省地税系统各级兼职师资共597人，其中省局兼职老师152人，省局以下兼职老师445人，全省地税系统兼职老师共参加培训378人次，培训规模为2003人天。全省地税系统获得"三师"（注册会计师、注册税务师、律师）资格人数为599人。其中，注册会计师123人、注册税务师395人、律师81人；获得"两证"人员为37人、"三证"人员为10人，全省地税系统获得"三师"资格人数占干部总数的2.78%；获得其他国家资格证书311人。

[各类培训] 1."公务员加快转变经济发展方式和社会管理创新"培训。按照省委、省政府的工作部署，省局组织全省地税系统开展"公务员加快转变经济发展方式和社会管理创新"的全员培训，全省地税系统参加听课人员近2万人，90%以上的公务员参加了为期3天的脱产学习培训及考试，全部参考人员均取得合格成绩。2.领导干部培训。一是在中国井冈山干部学院举办主题为"发扬革命传统、坚定理想信念"的处级领导干部研修班；二是组织省局机关和各市局新提拔的处级干部前往中共国家税务总局党校参加任职培训，进行思想洗礼和履新学习充电；三是连续举办3期全省地税系统科级干部任职培训班。培训方式变以课本理论为主的单一模式为互动式教学，情景模拟教学和现场体验式教学，充分利用"微格实训室"进行干部行为改观训练，引入"新闻发言人"实战培训，提升了地税干部实际操作能力和现场应变能力。3.军队转业干部培训和新录用公务员初任培训。2011年，省局举办5期全省地税系统新录用公务员初任培训班和1期军队转业干部培训班，全系统467名新录用的公务员和43名军队转业干部参加了培训。4.基层一线干部和业务骨干培训。广州、珠海、湛江等市地税局，充分利用自身优势，与广东商学院、北京师范大学珠海分校、广东海洋大学等高校开展不同形式的合作办学，大规模培训干部；肇庆、云浮、汕头、珠海、湛江、韶关、惠州等市地税局组织干部到上海、长沙、大连、井冈山、延安等地，举办革命传统、更新知识、业务知识等培训班；茂名、佛山、江门等市地税局开展职务犯罪、心理辅导、军事训练等方面内容培训；

揭阳市地税局坚持开设“十日一课”，实行每两周一题一讲，内容涉及部门业务、政治理论、文学艺术等方面，对锻炼机关干部、活跃机关文化、拓宽知识面、营造系统学习氛围起到了明显的推动作用。

2011年，全省各地组织举办专题讲座200多场次，2万多人次参加。全系统上下联动，通过各种不同形式，全员培训，全面落实大规模培训干部决策部署。

［学院建设］ 广东税务干部学院从创建开始就成为全省地税系统干部培训的主阵地。2011年学院共举办培训班70期，比上年增长15%，基本每周都有两个以上不同类型的培训班同期举办。为提高学院办班能力，省局加大学院建设步伐，扩充学院教学和生活区面积，改善学员学习和生活环境，扩建近260亩的拓展基地。改善教学设施，完善实训室、模拟室、微格训练室等多媒体教学设备，提升学院办学能力。抓好学院内部机构和制度建设，2011年相继出台《教研组管理暂行办法》、《聘请教师讲课费管理暂行办法》、《后勤保障人员编制管理办法》、《财务管理办法》、《学院议事规则》等制度和规程，使学院管理水平进一步提升。

［加强兼职师资队伍建设］ 2011年初，省局通过自愿报名、组织推荐、试讲选拔等方式，完成了地税系统第二批兼职师资选聘工作，全省地税系统77名处级以上干部被聘任为系统内特聘教授，100名科级及以下干部被聘任为系统内兼职讲师，极大地充实了全省地税系统师资队伍。

全省地税系统兼职教师在各个培训战线上挑起大梁，从学院举办的各类培训班来看，大部分课程由系统内兼职教师承担，约占80%，符合省局提出的“充分利用兼职教师推进我省地税系统教育培训工作是我们的这一的大特色和优势”。从学员反馈的教学授课满意度来看，系统内的兼职教师和系统外的教师授课满意度分别为80%和90%。系统内兼职教师实践经验丰富、业务水平突出，授课更加贴近税收业务实际，更具有针对性和实效性。

［加强网络学院建设］ 2011年，省局举办了新企业会计准则解读课程班、新企业会计准则疑难问题研究班、新企业所得税法解读班、会计高级研修班、所得税专题班、纳税评估高级班、如何阅读财务报告班、企业舞弊相关问题研究班、证券与企业重组问题研究班、行政诉讼及问责专题班、领导干部管理能力提高班、领导干部财经素养学习班、“十二五”规划专题班、文化素养提高班、沟通与思维培训班、心理健康与调适培训班等20期网络培训班，得到广大干部的欢迎和积极选修。2011年全系统干部网络学习总学分为1705475分（平均每人82分），占总体学分的48%。省局还先后组织4次全省地税系统干部参加的在线考试，共有5.6万人次参加，平均每次1.4万人次，绝大多数干部取得优异成绩，及格率99%以上。

［教材体系建设］ 教材和课程是教育培训一项基础性工作。自2008年以来，省局开始着手新的教育培训教材体系建设工作，教材体系系列丛书全套5个系列，包括培训体系、培训大纲、培训教材、案例汇编和习题集。其中，“培训体系”和征收管理、税务稽查、计会统票、信息技术、纳税服务等大纲，以及稽查案例汇编、稽查习题集于2011年初下发供全省地税干部学习使用。

［精品课程和特色培训项目建设］ 2011年，开展深化课程建设暨创建“特色培训项目”、“精品课程”活动，发动系统内特聘教授、兼职讲师以及广大税务干部积极参与该项活动。经过各市地税局推荐，全省地税系统共创建特色培训项目30多项，精品课程120多个。全省地税系统评选出“特色培训项目”8个、“精品课程”25个，并及时将其付之教育培训实践中，受到广大税务干部的好评。

［学分制管理建设］ 2011年，全省地税系统共有20536名干部建立了学分档案，总学分为3553074分，比上年总学分3143520分增长13%，人均学分173分，比上年人均学分144分增长20%，折算为人均培训21天（含在线、脱产培训），其中已达到全年学分要求的20420人，达标率为99.4%（2010年为91%），比2010年91%的达标率提高8.4%。

（温丽萍）

机关党建和基层工作

［概述］ 2011年，全系统以深入开展"创先争优促发展"主题实践活动为载体，抓好党的十七届四中、五中和六中全会和省委十届八次、九次全会精神学习贯彻工作，进一步强化理论武装。围绕建党90周年举办全系统"颂歌献给党，永远跟您走"大合唱，唱响主旋律，激发爱党、爱国热情，为党的九十岁生日献礼。认真组织开展建设"幸福地税"系列活动，深化读书活动，举办"幸福地税"征文比赛和书画摄影展，不断提升干部职工幸福指数。组织召开全系统队伍建设工作会议，不断加强和改进思想政治工作，广泛开展各类精神文明创建活动，进一步凝聚人心，激发队伍活力。认真抓好《中国共产党党和国家机关基层组织工作条例》的贯彻落实，制定《关于进一步加强机关党建的意见》，加强对党支部书记和党务工作者的教育培训力度，举办全系统党支部书记培训班，不断提升机关党建科学化水平。大力推进地税文化建设，开展"广东地税精神"表述语征集和大讨论活动，认真做好《广东地税文化建设规划纲要(2011～2015年)》编制工作。健全干部职工思想动态和分析制度，修改完善《全系统干部职工思想动态情况分析报告制度》。认真抓好扶贫开发"规划到户、责任到人"工作落实，加大帮扶力度，确保人力物力到位、工作措施到位。积极发挥工、青、妇等群众团体组织作用，开展各项文体兴趣小组活动，积极推进和谐地税建设。

［机关党建工作］ 以迎接建党90周年为契机，深入推进机关党建工作。以庆祝建党90周年为主题，热情歌颂党的光辉历程，歌颂伟大祖国，进一步弘扬传统文化，展示地税事业成果。先后成功举办了"颂歌献给党，永远跟您走"——广东省地税系统纪念建党90周年大合唱、庆祝建党90周年书画摄影大赛、组织发动机关党员扶贫"献爱心、送温暖"活动、组织机关党员代表赴河北西柏坡等地进行党性体验分析教育活动以及选送优秀作品在全系统巡回展出、参加全国税务系统的庆祝建党90周年书画摄影展览等，不断创新党员教育载体和方式方法，展示了基层党组织的生机活力，营造了浓厚的喜庆氛围。继续深入开展"创先争优促发展"主题实践活动，重点围绕推动广东"十二五"开好局、幸福广东建设等四大主要任务，以及"给力十二五"、"成果献给党"等四大行动，重点在税收大调研、建立健全科学发展制度体系、"幸福地税"建设、扶贫开发"双到"工作、创先争优活动和狠抓工作落实等六方面下工夫。按规定要求，制定和下发了活动方案，进行动员发动，并召开了机关支部书记会议，适时听取机关各支部组织开展活动的情况汇报，对机关支部落实"三会一课"制度和机关作风纪律、人员思想动态等情况进行点评，确保活动落到实处。继续开展创建学习型组织和创先争优点评工作，围绕推动省局"十二五"开好局、建设幸福广东地税、推动党建工作再上新水平等，推动机关创建学习型组织和创先争优活动深入开展，并及时总结宣传工作成果。购买《幸福的方法》和《对我们生活的误测——为什么GDP增长不等于社会进步》两本书(各600)，派发给省局机关全体在职人员和各市局班子成员阅读学习。同时，向全系统青年干部发出倡议，号召大家开展"好读书、读好书"活动，要求在组织座谈讨论和撰写读书体会的基础上，选送优秀文章参加全省系统"建设幸福地税"征文和演讲比赛。与此同时，根据上级要求，开展自上而下的创先争优点评工作，按照党组织隶属关系和领导分工逐级开展点评工作，覆盖到基层党支部。从5月开始，结合抓收入和落实党风廉政责任制工作情况，21个市局，以及横琴高新区、顺德区地税局和省局机关22个处室、直属单位逐一进行工作汇报，并由分管领导进行工作点评，以此推动创先争优点评工作经常化和制度化。

［思想政治工作］ 根据省局党组的决定，在全系统开展"幸福地税"建设系列活动。活动从2月中旬开始，12月底结束，重点是抓好讨论、读书、征文和演讲、书画摄影比赛，以及编印《建设幸福广东地税》文集等六项活动。先后开展了"幸福地税、青年给力"专题沙龙，组织"3·5"省直机关青年服务月活动，在《广东地税》杂志开辟"幸福地税10人谈"，以及在直属分局开展"给力文化建设，树立核心价值观"大讨论。7月在全系统举办"颂歌献给党，给力幸福地税"征文和演讲比赛。并分别以"什么是幸福地税"、"幸福地税指标体系"、"建设幸福地税的国内外经验借鉴"、"建设幸福地税的途径"

主题讲座，邀请专家、学者尝试解读"幸福地税"的内涵、外延、实现形式及潜在问题等。狠抓《组织工作条例》的贯彻落实，抓好机关作风建设，完善机关各项规章制度，做好党组中心组学习计划安排，抓好党员学习教育、流动党员管理和新党员发展等工作，不断推进党建工作的制度化、经常化和规范化，提高科学化水平。先后选送13名同志参加省直工委组织的两批机关支部书记和入党积极分子培训。同时，分别于7月、8月、9月组织党务干部、机关和各市局支部书记、文体骨干培训班各一期，重点学习《组织工作条例》。通过培训，进一步提升了各级党务干部的政治思想素质和做好思想工作的能力。同时，积极做好新党员的培养和发展工作。做好经常性思想政治工作和精神文明建设，通过召开基层干部职工代表座谈会和调查问卷等形式，及时了解基层干部职工的精神物质需求和思想动态反映。上半年，先后在湛江、惠州、汕尾、珠海召开基层干部职工代表座谈会，并发放调查问卷，了解基层干部职工的精神物质需求和思想动态反映。同时，采取召开片会的形式，听取基层单位各项工作落实情况汇报。采取以点带面的方式推进"两基"（基层、基础）建设。先后抓了阳江、清远市局"两基"建设的试点工作，3月，在阳江市局组织召开思想政治工作暨"两基"建设工作现场会议，重点解决思想政治工作暨"两基"建设"抓什么"、"怎样抓"和"抓得怎么样"等问题。对"十二五"期间全系统精神文明建设进行规划和部署。10月，牵头召开全系统队伍建设工作会议，对加强队伍建设提出了新要求。同时，大力开展学习党员先进典型活动，结合各项评选表彰活动，培育和发现具有行业特点、时代特征的党员先进典型，进一步加大对党员典型的宣传学习力度，采取各种形式，广泛宣传党员典型人物爱岗敬业、严格执法、刻苦学习、优质服务的先进事迹，大力弘扬时代精神和税务精神，在本部门、本单位形成学习、崇尚党员先进典型的浓郁氛围，在社会生活和各级地税机关中树立党员先进典型的崇高地位，引导和激励广大党员、干部为地税事业发展和幸福地税建设不断作出新贡献。向省直工委推荐上报1个先进党组织集体、3名优秀共产党员和1名优秀党务工作者。

［扶贫开发工作］ 省局的扶贫开发"双到"工作坚决贯彻落实省委、省政府和省局党组的决策部署，在当地党政和地税部门的支持配合下，严格按照《省局扶贫开发"双到"工作实施方案》，落实省局党组审定的工作任务，突出重点、整合资金、整村推进。坚持以扶持贫困户脱贫为核心，积极实施"一村一策"、"一户一法"、"靶向疗法"、"造血扶贫"，落实了班子帮扶、智力帮扶、文化帮扶、项目帮扶等扶贫项目，建立了贫困村、贫困户长效脱贫机制，着力解决贫困村、贫困户经济收入少、劳动技能低下、"住房难"、"看病难"、"就业难"、"行路难"、"上学难"等问题，扶贫开发"双到"工作取得明显成效。至2011年底，全村161户贫困户人均纯收入达到6485元，比2009年1420元增收5065元，全部实现脱贫目标，脱贫率100%；全村集体经济收入达到10.8万元。2011年在全省考核评比工作中，取得93.44分的好成绩，在全省169个省直帮扶单位中名列第八位。

（罗维明）

纪检监察

［概述］ 2011年驻省局纪检组监察室认真履行职责，强化廉洁自律，落实一岗双责，注重制度反腐，推动源头治理，全省地税队伍整体平安稳定。国家税务总局授予驻省局纪检组监察室"全国税务系统纪检监察先进集体"，省纪委授予"全省纪检监察宣教工作创新奖"，全系统有3人次先后被国家税务总局和省纪委评为纪检监察先进工作者。

［党风廉政责任制］ 2011年2月，召开会议研究部署党风廉政建设和反腐败工作，省局主要负责人与各市局及机关各部门主要负责人共43人签订廉政责任书，开展廉政提醒谈话。将省局机关年度反腐倡廉工作细化分解为73个具体任务，明确责任部门和人员，强化从严带队的责任意识和廉洁从税的自律意识。省局党组每季度专题研究一次党风廉政建设工作，主要领导5次听取纪检监察工作和有关案件情况汇报，全年亲自批阅信访件37件。省局党组成员参加挂片单位党风廉政建设会议和民主生活会31人次，积极督促挂片单位及分管部门做

好风险防范工作。年中召集各部门及直属单位主要22名负责人和22名兼职监察员开会，听取落实责任制分工任务进展情况，督促各部门把党风廉政建设与业务工作同部署、同落实、同检查。10月中旬，分2个小组，组织对6个市局单位《廉政准则》实施情况进行专项检查，通过召开座谈会、听取情况汇报、查阅资料、与干部群众面对面交流等形式，进一步了解各市局学习贯彻执行《廉政准则》情况，督促各级地税扎实解决当前党员领导干部廉洁从政方面存在的问题。2011年全系统共组织对下级主要负责人集体谈话1469人次、领导干部任前廉政谈话486人次、诫勉谈话358人次、述职述廉3049人次。

[党风廉政教育] 围绕纪律教育学习月主题，创新方法载体，抓好分层分类教育。通过网络组织全系统干部职工参加预防渎职知识考试；组织副处以上干部参加纪念建党90周年反腐倡廉知识竞赛；开展以“读廉洁书籍，扬清风正气”为主题的“廉洁读书月”活动；组织全系统干部观看反腐倡廉电教片和省局拍摄的《行风建设暗访片》；举办全省地税党员领导干部教育培训班，邀请省纪委领导讲课。各单位还因地制宜开展形式多样、贴近生活的廉政文化创建活动。通过举办廉政书画摄影展、廉政文化建设成果展、开展廉政DV作品比赛、排演《碧水青天》廉政话剧等活动，引导地税干部职工树立积极向上的思想道德情操，营造廉洁从税良好氛围。在年初全国税务系统党风廉政建设工作会议上，惠州地税介绍了廉政文艺轻骑队的做法。

[规范“两权”运行] 认真落实“制度建设年”工作部署，制定具体方案，成立督导小组，抓好督促落实。省局机关各部门先后制订出台《规范税务行政处罚裁量权实施办法》、《关于全面推行党务公开深化政务公开的意见》等62项制度，各市地税也结合实际开展制度建设，制订一批制度规定，进一步规范税收执法和行政管理。各级结合贯彻中央反渎职侵权工作部署，在全系统开展梳理制度、排查风险等“六个一”查纠活动，推动制度落实，规范用权行为，防范渎职风险。广东省税检联合预防渎职的做法，在年初全国税务系统党风廉政建设工作会议上进行了交流。此外，全系统组织开展执法检查41项，专项审计142项，领导干部经济责任审计125项，提出并被采纳的建议296条，有效促进各项税收政策及规章制度的落实。

[惩防体系建设] 深入推进《惩防体系建设2008～2012年工作规划》的落实，坚持以创新的方法和系统的思维，把惩防体系建设贯穿于队伍建设和税收征管各个环节。一是创新行政管理，推行绩效考核，以勤政促廉政。在全省29个试点单位推行绩效管理，通过科学管理手段进行事前、事中、事后动态监督，提高办事效率。成立省局机关效能持续改进督导组，对36项重点工作进行督办，并按季度跟踪工作进展。二是创新税源专业化管理，深化纳税评估。围绕风险管理、信息管税，不断完善各项预警指标、评估模型、风险特征库，提高纳税评估的客观性、准确性，减少了“自由操作”空间。三是创新监管手段，优化监控指标，提升科技防腐水平。吸收江门风险内控平台成果，在惩防体系信息管理系统增设“税务执法渎职风险防控”子模块，结合全省实际提出新的风险防控指标，科学设置监控点，提高监控质量和效率。广东省地税惩防体系建设的做法，在国家税务总局专题会议上作了交流发言。

[机关作风建设] 坚持将机关作风建设作为一项重点工作常抓不懈。一是加大对“庸、懒、散”等不良风气的整治力度。省局组织暗访组对各级机关作风建设情况进行明察暗访，并制作暗访片组织全系统干部收看，引起强烈反响。二是节日期间，省局统一给全系统干部发送5条自编的廉政短信，共13.5万余条。同时，深入开展收送红包专项治理工作，有效预防“节日病”的发生。2011年，全系统共有292人次主动上交拒收红包礼金共78.58万元。三是加强经费预算支出管理，确保上级厉行节约有关规定落到实处。在全系统开展公车治理，认真纠正处理了8辆违规车辆。根据《审计报告》要求省地税局政企脱钩的意见，省局圆满完成了红山票证公司脱钩划转工作。按照中央六部委精神，省局机关带头，在全系统坚决清理规范津贴补贴。四是积极开展干群“连心桥”行动，开通省、市、县三级领导与干部群众直接联系“直通车”，有效促进干群关系和谐。五是优化纳税服务，简化办税流程，积极打造24小时网上办税大厅，广东地税门户网站荣膺全省政府网站评估“四连冠”。六是积极参加省政府纠风办对10个行政执法部门组织的民主评议政风行风活动，整体成绩优异，全省20个市局18个进入前三名，11个排名第一。

[查办案件] 牢固树立“完成税收任务是成绩，查办案件保队伍平安同样是成绩”的理念，出台《关于加大查办案件工作力度的意见》，把查办案件作为各级领导履行党风廉政建设责任制的一项重要内容进行考核。驻省局纪检组强化主业意识，带头查办案件。2011年全省地税纪检监察部门共受理信访举报119件(含重复件)，初核56件，立案2宗，

行政处分4人。同时积极协助当地纪检、司法机关查办地税干部违法违纪案件4宗，涉案6人。2011年全系统信访受理和违法违纪案件同比分别下降0.8%、41.2%。省局对系统近3年发生的案件进行汇总分析，归纳案件特点，剖析作案手段，分析发案原因，提出防治对策，形成专题报告，提供给各市局主要领导参考。

（覃干乐）

税务稽查

［概述］ 2011年，广东省地税稽查部门紧紧围绕税收中心任务，以提升核心能力为目标，坚持依法稽查，加强现代稽查手段应用，深入推进制度建设，加大教育培训力度，全面提高稽查执法水平，各项工作取得明显成效。全年全省共立案检查纳税户1220户，查补收入6.27亿元，入库4.82亿元；组织企业自查3747户，自查收入26.71亿元，入库26.58亿元；立案查补和自查收入合计32.99亿元，入库31.4亿元，有力地促进了全省税收秩序的整顿和规范。

［税收专项检查］ 统一开展资本交易、广告业等3个指令性项目税收专项检查，指导各地开展金融保险业、制造业等9个指导性项目检查，共检查纳税户591户，立案查补收入2.46亿元；组织2218户企业自查，查补收入达6.16亿元；立案查补与自查收入合计8.62亿元。在专项检查中，注意做到"三个强化"：一是强化针对性。对经常开展检查的行业，突出抓好查前分类分析，将以往年度自查补税较少尤其是零补税的企业作为重点，使检查目标更为突出，2010年仅广告业、房地产和建筑安装业就查补收入6.48亿元。二是强化准确性。对资本交易项目，各级通过互联网查询上市公司公告，利用工商部门信息平台获取企业股东变更情况，同时，利用地税"大集中"系统查找企业大额长期股权投资变动情况等，准确掌握资本交易信息，其中广州、珠海、东莞、梅州等市在资本交易项目上，查补收入超3891.69万元。省局稽查局认真总结并形成《关于我省解禁限售股股东转移到外省托管、减持造成我省税收流失情况和应对建议》的专题报告，得到省领导的充分肯定。三是强化联动性。省局稽查局将全省划分为3个片区，指定科组挂钩开展定期指导和专项督导，在全面掌握各地情况的基础上，及时联合研究检查中遇到的各种问题，有效推动检查工作任务的落实。各地也参照借鉴省局做法，中山、梅州、湛江等市分别建立各类"督导制"，确保检查取得实效。

［打击发票违法犯罪］ 按照"以打击发票违法行为为切入点，稳步开展区域税收专项整治"的思路，有步骤、分重点地打击发票违法行为。一是严打卖方市场。充分利用全省税务公安联合执法工作平台，深入开展假发票"卖方市场"打击整治行动。全年共破获制售假发票案件138宗，收缴假发票1389万份，捣毁窝点61个，抓获犯罪嫌疑人207人，各项数据与2010年相比均有大幅度下降。此外，广州、汕头、韶关、河源、惠州、肇庆、揭阳等地先后查处了一批重大假发票案件，仅惠州"11·22"案，就缴获假发票超过40万份，票面额达1.2亿元。二是严打"买方市场"。大力推进日常发票检查工作，共检查企业4763户，发现违法用票企业1171户，非法发票26.15万份，涉及金额达3.89亿元，查补收入2920.64万元；同时，围绕重点行业和重点地区，对1905户重点企业进行检查，发现非法发票13.63万份，涉及金额2.92亿元，查补收入1270.08万元。2011年全省打击发票违法犯罪工作成功实现"双千"目标，顺利通过中央综合治理委员会考核。

［重大案件查处］ 全省地税稽查部门坚持创新案件查办的方式方法，坚决打击各类涉税违法案件，强化了执法刚性，有力地震慑了不法分子。一是对上级交办的重大涉税案件，省局稽查局直接组织检查，先后查处了广州某投资公司、广州某眼镜公司、清远市某实业公司等重大涉税案件，查补税款超过4000万元。二是国家税务总局督办的八大重点税源企业，省局稽查局统一标准和处理意见，指导各地检查企业32户，查补税费4.35亿元。三是部分市局对具备一定规模，并在当地有较大影响力企业的涉税案，积极探索"集团作战"方式，集中业务骨干开展案件查处工作，取得了显著成效。如广州对某公司涉税案查补收入超过5000万元；惠州对某物业发展有限公司涉税案查补收入超过7000万元。全系统共查处查补税款100万元以上案件46宗，立

案查补税款 3.91 亿元，占全年查补税款总额的 84.09%。

［稽查工作现代化］ 按照总局和省局推进稽查工作现代化的要求，全省地税稽查部门抓住重点，提高稽查队伍核心业务能力。一是加强教育培训，提高队伍实战能力。出台《广东省地税稽查系统 2010～2015 年培训规划》，分层次、分阶段不断提升全省稽查人员的业务能力。省局稽查局抓住重点，先后举办珠三角地区和全省两次资本交易项目专项检查培训班、全省稽查专业队员培训班、稽查局长培训班、稽查信息工作培训班，培训人员超过 250 人，培训内容覆盖新型专项检查项目、信息写作、领导素质能力建设三方面，取得较好效果。二是加强电子稽查建设，提高现代信息手段应用能力。在抓好广东地税“大集中”稽查模块优化的同时，加快、加大电子查账软件应用，按照运用查账软件发现疑点，进场检查凭证，固定证据的思路，提出建设“两个百分百工程”的目标：全体稽查人员必须“百分百”掌握、使用查账软件；对实施会计电算化的纳税人必须“百分百”先应用查账软件开展检查。按照这一建设目标，研究具体实施方案，力争在两年内将查账软件全面用于稽查工作，同时，省局稽查局启用了网络版计算机辅助查账软件，实现全省协同电子查账。在此基础之上，开始建立全省电子稽查远程支援基地，对各地电子稽查实施远程会审，及时破解疑难问题。各地积极加强电子稽查建设，佛山市作为省局稽查信息工作试点单位，引入“稽查移动信息平台”协助专项检查工作，实时查询纳税人信息，有效提高工作效能；还研发上线“稽查计算机辅助查账系统”，使稽查人员能够利用信息化手段，更加准确、便捷收集企业数据。三是加强专业队建设，提高攻坚和带动能力。形成《稽查专业队管理暂行办法》初稿，加强专业队员管理和培训，努力打造一支全省稽查“特种部队”。同时，进一步扩充稽查专业队，对专业队员进行筛选，将队伍扩大至 200 人左右。四是加强体制机制建设，提高整体作战能力。一方面稳妥推进市级“一级稽查”体制。草拟了《关于在我省开展稽查管理体制改革的请示》，拟将县一级选案、审理职能统一归口到市级稽查局，通过全市统一选案、集中审理，全面规范取证标准和处理、处罚尺度，实现公平执法。另一方面积极探索稽查岗位绩效管理途径。利用总局计划在执法岗位推行税衔制的契机，结合珠海稽查能级试点情况，按照省局党组要求，在省局稽查局本部开展绩效管理试点，出台方案，于 2012 年 1 月施行。

［执法风险防范］ 全省地税稽查部门始终坚持以人为本，在强化执法力度、维护税法权威的同时，着力规范税收执法行为，科学防范执法风险。一是大力推进制度建设。省局稽查局专门编印《广东地税稽查反渎职法规》，并督促各级严格执行《防范税务稽查执法风险工作制度》、《执法责任追究制度》等规定，全面细化稽查执法处罚裁量基准，切实压缩自由裁量空间。二是强化内部监督管理。认真组织对 2008 年以来部分地区稽查案件进行复查，及时发现问题，及时予以纠正，并有针对性地举办案件整改学习班，强化复查效果。各级也切实加强对下级稽查局的监督，定期对交办、督办案件进行清理，通报相关情况，抓好整改提高。三是加强部门风险联防。省局稽查局将防范和消除执法风险隐患作为重要工作内容，先后与省检察院、公安厅等有关部门共同审议通过了《税务行政与刑事司法衔接若干问题的意见》，与省公安厅共同拟定了《广东省地税与公安部门执法协作工作规定》，与省国税局联合制定了《进一步深化国税与地税稽查合作的实施意见》等制度办法，较好地强化了部门协作，形成了风险联合防范的良好格局，得到总局的高度肯定。

［稽查队伍建设］ 全省地税稽查队伍建设呈现喜人气象。一是稽查体制进一步完善。省局稽查局围绕管理科学化提出了稽查管理体制改革新思路，各市也进行了大量有益探索，广州、深圳市大力推进稽查专业化改革；汕尾市将选案、审理职能集中到市局稽查局，加强统一指挥协调等，都有力提升了管理水平。二是绩效管理取得新进展。省局稽查局认真开展绩效管理试点工作，初步建立起涵盖各环节的考核指标体系；广州、佛山、湛江、清远、云浮等地积极开展绩效管理实践，充分调动起干部职工的积极性。同时，积极探索税衔制等分类管理办法。三是干部素质能力明显提高。省局注重分层次、分阶段开展递进式教育培训，先后举办全省稽查局长、稽查专业队员培训班和信息工作、资本交易项目专题班。各级按照电子稽查“两个百分百”的要求，加强对电子稽查能力的培训，江门、汕尾、河源在具体案件应用上取得突破。四是队伍凝聚力和活力进一步增强。省局稽查局深入开展干部谈心、基层调研等活动，努力搭建干群“连心桥”；加大党务政务公开力度，主动邀请有关市、县局领导参与相关事项决策，提高决策科学性和透明度；珠海、汕尾、阳江、茂名、清远、潮州、顺德等地稽查局深入开展各类文化活动，并逐步形成具有自身特色的稽查文化。

（杨若婷）

直属分局

［税收收入］　财政体制改革后，调整了省属企业所得税预算级次和共享比例，省级收入的规模也大幅度增长，对税收征管工作提出了更高的要求。直属分局作为省级收入的管理部门，坚持以组织收入为中心，切实履行省级收入管理职责，采取有力措施，加强省级收入管理力度。2011 年，全省省级税收收入累计 891.3 亿元，其中直属分局征管的省级税收收入 164.4 亿元，同比增收 23 亿元，增长 16.2%，可比增幅 19.4%。直属分局直接征管的省级收入中，省级固定税收收入 161.6 亿元，增收 20.2 亿元，较上年同期增长 14.3%，可比增幅 19.6%；省级共享税收收入 2.8 亿元，可比增幅 10.4%。

［社保费征收］　2011 年是社保法实施的第一年，直属分局对事关民生保障的社保费工作高度重视，坚持"稳定、安全、便民、高效"目标，通过"四个完善"（完善省直社保信息反馈机制、完善省直社保沟通协调机制、完善省直社保内控管理机制、完善省直社保费征管系统），不断推进和完善省直社保费的全责征收工作。全年组织省直社保费 135 亿元，全省征收率为 99.88%，社保记账率为 99.98%。其中直属分局直接征收 110 亿元。同时，在 2011 年 9 月成功接收全省农信社社保费的征收工作，实现省直社保费工作全面征收。

［价格调节基金］　价格调节基金是政府为了平抑市场价格，用于"吞吐"商品、平衡供求或者支持经营者的专项基金。直属分局从 2010 年 6 月开始征收，2011 年直属分局征收省级价格调节基金 9.47 亿元，征缴率为 100%，比 2010 年同期增收 6.55 亿元，同比增长 224.32%，征收规模翻了一番。

［制度建设］　2011 年是省局"制度建设年"，直属分局主抓了两大制度建设：一是建立健全预防渎职犯罪制度体系。按照"查找风险、规范程序、完善制度、强化实操"的要求，对原有的制度进行了全面梳理，对与实际工作不相符的管理制度进行了修订、补充和完善，编印成《广东省地方税务局直属税务分局风险防范手册》，让风险防范工作有据可依，有章可循，让干部职工对各自岗位的风险有认识、能防范。二是完善征收管理制度。在调研的基础上，组织骨干力量对《省级税收收入管理办法》进行修订完善，并印发全省地税系统执行，标志着省级收入管理有了一个操作性较强的制度，对加强省级收入管理有着深远的意义。

［信息化项目建设］　2011 年，结合工作的变化和发展，直属分局提出"建立一个管理监控平台，三大信息系统，若干管理监控模块"的信息化建设规划，使直属分局信息化建设项目体系化，更好地配合加强省级收入管理，加强省直社保费管理，优化纳税服务的需要。为改变对大集中系统的数据无法自主利用，自主分析的情况，直属分局构建了自身的数据存储和应用平台。完成了税费管理监控平台第一期开发工作，开发多个模块强化数据分析。组织完成了金融保险营业税管理监控、省直社保费中间库维护及网报数据前置审核、纳税服务质量监控、计会统管理和能级考核管理等模块的开发，大大提高了对数据的分析能力，对提升直属分局数据管税水平具有重要意义。尤其是金融保险营业税监控模块在 8 月上线，实现了对全省金融保险营业税申报征收数据的异常情况进行风险监控，主动为管理员发送提示信息，形成检查报告材料等信息化管理，标志着直属分局数据管税工作取得新突破。

［文化活动］　2010 年，确立了文化建设一年打基础、两年重巩固、三年出成果的阶段性目标。2011 年，直属分局紧扣"文化建设巩固年"的核心主题，多渠道继续深入推进文化建设工作。一是编印《重点税源企业概况》、《文化建设专刊》、《心语——直属分局核心价值观大家谈》等刊物，以刊物为载体宣传文化建设。二是多渠道、多形式开展文化活动。开展"直属分局核心价值观大家谈"征文活动、建立一批文化活动兴趣小组、举办文化建设专题沙龙，全方位探讨核心价值观，加深干部职工对核心价值观的理解。三是加快文化长廊建设。按照环境美化与宣传教育并重的原则，致力于打造高效有序的物态文化，在公共办公场所和走廊增加了文化建设宣传挂饰，更换了宣传灯箱，内容突出体现核心价值观。

（潘雪平）

大企业税收专业化管理

[工作定位] 以定点联系企业为工作对象，对整个企业集团树状结构开展自上而下的服务和管理，突破属地管理的局限性；以科学划分管理事项为基础，在不改变税款入库级次的前提下，优化定点联系企业的管理流程，由大企业管理局统筹实施对定点联系企业的内控机制调查、税务风险管理等事项，做到集中组织、分级实施。全省地税系统普遍树立和贯彻了风险管理的先进理念，大胆探索了大企业专业化管理的方法方式，以遵从引导、遵从管控、遵从应对的工作流程为主线，以工作团队为依托，初步形成纵向联动、横向互动、内外协作的运行机制，培养和锻炼了专业化人才和队伍。

[试点工作] 广东地税作为全国18个大企业专业化管理试点单位之一，在国家税务总局的指导和帮助下，以定点联系企业集团为管理单元，以税企共建税务风险防控体系及建立健全税收遵从评价体系为目标，以省局大企业管理局统筹协调下的工作团队运作为管理模式，探索开展了逻辑扁平化的大企业专业化管理试点工作。各地市领导也对大企业税收专业化管理工作高度重视，根据各自特点，在现有条件下，合理调配资源，进行管理重心前移的有益尝试。如，广州市局由“税源管理和纳税评估办公室(两办)”负责大企业税源管理工作，在运用风险管理理念和项目管理方法对重点建设项目进行税源管理方面进行了有益探索；清远市局成立“纳税评估办公室”，探索征管模式由“征、管、查”三位一体向“征、评、管、查、督”五分离良性运作的新路子；顺德区单独设立全职能的大企业征收管理税务分局，对占全区总税源20%的大企业开展全面征管和服务。

[工作团队] 2010年底，省局下发《广东省地方税务局定点联系企业工作团队办法》(粤地税发〔2010〕175号)，明确对定点联系企业的税收管理工作以工作团队的形式进行开展。通过工作团队的工作模式，把分散在全省各地的税收管理资源集中起来，工作团队成员之间彼此信息互通，打破信息不对称的现状，实现资源共享。同时，以“集团军”对集团企业，工作团队代表省局，消除日常管理中税企工作人员层级不对等的顾虑。通过企业的集团本部，促使地方成员企业放下姿态，加强税企合作，实现税法遵从。在2010年省局对粤电集团和广发银行进行税务风险管理的工作中，工作团队的工作模式起到了关键性的作用，在督导企业风险自评、开展税务风险评估、进行税务调查等工作中，工作团队的工作有分有合，省、市、县区及主管税务机关“四级联动”，集中优势管理力量，形成管理合力，全面高效地完成各项工作任务。

[个性服务] 大企业普遍税收遵从意愿较高，财务(税务)人员素质也较高，因此，在开展宣传辅导等大众化服务的同时，还从增强大企业政策的确定性入手，优化政策咨询服务，建立绿色通道，对重大涉税诉求及意见不一致的具体涉税问题，提交省局涉税事项协调会议讨论，及时准确给予回应；从提高遵从能力入手，向大企业发放培训需求表，安排形式多样的课程，组织开展了定点联系企业高级管理人员培训班、财务负责人培训班和办税人员培训班，提高企业自我遵从的意愿和能力；从更新管理理念入手，着眼于大企业风险预防、及时发现、实时解决、税企共赢的纳税服务方式，对信誉良好、沟通到位的大企业签订《税收遵从与服务协议》；从提供遵从便利入手，使税企沟通渠道更畅通、沟通层级更高，使大企业与税务部门的联系由过去的一点对多点，变为如今的点对点，通过大企业管理部门的归口、全程服务，协调大企业与税务机关内部各个部门的关系。一系列个性化服务有助于大企业对同一类别的涉税问题集中处理、集中解决，避免了多头办税或集团内部各地涉税处理不一致的情况，降低了办税成本，提高了工作效率，促进了大企业内部税务集中管理，规范了税务工作流程，实现规模效应，进一步提升了大企业的税法遵从度。

[风险管理] 以大企业自身税务风险内控情况为参照，由浅入深，由简到繁，先后开展了对广东省广晟资产经营有限公司单一环节的税务风险评估工作、对广东省粤电集团有限公司全过程的税务风险管理工作、对广发银行等5户金融保险企业的行业税务风险管理工作。边实践边总结，并着手制订《广东省定点联系企业税务风险管理操作指南》，按照规范化要求，规范税务风险管理工作流程，让全

省大企业税务风险管理工作更加有章可循。大企业管理局牵头，成立工作团队，集中优势力量，突破信息不对称的管理瓶颈，对企业集团及其省内成员企业同时进行税务风险管理工作。在采用总局税务风险管理系统自评软件、评估软件的同时，工作团队还充分收集第三方信息，成立税务风险评估工作小组，对企业的遵从意愿、税务风险内控机制有效性以及遵从质量进行评估，采用问卷调查、税收内控机制调查、行业税务风险特征库比对等方式，对定点联系企业进行“体检”，扫描出其可能存在的税收风险点，查找税务风险产生根源，按照风险等级进行排序。工作团队“四级联动”，进行深入税务调查和业务研讨，结合企业经营实际，制定个性化风险应对方案。最后，向定点联系企业集团发出“税务风险管理建议书”，协助企业建立健全税务风险内控机制，排除已有税务风险，防控新的税务风险，实现税企共赢。

[平台建设]　依托信息系统，通过业务流程的标准化，建立健全横向互动、上下联动、内外协动的“立体化”运行机制是实现大企业专业化服务和管理的重要保障。为此，“广东地税定点联系企业专业化管理信息系统”开发工作于2011年10月正式启动，已开发完成基础保障和遵从引导模块，初步完成“立体化”工作团队和工作任务流程的搭建工作。2013年将以某行业为重点研究集团企业内控机制、行业特点、产业结构、关联交易等问题，开发建设遵从管控和风险应对模块。该系统通过业务与技术的融合，打通各层级工作的任务流，将切实解决征纳双方信息不对称和税务机关内部多头管理问题，实现信息共享、行动协同。

（倪文俊）

机关服务

[概述]　2011年，机关服务中心深入贯彻落实科学发展观，围绕中心、服务大局，牢固树立大局意识、服务意识、责任意识，认真履行管理、保障、服务各项职能，有力保障了机关工作的正常运行。在“建设干群连心桥、推动管理科学化、推动政务公开化”三项行动和“加大开展文化活动”中不断推动后勤工作向前发展。

[制度建设]　应省局党组将2011年定为制度建设年的指示精神，机关服务中心召开专项工作会议，部署中心的制度建设工作，制定工作方案，明确工作目标、内容。各科（所）对所有的制度进行了梳理，针对接待、物业、车辆、安保等后勤管理工作的每一个环节，认真开展制度清查，拾遗补缺。修订完善《广东省地方税务局消防应急预案》、《医务室管理办法》、《IC卡管理办法》；根据车辆用油管理新方法制定《车辆油料管理办法》。机关服务中心进一步加强内部管理，按工作程序办事，按职责要求办事，优质高效地做好机关后勤服务管理工作。

[安全管理]　1. 提高安全认识，落实安全责任制，做好重大节日及日常消防安全检查工作。机关服务中心在春节、五一、国庆节等重大节日前对省局大楼、职工宿舍楼、招待所及桃源楼进行消防安全大检查，对于检查中发现的安全隐患进行整改。对办公楼、宿舍楼的灭火器和防毒面具及应急指示标志进行检查，并对损坏的172个消防应急指示标志和20个烟感进行了更换。2. 依靠智能化安保系统实时保证安全监控。依靠保安、消防监控，实行24小时保安值班、录像、监控，保安员一年正常上岗多达1100个班次。巡楼多达2080次，班长、队长、保卫科查岗一年上千余次。共处理消防故障报警50余次，排除安全隐患6起。3. 加强安全生产知识学习培训。机关服务中心努力营造全局关心消防、重视消防的良好氛围，2011年邀请广州市公安消防局专业人员，对省局人员进行办公楼、南海桃源楼、台山培训学院、红山票证印刷厂消防安全基础知识和自防自救基本常识培训，同时还进行了安全检查。4. 强化保安队员的岗位能力。对保安人员进行灭火技术、战术训练、消防水带驳接等实战练习，全面提升省局消防安全保障功能，为省局消防安全工作打下扎实基础。

[接待服务]　2011年，机关服务中心完成1006批次，共14340人次的接待任务。圆满完成了“全省队伍建设绩效管理会议”、“国、地税联席会议”、“全省地税系统领导干部三纪教育培训班”等

大型会议和培训班的后勤保障工作。顺利完成了国家税务总局副局长钱冠林、王力、丘小熊来粤调研和广东省常务副省长朱小丹视察省局的后勤保障工作。机关服务中心认真扎实落实有关接待经费的各项规章制度，严格按照从严、务实、节俭的原则核定会议费用，严格控制接待经费开支。不断深入学习实践科学发展观，并通过组织对《机关礼仪手册》的学习和交流，不断加强接待人员理论联系实践的能力。接待人员在工作之外，还注重在接待工作中融入本地的特色文化元素，发展特色文化接待，成为宣传广东发展、展现地税形象的窗口。招待所、桃源楼对接待任务进行全天跟踪式的服务，从会议设备设施保障到用餐住宿等各个方面做到万无一失，保证了各项会议的服务工作到位，会议服务水平上新台阶，并得到各级领导及干部职工的好评。

［医疗保健］ 2011 年，机关服务中心积极对国内发生的热点卫生事件进行宣传讲解，消除干部职工因缺乏对公共卫生事件的了解而形成的恐慌心理。对常见疾病进行咨询、指导，购买和发放常用药物，联络协调干部职工就医，宣传发布 23 期健康快递。积极为干部职工办理医疗证，完成 2010 年 456 名干部职工的体检工作，组织局内 40 名干部职工参加义务献血活动。

［车辆管理］ 1. 负责完成省局机关车辆日常的调度安排，充分保障局领导、各处室工作和用车需求。2011 年，机关服务中心安全调度车辆 1 万多台次，保障 5 个大型全省会议用车 100 多趟次，保障总局会议用车 50 多趟次，保障接待用车 200 多趟次；安全行车 200 多万公里；完成机关干部职工驾驶证年审 300 人次；车辆年审 60 辆。及时办理车辆的路桥费、车船税、粤卡通和车辆财产保险等购买事项，确保省局车辆的顺利运行。2. 通过综合性的调研和考察，确定经典厂、华胜厂、光明厂为 2011 年省局车辆的定点维修厂，全年共完成保养维修车辆 200 多辆次。3. 加强车辆油料管理，制定油料管理细则，进一步规范车辆油料管理。在中石化办理加油卡，有效地控制了车辆的油料费。4. 完成全省地税系统公务车辆治理工作。针对国务院对治理公务用车的指示精神，遵照省公务车辆治理办公室工作要求，对省局公务车辆进行清查、治理。通过召开公务车辆信息填报专项工作会议，现场指导各市局车辆管理人员对车辆信息进行填报，按时完成省公车治理办公室下达的工作任务。

［物业管理］ 1. 构建舒适的工作环境。首先，做好省局大楼的绿化、保洁工作及确保大楼动力设施的安全运转。省局大楼的绿化保洁和大楼电梯、中央空调主机、空调管道、消防设备、擦窗机、发电机组等设备的保养工作均委托专业公司负责。机关服务中心积极做好巡检和督促工作，确保办公楼整洁卫生及各种设备运行正常、安全。其次，做好省局大楼日常基建维修工作。2011 年，主要完成的维修改造项目有保安监控室更换防静电板，B－B2 层墙面、天花维修改造及车库地面维修，13 楼、21 楼和 24 楼办公室房间维修改造，省局招待所周边路面铲除修复工程。2. 构建舒心的生活环境。一是做好广州大道中宿舍、东风东宿舍、黄田宿舍、广九宿舍、金海花园、金田花园等干部职工生活小区相关费用缴纳、房屋维修等工作；二是做好周转房各类费用缴纳，安排人员入住等工作；三是采用以租用连锁酒店替代租用商品房作为周转房使用，解决以租用商品房作为周转房管理成本高、住房条件受限及安全保障难度大等问题。

［固定资产管理］ 省局固定资产总量大、种类多，且资产处置程序繁多，管理人员工作开展难度很大。2011 年，机关服务中心从规范化入手，进一步完善管理模式，固定资产管理初步进入正轨。完成的资产管理工作有：协助有关部门完成废旧固定资产的处置工作，协助省局固定资产项目组开发地税系统固定资产管理软件，协助省局聘请的信永中和会计事务所进行系统账户的固定资产实物盘点，完成省局更换小汽车拍卖的前后期工作，做好省局新增固定资产的登记工作。

［政府采购］ 机关服务中心会同其他处室所组成的省局政府采购办公室严格遵守省政府各项采购制度，在采购程序规范化、透明化上下大力气，对于公开招标的采购项目，积极配合需求部门，严格按照规定程序进行；对于内部询价的政府采购项目，充分利用省政府采购办专家库的专家资源，对投标文件进行仔细分析、研究、召开谈判会议，保证了省局采购工作“公平、公正、公开”进行，降低了政府采购成本，圆满地完成了省局 2011 年政府各项采购工作。完成了主要的大宗政府采购项目 19 项，总采购预算约为 7112 万元，实际采购金额约为 6696 万元，节约资金 416 多万元，资金节约率 7.8%。

［节能降耗］ 1. 综合运用多种渠道将宣传工作落实到位。充分利用省局大堂的电子大屏幕和滚动宣传栏全方位、多角度地展示低碳节能对保证每一个人的生活质量所具备的重要意义。在 2011 年的节能体验日，每一位干部职工的 OA 邮箱中，都收到了一份机关服务中心制作的宣传节能低碳新生

活的短片，从中详细全面地了解了节能低碳新理念。2. 以多种形式开展节能低碳主题活动。通过开展抵制商品过度包装活动和开展废旧灯管、电池回收活动和节能宣传体验日活动，在体验日活动中全局办公室停开照明灯、停用电梯和公务车，让广大干部职工参与到节能行动中，亲身感受到节能环保是每个人共有的责任。3. 抓好节能减排基本工作。采用多种有效方法节约办公经费，充分利用网上办公系统，减少纸质文件印发和使用传真的频率。规范办公用品的配备、采购和领用，尽量选择环保、质优、价廉、能耗小的办公设备。节约用电、用水。控制照明灯具、空调使用，杜绝浪费。

［住房货币补贴］　根据住房货币补贴的相关规定，凡是未购买过房改房、集资建房和经济适用房的干部职工，均可申请领取住房货币补贴。2011年，机关服务中心将2009年12月31日前申请补贴干部职工（含补发）的补贴进行汇总，并请人事处和财务处给予审核，将审核结果在全局进行公示。房补的发放申请经局领导审批通过后，提交财务装备处发放。

（陈曼君）

信息中心

［概述］　信息中心秉承“技术为业务服务”的理念，积极做好技术保障工作，确保各项业务调整落实到位。一是全力做好税费核心征管业务调整的技术保障工作。完成契税和耕地占用税在大集中系统的征收管理，实现了两税及时移交地税；完成省对县市财政体制调整的修改工作；完成地方教育附加征收功能的接管；完善TIPS系统，逐步扩大TIPS应用范围；完成近1500万人的2010年度个税完税证明数据抽取；完成重点税源及大企业报表的年度调整；完成风险内控平台的开发和试点上线工作。二是大力优化纳税服务手段，提升纳税服务应用的便捷、感知水平。认真做好省局门户网站及各地市门户网站的升级改版工作；为纳税服务满意度调整工作提供技术支持。做好12366系统、发票在线系统、自助终端系统等的运行保障工作。三是进行税源调整测算，为税收分析决策提供量化依据。针对《个人所得税法》的修订开展相关的测算工作，及时启动、完成个税业户端申报软件的修改、完善工作和个税业户端用户支持服务项目，为9月1日起实施新《个人所得税法》提供了强有力的技术保障，确保了个税征收工作的顺利进行；开展营业税起征点调整相关的测算工作，并为其提供技术和数据支持。

［信息系统运维］　一是印发、宣传贯彻运维管理办法。发布《广东省地方税务局信息系统运行维护管理办法（试行）》（粤地税发〔2011〕51号）（以下简称《运行维护管理办法》）；通过专题会议和培训工作会议，解读《运行维护管理办法》，讲解运维体系的构建思路；举办大集中征管协调运维技术培训班，提高各地市运维能力。二是完善优化运维组织架构。成立运维管理协调办公室，推动日常运维工作规范化，加强运维协调合作，提升运维管理和运维服务水平。梳理各个信息系统的运维职责，明确二、三线运维技术队伍的运维职责，使运维职责清晰化。三是进行运维管理监控平台建设。为做到IT设备及系统运行故障的早发现、早预防和早解决，启动实施运维监控项目，实现对全省地税主干网络和省局机房的监控。同时，通过规范运维流程，实现运行工作的可量化，使省市运维工作一体化，变被动运维为主动运维，减轻运维压力，提高运维效率。四是加强监控服务台建设，做好服务工作。完善监控服务台服务机制，修改、完善IT服务台软件，不断提升运维“一线”服务水平。五是做好系统运维，强化发布管理，确保系统稳定、可靠运行。积极响应相关业务部门的需求变化，加强发布管理，强化发布质量，保证了省级集中信息系统的稳定、可靠运行。六是成功组织实施2011年度灾难应急演练。验证了灾备数据的可用性和完整性；验证了广东地税核心业务系统应急响应和灾难恢复体系的有效性和可操作性；验证了双中心运行模式的有效性，为不断推进建设有广东地税特色的灾备和运维体系积累了更丰富的经验。

［信息化基础设施］　一是加快网络设施的更新、重构工作。为满足未来3～5年信息化业务持续发展的需求，对网络带宽、网络设备以及网络架构进行了升级改造。先后实施基层分局网络设备更换项目、市局网络扁平化及市局核心重构、韶关等15

市网络线路提速等项目。这些项目的实施，使得全省的网络带宽得到提升，网络接入更加安全，网上业务更加通畅。二是实施系统硬件优化升级工作。采取多项措施升级优化各应用系统硬件，并取得积极成效，包括：扩容网报应用服务器，增加 Web 服务器隔离网报和门户应用；启动实施大集中应用服务器和数据存储升级项目，完成部分大集中系统应用服务器的迁移和升级工作。三是实施安全项目，继续完善安全防护体系，消除安全隐患。针对市局横向联网越来越多，存在极大安全隐患的情况，实施了市局横向联网安全防护项目，通过在横向联网配置安全设备解决安全防护问题。实施互联网业务安全加固项目，从外部加强安全防护，提升省局、南海两个数据中心互联网业务的安全防护能力，保障互联网业务运行的安全、稳定、可靠运行。启动桌面防护系统建设项目，并在南海税务信息处理中心试点运行，有利于提升个人终端的安全防护能力。

[数据应用与数据管税] 为适应后“大集中”时代的新形势和新特性，充分发挥省市两级积极性，改变省局大包大揽格局，鼓励市局在数据利用、纳税服务方面大胆探索和应用；信息中心及时转变观念，构建数据交换平台，优化税收分析系统，推动数据应用项目建设，为税收决策分析提供技术支持。一是开展数据交换平台建设，为各地市深入开展数据利用奠定基础。完成数据交换平台的立项以及相关软、硬件的采购工作。完成平台需求调研、架构设计，并于 12 月中旬完成向广州、中山、佛山等试点地市下发发票在线系统、征管系统数据的工作，大大地提升了试点地市的数据利用水平。同时，整合优化了大集中征管系统、发票在线系统、网报系统等之间关于基础资料的数据交换工作。二是积极推进税收分析系统的优化改造项目。为进一步提升税收数据利用水平，为各级税务人员更好地开展工作提供更有广度和深度的数据支撑，为抓组织收入提供重要抓手，立项实施了税收分析系统优化改造项目。三是积极为业务部门提供数据应用服务。截至 2011 年底，为国家税务总局，省审计厅，省局征管科技处、规费核算处、税政二处、纳税服务处，广州、佛山、珠海、中山、惠州市局等提供数据深度查询业务 90 多次，查询范围包括：发票数据、纳税人资料、个人所得税、企业所得税、两税比对数据等，查询统计量为 2010 年度的 1.6 倍，为开展相关工作提供了重要的决策依据。

[信息化项目建设] 一是继续完善并全面推广统一工作平台。在 2010 年实现“一省局四地市”应用的基础上，升级平台与 OA 系统待办数据通信方式，完成大集中征管系统文书待办在平台的接入，优化系统主界面，梳理业务菜单，增加局务公开、建言献策、工作日志等功能模块，完善档案管理、公文查询功能、信息化项目管理功能模块，并完成了除广州外统一工作平台在全省推广应用工作。二是继续推进纳税服务渠道整合项目。继续完善 12366 热线服务系统，支持各地坐席数量的扩展，完成投诉举报坐席设置模式的调整，以及完善报表和监控功能；积极推进纳税服务整合平台第二阶段功能的实施，并在 2011 年 11 月 16 日在汕尾成功试点上线短信主动服务功能。三是深化发票在线系统应用成果。在完成全行业发票在线应用系统全面应用的基础上，进一步完善系统功能，积极开发发票在线数据利用平台，满足各级税务机关及基层单位对发票数据的深层次应用要求，对发票使用过程中的异常情况进行监控分析，为数据管税提供有力的工具。在硬件、网络上开展一系列工作，包括：数据库采用双实例双服务器运行模式，加密服务器采取三节点双备份模式部署策略，部署发票在线专用互联网线路，网络接入采取 100M 带宽的双备份双接入模式，配备了网页防篡改软件等，启用发票在线应用系统专用域名，实施记录纳税人开票网络地址项目，提高了应用系统的安全性、稳定性。四是积极推进社保优化改造项目。完成社保优化改造项目，并成功在汕尾试点运行，有效解决大集中社保全责征收系统缺乏个人核定信息、业务设计不合理、数据质量不高、系统运行效率低和业务扩充性较差等突出问题。为解决地税与社保部门之间数据不对称的数据质量问题，在全省推广了社保前置审验系统，从源头上把好数据入口，提升数据质量，提高数据到账率。研究制定数据转换和迁移方案，确保了广州两区两市社保费顺利纳入市级统筹。完成社保退费模块的开发，并成功在广州和佛山试运行。五是开展税源综合管理平台接收及全省试点推广工作。完成对税源综合管理平台的测试环境的搭建，组织清远市开发区地税局对相关性能进行测试，完成了技术评估工作，分析比对了平台工具软件，确保了税源综合管理平台的顺利接收，为后续的标准版改造和全省推广工作奠定坚实基础。六是积极做好绩效管理系统的试点推广。顺利完成绩效管理系统的接收工作；厘清绩效管理系统的核心架构设计，拟订绩效管理系统在各地部署的硬件配置部署要求，实现“大集中”核心征管系统等系统同绩效管理系统的数据交换，有效地推动了绩效管理系统在全省试点单位的试点

推广。

［队伍建设］　一是完成信息中心内部部门和岗位调整。进一步优化信息中心内部组织职能和架构，对内部部门和岗位进行了调整，完成10个科长以及15个副科长的聘用工作。二是开展多项技术培训，做好知识的更新和储备。先后举办Oracle OCP（Oracle认证数据库专家）培训、IT服务培训、信息安全技术培训、信息系统运维工作培训、公文写作专题培训、信息安全基础知识专题讲座、地税系统数据集中处理专题培训等，提高信息化综合素质和信息技术应用能力。三是加强信息中心内部管理和制度建设，逐步健全信息中心内控机制。按照省局党组关于"制度建设年"部署，信息中心启动中心内部制度建设工作，对信息中心近年来的工作规范、流程和工作制度进行梳理，更好地发挥制度管人、管事、管权和防范廉政风险、渎职风险的作用，确保信息中心队伍廉洁稳定，确保运维开发工作规范进行。四是组织开展多种类型的活动，激发队伍活力，调动大家的积极性、主动性、创造性。包括举办信息中心迎新年趣味运动会，促使广大干部职工加强锻炼、增强体魄，营造欢乐、健康、向上的工作和生活氛围；开展"转变观念、创先争优、构建和谐幸福信息中心"的活动，号召大家加强自身修养，构建和谐团队；开展亲子夏令营活动，缓解技术人员的工作压力，营造广大干部职工和谐的家庭氛围，打造幸福家园等。

［全年运维数字］　至2011年底，共接收事件报告单20873个，解决20192个，未解决681个，解决率97%，其中属于大集中征管系统的16975个。从功能模块统计，事件较多的是："社保费管理"类5222个，"文书管理"类2011个；从地区分布统计，广州和省局较多，事件单数量分别为5904个和1379个；共发布运维公告175份、电话咨询3135个，其中咨询类1959个、催办类1192个，比上年增加20%。大集中核心征管系统补丁发布58次，需求及变更124项（较大变更100项），程序BUG修改24项、SQL优化54项、JAVA程序重构10项；稽查系统补丁发布6次；发票在线应用系统补丁发布18次，需求变更3项；网上办税系统补丁发布16次，需求变更40项；门户网站（含省局改版和分站改版）发布30次，需求变更60项。

（刘　伟）

税收科研与内刊编辑

［概述］　2011年，科研所紧紧围绕"服务科学发展、共建和谐社会"主题，以科学发展观为统领，以经济社会发展和税收管理中出现的重大问题为重点，以服务省局领导决策为主线，以科研组织渠道建设为抓手，以科研资源整合为保障，坚持实施精品工程战略，各项工作取得一批标志性成果，产生了良好的社会影响。

［课题调研］　全力打造广东地税科研精品。科研所注重创新调研方式，走开放性科研路子，加强与高校、省决策部门、省相关科研单位的交流合作，整合利用各方优势资源，联合开展课题攻关，提升科研成果水平，并推动成果转化应用，倾心打造精品课题。1. 科研服务决策能力大幅提升。2011年，承担和参与各类课题13项，呈现四个特点：一是进度快。各个课题均按要求在规定的时间内完成。二是重点督办课题多。在13个课题中，有4个列入省局重点督办课题，占比30.76%。三是前瞻性强。税务绩效管理、地方税体系等前瞻性、基础性、应用性很强的课题都纳入了研究范围。四是决策价值高。与省委政研室合作的"珠三角中小企业调研"通过《政研专报》专呈广东省委书记汪洋阅示；"生产要素流动新态势对招商引资影响研究"被省委政研室《情况与建议》转载，报送省委省政府领导参阅；绩效管理调研的政策建议为省局党组采纳，并转化为决策。2. 科研刊物载体作用充分发挥。以学术性和指导性为发稿标准，继续做强做精内部刊物《调研报告》。2011年共编辑印发《调研报告》26期，内容围绕上级党政关注的突出重点问题、社会各界关注的焦点问题、税务管理中出现的难点问题等，使刊物导向性更加明确、内容上更加丰实，切实增强了税收科研服务中心工作的务实性与实效性。《调研报告》在促进科研成果交流和转化上发挥了重要作用，逐渐成为省局重要的理论和实务研究平台。多篇报告得到省局领导的重视和批示，一些报告被有关部门采用。《调研报告》刊登的文章集中了全省地税系统税收课题研究的精华。为使这些调研成果向社会

分享和转化，将2010年各期《调研报告》结集整理，形成《广东地税调研报告·2010年》公开出版发行。3. 科研交流范围持续扩大。一是积极参加对外交流。如赴韩国首尔参加"关于改进增值税系统"中韩国际研讨会，赴厦门参加"中法增值税国际研讨会"。二是加强与兄弟省市的交流。开展考察和学术交流活动，学习借鉴兄弟单位的先进经验，组织地税系统的调研骨干到省外进行考察学习。三是加强与党政决策部门的交流。多次参加省委政研室组织召开的专家座谈会，及早掌握省领导的关注重点，进一步提高科研的前瞻性、针对性和实效性。四是加强与高等院校的合作联系。邀请高校专家教授参与专项课题攻关，提升调研成果的学术水平；邀请专家教授参加座谈会、研讨会和论证会，利用专家的理论优势弥补科研力量的不足。4. 科研管理制度不断完善。一是建立比较完善的科研管理制度。在参考国家税务总局及兄弟省市科研课题管理办法和广泛征求意见的基础上，制定施行了《广东地方税收科学研究所课题管理办法》。《广东地税科研人才库管理办法》也正在研究制订中，使科研工作开展真正有章可循。二是完善科研运行机制。一方面建立科研工作与税收中心工作的联动机制。确定年度重点调研课题时，广泛征求机关处室、基层单位及相关经济部门和高等院校的意见和建议，使调研课题始终能够围绕中心服务大局。另一方面，加强国内著名信息库的横向联系，获取海量资料，确保科研信息的新鲜和完整。5. 科研人才素质不断提升。一是以会代训的形式，进行科研基础培训。2011年5月中旬，在佛山南海举办科研基础知识培训班，邀请知名财税专家讲课，结合基层实际提升调研人员的专业水平和综合素质。二是举办科研骨干培训班。创新培训方式，与厦门大学合作举办全省科研骨干培训班，借助著名高校丰富的文化资源、良好的培训环境和雄厚的师资力量，对全省地税系统30余名科研骨干进行培训，达到了丰富知识、增长见识、开阔眼界、提升素质的目的。

[《广东地方税务》编办] 1. 不断创新《广东地方税务》办刊思路和方法。借鉴主流媒体的编办方法，不断创新办刊思路和方法，进一步把《广东地方税务》打造成税收业务与人文关怀相得益彰的地税文化建设品牌。2011年，《广东地方税务》共编发12期近200万字，突出体现了三个特点：一是关注政治经济税收文化热点问题。围绕纪念建党90周年、"十二五"规划、加强和创新社会管理、税制改革、文化强省与幸福广东建设等重大的政治、经济、税收热点问题，组织专稿。二是突出反映岭南文化。策划了"广东与辛亥革命"、"广东书院"、"开平碉楼"、"广东客家围屋"、"广州早茶"等封面专题，增强杂志的可读性与文化味，使刊物更加具有岭南文化地域特色。三是重视展现广东地税人的风采。坚持身边人讲身边事的编辑方针，加大广东地税人的风采展示力度，坚持办好"10个地税人谈话题"、"税官影像"等栏目，采访报道地税人和事等。2. 加强税务文化交流与积累。一是牵头组织全省地税报刊开展交流与合作。召开2011年度的全省地税内刊主编座谈会，在《广东地方税务》开辟"阅刊"专栏选登全省地税内刊文章，组织编发"广东地税内刊扫描"专题，精选内刊文章汇编成书等，促进了全省地税内刊的交流与合作，壮大了内刊编办队伍，提高了内刊编办水平。二是汇编《广东地方税务》系列丛书。将2010年杂志"十个地税人谈"栏目文章汇编为《百名税官百篇文.2010》，将文学创作座谈会代表作品汇编成《相聚云浮》，与省局直属税务分局合作编辑《心语——省局直属分局核心价值观大家谈》等，为广东地税文化建设积累成果，打造文化品牌。3. 繁荣地税文学创作。坚持每年至少举办一次文学作品征文评比活动，组织广大地税干部积极参与，发现更多的文学人才；坚持每年举办一次全省地税文学创作座谈会，邀请有关作家、专家给与会代表点评作品并授课，为全省地税文学爱好者学习交流、提高创作水平提供帮助。

[年鉴工作] 认真做好《2011年广东地税年鉴》编辑出版工作；认真做好《2011年中国税务年鉴》、《2011年广东年鉴》栏目资料撰写工作；圆满完成中国税务出版社下达的《2010年中国税务年鉴》、《中国税收季度报告》征订任务。6月，中国税务出版社召开的2010年《中国税务年鉴》编辑发行工作会议上，广东地税的"10年年鉴编辑工作经验介绍"获得上级领导的充分肯定。省局被评为2010年《中国税务年鉴》发行工作先进单位，詹锦松同志被评为《中国税务年鉴》发行工作先进个人。

[研究会秘书处工作] 做好研究会秘书处调研与日常工作。围绕重点、热点问题开展调研。加强与省局办公室、法规处、规划核算处等相关业务处室联合调研，组织开展了《论科学组织税收收入的八大关系》、《国际比较视野中的我国个税体系改革》、《税收管理与社会管理的联动效应分析》、《粤港税收征管合作研究》等课题调研。

[配合总局工作] 积极协助国家税务总局科研所做好有关会务工作。2011年2月，总局科研

所领导带队到广东调研铁路运输营业税转增值税。6月，在肇庆召开“混合税制下个人所得税征管研究课题开题会”。9月，在江门召开“部分省市区科研机构改革座谈会”。科研所积极做好相关资料收集整理工作和会议后勤保障工作，受到总局的表扬和兄弟省市的好评。11月，承办2010～2011年全国国际税收理论研讨会暨全国性调研课题研讨会，会议取得圆满成功，受到中国国际税收研究会会长郝昭成的高度评价，以及省局领导和会长的批示表扬。省局局长王南健批示：“对总局委托承办的会议，要么不办要办就要像这样办”；副局长揭晔批示：“我省国际税收研究会与秘书处及科研所，认真按照省局领导的要求，精心组织、严密安排、周到服务。为开好这次会议做了大量艰苦而细致的工作，充分展示了广东地税的良好形象，值得充分肯定及表扬”。

（陈壮练）

税务票证专业印刷

［重点工作］　1. 票证中心全力推动红山票证公司的生产和经营，在及时满足全省地税系统对税收票证需求的同时，红山票证公司自身得到发展。2011年度，红山票证公司印制各类票证12.83亿份，实现产值1.22亿元；销售收入1.11亿元，实现净利润678.83万元；缴纳各项税收1859.16万元。2. 配合省局税政二处、核算规划处完成“2010年度广东省税务系统税收票证”共2026.75万份（1546.91万元）及“个人所得12万申报表”共50万份（41.9万元）的印制、配送、投递工作。3. 完成全省2010年个人所得税完税证明印制投递工作。2011年初，票证中心与税政二处、办公室、信息中心经多次沟通研究，完成了个税完税证明新的版面设计。2011年5月7日前完成1528.02万份（同比增长55.87%）个人所得税完税证明的印制和投递工作，确保全省2010年度个税完税证明印制、寄递工作保质保量按时完成。4. 做好票证印制计划及下达印制任务的工作，探索科学的印制计划制订方法。为了及时掌握各地发票的印刷数量，票证中心在要求各市局按季度做好发票领用计划上报工作，取得阶段性成效，既确保了发票的及时供应，同时避免造成库存积压及浪费。截至2011年12月底，下达印制计划26次，印制各类票证共7189.88万份。其中，通用定额发票4545.6万份，合计金额2818.27万元；电子类发票2461.28万份，合计金额2374.07万元；税务登记证183万份，合计金额264.50万元。5. 做好省局各处室有关印刷品的印制和配送工作。2011年1月，红山票证公司开始承印省局有关处室汇编、会议材料、培训资料、小册子、宣传用品等有关资料。为了高质量高效率地完成省局机关各项印刷品的印制工作，票证中心在省局设立快印室，配备快印设备，安排红山票证公司专业的设计人员和专业人员在省局快印室工作，以保障印刷品的设计、排版质量及工作效率和服务质量。全年承印省局各类印刷品共297.75万份，合计金额342.32万元。6. 加强对发票防伪专用品的供应和管理。红升公司自2011年1月1日正式投入运作起，建有较为完善的内部管理制度及规范的防伪纸张购、销、存流程。2011年度，红升公司为红山票证公司等15家定点发票印刷企业供应印制发票所需的防伪纸张共2612.3吨，取得销售收入3317.93万元，实现净利润489.09万元。7. 切实贯彻落实省局党组关于将红山票证公司与省局脱钩划转的决定。9月19日，省局党组会议决定将红山票证公司与省局脱钩划转，票证中心认真贯彻落实省局党组决定，积极开展相关工作，确保了公司运作正常、队伍稳定；并按时完成了对红山票证公司人员、资产的清理、造册工作。

［制度建设］　为认真贯彻省局“制度建设年”决定，票证中心将完善内部管理制度和红山票证公司内部规章制度作为2011年制度建设的重点。汇编了《红山票证规范化管理制度汇编》，进一步加强票证印刷的日常管理和安全、保密工作。新修订的制度汇编是规范红山票证公司内部管理和员工行为若干规则的总和，详细描述了红山票证公司的机构设置、各部门的职责和内部管理制度，包括：安全管理、财务管理、生产管理、质量管理等11个方面的具体管理规章，基本涵盖了红山票证公司内部管理的各个环节。

（梁婷婷）

广东省地税干部进修学校

[概述] 2011年,广东省地税干部进修学校以科学发展观为统领,坚决贯彻落实省局党组各项决策部署,做好干部教育培训工作,积极承办各类培训班;加大基础建设力度,完善教学设备,科学改造新购置厂房,开辟拓展基地,扩大学校规模。进一步规范各项规章制度,加强廉政教育和内部人员业务素质培养,调动员工积极性,提高办学办会办事的效率,及时完成省局、市(区)局等税务机关的各种培训任务,发挥了广东地税教育培训主阵地的作用。

[学校发展过程] 广东省地税干部进修学校在原台山地税局水步地税所基础上发展壮大,2000年被确定为广东地税系统培训基地。2007年,学校(广东税务干部学院)开始着手筹建。2009年3月9日,省局举行了广东税务干部学院挂牌仪式,并加挂了中共广东省地税局党校、广东省地税系统党廉教育基地、广东省税收博物馆和广东省纳税人培训学院牌子,实现"五体一位"功能。与此同时,省局还分别批准成立广州、汕头、韶关和阳江4个分院,形成"一主四辅"的培训施教格式。2011年2月,经省编办批准,正式成立学校,为广东省地税局所属事业单位,公益二类,正处级;核定事业编制25名,主要用于培训管理人员。历经数年建设,学校具有一定规模,占地面积约51亩,教学设备设施齐全,校园环境优美,后期保障服务到位,体育锻炼设施完善,食宿条件优越,是一个多功能型的现代化教育培训基地。

[省内地税干部培训] 为了适应转变经济发展方式的需求,省局党组审时度势,高瞻远瞩,站在人才战略的高度,不断加大干部教育培训的力度。2011年,全省地税系统按照分类分级的原则,在广东省地税干部进修学校举办一系列培训活动。2011年学校共举办培训班66期,比2010年增长21%。其中:省局举办21期培训班,共培训1648人次,达209天,合计17508人天;各市局在学校举办45期培训班,共培训3006人次,达220天,合计13312人天。学校2011年承办培训班具有三大特点:一是办班密度较高。学校平均每个月有5个培训班,每天至少有两个不同的培训班在学校同时举办。学校科学合理安排培训办班,充分利用学校资源,错开培训高峰期,还承办了各种会议。如:国家税务总局平台建设会议、一系列岗位培训习题集审稿会议、特色培训项目和精品课程的评选活动等。二是参训地区广泛。2011年学校所举办的培训班类型较上年更加多样,除省局教育处举办的新录用公务员、军队转业干部的初任培训班、科级干部任职班以及兼职教师培训班外,还有珠海、东莞、河源、韶关、茂名等市局举办的更新知识、纪检监察、法律法规、纳税服务、信息技术等方面内容的培训班。省局筹备下达的培训班21期,计划外各地区地税系统委托培训班45期,参训地区由原来局限几个地方向全省各地区拓展。三是培训有针对性。学校根据不同的培训对象,紧密结合学员情况,科学合理设置有针对性课程。如:省局举办的初任培训班以基础知识为主、政策解读为辅的30门课程展开有针对性的培训;科级任职班开设党风廉政教育与党性修养、管理理论与方法和税收业务三大课程模块;兼职教师培训班设置以税收工作方法论研讨、税收业务培训、现代培训方法研讨为主线的三大课程模块;基层培训班更加注重加快知识更新、优化知识结构方面的课程,设置了形势政策热点导读、税收新政策、新会计准则、税务廉政风险预防、行政礼仪规范、有效沟通与执行力等课程,增强综合协调能力和处理复杂问题能力,提高税务干部综合素质。四是实行专兼结合。近年,省局不断加大兼职教师队伍建设的力度,选聘优秀兼职教师,组建师资库,兼职教师在广东地税系统担任起重要角色,逐渐挑起了教学授课的大梁。从2011年学校举办的培训班来看,占近80%的课程由系统内兼职教师承担。系统内的兼职教师都是税收专家或业务骨干,实践经验丰富、业务水平突出,授课更贴近于税收工作,更加具有针对性和实效性。同时,外聘高校教师进行更专业更系统的教育培训,实行专兼结合,优化了师资结构。

[总局专职师资培训] 2011年10~11月,学校承办了一期全国税务系统教育培训机构专职教师税收专业化管理的研修班,共有来自全国21个税务干部培训机构以及部分省、直辖市、自治区国地税的56名专、兼职教师参加学习研修。

研修班的课程设置共分四大课程模块:一是税

收专业化管理课程模块；二是重点行业税收管理和地方税种管理课程模块；三是产业转型升级及税收政策分析研究课程模块；四是社保费征收管理课程模块。

为落实好国家税务总局的承办任务，学校全力以赴，加强教学保障工作，多次组织人员召开研修班后勤保障准备会，制定详细的后勤保障分工方案，力争将每一项后勤保障工作细节落实到人。一是组织人员对教学楼及学员宿舍楼进行全面修整粉刷，对教学设置进行维护更新，美化学校环境；二是针对培训班学员来自五湖四海的特点，研究确定餐厅出品；三是全面检查水、电、防护等安全设施，排除安全隐患，加强安全工作；四是增加洗消设备，更换学员宿舍的生活用品；五是各部门各司其职，互相协调，紧密配合，按时按质地完成工作任务。学校出色地承办了总局的师资研修班，给来自全国税务系统56位专职教师留下深刻印象，获得总局和学员们高度评价：一是培训内容丰富，二是培训形式创新，三是师资队伍强，四是后勤保障服务工作周到仔细。

［内部员工培训］　员工的素质直接影响到学校办学办会办事效果。学校一直非常重视员工的培训，不断加强业务技能培训，着力提高整体队伍素质，使学校承办教育培训拥有人力和智力的根本保障，实现可持续发展。2011年，学校利用培训班少的12月分期分批分类地培训员工。培训为四个阶段：第一阶段是理想信念教育、军事训练；第二阶段是团队协作训练，消防安全技培训；第三阶段是公共礼仪、公文写作以及办公软件操作等培训；第四阶段是规章制度解读和办班管理等培训。通过培训使员工坚定信念，提高思想觉悟；了解学校管理制度，明确自己的岗位职责；进一步将文化精神理念与礼仪常识落实到行为规范中，塑造良好的学校形象；增强安全意识，了解逃生技巧；提升员工职业技能和团结协作意识及能力，从而提高教学服务总体水平。

［基础建设］　随着全省税收高速发展，广大地税干部综合素质需要不断提高，干部教育培训规模需要不断扩大。为满足日益增长的教育培训的需求，学校着力加强基础建设：一是扩大学校规模。根据实际需求，学校购置两个旧厂址，按照学校整体规划，因地制宜，对旧厂房进行改造，现已完成绿化种植，美化了环境，同时建筑起围墙，确保学校安全。二是改善校园环境。为了给学员提供良好的住宿环境，学校对陈旧的客房以及走廊进行装修改造，还对客房内的电视机进行更换，给部分房间配备电脑；对学员饭堂进行了改造。三是开辟拓展基地。为了完善、充实和丰富教育培训内容，提升办学质量，学校不断加快建设步伐，经省局领导批准，在台山市水步镇彭沙坑管区建设开发一个绿色环保实践的拓展基地。基地是依山区的原生态进行科学规划，主要划分成种植区和养殖区。2011年，拓展基地完成基地大门、环湖路及机道车道建设，种植区和养殖区投入使用。拓展基地逐渐成为学校培训绿色环保文化的基地，改变了学校单一的课堂教学，提升了教学质量，满足学员的培训需求。

［制度建设］　2011年，学校在原广东税务干部学院管理制度的基础上进一步修订完善《广东省地税干部进修学校主要职责、内设机构及人员编制规定》、《广东省地税干部进修学校日常消耗品采购管理制度》、《广东省税务干部进修学校议事规则》、《广东省地税干部进修学校财务管理制度》、《广东省地税干部进修学校后勤保障人员员工管理制度》、《广东省地税干部进修学校员工工资福利管理暂行办法》，并汇编成《广东省地税干部进修学校内部管理制度汇编》。学校通过不断完善制度体系，切实做到制度管人管事，促进运作管理更科学规范，提升了管理水平，使得每位员工有法可循，有章可依，工作有条不紊，有效地保障着各项教育培训任务按时按质完成。

（冯振宇）

广东省地方税收研究会

［概述］　2011年，广东省地方税收研究会深入学习实践科学发展观，不断创新，坚持服务税收工作大局，紧扣税收中心工作，突出实用型税收课题调研主线，强化税收宣传，加强交流合作和组织建设，取得了良好的成效。

［税收理论建设］　经过近半年的努力，完成

《论科学组织税收收入的八大关系》调研报告。该报告总结了1994年以来中国税收工作实践，运用科学发展观理论，提出处理好税收征收与经济发展、税收征收与税源培植、税收征收与财政需求、税收征收与税收政策、税收征收与税收服务、税收征收与税收环境、税收征收与税收成本、税收征收与征税人才等科学组织税收的八大关系，以解决税收征收工作的八大基本问题。课题报告先后在省地税局主办的《调研报告》2011年第17期、广东省人民政府发展研究中心主办的《广东经济》2012年第1期上刊登，得到省人大常委会副主任钟阳胜，省政府副秘书长李春洪，省地税局党组书记、局长王南健等领导的高度评价。钟阳胜批示："报告已阅。好。值得学习。希望以后有什么好报告都送我学习和研究。"李春洪批示："《论科学组织税收收入的八大关系》我认真拜读了。我认为'八大关系'概括得很好，既有宏观层面的分析，也有税收征管领域相对微观的分析，是一篇有分析、有论据、有说服力的好文章。"省地税局党组书记、局长王南健先后两次对报告作出重要批示。10月18日批示："该报告比较全面地分析论述了科学组织税收收入需要处理好的若干基本关系，看似老生常谈，但其中不乏发人深思的观点。"11月8日批示："《论科学组织税收收入的八大关系》得到有关领导同志的重视和肯定，并提出指导意见，说明该文的分量，请研究会课题组的同志精益求精，使该文成为能代表广东地税的引人注目的科研成果。"

[发挥作用] 12月，研究会会长鲁兰桂赴澳门参加第六届"粤港澳台税收征管研讨会"，既增进了对粤港澳台税收研究社团组织的了解、密切了多方的联系，又利用该会大力宣传有关税收政策。应会议主办方的要求，邀请省局国际处业务骨干梁若莲作"跨境个人税收管理简介"的税收政策专题介绍，向与会代表宣传内地跨境个人税收管理有关的税收政策，得到与会代表的一致好评，取得良好的社会效果，扩大了研究会的社会影响。

[支持市级地方税收研究会工作] 省地方税收研究一直以来注重、支持各市地方税收研究会工作，共同推动全省地方税收研究会工作上新台阶。4月，副会长李贵应邀到潮州指导粤东七市地方税收区划协作调研活动。8月，应肇庆市地税局、肇庆市地方税收研究会的邀请，会长鲁兰桂、副会长杨汉廷到肇庆参加"扶持和促进中小企业发展税收政策研究"课题开题会，指导开展课题调研工作。11月，会长鲁兰桂赴潮州参加粤东七市地方税收区域协作研讨会，并将省局局长王南健对加强税收课题调研工作的精神传达给与会代表，鼓舞了各地地方税收调研人员的士气，提高了与会代表从事税收调研课题的积极性。

[组织建设] 6月，组织广州、珠海等市地方税收研究会领导赴四川汶川、陕西延安进行抗震救灾和党的光荣传统教育，实地了解、现场感受四川地震灾区重建和经济发展情况，进行革命光荣传统教育，加强与当地税收研究会的联系，为更扎实地开展研究会工作奠定了坚实的基础。

[优化纳税环境] 为积极配合第20个全国税收宣传月活动，深入宣传学习国家税务总局发布的《〈纳税人权力与义务公告〉解读》知识，树立征纳双方法律地位平等的理念，进一步提高纳税人维护合法权益意识，优化税务系统纳税服务工作，推动税收事业科学发展，推进幸福广东与和谐社会建设。4月，由省地方税收研究会、省税务学会、省注册税务师协会、纳税人权益网主办的广东首届纳税人"权益杯"网上知识竞赛及征文活动启动。该活动的主题是"权力、义务、和谐"，活动得到省国税局、省地税局、省注册税务师管理中心、广东商学院等省内高校及广州普金计算机科技股份有限公司的支持与配合，吸引了广大纳税人及关注纳税人权利与义务的社会各界人士的广泛参与。知识竞赛共有37163人参加，获得满分者5316人，随机抽出一等奖20名、二等奖30名、三等奖100名。征文活动共收到文章130篇，经评审委员会评定，共评出优秀文章18篇，其中一等奖3名、二等奖5名、三等奖10名。10月，表彰大会在广东商学院举行。主办单位代表、知识竞赛组织奖获奖单位代表、征文活动获奖者及广东商学院师生近100人参加会议，大会对该活动进行总结并为获奖单位和个人颁奖。此次活动取得良好的宣传效果，得到国家税务总局的充分肯定。

（陈壮练　吴　澜）

广东省国际税收研究会

[概述]　2011年，广东省国际税收研究会坚持以邓小平理论和“三个代表”重要思想为指导，深入贯彻落实科学发展观，严格遵守研究会章程，不断发扬优良传统，与时俱进，开拓创新，以税收学术研究为主线，以改进完善制度为依托，以加强研究会活动为抓手，以强化自身建设为保障，良好的社会形象进一步树立，研究会职能作用得到充分发挥，各项工作顺利开展。

[理论研究]　2011年，继续实施“精品工程”战略，在积极参与中国国际税收研究会课题的同时，结合广东实际情况和国际税收研究特色，精心选题，逐渐走出品牌化研究新路子。主要开展了“国际比较视野中的我国个税体系改革”、“粤港税收征管合作研究”等课题研究。

2011年，在税收学术研究方面，坚持在实践中调研，在理论上探讨，在对策措施上提出新建议，收到了很好效果，较好地完成了税收调研任务。“国际比较视野中的我国个税体系改革”是中国国际税收研究会以“促进居民收入分配税收政策的国际借鉴研究”为主题，组织的全国性专题调研活动。调研工作分为4个阶段。一是成立课题组阶段。2011年4月，广东省国际税收研究会由会长黄炎光带队，组织成立调研组，并邀请中山大学教授参加调研，形成一支由领导牵头，税务干部与专家学者共同参与课题研究的专业团队，积极开展调研。二是资料收集及组织调研阶段。根据课题需要，课题组按照分工协作工作方式，多渠道收集课题相关资料，并赴省内外各地调查研究，充实课题内容，为高质量完成课题打好基础。三是撰写课题报告阶段。10月底，课题组完成课题报告，报告在基于实现收入再分配正义的要求，提出了当前我国个税体系调整的基本方向及个税层级应该适当加大而非建设等建议。四是结题研讨与成果转化阶段。2011年11月，课题结题会在广东南海召开。会议投票推选4篇论文参加2012年全国国际税收理论研讨会交流，广东省国际税收研究会《国际比较视野中的我国个税体系改革》课题报告获得14票，排名第一。报告于12月，刊登在省局科研所主办的《调研报告》2011年第26期。

“粤港税收征管合作研究”课题成立由会长黄炎光担任指导、副会长谭惠坚任课题组组长，省国税局、地税局等多名税务干部和科研骨干参与的调研组。课题组分别在东莞、广州等多地召开座谈会，并赴广东多市、县实地考察，对粤港两地税制进行深入了解，提出如何进一步加强两地合作的意见和建议。报告于12月完成，省地税局党组书记、局长王南健在报告上批示：“该文对粤港税收征管合作研究有一定的广度和深度，值得一读。”报告刊登在省局科研所主办的《调研报告》2011年第25期。另外，研究会秘书处还积极参与省局科研所以及其他单位委托或组织的多项调研课题。

[学术交流]　积极开展和参与各种学术交流活动，组织各市研究会参加全国性或区域性的学术交流、研讨、培训和考察活动，开阔视野，借鉴好经验好作法，提高全省国际税收科研队伍的理论研究能力和水平。一是积极参加国家级税收课题研讨会。多次以主办者、协办者或者以代表身份积极参加中国国际税收研究会等上级部门组织的各种类型工作会议、汇报会、研讨会和座谈会。5月，研究会副会长伍绍焕、谭惠坚参加中国国际税收研究会在贵州召开的“中国企业投资税收的国际借鉴”研讨会。二是与兄弟省(市)研究会及相关学会交流互动。研究会派人先后到贵州、内蒙古等地学习考察，学习借鉴外省国际税收研究会的先进工作经验和方法，促进研究会进一步发展。香港、内蒙古、辽宁、江苏等兄弟学会来广东省国际税收研究会考察交流，并赴深圳、汕头、佛山、韶关、梅州、东莞等地调研，加强了与兄弟研究会联系与互动。三是积极参与“岭南财税论坛”。2011年5月，省局科研所与中山大学岭南学院联合在南海举办“岭南财税论坛”，邀请财政部财科所所长、教授贾康就“个税改革：如何真正为藏富于民创造条件”现场演说。四是加强省市研究会交流。研究会不定期召开或参加省市国际税收会交流座谈会，增进省市研究会相互学习借鉴，不断提升全省国际税收理论研究水平。

[参与总会工作]　一是参加全国国际税收

研究会会长座谈会。2011年7月，会长黄炎光参加中国国际税收研究会在内蒙古呼和浩特市召开的部分研究会会长座谈会，广东省国际税收研究会就学习科学发展观的相关做法作了交流。二是参加总会信息资料中心年会。2011年12月，研究会派员参加总会在广西南宁召开的国际税收信息资料中心2011年工作会议。2011年，研究会共完成马尔代夫、马里、马里亚纳岛、孟加拉、中非共和国、刚果、克罗地亚、北朝鲜等国资料翻译工作，共20万字。三是承办全国国际税收理论研讨会暨全国性调研课题结题会。2011年11月15～18日，研究会在广东南海承办总会“全国国际税收理论研讨会暨全国性调研课题结题会”。该次会议共有130多人参加，其中厅级干部30多名，在省局领导的重视和指导下，圆满地完成所有会务工作，得到总会会长郝昭成，省局局长王南健、副局长揭晔等领导的肯定和表扬。会议通报表彰了2009～2010年度全国国际税收优秀科研成果，广东省国际税收研究会上报的论文全部获奖，其中《资本输出战略的税收政策研究》课题获得二等奖，是全国同行中获奖最多的单位之一。

［发挥纽带桥梁作用］ 一是召开常务理事会。2011年1月，省国际税收研究会召开第三届一次常务理事会，确定2011年调研课题。二是举办新春茶话会。2011年1月，广东省国际税收研究会、广东省地方税收研究会敦请研究会顾问召开新春茶话会，倾听与会代表的意见和建议，以获得对全省税收事业发展的宝贵建议和对策。三是召开新春团拜会。2011年2月，省国际税收研究会与省地税局、省地方税收研究会接待香港税务学会。粤港两地在新经济形势下继续加强两地学会的沟通合作，推动粤港学会共同发展。四是开展2008～2010年度全省优秀税收调研成果评选活动。2011年7～12月，与省地方税收研究会联合开展活动。五是参与《广东地方税务》编辑工作和编办“两会《简报》”，及时报道、交流和宣传省研究会及各市研究会的工作、活动情况。

（陈壮练　吴　澜）

第四篇

各市地方税收工作

广州市地方税务局

经济概况

2011年广州市实现地区生产总值（GDP）12303.12亿元，同比增长11.0%，其中第一、二、三产业增加值分别增长3.1%、11.5%和11.0%，对GDP增长的贡献率分别为0.5%、38.8%和60.7%。全市经济呈现四大特点。一是工业生产呈“先高后低再企稳”态势。全市完成规模以上工业总产值15806.84亿元，同比增长12.9%。其中，三大支柱产业（汽车制造业、电子产品制造业和石油化工制造业）受日本地震冲击，增长放缓，三大产业产值合计同比增长11.4%。二是三大需求动力有所减弱。全市实现社会消费品零售总额5243.02亿元，同比增长17.1%，其中，批发和零售业、住宿和餐饮业同比分别增长17.0%和17.8%。在上年亚运会累积高基数的条件下，2011年基础设施建设放缓，全市完成固定资产投资3413.58亿元，同比增长10.0%。商品进出口在上年恢复性增长的基础上有所放缓，全年实现商品进出口总值同比增长12.0%。三是产业转型升级取得新进展。三次产业增加值占GDP的比重为1.7∶36.8∶61.5，第三产业比重比上年提高0.5个百分点。高技术制造业进一步发展壮大，全年规模以上工业高技术产值占比为16.21%，比上年提高0.97个百分点。四是经济运行质量改善，工业企业效益有待提升。城乡居民收入稳步提高，全年城市居民人均可支配收入34438元，同比增长12.3%，其中工资性收入增长9.4%。工业企业效益有待提升，全市规模以上工业实现利润总额856.46亿元，同比下降9.7%。

税收概况

［税费收入］ 2011年，广州地区地税部门累计组织各项税费收入1776.28亿元，同比增长27.57%，增收383.93亿元，收入规模连续13年居全国省会城市第一、大城市第三。其中，完成税收收入（含省级固定收入）1021.33亿元，同比增长20.75%，增收175.48亿元；完成费金收入754.95亿元，同比增长38.14%（社会保险费收入572.85亿元，同比增长36.65%；契税和耕地占用税合计66.26亿元，同比微降2.20%）。组织市一般预算收入590.04亿元，可比增长23.96%，占全市财政一般预算收入的60.24%，创下13年来新高；增收114.03亿元，对全市一般预算收入的增量贡献率68.56%；完成市财政局年初下达计划的110.93%，超收58.14亿元。

［税收执行］ 2011年，广州市地税局共组织计划口径税收收入920.65亿元，同比增长21.84%，增收165.01亿元，分别完成省地税局下达全年税收总量计划和任务的110.64%和101.53%。其中，省级收入268.57亿元，同比增长46.52%，可比增长16.58%，分别完成省地税局下达全年省级收入计划和任务的106.93%和100.21%。

［税收特点］ 一是对全省税收收入贡献大，省级收入占比及增量贡献率均超三成。2011年，组织计划口径税收收入同比增收165.01亿元，对全省地税税收的增量贡献率达22.56%，比上年同期提高1.41个百分点。其中，省级收入实现268.57亿元，占全省省级收入30.13%，较同期提高0.58个百分点；同比增收85.28亿元，对全省省级收入增量贡献率达31.47%。二是新财政体制推动省级收入快速增长。2011年，全省执行新的省对市县财政体制，省与市（县）共享税种分成比例由“四六”调整为“五五”，使得省级收入和市区级收入增长出现明显差异：全年省级收入完成268.57亿元，同比增高46.52%（可比增长16.58%）；市区级收入完成453.65亿元，同比增长11.40%（可比增长25.97%）。中央级收入实现收入198.42亿元，同比增长20.17%。三是房地产、制造、租赁和商务服务业表现突出。分产业看，第三产业税收增速快于第二产业。第三产业实现税收698.63亿元，同比增长22.79%；第二产业实现税收221.16亿元，同比增长19.07%。分行业看，房地产业、制造业及租赁和商务服务业表现突出，同比分别增长25.87%、47.00%和28.89%，三者对税收总增量的贡献率合计高达67.46%。得益于土地增值税清算、2010年度企业所得税汇算清缴和行业薪酬水平上升带来的大额税款，房地产业全年完成税收255.61亿元，同比增收52.53亿元，增量贡献率31.83%，收入规模、

增量绝对额、增量贡献率均居各行业之首。上年居各行业次席的建筑业受"后亚运"时期基建放缓因素影响,全年仅入库82.05亿元,降幅6.49%。四是涉外企业表现抢眼,税收增量贡献率超三分之一。得益于涉外城市维护建设税的开征,涉外企业税收占全市总税收的比重达26.08%,较上年提升2.1个百分点,延续了近年来收入份额逐渐上升的总体趋势。全年共实现税收240.07亿元,同比增长32.48%,高于全局税收增幅10.64个百分点,高于内资企业税收增速14个百分点;同比增收58.85亿元,对税收总量的增量贡献率高达35.66%。五是重点税源企业对全局税收的拉动作用持续强效。全市计划口径税收超过50万元的重点税源企业达15329户,占纳税户总数的2.2%,比上年增加1561家;合计创税810.8亿元,同比增收151.8亿元,增长23.0%,高出全局税收增幅1.2个百分点;税收占全局税收总量的比重为88.1%,较上年同期上升0.9个百分点,对全局税收的增量贡献率更是高达92.0%,重点税源对全局税收收入的拉动作用持续强效。

各项工作

[税收征管] 2011年广州市地税局着眼于破解发展难题,坚持开拓创新,扎实推进三项改革,推动税收管理效能不断提升。一是启动稽查专业化改革。探索实施集中选案,在稽查系列逐步推行分行业稽查,推动属地稽查向行业稽查转变;加大大案要案查处力度,发布十大稽查案件,建立稽查案例库,推广电子查账;开展发票专项检查,加强税警联合执法,大力打击和整治虚假发票"买方市场",有力维护公平税收秩序。二是深化税源分类管理改革。开展税源专业化管理专题调研,试点推进个体工商户和个人出租房屋委托代征机构整合,完善委托代征系统功能,推进个体代征业务工作,进一步优化零散税源委托代征模式。三是推进信息化资源整合改革。开发应用税源综合管理平台,初步实现系统、功能和数据整合,为税收管理业务提供技术支撑,并顺利移交省局推广,得到省局主要领导高度评价;开发应用集个体户委托代征、契税征管、车船税征管功能于一体的辅助征收系统,推进稽查、绩效工作管理软件项目。

[科技兴税] 2011年广州市地税局信息化建设根据全局"一盘棋"的统一部署,围绕"促进转变年"工作主题,承接2010年信息化建设成果,进一步发展壮大,形成"税源管理体系、行政管理体系、纳税服务体系和内部管理体系"四大软件体系加硬件建设的集约化信息战略布局,从信息技术的角度推动了税收工作的发展。一是充实税源管理体系。2011年,广州地税信息化建设以税源综合管理平台为核心,委托代征系统为辅助,其他相关系统为配套,建立起税源管理体系,实现系统整合、规范统一、信息共享、高效运作目标。(1)成功将税收管理平台、重点税源管理系统、征管数据利用系统、手续费支付系统4个系统整合为税源综合管理平台。(2)实施稽查工作管理软件项目,实现稽查工作专业化、信息化、科学化、精细化、规范化。(3)辅助征收系统功能不断扩大。2011年,辅助征收系统完成个体户委托代征三期、新契税征收系统和新车船税征收系统的建设和使用,成为对省局税收征管信息系统的有利补充。(4)开发社保费后置审核系统,确保社保费征管到位,保证缴费人待遇落实。二是扩展行政管理体系。行政管理系统实现移动智能终端支持,实现智能手机和iPad等平板电脑的移动办公,推广应用省局统一工作平台和省局电子邮件系统,升级改造了会议系统和测评系统。三是优化纳税服务体系。不断开辟纳税服务新阵地,优化完善地税门户网站,升级综合办税自助查询系统,试点运行纳税服务监控管理系统,开发纳税人接访预约软件,为纳税人提供更多更便捷的服务。四是完善内部管理体系。通过改造广思网页面,建设悦读社网站,建设税政点读网站,建设感动地税活动平台,打造全局坚实的精神家园。五是强化硬件基础建设。实施万兆城域网改造工程,规范整合互联网连接,实施全局网络安全检查工作,实施机房环境监控工程,促进信息安全等级保护工作,为全局信息建设保驾护航。

[税务稽查] 2011年广州地税稽查在规范稽查工作流程、协调内外沟通、提高稽查工作绩效、提升队伍专业化素质等方面取得新成绩。一是围绕中心、服务大局,积极发挥职能作用。广州地税稽查系列全年共检查企业1231户,查补15.86亿元,入库税费金15.40亿元。严打严查各类涉税违法犯罪行为,重点查处一批大案要案,查处金额超过100万元的税务违法案件26宗;大力清理历年陈欠税款,全年共清理欠税7158万元,充分体现了稽查执法的刚性。首次组织评选"2010年度稽查十大案件",选出包括"全市电子发票违法第一案"等10个涉税金额大、手法隐蔽、案情复杂、意义深远的稽查案件,并通过新闻媒体对外曝光,展示稽查工作的强大声威。发挥税务稽查的监督、惩处职能,共查处举报案件485宗,查补收入7176万元,营造公平、公正的税收

环境。二是大胆探索、勇于创新，深入推进稽查改革。全力推进稽查专业化改革，2011 年以分行业稽查、集中选案和集中审理试点为主要改革目标，各项工作取得新突破。建立“稽查工作管理系统”，完善选案评估指标体系，开发选案评估模块，做好案件预选工作，制定集中选案工作指引，建设集中选案配套制度，做好集中选案准备工作；强化积案清理工作，完善集中审理试点的流程规定，整理制定稽查案件证据规则，积极筹备全市集中审理试点；建立稽查案例库，制定《稽查案例库管理办法（试行）》，明确案例库的建设思路、案例编写要求、后续管理的职责和需求，促进稽查成果转化。三是精心组织、深入检查，整顿规范税收秩序。认真贯彻落实上级要求，结合广州地税的实际，在全系统精心组织各项税收专项检查工作，2011 年共组织开展了资本交易、广告业、房地产业、旅游业、高收入者个人所得税 5 个项目的专项检查工作，共检查业户 152 户，查补收入 7800 万元；深入开展打击发票违法犯罪专项行动，处理违法受票企业 300 户，查补收入 1645 万元；严厉打击建筑安装业、房地产开发行业购买、使用虚假发票的行为，共组织 7138 户企业自查，重点检查 261 户，发现非法发票 1.2 万余份，查补收入合计 1128 万元；配合公安部门打掉两处制售假发票窝点。

［纳税服务］　2011 年，纳税服务工作以“主动转变”服务“促进转变”，取得丰硕成果。一是提升能力，服务质效上台阶。咨询台服务总量 113.4 万人次，年人工咨询量首次突破 50 万人次，日均接听量为 85 人次，创近年新高，在广东省各市名列前茅，满意度高 95.57%。二是品牌创新，税企沟通更直接。（1）邀请广东省常务副省长朱小丹在广州新地标启动第 20 个税收宣传月。（2）开通新浪微博账号。（3）网站总访问量超过 1.28 亿人次，连续 6 年被评为“优秀政务网站”。三是扩大影响，税费宣传更有效。共刊发稿件 1991 篇（次），其中关于新个税法的新闻稿件，在六大媒体的头版或要闻版刊发或采用后，陆续被全国媒体转载。四是加强建设，培训辅导企新高。纳税人学校面授培训纳税人（缴费人）50163 人次，突破 5 万大关。五是保障权益，甘当“减压阀”。全年接到服务投诉线索 789 宗，所有服务投诉均按期办结。接到信访事项 122 宗，按时办结率 100%。

［政策落实］　一是落实税收政策服务经济转型升级。加强主动服务型税政建设，梳理出台促进文化发展 25 条税收政策措施，用好支持转型升级的各项优惠政策，加大扶持类企业房产税和土地使用税减免力度，全力支持现代服务业、高新技术业、文化业等发展，有效引导产业调整升级；认真落实提高个人所得税费用扣除标准和营业税起征点政策，取消税务登记证工本费，切实减轻纳税人负担；加强税收调研，为地方党政提供决策参考，主动配合市政府向上争取南沙新区等税收扶持政策。二是强化综合治税服务社会管理创新。梳理出台服务社会管理创新 80 条税收政策措施，努力促进创业就业和社会组织、公益性事业健康发展；深入推进个人出租房屋和个体工商户委托代征，建立国地税合作联席会议制度和督查考核制度，与公安加强外籍人员税收管理协作，与文广新局建立涉外演出管理协作机制，与中国人民银行共建税银信用体系，尝试与广汽丰田、中石化等大型企业签订税收遵从协议，实现税收管理与社会管理、综合治税与社会治安互动双赢，相关做法和成效得到国家税务总局副局长丘小雄和省局主要领导的充分肯定。《中国税务报》、《羊城晚报》作了专题报道。三是完善费金管理服务社会民生改善。认真贯彻实施《社会保险法》，完善社保征收机制，完成广州市“十件民生实事”社保扩面任务；加强社保欠费管理，组织专门力量开展社保欠费清理，最大限度地减少历史包袱，为进一步做好社会保障工作打下坚实基础。

［队伍建设］　广州市地税局坚持人本管理的带队理念，全面推动干部队伍建设迈上新台阶。一是创新干部管理机制。开展学习型领导班子创建试点，改进考评办法，创新处级、科级干部选拔方式，领导班子和中层干部队伍建设持续加强；完成稽查员能级评定，能级管理新体系初步形成，绩效管理改革试点启动；在市局、区局两级实行两级班子成员轮流接访，通过民主生活会征求意见、谈心活动等形式，搭建干群沟通的“连心桥”，队伍活力进一步激发。二是搭建教育培训平台。采取与高校合作办学形式，成立广东商学院税务干部进修学院，搭建全系统税务干部教育培训的新平台和主阵地，依托税务干部学院开展大规模业务专题培训；实行学分制管理，加大在职教育奖励力度，办好《税政点读》杂志，举办“案说税法”活动，全系统业务素质进一步提升，全局有多人入选国家税务总局企业所得税人才库。三是营造组织文化氛围。扎实推进创先争优活动，开展“幸福观”教育和“感动・地税”人物评选，举办纪念建党 90 周年系列活动，组建金税合唱团，文化建设有声有色；扎实推进“双到”扶贫工作，2011 年被评为广州市扶贫开发工作先进单位，多个

基层单位获得全国性荣誉,其中越秀区局荣获“全国五一劳动奖状”,荔湾区局被评为“第十二届全国职工职业道德建设先进单位”,广州开发区局西区分局获得“税务系统全国青年文明号”称号。

[党风廉政] 广州市地税局扎实推进惩防体系建设,切实维护队伍平安稳定,为地税事业健康发展提供了有力保障。一是健全反腐倡廉格局。认真落实党风廉政建设责任制,编写《廉洁从税规范》第三册,突出加强预防渎职侵权教育,举办预防渎职侵权违法犯罪专题讲座,出台税收执法裁量权规范管理办法,着力完善风险内控机制。二是建设特色廉政文化。创新廉政文化载体,举办广州地税廉政文化建设成果展,开展“廉洁读书月”活动,组织以预防渎职侵权为主题的DV创作大赛,通过廉政书法、廉政摄影、廉政漫画等形式弘扬清正廉洁风气;扎实开展政风行风民主评议活动,取得好成绩。

[人事管理] 2011年广州市地税局按照“优化工作机制,用好用活人才”的要求,全年着力从以下六方面开展工作:一是着力加强领导班子整体效能和作风建设。全面学习和把握国家税务总局、省局关于加强领导班子建设的总体要求,大力加强市局各级领导班子建设。(1)深入学习贯彻省局队伍建设会议精神。系统两级党组专题学习省局会议精神,研究贯彻落实措施,为落实工作提高认识、形成共识。(2)开展创建学习型领导班子活动。印发《关于进一步开展深入创建学习型领导班子工作的通知》,明确将深入创建学习型领导班子作为市局班子建设的主要载体和工作目标,加强领导班子“龙头”建设。(3)选优配强基层领导班子。根据全系统处级干部职位空缺情况和实际工作需要,全年选拔和调整基层单位领导班子12人次,共选拔44名干部充实到处级干部队伍。(4)健全基层领导班子评价机制。优化和完善全系统基层领导班子和领导干部的考核评价工作;市局党组成员积极开展谈话活动,有力促进了干群“连心桥”行动的开展。局属各单位领导班子成员开展谈心谈话活动1246人次,进一步促进了领导干部作风改进。二是着力探索实施管理科学化行动。按照省局工作部署,积极探索和推进以能绩管理为主要抓手的管理科学化行动。(1)全力做好绩效管理试点筹备部署工作。从10月起,通过强化组织保障、思想保障、制度保障、技术保障,有序推进绩效管理试点各项筹备工作,通过整合ISO质量管理、学习型组织和能级管理等资源,初步构建了以岗责体系、指标体系、考核体系、能绩体系和绩效管理工作平台为主要内容的绩效管理体系,确保试点工作顺利运行实施。(2)开展税务稽查员首次能级评定。制定《广州市地方税务局税务稽查员能级评定实施办法》,组织完成税务稽查员首次能级评定工作。全系统506名干部取得税务稽查员能级评定资格,402名干部取得税务稽查员能级,市局能级管理工作实现进一步深入和拓展。三是着力调整优化机构职能。合理运用市局机构编制资源,进一步调整优化部分机构职能。(1)组建广州市地方税务局第六稽查局。整合市局重点税源管理和纳税评估办公室、契税征管办公室和征管资料管理办公室的职能配置、内设机构和人员编制,组建第六稽查局。(2)调整纳税服务和规费服务机构。撤销市局和6个直属机构的纳税人服务中心,增设纳税人服务处(科)以及规费服务中心。(3)调整白云区局基层税务机构设置。分设白云区局三元里税务所与嘉禾税务所,重新调整工作职能和人员配备。(4)调整稽查系列单位部分内设机构。配合稽查系统专业化改革,实行由市稽查局集中选案,撤销第一至第五稽查局选案科,信息管理科与办公室合署;第一至第五稽查局增设稽查七科。(5)恢复广州开发区局税务登记职能。明确其职责是负责辖区范围内地方税纳税人税务登记管理工作,在业务上接受广州市地方税务局登记分局的指导、协调。(6)加强税源管理和纳税评估机构的规范管理。规范12个征收局税源管理和纳税评估机构管理,推进市局系统税源管理和纳税评估工作有效开展。四是着力深化干部人事制度改革。稳步推进以竞争性选拔为主要方式的干部选拔工作,不断增强选人用人公信度。(1)创新竞争性干部选拔方式。坚持民主、公开、竞争、择优原则,首次在全系统科级领导干部选拔工作中实行“四统一”,即统一选拔方式、统一工作进度、统一流程操作、统一协调指导。(2)加大竞争性选拔工作力度。2011年全系统共组织处、科级领导干部竞争上岗工作4批次,以竞争上岗方式选拔处、科级领导干部105名,竞争性选拔比例70%,与2010年相比增加40个百分点。(3)优化干部职数管理使用方式。合理调配职数,将非领导职位职数适度向年龄偏大、表现较好、有一定群众认可度的老同志倾斜,全年共解决接近退休年龄干部职务待遇问题40多人。(4)拓宽干部培养渠道。坚持机关和基层双向挂职,全年共有1名机关干部和19名基层单位干部进行挂职锻炼;组织跨单位交流轮岗57人。(5)做好人才引进工作。录用公务员91人,接收军转干部11人,接收成品油税费改革分流人员40人,接收划转人员2人。五是着力提升人

事业务基础工作质效。高质量做好人事业务基础工作是提升人事管理工作科学化水平的基本要求。(1)规范津(补)贴发放机制。参照市直机关津贴补贴发放项目和标准,规范市局津贴补贴发放项目;按照上级部门要求,整改设立老干科账簿、超规定拨付工会经费和出售存量公有住房款存入单位账等问题;清理和停止特殊岗位津贴。按规定办理工资晋升调整和审批手续2000多人次。(2)规范编外用工管理。全面统一系统内编外用工工资标准和水平,全系统共330多名编外合同工和800多名前台协税员参与了工资改革。增补前台协税员约140名。(3)继续做好公务员登记、计划生育、离退休干部管理和安全保卫等日常工作。六是着力建设学习型人事团队。以创建学习型人事团队为载体,以两级联动方式带动系统人事部门加强自身建设。人事处统筹制定年度团队学习方案,坚持"每月一学习"、"每季一讨论"和"每人一堂课"。继续采取两级联动方式,开展课题调研,提升两级人事部门研究问题、破解难题的能力。全面梳理独立运作以来干部人事工作经验和常用法规制度,立足应知应会和规范实用,编印《干部人事工作操作指引》,提升全系统人事干部业务操作水平。

(凌　洁)

深圳市地方税务局

经济概况

2011年,深圳市全年实现国民生产总值(GDP)11502.06亿元,同比增长10.00%,经济总量继续位列全国大中城市第四位。第一、二、三产业对GDP贡献率为0%∶46.50%∶53.50%。第三产业占整体经济比重进一步提高。全市规模以上工业增加值5228.78亿元,增长12.60%;全年外商及港澳台投资企业增加值2781.15亿元,增长3.30%。全社会固定资产投资2136.39亿元,增长10.10%。全年社会消费品零售总额3520.87亿元,增长17.80%。全年城镇居民人均可支配收入36505.04元,同比增长12.70%。全市进出口总额4141亿美元,增长19.40%。出口总额2455.25亿美元,增长20.20%,进口总额1685.74亿美元,增长18.20%,保持出口十九连冠。全市地方财政一般预算收入1339.59亿元,增长21.00%;地方财政一般预算支出1590.64亿元,增长25.60%。年末国内金融机构人民币存款余额22782.39亿元,比年初增长13.20%;国内金融机构人民币贷款余额15714.96亿元,比年初增长15.40%。

税收概况

[税费收入]　2011年,深圳市地方税务局积极服务深圳经济社会发展大局,始终坚持以组织收入为中心,进一步夯实税收管理基础,深入推进构建大征管体制,全力推进信息管税,优化纳税服务、规范税收执法,人本带队、锤炼作风,推动各项工作迈上新台阶,取得一批具有平台性、机制性意义的工作成果,促进税收收入持续快速增长:全年组织各项收入1360.80亿元,同比增长23%,增收254.50亿元。其中,税收收入1287.55亿元,同比增长20.76%,增收221.31亿元,税收规模连续5年在全国大中城市排名第三。

[税收特点]　每百元GDP的地税产出达到11.40元,比全国平均水平高4.40元;每平方公里土地产出的地税收入达到0.66亿元,居大中城市首位。经济税收协调发展,产业税收结构呈现"五个明显优化"。第三产业税收增长快于第二产业税收增长,三次产业结构更趋优化;先进制造业快速发展,第二产业内部结构明显优化;现代服务业高速发展,第三产业内部结构明显优化;主体行业税收分布日趋均衡,行业结构进一步优化;战略性新兴产业迅猛发展,在抢占新一轮经济和科技发展制高点上具有明显领先优势。

各项工作

[税收征管]　积极稳妥地推进大征管体制建设的实践与探索:一是优化征管资源配置,在10个税务所开展全职能窗口建设,为纳税人提供"一窗式"办税服务;简化办税流程,缩短纳税人办税时间;探索新的退税管理办法,试点设立事项办理科,将大部分基础管理事项从管理科剥离。二是推进税收分类管理,对制造业、房地产业、物流业等行业,探

索建立“产业+规模”税源管理模式；按照涉税风险高低，研究对高新技术企业、金融保险业等行业实施分类管理。三是推进纳税评估工作，建立房地产、餐饮等10个行业评估指标体系，通过设立评估科或成立评估工作小组，探索形成“一条龙”、“推送式”等评估模式，初步实现评估由个别试点向部分行业批量评估转变，由手工评估向信息化评估转变。全年共评估企业1082户，评估税款2.40亿元。四是建立存量房税收的评估、征管、争议解决机制，以及一套符合深圳征管实际、在全国处于领先水平的评估技术模型，实现全市154万套房屋评估的“一房一价”，有效打击房地产交易的阴阳合同，堵塞征管漏洞。2011年，在深圳市存量房交易量仅为2010年三分之一的情况下，相关税收仍增长56.20%，该项工作成效得到国家税务总局领导的充分肯定。五是加强非居民企业股权转让管理，追缴税款2.80亿元，并成功追征全国首例非居民个人间接转让境内股权税款。

［纳税服务］ 一是推进办税服务厅规范化建设，完成全系统25个办税服务厅建设任务；二是优化12366咨询热线服务，完善地税网站在线咨询功能，开放税收知识库，咨询量122万人次；三是加强税收辅导，依托纳税人学校，开展4期重点纳税人培训班，培训930多家企业；四是开展纳税人满意度和纳税人需求调查，开办网上纳税人学校，得到广大纳税人的好评；五是开展大型系列专场税收政策宣讲会，策划制作播出税收优惠政策解读电台直播节目和“深圳质量与税收强市”主题电视访谈节目等，全年共刊登特刊10期，召开新闻发布会3次，在各类报刊专版刊登专版160个，稿件近800篇，制作播出《税收新周刊》、《税讯快递》104期，播发消息520条，编印各类税收宣传资料逾120万份，扩大宣传的覆盖面，宣传工作获得多方肯定：“五五”普法工作获得广东省先进集体称号，4件宣传作品在全国税收好新闻评选活动中获奖，组织投拍制作的电视公益作品《深圳纳税人》获得第六届设计之都大赛影视组银奖，组织制作的动漫flash作品《国之根本》获全国税收动漫大赛短片类二等奖，并荣获大赛组织奖。

［税务稽查］ 一是探索税收专业化稽查，组建专司金融、制造等行业的稽查小组或专业科，建立管查联动机制，推进稽查标准化建设，进一步提升稽查工作效能；推广使用稽查信息系统和电子查账软件。二是开展税收专项检查，补税超过4亿元；打击发票违法犯罪，查处企业2260户，涉及票面金额超过2亿元，刑拘36名犯罪嫌疑人；查结稽查案件384宗，查补收入11.30亿元。三是查处举报案件775宗，查补收入8320万元；加强重大案件管理，全年共审理重大案件23宗，涉及税款22.40亿元。四是查处新桥投资股权转让和淘宝网店逃税两个重大案件。

［信息管税］ 一是实现信息化建设组织方式新突破，全面启动核心系统一期改造工作。2011年完成550多个功能模块的改造和电子税务局建设，优化和开发国际税收、税务稽查、纳税评估、建安自开票和网络发票等31个外围系统，于2011年11月28日实现新系统全市范围的成功上线。二是实现核心系统架构与功能新突破，打造一个架构稳固、运行高效的核心征管系统：大幅提高全城通办的业务范围，将业务范围扩大到申报征收、税票换票和发票发售等业务，涉及事项16类；在纳税证明开具等4类业务使用电子印章，取消报送税务登记证、营业执照、组织机构代码证的复印资料以及企业纸质财务报表，为纳税人办税提供便利。三是实现纳税服务平台建设新突破，打造全天候、全方位、多功能的电子税务局基本框架：实现10类待办事项自动提醒和80多项申报征收等业务网上办理，实现纳税证明开具、非居民合同备案、定额发票验销等业务网上即办，应用电子表单技术，支持在线、离线申报和即时打印，与30多万纳税人实现网上互动和税企交流。四是实现数据管理应用质量新突破，稳步实施数据质量管理三年规划，操作错误类数据处理率首次达到100%，首次实现新录入数据“零差错”，全年共为基层局和纳税人解答、解决5万多宗运维事项。

［队伍建设］ 以党的十七届六中全会、胡锦涛总书记“七一”讲话、社会建设、基层党组织建设等为主题，开展党组中心组理论学习，进一步提高领导干部的政治素质和理论素养。各级领导班子不断改进作风，加强调查研究，深入基层、深入群众，摸清工作现状。坚持民主集中制，凡出台重要政策、审理重大案件和决定干部选拔任用时，广泛征求各级干部意见，并进行充分酝酿讨论。公开选拔31名处级干部，开展处级干部交流，交流面30%。制定后备干部、干部培养档案、专业人才体系等管理办法，规范基层科以下干部管理；招聘104名公务员和16名职员；积极创新管人用人机制，推行绩效考核、择岗尽职、局长奖励金等激励制度，形成人才辈出、活力迸发的生动局面。建立多层次、分类别、规范化的人才教育培训格局。全年举办异地脱产培训班10期、境外培训班1期、境外实习2批，449人次参训；748

人参加信息化考试；组织参加国家税务总局组织的企业所得税考试，取得全国第二名。

[精神文明建设] 开展廉政案件警示教育，组织干部旁听廉政案件庭审，举办廉政辩论赛，创新廉政教育形式；编写《案件警示录》，针对征管、稽查的重点事项及重要环节，依托信息系统，加强廉政风险防控。以职业教育、地税文化、基层党建和扶贫为主题，深入开展创先争优活动：出台加强基层党建和地税文化建设的指导意见，召开“树职业理想、讲职业道德、守职业纪律”三职教育现场会，提振队伍精神；承办全市窗口单位服务行业“创先争优”现场会，并做经验汇报；推进“双到”（规划到位、责任到人）扶贫工作，基本完成三年脱贫规划目标，得到广东省扶贫办的充分肯定；开展纪念建党 90 周年、绿色出行等活动。2011 年精神文明建设取得较好成绩：龙岗区局、稽查局被评为市文明单位，保税区局征收科等 6 个单位被评为“市文明示范窗口”，南山区局信息科和宝安区局沙井税所被授予省级青年文明号。

（陈东阳）

珠海市地方税务局

经济概况

2011 年，珠海市经济总体平稳健康发展，实现地区生产总值 1403.24 亿元，比上年增长 11.3%，在珠三角的排位由上年的第七位上升到第六位。全市三次产业的比重由上年 2.7∶54.8∶42.5 调整为 2.7∶56.0∶41.3。第一、二、三产业分别实现增加值 37.70 亿元、786.42 亿元和 579.11 亿元，同比增长 3.2%、14.4% 和 7.9%，第二产业对 GDP 的增长贡献率达 69.5%，成为拉动经济增长的最大动力。工业生产总体增势良好，全年完成规模以上工业增加值 746.10 亿元，同比增长 15.5%。六大主导产业中，生物医药和家电电气业增速分别达 25.0% 和 20.3%，石油化工、电力能源和精密机械制造业同比分别增长 11.4%、10.6% 和 14.2%。全市完成固定资产投资 638.37 亿元，同比增长 28.4%，增速居珠三角各市首位。固定资产投资中工业投资为 151.88 亿元，增长 22.6%。国家楼市政策及珠海 11 月出台的限购、限价政策效力显现，商品房销售面积比上年下降 6.4%。完成消费品零售总额 567.86 亿元，同比增长 18.1%。全市接待过夜游客 1535.68 万人次，同比增长 11.2%。完成港口货物吞吐量、集装箱吞吐量同比分别增长 18.4%、16.0%。全市居民消费价格累计同比上涨 5.0%，涨幅比全省低 0.3 个百分点，CPI 连续 5 个月企稳在 5%。全市完成进出口总额 516.39 亿美元，同比增长 18.8%，其中出口 239.87 亿美元、进口 276.52 亿美元，同比分别增长 15.0% 和 22.3%。全市实际吸收外商直接投资 13.38 亿元，同比增长 9.3%。

税收概况

[税费收入] 2011 年，珠海地税系统累计组织各项税费收入 250.31 亿元，增收 59.73 亿元，同比增长 31.3%。其中，组织税收收入 161.71 亿元、增收 26.71 亿元，同比增长 19.8%。组织社保费收入 71.2 亿元，增收 20.19 亿元，同比增长 39.6%，提前两个月完成社保费收入任务；其他规费收入 17.4 亿元，同比增长 281%。为地方平衡财政预算、保增长、保民生、保稳定提供了可靠的财力保障。

[税收特点] 一是各级次税收均实现增长。完成中央级收入 45.79 亿元，同比增长 13.7%；省级收入 50.16 亿元，同比增长 42%。其中省级共享收入 41.6 亿元，同比增长 48.3%，省级固定收入 8.56 亿元，同比增长 17.7%；市县级收入 65.76 亿元。地税收入在珠三角 9 市中位居第 5 位，税收与经济协调增长。二是主体税种收入贡献明显。主体税种中，企业所得税收入 49.88 亿元，同比增幅 8.5%；营业税收入 52.31 亿元，同比增幅 16.8%；个人所得税增幅居三大主体税种之首，累计收入 26.33 亿元，同比增幅 24.9%。三是产业税收结构变化显著。第二、三产业累计收入分别为 67.48 亿元、94.12 亿元，税收增幅分别为 38.4%、9.3%，税收增长贡献率分别为 70.2%、29.9%，比重为 41.7∶58.2。第二产业税收比重和增长贡献率分别比上年上升 5.6 个和 38.6 个百分点。四是制造业的增幅远超房地产业，成为税收增长的第一拉动力。制造业收入 44.98 亿元，同比增长 43.4%，对总体税收增长贡献率 51%，居各行业之首；建筑业收入 17.01 亿元，同

比增长33.1%,对总体税收增长贡献率15.8%;金融业收入14.07亿元,同比增长29%。房地产业受国家宏观调控政策影响,累计收入33.78亿元,同比增长6.2%。五是重点企业税收贡献突出,全市纳税百强合计缴纳税收72.89亿元,占总体地方税收比重高达45.3%,其中,纳税十强合计缴纳税收31.65亿元,占总体地方税收比重接近两成。

[税源分析] 2011年全市经济平稳健康发展,全年国民生产总值增长11.3%,经济的平稳健康发展是税收增长的主因。企业效益和个人收入的提高是所得税增长的内在动力,规模以上工业利润同比增长16.3%,全年城镇居民人均可支配收入同比增长13%。税收政策性增收效应明显。一是2011年特区企业所得税过渡优惠税率由2010年的22%上升为24%,带来约1亿元的增收;二是对涉外企业征收城建税,全年涉外城市维护建设税累计4亿元,对城市维护建设税增长贡献率为71.8%,拉动总体税收增长3个百分点;三是土地增值税预征率和核定征收率的提高、土地增值税清算的加快,土地增值税实现35.6%的增长,拉动税收增长1.8个百分点,其中土地增值税清算补缴1.35亿元,同比增收1.12亿元,预征率的提高带来约1.29亿元的增收。企业利润增幅的放缓、国家对楼市的调控是企业所得税和房地产业增幅低的主要原因。受原材料价格上涨、人民币汇率升值、用工成本增加、用电紧张等因素影响,企业生产成本不断上升,企业的盈利下降。国家持续出台各项措施加强对楼市的宏观调控,珠海市也在11月开始实施"双限"政策,在调控政策叠加影响下,市房地产市场低迷,商品房销售持续下滑。

各项工作

[服务大局] 围绕珠海"率先转型升级、建设幸福珠海"战略部署,将地税工作放在珠海经济社会发展的总体规划和布局中去谋划和落实,用足用好税收政策,充分发挥税收职能作用,积极探索建立促进经济发展方式转变的税收长效机制,在"加快转型升级、建设幸福珠海"中有新作为、新突破。积极主动为各级地方党委政府提供有价值、有针对性的税收调研分析报告、有影响的决策建议、有效果的工作举措。认真贯彻落实国家各项税收优惠政策,及时梳理、编印《率先转型升级　建设幸福珠海税收优惠政策汇编》,组织开展创业结对帮扶送税收优惠政策进企业活动,确保各项优惠政策不折不扣执行到位。全年为企业贯彻落实各项税收优惠共计16.8亿元,其中减免高新技术企业税收5.44亿元。严厉打击涉税违法行为,为全市广大纳税人进一步营造了法治公平的税收环境。

[依法治税] 持续加强依法治税。组织开展税收执法检查整改落实情况"回头看",不断规范税收执法行为。用足用好用活税收优惠政策,营造有利于促转型、谋幸福的税收政策环境。强化税收政策执行落实。严格落实个人转让限售股征收个人所得税以及将外资企业纳入城建税和教育费附加征收范围等政策。认真组织开展税收专项检查工作,严厉打击假发票,深入开展反避税工作。全年累计查处各类涉税案件110宗,入库税款、滞纳金及罚款4068万元;组织企业自查630户,补缴税款8057万元。建立税警协作办案机制。成立税警联合执法办公室,在携手打击假发票、加大高难度案件执行力度等方面进行紧密合作。严厉打击发票违法行为。联合公安部门破获全省首宗网络发票造假案;全年累计破获特大假发票案件2宗,收缴假发票近16万份,票面总金额逾2亿元,挽回税收损失1600多万元。深入开展反避税调查工作。全年累计查结4宗转让定价及跟踪管理案件的调查与谈判工作,追缴企业所得税1475万元。

[税收征管] 坚持"数据管税"和"管理与服务相结合"的工作思路,以整体提升税收征管质效为目标,充分挖掘税收征管潜力,坚定不移地探索税源专业化管理,积极构建税收征管新模式。一是深入推进税源专业化管理新模式。探索完善专业化税源管理新模式,寻找实践中的"短板"和破解之策。二是大力优化税收业务流程。启动"优化业务流程、提高办事效率"工程,进一步划清各职能部门岗位的职责。三是全面推进社会综合治税。提请市政府发布社会综合治税工作督办考评办法,率先在全省将涉税信息交换与共享工作正式纳入市政府考核范围。四是深入推进纳税评估。依托税源专业化管理模式,拓宽涉税信息采集渠道,实现专项评估与约谈辅导相结合,以评估促管理、促规范的效果显著。五是全面深化各税种管理。加强企业所得税汇算清缴管理;出台方案加强亏损企业税收管理;加强土地增值税预征管理和清算工作。

[纳税服务] 始终将纳税服务作为税收工作的灵魂和核心业务来抓,坚持树立"客户化"服务理念,充分发挥纳税服务对税收征管的先导性、基础性作用,深入推进纳税服务工作"固强补弱"工程,在办税服务、宣传咨询服务、维权服务等方面,为纳税人提供优质高效服务。一是深入推进多元化纳税

服务。稳步推进办税服务厅规范化建设，不断改善服务硬环境。不断创新便民服务，进一步提升纳税服务水平。大力优化税费征管业务流程，提高了工作效率。二是大力开展多形式税法宣传，把12366税务服务热线打造成为市民可信赖的“听得见的服务品牌”。三是有效维权促进社会管理创新。发挥税前、税中、税后服务的工作机制优势，对企业做好相关税费政策的宣传、解释和培训辅导工作，努力化解企业的不理解甚至抵触、抱怨、不满情绪，采取措施减轻企业不必要的办税负担，有效促进了社会管理创新。

[内部管理]　行政内部管理更加规范。进一步规范后勤管理和监督；顺利通过省、市联合保密技术检查工作组保密工作检查验收。规范制度建设，对全系统现行管理制度进行了一次全面梳理完善，全年共废止制度66项、修订制度49项。规范后勤管理，不断提高后勤服务的精细化管理水平，进一步推进节约型地税机关建设。严格控制一般性行政经费开支，公务购车费用、评比达标表彰活动以及各类晚会、展览、庆典、论坛实现零增长，因公出国（境）的人数比上年计划控制数压减10%，公用支出和项目支出比上年同期减少，其中项目支出减幅达39.52%；大宗物品采购实际中标金额比预算金额节约36万元。后勤管理更加规范有序。在全省地税系统率先完成公务用车改革，及时修订《公务用车管理办法》，全年共公开拍卖51辆公务用车。提出“着眼于未来发展、严格工作纪律、全面有序推进”的基层建设工作要求，制定分步走的基层建设方案，完成包括纳税服务培训基地在内的基础设施建设。扎实抓好维稳工作，启动应急机制稳妥处理突发事件，保持队伍和谐、稳定。

[机构人员设置]　珠海市地方税务局共有办公室、法规科、税政科、规费科、征管科、计财科、信息科、人教科、党委（加挂基层工作科牌子）、监察室（与纪检组合署办公）和后勤服务中心11个职能科（室），下辖稽查局1个副处级直属行政单位和香洲区地方税务局、斗门区地方税务局、金湾区地方税务局、拱北地方税务局、保税区税务分局、高新区税务分局、高栏港区税务分局、征收分局、纳税服务局共9个正科级直属行政单位，并在香洲区、斗门区、金湾区和拱北地方税务局内按照行政区划和经济税源相结合的原则，设置13个副科级税务分局，负责一线税收管理工作。

至2011年底，珠海市地税系统共有干部职工860人，分别分布在管理、征收、稽查和机关四类岗位，其中管理人员占40%、征收人员占16%、稽查人员占8%；市局机关人员103人，占全系统人员的12%。

[队伍建设]　一是大力加强领导班子建设。建立健全党组中心组理论学习制度，大力推动学习型党组织和领导班子建设，全年共安排4次专题学习，领导班子始终保持高度的政治性，始终坚持科学发展方向；贯彻落实省局要求，认真实施干群“连心桥”行动，各级领导带头公示手机、电子邮箱等联系方式，出台行动方案推进干群“连心桥”行动，统一印制、发放干群“连心桥”日记到各级领导班子，畅通干部职工合理诉求表达渠道，有效形成市局、区（分）局、二级分局三级联动的领导与干部职工零距离沟通机制。二是建立富有生机活力的干部人事管理机制。按照省局统一部署，积极做好高新区分局绩效管理试点工作，为全系统全面推广积累经验；全面推行能级管理，出台能级管理办法，突破原有能级管理部分岗位、局部激励的制约，实现能级管理全系统全员覆盖，干部发展空间得到实质性拓展，建立起“职务晋升”与“能级提升”并行的双梯制干部人事管理制度。

[教育培训]　狠抓领导干部、岗位骨干人才、基层一线干部和协税员“四支”队伍培训，努力构建以素质能力建设为主线、以高层次人才培养和专业能手选拔为龙头、以全员培训为基础的大教育培训格局。启动开展“大培训、大练兵、大比武”暨“百名岗位能手选拔”活动，在全系统掀起学习、竞赛的热潮。出台办法加大对获得“三师”（注册会计师、注册税务师、律师）等资格人员的奖励力度，促进高端人才培养。创新培训方式，举办两期科级领导干部“发扬革命传统，坚定理想信念”井冈山研修班，锤炼了领导干部的政治信念，提升了综合素质；举办市局师资库兼职教师能力提升培训班；委托北京师范大学珠海分校举办成立以来首次全系统干部职工全员脱产培训，为期两个月共分8期培训股级干部、科员、职工710人次，得到干部职工的好评，在全系统营造了浓厚的学习氛围；参加省局开展的“特色培训项目”和“精品课程”创建活动，有3个项目和3个课程被评为全省地税“特色培训项目”和“精品课程”，是获全省团体第一和个人获奖最多的单位，初步形成珠海地税教育培训品牌。

[党风廉政]　以完善具有珠海地税特色的惩防体系建设为目标，加强廉政教育和监督管理，以制度建设为重点，强化预防渎职侵权，有效维护了干部队伍平安稳定的良好局面。一是强化内控机制建

设。出台深化风险防范健全内控机制工作方案，开展“两权”（行政管理权、税收执法权）运行过错自查自纠和渎职侵权风险排查等活动，切实增强干部队伍的风险防范意识和能力。二是狠抓机关作风建设。深入推进“加速作风转变、给力幸福地税”为主题的机关作风建设，在2011年全市10个具有行政执法职能的部门民主评议政风行风工作中综合评议分排名第一。

［地税文化］ 将文化地税作为建设幸福地税的灵魂来抓，不断提高文化建设服务全局中心工作的能力和水平。坚持精心打造“红山文化”品牌，红山合唱团参加全省地税系统纪念建党90周年“颂歌献给党，永远跟您走”大合唱和珠海市第三届合唱节，充分展示了珠海地税人风采，赢得了尊重；成立红山法律志愿服务队，全系统共组建起15支红山文体队伍和2支志愿服务队，各种健康有益的文体和公益活动开展得如火如荼；举办两期“红山文化讲堂”，《红山》和《珠海地税探索》杂志越办越好，成为干部职工喜闻乐见的精神食粮。各基层局大力建设全局“一盘棋”下各自特色的文化品牌，共同推动建设以“生活健康、精神富足、文化多彩、队伍和谐”为目标的幸福珠海地税，税收文化建设成果源源不断地转化为实实在在的税收生产力。

（吴性坚）

汕头市地方税务局

经济概况

2011年，汕头市实现生产总值1403.44亿元，比上年增长12.2%。其中：第一产业增加值71.15亿元，增长3.5%；第二产业增加值792.22亿元，增长13.6%；第三产业增加值540.06亿元，增长11.2%。三次产业结构由上年的5.3∶56.1∶38.6调整为5.1∶56.4∶38.5，第一、三产业比重下降，第二产业比重提高。在第三产业中，批发和零售业增长11.1%，住宿和餐饮业增长5.4%，金融业增长6.3%，房地产业增长6.0%。民营经济增加值850.53亿元，增长11.9%。全市人均GDP 25958元，比上年增长10.1%。全市地方财政一般预算收入85.58亿元，一般预算支出157.57亿元，分别增长17.8%和31.5%。全年完成工业增加值735.38亿元，比上年增长14.1%，占地区生产总值比重由上年的52.1%上升为52.4%，工业对经济增长贡献率达到60.3%。完成工业总产值3005.94亿元，增长14.7%。2011年完成固定资产投资额438.74亿元，比上年增长44.5%。其中：第一产业投资3.82亿元，增长119.8%；第二产业投资233.45亿元，增长42.5%。工业投资额229.89亿元，增长41.8%；第三产业投资201.47亿元，增长46.0%。房地产开发投资额74.06亿元，增长50.2%，交通运输业投资额21.82亿元，下降13.2%。全年交通运输、仓储和邮政业实现增加值30.43亿元，比上年增长12.5%。全年社会消费品零售总额972.21亿元，比上年增长17.8%。2011年全市进出口总额87.88亿美元，比上年增长19.3%。其中：进口总额28.35亿美元，增长16.6%；出口总额59.54亿美元，增长20.7%。2011年，全市金融机构（含外资）年末本外币存款余额1989.01亿元，比年初增加115.15亿元，比上年下降53.8%。

税收概况

［概述］ 2011年，汕头地税系统面对繁重而艰巨的任务压力和新财政体制调整造成巨大减收缺口，振奋精神，迎难而上，坚持改革创新，圆满完成了各项工作任务，收入再创新高。

［税费收入］ 汕头市地税收入总量再次实现“两级跳”：先后突破100亿元、110亿元大关，达116.85亿元，同比增长20.5%，增收19.87亿元。其中：完成税收收入74.24亿元，同比增长21.9%，增收13.35亿元；组织社保费收入32.91亿元，增长15.2%，增收4.33亿元；征收教育费附加、残保金等收入4.86亿元。为建设幸福汕头提供了坚实的财力保障。

各项工作

［组织收入］ 面对地税成立以来最为严峻的收入任务形势，全市地税系统保持高度紧张的促收状态，各级地税领导靠前指挥，实行市局、区局和分局三级联动全方位开展收入督导；广大地税干部

职工经常性加班加点，发扬连续作战精神，形成“一切工作围绕组织收入中心展开，一切为组织收入服务”共识和合力。年初迅速制订《2011 年加强地方税收征管若干措施》，出台十六个方面的挖潜堵漏具体措施，积极“向加强征管要收入”。特别是在第四季度，围绕省局追加任务的促收工作，经常性召开市局党组会专题研究组织收入工作，并先后召开全市地税系统队伍建设会议、收入形势分析会等专题会议，按照以带好队伍促进收好税的思路，狠抓队伍整顿，强化职责意识，研究出台后两个月促收的十二项措施，力争用最短的时间挖掘最具潜力的税源，促进组织收入的持续稳定快速增长，确保了省局下达收入任务的顺利完成。

［创新管理］ 面对繁重的工作任务，积极谋求以管理创新解决制约地税加快发展的瓶颈问题。成功自主研发全国首个《房地产开发行业土地增值税实时预征系统》，于 5 月底起在全市推行应用，初步测算开发项目当期应预缴土地增值税近 4 亿元，并通过落实调整预征率，使土地增值税实现 57.6% 的较快增长。在全省率先实施国、地税联合办理税务登记，4 月在中心城区试点，5 月推广到全市范围，极大地方便了广大纳税人，得到了省局局长王南健的充分肯定。深入开展纳税评估，积极推进在澄海区的国、地税联合纳税评估试点，为进一步在全市全面铺开联合评估工作提供了较好的经验借鉴。2011 年实现评估收入约 4.14 亿元；深入推广应用“发票在线应用系统”和天翼税通，部署应用自助办税服务系统，组织开发“存量房交易价格评估验审计税系统”，升级改造车船税征管系统，较好地优化了办税服务，强化了税收征管。

［税收执法］ 对内，始终把防范税收执法风险摆在突出位置。组织开展一年一度的执法检查活动，专门开展对近几年市局出台的各项加强征管措施执行情况的督导检查，确保增收措施执行到位，坚决杜绝和防止有税不收、乱收。对外，依托“地税工商比对平台”和“国地税联合登记平台”数据，加强税收户籍清理检查，进一步理清了国、地税登记数据差异的原因。专门组织开展服务业经济户口清理。同时，组织对房地产及建安、制造、广告、中介机构和资本运营 6 个行业（项目）的税收专项检查工作，查补税费 6100 万元。深入打击制售假发票和非法代开发票专项整治，联合国税、公安等部门在潮南区成功捣毁一特大制造假发票窝点。此外，落实与供电部门用电数据的季度传递制度，为开展纳税评估、实现“以电管税”打下坚实基础；《汕头市综合治税工作实施办法（试行）》出台实施，为加强协税护税工作奠定了坚实的制度基础

［规费和基金征管］ 积极实施税费同征同管同查同服务，大力推进税费一体化管理。认真部署社保费扩面工作，抓好社保费欠费清理工作，4 月实施社保费前置审核系统上线，6 月实现社保费明细到账上线，专门组织了对《社会保险法》的专题培训，使社保费征收水平有了新的提升。并配合政府成功处置一起涉及社保减员和补缴的群体事件，既维护了弱势群体的权益，又稳定了社保费征收的良好局面。重视做好价格调节基金和地方教育费附加开征工作。及时做好开征地方教育附加的公告宣传，抓紧组织开展业务培训和征收系统测试等工作，确保了地方教育附加征收工作的顺利开展。切实强化残疾人就业保障金的征收，实现残保金的较快增长。对价格调节基金采用“物价核定，地税代征”模式，纳入地税“大集中”系统，实行按月计征，并一步到位实现 ETS 入库。省内多个兄弟市专门到汕头学习借鉴价格调节基金代征工作的成功经验。

［纳税服务］ 先后举办以“走进地税，了解税收”为主题的“地税开放日”活动和第 20 个税收宣传月主题日活动，全系统共组织了对教育系统和房地产协会、律师协会等较大型集中性的宣传辅导活动近 250 多场次。同时，切实加强办税服务厅的建设，全市地税 20 个窗口通过了优秀办税服务厅的评比，3 个办税服务厅被省局评为“广东地税一级办税服务厅”。高度重视驻市行政服务中心地税窗口的建设，制订《中心窗口岗位职责及相关业务流程指引》，提升了中心窗口工作效能，得到各界的好评。大力加强地税网站和 12366 纳税服务热线建设，完成汕头地税网站的新改版并顺利上线，月均访问量 12.7 万人次；切实加强 12366 纳税服务热线的值班管理，做到“有问必有答，件件有回复”。全年人工接听率 92.02%，名列全省第二；电话排队率 9.54%，为全省最低。通过 QQ 软件的远程协助功能在线及时为纳税人解决网上申报和在线开票过程碰到的困难，出台新 OA 平台纳税服务事项转办系统、《纳税服务联席会议制度》、《纳税人学校管理办法》等制度，制订《关于进一步加强纳税服务工作的若干意见》，并在《汕头日报》以全版专题形式，大力宣传市地税纳税服务工作成效，进一步树立良好的地税形象。

［队伍建设］ 全面部署“以治庸提能力、以治散强管理、以治贪正风气、以治懒增效能、以连心促和谐、以文化聚精神”六项计划，进一步激发了队

伍的生机活力。重视加强领导班子建设,认真落实党组中心组学习制度,对党组会议纪要等在 OA 系统公开,进一步提高了市局班子的公信力。建立健全选人用人机制,对 4 个县区局“一把手”进行交流轮岗,公开遴选 5 名正科级领导干部,进一步优化了各级班子结构。切实加大教育培训力度,全年全系统组织参加教育培训人员 2000 多人次。认真落实规范津贴补贴工作,在整改过程中时刻关注队伍的思想动态,加强宣传解释,防止队伍出现思想波动。开展地税文化建设。专门制作反映“十一五”汕头地税工作成效的形象宣传光盘,成功举办第三届书画摄影展,汕头电视台《潮汕风》栏目制作《创收和创作的协奏》专题片,充分肯定汕头地税大力营造具有文化特色工作氛围的做法和成效,宣传和树立良好地税形象。

[党风廉政] 大力推进制度建设,对惩治和预防腐败体系建设部署的任务逐项摸查和梳理盘点,对近年来贯彻落实情况进行认真总结,确保全面落实惩防体系建设的各项任务。把开展民主评议活动作为一项重要工作来抓,加大工作力度,上下联动,与市纪委效能办联合开展明查暗访,邀请市纠风办帮助查找地税行风薄弱环节,综合治理、纠建并举,切实深化政风行风建设,行评取得第一名;深入开展预防渎职专项活动,组织参观预防渎职教育图片展,举办预防渎职专题讲座,抓好对税收执法情况、行政管理及内部经费管理使用等情况的全面自查,认真组织渎职风险排查,加强领导干部经济责任审计和内部财务审计,组织各级开展各个专项治理,提升了各级预防渎职和防范廉政风险的能力,维护了全市地税系统廉洁平安的良好局面。

(杨　坚)

佛山市地方税务局

经济概况

2011 年,佛山市生产总值 6580.28 亿元,比上年增长 12.1%,GDP 增速位居珠三角九市第五。其中,第一、二、三产业分别完成增加值 118.62 亿元、4186.13 亿元、2275.53 亿元,分别同比增长 4.1%、13.7% 和 9.6%,三次产业结构为 1.8∶63.6∶34.6。工业生产稳定增长,全市规模以上工业企业完成工业总产值 17396.52 亿元,比上年同期增长 18%。固定资产投资保持较快增速,全年社会固定资产投资 1936.26 亿元,比上年同期增长 16.2%。其中,基础设施建设完成投资 368.46 亿元;房地产开发完成投资 599.22 亿元,比上年增长 23.4%。社会消费品零售总额 1931.41 亿元,比上年增长 18.1%。财政收支增加,金融运行平稳,全年完成地方财政一般预算收入 341.74 亿元,比上年同期增长 18.1%,其中税收收入 270.45 亿元,非税收入 71.29 亿元,分别占地方财政一般预算收入的 79.1% 和 20.9%。全年金融机构本外币存款余额 9116.84 亿元,比年初增长 7.7%;贷款余额 5615.15 亿元,比年初增长 15.3%。出口结构优化,全市出口 390.94 亿美元,比上年增长 18.3%;进口 218.04 亿美元,比上年增长 17.1%,实现顺差 172.90 亿美元;实际使用外商直接投资金额 21.54 亿美元,比上年增长 9.5%。全年城镇居民人均可支配收入 30718 元,比上年增长 12.7%;全年农村居民人均纯收入 13862 元,比上年增长 13.6%。

税收概况

[税费收入] 2011 年,面对经济增速放缓、房地产调控力度加大等复杂局势,全市各级地税部门以“信息融合、服务发展”为主题,克难攻坚,税费收入实现较大增幅,全市(不含顺德区,下同)共组织税费收入 369.1 亿元。其中:税收收入(不含契税和耕地占用税,以下简称“两税”)213.2 亿元,同比增长 21.9%;“两税”25.2 亿元,同比下降 9.1%;社保费 106.3 亿元,同比下降 4.1%。税收收入中,中央级收入 44.5 亿元,同比增长 25.8%;省级收入 71.9 亿元,同比增长 19.7%;市县级收入 96.8 亿元,同比增长 21.9%。有力保障了地方经济社会发展。

各项工作

[绘制“十二五”蓝图] 为把握时代脉搏、找准发展瓶颈、确立未来五年工作定位,3～5 月全局上下围绕“宏观决策与思路谋划、信息化建设、税

(费)专业化管理、幸福地税”四大专题开展大规模调研。市局党组成员带队,深入4个区局20个分局调研的同时,到市发改局、经贸局等6个市直部门,以及广州、珠海、武汉、吉林地税等16个省内外兄弟单位征求意见和考察学习,形成4个专题调研报告并汇编成册;组织专题调研汇报会和“十二五”工作思路研讨会,深入交流思想,凝聚发展共识。凭借大家的智慧,融汇各级政府、国家税务总局“十二五”规划和省局部署,精心编制《佛山市地方税务局“十二五”时期发展规划纲要(2011~2015年)》,提出“实施专业化税费一体化管理,建立现代征管体系和纳服体系,锻造法治型、服务型、创新型卓越团队”的奋斗目标,以规划引领地税事业科学发展之路。

[“智慧地税”建设]　全市地税系统积极落实省局建设“电子税务局”和市委、市政府建设“智慧佛山”战略部署,牢牢把握“信息提升年”工作主题,“智慧地税”信息化建设步入新的发展阶段。一是明确提出信息化战略构想。出台信息化建设“十二五”专项规划,决定利用五年左右时间建设“智慧地税”,确立了以信息化推动决策智慧化、管理智慧化、流程智慧化的战略目标;“智慧地税”理念得到市委书记李贻伟等市领导高度肯定,为推进“智慧佛山”注入了动力。二是全面整合信息资源。经过一年多的建设,高标准佛山地税数据中心投入使用,大大增强了数据处理能力和安全保障水平;市局连接五区备份线路及其下属分局网络线路实现整体升级,数据传输速度与系统稳定性大大提升;将现有生产、管理系统按税费业务类和决策事务类分别优化整合为“专业化税源管理综合应用平台”和“佛山地税统一事务平台”,综合应用平台内含税源监控、纳税评估、综合治税和日常管理四大模块,统一事务平台内含办税厅智能监控系统、社保费监控系统,实现现有系统单点登录,信息化建设整体框架更加清晰。三是深入推进技术攻关。完成“e税通”系统升级改造,税费申报成功率稳步提升;精心建设稽查信息管理系统,基本完成稽查移动信息平台和电子查账软件开发,实现稽查现场上网检索纳税人信息、快速鉴别发票真伪等功能;7月在全省率先建立“网上纳税人学校”,11月在全省率先上线新版门户网站,其便捷性、多样性和实用性广受纳税人欢迎。四是信息化建设获殊荣。市局门户网站以总分第一的成绩荣获“2010年度佛山市优秀政务网站”,禅城区局“同城通办征管电子档案管理系统”和“基于目标绩效的专业化税源管理平台”获佛山市2010年科学技术三等奖。

[“善治佛山”建设]　一是紧跟大局,服务好地方经济决策。围绕市委、市政府“调结构、惠民生”工作主线,加强调查研究,梳理金融业、保障性住房、股权转让等9项税收政策专题指引,撰写《房地产调控对佛山经济税收影响》、《关于推行零散税源社会化管理具体模式的探讨》等分析报告,呈报市领导决策参考,得到市主要领导高度评价。二是创新驱动,用心用力用爱做好纳税服务。多管齐下加强12366纳税服务热线建设,话务接通率从年初的62%提升至年底的98%以上。推动办税服务厅能力建设,逐步将服务厅从侧重办税服务转型为集办税服务、税法宣传、咨询辅导、权益保护以及征纳沟通等服务于一体的实体化综合服务场所。南海区局全面量化办税服务厅绩效考评指标,推进“星级管理”;禅城综合办税服务厅、南海西樵办税服务厅和三水西南办税服务厅荣获“2009~2010年度省一级办税服务厅”称号。拓展办税渠道,南海区局61个办税窗口分别进驻区内14个镇街行政服务中心,大大方便纳税人办税。纳税志愿服务蓬勃发展,“温情税月、志愿先行”等一系列主题活动点亮志愿精神。纳税服务、税收执法、加强税源管理等方面的国、地税合作进一步深化。税收宣传亮点纷呈:首次与水务局合作利用水费单开展税务宣传,“税费宣传示范街”、“税费宣传商厦”、“税费宣传主题村居”等一批新载体广受欢迎,“创文齐参与、税收伴我行”征文比赛、税宣大汇演等活动增添青少年税务宣传教育新内涵。三是严谨扎实,稳妥做好政策法制服务。不折不扣地落实促进社会就业、企业自主创新、节能减排等税收优惠政策,全年共减免税费8.8亿元;9月1日起顺利执行个人所得税工资薪金所得等费用扣除新标准,全年共减轻工薪阶层、个体工商户、个人独资、合伙企业税收负担约2.5亿元;针对纳税人关注热点,及时编印6期营业税政策指引、7期税政情况交流,完成《营业税法规汇编(1994~2010)》,全年共召开各类宣传辅导会409场,辅导29000人次;积极发挥法律援助中心作用,组织专业法律人员为纳税人解答涉税法律问题,在市局网站开通法律援助通道,南海区局首办《法律顾问与你相约——南海地税法治时空》视频访谈活动。

[管理科学化]　目标绩效管理“禅城模式”成为全省样板,市局被选为全省改革试点唯一市级单位,按照先易后难、先基层后机关的原则,出台市对区绩效考核管理办法,同步开发全市考核系统,各区局在市局统筹下加快制定区级指标体系,各项工

作有条不紊开展。各级领导干部与普通干部谈心长效机制不断巩固，积极解决员工思想困惑、生活困难，市局制定协税员聘用管理专项指引，禅城区局着力构建“和畅舒心桥”、“和顺暖心桥”、“幸福安心桥”。南海区局以开展EAP员工帮助计划筑牢干群连心桥，积极营造和谐氛围。党务政务公开力度进一步加大，印发《佛山市地方税务系统基层党务公开实施意见》和《佛山市地方税务系统基层党务公开参考目录》，首次在全市地税系统公开党组议定事项，重大问题决策、重要项目安排阳光化，充分保障干部职工的知情权和监督权，推动决策科学化、民主化。

[岗位练兵] 坚持分级分类培训思路，逐步形成“领导干部、专业骨干、基层干部”三支队伍“全面覆盖、各有侧重”的培训格局，尝试开展实战电子查账竞赛活动，全年共培训109批次5906人次；精品课程和特色培训项目创建取得突出成绩，经省局评审，市局《会计电算化与数字稽查》被评为省局“特色培训项目”，《债务重组企业所得税管理》、《房地产行业纳税评估方法》、《电子查账实务与案例》被评为省局“精品课程”；干部队伍业务能力和综合素质不断提高。

[文化建设] 圆满完成6个试点单位的考核验收并在全系统全面铺开，市局机关在三水区局基础上完善、推广“幸福e家文化社区”积分管理系统，创作佛山地税之歌，开展部门文化理念和口号评比活动，“以文化人、迈向卓越”文艺汇报演出展现队伍积极向上的精神风采，《荷塘月色》、《吉祥颂》等节目参演省局第二届“清风颂”廉政文艺汇演和佛山市庆祝建党90周年文艺汇演，南海区局积极推行感恩文化，高明区局打造“员工关爱”品牌，广受好评。

[党风廉政] 依法依规大力开展阳光工资和公务用车改革，降低风险，厉行节约，强化法规、税政、征管等7个方面隐患排查，大力开展预防渎职专项工作，政风行风评议名列全市前茅。

[立体式社会综合治税网络建设] 市综合治税办制定《综合治税考核管理办法和信息管理办法》，8月启动电子监察平台，成员单位数据报送准时率上升至85%，综合治税工作机制更加健全；12月，市局代表省局参与全国第三方涉税信息课题研究，向总局提交《获取并利用外部涉税信息的思考与建议(代拟稿)》，并对“征管法”相关规定提出修订建议，为总局提请国务院制定获取外部涉税信息相关制度、提升法律层次提供参考；各区局积极争取当地政府和职能部门支持，推动成立综合治税领导机构，明确数据报送内容、方式、时间，数据采集稳步推进。截至2011年12月31日，市信息共享平台共采集到30个市直单位近1300万条数据，实现税收入库1亿元。

[存量房征管] 促请市政府成立常务副市长挂帅的存量房工作领导小组，推动建立“政府领导、财政主导、地税主抓、部门配合、社会参与”的工作机制，密切加强与房管、国土、财政等部门合作，引入社会专业力量参与，扎实推进数据采集和模型构建，客观评估价格，建立争议处理机制，继2011年11月1日三水区局房地产行业税收一体化管理系统率先上线后，2012年1月1日全市存量房征管系统全面上线，系统核价平均调增36.5%。

(姚友谊)

韶关市地方税务局

经济概况

2011年韶关市生产总值(GDP)813.95亿元，比上年增长12.1%。其中：第一、二、三产业增加值分别为112.26亿元、353.37亿元、348.32亿元，分别增长5.9%、14.2%、12%。全市人均生产总值2.87万元，比上年增长12.1%。三次产业结构为13.8∶43.4∶42.8。全年工业增加值304.4亿元，增长13.6%，其中规模以上工业增加值243.03亿元，增长15.5%。全市产业转移园完成工业投资53.18亿元，增长31%。产业转移园规模以上工业企业113个，全年实现工业增加值37.7亿元，增长54.3%。全年建筑业增加值48.97亿元，增长18.2%。全年完成固定资产投资472.2亿元，增长16.3%。在建市以上重点项目60个，完成投资235.08亿元，增长12.1%。年末金融机构各项存款余额1005.35亿元、贷款余额425.23亿元，分别增长10.8%、13.1%。全年进出口总额17.78亿美元，增长13.2%。其中：出口7.22亿美元，增长9.5%；进口10.56亿美元，增长15.8%。全年交通运输、仓储和邮政业增加值55.29亿元，增长9.3%。全年接待旅游者人数1841.33万人次，增长16.4%，旅游总收入129.85亿元，增长21.6%。全市城乡居民人均收入12018元，增长14.6%。其中城镇居民人均可支配收入16096元，增长12.9%。全力推进扶贫开发"双到"工作，农民人均纯收入7461元，增长18.1%。全市地方一般预算收入完成52.15亿元，比上年增长15%；一般预算支出完成120.29亿元，比上年增长20%。全市财政总收入完成130.82亿元，总支出122.37亿元，滚存结余8.44亿元，净结余8335万元。收支基本平衡。

税收概况

［概述］ 2011年，全市各级地税部门以服务地方经济发展为己任，始终坚持组织收入中心不动摇，全力以赴抓好组织收入工作，大力挖掘税收潜力。

［税费收入］ 全市地税系统共组织税收收入41.83亿元，同比增收5.42亿元，增长14.87%，完成省局下达计划105.12%。其中，按省局考核口径税收（不含省级固定收入和契税、耕地占用税）为40亿元，同比增收5.08亿元，增长14.53%，完成计划104.65%。中央级收入6.63亿元，同比增收6813万元，增长11.45%，完成计划的110.90%；省级共享收入10.68亿元，同比增收3.08亿元，增长40.45%，完成计划103.24%；市县级收入22.7亿元，同比增收1.32亿元，增幅为6.16%（可比口径16.92%），完成计划103.63%；市本级一般预算收入12.51亿元，同比增收1.18亿元，增长为10.46%（可比增长16.99%），完成任务103.18%，超额完成市政府任务。2011年新接管税种（2011年不列入省局计划考核口径）：契税入库2.99亿元，同比增收4222万元，增长16.42%；耕地占用税入库1.67亿元，同比增收7011万元，增长72.22%。社保费收入32.9亿元，同比增长15.9%，增收4.5亿元。

各项工作

［税收征管］ 一是专业化税源管理成效初显。全面推广"以信息共享为基础，以分类管理为核心，以征管流程为导向，优化服务、强化评估"的专业化税源管理新模式，全市100万元的重点税源户为548户，同比增长35%，在税收总量中的占比由2010年的75%上升至82%。二是涉税信息交换与共享进一步深化，涉税信息交换单位由原来的5个扩大至23个，全年共获取和应用涉税信息数据4.5万条，促进税收增长5100万元。三是电子发票推广成效明显。全市在线开票核定用户为3930户，其中年纳税5万元以上符合用票条件的纳税户全部使用在线开票系统，年纳税5万元以下的近六成使用在线开票，全市在线开票金额90亿元。四是税源监管进一步深化。加强与工商、国税部门的信息数据比对，全年共清理各类未办理税务登记业务2800多笔，清缴各税350多万元；全面推广应用新车船税代扣代缴软件，有效区分了自选号码车辆税款属地问题，规范了车船税的管理，委托交警部门在车辆年审工作中予以"把关"。

［税收执法］ 一是加强规范性文件管理。组织开展对接管后契税和耕地占用税征管事项的规范工作，并对现行"两税"征管文件进行了清理审查。二是加大税收稽查力度。组织开展了对广告业、制造业、资本交易项目、房地产及建安企业的税收专项检查工作，全市120多户企业进行了自查，重点检查24户，查补入库税款1460万元。加大打击发票违法犯罪力度，对建筑、通信、金融保险、石油石化等行业的发票使用情况进行检查，查处非法发票2200多份，涉及票面金额430万元。三是积极开展税费宣传。组织开展税收宣传月、纳税辅导周、地税开放日等一系列活动，在市区最繁华的步行街建立税收宣传示范街，在市区30多个大型生活小区内的110多个电梯间设立税宣专栏，在京珠高速设立户外宣传牌，形成一个全方位、多渠道、强覆盖的宣传网络。四是认真落实税收扶持政策。组织开展税政调研工作，规范税收政策执行，确保各项税收扶持政策落到实处。在做好宣传的基础上，加强与政府劳动就业管理部门的沟通联系，认真落实下岗再就业、促进残疾人就业、"两税"困难减免等税收优惠政策。全年全市共办理税收减免151宗，计1230万元。

［纳税服务］ 一是加强办税服务厅建设。完成9个基层办税服务厅的规范化改造，占全市42个办税服务厅的1/5，其余33个办税服务厅完成"VI标识、窗口设置、功能区、信息公开""四个统一"的初步规范化改造。二是完善综合服务平台。以办税服务厅、12366服务热线和门户网站为基础，积极推广POS机缴税费、自助办税服务、网上申报税费等多样化的办税服务渠道，不断完善纳税服务

平台,全市共设置自助办税终端机28台,基本覆盖了各主要的基层征收单位;12366热线共受理纳税人各类事项5300宗,办结率为100%;门户网站浏览量92万元,日均点击量超2500人次;网上申报户数升至9400多户,网报入库税款27亿元,占税收总量的65%。三是深化落实"两个减负"(减轻纳税人办税负担和基层税务机关工作负担)。在全省首创应用POS机直入库系统,将原POS缴款的13个步骤缩减为4个,缩减了纳税人的办税时间和前台人员的工作量,实现税费入库"零在途"。积极推进国地税联合办税工作,在市政府行政服务中心建立"国地税联合办公窗口"。

[信息化建设] 认真做好"大集中"系统日常管理和后台维护工作,及时处理大集中系统登记、核定、申报、征收、会统报表、个税管理、票证、发票、社保等各模块出现的问题;做好地税社保新中间库2.0的维护,保障地税社保相关数据顺利传送;搭建了社保费催报、催缴、扣款、缴费结果短信告知平台;开发规费报表及监控分析系统,加强社保费和其他费金报表数据的自动产生、审核、修改、上报汇总工作;认真做好全省OA统一工作平台首批上线技术支持工作;改进POS机内嵌程序和韶关市统一支付平台;认真做好社保费申报前置审核上大集中征管系统工作,对缴费单位申报缴费信息严格、有效地审核、校验;积极做好韶关市存量房交易计税价格评估和税收征管一体化系统上线准备工作,对系统的应用环境进行调研和需求分析,做好配套硬件的采购和系统研发工作。

[党风廉政] 一是抓责任落实。在全市地税中层干部中签订《廉政责任书》,制定"2011年全市地税系统反腐倡廉建设工作分工表",进一步细化各级领导干部党风廉政建设责任。二是抓风险防范。与市检察院成立税检联席会议机制,开展预防职务犯罪工作,组织开展专题讲座、廉政谈话、廉政知识测试、参观廉政图片展览等一系列活动。围绕"以人为本、执政为民"主题,认真开展纪律教育月、民主生活会、辅导报告会、廉政文化等活动,组织各类学习培训班13期,培训人数900多人次。认真开展民主评议政风行风工作,积极开展整改落实,取得良好成效,在全市10个受评单位中获第二名。三是抓"两权"(行政管理权和税收执法权)监管。依托惩防体系信息系统,梳理了对"两权"监管及相关配套制度规定20项,建立内外结合的预防预警平台;严格落实各项管理制度,重点加强内审工作,进一步规范经费开支、基建项目审核,以及人事任免、减免税审批等方面制度;注重结合部门工作特点,充分利用现有的条件,多形式、多层面、多渠道地开展政务公开;进一步落实民主生活会、述职述廉、报告个人有关事项、诫勉谈话等工作制度。

[队伍建设] 地税队伍和基层建设加强。全市设置乐昌、南雄、仁化、始兴、乳源、新丰、翁源、曲江8个县(市、区)局,市局设稽查局、武江区、浈江区地税局和韶钢分局4个直属行政单位,纳税人服务中心、机关服务中心2个事业单位,其中稽查局内设科室6个。曲江区局、7个县(市)局局机关内设股室48个,直属行政单位8个,基层税务分局36个,事业单位8个,其中稽查局内设股室32个。至2011年底,全市地税系统干部职工1035人。其中,干部968人,占93.5%;大专学历472人(含干部、工人,下同),占45.6%,大学本科学历476人,占6%,硕士研究生以上学历15人,占1.4%;硕士学位2人;中共党员742人,占71.7%;女干部职工382人,占36.9%。全年有2个县局获"广东省文明单位"称号、1个税务分局获"广东省巾帼文明示范岗"称号,2人获"广东省普法先进工作者"荣誉等。

(汤环跃　黄德明)

河源市地方税务局

经济概况

2011年,河源市全力推进经济、生态、文化"三大崛起",全市经济总量、综合实力和人民生活水平再上新台阶。全市完成生产总值(GDP)571.94亿元,按可比价格计算,比上年增长13.1%,增速比全国、全省分别快3.9个和3.1个百分点。分产业看,第一产业增加值73.54亿元,增长5.9%;第二产业增加值305.92亿元,增长18.2%;第三产业增加值192.48亿元,增长8.3%。三大产业对经济增长的贡献率分别为5.7%、71.5%和22.8%,分别拉动GDP增长0.7个、9.4个和3.0个百分点。三大产业比例由上年的 12.7∶51.5∶35.8 调整为 12.8∶53.5∶33.7,第二产业占比提高 2.0 个百分点。工业生产持续较快增长,经济效益明显提升。全市实现工业增加值 248.03 亿元,比上年增长 20.1%。固定资产投资较快增长,房地产投资增势迅猛。全市累计完成固定资产投资 237.37 亿元,比上年增长 17.0%,其中工业投资 95.21 亿元,增长 34.8%。完成房地产开发投资 58.84 亿元,增长 1.54 倍,增幅同比提高 138.8 个百分点。重点项目投资进展缓慢。完成重点项目投资额 76.80 亿元,仅完成全年计划目标的 58.4%。全市实现社会消费品零售总额 188.04 亿元,比上年增长 16.4%。全年居民消费价格指数(CPI)比上年上涨 5.2%,涨幅比上年提高 2.2 个百分点。财政收入增速加快,但非税收入占比有所提高。全市实现地方财政一般预算收入 31.37 亿元,增长 32.8%,增幅比上年提高 8.5 个百分点,其中非税收入 7.42 亿元,增长 56.8%,占财政收入的 23.6%,比上年提高了 3.6 个百分点,比全省高出 6.1 个百分点。地方财政一般预算支出 111.07 亿元,增长 22.3%,增幅比上年提高 7.4 个百分点。

税收概况

[税费收入]　2011 年,全市共组织税费收入 51.39 亿元。其中完成税收收入 30.09 亿元,比上年增收 5.7 亿元,增长 23.36%。完成中央级收入 5.85 亿元,比上年增收 9000 万元,增长 18.18%;完成省级收入 9.98 亿元,比上年增收 3.22 亿元,增长 47.53%;完成市县级收入 14.26 亿元,比上年增收 1.58 亿元,增长 12.48%。完成社保费收入 16.03 亿元,比上年增收 3.85 亿元,增长 31.6%;完成教育费附加 1.04 亿元;完成文化事业建设费 476 万元,完成堤围防护费 7805 万元;完成残疾人就业保障金收入 1850 万元,增长 32.4%;新开征的地方教育附加收入 6248 万元、价格调节基金收入 1868 万元;自 2011 年 3 月 1 日起,正式全面接管契税和耕地占用税征收管理职能以来,共组织“两税”收入 2.39 亿元,其中契税 1.54 亿元、耕地占用税 8464 万元。

[税收特点]　一是税收收入持续稳定增长,收入规模再创新高。全市税收收入增长 23.36%,比全省增幅(22.5%)高 0.86 个百分点,比粤北山区市(22.1%)高 1.3 个百分点。税收总量 30.09 亿元,比 2007 年翻了近一番。二是主体税种增速放缓,小税种增长突出。负责征收的 10 个税种全面增长,营业税受建筑安装税源萎缩影响,增幅同比下降 0.75 个百分点;企业所得税增速与上年基本持平;个人所得税受政策性因素影响,增速大幅放缓,增幅同比下降 20.88 个百分点。三大主体税种对税收增长的贡献率为 55.6%,比上年(68.9%)下降 13.3 个百分点,其他 7 个小税种在城建税和土地增值税大幅增长的带动下,增长 43.3%,对税收增长的贡献率为 44.4%,比上年(31.15%)提高 13.3 个百分点。三是第三产业税收增长较快,对全市税收增长拉动作用增强。第三产业完成税收收入 17.6 亿元,占地方税收的 58.5%,增收 3.97 亿元,增长 29.1%,占增收总额的 69.65%,增收贡献率同比提高 2.58 个百分点,拉动地方税收增长 16.27 个百分点。三产税收中增长贡献较大的房地产业税收完成 6.01 亿元,增长 42.3%,增收 1.79 亿元;住宿餐饮及服务业税收完成 4.51 亿元,增长 32.9%,增收 1.12 亿元。第二产业税收收入 12.39 亿元,占地方税收的 41.19%,增收 1.68 亿元,增长 15.7%,占增收总额的 29.54%,增收贡献率同比下降 3.16 个百分点。二产税收中增长贡献率最大的制造业完成税收 2.3 亿元,增长 47.26%,增收 7370 万元。四是各县(区)收入全面实现增长。市高新区局、源城区局继续发挥“领军作用”,两局增收额占全市增收总额的 60.1%,和平县局增幅 40.1%,增幅最低的为 16.07%。

[税源分析]　2011 年,全市地税税收减收因素主要有:一是受美国次贷危机重创之后,世界经济复苏缓慢曲折,经济增长乏力导致全市税收收入增长后劲不足。二是税收管理性增长空间进一步收窄。经过前几年大力清理欠税,挖潜增收难度加大,管理性增长空间越来越小。三是全市税收增长主要集中在资源型产业和一次性税源,企业效益下滑、全市重点工程项目建设动工率不足,进度缓慢,对全市税收收入的持续快速增长有较大影响。四是国务院制定的遏制房价较快增长的房地产政策,及结构性减税政策产生的减收效应明显。税收增收因素主要有:一是全市经济平稳较快发展,主要经济指标全面向好是 2011 年税收收入持续稳定增长的决定因素。全市企业所得税收入 6.57 亿元,增长 22.05%;金融业税收增长 28.6%。二是全市各级地税部门积极应对,迎难而上,紧紧抓住组织收入中心不放松,全面强化征管,大力挖掘税收潜力,实现了税费收入持续稳定增长。

各项工作

[税收征管]　一是强化户籍管理,不断深化工商登记数据的应用,建立健全对漏征漏管户的巡

查机制，大力督促纳税户办理税务登记，进一步夯实征管基础。二是积极开展纳税评估。实施税源实时控管，完善日常评估工作。积极推进存量房交易价格评估工作，加强行业、税种专项评估，通过评估，纳税调整增加额2.5亿元，补缴企业所得税2619万元。三是强化各税种管理，加强企业所得税征管，强化新办企业税源管理，加强企业所得税汇算清缴工作，全市汇算清缴企业户数1204户，同比增加201户，增长20.04%。加强个人所得税征管，2010年年所得12万元以上个人所得税自行纳税申报人数1653人，同比增加142人，增长9.4%；全市实现个人所得税收入3.18亿元，同比增收3130万元，增长10.9%。加强土地增值税征管，及时调整土地增值税预征率，加强动态管理，强化土地增值税清算工作。加强房产税和土地使用税征管，新增房产税456万元，新增城镇土地使用税1294万元。加强资源税征管，使资源税的控管能力进一步提高。加强契税和耕地占用税征管，3月1日起"两税"征管工作有效开展。四是强化行业税收管理。在全市范围内推行房地产交易税收实时控管业务平台，强化建筑安装、房地产行业征管。切实加强旅游业税收管理，旅游业税收管理水平进一步加强。强化重点税源管理，全市重点税源累计实现税收收入21.49亿元，同比增收4.59亿元，增长27.2%，占全市税收总量的71.42%。五是规范税费资金及税收票证管理。组织开展全市税费资金安全和税收票证管理检查，进一步规范了全市税费资金安全及税票管理工作。六是积极推进社保费等征管工作。积极开征地方教育附加和开展价格调节基金的代征工作。做好堤围防护费范围和费率调整后的征收工作。大力推进和完善残疾人保障金征管系统。

[科技兴税] 一是进一步做好网上办税系统推广工作，大力推广网上办税，全市网上办税系统开户数6328户。二是全面推行发票在线应用服务体系。利用广东电信翼税服务体系为纳税人提供"10000+9"咨询服务平台，通过"天翼税通"UKEY向在线开票户提供3G和短信多通道开票技术手段，提高了网络连通率和开票成功率。三是统一工作平台上线和应用，9月12日广东地税统一工作平台在全市成功上线。四是做好网络信息安全保障与网络优化工作。对全市范围的网络安全进行了加固，积极开展网络扁平化改造及核心重构，全市地税系统网络升级改造取得阶段性成果。五是加强数据中心机房建设，进一步提高了数据机房的处理能力与效率。

[税收执法] 一是坚持组织收入原则，做到应收尽收，坚决不收过头税。二是严格落实税收优惠政策，税收调控取得新成效。三是扎实开展税收执法督察检查、社保费执法情况检查、税收征管执法风险自查等，对问题进行认真整改，并追究执法过错责任。四是大力整顿税收秩序。重点检查企业178户，查补税款、罚款及滞纳金合计3098万元。深入开展打击发票违法犯罪活动，全市税警联合开展打击发票违法行动26次，出动税警执法人员192人次，共检查企业156户，查处违法企业31户，收缴假发票共15270份。捣毁出售假发票窝点1个，抓获违法犯罪嫌疑人1人移送公安机关处理。五是抓好执法责任制考核，进一步明确执法人员的岗位责任，对全系统税收执法人员的岗位职责和权限进行梳理，调整了考核系统数据，重新签订了《执法责任书》和《执法岗位定位书》，加强考核管理与监督。六是大力完善社会协税护税网络。提请市政府出台《河源市涉税信息交换与共享实施办法》，建立涉税信息交换与共享长效机制。与市国税局达成联合办理税务登记证、联合开展税法宣传活动等11项合作协议，深化了国地税合作。

[纳税服务] 一是扎实开展税收宣传活动。市局及各县区局同时举办"地税开放日"。市局还举办了税收宣传暨答谢纳税人大型文艺晚会和"税收宣传惠民行"系列宣传活动，市局及各县区局税收宣传亮点纷呈、效果明显。二是全面推行办税服务厅规范化建设。全面推进办税服务厅规范化建设。高新区局、源城区局荣获省级"一级办税服务厅"称号。三是大力推行纳税服务之星评比。全面推行办税服务厅星级管理，有效激发了服务热情，提高了纳税服务的管理水平。四是积极做好门户网站改版上线工作。新版门户网站设立六大栏目，点击量562439人次，日均点击量1540人次。五是认真做好受理纳税人咨询、举报、投诉和建议工作。全年共受理纳税人咨询、举报和投诉事项6858宗，办结率100%，全年没有逾期回复、不回复或处理不当的情况，实现行政投诉零记录。

[机构人员设置] 机构设置。市局机关内设11个职能科室：办公室、人事教育科、税政科、纳税服务科、征收管理科、计划财务科、规费管理科、信息管理科、法规科、监察室（与纪检组合署办公）、机关党委办公室（加挂基层工作科牌子）。设立稽查局、高新区局和源城区局3个直属行政单位（稽查局为副处级、内设6个正科级机构）和1个事业单位（机关服务中心）。设立5个县级直属机构（正科

级),33个基层税务分局(副科级)。人员配置。至2011年底,全系统干部职工921人,其中市局机关67人、稽查局29人、高新区局52人、源城区局116人、东源县局135人、连平县局109人、和平县局114人、龙川县局168人、紫金县局131人。全系统共有公务员826人,占总人数的89.7%。大专以上学历737人(含硕士研究生4人、本科生295人)占80%。中级以上各类专业技术职称163人。中共党员641人,占69.6%。女干部职工339人,占36.8%。另外,有协税员45人、临时工123人。大力加强"两基"建设。对现有的制度进行修订完善,形成完善的管理制度体系和工作落实机制,促进了管理、执法和服务水平的全面提高。以提高干部队伍基本素质、改善基层干部职工工作生活条件等为切入点,强化基层建设,基层的执法水平、数据管理应用、基础设施、队伍素质等明显提升,基层办税服务厅升级改造工程竣工并投入使用,基层的工作和生活条件大为改观。

[队伍建设]　全面实施人才兴税战略,干部队伍焕发新活力。一是加强领导班子建设。坚持党组中心组理论学习制度,不断提高领导班子的理论水平。进一步完善党组议事规则和民主集中制,促进了决策的规范化、制度化。二是加强干部队伍建设。加大年轻干部锻炼培养力度,选派1名基层分局副局长到佛山市局挂职锻炼,抽调3名基层公务员到市局协助工作。通过公务员录用程序招录19名公务员,面向社会公开招聘23名协税员,进一步优化了队伍年龄结构。三是积极推进行政执法类公务员和绩效管理试点工作。全面完成行政执法类公务员管理及绩效管理系统成功上线工作,拉开全市地税行政执法类公务员和绩效管理试点工作帷幕。四是进一步加强地税文化建设。扎实开展干群"连心桥"行动,全方位打造民意"直通车"。组织开展"幸福地税"建设系列活动,满足了干部职工精神文化诉求,进一步激发了干部职工活力。五是加强精神文明建设。市局在2010年度中央、省驻河源33个单位工作评议中,被评为特等奖。市局直属机关党委和龙川县局党总支部被市委评为"先进基层党组织"。源城区局被中央文明委评为"全国文明单位"。连平县局、和平县局被省档案局评为"省特级档案综合管理单位"。和平县局党总支部被市委评为"红旗基层党组织",和平城区分局办税服务厅被全国妇联树为"巾帼文明岗"。

[教育培训]　大力实施人才教育战略,加强对干部的教育培训,努力使干部队伍能适应新时代发展的需要。一是制定干部教育实施规划,狠抓队伍培训,重点开展了规费业务、稽查业务、文秘知识等方面的专业培训。共举办各类培训班14期,参加培训人数918人,培训人天数3495天。二是完善干部教育培训项目质量评估管理、在职干部学历学位教育管理、干部教育培训工作情况通报等制度,提高了培训的质量和效能。2011年,全系统共有5人通过全国联考就读广东商学院工商管理硕士专业研究生。三是进一步加强领导干部素质培训。市局分两批组织基层分局长和正科以上干部到扬州税务干部进修学院和延安干部学院培训学习。四是充分利用OA系统和统一工作平台全面开展干部网络教育培训,并开展"每日一练"、"每周一测"和"每季一考",实现教育培训工作常态化。

(董劭文)

梅州市地方税务局

经济概况

2011年,梅州市全市生产总值733.18亿元,同比增长14.5%。其中第一产业增加值147.97亿元,同比增长5.9%;第二产业增加值307.58亿元,同比增长20.4%;第三产业增加值277.63亿元,同比增长12.6%。全市规模以上工业增加值190.86亿元,同比增长21.1%;固定资产投资完成198.57亿元,同比增长36.2%,增速比全省平均水平高18.6个百分点,在5个山区市中排名第一;全市一般预算财政收入46.89亿元,同比增长26.4%,增速排全省第九。实现财政总收入150.07亿元,增长31.1%,增速比全省平均水平高15.7个百分点。

税收概况

[税费收入]　2011年,全市地税部门共组织

税费收入 83.26 亿元，同比增收 19.93 亿元，增长 31.46%。其中，地方税收收入 40.65 亿元，同比增收 7.13 亿元，增长 21.26%；社保费收入 34.03 亿元，同比增收 9.69 亿元，增长 39.78%；其他规费收入 8.58 亿元，同比增收 3.11 亿元，增长 56.99%。

[税收特点] 一是全年税收收入呈“高开低走”态势，从 1 月的 63% 一路走低到 12 月的 21.26%。二是新财政体制下市县级收入增速明显慢于中央级收入和省级收入。市县级收入完成 19.59 亿元，同比增长 8.04%；省级收入完成 11.06 亿元，同比增长 37.94%；中央级收入完成 10 亿元，同比增长 35.66%。三是企业所得税、个人所得税、城建税、资源税增量贡献达八成，营业税、土地增值税表现欠佳。四是制造业和建筑业税收拉动税收增长，房地产业税收增幅明显回落。五是重点税源对全市税收增量的贡献率超过五成。全年纳税超过 50 万元的业户 427 家，合计纳税 22.96 亿元，占全市地税总税收 56.5%。六是各征收单位的税收全部保持两位数增长。梅江、梅县、兴宁分别组织税收 13.27 亿元、8.97 亿元和 4.02 亿元，位列全市前三名。

各项工作

[组织收入] 一是加强税源调查和税收分析，掌握经济发展态势。二是强化对建安房地产、重点工程项目的动态跟踪管理。三是进一步利用第三方涉税信息，拓展联合办税新渠道。以落实省、市政府涉税信息交换与共享规定的契机，加强与国税、建设、公安、工商等单位的协调和配合，提高第三方涉税信息的采集与利用，提升数据管税水平。四是全力做好社保费扩面征缴、清理欠费工作，完善社保费档案资料管理，做好《社会保险法》宣传贯彻落实工作。

[税收法制建设] 一是做好规范性文件清理工作，共清理税收规范性文件 63 份，其中有效 34 份、全文废止 27 份、部分废止 2 份。二是做好重大税务案件审理工作。重大税务案件审理达到省局规定的考核标准。三是开展税收执法检查，规范执法行为。重点检查企业注销登记、减免税政策执行、税务稽查、企业所得税管理、房地产业和金融保险业等重点项目重点行业的税收征管等。四是认真做好执法自动考核工作。每季度通过办公自动化系统通报执法考核情况，针对比较集中的执法过错行为，抓好整改工作。

[税收执法] 一是全面规范税收执法行为，大力开展稽查堵漏工作。制订印发《稽查工作流程表》、《2011 年税收专项检查工作指引》，进一步规范税收执法行为。积极开展税收专项检查和重点企业发票专项检查，全市对 387 户重点行业、企业开展自查、质疑约谈和立案检查工作，查补入库地方各税费、滞纳金及罚款 7468.27 万元。二是加强纳税评估和征管督查工作。市、县两级督查（评估）部门充分发挥督查作用，对税收执法进行监督，并发挥评估作用，对申报数据进行深度分析，全市全年共督查（评估）纳税户 1918 户（次），增加应税收入 1.18 亿元。三是进一步规范社保费征收管理工作。认真开展社保费征缴风险排查，制定印发《社会保险费征收管理业务操作指引》，进一步完善规范了社保费征缴行为。

[纳税服务] 一是加大税收宣传力度，开展领导走访重点企业、地税开放日、税收筹划专题会等一系列税收宣传活动。二是进一步开辟税收宣传阵地，扩大税收宣传覆盖面。租用城市和农村公交线路的部分车辆开展税收宣传；继续开辟和办好梅州城区税法宣传示范区；更新城区 5 个公交车候车亭的税法宣传广告内容；在高速公路、工业园区、剑英公园、梅龙东路等设立税法宣传广告牌。三是加强与国税部门协作，实现国地税联合办证。四是设立纳税人维权中心、纳税服务指挥协调中心，继续发挥 12366 热线电话和门户网站的政策咨询、服务投诉和举报监督作用。五是规范服务大厅管理，开展争当“纳税服务之星”活动，提升窗口纳税服务水平。

[队伍建设] 一是加强对县级局领导班子的考核管理，提高领导科学发展能力。积极落实《县级局领导班子政绩考核评价办法》，切实加强年度考核工作。二是组织召开科级干部工作讲评会。由市局一把手对 2010 年度县级局班子建设和科级干部总体工作的成效进行总结，深入查找和剖析存在问题，并对全市地税系统科以上干部的学习、工作、作风、修养提出新的要求。三是调整充实了丰顺、平远、大埔局班子主要领导，进一步优化县级局班子结构。四是继续推进基层人员能级管理和绩效考核工作。五是按照省局部署，在梅江区局试点推行绩效管理。六是积极开展形式多样的“连心桥”活动。市、县两级领导广泛接触基层一线干部职工，倾听广大群众心声；召开各类型人员座谈会，面对面征求干部职工意见、建议；市局在办公网开设《建言与献策》专栏，收集发布干部职工对税收执法和行政管理的合理化建议。

[教育培训] 一是精心组织市局主体培训班。3 月与深圳双象培训机构联合举办两期办税服

务厅人员培训班。5月、6月，依托广东税务干部学院对全市地税247名股级干部分两期进行轮训。8月，依托省委党校举办科级干部“执行力提升”专题培训班，全市系统近百名副主任科员和基层分局长参加了培训。二是组织考试考核，以考促学。利用网络学习平台组织干部进行公务员法、公务员职业道德、党廉知识、党史知识、公文、时事以及税收业务等内容综合素质考试，组织全市系统稽查人员稽查业务考试。三是认真做好教育培训师资库第二批兼职教师的选聘工作。

（郭程望）

惠州市地方税务局

经济概况

2011年，惠州市生产总值突破2000亿元大关，达到2097.3亿元，增长14.6%，高于全省平均水平4.6个百分点，增幅居全省第2位。工业增加值和投资规模均突破1000亿元，分别达到1012.7亿元和1025.2亿元，分别增长20.2%和21.5%。社会消费品零售总额684.7亿元，增长18.2%。外贸出口231.2亿美元，增长14.3%。地方财政一般预算收入162.8亿元，增长31.3%，增幅居全省第4位。各主要经济指标呈现平稳较快发展的良好态势，为实现“十二五”时期经济发展目标奠定了良好基础。

税收概况

［概述］　2011年，面对经济税源发展的不确定性、税收收入高基数以及连年促收带来的挖潜增收空间收窄等不利因素，全市地税狠抓组织收入中心工作不放松，深入开展税费源调查分析，科学安排收入计划和目标任务。注重收入监测管理，统筹全年收入目标和阶段性计划指导，落实市、县（区）、分局三级促收责任。强化大税源地区、大税源行业、大税种、大项目、大企业的税源监控管理，注重共享和地方税种尤其契税、耕地占用税的征收管理，加大稽查工作力度，有效发挥查促效应。加强各种费金征缴工作。

［税费收入］　圆满完成全年税费收入任务，各级次、各县区、各行业、各税种、各费金实现全面增长，收入结构和质量进一步提升，税费总收入突破200亿元，达211.85亿元，增长32.8%。税收总收入148.01亿元，增收34.76亿元，增长30.7%，其中省考核口径税收收入136.40亿元，增收32.38亿元，增长31.1%，完成年初任务的111.3%。税收增幅排珠三角第2位，全省第3位，规模保持全省第7位。各项规费收入63.84亿元，增长37.8%，其中社保费收入48.88亿元，增收10.22亿元，增长26.4%。

各项工作

［税收征管］　2011年，全市地税部门全面落实各项征管措施，夯实税收征管基础，深化各项税收征管改革，着力提升税收征管质效。落实部门登记数据比对，加强户籍登记管理。组织开展大集中征管基础数据清理，规范大集中系统各功能模块业务操作。健全两级评税管理，规范征收方式和税额核定工作。加强税源调查，合理布局契税征管网点，制定契税征管办法，确保契税和耕地占用税征管顺利到位。升级改造车船税征管系统。推进两业税源控管系统试点工作。完善专业化税源管理新模式，编制全市统一、规范的业务流程和岗位业务操作指引，实施税源分类管理。运用各种方式积极开展纳税评估，实现收入8.4亿元，占总税收收入的6.2%。全面推广应用发票在线系统，全市上线8532户。开发存量房交易计税价格评估系统并在惠城区成功上线，系统上线首月，累计办理80宗纳税申报，共征收税款1874404.43元，运行情况良好。提请市政府出台涉税信息交换与共享实施办法，加强部门信息共享平台建设，获取涉税信息13.2万条，实现增收4.38亿元，促进综合治税机制建设和税收收入增长。

［税收执法］　落实外资企业城建税和教育费附加开征工作。落实新个人所得税法，调整个人所得税核定征收率，落实工资薪金所得费用扣除标准调整，贯彻落实营业税起征点调整工作。落实各项税收优惠政策，依法依规办理税收减免、缓缴手续，全年共办理减免税16023宗，减免税额4.67亿元。健全完善税收规范性文件管理，加强重大税务

案件审理，依法开展税务行政复议和行政诉讼。稳步推进规范税务行政处罚裁量权试点工作。组织开展税务行政执法风险防范专题全员培训。加强税收执法监察和检查。落实税收执法责任制考核，实现执法过错率和扣分率“双下降”。组织开展房地产业、广告业、资本交易项目及物业管理公司等税收专项检查，共查补入库税款1.1亿元。加大税警联合执法工作力度，开展打击制售使用假发票违法行为活动，捣毁制假窝点3个，抓获犯罪嫌疑人14人，缴获各种假发票近52万份、制假机器和设备15台，涉税总金额近1.7亿元。

［社保费征收］ 进一步落实“五同”管理，推进社保费全责征收工作。落实两级规费管理中心设置，健全社保费征管岗责体系。加强社保费档案管理，完善欠费台账管理，加大欠费追缴力度。做好社保费前置审核系统上线工作，完善社保费中间库系统功能，加强差异数据清理。简化登记、增减员和退费等办费流程。加强部门沟通协调，开通问题处理“绿色通道”。加强社保费扩面征缴工作，提高申报数据的准确率和征缴率。全年共组织社保费收入48.88亿元，增收10.22亿元，增长26.4%，有效扩面纯增人数12.3万人，增长12.9%。同时，落实上级工作部署，做好地方教育附加开征及其他各项规费基金征管工作。

［纳税服务平台建设］ 关注纳税人、缴费人服务需求，加强和改进纳税服务工作。组织开展地税开放日、税费宣传示范区、纳税信用等级评定、纳税百强发布会等税收宣传活动。落实分级分类纳税辅导责任，举办各类税费辅导、培训班和座谈会等140场次2.3万人次。全面开展办税服务厅规范化建设，推进24小时办税服务厅建设。简化办事流程，扩大门前免填单业务范围。在市房产局设置办税服务窗口。推进国地税联合办税。全面推行自助办税，截至2011年底，全市42个办税厅设置64台自助办税终端，业务量22万户次。加强12366服务热线建设，全年受理话务量3.5万宗。升级改版地税门户网站，日均访问量6000人次。注重网络问政和涉税舆情监控，参与“惠民在线论坛”和“行风热线”节目，落实纳税服务联系会议制度，全年受理各类有效投诉34件，办结率100%，妥善解决纳税人、缴费人各类诉求。

［党风廉政］ 落实党风廉政建设工作部署，构建廉洁从税平安网。抓好党风廉政责任制落实，开展纪律教育学习月活动，强化廉政教育。组织预防渎职侵权专项工作，深入开展风险排查，排查各类风险点948个，制订防范措施1314条。开展制度清理工作，对332项制度进行清理，废止27项，修订和新建90项。深入实施党务政务公开，提升工作透明度。落实税收执法检查、执法监察、内部审计和惩防体系信息管理系统监控管理，强化对两权运行监督。健全基层分局专职纪检监察员配备。加强与纪委、公检法等部门协调联系，形成廉政监督内外工作合力。开展作风整治工作，在民主评议政风行风工作中，市局和7个县（区）局均列市县排名第一；在万众评公务活动中，市局继续保持在57个执法部门中排名第九，中央、省管执法部门第一。

［队伍建设］ 全面加强队伍建设。注重各级班子建设，提高班子驾驭税收工作能力。开展各类业务培训90期，培训4089人次。举办三期科级干部高级研修班，参训人数140人；选派业务骨干组织12期专门业务培训。加强基层一线干部培训，在全市巡回举办税务行政执法风险防范培训班6期，参训人数1500人次。组织市局机关人员进行理想信念教育，磨炼革命意志。组织30名新入职公务员培训。打造“特色培训项目”和“精品课程”，其中2个课程入选省局精品课程并受表彰。实施管理科学化行动，稳步推进大亚湾区局绩效管理和仲恺区局队伍能级管理试点工作。实施干群“连心桥”行动，注重人文关怀，畅通党群、干群沟通渠道，在政策允许范围内，规范和实施全市地税系统“属地化”“同城化”津（补）贴，同时规范协税员工资补贴管理，逐步提高协税员福利水平。

［地税文化］ 抓好创先争优活动，举办“庆祝中国共产党成立90周年暨党史教育报告会”，组织开展民主评议，表彰优秀共产党员和优秀党务工作者。组织参加省局举办的纪念建党90周年暨“颂歌献给党、永远跟您走”大合唱活动和纪念建党90周年“幸福地税”书画摄影比赛。排练小品、情景剧参加“第二届广东地税‘清风颂’廉政文艺汇演”。组织全体党员为贫困党员和困难群众进行捐款和缴纳特殊党费，捐款共计177881元。组织党员干部在“七·一”期间看望慰问市局和扶贫村的老党员。组织全体党员到“东江红都”——惠东高潭中洞革命苏区接受革命传统教育。在广大党员中开展“共产党员风采”书法摄影展和征文比赛。“党建带团建”，组织青年团员进行革命传统教育。组团参加惠州市直机关运动会，获团体总分第7名。继续抓好扶贫工作，支持龙门县六子园村（省级贫困村）和河源市紫金县局开展相关建设工作。

（黄　广）

汕尾市地方税务局

经济概况

2011 年,汕尾市实现生产总值 550 亿元,增长 14%。三次产业结构由 2010 年 17∶46∶37 调整为 16∶47∶37;全市完成工业总产值 786 亿元,增长 31.3%,其中规模以上工业完成总产值 575 亿元,增长 39.8%;累计完成固定资产投资 329 亿元,增长 28.2%;全市外贸出口总值完成 12.8 亿美元,增长 14.9%;全市完成社会消费品零售总额 414.6 亿元,增长 18%;完成财政一般预算收入 32.7 亿元,增长 30.2%。

税收概况

[概述] 2011 年,汕尾市地税系统积极应对复杂多变的经济税收形势,坚持以组织收入为中心,以“规范、创新、发展、提升”为主线,以税收征管和纳税服务为核心,以队伍建设和党风廉政建设为保障,全力打造法治地税、数字地税、和谐地税、幸福地税,积极推进地税工作科学跨越发展,确保“十二五”开好局、起好步。

[税费收入] 2011 年,全市地税系统累计组织税费收入 36.74 亿元,同比增加 13.56 亿元,增长 58.46%。其中:税收收入 25.38 亿元,增加 5.39 亿元,增长 27.03%;社保费收入 9.75 亿元,同比增加 2.55 亿元,增长 35.4%;其他收入 1.62 亿元,可比增加 8756 万元,增长 118.29%。全市地税各项收入超额完成省局下达的收入任务。

[税收特点] 2011 年税收收入的主要特点:一是税收总量更大。税收收入(包括契税和耕地占用税)25.38 亿元,增加 5.39 亿元,增长 27.03%,其中契税 3.69 亿元、耕地占用税 2.42 亿元。二是收入质量更好。全面加强税收征管,全年税收征收率提高 3.12%、税收入库率提高 1.1%、地税税负水平提高 0.57%。三是税收结构更优。坚决贯彻组织收入原则,全面加强对各税源、各行业、各税种的管理,全市第三产业税收所占比重提高 4.36%,地方税种所占比重提高 8.29%,按新财政体制计算市县级收入所占比重提高 4.62%。

各项工作

[税收征管] 落实“四抓”措施,推动科学管理。一是抓住基点夯实征管基础,全年清理漏管户 1178 户、新增税务登记业户 2032 户;二是抓住重点加强税源管理,全年纳税额 50 万元以上纳税大户共纳税 13.48 亿元,增长 33.07%;三是抓住难点强化促收措施,共查补入库税款和罚款、滞纳金 6404 万元,清缴各项欠税欠费 9889 万元,以及对 283 户企业开展纳税评估,征缴税收收入 1.58 亿元;四是抓住亮点提升管理效能,不断加强以票管税、数据管税、制度管税,促进税负公平,提升管理质效,同时进一步完善社保费的申报、征收、检查、处罚工作流程,规范征缴管理档案,在全省率先应用社保费征管升级系统,全面提升规费管理水平。

[行政管理] 创新机制,规范管理,全面提升行政管理质效。规范内部管理,优化机关行政管理流程,规范干部人事管理、津贴补贴发放、财务收支管理和出国(境)审批手续。制定党务政务公开暂行办法,全面实施阳光税务。创新工作机制,推行工作月(周)记制度及内部情况通报制度,促进重大决策、重点工作以及各项工作制度、工作事项落实到位。加强督查督办,继续开展税收执法、行政管理、纳税服务“三项督查”,定期对重点工作进行通报督办,全年督办事项立项 71 件并全部完成,提高工作质量和行政效能。完善考核体系,细分绩效奖罚、组织收入、征收管理等 10 项指标进行量化考核,实现工作考核制度化和科学化。

[纳税服务] 树立“始于纳税人需求,终于纳税人满意”理念,致力于减轻纳税人负担、提高纳税服务质效。改进办税渠道,推行财税库银联网,推进电子申报、网上办税、电子缴款,提升服务水平。拓展宣传方式,全面加强“税收宣传示范区”、“门户网站税宣专栏”等宣传载体建设。建设惠民工程,完善推广征收实时监控系统,开通 12366 纳税服务热线,改版升级汕尾地税网站,在全市率先开展惠民工程建设,得到省委常委、副省长肖志恒的高度赞扬。创新特色项目,推行纳税服务领导分工责任制,各级班子成员积极为招商引资、重点项目和重点企

业做好税收宣传和纳税辅导;城区局推行“税费同城通办”,海丰局开辟“办税绿色通道”,增强纳税服务的针对性和实效性。

[队伍建设] 加强队伍教育培训,充分利用网络学习平台、院校教育基地、自有学习阵地“三种方式”,全年共组织分类培训等培训班19期,培训2674人次。加强地税文化建设,开展“学理论、读经典、强修养”主题读书活动,组织举办征文、演讲、象棋、歌咏和书画摄影展“五个一”文化活动。加强党风廉政建设,开展廉政诫勉谈话,抓好责任制落实;开展预防渎职侵权专项活动,加强廉政风险防控;认真组织民主评议,开展税风税纪明查暗访;开展离任审计、领导经济责任审计和稽查经费使用专项审计以及小金库、公务用车等专项清理。加强幸福地税建设,重点办好幸福地税十件实事,积极实施干群“连心桥”行动,开通干群连心“直通车”,倾听干部群众的意见和建议,努力构建幸福地税。

(吴维浩)

东莞市地方税务局

经济概况

2011年,东莞市生产总值(GDP)4735.39亿元,比上年增长8.0%。三大产业比例为0.4∶50.2∶49.4。全年固定资产投资总额1079.77亿元,增长8.1%。全年全市社会消费品零售总额1266.31亿元,比上年增长15.0%,扣除物价因素影响,实际增长9.6%。全年居民消费价格总水平比上年上涨4.9%。全年全市进出口总额1352.24亿美元,比上年增长11.2%。其中,进口总额568.95亿美元,增长9.4%;出口总额783.29亿美元,增长12.5%,外贸进出口顺差214.34亿美元。按新口径统计,全年全市新签外商直接投资项目1324宗,合同外资金额35.08亿美元,增长35.1%;实际利用外资30.51亿美元,增长11.7%。全年来源于东莞的财政收入838.52亿元,增长16.2%。市财政一般预算收入313.06亿元,增长18.3%。全年全市税收总额843.57亿元,增长17.9%。其中,国税523.41亿元,增长19.1%;地税(含耕地占用税和契税,下同)320.18亿元,增长16.0%。

税收概况

[税收收入] 2011年,东莞市地税局共组织税收收入320.18亿元,增收44.20亿元,增长16.0%,税收收入规模位居全省各市地税系统第4位。其中,中央级收入70.4亿元,同比增长15.1%;省级收入93.3亿元,同比增长38.0%,可比增长15.4%(省级共享收入78.5亿元,同比增长50.9%,可比增长20.2%;省级固定收入14.8亿元,同比下降5.1%);市级收入156.5亿元,同比增长6.3%,可比增长16.8%。

[规费征收] 严格执行《社会保险法》,调整社保费征收期和滞纳金计算办法,完善欠费催缴工作,在相关配套规定出台前做好衔接工作,并对2000年以来的欠费进行全面清理。于2011年4月1日开征地方教育附加,全年征收入库6.77亿元。调整残疾人就业保障金征收方式,在大集中征收系统成功上线。全年社会保险费收入160.76亿元,增长25.2%,征缴率99.7%;堤围防护费、残疾人就业保障金、教育费附加、文化事业建设费、地方教育附加等收入33.71亿元,增长114.7%,较好地完成了各项规费收入任务。

[税收特点] 一是总体税收收入较快增长,但受经济形势变化、房地产市场调控、税收政策调整、往年收入基数等因素影响,单月增幅波动较大,尤其是进入8月以来,税收收入增幅回落较快,平均增幅从1~7月的23.7%回落至8~12月的3.6%。二是主体税种平稳增长,其他税种增长各异。其中营业税收入105.44亿元,增长14.6%;企业所得税收入60.42亿元,增长9.7%;个人所得税收入55.92亿元,增长21.5%;其他税种除印花税由于上年集中入库基数较高造成减收外,均实现不同程度的增长。三是制造业、房地产业和建筑业是税收增收的主要动力。分产业看,第二、三产业税收收入分别为120.09亿元和173.64亿元,分别增长17.5%和18.2%,税收比重分别为40.9%和59.1%。分行业看,制造业、房地产业和建筑业税收收入分别为85.0亿元、65.0亿元和29.9亿元,分别增长19.4%、25.9%和20.9%,三行业以占税收总量61.2%的规模,贡献了72.5%的税收增量。四是顺

利接管契税和耕地占用税。从 2011 年 1 月 1 日起，东莞市契税和耕地占用税从财政部门划由地税部门负责征管，全年组织契税收入 23.08 亿元，增长 23.4%；耕地占用税受 2010 年集中清缴形成基数较高影响，全年收入 3.22 亿元，下降 59.8%。

[税源分析] 2011 年，东莞市固定资产投资 1079.77 亿元，增长 8.1%；房地产开发投资 373.76 亿元，增长 25.0%；商品房销售额 459.61 亿元，增长 23.0%，有力推动东莞市建筑业、销售不动产营业税分别增长 30.1% 和 15.4%。同时，工资奖金水平不断提升带动工资薪金项目个人所得税收入增长 16.5%，企业分红增长带动利息股息红利所得项目个人所得税收入增长 190.4%，房屋租赁转让市场活跃带动财产租赁及转让项目个人所得税收入分别增长 25.7% 和 58.1%。但是，由于经济增速放缓以及企业效益下滑，规模以上工业利润总额增幅由第一季度的 10.6% 回落至全年的负增长 5.7%。受此影响，2011 年企业所得税收入仅增长 9.7%，其中内资企业所得税收入增长 14.2%、外资企业所得税收入增长 6.2%。

各项工作

[税收执法] 继续推行税收执法检查日常化，全年共对 7 个基层分局实施执法检查，进一步规范了税收执法行为。试行税务行政处罚权裁量基准，细化 8 大类 53 小类处罚裁量基准。加强规范性文件制定和清理工作，将全文失效或部分条款失效的规范性文件目录向社会公布。认真做好税务行政复议和应诉工作，有效维护了征缴双方的合法权益。

[税务稽查] 抓好对资本交易项目、广告业、房地产业和建筑安装业四大重点行业的税收专项检查，严厉查处涉税案件，加大对立案案件的清理力度，做好涉税犯罪案件移送，发挥对涉税违法行为的震慑作用。深入开展反避税工作，东莞市地税局与东莞某外资公司在北京签署单边预约定价安排，成为反避税工作的成功范例。成功捣毁制售假发票窝点，收缴大量假发票。

[税收征管] 扎实构建专业化税源管理新模式，优化完善建安、房地产业税源控管系统，探索大企业税收管理模式，管好重点税源。全市涉税信息交换与共享平台于 2011 年 11 月成功上线。截至 2011 年底，共实现 48 万条数据上传，利用涉税数据辅导纳税人自查，解决了涉税信息不对称导致税款流失的问题。深入开展税务协管，加强委托代征税款账户管理，继续完善车辆税收、房产交易税收由部门把关模式，零散税源控管力度进一步加大。深化发票综合改革，基本实现电子发票覆盖地税用票全行业。截至 2011 年底，发票在线用户 1.7 万户，日均开票超过 5 万份。稳步推进分行业纳税评估，纳税评估工作实现常态化。

[税种管理] 出台指引规范所得税征收方式，全面开展优惠备案项目核查，强化企业所得税预缴管理。积极开展工资薪金比对稽核，做好年所得 12 万元以上个人所得税自行申报工作。抓紧存量房交易计税价格评估系统建设，应用房地产评估技术规范存量房税收征管工作稳步推进。顺利接管耕地占用税和契税。贯彻落实城建税扩围政策，新增涉外城建税收入 8.61 亿元。积极组织开展土地增值税专项检查。通过开具售付汇证明及股权变更登记等环节对非居民税收进行源泉控管。

[税收优惠政策落实] 落实好高新技术企业税收减免、企业技术改造、小型微利企业、再就业扶持等税收优惠政策，有力推动了加快转型升级、扶持中小企业、促进民生改善等重大决策部署的落实。严格落实个人所得税新政，调减个体工商户核定征收率。根据修改后的营业税暂行条例实施细则，将营业税按期征收的起征点调高到 2 万元，进一步减轻纳税人负担。

[纳税服务] 制定《办理涉税事项业务规程》，规范优化征管流程，实现纳税人和税务人员双减负。提供多渠道办税。截至 2011 年底，全市九成以上正常户使用网络报税，自助办税终端在 14 个税务分局推广使用。探索试行个人代开 5 万元以下发票业务全市通办，方便纳税人择近办税。自主研发涉税证明管理系统，实现网络验证。加快办税服务厅规范化建设进程，完成 26 个办税服务厅的改造工程。升级改版并逐步丰富网站功能，开通东莞地税手机 WAP 网站，完善 12366 热线建设，增加人工服务座席人员，涉税咨询渠道更加丰富和畅顺。积极开展税法宣传和纳税辅导，共举办各类税法宣传辅导活动 163 场次，参加人次 1.2 万人，派发宣传资料 3.5 万份。

[队伍建设] 积极实施管理科学化行动，选取大岭山分局开展绩效管理试点工作，科学制定绩效管理的指标体系和考核办法，创新相关激励机制。开展党务政务公开行动，让干部职工拥有更多的知情权、监督权和参与权。实施分层分级培训，全年共组织各类培训 51 期，参训干部 12056 人次，进一步

提升干部职工的素质能力。

[精神文明建设] 搭建干群“连心桥”,畅通干部群众诉求反映渠道。突出做好人文关怀,加强重点困难人员帮扶。推进地税文化建设,组织纪念建党90周年红歌会,积极开展文体活动,加强精神文明创建,大岭山分局获“全国青年文明号”称号,常平分局征收股获“东莞市青年文明号”称号,寮步分局、税政科获“东莞市巾帼文明岗”称号。

[党风廉政] 开展“制度建设年”工作,全年共修订完善和新建22项管理制度。开展公务用车制度改革。规范基建项目管理,严格政府采购管理,清查固定资产,加强对财产物资的监督管理。加强内部审计、巡视检查和效能监察,规范内部管理。加强预防渎职专项工作,增强干部廉洁从政和风险防范意识;结合市纪委“一岗一预防”活动,对权力事项进一步细化,形成“廉政和职务犯罪风险防控表”。推广基层政风行风建设标准化,突出窗口效能建设。召开特邀监察员和纳税人代表座谈会,积极参与“阳光热线”电台节目,发放满意度评价表格,借助外部力量加强对工作的监督。

(陈群弟)

中山市地方税务局

经济概况

2011年,中山市实现生产总值2190.82亿元,比上年增长(以下简称增长)13.0%。其中,第一产业增加值58.38亿元,增长2.1%;第二产业增加值1223.25亿元,增长13.7%;第三产业增加值909.19亿元,增长12.9%(三次产业比例调整为2.7∶55.8∶41.5)。全年实现工业总产值6314.66亿元,增长16.9%;全市规模以上工业企业完成增加值1244.22亿元,增长15.2%。规模以上工业企业完成总产值5772.38亿元,增长17.8%。进出口总额341.98亿美元,增长9.9%,其中进口96.51亿美元、增长12.1%,出口245.46亿美元、增长9.1%。实际利用外资7.29亿美元,增长9.2%。全市完成固定资产投资766.79亿元,增长21.9%。全年社会消费品零售总额756.07亿元,增长16.9%。地方财政一般预算收入183.22亿元,增长39.6%。完成国地两税收入398.11亿元,增长22.6%。年末,全市金融机构本外币存款余额2993.67亿元。城镇居民家庭人均可支配收入27700元,增长9.2%。

税收概况

[概述] 2011年,中山市局紧密围绕“征管质效巩固年”工作主题,以组织收入为中心,以巩固征管质效为着力点,组织收入取得新突破。

[税费收入] 全年组织税收收入(不含契税和耕地占用税)146.56亿元,同比增长31.73%,增收35.3亿元;组织契税和耕地占用税21.24亿元。征收社保费69.93亿元,同比增长7.56%,全市工商业户缴费人数达142.83万人;征收教育费附加6.36亿元、堤围防护费5.99亿元、文化事业建设费3017万元、残疾人就业保障金3.27亿元、地方教育附加3.63亿元。

各项工作

[税收征管] 围绕“征管质效巩固年”工作主题,全年通过优化征管档案管理系统、推广自助办税终端和发票在线系统、改造代征系统等抓好征管基础建设;开发征管数据综合应用平台、建设综合治税管理信息系统提升数据管税能力;按照“找、验、学、查”4字评估法,进一步拓展纳税评估范围;强化分类管理,各税种管理质量明显提高;落实各项税收优惠政策,全年累计为900多户次企业和60多人次办理减免税共4.58亿元;认真开展资本交易、房地产及建筑安装业、广告业、大型综合商场、物业管理公司、饮食服务业和专业市场等税收专项检查以及打击发票违法专项工作,大力整顿税收秩序。

[税收数据管理] 以“数据管税”为抓手,进一步总结“找、验、学、查”4字评估方法,组织开展纳税评估工作。一是开展增值税免抵税额附征地方税费核查。利用国地税征收入库交换数据,将214户内资出口生产企业2009年及2010年的增值税、消费税入库税额、批准增值税免抵税额以及退税税额与教育费附加的计费依据对比,共查补城建税和

教育费附加1217.17万元。二是开展资本公积异常变动企业所得税核查。利用企业会计制度资本公积科目的核算内容与企业所得税应税收入的关系，挖掘关联点，开展17户资本公积异常变动疑点纳税人企业所得税核查，共查补企业所得税180.73万元。三是开展核定征收纳税人企业所得税核查。利用核定应税所得率（按收入）收入总额与财务报表的关联，开展2008年度、2009年度核定征收企业所得税纳税评估，评定疑点企业200户次，共查补企业所得税294.88万元。四是尝试利用网络媒体信息，对某些企业涉税情况进行核查，查实应补企业所得税4244万元。

［信息资源整合］　根据《广东省涉税信息交换与共享规定（试行）》和市政府关于综合治税信息资源共享应用项目工作会议纪要部署，中山市依托中山市政务数据交换中心核心平台，于2011年3月启动综合治税信息资源共享应用系统建设工作。作为主要成员单位之一，中山市局积极参与系统建设，主动与中山市政府信息共享对口部门联系，制定中山地税与第三方信息采集指标，细化涉税信息交换与共享的具体内容。截至2011年底，中山市局与市财政局、国税局、工商局、质量技术监督局、国土资源局、城乡规划局、住房城乡建设局、发展改革局、公安局、外经贸局、人民银行中山市中心支行等11个部门和单位建立涉税信息交换与共享机制。与此同时，中山市局还与市国税局建立国地税合作机制，明确在纳税服务、税源管理、税收执法、信息交换等六方面加强双方合作，并从2011年10月1日起实现国地税共管户征管数据按日在线交换。

［信息化项目建设］　全面启动征管数据综合应用平台工程建设。按照“优化数据查询、创新评估方法、细化日常监控”工作目标，力求实现日常征管数据统一查询、日常征管质效统一监控、涉税数据统一分析、纳税评估预警统一流转的四大功能。年内完成一期项目开发，从6月起陆续投入使用包括一户式查询功能、65个质效监控功能、工作交办模块、短信应用系统及工商数据第三方信息交换功能，并将平台成功接入统一工作平台，实现统一工作平台快速链接及对日常分办任务实现督办提醒，解决征管存在的征管数据分散、征管人力和手段有限、征管力度参差不齐等瓶颈问题。经过半年运行，平台可有效满足各层级人员的日常查询需求，对日常业务处理、执法检查等建立起全方位监督，实现对征管质效的全面监控。

［纳税服务］　开展纳税服务调研，深入排查硬件设施、软件配置、人员素质等方面存在的问题并予以整改。召开全市纳税服务工作会议，明确提出纳税服务工作的目标和重点。建立纳税服务联席会议制度，成立纳税服务联席会议领导小组，由市局“一把手”任组长，分管纳税服务工作的领导任副组长，各科室“一把手”任小组成员，集中负责对各类纳税服务问题进行研究、分办和落实。建立纳税服务对口联系制度，基层分局指定一名分局领导负责纳税服务工作，指定专门股室和纳税服务联络员，具体负责纳税服务工作开展，形成市局统一领导、纳税服务中心协调、各单位齐抓共管、上下联动的工作格局。完善纳税服务制度体系，制定了《纳税服务工作联席会议制度》、《办税服务厅应急处理办法（试行）》及《门户网站维护管理暂行办法（试行）》。继续依托《中山日报》“地税专版”、12366纳税服务热线和地税网站做好税法宣传服务，编辑专版12期，受理解答税费咨询68092个，开展250场税法宣传辅导活动（参与人数超过13000人次）。

［管理科学化］　结合省局“制度建设年”工作部署，深化制度建设，对近年来制度建设成果进行梳理、修订，整理出62项制度，编印成18万字的《中山地税制度汇编》，发放给全局人员（人手一册），便于干部职工学习和执行。结合省局管理科学化行动部署，从10月起积极开展绩效管理试点工作，选取城区税务分局、开发区税务分局为绩效管理试点单位，制定工作方案，有序、稳步推进绩效管理试点。与此同时，继续深化、完善机关工作和基层单位工作实绩考核办法，依据“征管质效巩固年”工作主题增设动态考核指标，提高工作执行力，促进各项工作落实到位。

［党务政务公开］　以被选为中山市纪委的党务公开工作联系点为契机，将党务公开与政务公开有机结合，以党务公开促政务公开，实现党务、政务公开同步有效推进。成立党务公开领导小组，并在机关党办设立领导小组办公室，负责党务公开工作的具体组织协调；印发《党务公开实施办法》，规范党务公开工作；进一步完善党务政务公开渠道，在原有的公开载体和平台基础上，在统一工作平台增设党务公开栏目，重点向系统内党员公开组织建设情况和民主集中制落实情况；建立党务公开活动室，在所有基层税务分局办税服务厅设立“党务公开意见建议箱”，拓展党务公开渠道；从8月起，将局党组例会决定事项在统一工作平台向全体干部员工公开。

［教育培训与人员情况］　上线运行“纳税

人网校”，开辟纳税人培训新阵地。继续强化教育培训，组织开展各类型培训班42期，培训干部职工3197人次；全面开展岗位“大练兵、大比武、大过关”活动，实施《教育培训积分管理办法》。

截至2011年12月31日，中山市局在编干部职工643人。其中研究生27人，占4.20%；本科553人，占86%；大专及以下63人，占9.80%。另有协税员215人。

（杨丽云）

江门市地方税务局

经济概况

2011年，江门市生产总值（GDP）1830.64亿元，增长13%，超过全省平均增速。全市规模以上工业增加值1130.48亿元，增长19.1%。地方财政一般预算收入119.17亿元，增长20.5%，比全省平均水平低1.6个百分点。全社会固定资产投资741.94亿元，增长21.1%。社会消费品零售总额759.15亿元，增长16.7%。市区城镇居民人均可支配收入23923元，增长13.1%。

税收概况

［税费收入］ 2011年，全市地税系统累计组织地方税费收入197.32亿元，比上年同期增长33.31%，增收49.3亿元，其中组织地方税收收入99.58亿元，同比增长23.54%，增收18.97亿元，完成税收计划的112.17%，完成税收任务的106.42%。按照省局税收计划考核口径计算，全市税收收入（不含省级固定收入）94.53亿元，增长22.56%，完成税收计划的111.24%，完成税收任务的105.57%。其中：中央级收入17.43亿元，同比增长15.72%，可比增长15.58%，完成税收计划的106.15%，完成税收任务的100.4%；省级共享收入26.22亿元，同比增长50.01%，可比增长19.67%，完成税收计划的109.7%，完成税收任务的103.26%，完成税收目标的99.61%；市县级收入50.89亿元，同比增长14.2%，可比增长26.77%，完成税收计划的113.94%，完成税收任务的108.73%。省级固定收入5.04亿元，同比增长44.7%，可比增长45.2%，完成税收计划的133.07%，完成税收任务的125.58%。

［税收分析］ 税收增长前高后低，增幅逐级回落。受经济环境及政策性减收因素等影响，全年税收收入增长呈现前高后低的发展态势，1～4季度各个季度税收收入分别增长31.36%、27.43%、21.74%、14.46%，第四季度税收较前三个季度分别回落16.9个、12.97个、7.28个百分点。税收增速略高于全省平均水平，在珠三角地区中处于中游位置。与全省税收平均增速（22.5%）相比，市税收增幅高出1个百分点。与珠三角其他城市相比，市税收增速低于中山（31.7%）、惠州（31.1%）、肇庆（26.2%）、佛山（24.9%），而高于深圳（21.9%）、广州（20.7%）、珠海（19.8%）、东莞（17.9%）。税种收入全面增长，其中纯地方小税种收入增速快于共享税种收入。全年营业税累计收入38.76亿元，增长20.4%；所得税（含企业所得税和个人所得税）累计收入29.05亿元，增长15.58%；土地增值税累计收入7.10亿元，增长40.75%。四大共享税种合计收入74.91亿元，增长20.1%，占总税收收入的75.23%，比上年下降2.15个百分点。纯地方小税种收入合计24.69亿元，增长35.3%，比共享税种收入增幅高15.2个百分点，其中城建税、资源税增幅高，同比分别增长95.89%、82.01%。房地产业、制造业、建筑业税收主导地位稳固。全年第二、三产业税收收入分别为38.99亿元、60.44亿元，同比分别增长26.96%、21.52%。房地产、制造业、建筑业三大重点行业税收合计60.74亿元，占税收总量的61%，同比增收12.81亿元，占整体税收增量的67.5%。其中：房地产业税收增幅23.16%，比上年下滑6.8个百分点，税收比重与上年基本持平；制造业税收呈快速增长，增幅42.75%，比上年提高18.4个百分点，税收比重提高2.8个百分点；建筑业税收增幅、税收比重双下降，增幅为14.79%，比上年下滑13.2个百分点，税收比重比上年下降1.19个百分点。

各项工作

［税收征管］ 一是加强存量房交易税收征

管工作。制定推广应用房地产价格评估技术，加强存量房交易税收征管工作联席会议制度，开发存量房交易管理软件，建立“政府领导、地税主抓、部门配合、社会参与”工作机制，并加大宣传力度，初步形成全社会齐抓共管的工作局面。二是推进涉税信息交换与共享。根据市政府《江门市涉税信息交换与共享实施办法》要求，加强与政府职能部门及相关单位沟通，细化涉税信息采集方式，及时开展数据对碰，对需补缴的税费及时进行催缴，做好入库工作。并深化数据应用，进一步提高征管质量监控，加强税源管理。三是做好“两税”接管工作，确保税款足额入库。在全市开展契税和耕地占用税征管工作调研，了解“两税”征管工作现状、存在问题，切实解决“两税”征管工作中的难题，确保应收尽收。成立专业化管理组，负责“两税”的征收和日常管理，与二手房交易税收征管工作相结合，加强税源监控，简化办税流程，实行专业化、精细化管理，提高“两税”征管的效率，实现了对税源的有效监控。四是稳步推进发票改革，全面推广发票在线应用系统。落实省局发票管理综合改革，简并发票票种，取消大面额的手写发票和100元以上的定额发票，并及时做好旧版发票的清理核销工作。在建安、房地产、服务、娱乐业等行业中全面推广应用发票在线系统开具电子发票，优化系统功能，进一步加强税源监控。2011年，全市开通在线开票的纳税人8000多户，累计开具各类电子发票600多万份，开票金额300多亿元。

[依法治税]　一是加大督察力度，规范税收执法。组织开展税收执法督察工作，对税收规范性文件、税收政策执行情况、发票管理、规费征收等工作进行监督检查，并采取措施加强整改。二是加强税收宣传，提高税法遵从度。不断整合税收宣传资源，做到户外广告有形象，电视有图像，广播有声音，报纸有文字，网站常更新，坚持日常宣传和税收宣传月集中宣传相结合，多方位、广角度地把税法送到纳税人的手中。三是强化税务稽查工作，整顿税收秩序。深入开展税收专项检查，加大打击假发票处罚力度，2011年，全市共检查（含自查）纳税户225户，查补入库（含自查）8410.39万元，为深入推进依法治税、保障税收收入平稳增长作出了积极贡献。四是落实优惠政策，促进经济发展。落实企业自主创新、科技进步、下岗再就业、残疾人就业、大学生自主创业、促进经济转型升级等方面优惠政策，确保宏观调控政策落实到位，充分发挥税收职能作用，支持江门经济的发展和产业结构调整，促进经济发展方式加快转变。2011年，全市办理各类减免税19000多户次，减免税费总计3.6亿多元。

[社保费征管]　全面实施税费一体化征管，积极争取各级政府的重视和支持，抓好社保费全责征收工作，加强与社保部门的协调配合，组织学习贯彻《社会保险法》，应用社保费前置申报审验系统，深入实施税费同征、同管、同查、同服务，扎实推进扩面征缴，全面清理欠费，促进了社保费收入持续快速增长。2011年全市地税系统共征收社保费74.15亿元，增长46.7%，增收23.60亿元。

[纳税服务]　完善办税服务厅、12366纳税服务热线、网站等服务设施，推广“一站式”、“一窗式”、“一网式”服务，纳税人满意度一直保持在95%以上。加快自助办税系统推广应用步伐，积极建设24小时自助办税服务厅，部分市局的自助办税系统实现自助缴纳车船税、车船税与营业税捆绑自助缴纳、开具小额发票等功能，方便纳税人办理涉税事项；充分利用纳税服务平台，拓宽纳税服务渠道、整合了纳税服务资源。

[队伍建设]　一是深入开展“四项行动”和“一项活动”（全面推进管理科学化行动，深入实施干群“连心桥”行动，全面实施党务政务公开行动，推进岗位练兵行动。同时，积极开展地税文化建设活动）。通过开展专项工作，实现内部的科学化管理，树立健康向上的地税文化氛围，提升队伍的凝聚力和战斗力。加强业务培训，充分利用广东地税网络学习培训系统，创新培训方法，以专业性、应用性的业务技能培训为重点，加强计算机操作技能、“大集中”系统应用、文明礼仪等方面的业务培训；优化队伍知识结构，加强对高层次、复合型人才的培养，鼓励干部职工参加学历进修、“三师”职业资格考试以及其他职称评定，提高税务干部的综合素质和业务能力。2011年，江门地税累计培训12000多人次。二是实施科技防腐，积极防范廉政风险。不断完善风险内控平台拓展监控范围，将行政管理权纳入自动监控范围，有效实现防范关口前移，实现促收入、促管理、保平安目标，实现风险防范自动化。三是加强“两权”监督，完善权力监控机制。积极开展内审工作，充分发挥内部审计监督职能和促进职能。加强与市纪委、检察院等有关部门联系，引导企业积极参与监督，建立健全税纪、税检、税企联防工作机制。

（吴七逸）

阳江市地方税务局

经济概况

2011年,阳江市经济实力快速跃升,主要经济指标增速均居全省前列。全年完成国内生产总值779亿元,比上年增长(以下简称增长)16%;人均生产总值3.20万元,增长15%;地方财政一般预算收入34.95亿元,增长37.70%;固定资产投资408.50亿元,增长43%;外贸进出口总额21.60亿美元,增长20%,其中出口19.30亿美元,增长20%;社会消费品零售总额438.90亿元,增长18%。产业转型升级加快。工业向适度重型化转变,规模以上工业总产值858亿元,增加值219亿元,分别增长30%和30.50%,重工业增长36%,轻工业增长23%;农业向集约化发展,海洋渔业蓬勃发展,渔业总产值107.30亿元,增长7.10%,水产品总产量102万吨,增长4.10%;服务业向高端化迈进,商贸流通新型业态加快发展,旅游业发展迅猛,全年接待游客总人数899万人次,旅游总收入66.30亿元,分别增长23.70%和55.30%。

税收概况

[概述] 2011年,阳江市地方税务局以组织收入为第一要务,以"巩固提升"为工作主线,以创建"全国文明单位"为动力,以"四个更加满意"为目标,全力以赴"收好税,带好队,服好务",取得了显著成绩,超额完成了省地税局和阳江市委市政府下达的税费收入任务,税收征管、全责征收社保费、依法治税、纳税服务、队伍建设等各项税收工作取得了长足发展,市局获得"全国文明单位"、"全国三八红旗集体"、"全国工会职工书屋示范达标单位"、"全国工会优秀职工书屋"、"广东省文明窗口"等国家级、省级荣誉。

[税源情况] 2011年,阳江市地方税务局有纳税登记户3.34万户,其中:内资企业9844户,外商投资企业和外国企业84户,港澳台商投资企业288户,个体工商户2.21万户,其他行政事业单位1136户。全市社保费登记户数9.74万户,参保人数34.74万人,缴费人数28.82万人。

[税费收入] 2011年,阳江市地方税务局组织各项税费收入48.32亿元,比上年增收13.5亿元,增长38.83%。税收收入方面,共组织地方税收收入27.88亿元(不含契税和耕地占用税),同比增收7.44亿元,增长36.42%,完成省局下达年度税收任务的117.90%,计划考核口径和全口径的增幅、完成任务比例等4项指标首次在全省21个地级市中排名第一,创历史最好水平。

[收入分析] 分级次看,省级收入大幅增长,市县级收入稳中有升。中央级收入4.83亿元,同比增长21.93%;省级收入9.69亿元,同比增长66.88%;市县级收入13.37亿元,同比增长25.22%。分区域看,全市6个县区级征收单位全部超额完成年度收入任务,增长速度均超过25%。海陵区增幅最高,达73.10%;其次为阳春市、高新区、阳西县、阳东县、江城区,增幅分别为48.40%、41.20%、37.40%、36.70%和25.80%。分税种看,全部税种实现增收。营业税、企业所得税和个人所得税三大主体税种收入增长平稳,分别收入12.84亿元、4.20亿元和3.84亿元,分别同比增长34.45%、28.10%和15.71%;地方小税种收入也增长较快,除车船税收入增长17.62%外,其他地方小税种收入均实现45%以上的增长,土地增值税收入增幅最高,达110.52%。规费收入方面,共组织规费收入20.45亿元,同比增收6.07亿元,增长42.27%。各费(金)全面增收。其中:社保费收入14.13亿元,同比增长47.25%;契税和耕地占用税收入3.33亿元,同比增长6.50%;教育费附加收入9457万元,同比增长55%;文化事业建设费收入586万元,同比增长52.60%;堤围费收入1.07亿元,同比增长32.70%;价格调节基金收入2606万元,同比增长146.55%;残联基金收入1023万元,同比增长32.17%;地方教育费附加收入5394万元。

各项工作

[税收征管] 一是深化专业化税源管理新模式。强化重点税源管理和纳税评估,2011年全市地方税收年纳税额10万元以上的重点税源户1754家,占当年业户总数的5.3%,实现地方税收24.1亿元,占全市地方税收总量的86.48%;全市地税系

统通过纳税评估组织收入1.4亿元,占全市地方税收总量的5%,完成年度评估计划的116.5%。二是深化行业管理。制定房地产业税源管理办法、建筑业税源管理办法和个人出租房屋税收管理办法等规范性文件,深化建筑安装、房地产"两业"税源控管系统应用,开展存量房税收征管系统上线应用工作。三是推进科技管税。继续推广应用在线开票系统、网上办税系统、"天翼税通"全在线涉税业务智能终端设备和自助办税系统。全市开通网报业户9533户,占应开通户数的93.6%;开通在线开票2843户,开具发票324.1万份,金额268.7亿元;建成4个24小时自助办税服务厅、4个自助办税服务点。四是强化数据应用。以市政府名义下发《阳江市涉税信息交换与共享实施办法》,要求6个县区政府和29个职能部门按时提供69项内容的涉税信息,采集涉税信息14.3万条。五是加强税种管理。规范企业所得税预缴,2109户企业进行了汇缴,汇缴面97.2%。受理年所得12万元以上个人所得税自行纳税申报2102人,完成省地税局下达申报工作目标的115%。全面接管契税和耕地占用税,"两税"收入3.3亿元,同比增长6.5%。

[社保费征收]　强化管理责任,建立社保费重点费源监控管理制度,对每年缴费额20万元以上的重点费源户进行跟踪管理。以非公有制企业、城镇个体工商户、零参保单位和灵活就业人员为重点,积极开展扩面征缴。加强社保费征管检查,抓好对政策执行、征管措施落实情况的日常检查,及时发现征管工作的不足,纠正执法偏差,规避全责征收执法风险。完善申报前置审核系统,改进社保配账方法,使配账不成功数据从32万条减少到2.5万条,社保数据质量全面提高。落实社保费税企座谈会制度,推广应用社保费申报辅助工具申报和网上申报,实行自由参保人批量申报、扣费,优化缴费服务。加强政策业务培训,组织对新《社会保险法》的针对性培训,工作人员业务素质全面提升。抓好欠费清缴,出台社保历史欠费处理新规定,对在2011年6月30日前缴清本息的欠费单位,应加收的滞纳金全部作挂账处理,清理欠费效果显著,2011年全市地税系统共清缴社保欠费2.2亿元。

[税收执法]　一是规范税收秩序。加大"以查促管,以查促收"力度,深入整顿和规范税收秩序,强化稽查基础管理。2011年,全市地税系统查补收入2987万元,入库2900万元(含旧欠)。其中:开展房地产及建筑安装业、广告业、资本交易项目等税收专项检查,查补收入1661万元,入库1653万元;开展打击发票违法犯罪活动,检查企业92户,查处违法企业25户,涉及金额47.9万元。二是强化执法监督。严格税收行政执法责任制考核,每月通报税收行政执法责任制考核结果,强化责任追究。开展税收执法检查,每季度组织一次日常检查,开展年度综合执法检查,对整改情况进行"回头看",促进基层执法不断规范,执法水平有效提高。加强规范性文件管理,推进审批工作规范化,全面提升依法治税水平。

[落实优惠政策]　一是落实税收优惠政策。紧紧围绕市委市政府关于促进经济发展方式转变、扩大内需和招商引资等工作部署,发挥税收职能作用,落实扶持中小企业发展、促进经济结构调整、扶持现代产业发展等税收优惠政策,确保国家扶持政策及时惠及企业,使企业享受到"税收阳光"。全市地税系统落实结构性减税政策和税收优惠政策减轻纳税人负担4681万元。严格执行个人工资薪金所得和个体工商户生产经营所得新的费用扣除标准,全市5万多纳税人受惠。及时落实调高营业税起征点规定,减轻2万多户纳税人负担。二是优化审批程序。把土地使用税、房产税、下岗再就业税收优惠、残疾人个人所得税优惠等税收减免权限按规定下放到各县区局,减少相关审批环节,提高了工作效率。加强对基层地税部门的税收政策宣传解释和指导,确保新的税收政策及时落实到位。

[纳税服务]　一是优化纳税服务体系。把市县两级事业编制的纳税人服务中心统一调整为行政编制的纳税服务科(股);对全市24个办税服务厅的功能设置、公开标识等进行改造,重新研究和制定纳税服务工作制度,规范办税服务厅建设。二是强化辅导培训。印制18万份税务宣传资料,通过多种途径发送到纳税人手中,为纳税人提供办税指引;举办42期纳税人培训班,为纳税人及时了解税收政策法规提供便利。三是加强纳税咨询服务。利用12366纳税服务热线、地税网站等平台,累计办理纳税人咨询、举报、投诉、建议事项1.1万多宗,办结率100%。四是创新服务方式。开展工业企业服务月活动,市局领导亲自带领调研组深入企业开展调研,为减轻企业负担找措施,谋办法;开展重点企业直通车服务,对全市50家重点企业提供个性化服务,加强在信息和政策方面的引导;加强国地税合作,在纳税信用等级评定、涉税中介机构监管、税法宣传辅导等领域整合资源,扩大影响力。五是加强税法宣传。组织A级纳税人代表座谈会暨"地税开放日"、"税法进校园暨纳税服务志愿者授旗仪式"、第二届"绿

色税宣环岛行”、“税务之声”、“地税之窗”、《社会保险法》专题宣传等一系列特色宣传活动。

［队伍建设］ 一是加强干群沟通。采取设立局长信箱，思想动态专题调研活动，开通OA建言献策平台和地税微博，开展市局候访、县局座访、基层走访同步进行的领导接访日等方式，落实干群“连心桥”行动。二是强化教育培训。充分利用广东地税教育培训学习管理系统开展网络教育，大力推行学分制管理；全面开展素质考试，以考促学；大规模开展干部培训，举办了25期业务培训班；举办“大视野”讲坛，邀请专家学者讲课，使干部职工接受高层次理论知识熏陶。三是弘扬地税文化。组织开展“地税核心价值观”大家谈活动，提炼形成了“法治、高效、创新、和谐”的核心价值观；开展纪念建党90周年系列活动、书画摄影展、编办《阳江地税》内刊、《阳江旅游业发展与地方税收》课题研究、文体兴趣小组等丰富多彩的文化活动，有效增强了队伍的凝聚力。四是加强党风廉政建设。组织学习《廉政准则》、合唱比赛、参观廉政教育展览和爱国主义教育基地、廉政格言警句上桌面、巡回基层授课和廉政谈话等活动，增强干部职工廉政意识；通过廉政书画摄影展、“廉政电影周”、“读书思廉”、廉政图书专柜等廉政文化载体，争创五星级的“阳江市廉政文化建设示范单位”；抓好预防渎职犯罪、纪律教育学习月、整顿机关作风、民主评议政风行风等专项活动，被评为“2011年政风行风建设满意单位”。

（郑华馨）

湛江市地方税务局

经济概况

2011年，湛江市实现生产总值1708.22亿元，与上年的1405.06亿元比，增量突破300亿元，达303.16亿元，按可比价格计算，增长13.0%。增速与全国9.2%和全省10.0%的增速相比，分别高3.8个和3.0个百分点。截至2011年底，全市GDP增速连续9年高于全国水平，连续4年高于全省水平。从分产业情况看，全市第一、二、三产业分别实现增加值338.09亿元、733.59亿元和636.54亿元，比上年分别增长6.2%、14.2%和15.2%。三次产业结构为19.8∶42.9∶37.3，第二产业比重比上年提高1.8个百分点。全市工业实现总产值2129.66亿元，比上年增长16.6%。规模以上工业企业累计完成增加值600.75亿元，增长14.5%。全市规模以上工业经济效益综合指数继续攀升，再创历史新高，达到426.3%，比上年提高33.8个百分点；社会消费品零售总额超800亿元，投资、外贸出口增速排全省前列，全年完成500万元以上项目投资494.60亿元，增长28.9%，增幅在全省21个地级市排名前列。外贸进出口大幅增长。全年累计实现外贸进出口总额44.04亿美元，比上年增长24.3%。财政收入稳步增长。全市全年完成财政总收入465.09亿元，比上年增长36.3%；城乡居民收入持续增加。全年全市城镇居民人均可支配收入17583.62元，增长14.9%；农民人均纯收入8150元，增长18.0%。城乡居民储蓄存款保持平稳增长，全年金融机构本外币存款中居民储蓄存款余额1081.46亿元，比年初增长14.4%。县（市、区）经济实力显著增强，县域实现生产总值793.55亿元，比上年增长13.7%。

税收概况

［概述］ 2011年，湛江市地税在省局党组和市委、市政府的正确领导下，坚持以科学发展观为统领，全面贯彻落实党的十七届五中、六中全会和省、市委全会及全国税务工作会议、全省地方税务工作会议精神，攻坚克难，开拓进取，紧紧围绕组织收入中心工作，努力强化税收征收管理，大力加强干部队伍建设，进一步完善依法治税、纳税服务、行政管理、党廉建设等工作体制机制，有效发挥税收职能作用，确保了税收收入实现快速稳定增长，确保了各项组织收入任务的圆满完成。

［税费收入］ 全市地税系统累计组织税费收入101.15亿元，比上年增收29.05亿元，增长40.3%。其中：税收收入53.19亿元，增收11.54亿元，增长27.7%；计划口径税收收入49.60亿元，增收10.67亿元，增长27.4%，完成任务的109.7%；中央级收入8.34亿元，增长18.7%，完成103%；省级共享收入14.61亿元，增长19%，完成102.5%；市县级收入26.65亿元，增长35.8%，完成任务的

116.7%；省级固定税收收入3.58亿元，增长32.1%；契税、耕地占用税收入4.61亿元；社保费收入36.56亿元，增收8.99亿元，增长32.6%；教育费附加、文化事业建设费及其他收入6.78亿元，增收3.88亿元。

各项工作

［社保费征收］ 按照税费"五同"（"同征、同管、同查、同考核、同服务"）要求，认真做好社保费征收工作。推动社保费前置申报审核系统上线工作，确保了该系统于2011年3月1日成功上线。积极开展社保扩面征缴工作和社保费欠费清理工作，取得明显成效。市局自行研发的"社保费全责征收中间数据辅助处理系统"，获2010年度湛江市科学技术二等奖。

［个人所得税管理］ 一是抓好个税年所得12万元以上自行申报工作及完税证明开具工作。通过做好组织筹划、动员培训、宣传辅导和督促落实等工作，完成年所得12万元以上纳税人个税纳税的申报工作，推动全市自行纳税申报工作的快速开展。全年全市共受理年所得12万元以上纳税人自行纳税申报人数共7208人，申报年所得额共152460.86万元，应纳税额22405.3万元，缴税款22404.49万元。同时，认真做好2011年个人所得税完税证明基础数据的收集工作，强化个人所得税明细申报数据的审核，进一步提高完税证明开具工作的质量和效率。

［企业所得税管理］ 认真做好企业所得税汇算清缴的宣传工作，帮助和辅导纳税人正确填报各类企业所得税年度纳税申报表，并在前台征收大厅继续设置（临时）"企业所得税年度申报受理审核岗位"，专门受理和审核纳税人提交的各类申报表，对纳税人填报申报表的逻辑性、完整性及税前扣除项目进行审核。2010年度市局征收企业所得税46242万元，同比增收16232万元。实际参加汇算清缴的企业2776户，汇算清缴面达到70.30%，完成了年度汇缴工作。

［纳税服务平台建设］ 整合资源配置，优化纳税服务平台渠道。一是持续巩固完善办税服务厅规范化建设。全市地税共45个办税服务厅，完成11个单位的规范化建设。其中，赤坎区局办税服务厅、雷州市局雷城分局办税服务厅和徐闻县局徐城分局办税服务厅通过省局审核，获2009～2010年广东地税一级办税服务厅荣誉称号。二是积极优化12366热线服务。制定《湛江地税12366纳税服务热线管理办法》、《12366纳税服务系统各岗位考核制度》等一系列工作制度，确保咨询问题做到"有问必有答、件件有落实、事事有回音"。全年累计受理12366纳税服务热线3375宗。所有话务均按照规定时限、程序处理答复或转交相关部门办理，办结率100%。三是扎实搞好湛江地税网站建设。围绕不同时期的工作重点，做好日常运维工作，及时更新网站内容，努力提供优质的涉税服务。同时，坚持做好舆情监控，提升服务效果，网站点击量不断提高。

［教育培训］ 一是与中南大学联合举办工商管理硕士（财务会计与税务管理研究方向）研究生班，于10月28日举办研究生班开学典礼暨合作办学协议签字仪式。全市地税系统31人报读。二是与广东海洋大学合作举办一期为期1个月的会计查账技能提高班，全市地税系统稽查骨干、纳税评估骨干及重点企业管理员共51名干部参加培训。三是组织办税服务厅人员培训班，全系统共100名办税服务厅的前台工作人员、协税人员参加了封闭式全脱产培训。四是组织市地税系统拟划转接收的征管人员进行岗前培训，为开展工作夯实业务基础。五是组织了两期副科级干部更新知识培训班、两期股级干部更新知识培训班。此外，还组织了党风廉政建设培训、信息人员培训、社会保险法培训等专项业务培训班。通过组织开展各项学习培训班，在全市地税系统形成了良好的学习氛围环境，为提高广大干部职工的素质能力发挥了积极的促进和推动作用。

［党风廉政］ 一是认真学习贯彻《廉政准则》，并对《廉政准则》贯彻执行情况进行了检查，促使各级领导干部树立正确的世界观、人生观、价值观、权力观、地位观和政绩观。二是加强廉政文化建设。在麻章区局成功举办以"廉洁、和畅、幸福"为主题的"湛江市地税系统廉政文化建设成果展"，以地税人员自创的书画、摄影、动画等作品为载体，展示了近年来全市地税系统廉政文化建设所取得的丰硕成果，受到省、市各级领导的充分肯定和广大干部的好评。三是注重预防渎职犯罪。积极与检察部门配合，建立税检联合预防职务犯罪长效机制，并依托全省地税信息化大集中系统建立税收管理员平台，加强对税收管理员的监督考核，在全市地税系统开展预防渎职专项检查，有效提高了依法治税水平。四是开展政风行风民主评议。在湛江市纠风办组织开展的对10个行政执法职能部门的政风行风民主评议活动中，市局以96.4分荣获第一名。全市地税

系统11个县(市、区)局参加当地民主评议政风行风活动,有10个单位获得当地第一名。

[地税文化] 开展形式多样的文化建设活动:以“建设幸福地税”和“清洁、和谐、幸福”两个主题,组织干部职工广泛开展文学、书画、摄影创作活动,推进了湛江地税核心价值观建设;组织参加市总工会读书演讲比赛、市直机关“五年崛起看湛江”专题演讲比赛和湛江市职工文艺汇演,展现了地税干部风采;组队参加市“公仆杯”、“友谊杯”及“协作杯”乒乓球赛、“中银杯”网球赛等比赛,增进了与兄弟单位之间的沟通和友谊;组织“开心广场”文艺演出、系统联欢会、职工趣味运动会,丰富了干部职工的精神文化生活,促进了职工身心健康和综合素质提升。2011年,市局被评为“湛江市文化建设示范单位”。

(黄颖毅)

茂名市地方税务局

经济概况

2011年,茂名市完成地区生产总值(GDP)1780.3亿元,比上年增长(以下简称增长)10.8%,人均GDP首次超过3万元,增长10.5%;固定资产投资增长43.8%,增速居全省第2位;工业总投资增长52.9%,增速居全省第3位;存款、贷款余额增速均居全省第3位;全社会用电量增长70.71亿千瓦时,增长7.5%;财政一般预算收入增长31.2%,增速居全省第6位;房地产开发完成投资增长45.6%,增速居全省第8位;城乡居民人均可支配收入增长12%以上;民生财政支出114.02亿元,增长27.6%。

税收概况

[税费收入] 2011年,茂名地税共组织各项税费收入80.99亿元,增收19.88亿元,增长32.5%。其中,税收收入43.27亿元,增收9.05亿元,增长26.4%;社保费收入28.44亿元,增收6.28亿元,增长28.3%;教育费附加收入3.72亿元,增收4188万元,增长12.7%;堤围费收入1.48亿元,增收2746万元,增长22.8%。

[税源情况] 至2011年底,茂名市地税系统共有纳税户50707户,其中内资企业11038户,外资企业354户,个体经营户37919户。年纳税额在10万元以上的纳税人有1803户,年纳税额在50万元以上的纳税人有670户,年纳税额在100万元以上的有423户,年纳税额在500万元以上的有115户,年纳税额在1000万元以上的有63户,年纳税额在1亿元以上的有2户(中国石油化工股份有限公司茂名分公司和中国石化集团资产经营管理有限公司茂名石化分公司)。全市地税系统共有税收管理员379人,占干部职工总人数的31%,人均管户129户。

[税收特点] 一是税收增幅再创近年来高位。2011年,茂名市地方税收入增长26.4%,比2010年增速高8.2个百分点。2009年,地方税增幅虽然高达28.1%,主要是由于成品油税费改革新增约5亿元的成品油地方税收所致,如果剔除此影响因素,2009年的税收可比增幅实际上仅8.8%。可见,2011年的税收同比增幅再创近年来高位,可比增幅则是近年来最高。二是税收累计增速逐月下滑,“前高后低”走势明显。2011年,茂名市地方税收入累计增幅除11月和12月有所上翘外(累计增幅分别为25%和26.4%),其他月份均呈逐月下滑走势。其中,下滑幅度最大的是2月,累计增长44.7%,比1月增幅(70.6%)回落25.9个百分点。三是各县(市、区)局税收收入均实现稳定、快速增长。2011年,茂名市各县(市、区)局税收增幅均在20%以上,其中3个单位的增幅超过30%,分别是:电白县局增幅最高,增长54.5%;茂港区局次之,增长41.9%;化州市局增幅第三,增长33.9%。四是主体税种增长稳定,小税种增长快速。2011年,茂名市地方税各税种收入均实现全面增长。其中,营业税收入13.38亿元,占税收总量的30.9%,增长21.4%;城建税收入10.44亿元,占税收总量的24.1%,增长16.5%;企业所得税收入5.48亿元,占税收总量的12.7%,增长46.6%;个人所得税收入4.68亿元,占税收总量的10.8%,增长25%。四大主体税种收入合计占税收总量的78.5%,对税收增长的贡献率为72%。其他各地方小税种收入均实现快速增长。其中,增幅最高的是印花税,增长50.6%;土地使用税次之,增长46.7%;增幅超过

30%的还有房产税和车船税，分别增长39.6%和33.3%。

［税源分析］ 经济运行保持平稳，工业生产、固定资产投资增速加快，消费市场活跃，物价上涨，奠定了稳定的税源基础。2011年全市完年成固定资产投资181.32亿元，增长38.9%，比全省高21.1个百分点，增速居全省第5位。其中，工业项目投资66.5亿元，增长57.8%，比全省高39.5个百分点，增速居全省第4位；房地产开发投资49.21亿元，增长44.1%。全市实现社会消费品零售总额758.38亿元，增长19.3%，增速创年内新高，其中批发零售贸易业增长19.5%、住宿餐饮业增长18%。居民消费价格指数105.2%（上年同期为103%），其中食品类价格指数112.2%（上年同期为105.7%），居住类价格指数103.4%（上年同期为106.3%）。2011年，全市第二产业地方税收入19.88亿元，增长20.2%，增收3.35亿元。其中，工业地方税收入12.03亿元，增长9.8%，增收1.08亿元；建筑业地方税收入7.84亿元，增长40.7%，增收2.27亿元。第三产业地方税收入23.32亿元，增长32.4%，增收5.7亿元。其中，批发零售业地方税收入3.61亿元，增长28%，增收7888万元；住宿餐饮业税收收入1.01亿元，增长26.5%，增收2115万元。

［税费管理］ 坚持税费并举，深入实施税费同征同管同查同服务，扎实推进扩面征缴，全面清理欠费，促进社保费收入稳步增长。全年共组织社保费收入28.44亿元，增长28.3%，增收6.28亿元。化州地税局的清欠社保费工作还得到了省局副局长李华东批示："一个山区县7个月内能清缴入库欠缴社保费近亿元，十分了不得！清欠工作确实有难度，但是只要全省各级地税能像化州市地税局一样下定决心，工作到位，一定能克服困难，取得优异成绩！请规费处总结此县经验，号召全省学习其经验做法，全力推进清欠工作。"

［数据管税］ 一是强化组织收入领导，实行市局、县局和分局三级挂点促收联动机制，确保税款及时足额入库。二是全面加强存量房税收征管。三是全面推广专业化税源管理新模式，加大税源分类管理力度。四是加大建筑业和房地产业"两业"税源控管系统的推广应用工作力度，截至2011年底，累计实现上线"两业"项目8305个，开具"两业"发票50071份，发票金额101.65亿元，申报税额7.57亿元。五是强化土地增值税管理，促进土地增值税的大幅增长，全年共组织土地增值税收入2.52亿元，增长29.4%，增收5737万元。六是全面推进纳税评估工作，全年共对6534户纳税人进行评估，纳税评估收入2.29亿元，占完成税收收入的5.31%。七是深化在线发票应用及控管，全市共有发票在线应用系统开票户2208户，累计开出电子发票215万份，开票金额600多亿元。八是强化车船税征管，进一步健全协税护税网络和信息资源交换制度，全年共组织车船税收入8152万元，增长33.2%，增收2034万元。九是创新税警协作机制，成功破获4宗贩买制作假发票、假完税证案件，端掉制假窝点1个、售假窝点3个，抓获犯罪嫌疑人7人，查获假新版广东省地税通用定额发票成品、半成品一批。

［纳税服务］ 一是强化办税服务厅建设。按照省局办税服务厅规范化建设的要求，先后组织县局一把手和相关业务骨干，到顺德、佛山、肇庆和江苏、浙江等地参观办税服务厅，学习先进的纳税服务经验，并邀请广州大学建筑设计院的专业设计师随行为市局的各办税服务厅进行个性化设计。二是强化窗口人员培训。市局在广东税务干部学院举办办税服务厅窗口人员培训班，各县（市、区）局根据工作需要举办多期窗口工作人员培训班。三是推广自助办税服务系统，减轻办税服务大厅的工作压力。全市投入运行自助办税终端19台，开具小额发票577张，开票金额合计245万多元；开具完税证26890张，开票金额合计3.06亿元。四是及时受理纳税人咨询、投诉、建议和举报，保护纳税人合法权益，全年共受理、办理纳税人咨询、举报、投诉、建议等事项5836件，办结并回复纳税人5835件，办结率99.9%。五是大力推行"人性化"服务，深入推进纳税服务志愿行动，送税法进企业、进社区、进学校，加强与广大市民和纳税人的沟通和联系。同时，实行税收约谈、涉税提醒、稽查预告等制度，增强纳税人的纳税遵从度。

［队伍建设］ 一是扎实开展创先争优活动。认真开展创先争优与组织收入、与党员干部队伍建设、与建设学习型地税机关、与纳税服务相结合的"四个结合"活动，实现地方税收各项工作与创先争优活动两促进、两不误。二是抓好教育培训。开展分级分类的特色培训，先后在暨南大学、延安革命传统教育基地、长沙税务干部培训中心、广东地税干部学院等院校和本系统内组织各种培训班100多期，全系统参训人员9000多人次。三是加强岗位练兵。对每一岗位深入开展实操训练，做到理论联系实际，有效提升干部职工的综合素质。四是实施绩效管理。确定高州局作为绩效管理试点单位，在取得成功经验的基础上积极向全系统推广，解决"干多干

少一个样、干好干坏一个样”问题。

［**地税文化**］　一是树立核心价值观。积极开展“幸福地税”建设、创先争优等活动，对地税干部进行爱国主义、集体主义等教育，使大家树立正确的核心价值观。二是构建特色地税文化。先后建设了篮球场、网球场、羽毛球场、健身室、乒乓球室、棋牌室、阅览室、荣誉室、图书馆和多功能文化娱乐厅等“三场五室一馆一厅”，并以此为依托组织开展一系列健康文体活动，丰富干部职工的文体生活，培养健康向上的团队精神和地税文化。三是完善文化载体。分别与茂名电视台和茂名日报社合办《地税之窗》电视专栏及《地方税务》专栏等文化宣传载体，宣传特色地税文化，树立了良好的地税形象。

［**党风廉政**］　一是积极开展民主评议政风行风活动。在全市参评的13个具有行政执法职能部门中市局名列第二名；6个县(市、区)局在参加当地民主评议政风行风工作中，有5个单位荣获第一名。二是深入开展预防渎职专项工作。全面归纳容易产生渎职行为的风险点，找出现行制度薄弱环节，健全“人脑+制度+电脑”的反腐倡廉新机制。三是强化作风建设。以干群“连心桥”行动为契机，广开言路，严格执行“直通车”制度，通过OA系统、电子邮箱、手机、信访、谈心等方式，努力营造畅所欲言、心情舒畅的工作环境。四是深入推进党务政务公开。通过设立局域网学习平台、党员活动室、荣誉室和充分利用媒体、门户网站、公开栏和电子显示屏等载体，对上级规定的公开事项及时公开。五是建立廉政风险防范机制。与检察部门共建预防职务犯罪办公室，商请检察部门提前介入，及时发现风险、化解风险。一年来，全系统没有发生违法违纪案件，地税良好社会形象进一步提升。

（颜红州）

肇庆市地方税务局

经济概况

2011年，肇庆市国内生产总值实现1330亿元，比上年增长(以下简称增长)15%，超出预期目标。工业生产保持快速增长，规模以上工业累计完成增加值520亿元，增长27.8%；固定资产投资快速增长，投资额为763亿元，增长22%，商品房销售面积、销售额分别增长17%和38%；城镇居民人均可支配收入1.90万元，增长13%；农村居民人均纯收入8728元，增长16%；财税收入高幅增长，一般预算收入完成92.23亿元，增长25.56%，国税收入70.2亿元，增长29.3%，地税收入76.54亿元，增长24.75%。

税收概况

［**税费收入**］　2011年，肇庆市地方税费总收入成功突破百亿元大关，达112.53亿元(含1~6月全市财政部门征收契税和耕地占用税6.16亿元，下同)，增长31.80%，完成省局年度任务的108.2%。其中，税收收入76.54亿元，增长24.75%；社保费收入30.28亿元，增长41.67%；教育费附加收入1.95亿元，增长56.09%；堤围费收入1.74万元，增长35.21%；残疾人就业保障金收入2818万元，增长2136.51%；地方教育附加收入1.14亿元；价格调节基金收入983万元；工会经费收入3605万元；其他收入(含文化事业建设费和罚没收入)1306万元，增长35.06%。

［**税收特点**］　2011年，全市地方税收收入呈现前高中回落后平稳的增长态势，税收收入总量再上新台阶，增收13.34亿元(不含契税和耕地占用税，下同)。受年底企业所得税和个人所得税连续负增长影响，2011年中央级收入增幅明显回落，全年收入9.58亿元，增长17.12%；省级收入依靠土地增值税的高速增长保持平稳增长态势，全年省级收入22.00亿元，可比增长25.06%，占税收比重突破30%；市县级全年收入32.67亿元，可比增长29.95%，增幅相对较高，但受财政体制改革影响，市县级占总税收比重由2010年的55.67%降到2011年的50.84%，降低4.83个百分点。

［**税源分析**］　2011年全市地税系统负责征管的10个税种有6个增幅超20%，三大主体税种营业税、企业所得税和个人所得税增长乏力，增幅分别为17.34%、23.33%和12.29%，三税种税收增收贡献率为47.98%。肇庆市“五大”(铁路、公路、水路、民航、管道)重点交通工程项目收入有较大减幅，导

致全年建筑业营业税收入8.5亿元，仅增长6.21%，成为营业税收入增长变缓的主要原因；个人所得税则主要是政策性减收，受政策影响，其增幅由1~8月的29.76%降到全年的12.29%。小税种方面，土地增值税由于提高最低预征率和从严清算，增长迅速，全年收入7.9亿元，增长74.17%；城建税也因为政策促进而大幅增长，全年城建税收入4.2亿元，增长60.63%；土地使用税和车船税增幅相对偏低，增幅均不超过20%。

［科技兴税］　一是完善涉税信息采集。加快建立涉税信息共享交换管理体系步伐，着力推进涉税信息通过肇庆市信息中心电子政务数据平台实现交换共享。二是推广发票在线应用。完成发票在线应用系统税务机关和代征单位代开电子发票模块上线应用，发票在线服务保障体系初步建立。肇庆市共有在线用户5935户，占符合上线条件纳税户比例的99.55%。三是深化网上办税系统推广应用。开通有条件网报16430户，查账征收户的网报开户率88.5%，位列全省第8名，超过全省平均水平。四是扩大“两业”（建安业和房地产业）税源控管系统应用范围。累计新上线项目1.09万个，税源控管能力和质量明显提升。五是推进资源整合进程。率先在全省完成财税库银横向联网系统（简称TIPS）全市推广应用工作。高新区局开发出财税库银横向联网三方协议签订辅助软件，高要市局开发了“三方协议书签订”功能模块。六是抓好电子稽查工作和推进电子查账软件应用。举办多期全市地税系统稽查电子查账软件培训班，加紧配置、培养计算机查账人才，提高业务水平，为电子查账软件在稽查日常工作中推广应用奠定基础。七是统筹系统运维和网络带宽升级。确保信息系统安全稳定运行，共解决各系统问题1300多条，问题处理率超过99%。八是推进办税服务厅规范化建设。累计新建和改建办税服务厅16个，全面推广应用自助办税系统，逐步完善全天候、便捷办税服务格局，全系统共配置自助办税终端29台，建设24小时办税服务厅7个。

［管理科学化］　一是强化各级班子建设。对4名县（市、区）局“一把手”进行轮岗交流。严格执行干部任用条例，民主推荐科级、副科级非领导职务。认真组织开展副科级竞争上岗选拔工作。着力做好绩效管理，采取各种措施提高干部职工工作积极性。二是推进绩效管理试点工作。成立以“一把手”为组长的全市绩效管理工作领导小组，确定四会市局和高要市局为绩效管理试点单位。三是做好行政处罚裁量权实施办法试点工作。成立试点工作领导小组，研究制定实施方案，设定时间表，明确职能分工，试点单位每月定期上报“行政处罚裁量权实施办法试点情况反馈表”，不定期上报典型案例，建立试点单位税务行政处罚典型案例库。

［党务政务公开］　一是在党务公开方面，切实做好党建工作任务公开、思想建设工作公开、党的组织建设情况和党员管理情况公开工作。2011年市局开展4次党组中心组理论学习扩大会议，分别围绕“富民强市、建设幸福肇庆”、“贯彻落实‘十二五’规划，推动经济社会又好又快发展”、“深入学习党的历史，不断提高宗旨意识和执政能力”、“加强和推进新形势下群众工作，切实保障和改善民生”主题开展专题学习；以纪念建党90周年为契机，制定《肇庆市地税局机关党委纪念建党90周年活动方案》，采取学文件、读书本、上党课、听报告、听讲座、讲体会、写心得、办板报、理论研讨、组织参观等形式，进一步加大党员的党性教育。二是在政务公开方面，加强组织领导，整合信息资源，明确公开内容，规范公开程序，注重创新公开内容和方式，大力推行政务公开。主动把优化纳税服务与政府信息公开工作相结合，充分利用税务网站、地税服务热线和办税服务厅等特有资源，着力建设信息公开主阵地，努力为社会各界获取信息提供了更为方便、快捷的平台。

［思想政治工作］　一是坚持开门接访。继续坚持每月20日领导干部接访日制度，做好来访事项和来访诉求办理工作。二是实施出门走访。肇庆市局每位班子成员每月至少安排1次到分管联系基层单位进行走访活动，市局领导全年共走访基层单位36次、机关科（股）室50次。三是搭建群众诉求新平台。2011年，肇庆市局“局长信箱”收到来信7件，办结率100%。四是做好深入细致的思想政治工作。领导班子分别对各自分管的科室和单位开展谈心活动，对思想上有情绪、工作上有分歧的干部职工进行及时地沟通引导，做到早发现、早处理、早解决，把问题消除在萌芽状态。五是实施困难互助的救急济难工作。发挥好本局救急济难互助金作用，2011年，市局为3名有困难的同志共拨出5万元的救急济难金，同时还发动全系统干部职工为他们捐款献爱心。

［教育培训］　一是“因岗制宜”，实事求是组织岗位练兵活动。制订详细的学习计划，采取分级培训、分类培训、分期培训等方式，不拘形式地开展学习培训，共组织各类培训班40期，包括新修订个人所得税法培训班、耕地占用税与契税和企业所得税业务培训班、《社会保险法》培训班、发票管理培

训班、稽查人员业务培训班、电子查账软件培训班等，参与培训人数达3385人天次。二是培养师资，发挥业务骨干带头作用。充分运用被选拔总局、省局师资库的人员作为岗位练兵的主要师资力量；继续开展人才选拔，建立全市企业所得税人才库等；通过讲学授课、帮扶互带等方式发挥业务骨干的模范带头作用，形成人人刻苦钻研，个个争当标兵的学习氛围。

[地税文化] 一是积极培养干部职工核心价值观。继续贯彻“一个理念”（地税工作必须服从服务于地方经济发展大局）和“五种意识”（责任、法治、服务、廉政、效能意识），持续开展“规范年、服务年”建设，加强勤政作风建设，提升干部职工素质。二是切实提升干部职工幸福感。制定《“幸福地税”建设系列活动方案》，全面开展各类丰富多彩的文体活动，如组建羽毛球、乒乓球、网球、摄影、自行车等兴趣小组等。市局与肇庆市纪委联合倾力打造具有肇庆地方特色的廉政文化话剧《碧水青天》，获得高度赞扬。各县（市、区）局举办多场丰富多彩的运动会、文艺晚会等。三是继续大力开展扶贫开发活动。以金蒜种植、村容改造、农业机械化、教育帮扶等“十大项目”扎实推进“规划到户，责任到人”扶贫工作，组织干部职工分四批到对口帮扶户开展帮扶工作。2011年，市局为望高村投入241万元（含赠送物资折价款），市局的54户对口帮扶户达到人均年收入4300元，脱贫率100%，村集体收入达到7万元。

（莫桑妮）

清远市地方税务局

经济概况

2011年，清远市实现生产总值（GDP）1003亿元，比上年增长（以下简称增长）8.3%；规模以上工业完成增加值363.1亿元；全年来源于清远的财政总收入187.9亿元，增长21.5%，其中地方财政一般预算收入84.3亿元，增长15.8%；固定资产投资486.1亿元，增长16.1%；全年实现社会消费品零售总额433.7亿元，增长18.2%；全年进出口总额45.4亿美元，增长20.4%，其中出口总额23.44亿美元，增长21.2%。

税收概况

[税费收入] 2011年，全市地税系统围绕“加快改革创新、打造幸福地税”的工作思路，以组织收入为中心，践行各级党政、广大纳税人、社会各界、税务干部职工“四个更加满意”的宗旨，开创了清远地税事业新的局面。2011年全市地税系统首次突破百亿元大关，共组织税费收入107.9亿元，同比增收24.9亿元，增长30.1%。其中，税收收入76.3亿元，同比增收15.3亿元，增长25.1%；社保费收入26.2亿元，同比增收6.2亿元，增长31.0%；其他收入5.4亿元，同比增收3.5亿元，增长174.9%。

各项工作

[税收法制建设] 开展税收执法检查及地方税收专项检查，同时加强税收政策执行情况检查力度，确保各项税收政策严格执行。提请清远市政府出台《清远市涉税信息交换与共享实施办法（试行）》；加强国地税合作，成立国地税合作领导小组，建立定期联席会议制度，通过建立涉税信息共享机制，进一步提高税收征管质效。严格执行各项税收优惠政策，全面落实个人所得税、营业税起征点调整政策，服务地方经济发展大局。

[费金征管] 积极推广社保费网上申报，全市中心区域网报缴费率90%以上。完善应急处理工作制度等“七项制度”，实现全责征收法治化、制度化、规范化。不断完善其他费金征管，包括成功实现堤围费上线征收，成功开征地方教育附加，成功代征市县级价格调节基金，同时继续强化残疾人就业保障金征管。

[纳税服务] 通过升级改版市局门户网站、稳步推进12366热线建设、在全市直属分局建设推行办税服务厅公共管理系统，有效提升办税服务质效。举办形式多样、内容丰富的宣传活动，打造税收宣传示范区。税收宣传《卡通税务官》喜获作品著作权，“清远真美丽”卡通明信片荣获全国平面作品

比赛一等奖。

[队伍建设]　一是采取民主推荐与竞争上岗相结合的方式选拔23名科级领导干部；选派干部到广州、佛山等发达地区挂职，学习先进理念。二是深入推进“岗位大练兵行动”，组织全市地税系统机关干部进行时事政治和业务知识考试，全部通过了考试，参考率在全省名列前茅。三是党风廉政责任制落实到位，形成一级抓一级，层层抓落实的工作局面。全面开展制度清理，编制《预防税务渎职工作手册》，加强与纪委、检察院、审计局等部门协调，扎实推进预防渎职犯罪专项工作。

[信息化建设]　一是全面推广网络申报。全市各地加大网络申报的宣传辅导力度，积极采取措施，力促网络申报全覆盖，实现了基层、纳税人“两个减负”。二是稳步推进“翼税”体系建设。全面推广发票在线业务，全市在线开票业户累计3757户，其中开通翼税通1699户。三是大力推广自助办税。全市配备31台自助办税终端，开通打印缴款凭证，代开小额发票等自助办税功能，截至2011年底通过自助办税终端打印凭证150767份；洲心分局启用全市首个24小时自助办税服务厅，有效地节省了纳税人办税时间，提高了办税效率。四是升级改版市局门户网站。不断完善网上服务功能，加大政务公开力度；推进网上税法宣传及咨询辅导，全力打造“网上税务局”。

[税源管理]　一是完善制度。建立大企业定点联系制度，出台《清远市地方税务局定点联系企业税收管理办法（试行）》，确定清远市的定点联系企业，初步规范清远市定点联系企业的税收管理。二是规范管理。全面推广存量房评估系统，7月，市区存量房交易计税价格评估系统完成研发，并于8月1日在市区启用。其余七县（市）于2012年1月1日全面上线运行，提前3个月完成省局既定目标任务。三是选拔人才，成立税种管理团队。25人被选取进入税种管理（房地产业）团队，为市局建立房地产开发行业专业化管理模式打下坚实基础。四是创新方式。扎实开展税源管理平台试点工作，经济开发区局作为全省首个试运行单位，全力开展平台测试运行、需求编写等工作，积极探索符合全省征管需求的管理体系。

[惠民政策落实]　服务地方经济发展大局，针对广东顺德清远（英德）产业特别合作区，认真梳理出9类45条税收优惠政策；通过落实土地使用税税额标准，营造出宽松的税收环境。严格执行下岗职工、军队转业干部、城镇退役士兵、残疾人就业、企业困难减免等税收优惠政策。2011年全市共审核审批减免税收3.34亿元，减免户次30610户。其中：个人所得税2663万元，营业税5796万元，房产税668万元，契税579万元，耕地占用税1.65亿元，土地使用税216万元，城市维护建设税383万元，教育费附加174万元，土地增值税5816万元，印花税576万元。严格落实个人所得税、营业税起征点的调整政策，减轻中低收入者负担，支持小型微利企业发展。2011年，起征点调整后个人所得税政策性减收5700万元，受惠人数18.9万人；营业税政策性减收1481.87万元，受惠人数5609人。

[管理科学化]　用人机制不断创新。上半年采取民主推荐与竞争上岗相结合的方式选拔23名科级领导干部。以“走出清远看清远，跳出地税看地税”的视野和意识培养年轻干部，制定《清远市地方税务系统选派干部挂职锻炼的制度》及其实施办法，将干部挂职和基层锻炼结合起来，选拔一批思想政治素质好、使命感强、业务技能过硬、综合能力突出的优秀干部挂职交流，包括“外挂”、“内挂”等形式，其中“内挂”又分为“上挂”与“下挂”。第一批选派的干部中，到广州市、佛山市地税局挂职10人，“上挂”干部21人，“下挂”干部6人（到基层分局挂任副分局长的5人）。这一措施有利于促进干部解放思想，开阔视野，转变作风，积累经验，增长才干，学习先进的工作思路和治税理念，进一步提升队伍整体活力、战斗力和凝聚力，为清远地税事业又好又快地发展提供人才支持和组织保障。

[地税文化]　围绕“加快改革创新，打造幸福地税”核心目标，通过征文、座谈等形式开展幸福地税大讨论，树立核心价值观。与广州“七色石”企业文化咨询有限公司合作，导入组织文化管理体系，组织开展深度访谈，开展地税文化建设调研，提炼地税文化理念，制定清远地税文化发展规划。持续开展各类知识性趣味性文娱体育活动。开展全员读书，举办5期“地税大课堂”；组织12个兴趣小组活动；参加省局纪念建党90周年大合唱，举办“党旗颂地税情”文艺晚会；开展“幸福地税你我共建”演讲、征文、书画摄影比赛；开展市局机关全员拓展活动，巩固团结协作、沟通包容等组织文化理念。编辑出版内部电子杂志《清远地税文苑》（共5期），举办“我向局长说句心里话”活动，共征集到干部职工意见建议数十条。

[党风廉政]　党风廉政责任制落实到位。制定《2011年市局机关及直属单位党风廉政建设工

作任务分解意见》,逐级签订廉政责任书。加强各地领导干部履行"一岗两责"和执行党风廉政建设责任制情况的监督考核,确保"一岗两责"落实到位,形成一级抓一级,层层抓落实的工作局面。有效防范廉政风险。全面开展制度清理,编制《预防税务渎职工作手册》,加强与纪委、检察院、审计局等部门协调,扎实推进预防渎职犯罪专项工作开展。开展"廉政教育专题讲座"等"十个一"纪律教育学习月活动;开展廉政知识测试、廉政书画创作等一系列廉政文化建设。在2011年全市各级纠风办组织开展的政风行风民主评议工作中,清远市地税系统喜获"满堂红",市局及所辖各县(市、区)局全部取得第一,全市地税系统的行风作风建设成为正面典型广受好评。

(邓颖瑜)

潮州市地方税务局

经济概况

2011年,潮州市实现生产总值647.1亿元,比上年增长13%,增幅高于全省平均水平3个百分点。其中,第一产业增加值47.4亿元,增长5%;第二产业增加值364.1亿元,增长17%;第三产业增加值235.6亿元,增长8.6%。三大产业结构调整为7.3∶56.3∶36.4。人均生产总值为24164元,增长11.8%。全年全市地方财政一般预算收入27.3亿元,增长17.3%;地方财政一般预算支出63.8亿元,增长13.9%。各项税收总额65.5亿元(不含海关代征),增长19.3%。城镇人均可支配收入15664元,增长14.6%;农民人均纯收入7787元,增长22.2%。

税收概况

[税费收入] 2011年,全年共组织地方税费收入43.86亿元,同比增长35.02%,增收11.38亿元。组织税收收入22.86亿元,增长20.54%,增收3.9亿元。其中,中央级收入5.54亿元,增长22.87%,增收1.03亿元;省级固定收入1.1亿元,增长18.73%,增收1730万元;省级共享收入4.65亿元,增长49.37%,增收1.54亿元;市县级收入11.57亿元,增长11.08%,增收1.15亿元。组织社保费收入17.96亿元,同比增长50.20%,增收6.00亿元;组织其他各费金收入3.05亿元,同比增长94.48%,增收1.48亿元。

[税收特点] 一是从收入增速看,地方税收收入增长快于经济发展。1~4季度,税收增幅分别高于同期GDP增幅17.03个、13.79个、10.95个、7.54个百分点,税收增长与经济发展趋势一致,地方税收收入增长速度明显高于经济增长速度。二是从税收收入各级库看,各级库呈协调增长。其中,中央级收入5.54亿元,同比增长22.87%;省级共享收入4.65亿元,同比增长49.37%;市县级收入11.57亿元,同比增长11.08%。省级固定收入1.1亿元,同比增长18.73%,增收1730万元。三是从税种收入看,各税种全面增长。一般营业税4.68亿元,同比增长6.73%,增收2955万元;企业所得税和个人所得税合计9.23亿元,同比增长22.88%,增收1.72亿元;地方固定小税种合计6.92亿元,同比增长24.69%,增收1.37亿元。四是从分产业税收收入看,第三产业税收增幅保持平稳增长,且增幅高于第二产业税收增长幅度。第三产业税收9.48亿元,同比增长21.95%,增收1.71亿元,增长贡献率43.83%;第二产业税收13.35亿元,同比增长19.42%,增收2.17亿元,占总税收比重58.39%,增长贡献率55.71%。第三产业税收增幅高于第二产业税收增幅2.53个百分点。

各项工作

[税收征管] 一是突出管理创新,切实夯实管理基础。继续落实工商税务登记数据定期比对、清查、反馈机制以及经济户口巡查、定期汇报和通报制度,开展市局、县区局、基层分局三级经济户口巡查;探索派员进驻工商办证厅或委托办理税务登记证等方式,推行工商、税务同登记、同管理;开发应用税源电子地图监控系统,有效管住户口,管好"房地"两税。贯彻落实新《发票管理办法》及其实施细则,在全市所有地税用票行业推广应用网络开票系统,进一步加大科技管票力度。二是突出扩大成效,狠抓精细化管理。深化落实出台的11个行业精细

化管理办法和6个税种精细化管理办法，总结私人建筑行业、日用陶瓷行业精细化管理试点经验，切实加强对社会团体、民办非企业单位、中介机构和私人装修、服装、塑料行业的税收征管，完善行业税负预警指标。应用房地产评估技术加强存量房交易税收征管，强化土地使用权转让价格预警管理和二手房（存量房）交易预警价格管理，狠抓企业所得税、营业税等重点税种以及土地增值税、房产税、印花税、城镇土地使用税等地方小税种的精细化管理，成效明显。顺利交接契税和耕地占用税征管职能，委托保险部门代收代缴车船税，实施机动车车船税源头控管。三是突出以评促管，深化纳税评估工作。充分运用纳税评估软件，组织开展对交通运输等行业的专项评估，完善陶瓷、服装等行业的评估模型，着力做到"评估一个行业、规范一个行业"，以纳税评估推进行业精细化管理。四是突出以查促管，开展税收专项检查。深入开展对房地产、建筑安装、交通运输等重点行业，以及管理相对薄弱的河沙、瓷泥和燃气行业的税收专项检查，全年共查补税款1752.24万元。完善税警协作办案机制，联合公安部门成功捣毁3个制售假发票窝点，共查获假餐饮娱乐服务业发票141778份，抓获涉案犯罪嫌疑人6名。五是突出数据管税，提升信息化建设水平。全面清理国、地税税负差额，充分发挥数据分析促收促管的作用；推动市政府出台《潮州市社会综合治税信息传递实施办法》，逐步构建综合治税长效机制。开发应用中小型工业企业生产经营能力评估软件、重点税源监控软件、存量房交易基准价格系统，完善重点税源监控及报表查询系统与"建筑业、房地产业"两大主业税源监控系统功能，深入推进信息资源整合工程。

[依法治税]　深入贯彻《发挥税收职能作用促进经济发展方式加快转变的意见》，全年共减免税款6148.97万元，有力地扶持了企业发展、推动了企业转型升级。规范执法行为，落实税收执法责任制，深入推进事前风险警醒、事中跟踪监控、事后考核追究"三位一体"执法风险综合防治机制，强化执法监督、防范执法风险、规范执法行为。推行"阳光定税"和"民主评税"，科学制定各行业税负和各路段的定额标准，并在办税服务厅进行公布，切实解决纳税人之间定额不公问题，推进执法公正透明。

[纳税服务]　围绕各个时期各项重点工作，充分依托12366纳税服务热线、潮州地税网站、"手机短信通"三大服务平台和电视、报刊、网络等媒体，宣传税费法律法规和政策。在市区和县城区打造3个"税费宣传示范区"，举办"地税开放日"活动，召开税企工作座谈会、税收政策宣讲会，举办青少年税法知识有奖竞答活动；广泛开展税法宣传进超市、进学校、进企业、进影院、进小区、进广场"六进"活动，扩大税法宣传的影响力。全面完成市区、县城区及饶平县局所有基层分局办税服务厅的改造升级，优化功能区，整合办税窗口，设置办税自助区和排号机，大力推行网上报税、税银库联网扣税及24小时自助办税服务，提供多元方式方便纳税人纳税缴费，简化办税环节，缩短办税缴费时间，切实减轻纳税人负担。

[文化建设]　出台以"凝聚精神追求·提升文化品位"为主题的文化建设方案；充实优化"地税文化沙龙"，组建书画社、摄影社、合唱队、健身队、象棋队、乒乓球队、羽毛球队7个文化团队；抓好廉政文化基地的建设，上下联动打造团队文化、桌面文化、走廊文化、园地文化"四个文化"，组织开展各种健康有益的文体活动；结合传统节日和革命纪念日，组织节庆活动，丰富干部职工业余文化生活；积极开展调研，推进地税核心价值观的构建，培育健康向上的地税文化理念，营造具有潮州地税特色的文化氛围，凝心聚力促发展。

[机构人员设置]　至2011年底，市局机关内设职能科（室）11个、事业单位1个，市局直属行政单位4个；下辖2个县级税务机构，县局内设机构12个；县局直属行政单位2个；基层税务分局（所）19个。全市地税系统共有正式干部职工745人，其中大专学历以上664人。

[队伍建设]　一是加强机关党建工作。深入开展创先争优活动，组织开展量化考核活动，评选表彰2个先进基层党组织和16名优秀共产党员，营造立足岗位创先进、履职尽责争优秀的良好氛围。扎实推进扶贫开发"双到"（规划到位、责任到人）工作，多次组织各帮扶责任人深入贫困户家中落实帮扶措施和送温暖活动。全年共投入扶贫资金240100元，其中贫困户帮扶资金22500元、慰问金17600万元；投入10万元帮助田东村修建老人活动室；投入10万元为平林村建设改水工程，并完成住房困难贫困户的危房改造工作。广泛发动干部职工参加"广东扶贫济困日"各项爱心捐款活动。二是狠抓党风廉政建设。继续联合检察机关开展预防涉税渎职犯罪专项工作，通过开展法制教育、进行廉政谈话、召开联席会议、组织税收执法情况自查、全面排查涉税渎职风险等，努力从源头上遏制涉税渎职行为的发生，有效地维护了地税队伍的平安稳定。

将政风行风评议工作作为全年党风廉政建设的一项重点工作，制定工作方案，成立市县两级领导机构，全面动员、上下联动、凝聚合力，层层分解落实工作任务，推动干部职工全员参与，营造了人人自律、积极参评的浓厚氛围。全市地税系统所有参评单位在政风行风民主评议中均获得当地第一名。深入开展“制度建设年”活动，着力在制度梳理完善上下工夫，重点针对“征管查”和“人财物”等容易出现问题的重点岗位和关键环节，完善工作运行制度，健全监督管理办法。全系统共清理制度（含规范性文件）557项，其中保留的制度有223项，全文废止的有186项，部分废止的有42项，进行修改的有106项；新订制度72项。三是完善执行机制。在继续推行岗位目标管理责任制、重点工作项目专责制、重大项目与重要工作限时办结制和工作落实情况报告制等制度的同时，制定《潮州市地方税务局重点工作督导督查办法》，加强对各单位重点工作落实情况的跟踪、督导。召开全系统重点工作汇报评议会，听取各单位组织收入等重点工作完成情况汇报，并组织各单位互评，对县区局及市局机关两个系列排名第一名的单位给予通报表扬，对两个系列排名最后一名的单位，责令单位负责人向市局党组作出书面说明，对存在问题限期整改，确保了政令畅通、全年各项重点工作任务落实到位。

[教育培训] 推进教育培训网络系统建设，上传视频课程，组织在线学习交流和在线培训考试，全系统干部职工在11月提前完成年度培训学分目标任务。分级分类开展教育培训，组织科级领导干部和业务骨干更新知识培训班以及税收管理员、纳服工作人员、稽查工作人员、信息科技人员等各类专门业务培训班；落实每日一题、每周一谈、每月一课、每季一考、每年一评“五个一”教育培训活动，开展精品课程创建活动，不定期组织突击抽考，巩固学习成果，检验培训效果。全年共组织实施各类培训班92期，培训6302人次，进一步推动了学习型机关建设，提高了队伍的综合素质。

（张　骋）

揭阳市地方税务局

经济概况

2011年，揭阳市实现生产总值1228.18亿元，比上年增长（以下简称增长）14.6%。全年地方财政一般预算收入46.35亿元，增长19.9%，其中地方库税收收入33.04亿元，增长13.8%。经济运行质量明显提高，工业继续保持发展势头，投资额达到500万元以上的工业项目877个，规模以上工业完成工业增加值613.51亿元，增长29.9%；对外贸易发展较快，全年进出口总额42.24亿美元，增长16.5%；全年固定资产投资658.08亿元，增长28.0%；全年社会消费品零售总额573.45亿元，增长28.4%；人民生活继续改善，城镇居民人均可支配收入16879元，增长13.2%，农村居民人均纯收入6993元，增长14.1%。

税收概况

[税费收入] 2011年，全市组织入库地方税收和各项费金57.73亿元，增长42.37%，其中税收（不含契税、耕地占用税，下同）34.51亿元，增长26.71%，完成省局年度收入任务的107.09%，增长幅度居全省各市第五位。

[收入特点] 1. 各级次收入变化明显。受财政分配体制调整影响，省级和市县级收入规模及增长幅度出现较明显分化。全年因财政分配体制调整而影响的税收1.6亿元，受其影响，省级共享收入和市县级收入同比分别增长64.07%和17.50%，两者相差46.57个百分点。其中，省级共享收入7.86亿元，占税收总量比重从2010年的17.58%提高到22.77%；市县级收入16.17亿元，占税收总量的比重从2010年的50.52%下降至46.85%。2. 各季度收入呈“前高后低”态势。其中，第二季度由于所得税汇算清缴入库期等因素，收入明显高于其他季度；第四季度由于受个人所得税税前扣除标准调整及房地产市场调控等因素影响，收入增速明显放缓。3. 各税种收入“全线飘红”。营业税收入10.66亿元，增长27.57%，增收2.30亿元；所得税收入14亿元，增长17.76%，增收2.11亿元；地方小税种收入9.85亿元，增长40.89%，增收2.86亿元。上述三类收入中，地方小税种增长幅度和对税收增量的贡

献均为最高。4. 三次产业税收结构进一步优化。三大产业税收结构演变为0.09∶53.16∶46.75。其中,第三产业贡献率比上年上升2.28个百分点;第二产业贡献率比上年下降2.31个百分点。收入的具体情况:第一产业307万元,增长73.45%;第二产业18.34亿元,增长21.44%,增收3.24亿元,对税收增收总量的贡献为44.52%;第三产业16.13亿元,增长33.22%,增收4.03亿元,对税收增收总量的贡献为55.30%。

[规费征缴]　全市各级地税部门切实强化税费同征同管同查同服务,严格规范各项规费的征缴管理。2011年,全市共征缴社保费收入14.17亿元,增长34.75%,增收3.65亿元。其中,企业养老保险费8.98亿元,增长44.10%,增收2.75亿元,完成年度计划的118.10%;残疾人就业保证金收入1760万元、堤围防护费收入1.59亿元、价格调节基金收入687万元、地方教育附加收入8880万元。各级地税部门认真做好社保费申报前置审核校验系统上线工作,配合社保部门上线社保端管理系统,妥善解决社保地税对账问题。规范社保费征管档案资料管理,完善一户一档制度。做好《社会保险法》实施前参保人清欠补缴工作,保障参保人的合法权益。制订配套的残疾人就业保证金档案管理制度,确保残保金征缴资料齐全、手续完备。同时,联合有关部门明确具体业务流程,认真组织业务测试,制订操作办法,确保价格调节基金和地方教育附加代征工作的顺利开展。

各项工作

[税收征管]　1. 抓征管强基础。开展最佳基层单位考核评比活动,对全市38个基层税务分局和6个市直税源管理股的“两权”(行政管理权和税收执法权)运作进行全面考核评比,评选出4个最佳基层单位,在全系统营造规范管理、比学赶超的良好氛围。加强征管指标考核,每月公布纳税核定率、“房产税与土地使用税”两税登记率和有税户比例等指标,有效防范执法风险,提高征管质效。大力推行电子发票、网上报税和“天翼税通”业务,全市1180户领票户有1120户开通发票在线应用系统,开通率为94.92%,初步建立起发票在线应用服务体系。同时,积极推进自助办税服务工作,全市41个办税服务厅38台内设、3台外设自助终端机投入使用。大力推进国、地税部门合作,选取普宁、东山专业市场作为联合办税试点,与国税部门开展稽查联合办案。2. 抓创新推品牌。一是将土地、增存量房、物业管理、房屋出租、家居装修等项目一并纳入系统管理,实现链式一体化控管。二是开发存量房价格评估系统。建立一套科学的房地产交易价格监控体系,防范“阴阳合同”,有效堵塞税收征管漏洞。三是上线地税房管交易税收信息实时共享系统。同时,起草并提请市政府以规范性文件形式发布《揭阳市涉税信息交换和共享实施办法》,进一步明确31个部门和单位提供涉税信息的义务。作为全省最先推行涉税信息共享工作应用的单位之一,市局此项工作得到省局的充分肯定。3. 抓税政重规范。全市抽调业务骨干121人,选取供电、建安、服装、塑料、五金制品、热(冷)轧钢等13个行业共800户重点企业进行所得税交纳辅导,进一步规范所得税征管,严格执行税收政策,共查补税费1.24亿元。认真做好年所得12万元以上个人所得税年度申报辅导,全市实现申报4363人,完成省局下达目标的130.28%,缴纳个人所得税1.6亿元。全面开展住宅小区地下停车场税收检查,清理住宅小区59个,入库税费4825万元。对符合条件的房地产开发项目进行土地增值税清算,全市全年征收土地增值税1.54亿元,增长45.66%。开展房产税和土地使用税专项检查,全市全年征收房产税1.14亿元、土地使用税2.51亿元,分别增长33.58%、67.22%。积极做好契税、耕地占用税征管职能移交工作,抓好外资企业城建税及教育费附加开征工作,严格征收管理,确保税款应收尽收,全年征收契税1.94亿元、耕地占用税2.74亿元。

[税收执法]　全市各级地税部门进一步强化常规执法责任制考核,规范基层两权运作;出台《2010税收政策法规汇编》,认真编制《揭阳市地方税务局法制建设五年规划》,切实谋划“十二五”时期全市依法治税和税收普法工作。扎实推进普宁市局税务行政处罚裁量权试点工作,各类税收违法行为全部按新的裁量基准进行税收行政处罚。组织举办“税务行政诉讼案例教学”,进一步提高地税干部的依法行政意识和应对税务行政诉讼案件的能力。充分发挥稽查作用,深入开展资本交易项目、广告业、房地产及建筑安装等行业的专项检查;继续完善税警办案机制;加大发票违法行为打击力度,全市共查补入库税款4293万元,破获假发票犯罪案件3宗,缴获假发票67万份。

[纳税服务]　全市各级地税部门通过深入开展税收宣传示范区创建活动,组织税收宣传动漫创作、发行税收宣传明信片和个性化贺卡、增设揭阳地税报电子版、开展税法“进两会、进校园、进企业、

进农村、进影院”等一系列活动，积极构筑税收宣传长效机制，促进纳税人遵从度不断提升，其中发行税收宣传明信片和依托“农村电影21312工程”开展税收宣传活动被省地税局评为税收宣传优秀创新项目。积极推进办税服务厅规范化建设，除4个择址另建外，全市已有37个办税服务厅全面完成规范化改造。深入开展“纳税服务之星”评选活动，弘扬创先争优精神。出台《揭阳市地税系统办税服务厅值班长制度》，进一步规范办税服务厅管理。率先推行社保费扣缴情况短信通知和网上查询服务，大力推广门前开票免填单业务，进一步优化地税门户网站和12366纳税服务热线。同时，严格落实税收优惠政策，全市共依法减免税款9662万元，有力扶持了企业发展和促进民生改善。

[队伍建设] 各级地税部门全面加强廉洁地税建设，取得成效。一是管理效能显著提升。加大督查督办力度，提高队伍执行力，确保政令畅通；选取榕城区局作为绩效考核管理试点单位，组织业务骨干到先行单位学习考察，制订试点工作方案，积极推进绩效考核管理。二是教育培训成效明显。制订全市“十二五”教育培训工作规划，进一步明确教育培训的任务目标、工作要求和实施措施。创建特色培训项目和精品课程，增强培训工作的针对性和实效性。继续与暨南大学和广东商学院合作，办好税务学硕士研究生班和本科班，加强队伍学历继续教育，培养高素质人才。积极组织科级干部知识更新培训和兼职教师、业务骨干业务培训以及揭西县局全员税收业务岗位技能培训，进一步提升干部队伍的综合素质。共举办、参加各类培训班131期参训8006人天次，全年人均参训天数达20天。

[创先争优] 开展“十大工作创新奖”评选活动，鼓励和引导广大干部职工积极参加创先争优活动，涌现出一大批先进单位和个人：市局被评为“2006～2010年全省法制宣传教育先进集体”；普宁市局被省委评为“文明单位”；普宁市流沙分局被授予“广东省工人先锋号”称号；东山区局办税服务厅和榕城区局梅云办税服务厅被评为“省局一级办税服务厅”；全市地税系统共有58名干部当选各级党委委员、党代表、人大代表和政协委员，其中4人当选为市党代表、1人当选为市委委员、4人当选为市人大代表和政协委员。

抓好廉政谈话、风险点排查等惩防教育。与纪检、检察等部门联合抓好渎职侵权预防，降低执法风险。推进党务政务公开。全面开展刹风整纪和明查暗访活动，规范和约束干部职工的行政行为，优化机关作风。全市地税系统在2011年的民主评议政风行风中均名列当地第一。市局机关党委和市局纪检组分别被评为“市直先进基层党组织”、“全市纪检监察系统先进集体”。

[地税文化] 市局与市政府办公室共建学习型机关，丰富干部职工文化生活，促进工作效能的全面提升。在全系统举办象棋比赛、征文比赛、“情满榕江、幸福地税”美术书法摄影作品展和文艺汇演等活动，出版优秀书法美术摄影作品集和《赋园小语》，弘扬地税文化，展示揭阳地税人良好的精神风貌。

（黄春城）

云浮市地方税务局

经济概况

2011年，云浮市实现地区生产总值501.95亿元，比上年增长15.0%。其中，第一产业增加值123.13亿元，增长6.1%；第二产业增加值225.44亿元，增长26.2%；第三产业增加值153.38亿元，增长8.0%。全市完成规模以上工业总产值655.92亿元，比上年增长52.5%；完成增加值190.35亿元，比上年增长37.2%。全市社会消费品零售总额1687.58亿元，比上年增长17.8%。全市累计完成固定资产投资总额353.4亿元，比上年增长26.5%。其中，城镇投资241.02亿元，同比增长37.6%；农村投资112.38亿元，同比增长7.9%；房地产开发投资28.96亿元，同比增长46.7%。全市地方财政一般预算收入29.8亿元，同比增长32.8%。地方财政一般预算支出75.5亿元，同比增长14.1%。全市国税系统收入20.32亿元，同比增长18.9%；地税系统收入22.56亿元，同比增长23.6%。全市金融机构本外币各项存款余额581.66亿元，比年初新增加94.72亿元，比年初增长19.5%。全市金融机构本外币各项贷款余额 333.17 亿元，比年初新增加 54.83 亿元，比年初增长 19.7%。

税收概况

［税费收入］ 2011 年，云浮市地税系统共组织各项收入 38.87 亿元，同比增长 25.7%，增收 7.95 亿元。其中：组织税收收入 22.56 亿元，同比增长 23.6%，增收 4.31 亿元，首次突破 20 亿元大关，完成省局下达年度税收计划（剔除省级固定收入）的 112.6%，完成省局下达年度税收任务的 106.7%；组织社会保险费收入 11.63 亿元，同比增长 28.1%，增收 2.55 亿元，首次突破 10 亿元大关；组织其他收入（含契税、耕地占用税、教育费附加等）4.68 亿元，同比增长 30.2%，增收 1.09 亿元。

［税收特点］ 一是税收收入保持较快增长态势。二是各预算级次收入均衡增长。三是各税种收入普遍快速增长。四是三大产业税收全面增长，第一产业税收增长拉动力大幅提升。五是建筑安装和房地产业税收增长拉动力明显减弱。六是各县（市、区）收入全面增长。七是重点税源收入集中度高。

［税源分析］ 2011 年，全市地方税收收入增长的主要因素有四方面：一是建筑、房地产、服务、金融等行业稳定发展，为地方税收稳定增长提供了保证。二是企业效益提高，推动所得税收入稳定增长。三是政策性增收效应带动地方税种快速增长。四是清算工作成效显著促进税收收入增长。地方税收减收的因素主要有三方面：一是南广铁路项目结算入库税收大幅减收。二是个人所得税政策减收效应明显。三是房地产调控政策效果初现。

各项工作

［税源管理］ 以“四项分类统计”为抓手，促进各级地税部门挖潜堵漏工作，在有力增加税收收入的同时，进一步提高了各地的征管水平，积累了一大批如“利用外围涉税数据进行跟踪管理和比对分析；对土地使用税进行清理及逐户重新核算；对企业历年经济税收数据进行比对分析；对微利企业和亏损企业开展纳税评估；解读税收政策突破企业不合理避税手段；创新行业或税种管理办法”等行之有效的税收征管方法，堵塞了税收征管漏洞，促进了收入增长。在 2011 年全市 43116 万元的税收增量中，挖潜堵漏增加的税收收入 2739 万元，占税收增收总量的 6.4%。

［所得税管理］ 在企业所得税方面：通过采取“加强税收宣传，优化纳税服务；核实管户底数，全面进行汇缴；加强申报审核，确保汇缴质量；推行税务代理，提高汇缴质量；推行电子申报，提高汇缴效率；办理涉税事项，保证汇缴进度；建立反馈机制，及时解决问题；建立报数机制，掌握汇缴进度”等八项措施，圆满完成了 2010 年度企业所得税汇算清缴工作任务。2010 年度汇缴企业 1452 户，汇缴面达 100%，同比增加 156 户，增长 12.04%，共汇缴入库税款 4266.73 万元，同比增收 1948.22 万元，增长 84.03%。在个人所得税方面：重点加强年所得 12 万元以上个人所得税自行申报工作，共受理年所得 12 万元以上个人所得税自行纳税申报人数 2710 人，比上年增加 445 人，增长 19.64%；完成省局申报任务 2424 人的 111.80%，缴（扣）税额 11318.71 万元，应补税额 15.42 万元。同时，大力宣传和认真执行新《个人所得税法》，在新法施行 3 个月后，全市工资薪金和个体工商户生产经营所得个人所得税减收 1949 万元，其中工薪个人所得税减收 1236 万元、个体工商户生产经营所得个人所得税减收 713 万元，共惠及全市近 10 万人，减税效应明显体现。

［税收执法］ 重点加强对资本交易项目、广告业、房地产业、建筑安装业的税收专项检查，确定 10 户被检企业，查补税款 217 万元，罚款 31 万元，加收滞纳金 14 万元。确定 25 户企业为发票重点检查企业，至 2011 年底查结 19 户，转入审理环节 6 户，查处涉嫌非法发票 263 份，涉及金额 248.19 万元，查补税款 56.36 万元。充分发挥警税联合执法职能，进一步打击涉税违法犯罪。联合对 5 户企业进行检查，查获涉嫌非法发票 9763 份，涉及金额 117 万元。与市经侦大队联合查获倒买假发票案件 1 起，查获假发票（广东省地方税收通用定额发票）60 本共 3000 份，面值金额 9 万元。紧紧依靠群众，严厉查处涉税违法举报案件，全市各级稽查部门共收到群众涉税违法举报案件 14 宗，其中受理 10 宗、不予受理 4 宗、查结 8 宗、正在查处 2 宗，共查补税费 147.83 万元，查结率 80%；发放举报奖励金 1000 元；协查案件 6 宗。

［优惠政策落实］ 积极推进政策落实，促进地方经济发展方式加快转变，进一步加大对自主创业和困难劳力就业的支持力度，充分发挥税收扶持政策促进就业的积极作用，建设人本地税：一是研究制定云浮市支持和促进就业的具体工作方案，细化政策规定，完善操作办法；二是紧密联系人社部门、财政部门，理顺政策的执行细节；三是配合人社部门针对社会创业者与失业人员举办两期支持创业与就

业税收政策培训班。2011 年,全市地税系统为 5063 户纳税人减免 50633 万元。其中,牲畜、家禽的饲养所得减免企业所得税 24938 万元;居民企业之间的股息、红利等权益性投资收益减免企业所得税 19052 万元;二手房地产减免税款 4845 万元;企业困难减免税款 214 万元;下岗再就业人员减免税款 27.53 万元。

[**税法宣传**] 通过举办"地税开放日"、"和谐地税服务社会"专题文艺晚会,开展"税法进校园、进机关",召开 A 级纳税人座谈会,建设"税宣一条街",开展"领导大接访活动"和发票抽奖等活动,不断提高全社会纳税遵从度,营造良好的治税环境。

[**队伍建设**] 围绕"干群连心桥"行动,通过开展"两个减负"专题调研,组织召开干部职工座谈会等活动,不断增强队伍凝聚力,并结合纪念建党 90 周年,大力加强理想信念教育。2011 年,在全市对 10 个具有行政执法职能部门进行政风行风民主评议活动中,市地税局取得综合分 99.11 分与市工商局并列第一。通过开展各类培训班,大力推行网络学习,实施学分制管理等方法,进一步提升干部队伍能力素质。2011 年共组织参加各类培训班 179 期,培训 5650 人次。

[**党风廉政**] 一是采取"三同"措施落实"一岗两责"。提出"党风廉政工作与业务工作同布置、同落实、同检查"的工作思路,将风险防范措施贯穿于业务工作的全过程。二是建章立制,进一步规范一把手用权。三是加大《廉政准则》贯彻执行情况专项检查力度。四是针对基建工程和个体户定额管理上的廉政风险,认真抓好廉政风险防范。五是加强预防渎职专项治理。通过开展集体廉政谈话、举办预防渎职犯罪专题讲座、开展制度清理等活动,切实抓好预防渎职专项工作。

[**行政管理**] 一是积极推进绩效管理试点工作。确定新兴县地方税务局为全省绩效管理试点单位,按要求制定方案,成立领导小组,召开动员大会,举办绩效管理培训班,全市地税系统绩效管理试点工作进展顺利。二是坚持督查督办,健全工作制度,通过发出《督办通知书》,定期召开"督办工作点评会",建立"工作碰头会制度"和"每月工作情况汇报制度",不断提升工作执行力。三是优化后勤服务、提高保障能力。进一步规范公务用车管理,落实安全责任;进一步加强经费管理,严格控制和压减"三公"经费支出,深入推进机关节能降耗。

[**文明创建**] 一是通过举办专题讲座、"幸福地税"书画摄影和征文比赛等活动,不断提升干部职工对建设幸福地税的满意度和认同度。二是组织举办迎新春联欢晚会、干部职工子女才艺大赛、纪念建党 90 周年党史论坛等活动;开办瑜伽班、书画摄影培训班;创办《石都税苑》杂志。三是深入推进扶贫"双到"工作,进一步强化各级帮扶责任,提前完成帮扶任务,帮扶村集体经济收入和贫困户人均收入分别从 2009 年的 2.58 万元、1300 多元,增加到 11.213 万元、7869 元,使 94 户贫困户实现了稳定脱贫。

(陈　虹)

珠海横琴新区地方税务局

经济概况

2011 年,珠海横琴新区实现地区生产总值 8.12 亿元,按可比价计算,比上年增长 65.6%。规模以上工业增加值 4562 万元,比上年减少 38.0%,规模以上工业总产值 1.83 亿元,比上年减少 40.7%。全社会固定资产投资额为 120.11 亿元,比上年增长 109.0%,外贸进出口总额 1.20 亿美元,比上年减少 16.84%。其中,出口总额 6078 万美元,比上年减少 21.8%;实际吸收外商直接投资 8751 万美元,比上年增长 1650.2%;引进内资注册资本 22.41 亿元,比上年增长 206.39%;地方财政一般预算收入 2.84 亿元,比上年增长 328.0%;地方财政一般预算支出 6.19 亿元,比上年增长 547.5%。

税收概况

[**税费收入**] 2011 年,横琴新区方税务局全年组织税费收入 3.98 亿元,比上年增长 399%,同比增收 3.18 亿元。其中,税收收入 3.39 亿元,同比增收 2.76 亿元,同比增长 438.0%;其他收入 0.31

亿元，同比增收0.27亿元，同比增长563.0%；社保费收入0.28亿元，同比增收0.16亿元，同比增长129.3%。

［税收特点］　一是营业税是税收增长的主要动力，营业税收入1.96亿元，同比增长641.8%，税收增长贡献率61.6%。二是省级收入增幅最大，其次为区级收入，中央级收入3678.39万元，同比增长284.0%；省级收入1.21亿元，同比增长684.0%，可比增长527.2%；区级收入1.81亿元，同比增长377.2%，可比增长430.9%。三是税收产业结构变化较大，二产比重明显上升，第二、三产业分别实现税收1.92亿元、1.46亿元，分别同比增长837.3%、245.2%。第二、三产业税收比重为56.8∶43.2。四是建筑业税收收入占据半壁江山，建筑业税收收入1.74亿元，同比增长1003.6%，对税收增长的贡献率达57.2%。

［税源分析］　横琴新区开发热潮的不断升温和重点建设工程项目的加速推进，为新区地方税收增长提供了稳定的税源。从行业结构看，建筑业税收收入占主导地位，横琴新区市政基础设施（BT）项目、澳门大学横琴新校区项目和长隆国际海洋观光旅游项目加速推进是建筑业税收的主要来源。从税源结构看，纳税百万元以上的纳税户共有61户，合计缴纳税收2.91亿元，占全局总税收的85.8%，其中42户属于外来建安企业、19户为普通大户。从各税种看，营业税、企业所得税、个人所得税三大主体税种占税收收入76.1%，其中营业税占地方税收的58.0%，税收增长贡献率61.6%，是拉动税收增长的绝对动力。地方小税种中，城市维护建设税、印花税和土地增值税增幅较大。全年一次性税收超过1亿元，是税收增长的另一主要因素。另外，横琴新区地方税务局高度重视日益增长的非居民税收管理，备案非居民承包工程和劳务合同共46份涉及金额5亿元，入库税款595万元。

各项工作

［税收执法］　围绕“依法行政、规范执行”开展工作。一是规范税收执法工作机制，分析研究并规范税务行政处罚自由裁量基准，制定并严格落实《珠海横琴新区地方税务局日常税收执法检查工作办法（试行）》，开展季度税收执法行为检查，促进征管质量提高，防范执法风险。二是积极推进横琴税收政策创新，贯彻落实《国务院关于横琴开发有关政策的批复》（国函〔2011〕85号）文件精神，系统、细致地研究港澳和内地的个人所得税税制差异，代拟《横琴新区港澳居民个人所得税差额补贴暂行办法》及有关说明。三是加强各税种及规费管理，全年受理审核上报减免退税（费）事项299宗，涉及审批减免退金额440万元。完成企业所得税汇算清缴和个税自行申报，补缴2107万元。积极开展社保费历史欠费清理，实现养老、失业保险参保人数均超任务35%以上，完成地方教育附加开征、堤围费费率调整和“两费”分析评价。四是结合发票举报案件的处理，深入开展发票专项检查，加大对发票违法行为的打击力度，规范税收秩序。

［税收征管］　一是通过建立重点税源监控制度和领导挂联重大项目制度，建立起涵盖九大重点项目近500个施工项目的税源监控电子台账，深化“一对一”辅导、“绿色通道”、“提前介入式”等服务措施并实地跟踪项目进展，与项目建设方建立起信息互通机制，有效监控税款征收入库1.64亿元。二是加强对一般税源的有效控管，开展对非正常户、停业户和长期零申报纳税户的核查、清理，细化对各个工作环节、各个工作岗位、各级执法人员的风险管理，积极防范征管风险，规范日常税收征管行为。三是进一步推进社会综合治税，制定横琴新区落实涉税信息交换与共享工作方案，推动横琴新区各部门参与配合相关工作，加强与国税、工商、财政金融等职能单位的协调合作，对工商不匹配数据开展核查，对城建税、教育费附加、地方教育附加等申报数据进行比对和清查，并实行个体户定税信息的定期交换，充分利用涉税信息数据加强税源管理。四是加大对新办企业纳税培训辅导力度，对非居民企业办理登记、日常纳税辅导和监控进行规范，开展发票专项检查配合清理、核销旧版发票切实加强发票管理，开展印花税纳税评估工作，共评估印花税入库360万元。

［科技兴税］　一是开展绩效管理信息平台的研发和运行维护，落实横琴新区地方税务局作为全省绩效管理试点的工作安排。二是正式启用财税库银税收收入电子缴库横向联网系统（TIPS），已实现银行账号信息录入、三方协议验证、TIPS缴款方式扣款、查询下载入库流水等。三是成功上线广东地税统一工作平台，统一工作平台上涵盖的征管系统、OA、税管员平台、税收分析、发票在线以及邮件等运转正常，顺利登上省局统一平台信息快车。四是召开天翼税通推广会，正式向横琴新区全面推广“天翼税通”业务及翼税服务体系。五是做好“大集中”等平台的运维工作。

［纳税服务］　坚持以方便纳税人为出发点，提供多项个性化服务。一是打造人性化办税服务环

境。设置自助办税系统、新式排队叫号系统,安装服务效能评价系统、摄像录音系统、综合咨询查询设备和LED大屏幕显示屏等,及时公告有关税收政策、工作动态、税务公开事项以及便民服务承诺。2011年受理办结涉税事项共计10039宗,征收税费金额15122万元,占全局总税收收入的40%。二是优化办税流程。前移审批事项,提高办税效率,将"五项"由管理部门完成的涉税事项前移至办税服务厅办理。文明服务、高效便民的作风使横琴新区地税局在新区政风行风评议以及基层满意站所创建中获得第一名。三是推行多样化服务。提供"午间值班"延时办理服务、税务专家咨询服务、涉税资料免费复印和老、残、孕免排队等服务措施,坚持"税收顾问式"、"不见面式"、"不间断式"和"客户式"服务,认真落实首问责任制、咨询辅导制、服务承诺制度、限时办结制度、政务公开制度等规章制度,为新区纳税人提供法治化、国际化的政务服务环境。

[机构人员设置] 横琴新区地方税务局于2010年5月26日挂牌成立,为广东省地方税务局正处级直属机构并委托珠海市地方税务局管理,内设正科级机构5个:办公室、政策法规科、收入核算信息科、管理一科、管理二科。全局现有干部职工33人,队伍平均年龄34.9岁,本科以上学历占93.9%,硕士学位13人,博士学位1人,党员占87.8%,"三师"(注册税务师、注册会计师、司法资格)27.3%。

[队伍建设] 加强领导班子建设,深化"学习型组织"创建,坚持党组中心组学习制度,全年安排4次专题学习,开好班子专题民主生活会,班子成员政治思想水平、政治鉴别能力和科学决策能力不断增强。实施"干群连心桥"工程,班子成员公布手机、邮箱等联系方式,深入开展谈心交心活动,撰写"连心桥日记",健全完善"领导干部接访日"制度,畅通各种连心途径。创新推行科学管理,积极开展省局绩效管理试点工作,制定绩效指标,编写岗位说明书,初步搭建"以绩评能、以能定学、以学促绩、绩能相长"的绩效管理体系,提升管理科学化水平。确立科学的选人、用人导向,搭建公平、科学的个人发展平台,全年通过竞争性选拔方式提拔正科级干部6名、副科级干部2名,评定股级科员2名,招录公务员5人。

[党风廉政] 把加强政风行风工作列入全局工作的重要议事日程,并与纪律教育学习月活动及机关作风建设相结合,通过开展"一月一主题,一月一活动"廉政文化建设活动,大兴学习之风;通过狠抓办税厅"硬件"建设基础,切实强化服务之风;通过开展自查自纠,规范服务体系,进一步提升工作作风;通过聘请特邀监察员和行风监督员,狠抓制度规范和纪律约束,强化内外监督,巩固提高廉洁之风。努力建设学习型、服务型、效率型和廉洁型的"四型"地税机关,塑造了良好地税形象。在横琴新区的政风行风评议和创建群众满意基层站所活动中,取得"双第一"成绩,并被新区管委会授予"群众满意基层站所"称号,被珠海市政府评为"2011年度创建群众满意基层站所(窗口单位)活动先进单位"。区局党支部被区委评为"先进基层党组织"。

[教育培训] 以"分享·提升"为主题,推进"人才教育培训工程",着力打造以"业务课堂、专家讲堂和纳税人课堂"为载体的"三大课堂"教育培训品牌,全年授课12期。开展"知识、读书、创新"三项分享,营造学习氛围。举办首届创意日活动,激发创新热情。组织首期以"粤港澳经贸合作和税收制度"为主题的全员培训,组织全体干部职工分批次参加珠海市局举办的全员培训。推进精品课程创建,组织优秀师资团队精心设计制作《招商引资与税收》和《税务行政复议精讲》两个课程,《税务行政复议精讲》被省局评为精品课程。全局人员参加省局网络学院课程培训和考试,100%达标。干部职工全年学分达标率100%。

[地税文化] 大力弘扬以"开放、励新、明德、超越"为核心价值观的"海·琴"地税文化,深入推进核心价值观教育和各项实践活动。组织编辑"海·琴"文化期刊,制作横琴新区局成立一周年纪念宣传画册,展现横琴地税人创业兴业的时代风采。设立"党员示范岗",推行公开承诺制,举行建党90周年诗歌朗诵比赛和七一重温入党誓词等系列活动,发挥党员先锋模范作用,营造创先争优良好氛围。举办首届创意日活动,鼓励干部职工为区局发展谏言献策,激发创新的热情。组织"幸福地税"研讨会,引导全体人员树立正确的人生观、价值观、幸福观。热心社会公益事业,组织到福利院开展慰问活动。组织趣味运动会,建立篮球、羽毛球、书法、英语等文化团队,通过开展丰富多彩的文化活动增强队伍的凝聚力。办税窗口被授予"青年文明号"。

(范丽华)

顺德区地方税务局

经济概况

2011 年,顺德区地区生产总值突破 2000 亿元关口,达到 2263.93 亿元,同比增长 12.4%。其中,第一产业增加值 38.22 亿元,增长 2.5%;第二产业增加值 1382.09 亿元,增长 12.0%;第三产业增加值 843.62 亿元,增长 13.5%。全区工业总产值 5965.73 亿元,增长 14.8%,其中规模以上工业企业完成工业总产值 5565.73 亿元,增长 15.4%。外贸出口总值 169.28 亿美元,增长 17.3%。社会消费品零售总额 618 亿元,增长 18.2%。全社会固定资产投资 418.41 亿元,增长 13.1%。年末全区金融机构人民币各项存款余额 2713.63 亿元,增长 9.4%。全区实现税收收入 300.08 亿元,比上年增长 14.6%。其中,国税收入 186.22 亿元,增长 6.5%;地税收入 113.86 亿元,增长 31.1%。地方财政一般预算收入 122.1 亿元,增长 20%。

税收概况

［概述］ 2011 年,顺德区局紧紧围绕省地税局和区委区政府的政策方针和工作部署,以科学发展观为统领、以"四项行动一项活动"为主线,将"法治、和谐、勤廉、创新"的顺德地税核心价值观落实到工作当中,实现了地税事业各路工作齐头并进的良好势头,为促进转型升级发展、推进幸福顺德、幸福广东建设作出了卓有成效的贡献。

［税费收入］ 地税系统组织各项税费收入总额 195.53 亿元。其中地方税收 113.86 亿元,首次突破百亿大关,同比增幅 31.1%,地税收入从 80 多亿元跳跃式跨入百亿时代,收入总量和增速均创近 10 年新高,增速居全省第三,超过全省平均增速 8.6 个百分点。其中,中央级收入 24.60 亿元,同比增长 32.3%;省级收入 36.45 亿元,同比增长 52.3%;市县级收入 52.81 亿元,同比增长 19.1%。加上全年征收的契税和耕地占用税 11.55 亿元,所组织的区级税收收入占区级一般预算收入 52.3%。另外,全年组织各项非税收入合计 70.11 亿元,其中累计组织社保费收入 57.12 亿元,同比减少 13.3%,剔除上年度一次性补缴养老保险金和医疗保险金等政策因素,可比增长 24%,综合征缴率 99.64%,社保扩面近 7 万人,创下顺德社保基金扩面幅度纪录。

［税收法制］ 一是加强法制建设和执法监督。狠抓税收行政执法责任制考核,建立预警和纠错机制,成为全省地税系统"执法零差错"的单位之一。加强法律服务,利用"法规在线"网上学法平台发布学习资料 36 期,并结合常年法律顾问制度的实施,实现全系统法律资源共享。推进实施法制员工作制度,通过在各执法单位设置法制岗、聘任法制员,将执法监督和执法风险防范延伸到税收征管一线的各个环节。二是重视对纳税人合法权益的保护。全年办理行政诉讼案件 1 宗,以原告人主动撤诉为结果圆满办结。连续五年保持行政复议、行政赔偿"零发生"。建立健全信访工作机制,建立舆情监控制度,出台社保费征管、办税服务厅运维中的应急处置办法,全年近 70 起信访事项全部在限期内办结,维护了大局和谐稳定。三是大力营造公平公正的税收环境。发挥稽查优势,共检查企业 116 户(含立案、自查、约谈、审核),综合处理金额 1.28 亿元(含查补税费、滞纳金、罚款)。加大打击发票违法犯罪活动力度,共检查发票案件 25 宗,发现并确认非法发票 1393 份,涉及票面金额 1266 万余元;严查电脑开票的涉税违法问题,成功查处 2011 年全省首例假电子发票案。

各项工作

［税收征管］ 大力推进税收征管改革,持续创新管理和服务手段。一是深化综合治税改革。在容桂街道办事处开展协税网络试点改革,建立区、镇街、村居三级综合治税工作架构,实现零散税源社会化综合管理。协助区政府出台《顺德区涉税信息交换与共享规定实施办法》,在全区 19 个职能部门之间实现涉税数据交换和共享。二是成立全省地税系统首个全职能的"大企业征收管理税务分局"。该分局承担全省大企业税收专业化管理试点任务,负责对国家税务总局、省地税局在顺德区内的定点联系企业及辖区内重点企业开展全方位的征收、管理和服务工作。三是探索税收管理服务区建设。建立全省税务系统第一个税收管理服务区,为纳税人提

供深层次的管理服务。四是加强现代信息技术应用。完善网上办税厅功能,成功开发契税征收模块、社保费拦截数据处理系统等税收管理辅助平台。开展CA认证工作,自主开发风险预警系统,保障电子办税安全和防范日常涉税风险。开发应用GIS税收管理监控系统,率先实现对征管、稽查、税源分析、税源监控等方面的可视化信息管理。强化“二手房”交易税收评价系统应用,调增计税金额9.12亿元,评增税款约9292万元,有效堵塞了税收征管漏洞,规范了全区二手房交易市场秩序,成功打造了一个“低投入高效益”的政府管理样本。

[纳税服务] 一是加强热线沟通,及时办理涉税服务。全年通过12366热线受理纳税人各种咨询、举报、投诉、建议等事项53997宗,比上年增长11%。其中,受理咨询53861宗,占总量99.75%;举报105宗;投诉25宗;建议6宗。二是贴近纳税人需求,提供个性化服务。创新服务理念,为不同类型企业量身定做服务套餐,如为区内24户拟上市企业提供税收政策宣传辅导服务;为高新技术企业举办专题培训;为龙腾企业提供联络服务;为总部企业、重点税源企业、重点工程项目、纳税信用A级企业提供税收保健服务。三是改进办税方式,提高办税效率。完善网上办税厅功能,在各镇街增设24小时自助办税终端机,方便纳税人办理纳税事项;在各办税厅全面推行“一窗式”服务,全区纳税人排队等候时间平均仅为4分钟,比年初缩短10分钟,办税效率提高48%。四是加强税法宣传,扩大社会影响力。成功承办顺德区首届纳税百强评选表彰活动,办出了档次、办出了特色、办出了形象,赢得区主要领导和企业家们的高度赞誉。举办丰富多彩的税务宣传活动,吸纳150名在校学生为顺德首批校园税宣志愿者。主动与政府部门、社会媒体、行业组织和社会团体深化协作,使税收宣传进机关、进企业、进校园、进村居,赢得了纳税人的理解和支持。

[党风廉政] 一是严格党风廉政责任制考核。日常考核和年终考核相结合,以百分制量化标准对各单位一年来执行廉政责任制情况进行综合评定,促进全局廉政建设深入开展。二是完善廉政风险防控机制。强化廉政制度建设,加强对干部员工的监督管理,特别是围绕自由裁量权较大的重点岗位和关键环节加强监督制约,对潜在的不稳定因素或苗头性、倾向性问题果断采取措施,维护队伍和谐稳定。三是扩大宣教影响。编发以预防渎职犯罪为专题的5万多字的《廉风》增刊,日常利用廉政短信、廉政专刊、廉政版报、廉政走廊等营造浓厚的廉政氛围,筑牢干部员工拒腐防变的思想根基。四是开展形式多样的廉政活动。参加全区反腐倡廉辩论赛,荣膺“季军”,1位干部获“优秀辩手”称号;结合《廉政准则》实施和建党90周年活动,开展“以人为本,执政为民”主题纪律教育活动;组织上线“民生热线”,为市民解疑释惑;认真部署行评工作,共向全区群众发放政风行风调查纸质问卷3265份、网络问卷161份,力促各单位端正作风、改进工作,并以98.75分获得“满意”单位评价。

[教育培训] 实施“教育强税”战略。一是创新推出情景教育模式。开展全区纳税服务情景大汇演,将业务提升与文化建设相契合。二是创新实战培训方式。举办窗口业务“大比拼”活动,营造“比、学、赶、超”氛围,15名员工被授予“上机操作能手”称号,窗口人员业务水平显著提升。三是强化学习教育平台。充分利用省地税局网络教育学院组织学习,全体干部职工百分百完成学分要求,并自主开办税政业务论坛、“学习园地”等电子学习平台,加强专业知识的常态化渗透。四是探索小班教学模式。推行税政业务例会制度,举办座谈式小班学习活动,大大提升学习的针对性。五是举办规模最大、覆盖面最全的集中培训。对副科以上领导干部、普通干部职工、业务员和协税员进行分批分层知识更新和情商培训,全年共组织培训12期,人数近700人次。六是开发精品课程和精品教材。自主研发《税务统计基础知识与征管信息数据应用实务》课程,成为省地税局25个“精品课程”之一;编印的《新企业所得税法政策法规汇编(第三辑)》、《纳税评估典型案例》等资料,成为指导基层实践的重要教材。

(王言广)

第五篇

税费统计

2011年广东省地方税务局入库税金明细年报表

编报机关:广东省地方税务局　　　　单位:万元

序号	项　目	合计				中　央	省　级	市　级	县(区)级
		合　计	其中:本年新欠入库	2001年5月1日以后陈欠入库	2001年5月1日以前陈欠入库				
1	总　计	47755808	1589484	170547	3674	9676515	9402659	19577978	9098656
2	一、税收收入合计	39876419	1337227	161131	2324	9676220	8912991	14436441	6850767
3	1. 营业税	14249891	335512	94186	95	5931237	5892035	2426619	
4	(1)金融保险业营业税	2371131	36080	14367			1478790	892341	
5	(2)其他营业税	11878760	299432	79819	95		4452447	4999694	2426619
6	2. 企业所得税	7497384	387354	17973	57	4591508	889728	1591174	424974
7	(1)一般企业所得税	6925616	368921	16418	57	4155419	851163	1505566	413468
8	内资企业	5186298	286106	6936	54	3111831	729863	978747	365857
9	外资企业	1739318	82815	9482	3	1043588	121300	526819	47611
10	(2)分支机构预缴所得税	211930	6671	263		127155	23805	53217	7753
11	内资企业	119241	5032	263		71541	13562	27455	6683
12	外资企业	92689	1639			55614	10243	25762	1070
13	(3)总机构预缴所得税	185953	5284	217		136926	12883	32391	3753
14	内资企业	106950	4281	217		77880	9267	16699	3104
15	外资企业	79003	1003			59046	3616	15692	649
16	(4)总机构汇算清缴所得税	78947	4198	817		78947			
17	内资企业	49883	3073	817		49883			

续表

序号	项　　目	合　　计				中　央	省　级	市　级	县(区)级
		合　　计	其中:本年新欠入库	2001 年 5 月 1 日以后陈欠入库	2001 年 5 月 1 日以前陈欠入库				
18	外资企业	29064	1125			29064			
19	(5)企业所得税待分配收入	94938	2280	258		93061	1877		
20	内资企业	56155	1748	258		54560	1595		
21	外资企业	38783	532			38501	282		
22	3. 个人所得税	8474519	285918	11538	4	5084712	1026422	2075642	287743
23	4. 资源税	111231	823	137				13053	98178
24	5. 固定资产投资方向调节税								
25	6. 城市维护建设税	3093991	60254	4067	1871			1695146	1398845
26	7. 房产税	1451709	87655	10003	297			819068	632641
27	8. 印花税	684883	37323	2223				314173	370710
28	9. 城镇土地使用税	1040353	56120	11919				387660	652693
29	10. 土地增值税	2952133	85319	8906			1065604	1490818	395711
30	11. 车船税	306275	949	179				157672	148603
31	12. 车辆购置税								
32	13. 屠宰税								
33	14. 筵席税								
34	15. 燃油税								
35	16. 烟叶税	14050							14050

续表

序号	项目	合计				中央	省级	市级	县(区)级
		合计	其中:本年新欠入库	2001年5月1日以后陈欠入库	2001年5月1日以前陈欠入库				
36	二、其他收入合计	7879389	252257	9416	1350	295	489668	5141537	2247889
37	1. 教育费附加收入	1388984	39224	3615	808			807272	581712
38	2. 文化事业建设费收入	124165	4276	550		295	34746	61359	27765
39	3. 税务部门罚没收入	8294	267	158			8	5674	2612
40	4. 堤围费	890609	16162	479	6		89060	506922	294627
41	5. 价格调节基金	120739	237				94720	18235	7784
42	6. 契税	2169853	68199	3243				1442192	727661
43	7. 耕地占用税	437336	29045					95544	341792
44	8. 残疾人基金	206418	18745	1371			47205	97812	61401
45	9. 地方教育费附加	640141	5558				210021	230896	199224
46	10. 交通建设费附加								
47	11. 社会保险基金收入	1887833	70472		536		13908	1873925	
48	基本养老保险基金收入	1158424					13760	1144664	
49	失业保险基金收入	28274						28274	
50	基本医疗保险基金收入	335362						335362	
51	工伤保险基金收入	85519					99	85420	
52	生育保险基金收入	49					49		
53	其他社会保险基金收入								
54	12. 其他	5017	72					1706	3311

2011 年广州市地方税务局入库税金明细年报表

编报机关:广州市地方税务局 单位:万元

序号	项目	合计				中央	省级	市级	县(区)级
		合计	其中:本年新欠入库	2001 年 5 月 1 日以后陈欠入库	2001 年 5 月 1 日以前陈欠入库				
1	总计	10932753	319141	20554		1984451	2844469	3008228	3095605
2	一、税收收入合计	9206475	287406	19191		1984214	2685720	1968089	2568452
3	1. 营业税	3246399	74424	6068			1623200	659939	963260
4	(1)金融保险业营业税								
5	(2)其他营业税	3246399	74424	6068			1623200	659939	963260
6	2. 企业所得税	998818	55982	2388		603373	198479	75764	121202
7	(1)一般企业所得税	943438	54875	2388		566063	188687	71507	117181
8	内资企业	856091	54746	2388		513655	171218	68374	102844
9	外资企业	87347	129			52408	17469	3133	14337
10	(2)分支机构预缴所得税	27405	801			16443	5481	2714	2767
11	内资企业	26215	289			15729	5243	2547	2696
12	外资企业	1190	512			714	238	167	71
13	(3)总机构预缴所得税	23018	306			16785	3436	1543	1254
14	内资企业	21604	306			15842	3122	1430	1210
15	外资企业	1414				943	314	113	44
16	(4)总机构汇算清缴所得税								
17	内资企业								

续表

序号	项目	合计				中央	省级	市级	县(区)级
		合计	其中:本年新欠入库	2001年5月1日以后陈欠入库	2001年5月1日以前陈欠入库				
18	外资企业								
19	(5)企业所得税待分配收入	4957				4082	875		
20	内资企业	4799				4081	718		
21	外资企业	158				1	157		
22	3. 个人所得税	2301402	68952	1218		1380841	460280	445291	14990
23	4. 资源税	2233	3						2233
24	5. 固定资产投资方向调节税								
25	6. 城市维护建设税	898012	14356	294				193669	704343
26	7. 房产税	511079	18084	5144				230139	280940
27	8. 印花税	210757	7049	91				17	210740
28	9. 城镇土地使用税	174438	18780	2261				12	174426
29	10. 土地增值税	807521	29776	1727			403761	363258	40502
30	11. 车船税	55816							55816
31	12. 车辆购置税								
32	13. 屠宰税								
33	14. 筵席税								
34	15. 燃油税								
35	16. 烟叶税								

续表

序号	项目	合计				中央	省级	市级	县(区)级
		合计	其中:本年新欠入库	2001年5月1日以后陈欠入库	2001年5月1日以前陈欠入库				
36	二、其他收入合计	1726278	31735	1363		237	158749	1040139	527153
37	1. 教育费附加收入	392009	6235	174				137047	254962
38	2. 文化事业建设费收入	50679	1004	29		237	24137	8412	17893
39	3. 税务部门罚没收入	1741	29	7				1203	538
40	4. 堤围费	311302	4837	165			31130	259667	20505
41	5. 价格调节基金	5302	45					5302	
42	6. 契税	570973						513920	57053
43	7. 耕地占用税	91610	15188						91610
44	8. 残疾人基金	70560	1724	988			25679	26719	18162
45	9. 地方教育费附加	230768	2623				77803	87564	65401
46	10. 交通建设费附加								
47	11. 社会保险基金收入								
48	基本养老保险基金收入								
49	失业保险基金收入								
50	基本医疗保险基金收入								
51	工伤保险基金收入								
52	生育保险基金收入								
53	其他社会保险基金收入								
54	12. 其他	1334	50					305	1029

2011年深圳市地方税务局入库税金明细年报表

编报机关:深圳市地方税务局 单位:万元

序号	项目	合计				中央	省级	市级	县(区)级
		合计	其中:本年新欠入库	2001年5月1日以后陈欠入库	2001年5月1日以前陈欠入库				
1	总计	13510958	973813	122808	3651	4004749		9506209	
2	一、税收收入合计	12619630	837634	116293	2313	4004749		8614881	
3	1. 营业税	3929798	224324	78087	84			3929798	
4	(1)金融保险业营业税	892341	34872	14313				892341	
5	(2)其他营业税	3037457	189452	63774	84			3037457	
6	2. 企业所得税	3202911	265048	12687	57	1999305		1203606	
7	(1)一般企业所得税	2853445	247900	11135	57	1712067		1141378	
8	内资企业	1720623	167179	1657	54	1032374		688249	
9	外资企业	1132822	80721	9478	3	679693		453129	
10	(2)分支机构预缴所得税	93249	5748	262		55949		37300	
11	内资企业	51777	4621	262		31066		20711	
12	外资企业	41472	1127			24883		16589	
13	(3)总机构预缴所得税	99711	4922	215		74783		24928	
14	内资企业	47704	3919	215		35778		11926	
15	外资企业	52007	1003			39005		13002	
16	(4)总机构汇算清缴所得税	78947	4198	817		78947			
17	内资企业	49883	3073	817		49883			

续表

序号	项　　目	合　　计				中　央	省　级	市　级	县(区)级
		合　　计	其中:本年新欠入库	2001年5月1日以后陈欠入库	2001年5月1日以前陈欠入库				
18	外资企业	29064	1125			29064			
19	(5)企业所得税待分配收入	77559	2280	258		77559			
20	内资企业	45181	1748	258		45181			
21	外资企业	32378	532			32378			
22	3. 个人所得税	3342406	171711	9474	4	2005444		1336962	
23	4. 资源税								
24	5. 固定资产投资方向调节税								
25	6. 城市维护建设税	700320	37752	2475	1871			700320	
26	7. 房产税	292970	55041	2625	297			292970	
27	8. 印花税	166435	26821	1944				166435	
28	9. 城镇土地使用税	101833	11761	2959				101833	
29	10. 土地增值税	820939	44779	5863				820939	
30	11. 车船税	62018	397	179				62018	
31	12. 车辆购置税								
32	13. 屠宰税								
33	14. 筵席税								
34	15. 燃油税								
35	16. 烟叶税								

续表

序号	项　目	合　计				中　央	省　级	市　级	县(区)级
		合　计	其中:本年新欠入库	2001年5月1日以后陈欠入库	2001年5月1日以前陈欠入库				
36	二、其他收入合计	891328	136179	6515	1338			891328	
37	1. 教育费附加收入	313959	24775	2668	802			313959	
38	2. 文化事业建设费收入	38549	2429	468				38549	
39	3. 税务部门罚没收入	2711	117	136				2711	
40	4. 堤围费								
41	5. 价格调节基金								
42	6. 契税	255904	38386	3243				255904	
43	7. 耕地占用税								
44	8. 残疾人基金								
45	9. 地方教育费附加								
46	10. 交通建设费附加								
47	11. 社会保险基金收入	280205	70472		536			280205	
48	基本养老保险基金收入								
49	失业保险基金收入								
50	基本医疗保险基金收入								
51	工伤保险基金收入								
52	生育保险基金收入								
53	其他社会保险基金收入								
54	12. 其他								

2011年珠海市地方税务局入库税金明细年报表

编报机关:珠海市地方税务局 单位:万元

序号	项目	合计				中央	省级	市级	县(区)级
		合计	其中:本年新欠入库	2001年5月1日以后陈欠入库	2001年5月1日以前陈欠入库				
1	总计	1791117	22713	1498		457912	518403	487442	327360
2	一、税收收入合计	1617074	19392	1454		457911	501603	387312	270248
3	1. 营业税	523054	2586	321			304287	135276	83491
4	(1)金融保险业营业税	85518	401				85518		
5	(2)其他营业税	437536	2185	321			218769	135276	83491
6	2. 企业所得税	498790	2492	26		299952	99602	59850	39386
7	(1)一般企业所得税	487932	2487	26		292759	97607	58557	39009
8	内资企业	266691	768	22		160014	53359	43184	10134
9	外资企业	221241	1719	4		132745	44248	15373	28875
10	(2)分支机构预缴所得税	5840	5			3504	1168	934	234
11	内资企业	3731	5			2239	746	580	166
12	外资企业	2109				1265	422	354	68
13	(3)总机构预缴所得税	4166				3011	653	359	143
14	内资企业	1667				1192	276	188	11
15	外资企业	2499				1819	377	171	132
16	(4)总机构汇算清缴所得税								
17	内资企业								

续表

序号	项　目	合计				中　央	省　级	市　级	县(区)级
		合　计	其中:本年新欠入库	2001年5月1日以后陈欠入库	2001年5月1日以前陈欠入库				
18	外资企业								
19	(5)企业所得税待分配收入	852				678	174		
20	内资企业	320				225	95		
21	外资企业	532				453	79		
22	3. 个人所得税	263264	4534	385		157959	52653	32224	20428
23	4. 资源税								
24	5. 固定资产投资方向调节税								
25	6. 城市维护建设税	116843	712	108				68755	48088
26	7. 房产税	57690	2936	166				34754	22936
27	8. 印花税	28528	43					12598	15930
28	9. 城镇土地使用税	29738	4862	448				6087	23651
29	10. 土地增值税	90122	1122				45061	28769	16292
30	11. 车船税	9045	105					8999	46
31	12. 车辆购置税								
32	13. 屠宰税								
33	14. 筵席税								
34	15. 燃油税								
35	16. 烟叶税								

续表

序号	项目	合计				中央	省级	市级	县(区)级
		合计	其中:本年新欠入库	2001年5月1日以后陈欠入库	2001年5月1日以前陈欠入库				
36	二、其他收入合计	174043	3321	44		1	16800	100130	57112
37	1. 教育费附加收入	50023	615	8				29464	20559
38	2. 文化事业建设费收入	3021	197	30		1	906	1217	897
39	3. 税务部门罚没收入	205	2					160	45
40	4. 堤围费	27970	465	6			2797	13013	12160
41	5. 价格调节基金								
42	6. 契税	43563	1713					36025	7538
43	7. 耕地占用税								
44	8. 残疾人基金	20093					3355	9421	7317
45	9. 地方教育费附加	29168	329				9742	10830	8596
46	10. 交通建设费附加								
47	11. 社会保险基金收入								
48	基本养老保险基金收入								
49	失业保险基金收入								
50	基本医疗保险基金收入								
51	工伤保险基金收入								
52	生育保险基金收入								
53	其他社会保险基金收入								
54	12. 其他								

2011 年汕头市地方税务局入库税金明细年报表

编报机关:汕头市地方税务局　　　　单位:万元

序号	项目	合计				中央	省级	市级	县(区)级
		合计	其中:本年新欠入库	2001 年 5 月 1 日以后陈欠入库	2001 年 5 月 1 日以前陈欠入库				
1	总计	839358	28873	8960		196378	220939	231213	190828
2	一、税收收入合计	742432	21944	8905		196371	214723	176149	155189
3	1. 营业税	226169	3666	1809			130579	54274	41316
4	(1)金融保险业营业税	34975	456				34975		
5	(2)其他营业税	191194	3210	1809			95604	54274	41316
6	2. 企业所得税	222300	6693	2646		133853	44245	20428	23774
7	(1)一般企业所得税	218252	6686	2646		130951	43650	19949	23702
8	内资企业	211597	6685	2646		126958	42319	19122	23198
9	外资企业	6655	1			3993	1331	827	504
10	(2)分支机构预缴所得税	1461	5			877	292	246	46
11	内资企业	1461	5			877	292	246	46
12	外资企业								
13	(3)总机构预缴所得税	2092	2			1552	281	233	26
14	内资企业	2091	2			1551	281	233	26
15	外资企业	1				1			
16	(4)总机构汇算清缴所得税								
17	内资企业								

续表

序号	项目	合计				中央	省级	市级	县(区)级
		合计	其中:本年新欠入库	2001年5月1日以后陈欠入库	2001年5月1日以前陈欠入库				
18	外资企业								
19	(5)企业所得税待分配收入	495				473	22		
20	内资企业	494				472	22		
21	外资企业	1				1			
22	3. 个人所得税	104196	4778	1304		62518	20839	12200	8639
23	4. 资源税	2309	63	30				576	1733
24	5. 固定资产投资方向调节税								
25	6. 城市维护建设税	53603	641	163				27547	26056
26	7. 房产税	32856	2033	710				17840	15016
27	8. 印花税	12649	237	118				4990	7659
28	9. 城镇土地使用税	41577	2961	1849				20882	20695
29	10. 土地增值税	38120	717	276			19060	11673	7387
30	11. 车船税	8653	155					5739	2914
31	12. 车辆购置税								
32	13. 屠宰税								
33	14. 筵席税								
34	15. 燃油税								
35	16. 烟叶税								

续表

序号	项　　目	合　　计				中　央	省　级	市　级	县(区)级
		合　　计	其中:本年新欠入库	2001年5月1日以后陈欠入库	2001年5月1日以前陈欠入库				
36	二、其他收入合计	96926	6929	55		7	6216	55064	35639
37	1. 教育费附加收入	20671	388	25				11865	8806
38	2. 文化事业建设费收入	1682	52			7	556	964	155
39	3. 税务部门罚没收入	163	5	3				72	91
40	4. 堤围费	6242	113	26			624	3479	2139
41	5. 价格调节基金	3335	70					2836	499
42	6. 契税	40282	5838					29769	10513
43	7. 耕地占用税	8041	42						8041
44	8. 残疾人基金	2585	283	1			405	1455	725
45	9. 地方教育费附加	13925	138				4631	4624	4670
46	10. 交通建设费附加								
47	11. 社会保险基金收入								
48	基本养老保险基金收入								
49	失业保险基金收入								
50	基本医疗保险基金收入								
51	工伤保险基金收入								
52	生育保险基金收入								
53	其他社会保险基金收入								
54	12. 其他								

2011 年佛山市地方税务局入库税金明细年报表

编报机关:佛山市地方税务局　　　　单位:万元

序号	项　目	合计				中　央	省　级	市　级	县(区)级
		合　计	其中:本年新欠入库	2001 年 5 月 1 日以后陈欠入库	2001 年 5 月 1 日以前陈欠入库				
1	总　计	2627823	125842	-658	23	445329	748482	178283	1255729
2	一、税收收入合计	2131992	96388	-751	11	445326	719154	141622	825890
3	1. 营业税	819218	10771	1272	11		477388	49944	291886
4	(1)金融保险业营业税	135551	181				135551		
5	(2)其他营业税	683667	10590	1272	11		341837	49944	291886
6	2. 企业所得税	340600	44776	-1294		205706	67520	8841	58533
7	(1)一般企业所得税	331355	44662	-1295		198812	66272	8640	57631
8	内资企业	325272	44423	-1295		195163	65055	8090	56964
9	外资企业	6083	239			3649	1217	550	667
10	(2)分支机构预缴所得税	1785	84	1		1071	357	142	215
11	内资企业	1505	84	1		903	301	117	184
12	外资企业	280				168	56	25	31
13	(3)总机构预缴所得税	6041	30			4476	819	59	687
14	内资企业	6041	30			4476	819	59	687
15	外资企业								
16	(4)总机构汇算清缴所得税								
17	内资企业								

续表

序号	项　目	合　计				中　央	省　级	市　级	县(区)级
		合　计	其中:本年新欠入库	2001年5月1日以后陈欠入库	2001年5月1日以前陈欠入库				
18	外资企业								
19	(5)企业所得税待分配收入	1419				1347	72		
20	内资企业	1419				1347	72		
21	外资企业								
22	3. 个人所得税	399366	17311	-1698		239620	79873	17207	62666
23	4. 资源税	376	11						376
24	5. 固定资产投资方向调节税								
25	6. 城市维护建设税	172888	2441	-315				24338	148550
26	7. 房产税	81386	5424	-100				14046	67340
27	8. 印花税	36054	1945	-71				5880	30174
28	9. 城镇土地使用税	68872	11279	1002				5590	63282
29	10. 土地增值税	188745	2234	453			94373	11020	83352
30	11. 车船税	24487	196					4756	19731
31	12. 车辆购置税								
32	13. 屠宰税								
33	14. 筵席税								
34	15. 燃油税								
35	16. 烟叶税								

续表

序号	项目	合计				中央	省级	市级	县(区)级
		合计	其中:本年新欠入库	2001年5月1日以后陈欠入库	2001年5月1日以前陈欠入库				
36	二、其他收入合计	495831	29454	93	12	3	29328	36661	429839
37	1. 教育费附加收入	73326	1103	13	6			632	72694
38	2. 文化事业建设费收入	4626	179	8		3	1394		3229
39	3. 税务部门罚没收入	288	2	1				34	254
40	4. 堤围费	103622	2512	22	6		10362		93260
41	5. 价格调节基金	165	9					152	13
42	6. 契税	222290	7868					34340	187950
43	7. 耕地占用税	29375	4428					850	28525
44	8. 残疾人基金	18668	12845	49			2964	413	15291
45	9. 地方教育费附加	43471	508				14608	240	28623
46	10. 交通建设费附加								
47	11. 社会保险基金收入								
48	基本养老保险基金收入								
49	失业保险基金收入								
50	基本医疗保险基金收入								
51	工伤保险基金收入								
52	生育保险基金收入								
53	其他社会保险基金收入								
54	12. 其他								

2011 年韶关市地方税务局入库税金明细年报表

编报机关:韶关市地方税务局　　　　单位:万元

序号	项　目	合　计				中　央	省　级	市　级	县(区)级
		合　计	其中:本年新欠入库	2001 年 5 月 1 日以后陈欠入库	2001 年 5 月 1 日以前陈欠入库				
1	总　计	521521				66648	130984	139781	184108
2	一、税收收入合计	418308				66648	124708	85018	141934
3	1. 营业税	164977					91320	18760	54897
4	(1)金融保险业营业税	17657					17657		
5	(2)其他营业税	147320					73663	18760	54897
6	2. 企业所得税	53248				32030	10722	3004	7492
7	(1)一般企业所得税	47540				28525	9621	2411	6983
8	内资企业	47528				28517	9619	2410	6982
9	外资企业	12				8	2	1	1
10	(2)分支机构预缴所得税	3988				2391	798	421	378
11	内资企业	3988				2391	798	421	378
12	外资企业								
13	(3)总机构预缴所得税	1638				1032	303	172	131
14	内资企业	1638				1032	303	172	131
15	外资企业								
16	(4)总机构汇算清缴所得税								
17	内资企业								

续表

序号	项目	合计				中央	省级	市级	县(区)级
		合计	其中:本年新欠入库	2001年5月1日以后陈欠入库	2001年5月1日以前陈欠入库				
18	外资企业								
19	(5)企业所得税待分配收入	82				82			
20	内资企业	82				82			
21	外资企业								
22	3. 个人所得税	57699				34618	11541	4480	7060
23	4. 资源税	12968						2664	10304
24	5. 固定资产投资方向调节税								
25	6. 城市维护建设税	46796						27613	19183
26	7. 房产税	15699						6126	9573
27	8. 印花税	5165						2272	2893
28	9. 城镇土地使用税	25326						12355	12971
29	10. 土地增值税	22251					11125	5051	6075
30	11. 车船税	4421						2693	1728
31	12. 车辆购置税								
32	13. 屠宰税								
33	14. 筵席税								
34	15. 燃油税								
35	16. 烟叶税	9758							9758

续表

序号	项　目	合　计				中　央	省　级	市　级	县(区)级
		合　计	其中:本年新欠入库	2001年5月1日以后陈欠入库	2001年5月1日以前陈欠入库				
36	二、其他收入合计	103213					6276	54763	42174
37	1. 教育费附加收入	21499						13721	7778
38	2. 文化事业建设费收入	618					186	319	113
39	3. 税务部门罚没收入	81						53	28
40	4. 堤围费	16501					1649	8075	6777
41	5. 价格调节基金	3091						2057	1034
42	6. 契税	29934						16987	12947
43	7. 耕地占用税	16719						7432	9287
44	8. 残疾人基金	1340					216	772	352
45	9. 地方教育费附加	13430					4225	5347	3858
46	10. 交通建设费附加								
47	11. 社会保险基金收入								
48	基本养老保险基金收入								
49	失业保险基金收入								
50	基本医疗保险基金收入								
51	工伤保险基金收入								
52	生育保险基金收入								
53	其他社会保险基金收入								
54	12. 其他								

2011年河源市地方税务局入库税金明细年报表

编报机关:河源市地方税务局　　单位:万元

序号	项　目	合　计				中　央	省　级	市　级	县(区)级
		合　计	其中:本年新欠入库	2001年5月1日以后陈欠入库	2001年5月1日以前陈欠入库				
1	总　计	353525		46		58516	103191	69036	122782
2	一、税收收入合计	300911		39		58515	99845	53728	88823
3	1. 营业税	119633		33			67100	17496	35037
4	(1)金融保险业营业税	14566					14566		
5	(2)其他营业税	105067		33			52534	17496	35037
6	2. 企业所得税	65692				39415	13870	7441	4966
7	(1)一般企业所得税	65692				39415	13870	7441	4966
8	内资企业	65646				39388	13861	7438	4959
9	外资企业	46				27	9	3	7
10	(2)分支机构预缴所得税								
11	内资企业								
12	外资企业								
13	(3)总机构预缴所得税								
14	内资企业								
15	外资企业								
16	(4)总机构汇算清缴所得税								
17	内资企业								

续表

序号	项目	合计				中央	省级	市级	县(区)级
		合计	其中:本年新欠入库	2001年5月1日以后陈欠入库	2001年5月1日以前陈欠入库				
18	外资企业								
19	(5)企业所得税待分配收入								
20	内资企业								
21	外资企业								
22	3. 个人所得税	31833				19100	6367	2663	3703
23	4. 资源税	8802						393	8409
24	5. 固定资产投资方向调节税								
25	6. 城市维护建设税	19864		2				7997	11867
26	7. 房产税	8757		4				3322	5435
27	8. 印花税	3781						1545	2236
28	9. 城镇土地使用税	14712						5817	8895
29	10. 土地增值税	25017					12508	5602	6907
30	11. 车船税	2820						1452	1368
31	12. 车辆购置税								
32	13. 屠宰税								
33	14. 筵席税								
34	15. 燃油税								
35	16. 烟叶税								

续表

序号	项目	合计				中央	省级	市级	县(区)级
		合计	其中:本年新欠入库	2001年5月1日以后陈欠入库	2001年5月1日以前陈欠入库				
36	二、其他收入合计	52614		7		1	3346	15308	33959
37	1. 教育费附加收入	10407		1				3599	6808
38	2. 文化事业建设费收入	476		5		1	144	125	206
39	3. 税务部门罚没收入	107						24	83
40	4. 堤围费	7805		1			780	2937	4088
41	5. 价格调节基金	1869						55	1814
42	6. 契税	15388						6280	9108
43	7. 耕地占用税	8464						200	8264
44	8. 残疾人基金	1850					387	646	817
45	9. 地方教育费附加	6248					2035	1442	2771
46	10. 交通建设费附加								
47	11. 社会保险基金收入								
48	基本养老保险基金收入								
49	失业保险基金收入								
50	基本医疗保险基金收入								
51	工伤保险基金收入								
52	生育保险基金收入								
53	其他社会保险基金收入								
54	12. 其他								

2011年梅州市地方税务局入库税金明细年报表

编报机关:梅州市地方税务局　　　　单位:万元

序号	项目	合计				中央	省级	市级	县(区)级
		合计	其中:本年新欠入库	2001年5月1日以后陈欠入库	2001年5月1日以前陈欠入库				
1	总计	492206	2862	946		100005	115714	113175	163312
2	一、税收收入合计	406457	2605	844		100005	110565	72533	123354
3	1. 营业税	114306	750	460			64792	14731	34783
4	(1)金融保险业营业税	15277					15277		
5	(2)其他营业税	99029	750	460			49515	14731	34783
6	2. 企业所得税	108313	537	136		64987	22185	4360	16781
7	(1)一般企业所得税	94456	537	136		56700	19042	3177	15537
8	内资企业	94410	537	136		56672	19033	3177	15528
9	外资企业	46				28	9		9
10	(2)分支机构预缴所得税	5519				3311	1104	213	891
11	内资企业	5519				3311	1104	213	891
12	外资企业								
13	(3)总机构预缴所得税	7985				4976	1686	970	353
14	内资企业	7985				4976	1686	970	353
15	外资企业								
16	(4)总机构汇算清缴所得税								
17	内资企业								

续表

序号	项　目	合计				中　央	省　级	市　级	县(区)级
		合　计	其中:本年新欠入库	2001年5月1日以后陈欠入库	2001年5月1日以前陈欠入库				
18	外资企业								
19	(5)企业所得税待分配收入	353					353		
20	内资企业	353					353		
21	外资企业								
22	3. 个人所得税	58361	617	22		35018	11672	5502	6169
23	4. 资源税	11962	72	2				443	11519
24	5. 固定资产投资方向调节税								
25	6. 城市维护建设税	46235	132	54				31580	14655
26	7. 房产税	12729	33	55				3359	9370
27	8. 印花税	7915	1	2				4083	3832
28	9. 城镇土地使用税	15120	123	6				4321	10799
29	10. 土地增值税	23829	340	107			11916	2689	9224
30	11. 车船税	3922						1465	2457
31	12. 车辆购置税								
32	13. 屠宰税								
33	14. 筵席税								
34	15. 燃油税								
35	16. 烟叶税	3765							3765

续表

序号	项　目	合　计				中　央	省　级	市　级	县(区)级
		合　计	其中:本年新欠入库	2001年5月1日以后陈欠入库	2001年5月1日以前陈欠入库				
36	二、其他收入合计	85749	257	102			5149	40642	39958
37	1. 教育费附加收入	21334	105	56				13610	7724
38	2. 文化事业建设费收入	455					137	223	95
39	3. 税务部门罚没收入	21						4	17
40	4. 堤围费	7920	68	44			793	2813	4314
41	5. 价格调节基金	82						33	49
42	6. 契税	22993	24					9746	13247
43	7. 耕地占用税	19153	5					8103	11050
44	8. 残疾人基金	731	14	2			143	298	290
45	9. 地方教育费附加	12987	41				4076	5812	3099
46	10. 交通建设费附加								
47	11. 社会保险基金收入								
48	基本养老保险基金收入								
49	失业保险基金收入								
50	基本医疗保险基金收入								
51	工伤保险基金收入								
52	生育保险基金收入								
53	其他社会保险基金收入								
54	12. 其他	73							73

2011年惠州市地方税务局入库税金明细年报表

编报机关:惠州市地方税务局　　　　单位:万元

序号	项　　目	合　　计				中　央	省　级	市　级	县(区)级
		合　　计	其中:本年新欠入库	2001年5月1日以后陈欠入库	2001年5月1日以前陈欠入库				
1	总　　计	1629765		2		192646	453669	393262	590188
2	一、税收收入合计	1363986		2		192646	436316	290245	444779
3	1. 营业税	565408					310322	81077	174009
4	(1)金融保险业营业税	55232					55232		
5	(2)其他营业税	510176					255090	81077	174009
6	2. 企业所得税	104393				62633	20879	7237	13644
7	(1)一般企业所得税	101579				60946	20316	7212	13105
8	内资企业	101375				60825	20275	7203	13072
9	外资企业	204				121	41	9	33
10	(2)分支机构预缴所得税	2761				1656	552	25	528
11	内资企业	2761				1656	552	25	528
12	外资企业								
13	(3)总机构预缴所得税	53				31	11		11
14	内资企业	53				31	11		11
15	外资企业								
16	(4)总机构汇算清缴所得税								
17	内资企业								

续表

序号	项目	合计				中央	省级	市级	县(区)级
		合计	其中:本年新欠入库	2001年5月1日以后陈欠入库	2001年5月1日以前陈欠入库				
18	外资企业								
19	(5)企业所得税待分配收入								
20	内资企业								
21	外资企业								
22	3. 个人所得税	216688				130013	43337	18113	25225
23	4. 资源税	9627						1568	8059
24	5. 固定资产投资方向调节税								
25	6. 城市维护建设税	158768						105026	53742
26	7. 房产税	49795		1				17243	32552
27	8. 印花税	24290						10772	13518
28	9. 城镇土地使用税	101000		1				24060	76940
29	10. 土地增值税	123555					61778	21436	40341
30	11. 车船税	10462						3713	6749
31	12. 车辆购置税								
32	13. 屠宰税								
33	14. 筵席税								
34	15. 燃油税								
35	16. 烟叶税								

续表

序号	项　目	合　计				中　央	省　级	市　级	县(区)级
		合　计	其中:本年新欠入库	2001年5月1日以后陈欠入库	2001年5月1日以前陈欠入库				
36	二、其他收入合计	265779					17353	103017	145409
37	1. 教育费附加收入	70665						38306	32359
38	2. 文化事业建设费收入	2436					736	987	713
39	3. 税务部门罚没收入	432						47	385
40	4. 堤围费	29725					2973	15450	11302
41	5. 价格调节基金								
42	6. 契税	108137						30268	77869
43	7. 耕地占用税	7999							7999
44	8. 残疾人基金	6311					1012	3198	2101
45	9. 地方教育费附加	40074					12632	14761	12681
46	10. 交通建设费附加								
47	11. 社会保险基金收入								
48	基本养老保险基金收入								
49	失业保险基金收入								
50	基本医疗保险基金收入								
51	工伤保险基金收入								
52	生育保险基金收入								
53	其他社会保险基金收入								
54	12. 其他								

2011 年汕尾市地方税务局入库税金明细年报表

编报机关:汕尾市地方税务局　　　　单位:万元

序号	项　　目	合　　计				中　央	省　级	市　级	县(区)级
		合　　计	其中:本年新欠入库	2001 年 5 月 1 日以后陈欠入库	2001 年 5 月 1 日以前陈欠入库				
1	总　　计	269916	2233	619		25247	61225	44092	139352
2	一、税收收入合计	192693	1543	616		25224	59424	29460	78585
3	1. 营业税	69275	307	31			37588	6029	25658
4	(1)金融保险业营业税	5901	5				5901		
5	(2)其他营业税	63374	302	31			31687	6029	25658
6	2. 企业所得税	23445	364	9		14068	4689	612	4076
7	(1)一般企业所得税	23416	364	7		14050	4683	612	4071
8	内资企业	23341	364	7		14005	4668	612	4056
9	外资企业	75				45	15		15
10	(2)分支机构预缴所得税	23				14	5		4
11	内资企业	18				11	4		3
12	外资企业	5				3	1		1
13	(3)总机构预缴所得税	6		2		4	1		1
14	内资企业	6		2		4	1		1
15	外资企业								
16	(4)总机构汇算清缴所得税								
17	内资企业								

续表

序号	项　　目	合　　计				中　央	省　级	市　级	县(区)级
		合　　计	其中:本年新欠入库	2001年5月1日以后陈欠入库	2001年5月1日以前陈欠入库				
18	外资企业								
19	(5)企业所得税待分配收入								
20	内资企业								
21	外资企业								
22	3. 个人所得税	18594	269	155		11156	3719	1118	2601
23	4. 资源税	1593						295	1298
24	5. 固定资产投资方向调节税								
25	6. 城市维护建设税	12391	27	6				4991	7400
26	7. 房产税	6827	19	2				1989	4838
27	8. 印花税	1978	5					772	1206
28	9. 城镇土地使用税	30186	539	411				12433	17753
29	10. 土地增值税	26856	13	2			13428	1003	12425
30	11. 车船税	1548						218	1330
31	12. 车辆购置税								
32	13. 屠宰税								
33	14. 筵席税								
34	15. 燃油税								
35	16. 烟叶税								

续表

序号	项目	合计				中央	省级	市级	县(区)级
		合计	其中:本年新欠入库	2001年5月1日以后陈欠入库	2001年5月1日以前陈欠入库				
36	二、其他收入合计	77223	690	3		23	1801	14632	60767
37	1. 教育费附加收入	5462	24	1				1977	3485
38	2. 文化事业建设费收入	266	9	1		23	73	34	136
39	3. 税务部门罚没收入	34	1					1	33
40	4. 堤围费	6509	35	1			651	1987	3871
41	5. 价格调节基金	296						77	219
42	6. 契税	36858	576					1473	35385
43	7. 耕地占用税	24207						8513	15694
44	8. 残疾人基金	442	29				69	218	155
45	9. 地方教育费附加	3149	16				1008	352	1789
46	10. 交通建设费附加								
47	11. 社会保险基金收入								
48	基本养老保险基金收入								
49	失业保险基金收入								
50	基本医疗保险基金收入								
51	工伤保险基金收入								
52	生育保险基金收入								
53	其他社会保险基金收入								
54	12. 其他								

2011 年东莞市地方税务局入库税金明细年报表

编报机关:东莞市地方税务局　　　　单位:万元

序号	项　目	合　计				中　央	省　级	市　级	县(区)级
		合　计	其中:本年新欠入库	2001 年 5 月 1 日以后陈欠入库	2001 年 5 月 1 日以前陈欠入库				
1	总　计	5146566				703695	987338	3455533	
2	一、税收收入合计	2938906				703695	933150	1302061	
3	1. 营业税	1054446					601105	453341	
4	(1)金融保险业营业税	147747					147747		
5	(2)其他营业税	906699					453358	453341	
6	2. 企业所得税	604192				368146	118087	117959	
7	(1)一般企业所得税	527669				316601	105539	105529	
8	内资企业	265570				159342	53119	53109	
9	外资企业	262099				157259	52420	52420	
10	(2)分支机构预缴所得税	47774				28664	9555	9555	
11	内资企业	4645				2787	929	929	
12	外资企业	43129				25877	8626	8626	
13	(3)总机构预缴所得税	23058				17249	2934	2875	
14	内资企业	3772				2819	483	470	
15	外资企业	19286				14430	2451	2405	
16	(4)总机构汇算清缴所得税								
17	内资企业								

续表

序号	项　　目	合　　计				中　央	省　级	市　级	县(区)级
		合　　计	其中:本年新欠入库	2001年5月1日以后陈欠入库	2001年5月1日以前陈欠入库				
18	外资企业								
19	(5)企业所得税待分配收入	5691				5632	59		
20	内资企业	926				913	13		
21	外资企业	4765				4719	46		
22	3. 个人所得税	559247				335549	111849	111849	
23	4. 资源税	110						110	
24	5. 固定资产投资方向调节税								
25	6. 城市维护建设税	219573						219573	
26	7. 房产税	106267						106267	
27	8. 印花税	59703						59703	
28	9. 城镇土地使用税	95962						95962	
29	10. 土地增值税	204218					102109	102109	
30	11. 车船税	35188						35188	
31	12. 车辆购置税								
32	13. 屠宰税								
33	14. 筵席税								
34	15. 燃油税								
35	16. 烟叶税								

续表

序号	项　目	合计				中　央	省　级	市　级	县(区)级
		合　计	其中:本年新欠入库	2001年5月1日以后陈欠入库	2001年5月1日以前陈欠入库				
36	二、其他收入合计	2207660					54188	2153472	
37	1. 教育费附加收入	113094						113094	
38	2. 文化事业建设费收入	8438					2531	5907	
39	3. 税务部门罚没收入	704						704	
40	4. 堤围费	117361					11736	105625	
41	5. 价格调节基金								
42	6. 契税	230752						230752	
43	7. 耕地占用税	32155						32155	
44	8. 残疾人基金	29786					4481	25305	
45	9. 地方教育费附加	67742					21532	46210	
46	10. 交通建设费附加								
47	11. 社会保险基金收入	1607628					13908	1593720	
48	基本养老保险基金收入	1158424					13760	1144664	
49	失业保险基金收入	28274						28274	
50	基本医疗保险基金收入	335362						335362	
51	工伤保险基金收入	85519					99	85420	
52	生育保险基金收入	49					49		
53	其他社会保险基金收入								
54	12. 其他								

2011年中山市地方税务局入库税金明细年报表

编报机关:中山市地方税务局　　　　单位:万元

序号	项　目	合计				中　央	省　级	市　级	县(区)级
		合　计	其中:本年新欠入库	2001年5月1日以后陈欠入库	2001年5月1日以前陈欠入库				
1	总　计	1874013	26120	2262		259900	523555	940209	150349
2	一、税收收入合计	1465666	6640	2193		259900	499809	608790	97167
3	1. 营业税	614457	1544	374			340124	240905	33428
4	(1)金融保险业营业税	65783					65783		
5	(2)其他营业税	548674	1544	374			274341	240905	33428
6	2. 企业所得税	162143	1051	589		97712	32273	28187	3971
7	(1)一般企业所得税	158719	1051	589		95231	31744	27779	3965
8	内资企业	156669	1051	589		94001	31334	27422	3912
9	外资企业	2050				1230	410	357	53
10	(2)分支机构预缴所得税	723				434	145	138	6
11	内资企业	723				434	145	138	6
12	外资企业								
13	(3)总机构预缴所得税	2217				1620	327	270	
14	内资企业	2217				1620	327	270	
15	外资企业								
16	(4)总机构汇算清缴所得税								
17	内资企业								

续表

序号	项目	合计				中央	省级	市级	县(区)级
		合计	其中:本年新欠入库	2001年5月1日以后陈欠入库	2001年5月1日以前陈欠入库				
18	外资企业								
19	(5)企业所得税待分配收入	484				427	57		
20	内资企业	484				427	57		
21	外资企业								
22	3. 个人所得税	270314	3978	166		162188	54063	46787	7276
23	4. 资源税	122						122	
24	5. 固定资产投资方向调节税								
25	6. 城市维护建设税	115569	59	56				101603	13966
26	7. 房产税	61145	4	54				51151	9994
27	8. 印花税	31477	4					23824	7653
28	9. 城镇土地使用税	48721		954				39377	9344
29	10. 土地增值税	146697					73349	61813	11535
30	11. 车船税	15021						15021	
31	12. 车辆购置税								
32	13. 屠宰税								
33	14. 筵席税								
34	15. 燃油税								
35	16. 烟叶税								

续表

序号	项目	合计				中央	省级	市级	县(区)级
		合计	其中:本年新欠入库	2001年5月1日以后陈欠入库	2001年5月1日以前陈欠入库				
36	二、其他收入合计	408347	19480	69			23746	331419	53182
37	1. 教育费附加收入	63604	2785	34				55235	8369
38	2. 文化事业建设费收入	3017	235	4			974	1961	82
39	3. 税务部门罚没收入	517	96	6				475	42
40	4. 堤围费	59909	1632	25			5991	45701	8217
41	5. 价格调节基金								
42	6. 契税	193140	11737					165879	27261
43	7. 耕地占用税	19239	1017					17843	1396
44	8. 残疾人基金	32650	904				5132	23267	4251
45	9. 地方教育费附加	36271	1074				11649	21058	3564
46	10. 交通建设费附加								
47	11. 社会保险基金收入								
48	基本养老保险基金收入								
49	失业保险基金收入								
50	基本医疗保险基金收入								
51	工伤保险基金收入								
52	生育保险基金收入								
53	其他社会保险基金收入								
54	12. 其他								

2011年江门市地方税务局入库税金明细年报表

编报机关:江门市地方税务局

单位:万元

序号	项目	合计				中央	省级	市级	县(区)级
		合计	其中:本年新欠入库	2001年5月1日以后陈欠入库	2001年5月1日以前陈欠入库				
1	总计	1230564	24865	6102		174291	326705	156706	572862
2	一、税收收入合计	995760	18975	5758		174290	312604	111503	397363
3	1. 营业税	387586	5230	4222			219003	38266	130317
4	(1)金融保险业营业税	50416	18				50416		
5	(2)其他营业税	337170	5212	4222			168587	38266	130317
6	2. 企业所得税	133539	2586	178		80122	26709	5425	21283
7	(1)一般企业所得税	133483	2585	178		80089	26697	5422	21275
8	内资企业	132904	2584	178		79742	26581	5405	21176
9	外资企业	579	1			347	116	17	99
10	(2)分支机构预缴所得税	47	1			28	9	3	7
11	内资企业	47	1			28	9	3	7
12	外资企业								
13	(3)总机构预缴所得税	8				5	2		1
14	内资企业	8				5	2		1
15	外资企业								
16	(4)总机构汇算清缴所得税								
17	内资企业								

续表

序号	项　　目	合　计				中　央	省　级	市　级	县(区)级
		合　　计	其中:本年新欠入库	2001年5月1日以后陈欠入库	2001年5月1日以前陈欠入库				
18	外资企业								
19	(5)企业所得税待分配收入	1					1		
20	内资企业	1					1		
21	外资企业								
22	3. 个人所得税	156947	3476	96		94168	31389	7963	23427
23	4. 资源税	6232	371					303	5929
24	5. 固定资产投资方向调节税								
25	6. 城市维护建设税	88552	997	45				20368	68184
26	7. 房产税	42111	1296	124				10033	32078
27	8. 印花税	20839	160	8				4092	16747
28	9. 城镇土地使用税	71251	3062	835				11073	60178
29	10. 土地增值税	71005	1770	250			35503	9573	25929
30	11. 车船税	17698	27					4407	13291
31	12. 车辆购置税								
32	13. 屠宰税								
33	14. 筵席税								
34	15. 燃油税								
35	16. 烟叶税								

续表

序号	项　　目	合　　计				中　央	省　级	市　级	县(区)级
		合　　计	其中:本年新欠入库	2001年5月1日以后陈欠入库	2001年5月1日以前陈欠入库				
36	二、其他收入合计	234804	5890	344		1	14101	45203	175499
37	1. 教育费附加收入	38257	325	20				8509	29748
38	2. 文化事业建设费收入	1882	81	2		1	564	776	541
39	3. 税务部门罚没收入	296	13	2					296
40	4. 堤围费	41463	3920	139			4146	6538	30779
41	5. 价格调节基金								
42	6. 契税	82185						18657	63528
43	7. 耕地占用税	36893						5108	31785
44	8. 残疾人基金	8916	1355	181			1342	2176	5398
45	9. 地方教育费附加	24912	196				8049	3439	13424
46	10. 交通建设费附加								
47	11. 社会保险基金收入								
48	基本养老保险基金收入								
49	失业保险基金收入								
50	基本医疗保险基金收入								
51	工伤保险基金收入								
52	生育保险基金收入								
53	其他社会保险基金收入								
54	12. 其他								

2011 年阳江市地方税务局入库税金明细年报表

编报机关:阳江市地方税务局　　　　单位:万元

序号	项目	合计				中央	省级	市级	县(区)级
		合计	其中:本年新欠入库	2001 年 5 月 1 日以后陈欠入库	2001 年 5 月 1 日以前陈欠入库				
1	总计	341939	14403	2528		48251	100068	70783	122837
2	一、税收收入合计	278789	10054	2226		48251	96877	47467	86194
3	1. 营业税	128420	3320	837			70797	21246	36377
4	(1)金融保险业营业税	13174					13174		
5	(2)其他营业税	115246	3320	837			57623	21246	36377
6	2. 企业所得税	41983	1671	454		25190	8483	3734	4576
7	(1)一般企业所得税	38818	1627	454		23291	7764	3291	4472
8	内资企业	38818	1627	454		23291	7764	3291	4472
9	外资企业								
10	(2)分支机构预缴所得税	2307	22			1384	461	392	70
11	内资企业	2307	22			1384	461	392	70
12	外资企业								
13	(3)总机构预缴所得税	767	22			515	167	51	34
14	内资企业	767	22			515	167	51	34
15	外资企业								
16	(4)总机构汇算清缴所得税								
17	内资企业								

续表

序号	项　　目	合　计				中　央	省　级	市　级	县(区)级
		合　计	其中:本年新欠入库	2001年5月1日以后陈欠入库	2001年5月1日以前陈欠入库				
18	外资企业								
19	(5)企业所得税待分配收入	91					91		
20	内资企业	91					91		
21	外资企业								
22	3. 个人所得税	38435	1733	233		23061	7687	3323	4364
23	4. 资源税	3113	96	75				389	2724
24	5. 固定资产投资方向调节税								
25	6. 城市维护建设税	18485	1137	229				6832	11653
26	7. 房产税	6021	331	46				2125	3896
27	8. 印花税	5070	292	29				1266	3804
28	9. 城镇土地使用税	12897	588	166				2907	9990
29	10. 土地增值税	19820	836	157			9910	3285	6625
30	11. 车船税	4545	50					2360	2185
31	12. 车辆购置税								
32	13. 屠宰税								
33	14. 筵席税								
34	15. 燃油税								
35	16. 烟叶税								

续表

序号	项目	合计				中央	省级	市级	县(区)级
		合计	其中:本年新欠入库	2001年5月1日以后陈欠入库	2001年5月1日以前陈欠入库				
36	二、其他收入合计	63150	4349	302			3191	23316	36643
37	1. 教育费附加收入	9459	1720	264				2982	6477
38	2. 文化事业建设费收入	586	13				176	192	218
39	3. 税务部门罚没收入	83	1	2				39	44
40	4. 堤围费	10685	806	33			1068	2773	6844
41	5. 价格调节基金	2607	12					2607	
42	6. 契税	24335	1517					9919	14416
43	7. 耕地占用税	8979	104					3292	5687
44	8. 残疾人基金	1023	5	3			178	439	406
45	9. 地方教育费附加	5393	171				1769	1073	2551
46	10. 交通建设费附加								
47	11. 社会保险基金收入								
48	基本养老保险基金收入								
49	失业保险基金收入								
50	基本医疗保险基金收入								
51	工伤保险基金收入								
52	生育保险基金收入								
53	其他社会保险基金收入								
54	12. 其他								

2011年湛江市地方税务局入库税金明细年报表

编报机关:湛江市地方税务局　　　　单位:万元

序号	项　目	合　计				中　央	省　级	市　级	县(区)级
		合　计	其中:本年新欠入库	2001年5月1日以后陈欠入库	2001年5月1日以前陈欠入库				
1	总　计	645940	131	244		83437	190058	143400	229045
2	一、税收收入合计	531902	131	159		83437	181985	95377	171103
3	1. 营业税	234592	6	22			135216	31841	67535
4	(1)金融保险业营业税	35838					35838		
5	(2)其他营业税	198754	6	22			99378	31841	67535
6	2. 企业所得税	53694	123	12		32242	10735	3532	7185
7	(1)一般企业所得税	53534	123	12		32147	10694	3515	7178
8	内资企业	47742	123	12		28672	9535	2803	6732
9	外资企业	5792				3475	1159	712	446
10	(2)分支机构预缴所得税	69				41	14	10	4
11	内资企业	69				41	14	10	4
12	外资企业								
13	(3)总机构预缴所得税	82				54	18	7	3
14	内资企业	82				54	18	7	3
15	外资企业								
16	(4)总机构汇算清缴所得税								
17	内资企业								

续表

序号	项目	合计				中央	省级	市级	县(区)级
		合计	其中:本年新欠入库	2001年5月1日以后陈欠入库	2001年5月1日以前陈欠入库				
18	外资企业								
19	(5)企业所得税待分配收入	9					9		
20	内资企业	9					9		
21	外资企业								
22	3. 个人所得税	85326		1		51195	17065	6499	10567
23	4. 资源税	823						2	821
24	5. 固定资产投资方向调节税								
25	6. 城市维护建设税	68112		1				29225	38887
26	7. 房产税	16170	2	28				6220	9950
27	8. 印花税	9649		1				3527	6122
28	9. 城镇土地使用税	19161		44				5354	13807
29	10. 土地增值税	37938		50			18969	7115	11854
30	11. 车船税	6367						2062	4305
31	12. 车辆购置税								
32	13. 屠宰税								
33	14. 筵席税								
34	15. 燃油税								
35	16. 烟叶税	70							70

续表

序号	项　　目	合　　计				中　央	省　级	市　级	县(区)级
		合　　计	其中:本年新欠入库	2001年5月1日以后陈欠入库	2001年5月1日以前陈欠入库				
36	二、其他收入合计	114038		85			8073	48023	57942
37	1. 教育费附加收入	30120						13322	16798
38	2. 文化事业建设费收入	1013					304	370	339
39	3. 税务部门罚没收入	134		1				41	93
40	4. 堤围费	16780					1678	8980	6122
41	5. 价格调节基金								
42	6. 契税	18985						10720	8265
43	7. 耕地占用税	27173						7710	19463
44	8. 残疾人基金	1809		84			274	1288	247
45	9. 地方教育费附加	18024					5817	5592	6615
46	10. 交通建设费附加								
47	11. 社会保险基金收入								
48	基本养老保险基金收入								
49	失业保险基金收入								
50	基本医疗保险基金收入								
51	工伤保险基金收入								
52	生育保险基金收入								
53	其他社会保险基金收入								
54	12. 其他								

2011年茂名市地方税务局入库税金明细年报表

编报机关:茂名市地方税务局

单位:万元

序号	项　目	合计				中　央	省　级	市　级	县(区)级
		合　计	其中:本年新欠入库	2001年5月1日以后陈欠入库	2001年5月1日以前陈欠入库				
1	总　计	525569				60906	117667	204424	142572
2	一、税收收入合计	432652				60906	107956	139666	124124
3	1. 营业税	133780					74986	18748	40046
4	(1)金融保险业营业税	16193					16193		
5	(2)其他营业税	117587					58793	18748	40046
6	2. 企业所得税	54755				32853	10951	5184	5767
7	(1)一般企业所得税	54755				32853	10951	5184	5767
8	内资企业	54755				32853	10951	5184	5767
9	外资企业								
10	(2)分支机构预缴所得税								
11	内资企业								
12	外资企业								
13	(3)总机构预缴所得税								
14	内资企业								
15	外资企业								
16	(4)总机构汇算清缴所得税								
17	内资企业								

续表

序号	项目	合计				中央	省级	市级	县(区)级
		合计	其中:本年新欠入库	2001年5月1日以后陈欠入库	2001年5月1日以前陈欠入库				
18	外资企业								
19	(5)企业所得税待分配收入								
20	内资企业								
21	外资企业								
22	3. 个人所得税	46755				28053	9351	4827	4524
23	4. 资源税	5052						306	4746
24	5. 固定资产投资方向调节税								
25	6. 城市维护建设税	104366						87219	17147
26	7. 房产税	20626						4238	16388
27	8. 印花税	5201						2387	2814
28	9. 城镇土地使用税	28631						10881	17750
29	10. 土地增值税	25335					12668	3397	9270
30	11. 车船税	8151						2479	5672
31	12. 车辆购置税								
32	13. 屠宰税								
33	14. 筵席税								
34	15. 燃油税								
35	16. 烟叶税								

续表

序号	项　目	合　计				中　央	省　级	市　级	县(区)级
		合　计	其中:本年新欠入库	2001年5月1日以后陈欠入库	2001年5月1日以前陈欠入库				
36	二、其他收入合计	92917					9711	64758	18448
37	1. 教育费附加收入	37243						32334	4909
38	2. 文化事业建设费收入	472					146	175	151
39	3. 税务部门罚没收入	74							74
40	4. 堤围费	14768					1477	9082	4209
41	5. 价格调节基金	1350						1334	16
42	6. 契税	11828						5130	6698
43	7. 耕地占用税	83							83
44	8. 残疾人基金	1682					269	928	485
45	9. 地方教育费附加	25417					7819	15775	1823
46	10. 交通建设费附加								
47	11. 社会保险基金收入								
48	基本养老保险基金收入								
49	失业保险基金收入								
50	基本医疗保险基金收入								
51	工伤保险基金收入								
52	生育保险基金收入								
53	其他社会保险基金收入								
54	12. 其他								

2011年肇庆市地方税务局入库税金明细年报表

编报机关:肇庆市地方税务局

单位:万元

序号	项目	合计				中央	省级	市级	县(区)级
		合计	其中:本年新欠入库	2001年5月1日以后陈欠入库	2001年5月1日以前陈欠入库				
1	总计	760903	1107	3587		95812	226305	10332	428454
2	一、税收收入合计	642542	457	3278		95812	220045	3699	322986
3	1. 营业税	269713	87	490			148753	3283	117677
4	(1)金融保险业营业税	27792					27792		
5	(2)其他营业税	241921	87	490			120961	3283	117677
6	2. 企业所得税	83769	188	56		50289	16741	10	16729
7	(1)一般企业所得税	82872	188	56		49723	16575	10	16564
8	内资企业	82851	188	56		49710	16571	10	16560
9	外资企业	21				13	4		4
10	(2)分支机构预缴所得税	70				42	14		14
11	内资企业	64				38	13		13
12	外资企业	6				4	1		1
13	(3)总机构预缴所得税	798				496	151		151
14	内资企业	798				496	151		151
15	外资企业								
16	(4)总机构汇算清缴所得税								
17	内资企业								

续表

序号	项　　目	合　　计				中　央	省　级	市　级	县(区)级
		合　　计	其中:本年新欠入库	2001 年 5 月 1 日以后陈欠入库	2001 年 5 月 1 日以前陈欠入库				
18	外资企业								
19	(5)企业所得税待分配收入	29				28	1		
20	内资企业	29				28	1		
21	外资企业								
22	3. 个人所得税	75872	29	3		45523	15174	1	15174
23	4. 资源税	9465	8	5					9465
24	5. 固定资产投资方向调节税								
25	6. 城市维护建设税	41588	22	861				404	41184
26	7. 房产税	23398	23	1059					23398
27	8. 印花税	9011	5	90				1	9010
28	9. 城镇土地使用税	44145	78	714					44145
29	10. 土地增值税	78753	17				39377		39376
30	11. 车船税	6828							6828
31	12. 车辆购置税								
32	13. 屠宰税								
33	14. 筵席税								
34	15. 燃油税								
35	16. 烟叶税								

续表

序号	项　　目	合计				中　央	省　级	市　级	县(区)级
		合　计	其中:本年新欠入库	2001年5月1日以后陈欠入库	2001年5月1日以前陈欠入库				
36	二、其他收入合计	118361	650	309			6260	6633	105468
37	1. 教育费附加收入	19463	67	308				199	19264
38	2. 文化事业建设费收入	1002	18				301		701
39	3. 税务部门罚没收入	306							306
40	4. 堤围费	17400	169				1740	4743	10917
41	5. 价格调节基金	982	55					43	939
42	6. 契税	31540	32						31540
43	7. 耕地占用税	29755							29755
44	8. 残疾人基金	2818	254	1			465	183	2170
45	9. 地方教育费附加	11485	33				3754	64	7667
46	10. 交通建设费附加								
47	11. 社会保险基金收入								
48	基本养老保险基金收入								
49	失业保险基金收入								
50	基本医疗保险基金收入								
51	工伤保险基金收入								
52	生育保险基金收入								
53	其他社会保险基金收入								
54	12. 其他	3610	22					1401	2209

2011 年清远市地方税务局入库税金明细年报表

编报机关:清远市地方税务局　　　　单位:万元

序号	项　　目	合计				中　央	省　级	市　级	县(区)级
		合　　计	其中:本年新欠入库	2001 年 5 月 1 日以后陈欠入库	2001 年 5 月 1 日以前陈欠入库				
1	总　　计	808687	27	1		91562	232845	257050	227230
2	一、税收收入合计	645556	27			91561	226766	173208	154021
3	1. 营业税	295551					158875	78122	58554
4	(1)金融保险业营业税	22196					22196		
5	(2)其他营业税	273355					136679	78122	58554
6	2. 企业所得税	84466	27			50679	16970	9925	6892
7	(1)一般企业所得税	79190	27			47514	15914	9596	6166
8	内资企业	79171	27			47503	15910	9592	6166
9	外资企业	19				11	4	4	
10	(2)分支机构预缴所得税	3631				2178	726	1	726
11	内资企业	3631				2178	726	1	726
12	外资企业								
13	(3)总机构预缴所得税	1643				987	328	328	
14	内资企业	1643				987	328	328	
15	外资企业								
16	(4)总机构汇算清缴所得税								
17	内资企业								

续表

序号	项目	合计				中央	省级	市级	县(区)级
		合计	其中:本年新欠入库	2001年5月1日以后陈欠入库	2001年5月1日以前陈欠入库				
18	外资企业								
19	(5)企业所得税待分配收入	2					2		
20	内资企业	2					2		
21	外资企业								
22	3. 个人所得税	68136				40882	13628	7278	6348
23	4. 资源税	23812						3242	20570
24	5. 固定资产投资方向调节税								
25	6. 城市维护建设税	36549						18209	18340
26	7. 房产税	17120						8104	9016
27	8. 印花税	8697						5312	3385
28	9. 城镇土地使用税	31851						16936	14915
29	10. 土地增值税	74580					37293	24114	13173
30	11. 车船税	4337						1966	2371
31	12. 车辆购置税								
32	13. 屠宰税								
33	14. 筵席税								
34	15. 燃油税								
35	16. 烟叶税	457							457

续表

序号	项目	合计				中央	省级	市级	县(区)级
		合计	其中:本年新欠入库	2001年5月1日以后陈欠入库	2001年5月1日以前陈欠入库				
36	二、其他收入合计	163131		1		1	6079	83842	73209
37	1. 教育费附加收入	18762						8637	10125
38	2. 文化事业建设费收入	1451		1		1	438	755	257
39	3. 税务部门罚没收入	98						55	43
40	4. 堤围费	18606					1861	10044	6701
41	5. 价格调节基金	2350						1199	1151
42	6. 契税	98333						58182	40151
43	7. 耕地占用税	11277						1042	10235
44	8. 残疾人基金	1337					252	605	480
45	9. 地方教育费附加	10917					3528	3323	4066
46	10. 交通建设费附加								
47	11. 社会保险基金收入								
48	基本养老保险基金收入								
49	失业保险基金收入								
50	基本医疗保险基金收入								
51	工伤保险基金收入								
52	生育保险基金收入								
53	其他社会保险基金收入								
54	12. 其他								

2011年潮州市地方税务局入库税金明细年报表

编报机关：潮州市地方税务局

单位：万元

序号	项　目	合　计				中　央	省　级	市　级	县(区)级
		合　计	其中：本年新欠入库	2001年5月1日以后陈欠入库	2001年5月1日以前陈欠入库				
1	总　计	259043	6032	462		55393	60468	51770	91412
2	一、税收收入合计	228585	5381	425		55388	57475	43727	71995
3	1. 营业税	57801	717	26			34383	12930	10488
4	(1)金融保险业营业税	10966					10966		
5	(2)其他营业税	46835	717	26			23417	12930	10488
6	2. 企业所得税	48686	1805	58		29212	9738	4930	4806
7	(1)一般企业所得税	48683	1805	58		29210	9737	4930	4806
8	内资企业	48683	1805	58		29210	9737	4930	4806
9	外资企业								
10	(2)分支机构预缴所得税	3				2	1		
11	内资企业	3				2	1		
12	外资企业								
13	(3)总机构预缴所得税								
14	内资企业								
15	外资企业								
16	(4)总机构汇算清缴所得税								
17	内资企业								

续表

序号	项　目	合　计				中　央	省　级	市　级	县(区)级
		合　计	其中:本年新欠入库	2001年5月1日以后陈欠入库	2001年5月1日以前陈欠入库				
18	外资企业								
19	(5)企业所得税待分配收入								
20	内资企业								
21	外资企业								
22	3. 个人所得税	43627	1534	150		26176	8725	4444	4282
23	4. 资源税	6349	197	25				1407	4942
24	5. 固定资产投资方向调节税								
25	6. 城市维护建设税	21876	362	42				7720	14156
26	7. 房产税	13647	172	20				4119	9528
27	8. 印花税	6593	91	5				1451	5142
28	9. 城镇土地使用税	17830	451	99				3498	14332
29	10. 土地增值税	9258	35				4629	2371	2258
30	11. 车船税	2918	17					857	2061
31	12. 车辆购置税								
32	13. 屠宰税								
33	14. 筵席税								
34	15. 燃油税								
35	16. 烟叶税								

续表

序号	项目	合计				中央	省级	市级	县(区)级
		合计	其中:本年新欠入库	2001年5月1日以后陈欠入库	2001年5月1日以前陈欠入库				
36	二、其他收入合计	30458	651	37		5	2993	8043	19417
37	1. 教育费附加收入	11194	292	21				3450	7744
38	2. 文化事业建设费收入	540	4	1		5	161	39	335
39	3. 税务部门罚没收入	38	1						38
40	4. 堤围费	6865	249	15			687	148	6030
41	5. 价格调节基金	53	1					53	
42	6. 契税	4209	20					2955	1254
43	7. 耕地占用税	838	34						838
44	8. 残疾人基金	27	7				4		23
45	9. 地方教育费附加	6694	43				2141	1398	3155
46	10. 交通建设费附加								
47	11. 社会保险基金收入								
48	基本养老保险基金收入								
49	失业保险基金收入								
50	基本医疗保险基金收入								
51	工伤保险基金收入								
52	生育保险基金收入								
53	其他社会保险基金收入								
54	12. 其他								

2011年揭阳市地方税务局入库税金明细年报表

编报机关:揭阳市地方税务局　　　　单位:万元

序号	项　目	合计				中　央	省　级	市　级	县(区)级
		合　计	其中:本年新欠入库	2001年5月1日以后陈欠入库	2001年5月1日以前陈欠入库				
1	总　计	435584	79	140		84027	104421	44411	202725
2	一、税收收入合计	345085	41	104		84011	99396	33839	127839
3	1. 营业税	106569		10			63702	10611	32256
4	(1)金融保险业营业税	20833					20833		
5	(2)其他营业税	85736		10			42869	10611	32256
6	2. 企业所得税	82480	9	6		49501	16490	3511	12978
7	(1)一般企业所得税	81989	9	6		49193	16398	3511	12887
8	内资企业	81900	9	6		49140	16380	3504	12876
9	外资企业	89				53	18	7	11
10	(2)分支机构预缴所得税	208				125	42		41
11	内资企业	208				125	42		41
12	外资企业								
13	(3)总机构预缴所得税	270				170	50		50
14	内资企业	270				170	50		50
15	外资企业								
16	(4)总机构汇算清缴所得税								
17	内资企业								

续表

序号	项目	合计				中央	省级	市级	县(区)级
		合计	其中:本年新欠入库	2001年5月1日以后陈欠入库	2001年5月1日以前陈欠入库				
18	外资企业								
19	(5)企业所得税待分配收入	13				13			
20	内资企业	13				13			
21	外资企业								
22	3. 个人所得税	57517	12	8		34510	11503	3621	7883
23	4. 资源税	1510						305	1205
24	5. 固定资产投资方向调节税								
25	6. 城市维护建设税	32376	15	15				5771	26605
26	7. 房产税	11434	1	28				2061	9373
27	8. 印花税	9176	3	3				1970	7206
28	9. 城镇土地使用税	25066	1	33				3927	21139
29	10. 土地增值税	15402		1			7701	1390	6311
30	11. 车船税	3555						672	2883
31	12. 车辆购置税								
32	13. 屠宰税								
33	14. 筵席税								
34	15. 燃油税								
35	16. 烟叶税								

续表

序号	项目	合计				中央	省级	市级	县(区)级
		合计	其中:本年新欠入库	2001年5月1日以后陈欠入库	2001年5月1日以前陈欠入库				
36	二、其他收入合计	90499	38	36		16	5025	10572	74886
37	1. 教育费附加收入	15584	7	18				2583	13001
38	2. 文化事业建设费收入	790				16	232	181	361
39	3. 税务部门罚没收入	123						18	105
40	4. 堤围费	15904	5	2			1590	5867	8447
41	5. 价格调节基金	686						259	427
42	6. 契税	19356						408	18948
43	7. 耕地占用税	27413							27413
44	8. 残疾人基金	1761	21	16			271	302	1188
45	9. 地方教育费附加	8882	5				2932	954	4996
46	10. 交通建设费附加								
47	11. 社会保险基金收入								
48	基本养老保险基金收入								
49	失业保险基金收入								
50	基本医疗保险基金收入								
51	工伤保险基金收入								
52	生育保险基金收入								
53	其他社会保险基金收入								
54	12. 其他								

2011年云浮市地方税务局入库税金明细年报表

编报机关:云浮市地方税务局　　　　单位:万元

序号	项　目	合计				中　央	省　级	市　级	县(区)级
		合　计	其中:本年新欠入库	2001年5月1日以后陈欠入库	2001年5月1日以前陈欠入库				
1	总　计	272464	1755	358		47609	76319	57045	91491
2	一、税收收入合计	225648	1038	308		47609	74716	42473	60850
3	1. 营业税	86291	513	70			49188	15418	21685
4	(1)金融保险业营业税	12085	42				12085		
5	(2)其他营业税	74206	471	70			37103	15418	21685
6	2. 企业所得税	29182	29	18		17509	5845	2040	3788
7	(1)一般企业所得税	28218	29	18		16931	5644	1995	3648
8	内资企业	28185	29	18		16911	5637	1989	3648
9	外资企业	33				20	7	6	
10	(2)分支机构预缴所得税	890				534	178	45	133
11	内资企业	890				534	178	45	133
12	外资企业								
13	(3)总机构预缴所得税	66				44	15		7
14	内资企业	66				44	15		7
15	外资企业								
16	(4)总机构汇算清缴所得税								
17	内资企业								

续表

序号	项　目	合　计				中　央	省　级	市　级	县(区)级
		合　计	其中:本年新欠入库	2001年5月1日以后陈欠入库	2001年5月1日以前陈欠入库				
18	外资企业								
19	(5)企业所得税待分配收入	8					8		
20	内资企业	8					8		
21	外资企业								
22	3. 个人所得税	50167	135	18		30100	10033	3290	6744
23	4. 资源税	4479	1					928	3551
24	5. 固定资产投资方向调节税								
25	6. 城市维护建设税	14046	69	31				6386	7660
26	7. 房产税	6855	100	23				2962	3893
27	8. 印花税	2720	5	3				1276	1444
28	9. 城镇土地使用税	8744	32	125				4355	4389
29	10. 土地增值税	19300	154	20			9650	4211	5439
30	11. 车船税	3864						1607	2257
31	12. 车辆购置税								
32	13. 屠宰税								
33	14. 筵席税								
34	15. 燃油税								
35	16. 烟叶税								

续表

序号	项目	合计				中央	省级	市级	县(区)级
		合计	其中:本年新欠入库	2001年5月1日以后陈欠入库	2001年5月1日以前陈欠入库				
36	二、其他收入合计	46816	717	50			1603	14572	30641
37	1. 教育费附加收入	6943	132	4				2747	4196
38	2. 文化事业建设费收入	424	11				127	173	124
39	3. 税务部门罚没收入	58						33	25
40	4. 堤围费	270	2				27		243
41	5. 价格调节基金	3130	33					2228	902
42	6. 契税	13980	488					4878	9102
43	7. 耕地占用税	17327						3296	14031
44	8. 残疾人基金	656	20	46			98	179	379
45	9. 地方教育费附加	4028	31				1351	1038	1639
46	10. 交通建设费附加								
47	11. 社会保险基金收入								
48	基本养老保险基金收入								
49	失业保险基金收入								
50	基本医疗保险基金收入								
51	工伤保险基金收入								
52	生育保险基金收入								
53	其他社会保险基金收入								
54	12. 其他								

2011年广东省地方税务局直属分局入库税金明细年报表

编报机关:广东省地方税务局直属分局　　单位:万元

序号	项　　目	合计				中　央	省　级	市　级	县(区)级
		合　　计	其中:本年新欠入库	2001年5月1日以后陈欠入库	2001年5月1日以前陈欠入库				
1	总　　计	1101510	5	56		193752	880412	15594	11752
2	一、税收收入合计	1006782	5	56		193752	785684	15594	11752
3	1. 营业税	686644	5	54			686644		
4	(1)金融保险业营业税	623125	5	54			623125		
5	(2)其他营业税	63519					63519		
6	2. 企业所得税	320138		2		193752	99040	15594	11752
7	(1)一般企业所得税	301991		2		181194	96040	13920	10837
8	内资企业	298576		2		179145	95357	13649	10425
9	外资企业	3415				2049	683	271	412
10	(2)分支机构预缴所得税	8681				5209	1804	1078	590
11	内资企业	8674				5204	1803	1077	590
12	外资企业	7				5	1	1	
13	(3)总机构预缴所得税	7685				5680	1084	596	325
14	内资企业	7667				5666	1082	595	324
15	外资企业	18				14	2	1	1
16	(4)总机构汇算清缴所得税								
17	内资企业								

续表

序号	项　　目	合　　计				中　央	省　级	市　级	县(区)级
		合　　计	其中:本年新欠入库	2001年5月1日以后陈欠入库	2001年5月1日以前陈欠入库				
18	外资企业								
19	(5)企业所得税待分配收入	1781				1669	112		
20	内资企业	1777				1665	112		
21	外资企业	4				4			
22	3. 个人所得税								
23	4. 资源税								
24	5. 固定资产投资方向调节税								
25	6. 城市维护建设税								
26	7. 房产税								
27	8. 印花税								
28	9. 城镇土地使用税								
29	10. 土地增值税								
30	11. 车船税								
31	12. 车辆购置税								
32	13. 屠宰税								
33	14. 筵席税								
34	15. 燃油税								
35	16. 烟叶税								

续表

序号	项目	合计				中央	省级	市级	县(区)级
		合计	其中:本年新欠入库	2001年5月1日以后陈欠入库	2001年5月1日以前陈欠入库				
36	二、其他收入合计	94728					94728		
37	1. 教育费附加收入								
38	2. 文化事业建设费收入								
39	3. 税务部门罚没收入	8					8		
40	4. 堤围费								
41	5. 价格调节基金	94720					94720		
42	6. 契税								
43	7. 耕地占用税								
44	8. 残疾人基金								
45	9. 地方教育费附加								
46	10. 交通建设费附加								
47	11. 社会保险基金收入								
48	基本养老保险基金收入								
49	失业保险基金收入								
50	基本医疗保险基金收入								
51	工伤保险基金收入								
52	生育保险基金收入								
53	其他社会保险基金收入								
54	12. 其他								

2011年广东省地方税务局税收收入分行业分税种统计年报总表

编报机关:广东省地方税务局　　　　单位:万元

序号	项目	合计	营业税	企业所得税		个人所得税	城市维护建设税	房产税	印花税	城镇土地使用税	土地增值税	车船税	其他各税
				内资企业	外资企业								
1	税收收入合计	39876419	14249891	5518527	1978857	8474519	3093991	1451709	684883	1040353	2952133	306275	125281
2	一、第一产业	52385	12979	4601	96	21754	1880	3032	2802	3680	1409	81	71
3	二、第二产业	12678961	2903125	2515602	1154043	2848614	1895706	424957	346963	421377	65120	4688	98766
4	(一)采矿业	131142	3806	50950	95	12233	14322	1822	1394	3760	4376	22	38362
5	1. 煤炭开采和洗选业	320	164	7		70	19	41	4	15			
6	2. 原油和天然气开采业	8427	854	-37		1833	3779	597	677	722			2
7	其中:原油	8418	853	-37		1831	3778	597	676	719			1
8	3. 黑色金属矿采选业	54579	1310	39376		3779	2548	255	180	537			6594
9	4. 有色金属矿采选业	18126	95	6808		2703	2427	453	203	650			4787
10	5. 非金属矿采选业	33220	858	4208	95	2724	2355	268	145	1496	1	1	21069
11	6. 其他采矿业	16470	525	588		1124	3194	208	185	340	4375	21	5910
12	(二)制造业	7221001	300874	1187703	975513	2116623	1571657	349275	284762	363280	28972	3803	38539
13	1. 农副食品加工业	81596	4949	15557	7895	23495	9922	7159	4776	7239	513	92	-1
14	2. 食品制造业	209034	7664	13669	37797	69312	57849	10586	4823	7205	126	1	2
15	3. 饮料制造业	94593	1840	8975	23728	21092	26947	5330	3133	3498	50		
16	其中:酒制造	36083	393	8408	5485	4651	12852	2044	534	1710	6		
17	4. 烟草制品业	181433	224	20130		20896	132580	1976	2871	1278			1478
18	其中:卷烟制造	128641	11			17001	107105	1048	2637	839			
19	5. 纺织业	120377	3584	19416	6331	33242	23764	13414	4365	15385	876		
20	6. 纺织服装、鞋帽制造业	243591	8229	35071	31145	65608	57191	18341	8360	18535	1105	5	1
21	7. 皮革、毛皮、羽毛(绒)制品业	84423	2464	7443	6297	28022	21972	6835	3085	7681	622	2	
22	8. 木材加工及木竹藤棕草制品业	25018	1612	2652	364	6492	5816	2088	888	4898	203	1	4
23	9. 家具制造业	90748	3488	12822	11222	24545	19129	7304	2490	9451	289	2	6

续表

序号	项目	合计	营业税	企业所得税		个人所得税	城市维护建设税	房产税	印花税	城镇土地使用税	土地增值税	车船税	其他各税
				内资企业	外资企业								
24	10. 造纸及纸制品业	90740	2729	14295	8920	25185	17380	6999	4035	10259	928	2	8
25	11. 印刷业和记录媒体的复制	114829	3772	28211	18466	31909	16994	6530	2683	5719	531	3	11
26	12. 文教体育用品制造业	70146	1168	13560	9074	18984	13014	6259	1956	5959	172		
27	13. 石油加工、炼焦及核燃料业	314179	6578	3455	5684	30021	248690	2495	5589	11543	45	71	8
28	其中:成品油制造	283101	2885	3068	5634	12066	247830	1704	5376	4493	45		
29	14. 化学原料及化学制品业	338247	19060	38743	58680	102692	74716	14047	11096	18133	631	1	448
30	15. 医药制造业	181982	4011	61626	29732	38789	29511	8382	2873	6381	677		
31	16. 化学纤维制造业	13136	398	1124	3660	2634	2329	1252	477	1040	222		
32	17. 橡胶制品业	48930	1475	4003	9485	14358	9555	3662	1888	4495	8	1	
33	18. 塑料制品业	389053	7169	53264	91871	113057	55319	23096	14504	25581	5180	11	1
34	19. 非金属矿物制品业	262823	7802	52713	8592	56758	43911	17098	6226	34095	2515	2	33111
35	20. 黑色金属冶炼及压延加工业	47342	1796	3242	330	12877	10320	5415	5702	7553	16		91
36	21. 有色金属冶炼及压延加工业	85522	2907	31010	865	16458	13125	5118	5628	7193	193	2	3023
37	22. 金属制品业	364925	16085	49337	44670	120100	66000	22495	13526	30372	2227	6	107
38	23. 通用设备制造业	164746	7525	36337	15055	52643	28490	9184	5337	8967	1176	1	31
39	24. 专用设备制造业	257876	11976	31811	46508	102700	37205	9770	7311	9299	1222	31	43
40	25. 交通运输设备制造业	446052	24863	29469	17351	138689	161233	21846	27050	21721	1041	2774	15
41	其中:汽车制造	337493	19150	14841	2608	106386	142646	14418	23175	13329	715	225	
42	摩托车制造	24985	1645	1728	73	7096	8378	2189	1401	2178	221	76	
43	26. 电气机械及器材制造业	665274	20443	201109	68617	178536	113953	30778	25159	24930	1747	2	
44	27. 通信设备、计算机及其他电子设备制造业	1763343	98299	307121	327313	642359	204023	56146	93652	30380	4038	12	
45	28. 仪表仪器及文化、办公用机械制造业	105464	3875	14521	28397	33046	14477	4597	3455	2746	350		
46	29. 其他制造业	365579	24889	77017	57464	92124	56242	21073	11824	21744	2269	781	152

续表

序号	项目	合计	营业税	企业所得税		个人所得税	城市维护建设税	房产税	印花税	城镇土地使用税	土地增值税	车船税	其他各税
				内资企业	外资企业								
47	（三）电力、燃气及水的生产和供应业	1070295	67195	392819	154478	216539	137251	45940	20096	32325	2406	134	1112
48	1. 电力、热力的生产和供应业	915036	50951	343655	119386	195103	122687	40207	17887	22065	1863	120	1112
49	其中：电力生产和供应	892453	49603	338249	119380	187459	118170	38629	17442	21144	1222	50	1105
50	2. 燃气生产和供应业	37926	6032	13121	403	6053	7209	997	1868	1752	491		
51	3. 水的生产和供应业	117333	10212	36043	34689	15383	7355	4736	341	8508	52	14	
52	（四）建筑业	4256523	2531250	884130	23957	503219	172476	27920	40711	22012	29366	729	20753
53	1. 房屋和土木工程建筑业	1455090	885995	321394	988	136580	58332	9586	14313	7454	12625	172	7651
54	2. 建筑安装业	2133506	1283517	396414	19897	285790	88217	10291	19159	8696	10094	299	11132
55	3. 建筑装饰业	308486	169217	83033	1982	31576	11800	3849	3426	1226	2032	2	343
56	4. 其他建筑业	359441	192521	83289	1090	49273	14127	4194	3813	4636	4615	256	1627
57	三、第三产业	27145073	11333787	2998324	824718	5604151	1196405	1023720	335118	615296	2885604	301506	26444
58	（一）交通运输、仓储及邮政业	1761224	846178	259500	115923	283373	59881	59694	18794	38673	7670	71480	58
59	1. 交通运输业	1583813	762751	244518	109298	254428	53118	39541	15990	25600	7120	71394	55
60	2. 仓储业	119230	56492	13735	5905	12179	4905	12092	2648	10722	463	86	3
61	3. 邮政业	58181	26935	1247	720	16766	1858	8061	156	2351	87		
62	（二）信息传输、计算机服务和软件业	1254168	610031	74362	88952	347488	72874	37644	8619	8403	5503	287	5
63	1. 电信和其他信息传输服务业	656427	416408	12248	42354	114679	28423	31747	3781	6532	184	67	4
64	其中：电信	615131	390620	10635	42330	104735	26543	30769	3131	6180	184		4
65	2. 计算机服务业	249882	99382	27580	3338	93408	15197	3839	2440	845	3635	217	1
66	3. 软件业	347859	94241	34534	43260	139401	29254	2058	2398	1026	1684	3	
67	（三）批发和零售业	2846722	524513	770361	96385	671944	395419	125113	116838	77262	49385	1518	17984
68	1. 批发业	1877904	336803	561021	49347	421988	254877	76008	86464	40163	36123	1209	13901
69	其中：烟草制品批发	194618	1094	110182		30431	35862	2113	3859	685	794	284	9314

续表

序号	项目	合计	营业税	企业所得税		个人所得税	城市维护建设税	房产税	印花税	城镇土地使用税	土地增值税	车船税	其他各税
				内资企业	外资企业								
70	煤炭及制品批发	33731	1091	12398	5648	3566	5980	399	4296	348	5		
71	石油及其制品批发	57233	3411	10916	2036	12842	15148	1787	8815	2184	94		
72	汽车及零配件批发	22283	3224	4765	11	7719	3357	1134	1303	723	47		
73	2. 零售业	968818	187710	209340	47038	249956	140542	49105	30374	37099	13262	309	4083
74	(四)住宿和餐饮业	1014611	708694	41826	14115	133362	47117	43539	1627	16999	6900	430	2
75	1. 住宿业	318899	210200	16944	3212	29956	13896	33678	686	8692	1632	1	2
76	2. 餐饮业	695712	498494	24882	10903	103406	33221	9861	941	8307	5268	429	
77	(五)金融业	4203108	2369195	32112	7480	1434249	165746	62962	39254	13474	6668	71965	3
78	1. 银行业	2501296	1617524	-7	130	677794	114167	51327	24070	11486	4802	3	
79	2. 证券业	692430	219838	49	32	453936	14080	2505	1791	199			
80	3. 保险业	672394	363354	25		197825	26322	4798	8351	906	56	70757	
81	4. 其他金融	336988	168479	32045	7318	104694	11177	4332	5042	883	1810	1205	3
82	其中:金融租赁	6407	5074	14		594	445	21	257	1	1		
83	邮政储蓄	4679	3246	-6		1001	217	83	54	29		55	
84	(六)房地产业	8717858	3685984	936015	169647	498011	239750	374089	67662	279695	2463920	2306	779
85	(七)租赁和商务服务业	2793007	995522	425289	63182	941335	74650	105575	31182	52811	98973	4249	239
86	1. 租赁业	101465	54458	11822	453	8132	3766	13518	780	3639	4308	583	6
87	2. 商务服务业	2691542	941064	413467	62729	933203	70884	92057	30402	49172	94665	3666	233
88	(八)居民服务和其他服务业	1701705	674142	165104	124274	279994	52117	104292	22677	49620	161235	63928	4322
89	(九)教育	242915	37020	14569	136	180474	2549	6218	289	845	524	291	
90	(十)卫生、社会保险和社会福利业	175030	5001	4956	25	157595	511	3416	537	501	518	12	1958
91	其中:卫生	164431	3863	4767	25	151719	337	2447	454	356	459	4	
92	(十一)文化、体育和娱乐业	389533	178692	33573	9877	95907	12547	10742	1426	28677	18087	2	3
93	(十二)公共管理和社会组织	583322	162353	33619	631	199305	12040	64574	10922	25985	57466	15801	626
94	(十三)其他行业	1461870	536462	207038	134091	381114	61204	25862	15291	22351	8755	69237	465

2011年广州市地方税务局税收收入分行业分税种统计年报总表

编报机关:广州市地方税务局　　　　单位:万元

序号	项目	合计	营业税	企业所得税		个人所得税	城市维护建设税	房产税	印花税	城镇土地使用税	土地增值税	车船税	其他各税
				内资企业	外资企业								
1	税收收入合计	9206475	3246399	908709	90109	2301402	898012	511079	210757	174438	807521	55816	2233
2	一、第一产业	8644	3333	456		1793	311	513	1595	220	395	28	
3	二、第二产业	2211583	603055	244417	5042	568579	523569	97641	86908	67424	11628	1087	2233
4	(一)采矿业	663	135	90		54	68	119	23	65		1	108
5	1. 煤炭开采和洗选业	33	8	2			1	15		7			
6	2. 原油和天然气开采业	196	25			10	22	96	19	24			
7	其中:原油	196	25			10	22	96	19	24			
8	3. 黑色金属矿采选业	48	23	19		3	1	2					
9	4. 有色金属矿采选业	6	2			1		3					
10	5. 非金属矿采选业	357	76	69		30	33	3	4	34			108
11	6. 其他采矿业	23	1			10	11					1	
12	(二)制造业	1259552	71940	117849	4419	398585	450905	80279	67037	58604	7235	574	2125
13	1. 农副食品加工业	14466	728	4171	229	4221	1401	1500	1135	1020		61	
14	2. 食品制造业	84773	4096	4877		31827	35617	4767	2045	1544			
15	3. 饮料制造业	27768	751	4397		10235	8325	2047	958	1055			
16	其中:酒制造	10281	147	4385		1381	3134	627	143	464			
17	4. 烟草制品业	80702	10			12830	63923	613	2627	699			
18	其中:卷烟制造	80702	10			12830	63923	613	2627	699			
19	5. 纺织业	12260	836	1177		2785	3121	1828	733	1509	271		
20	6. 纺织服装、鞋帽制造业	33844	1497	2092		9874	10487	3742	1909	4026	217		
21	7. 皮革、毛皮、羽毛(绒)制品业	14759	383	533	11	5377	4828	1488	924	1215			
22	8. 木材加工及木竹藤棕草制品业	3702	368	348		804	852	371	141	636	182		
23	9. 家具制造业	9724	348	708		4240	2154	904	410	958	2		

续表

序号	项　　目	合　计	营业税	企业所得税		个人所得税	城市维护建设税	房产税	印花税	城镇土地使用税	土地增值税	车船税	其他各税
				内资企业	外资企业								
24	10. 造纸及纸制品业	9734	595	618		2881	2132	1004	799	1682	23		
25	11. 印刷业和记录媒体的复制	7396	388	1635		2030	1770	842	285	446			
26	12. 文教体育用品制造业	13541	221	3487	708	4451	2284	1146	495	710	39		
27	13. 石油加工、炼焦及核燃料业	69281	454	349		11778	54911	618	942	229			
28	其中:成品油制造	60209	354	42		3486	54593	618	887	229			
29	14. 化学原料及化学制品业	135268	13313	9101		58822	39226	5230	4931	3981	293		371
30	15. 医药制造业	39890	1211	7416	3081	11951	10409	3255	949	1618			
31	16. 化学纤维制造业	917	10	20		440	150	125	39	133			
32	17. 橡胶制品业	9070	597	942		2796	2075	1218	481	961			
33	18. 塑料制品业	48345	1332	12416	41	14987	6987	4164	2322	3132	2964		
34	19. 非金属矿物制品业	19982	1398	3178		3831	4082	2275	678	2479	307		1754
35	20. 黑色金属冶炼及压延加工业	17413	806	78	-2	5119	3426	2532	3009	2433	12		
36	21. 有色金属冶炼及压延加工业	13928	379	6824		2429	1255	934	1290	785	32		
37	22. 金属制品业	34726	2894	3957	7	12700	7363	2929	1537	2688	651		
38	23. 通用设备制造业	47092	2191	10296		17910	9196	3426	2025	1941	107		
39	24. 专用设备制造业	20889	1743	3208	242	8501	3471	1830	778	1088	28		
40	25. 交通运输设备制造业	305770	17834	9709	89	93063	136900	14112	22260	11667	136		
41	其中:汽车制造	260778	15152	4920	89	75256	126752	10849	19888	7781	91		
42	摩托车制造	12448	1018	765		3144	3650	1527	1018	1284	42		
43	26. 电气机械及器材制造业	45524	2497	9816	1	13988	9415	3978	2599	2661	569		
44	27. 通信设备、计算机及其他电子设备制造业	88818	9293	4960		34297	17147	9061	9050	4361	649		
45	28. 仪表仪器及文化、办公用机械制造业	17155	900	6863	6	5267	2391	911	388	393	36		
46	29. 其他制造业	32815	4867	4673	6	9151	5607	3429	1298	2554	717	513	

续表

序号	项目	合计	营业税	企业所得税		个人所得税	城市维护建设税	房产税	印花税	城镇土地使用税	土地增值税	车船税	其他各税
				内资企业	外资企业								
47	(三)电力、燃气及水的生产和供应业	130823	12013	17792	312	44266	34578	8174	8409	4697	456	126	
48	1. 电力、热力的生产和供应业	103392	10233	7129		37910	31180	6420	7838	2377	193	112	
49	其中:电力生产和供应	102906	10229	7129		37675	31089	6377	7832	2339	193	43	
50	2. 燃气生产和供应业	16218	1009	8290	312	2892	2079	467	506	400	263		
51	3. 水的生产和供应业	11213	771	2373		3464	1319	1287	65	1920		14	
52	(四)建筑业	820545	518967	108686	311	125674	38018	9069	11439	4058	3937	386	
53	1. 房屋和土木工程建筑业	344021	214618	46312	55	52217	14744	4645	5194	2345	3728	163	
54	2. 建筑安装业	339240	218870	41313	205	53252	17022	2679	4536	1157	173	33	
55	3. 建筑装饰业	75505	49364	13393	47	7312	3708	766	784	107	24		
56	4. 其他建筑业	61779	36115	7668	4	12893	2544	979	925	449	12	190	
57	三、第三产业	6986248	2640011	663836	85067	1731030	374132	412925	122254	106794	795498	54701	
58	(一)交通运输、仓储及邮政业	438694	210605	44356		102855	20721	33479	9451	14371	235	2621	
59	1. 交通运输业	389488	189065	41031	-2	94039	19103	24647	8646	10111	227	2621	
60	2. 仓储业	29605	12667	3219	2	2431	980	5791	726	3789			
61	3. 邮政业	19601	8873	106		6385	638	3041	79	471	8		
62	(二)信息传输、计算机服务和软件业	378341	187897	19639	7	131803	18972	13963	3535	1631	615	279	
63	1. 电信和其他信息传输服务业	191774	109277	1866	3	58157	7943	11467	1815	1164	15	67	
64	其中:电信	180143	102862	1484		54241	7445	11376	1581	1139	15		
65	2. 计算机服务业	138973	58044	16717	4	50936	8575	2144	1383	358	600	212	
66	3. 软件业	47594	20576	1056		22710	2454	352	337	109			
67	(三)批发和零售业	717206	135240	135577	6104	210871	119568	37603	50068	13009	8003	1163	
68	1. 批发业	458820	84053	76421	5767	132554	79615	25459	39902	8547	5342	1160	
69	其中:烟草制品批发	22455	319			14533	6006	655	535	123		284	

续表

序号	项目	合计	营业税	企业所得税		个人所得税	城市维护建设税	房产税	印花税	城镇土地使用税	土地增值税	车船税	其他各税
				内资企业	外资企业								
70	煤炭及制品批发	21637	577	5782	5648	1562	4067	243	3580	178			
71	石油及其制品批发	29606	1328	2082		8113	9908	707	6915	548	5		
72	汽车及零配件批发	11043	1495	977		5319	1808	595	663	177	9		
73	2. 零售业	258386	51187	59156	337	78317	39953	12144	10166	4462	2661	3	
74	(四)住宿和餐饮业	292404	198940	14968		43949	14172	16904	697	2648	126		
75	1. 住宿业	105803	66013	6283		10929	4665	15301	342	2171	99		
76	2. 餐饮业	186601	132927	8685		33020	9507	1603	355	477	27		
77	(五)金融业	419597	27104	4070	2842	298802	51265	21126	9399	892	2583	1514	
78	1. 银行业	238301	2024			171509	39499	17033	5687	615	1934		
79	2. 证券业	70372	616			66287	2291	288	865	25			
80	3. 保险业	69511	11129			48009	6938	1421	1416	44	13	541	
81	4. 其他金融	41413	13335	4070	2842	12997	2537	2384	1431	208	636	973	
82	其中:金融租赁	4490	3712			127	418		233				
83	邮政储蓄	108					34	13	6			55	
84	(六)房地产业	2556087	1048435	255438	62038	172522	70880	149086	17918	38453	741187	130	
85	(七)租赁和商务服务业	826317	355120	80109	6180	272200	30853	41290	11872	10122	17755	816	
86	1. 租赁业	16031	10639	970	101	1341	788	1331	215	155		491	
87	2. 商务服务业	810286	344481	79139	6079	270859	30065	39959	11657	9967	17755	325	
88	(八)居民服务和其他服务业	226710	100516	14137	5117	50284	8068	35585	4759	3763	4481		
89	(九)教育	107957	19199	6684	62	76639	1343	3582	133	248	67		
90	(十)卫生、社会保险和社会福利业	69264	3149	831		62853	249	1718	303	160	1		
91	其中:卫生	66883	2535	770		61938	201	1032	297	109	1		
92	(十一)文化、体育和娱乐业	155235	68727	18764	4	49529	5232	4475	850	5588	2066		
93	(十二)公共管理和社会组织	254240	83879	7817	43	87200	6152	39628	6731	6672	16118		
94	(十三)其他行业	544196	201200	61446	2670	171523	26657	14486	6538	9237	2261	48178	

2011年深圳市地方税务局税收收入分行业分税种统计年报总表

编报机关:深圳市地方税务局　　　　单位:万元

序号	项　　目	合　计	营业税	企业所得税		个人所得税	城市维护建设税	房产税	印花税	城镇土地使用税	土地增值税	车船税	其他各税
				内资企业	外资企业								
1	税收收入合计	12619630	3929798	1915168	1287743	3342406	700320	292970	166435	101833	820939	62018	
2	一、第一产业	7551	3075	2164	82	1101	237	493	60	185	154		
3	二、第二产业	3521861	596524	747187	687384	940216	349546	72693	90070	35833	2336	72	
4	(一)采矿业	11366	1101	4388	9	2756	2396	221	384	110		1	
5	1. 煤炭开采和洗选业	270	156	5		68	10	26		5			
6	2. 原油和天然气开采业	4428	138			1411	2290	142	353	94			
7	其中:原油	4428	138			1411	2290	142	353	94			
8	3. 黑色金属矿采选业	6483	739	4378		1247	50	38	30	1			
9	4. 有色金属矿采选业												
10	5. 非金属矿采选业	113	52	1	9	18	21	4		7		1	
11	6. 其他采矿业	72	16	4		12	25	11	1	3			
12	(二)制造业	2345661	120563	447090	558434	759347	291688	58569	79009	29785	1116	60	
13	1. 农副食品加工业	12430	933	570	6468	1621	915	980	598	344		1	
14	2. 食品制造业	13346	562	894	6910	1917	1910	584	294	274		1	
15	3. 饮料制造业	26439	130	51	17932	2849	4081	617	408	371			
16	其中:酒制造	6750	20		5485	266	467	215	54	243			
17	4. 烟草制品业	40011	136	18728		1366	19063	422	187	109			
18	其中:卷烟制造												
19	5. 纺织业	14126	911	4852	1352	3936	1481	721	219	542	112		
20	6. 纺织服装、鞋帽制造业	65275	2091	5917	25822	15483	12578	1584	964	811	22	3	
21	7. 皮革、毛皮、羽毛(绒)制品业	7295	275	852	1202	1934	2193	374	184	257	23	1	
22	8. 木材加工及木竹藤棕草制品业	1637	211	138	155	394	343	214	63	119			
23	9. 家具制造业	20710	1196	3786	7314	2760	3675	907	283	787		2	

续表

序号	项　　目	合　计	营业税	企业所得税		个人所得税	城市维护建设税	房产税	印花税	城镇土地使用税	土地增值税	车船税	其他各税
				内资企业	外资企业								
24	10. 造纸及纸制品业	13636	601	2829	2003	3554	2855	859	378	554	1	2	
25	11. 印刷业和记录媒体的复制	39519	1425	11489	9090	10482	4582	1151	593	510	195	2	
26	12. 文教体育用品制造业	9789	316	327	3696	2260	1693	1089	131	277			
27	13. 石油加工、炼焦及核燃料业	8236	571	1	5634	191	1510	79	217	33			
28	其中:成品油制造	8232	571	1	5634	189	1509	79	216	33			
29	14. 化学原料及化学制品业	44854	3160	5281	16380	11493	5098	1538	672	1184	47	1	
30	15. 医药制造业	58744	577	23633	16087	9221	6822	1127	551	687	39		
31	16. 化学纤维制造业	421	31	21	16	112	167	34	15	25			
32	17. 橡胶制品业	13306	435	426	7411	2299	1984	334	244	173			
33	18. 塑料制品业	163545	2073	14129	81205	40119	12841	5727	4695	2723	22	11	
34	19. 非金属矿物制品业	35799	1176	9154	5976	16412	1899	485	307	388		2	
35	20. 黑色金属冶炼及压延加工业	631	6	79	40	245	75	43	92	51			
36	21. 有色金属冶炼及压延加工业	5654	119	1998	367	1632	822	238	298	180			
37	22. 金属制品业	101495	4381	13516	36603	26881	12728	3510	1918	1946	8	4	
38	23. 通用设备制造业	26760	1146	1956	11309	6502	4326	603	557	360		1	
39	24. 专用设备制造业	100028	5323	9444	28011	39692	13765	1366	1760	666		1	
40	25. 交通运输设备制造业	36877	2190	2934	9231	12773	5909	904	1158	1778			
41	其中:汽车制造	19570	1361	1958	105	8829	4705	338	863	1411			
42	摩托车制造	114			73	17	16	3	2	3			
43	26. 电气机械及器材制造业	99381	3287	14313	21679	35523	16131	3852	2733	1862		1	
44	27. 通信设备、计算机及其他电子设备制造业	1168650	73770	255998	177242	453752	123289	22114	53991	8189	293	12	
45	28. 仪表仪器及文化、办公用机械制造业	48190	1854	3642	18637	13951	6316	1585	1553	379	273		
46	29. 其他制造业	168877	11677	40132	40662	39993	22637	5528	3946	4206	81	15	

续表

序号	项目	合计	营业税	企业所得税		个人所得税	城市维护建设税	房产税	印花税	城镇土地使用税	土地增值税	车船税	其他各税
				内资企业	外资企业								
47	(三)电力、燃气及水的生产和供应业	297138	17438	81297	123927	36537	24085	7114	2431	4279	30		
48	1. 电力、热力的生产和供应业	241428	11185	78535	89299	30406	21913	5877	2375	1838			
49	其中:电力生产和供应	234851	11098	74616	89293	29578	20780	5503	2266	1717			
50	2. 燃气生产和供应业	2288	891	311	129	519	378	28	20	12			
51	3. 水的生产和供应业	53422	5362	2451	34499	5612	1794	1209	36	2429	30		
52	(四)建筑业	867696	457422	214412	5014	141576	31377	6789	8246	1659	1190	11	
53	1. 房屋和土木工程建筑业	162357	88673	39264	702	23201	6173	1658	1966	340	372	8	
54	2. 建筑安装业	500082	276394	105517	1552	91945	18700	1395	3799	521	258	1	
55	3. 建筑装饰业	114399	46013	46414	1878	12509	3261	2515	1712	96		1	
56	4. 其他建筑业	90858	46342	23217	882	13921	3243	1221	769	702	560	1	
57	三、第三产业	9090218	3330199	1165817	600277	2401089	350537	219784	76305	65815	818449	61946	
58	(一)交通运输、仓储及邮政业	746608	334113	147163	92579	115562	22492	12963	5831	7839	5974	2092	
59	1. 交通运输业	672257	295951	137639	89251	104869	19753	7568	4836	4720	5664	2006	
60	2. 仓储业	62505	32586	8673	3328	7164	2369	4266	982	2741	310	86	
61	3. 邮政业	11846	5576	851		3529	370	1129	13	378			
62	(二)信息传输、计算机服务和软件业	534980	189705	42798	88090	162245	36675	6195	3230	1371	4664	7	
63	1. 电信和其他信息传输服务业	179340	98779	7782	42348	18708	6763	3950	604	406			
64	其中:电信	170005	93035	7782	42330	15945	6350	3642	567	354			
65	2. 计算机服务业	73329	22817	4565	2488	34379	4064	1061	653	269	3029	4	
66	3. 软件业	282311	68109	30451	43254	109158	25848	1184	1973	696	1635	3	
67	(三)批发和零售业	1089569	237923	313609	84234	240626	116117	36865	25538	13334	21262	61	
68	1. 批发业	849614	190340	255846	40353	193708	87598	28475	21132	10883	21231	48	
69	其中:烟草制品批发	56659	457	43981		2957	7015	898	1303	48			

续表

序号	项　目	合　计	营业税	企业所得税		个人所得税	城市维护建设税	房产税	印花税	城镇土地使用税	土地增值税	车船税	其他各税
				内资企业	外资企业								
70	煤炭及制品批发	2532	383	1006		503	309	146	84	101			
71	石油及其制品批发	8844	560	5386	635	795	706	320	334	108			
72	汽车及零配件批发	3792	813	934	11	971	649	171	200	43			
73	2. 零售业	239955	47583	57763	43881	46918	28519	8390	4406	2451	31	13	
74	(四)住宿和餐饮业	238569	179905	5817	10510	22464	11888	6405	438	1140		2	
75	1. 住宿业	79211	55897	2768	2445	8026	3571	5439	123	942			
76	2. 餐饮业	159358	124008	3049	8065	14438	8317	966	315	198		2	
77	(五)金融业	1831907	888637	20	3119	795755	55489	14541	16697	1095	1	56553	
78	1. 银行业	894191	528412			312645	32196	10851	9505	581	1		
79	2. 证券业	522276	162262			347172	10068	1761	885	128			
80	3. 保险业	262086	110285			80998	7916	1485	4524	326		56552	
81	4. 其他金融	153354	87678	20	3119	54940	5309	444	1783	60		1	
82	其中:金融租赁	761	281			429	19	19	12	1			
83	邮政储蓄	1	1										
84	(六)房地产业	1947994	686068	244989	88592	117855	42406	80438	10017	17928	659695	6	
85	(七)租赁和商务服务业	1340657	382249	248430	50665	539966	26580	31747	7145	13321	40441	113	
86	1. 租赁业	71972	36919	10154	349	5329	2451	10210	311	1889	4269	91	
87	2. 商务服务业	1268685	345330	238276	50316	534637	24129	21537	6834	11432	36172	22	
88	(八)居民服务和其他服务业	495750	161685	81835	46650	78033	13905	17884	3307	3122	86237	3092	
89	(九)教育	75486	8112	2619	54	62691	536	1168	62	239		5	
90	(十)卫生、社会保险和社会福利业	54203	613	1799	2	51122	48	552	31	33		3	
91	其中:卫生	53644	471	1799	2	50730	40	537	31	31		3	
92	(十一)文化、体育和娱乐业	97331	47801	7607	8766	21591	3217	3002	260	5082	4	1	
93	(十二)公共管理和社会组织	54246	3756	296		46195	217	3504	224	47		7	
94	(十三)其他行业	582918	209632	68835	127016	146984	20967	4520	3525	1264	171	4	

2011年珠海市地方税务局税收收入分行业分税种统计年报总表

编报机关:珠海市地方税务局 单位:万元

序号	项目	合计	营业税	企业所得税		个人所得税	城市维护建设税	房产税	印花税	城镇土地使用税	土地增值税	车船税	其他各税
				内资企业	外资企业								
1	税收收入合计	1617074	523054	272409	226381	263264	116843	57690	28528	29738	90122	9045	
2	一、第一产业	1090	378	180	5	110	31	180	10	104	86	6	
3	二、第二产业	674781	133178	145963	166038	102182	73618	21446	17480	13583	1062	231	
4	(一)采矿业	1621	252	41	86	23	1010	43	137	29			
5	1. 煤炭开采和洗选业												
6	2. 原油和天然气开采业	1343	129	15		3	996	39	137	24			
7	其中:原油	1343	129	15		3	996	39	137	24			
8	3. 黑色金属矿采选业												
9	4. 有色金属矿采选业	8						3		5			
10	5. 非金属矿采选业	269	122	26	86	20	14	1					
11	6. 其他采矿业	1	1										
12	(二)制造业	449816	8839	113035	135491	90421	54807	19270	14379	12676	844	54	
13	1. 农副食品加工业	6157	57	397	397	4273	240	321	140	332			
14	2. 食品制造业	5840	128	705	2808	472	700	483	115	429			
15	3. 饮料制造业	3860	47	2400	2	204	690	233	51	233			
16	其中:酒制造	3591	2	2400		175	625	196	48	145			
17	4. 烟草制品业	25	2			4	7	9		3			
18	其中:卷烟制造												
19	5. 纺织业	2371	68	149	46	633	374	605	68	428			
20	6. 纺织服装、鞋帽制造业	6553	148	985	1357	1571	1187	687	206	412			
21	7. 皮革、毛皮、羽毛(绒)制品业	1275	47	2	115	249	351	291	38	182			
22	8. 木材加工及木竹藤棕草制品业	127	12	1	2	31	46	10	5	20			
23	9. 家具制造业	2121	24	1	942	326	359	171	22	276			

续表

序号	项　目	合　计	营业税	企业所得税		个人所得税	城市维护建设税	房产税	印花税	城镇土地使用税	土地增值税	车船税	其他各税
				内资企业	外资企业								
24	10. 造纸及纸制品业	6959	35	440	3241	837	1007	720	270	409			
25	11. 印刷业和记录媒体的复制	2646	46	793	591	386	537	158	45	90			
26	12. 文教体育用品制造业	1064	57	3	21	241	274	211	50	207			
27	13. 石油加工、炼焦及核燃料业	2597	24			1747	415	156	118	90		47	
28	其中:成品油制造	994	24			192	415	156	117	90			
29	14. 化学原料及化学制品业	47146	248	602	34611	3595	4805	952	1362	971			
30	15. 医药制造业	26274	1051	2741	10475	6674	3160	1109	413	629	22		
31	16. 化学纤维制造业	5936	8	2	3616	860	757	336	175	182			
32	17. 橡胶制品业	853	31	25	126	294	189	79	30	79			
33	18. 塑料制品业	6964	539	199	1068	2120	1343	636	497	562			
34	19. 非金属矿物制品业	4516	479	756	304	592	764	393	71	548	609		
35	20. 黑色金属冶炼及压延加工业	1604	33	23		433	677	171	61	206			
36	21. 有色金属冶炼及压延加工业	1603	208	4	104	230	455	90	355	157			
37	22. 金属制品业	7166	710	944	1242	1438	990	880	242	715	5		
38	23. 通用设备制造业	2136	160	197	163	545	483	211	57	318	2		
39	24. 专用设备制造业	26598	661	1444	14255	5515	2714	1001	652	349	7		
40	25. 交通运输设备制造业	8471	158	125	2377	2636	1150	964	295	628	131	7	
41	其中:汽车制造	5395	86	21	1811	1727	739	474	213	214	103	7	
42	摩托车制造	18					14	1		3			
43	26. 电气机械及器材制造业	151399	727	94836	14442	16232	19100	2024	2851	1179	8		
44	27. 通信设备、计算机及其他电子设备制造业	90742	1471	2205	36729	30063	8440	4382	5723	1725	4		
45	28. 仪表仪器及文化、办公用机械制造业	8306	301	1893	2747	1769	903	447	86	160			
46	29. 其他制造业	18507	1359	1163	3710	6451	2690	1540	381	1157	56		

续表

序号	项目	合计	营业税	企业所得税		个人所得税	城市维护建设税	房产税	印花税	城镇土地使用税	土地增值税	车船税	其他各税
				内资企业	外资企业								
47	（三）电力、燃气及水的生产和供应业	53256	1565	2616	30238	7155	8922	1352	825	583			
48	1. 电力、热力的生产和供应业	47686	937	90	30087	6450	7878	1196	563	485			
49	其中：电力生产和供应	47686	937	90	30087	6450	7878	1196	563	485			
50	2. 燃气生产和供应业	1462	272		-38	122	785	20	254	47			
51	3. 水的生产和供应业	4108	356	2526	189	583	259	136	8	51			
52	（四）建筑业	170088	122522	30271	223	4583	8879	781	2139	295	218	177	
53	1. 房屋和土木工程建筑业	53147	39289	9546	36	730	2816	161	354	100	115		
54	2. 建筑安装业	95878	69120	17099	149	2457	4951	493	1187	157	89	176	
55	3. 建筑装饰业	8323	5487	1979	37	303	389	61	62	5			
56	4. 其他建筑业	12740	8626	1647	1	1093	723	66	536	33	14	1	
57	三、第三产业	941203	389498	126266	60338	160972	43194	36064	11038	16051	88974	8808	
58	（一）交通运输、仓储及邮政业	47105	22022	3991	7702	7443	2288	1801	723	942	147	46	
59	1. 交通运输业	37607	18721	3701	5375	6443	1420	1088	233	433	147	46	
60	2. 仓储业	7754	2452	247	2327	560	809	422	485	452			
61	3. 邮政业	1744	849	43		440	59	291	5	57			
62	（二）信息传输、计算机服务和软件业	37955	15395	6319	674	11814	1982	1267	152	247	105		
63	1. 电信和其他信息传输服务业	15018	10376	784		2189	694	786	51	82	56		
64	其中：电信	14293	9992	783		1910	667	753	51	81	56		
65	2. 计算机服务业	13261	3511	3088	674	4751	799	300	81	57			
66	3. 软件业	9676	1508	2447		4874	489	181	20	108	49		
67	（三）批发和零售业	127952	22260	48797	1975	21894	15011	7855	3419	3151	3590		
68	1. 批发业	88831	13103	37499	1185	15264	11053	4391	2727	2042	1567		
69	其中：烟草制品批发	18251	7	15732		651	1623	85	138	15			

续表

序号	项　　目	合　计	营业税	企业所得税		个人所得税	城市维护建设税	房产税	印花税	城镇土地使用税	土地增值税	车船税	其他各税
				内资企业	外资企业								
70	煤炭及制品批发	1986	7			1402	348		229				
71	石油及其制品批发	5409	403	1302	51	1811	981	93	676	90	2		
72	汽车及零配件批发	636	98	60		142	113	127	27	69			
73	2. 零售业	39121	9157	11298	790	6630	3958	3464	692	1109	2023		
74	（四）住宿和餐饮业	31822	22020	1084	1181	3948	1558	1575	23	433			
75	1. 住宿业	12454	7949	401	765	850	570	1484	15	420			
76	2. 餐饮业	19368	14071	683	416	3098	988	91	8	13			
77	（五）金融业	140681	82886	360	5	45431	5765	1847	989	460	1223	1715	
78	1. 银行业	73066	52296			13899	3603	1617	810	445	396		
79	2. 证券业	4541	1697			2706	119	13	6				
80	3. 保险业	15545	8661			4200	650	193	145	14		1682	
81	4. 其他金融	47529	20232	360	5	24626	1393	24	28	1	827	33	
82	其中：金融租赁												
83	邮政储蓄												
84	（六）房地产业	337785	151462	46991	12310	19229	10529	11403	2935	4350	78576		
85	（七）租赁和商务服务业	50015	18654	7432	328	11943	1405	2377	730	3786	2563	797	
86	1. 租赁业	1699	809	12		209	69	521	6	72		1	
87	2. 商务服务业	48316	17845	7420	328	11734	1336	1856	724	3714	2563	796	
88	（八）居民服务和其他服务业	114394	36705	6207	35221	16320	2995	6058	685	1338	2615	6250	
89	（九）教育	6837	911	75		5750	64	29	7	1			
90	（十）卫生、社会保险和社会福利业	2748	52	52		2606	4	28		6			
91	其中：卫生	2723	41	46		2601	3	26		6			
92	（十一）文化、体育和娱乐业	10684	6704	158	335	1972	442	462	34	504	73		
93	（十二）公共管理和社会组织	7882	757	132	583	4591	142	683	488	443	63		
94	（十三）其他行业	25343	9670	4668	24	8031	1009	679	853	390	19		

2011年汕头市地方税务局税收收入分行业分税种统计年报总表

编报机关：汕头市地方税务局 单位：万元

序号	项　目	合　计	营业税	企业所得税		个人所得税	城市维护建设税	房产税	印花税	城镇土地使用税	土地增值税	车船税	其他各税
				内资企业	外资企业								
1	税收收入合计	742432	226169	215643	6657	104196	53603	32856	12649	41577	38120	8653	2309
2	一、第一产业	283	119	54		24	15	13	7	36	15		
3	二、第二产业	312012	52896	139779	5230	41277	31447	13911	6333	18167	925	2	2045
4	（一）采矿业	139	1	1		5	1	3		80			48
5	1. 煤炭开采和洗选业												
6	2. 原油和天然气开采业	75				2	1	2		70			
7	其中：原油	69						2		67			
8	3. 黑色金属矿采选业												
9	4. 有色金属矿采选业												
10	5. 非金属矿采选业	62	1	1		2		1		9			48
11	6. 其他采矿业	2				1				1			
12	（二）制造业	143139	3528	58110	5227	22269	22266	11523	4112	16019	67		18
13	1. 农副食品加工业	2537	111	656		315	570	341	156	388			
14	2. 食品制造业	2081	177	474		303	599	244	72	212			
15	3. 饮料制造业	803	11	58		45	396	123	23	147			
16	其中：酒制造	159	7	43		6	32	15	5	51			
17	4. 烟草制品业	648	17	270		72	76	57	10	146			
18	其中：卷烟制造												
19	5. 纺织业	8545	135	2910		1463	867	1057	237	1876			
20	6. 纺织服装、鞋帽制造业	26492	300	12151	88	3723	3987	2323	816	3088	16		
21	7. 皮革、毛皮、羽毛(绒)制品业	683	4	318		54	155	57	24	71			
22	8. 木材加工及木竹藤棕草制品业	924	1	10		53	37	71	129	623			
23	9. 家具制造业	153	7	44		25	24	17	11	25			

续表

序号	项目	合计	营业税	企业所得税		个人所得税	城市维护建设税	房产税	印花税	城镇土地使用税	土地增值税	车船税	其他各税
				内资企业	外资企业								
24	10. 造纸及纸制品业	4263	3	2082		484	823	212	152	507			
25	11. 印刷业和记录媒体的复制	14568	523	4159	5049	1398	1748	780	219	692			
26	12. 文教体育用品制造业	12166	88	6661		1813	1668	756	229	946	5		
27	13. 石油加工、炼焦及核燃料业	51				51							
28	其中:成品油制造												
29	14. 化学原料及化学制品业	3708	157	1336	1	209	793	465	127	620			
30	15. 医药制造业	4063	11	2628		343	650	217	64	150			
31	16. 化学纤维制造业	144	1	29		15	32	38	5	24			
32	17. 橡胶制品业	311		130		41	70	19	20	31			
33	18. 塑料制品业	13831	25	5739		1642	2027	1349	499	2550			
34	19. 非金属矿物制品业	645	26	258		52	98	44	14	147			6
35	20. 黑色金属冶炼及压延加工业	9		3		1		1		4			
36	21. 有色金属冶炼及压延加工业	25	1	7		2	3	5		7			
37	22. 金属制品业	1405	17	264	89	273	240	190	38	294			
38	23. 通用设备制造业	1642	36	617		253	338	138	53	207			
39	24. 专用设备制造业	865	108	261		80	115	69	22	185	24		1
40	25. 交通运输设备制造业	2695	303	345		1100	697	48	48	154			
41	其中:汽车制造	2440	282	230		1090	677	37	44	80			
42	摩托车制造	76		26		3	10	3	3	31			
43	26. 电气机械及器材制造业	5268	157	3259		901	492	161	91	207			
44	27. 通信设备、计算机及其他电子设备制造业	5005	373	1678		1559	748	282	146	213	6		
45	28. 仪表仪器及文化、办公用机械制造业	207	31	61		6	18	60	5	26			
46	29. 其他制造业	29402	905	11702		5993	4995	2399	902	2479	16		11

续表

序号	项目	合计	营业税	企业所得税		个人所得税	城市维护建设税	房产税	印花税	城镇土地使用税	土地增值税	车船税	其他各税
				内资企业	外资企业								
47	（三）电力、燃气及水的生产和供应业	36240	1739	12042	1	12203	5918	1999	666	1444	228		
48	1. 电力、热力的生产和供应业	35215	1616	11905		12145	5820	1889	659	1181			
49	其中：电力生产和供应	34598	1336	11900		12056	5725	1795	646	1140			
50	2. 燃气生产和供应业	344	7	13		3	5	48	2	38	228		
51	3. 水的生产和供应业	681	116	124	1	55	93	62	5	225			
52	（四）建筑业	132494	47628	69626	2	6800	3262	386	1555	624	630	2	1979
53	1. 房屋和土木工程建筑业	100404	27468	63808		3477	1914	274	1201	374	628		1260
54	2. 建筑安装业	23256	15377	3491	2	2458	1013	56	178	53	2		626
55	3. 建筑装饰业	3526	1890	1141		289	138	16	29	10			13
56	4. 其他建筑业	5308	2893	1186		576	197	40	147	187		2	80
57	三、第三产业	430137	173154	75810	1427	62895	22141	18932	6309	23374	37180	8651	264
58	（一）交通运输、仓储及邮政业	33714	15931	3618		3832	1144	1092	198	1471		6418	10
59	1. 交通运输业	31883	15214	3491		3388	1090	770	187	1315		6418	10
60	2. 仓储业	449	238	91		16	20	43	5	36			
61	3. 邮政业	1382	479	36		428	34	279	6	120			
62	（二）信息传输、计算机服务和软件业	19859	13326	336		2648	968	2101	63	417			
63	1. 电信和其他信息传输服务业	18519	12539	55		2527	877	2065	47	409			
64	其中：电信	17883	12065	3		2465	842	2059	45	404			
65	2. 计算机服务业	1205	706	255		105	84	35	15	5			
66	3. 软件业	135	81	26		16	7	1	1	3			
67	（三）批发和零售业	74839	5873	36179	478	10508	9808	3907	3554	4216	279		37
68	1. 批发业	60289	3371	33035	66	6892	8194	2900	2988	2583	228		32
69	其中：烟草制品批发	14487		10335		895	2845	39	342	31			

续表

序号	项　目	合　计	营业税	企业所得税		个人所得税	城市维护建设税	房产税	印花税	城镇土地使用税	土地增值税	车船税	其他各税
				内资企业	外资企业								
70	煤炭及制品批发	13					6		7				
71	石油及其制品批发	178					39	67	62	10			
72	汽车及零配件批发	144	14	2		13	51	15	39	10			
73	2. 零售业	14550	2502	3144	412	3616	1614	1007	566	1633	51		5
74	(四)住宿和餐饮业	15362	10404	1752		1493	713	526	11	463			
75	1. 住宿业	4515	2949	492		133	199	373	4	365			
76	2. 餐饮业	10847	7455	1260		1360	514	153	7	98			
77	(五)金融业	55310	35255	600		13827	2473	1877	843	281	154		
78	1. 银行业	36417	24892			7092	1732	1628	688	231	154		
79	2. 证券业	3933	1512			2304	106	6	4	1			
80	3. 保险业	12979	8064			4026	580	187	104	18			
81	4. 其他金融	1981	787	600		405	55	56	47	31			
82	其中:金融租赁												
83	邮政储蓄	141	91				6	27	2	15			
84	(六)房地产业	138932	60030	22823	89	7529	4143	2358	858	6707	34349		46
85	(七)租赁和商务服务业	10942	4375	1123	707	1252	359	790	200	550		1584	2
86	1. 租赁业	273	85	21		5	8	103	3	48			
87	2. 商务服务业	10669	4290	1102	707	1247	351	687	197	502		1584	2
88	(八)居民服务和其他服务业	52806	20408	6967	14	8025	1687	5047	414	7783	1683	649	129
89	(九)教育	3807	200	61		3423	14	84	8	17			
90	(十)卫生、社会保险和社会福利业	5048	-121	54		4944	8	107	20	36			
91	其中:卫生	2721	-154	40		2741	5	37	20	32			
92	(十一)文化、体育和娱乐业	4866	2929	295		1047	199	178	16	202			
93	(十二)公共管理和社会组织	3822	752	252		2141	50	156	46	155	265		5
94	(十三)其他行业	10830	3792	1750	139	2226	575	709	78	1076	450		35

2011年佛山市地方税务局税收收入分行业分税种统计年报总表

编报机关:佛山市地方税务局

单位:万元

序号	项目	合计	营业税	企业所得税		个人所得税	城市维护建设税	房产税	印花税	城镇土地使用税	土地增值税	车船税	其他各税
				内资企业	外资企业								
1	税收收入合计	2131992	819218	334237	6363	399366	172888	81386	36054	68872	188745	24487	376
2	一、第一产业	1773	489	239		467	51	160	47	120	200		
3	二、第二产业	746248	195695	164960	4930	200097	107632	23878	16484	26665	5814		93
4	(一)采矿业	155	26	3		62	15	4	1				44
5	1. 煤炭开采和洗选业												
6	2. 原油和天然气开采业	8	6			2							
7	其中:原油	7	5			2							
8	3. 黑色金属矿采选业												
9	4. 有色金属矿采选业	41				40			1				
10	5. 非金属矿采选业	59	19	1		8	5	1					25
11	6. 其他采矿业	47	1	2		12	10	3					19
12	(二)制造业	420750	13332	98486	4811	152302	88207	20566	14147	24841	4018		40
13	1. 农副食品加工业	3523	224	1368		1123	276	225	110	191	6		
14	2. 食品制造业	19400	123	1280		13585	2535	391	702	782	2		
15	3. 饮料制造业	8774	230	711		1266	5341	646	288	242	50		
16	其中:酒制造	6783	34	649		791	4620	458	138	87	6		
17	4. 烟草制品业												
18	其中:卷烟制造												
19	5. 纺织业	24067	589	3936		9382	5181	2585	513	1849	32		
20	6. 纺织服装、鞋帽制造业	7765	105	1638		3267	1890	365	201	277	22		
21	7. 皮革、毛皮、羽毛(绒)制品业	8728	72	1003		4283	2390	432	212	287	49		
22	8. 木材加工及木竹藤棕草制品业	3424	137	451		1437	717	288	64	329	1		
23	9. 家具制造业	8317	75	1974		2734	2121	500	265	634	14		

续表

序号	项目	合计	营业税	企业所得税		个人所得税	城市维护建设税	房产税	印花税	城镇土地使用税	土地增值税	车船税	其他各税
				内资企业	外资企业								
24	10. 造纸及纸制品业	5956	595	1397		1764	1132	269	162	250	387		
25	11. 印刷业和记录媒体的复制	7367	79	2158		3300	1174	269	128	259			
26	12. 文教体育用品制造业	3064	138	508		1340	592	196	67	109	114		
27	13. 石油加工、炼焦及核燃料业	8147	55	2815		1445	3387	34	125	286			
28	其中:成品油制造	6949	55	2810		273	3381	32	117	281			
29	14. 化学原料及化学制品业	14608	169	4005		5361	2691	677	494	1211			
30	15. 医药制造业	5002	75	2651		633	1106	257	85	195			
31	16. 化学纤维制造业	1299	16	44		302	465	302	55	115			
32	17. 橡胶制品业	2889	36	418		1533	440	173	66	223			
33	18. 塑料制品业	24872	740	4707		9718	5444	1093	793	1255	1122		
34	19. 非金属矿物制品业	44332	1494	15613		8977	10486	1742	934	4396	650		40
35	20. 黑色金属冶炼及压延加工业	1854	8	333		709	470	81	83	167	3		
36	21. 有色金属冶炼及压延加工业	22330	915	8387		4462	4847	999	1323	1383	14		
37	22. 金属制品业	42458	1171	7414	28	18337	8941	2071	1459	2701	336		
38	23. 通用设备制造业	17448	604	4847		6470	3206	759	400	900	262		
39	24. 专用设备制造业	23723	544	5549		12933	2684	761	379	753	120		
40	25. 交通运输设备制造业	21113	491	4922		7339	4453	920	835	1929	224		
41	其中:汽车制造	17994	332	4196		6400	3814	792	758	1657	45		
42	摩托车制造	2223	51	642		502	521	69	58	203	177		
43	26. 电气机械及器材制造业	46206	2657	8038	4768	15037	8860	2562	1842	2350	92		
44	27. 通信设备、计算机及其他电子设备制造业	22694	670	9097		7936	2238	693	1222	585	253		
45	28. 仪表仪器及文化、办公用机械制造业	6029	40	298	15	2673	1612	547	495	349			
46	29. 其他制造业	15361	1280	2924		4956	3528	729	845	834	265		

续表

序号	项目	合计	营业税	企业所得税		个人所得税	城市维护建设税	房产税	印花税	城镇土地使用税	土地增值税	车船税	其他各税
				内资企业	外资企业								
47	(三)电力、燃气及水的生产和供应业	48610	1829	20550		15555	6437	2452	347	1434	6		
48	1. 电力、热力的生产和供应业	21138	762	143		12805	4745	1845	270	568			
49	其中:电力生产和供应	20769	733	143		12617	4715	1758	255	548			
50	2. 燃气生产和供应业	3846	309	2012		370	959	53	36	107			
51	3. 水的生产和供应业	23626	758	18395		2380	733	554	41	759	6		
52	(四)建筑业	276733	180508	45921	119	32178	12973	856	1989	390	1790		9
53	1. 房屋和土木工程建筑业	123176	82831	21685		9957	5828	466	1047	134	1228		
54	2. 建筑安装业	123528	79817	18300	116	18650	5613	222	679	97	25		9
55	3. 建筑装饰业	16360	8965	4513	3	1632	636	58	149	65	339		
56	4. 其他建筑业	13669	8895	1423		1939	896	110	114	94	198		
57	三、第三产业	1383971	623034	169038	1433	198802	65205	57348	19523	42087	182731	24487	283
58	(一)交通运输、仓储及邮政业	69248	25170	9114		8340	1804	1205	287	795	144	22389	
59	1. 交通运输业	64359	22599	8994		7343	1601	582	237	541	73	22389	
60	2. 仓储业	2444	1321	99		306	112	373	41	191	1		
61	3. 邮政业	2445	1250	21		691	91	250	9	63	70		
62	(二)信息传输、计算机服务和软件业	36799	25633	1282		5653	2078	1546	157	450			
63	1. 电信和其他信息传输服务业	31957	23070	603		4595	1667	1477	119	426			
64	其中:电信	30251	22337	25		4336	1611	1424	114	404			
65	2. 计算机服务业	3314	1815	515		639	289	20	28	8			
66	3. 软件业	1528	748	164		419	122	49	10	16			
67	(三)批发和零售业	122546	16221	38637	96	29309	21019	5389	7065	2761	1794		255
68	1. 批发业	83620	9430	26461	74	19296	15805	3533	5788	1751	1230		252
69	其中:烟草制品批发	5849	116	99		1625	3520	58	300	15	116		

续表

序号	项　目	合　计	营业税	企业所得税		个人所得税	城市维护建设税	房产税	印花税	城镇土地使用税	土地增值税	车船税	其他各税
				内资企业	外资企业								
70	煤炭及制品批发	576	32	327		36	99	4	42	36			
71	石油及其制品批发	3227	237	482		605	1235	111	344	126	87		
72	汽车及零配件批发	2844	443	601		853	470	145	248	46	38		
73	2. 零售业	38926	6791	12176	22	10013	5214	1856	1277	1010	564		3
74	(四)住宿和餐饮业	54420	37766	3045		7125	2668	1760	83	470	1503		
75	1. 住宿业	14300	9982	556		1345	715	1317	35	350			
76	2. 餐饮业	40120	27784	2489		5780	1953	443	48	120	1503		
77	(五)金融业	200281	134079	3733	720	46866	9474	2718	1829	502	360		
78	1. 银行业	146794	104111	-7		30962	7288	2383	1297	450	310		
79	2. 证券业	8868	3840	48		4677	269	22	11	1			
80	3. 保险业	34821	23851	15		8559	1755	219	346	42	34		
81	4. 其他金融	9798	2277	3677	720	2668	162	94	175	9	16		
82	其中:金融租赁	17	1	6					10				
83	邮政储蓄	641	286			323	20	6	6				
84	(六)房地产业	651707	290103	89048	36	38443	20495	28504	6661	23986	154431		
85	(七)租赁和商务服务业	75275	32146	7544	350	21214	2630	5828	1010	2291	2215	47	
86	1. 租赁业	1222	766	140		141	78	57	13	27			
87	2. 商务服务业	74053	31380	7404	350	21073	2552	5771	997	2264	2215	47	
88	(八)居民服务和其他服务业	42996	20992	3213	55	11695	1409	1674	450	1644	1822	41	1
89	(九)教育	9867	2195	1484		5583	155	298	22	22	108		
90	(十)卫生、社会保险和社会福利业	5767	372	283		4733	32	207	3	19	118		
91	其中:卫生	5483	305	266		4565	26	193	2	19	107		
92	(十一)文化、体育和娱乐业	36909	8259	599		7116	591	306	125	4144	15769		
93	(十二)公共管理和社会组织	40376	10968	4514	-1	4616	769	7277	1501	4297	4422	2013	
94	(十三)其他行业	37780	19130	6542	177	8109	2081	636	330	706	45	-3	27

2011年韶关市地方税务局税收收入分行业分税种统计年报总表

编报机关:韶关市地方税务局　　　　单位:万元

序号	项目	合计	营业税	企业所得税		个人所得税	城市维护建设税	房产税	印花税	城镇土地使用税	土地增值税	车船税	其他各税
				内资企业	外资企业								
1	税收收入合计	418308	164977	53236	12	57699	46796	15699	5165	25326	22251	4421	22726
2	一、第一产业	964	213	26		258	48	65	25	329			
3	二、第二产业	199024	60310	36142	11	29461	35311	7103	3014	13422	1761	3	12486
4	(一)采矿业	18346	358	2272		2243	2758	388	147	798			9382
5	1. 煤炭开采和洗选业												
6	2. 原油和天然气开采业	2		1						1			
7	其中:原油	2		1						1			
8	3. 黑色金属矿采选业	6321	311	947		892	808	89	32	317			2925
9	4. 有色金属矿采选业	8532	27	1320		1218	1811	297	100	453			3306
10	5. 非金属矿采选业	3285	2	2		122	94		4	22			3039
11	6. 其他采矿业	206	18	2		11	45	2	11	5			112
12	(二)制造业	64655	1518	8264		10064	25229	4564	1967	10535	721	1	1792
13	1. 农副食品加工业	359	27	9		45	72	53	3	147	3		
14	2. 食品制造业	326	10			239	14	2	1	54	6		
15	3. 饮料制造业	175	1			12	80	25	10	47			
16	其中:酒制造	56	1			1	12	14	3	25			
17	4. 烟草制品业	20689	23	50		2198	17903	356	12	147			
18	其中:卷烟制造	19984	1			1948	17765	239	4	27			
19	5. 纺织业	439	3	1		54	194	27	5	153	2		
20	6. 纺织服装、鞋帽制造业	362	26	10		18	38	53	6	191	20		
21	7. 皮革、毛皮、羽毛(绒)制品业	171	3			22	43	49	2	52			
22	8. 木材加工及木竹藤棕草制品业	807	29	115		71	110	36	16	430			
23	9. 家具制造业	108	11			22	28	9	3	35			

续表

序号	项目	合计	营业税	企业所得税		个人所得税	城市维护建设税	房产税	印花税	城镇土地使用税	土地增值税	车船税	其他各税
				内资企业	外资企业								
24	10. 造纸及纸制品业	489	12	5		53	97	110	32	180			
25	11. 印刷业和记录媒体的复制	193	18	18		28	23	45	2	58		1	
26	12. 文教体育用品制造业	999	16			150	435	169	3	226			
27	13. 石油加工、炼焦及核燃料业	2		1			1						
28	其中:成品油制造	1		1									
29	14. 化学原料及化学制品业	4033	91	904		627	514	223	150	1286	238		
30	15. 医药制造业	891	13			64	253	149	10	402			
31	16. 化学纤维制造业	22								22			
32	17. 橡胶制品业	17	1				6	1	4	5			
33	18. 塑料制品业	332	5	15		46	108	34	15	109			
34	19. 非金属矿物制品业	1805	46	170		142	325	116	44	422			540
35	20. 黑色金属冶炼及压延加工业	10969	445			3068	2737	1302	822	2595			
36	21. 有色金属冶炼及压延加工业	7387	44	1909		1532	488	693	506	950	24		1241
37	22. 金属制品业	904	148	10		177	166	79	52	272			
38	23. 通用设备制造业	5795	73	3388		418	589	245	67	1015			
39	24. 专用设备制造业	965	47	267		77	203	74	12	285			
40	25. 交通运输设备制造业	563	49	105		74	140	52	17	110	6		10
41	其中:汽车制造	372	31	103		43	85	34	16	60			
42	摩托车制造												
43	26. 电气机械及器材制造业	1074	82	22		187	212	192	56	308	15		
44	27. 通信设备、计算机及其他电子设备制造业	1862	76			585	162	171	69	405	394		
45	28. 仪表仪器及文化、办公用机械制造业	246	177			35	17	4	2	11			
46	29. 其他制造业	2671	42	1265		120	271	295	46	618	13		1

续表

序号	项目	合计	营业税	企业所得税		个人所得税	城市维护建设税	房产税	印花税	城镇土地使用税	土地增值税	车船税	其他各税
				内资企业	外资企业								
47	(三)电力、燃气及水的生产和供应业	23584	1111	6659		8390	3608	1906	384	1459	66	1	
48	1. 电力、热力的生产和供应业	22588	858	6647		8215	3278	1861	360	1304	64	1	
49	其中:电力生产和供应	20932	844	5956		7650	3033	1794	348	1242	64	1	
50	2. 燃气生产和供应业	540	164	2		62	259	8	24	21			
51	3. 水的生产和供应业	456	89	10		113	71	37		134	2		
52	(四)建筑业	92439	57323	18947	11	8764	3716	245	516	630	974	1	1312
53	1. 房屋和土木工程建筑业	39000	23876	9153		2832	1489	96	199	308	734	1	312
54	2. 建筑安装业	45819	28922	8520	4	4785	1874	111	267	194	222		920
55	3. 建筑装饰业	1922	1208	296		290	90	13	14	3			8
56	4. 其他建筑业	5698	3317	978	7	857	263	25	36	125	18		72
57	三、第三产业	218320	104454	17068	1	27980	11437	8531	2126	11575	20490	4418	10240
58	(一)交通运输、仓储及邮政业	14059	7516	1875		3079	501	375	181	523		1	8
59	1. 交通运输业	12912	7075	1774		2960	467	184	174	272		1	5
60	2. 仓储业	565	235	98		14	20	38	6	151			3
61	3. 邮政业	582	206	3		105	14	153	1	100			
62	(二)信息传输、计算机服务和软件业	7857	5251	7		1190	349	723	23	314			
63	1. 电信和其他信息传输服务业	7350	4841			1157	316	703	22	311			
64	其中:电信	7058	4656			1082	301	698	19	302			
65	2. 计算机服务业	483	392	7		30	30	20	1	3			
66	3. 软件业	24	18			3	3						
67	(三)批发和零售业	33345	2953	6500		3721	4606	1531	837	2282	915		10000
68	1. 批发业	24830	1010	5617		2118	3121	533	553	1403	697		9778
69	其中:烟草制品批发	16771	164	4285		1440	1414	130	220	136	678		8304

续表

序号	项目	合计	营业税	企业所得税		个人所得税	城市维护建设税	房产税	印花税	城镇土地使用税	土地增值税	车船税	其他各税
				内资企业	外资企业								
70	煤炭及制品批发	934	20	530		9	324	3	25	18	5		
71	石油及其制品批发	420	14	11		194	121	25	37	18			
72	汽车及零配件批发	289	1			1	1		11	275			
73	2. 零售业	8515	1943	883		1603	1485	998	284	879	218		222
74	(四)住宿和餐饮业	12363	8566	190		1965	549	555	8	403	127		
75	1. 住宿业	3448	2315	91		223	154	353	4	308			
76	2. 餐饮业	8915	6251	99		1742	395	202	4	95	127		
77	(五)金融业	26440	17935	5		5112	1206	748	222	175	76	961	
78	1. 银行业	17219	12329			2991	825	696	155	148	73	2	
79	2. 证券业	1410	935			405	69		1				
80	3. 保险业	7410	4410			1634	291	44	53	16	3	959	
81	4. 其他金融	401	261	5		82	21	8	13	11			
82	其中:金融租赁												
83	邮政储蓄	72	57	-6		16	5						
84	(六)房地产业	69177	35980	5488		1648	2535	1326	570	4846	16777		7
85	(七)租赁和商务服务业	8085	3537	491		1980	234	527	56	1173	79		8
86	1. 租赁业	1191	132	14		29	8	272	1	735			
87	2. 商务服务业	6894	3405	477		1951	226	255	55	438	79		8
88	(八)居民服务和其他服务业	33320	17106	1539	1	4790	883	1893	151	1327	2275	3298	57
89	(九)教育	678	141	22		441	10	59		5			
90	(十)卫生、社会保险和社会福利业	1593	42	6		1504	6	27	1	2	4	1	
91	其中:卫生	1569	30	6		1496	5	24	1	2	4	1	
92	(十一)文化、体育和娱乐业	2432	1435	110		441	95	45	7	155	142		2
93	(十二)公共管理和社会组织	2959	704	173		1107	158	341	13	93	92	157	121
94	(十三)其他行业	6012	3288	662		1002	305	381	57	277	3		37

2011年河源市地方税务局税收收入分行业分税种统计年报总表

编报机关：河源市地方税务局　　　　单位：万元

序号	项目	合计	营业税	企业所得税		个人所得税	城市维护建设税	房产税	印花税	城镇土地使用税	土地增值税	车船税	其他各税
				内资企业	外资企业								
1	税收收入合计	300911	119633	65646	46	31833	19864	8757	3781	14712	25017	2820	8802
2	一、第一产业	960	397	94		142	36	48	127	113	2		1
3	二、第二产业	123941	29855	48585	12	11522	11907	3584	1899	7172	3371	49	5985
4	（一）采矿业	41696	176	33124		758	2743	188	178	271	1		4257
5	1. 煤炭开采和洗选业												
6	2. 原油和天然气开采业	1								1			
7	其中：原油	1								1			
8	3. 黑色金属矿采选业	34240	3	32688		208	311	73	51	72			834
9	4. 有色金属矿采选业	244	3	13		40	30	11	6	58			83
10	5. 非金属矿采选业	642	130	46		85	27	5	10	34	1		304
11	6. 其他采矿业	6569	40	377		425	2375	99	111	106			3036
12	（二）制造业	22964	915	2102		4884	4887	2501	1221	5544	530	46	334
13	1. 农副食品加工业	206	3	2		91	25	20	4	51		10	
14	2. 食品制造业	50	1	1		6	15	11	4	12			
15	3. 饮料制造业	33				3	9	4		17			
16	其中：酒制造	13				2	8	1		2			
17	4. 烟草制品业												
18	其中：卷烟制造												
19	5. 纺织业	588	3	1		38	166	118	58	204			
20	6. 纺织服装、鞋帽制造业	1084	8			252	263	220	58	283			
21	7. 皮革、毛皮、羽毛(绒)制品业	621	18			53	204	99	29	218			
22	8. 木材加工及木竹藤棕草制品业	550	8			82	179	49	28	204			
23	9. 家具制造业	254	4			18	63	42	15	112			

续表

序号	项　　目	合　计	营业税	企业所得税		个人所得税	城市维护建设税	房产税	印花税	城镇土地使用税	土地增值税	车船税	其他各税
				内资企业	外资企业								
24	10. 造纸及纸制品业	224				16	22	28	18	140			
25	11. 印刷业和记录媒体的复制	158	3	6		52	19	33	8	37			
26	12. 文教体育用品制造业	853	7	4		144	223	143	61	271			
27	13. 石油加工、炼焦及核燃料业	17				17							
28	其中:成品油制造												
29	14. 化学原料及化学制品业	83				16	20	13	8	26			
30	15. 医药制造业	1348	247	32		121	350	122	75	401			
31	16. 化学纤维制造业												
32	17. 橡胶制品业	229				30	45	13	19	122			
33	18. 塑料制品业	1962	17	1		302	360	265	60	484	473		
34	19. 非金属矿物制品业	2563	8	82		358	598	243	76	1019	5		174
35	20. 黑色金属冶炼及压延加工业	1799	60	1346		71	150	22	27	59			64
36	21. 有色金属冶炼及压延加工业	534	32	23		26	98	78	24	178			75
37	22. 金属制品业	1085	74	505		183	69	83	20	129	21		1
38	23. 通用设备制造业	220	2	47		60	37	13	11	50			
39	24. 专用设备制造业	2139	57	2		1087	714	89	88	87			15
40	25. 交通运输设备制造业	270	108	24		68	16	6	4	3		36	5
41	其中:汽车制造	83	5			23	10	4	3	2		36	
42	摩托车制造	1				1							
43	26. 电气机械及器材制造业	2321	31	5		866	568	285	171	395			
44	27. 通信设备、计算机及其他电子设备制造业	1675	144	13		489	467	102	213	244	3		
45	28. 仪表仪器及文化、办公用机械制造业	433	15	8		55	26	25	7	297			
46	29. 其他制造业	1665	65			380	181	375	135	501	28		

续表

序号	项　　目	合　计	营业税	企业所得税		个人所得税	城市维护建设税	房产税	印花税	城镇土地使用税	土地增值税	车船税	其他各税
				内资企业	外资企业								
47	（三）电力、燃气及水的生产和供应业	13890	469	5334		3621	2677	668	223	868			30
48	1. 电力、热力的生产和供应业	12858	312	5100		3528	2348	630	195	715			30
49	其中：电力生产和供应	12853	312	5098		3527	2347	630	195	714			30
50	2. 燃气生产和供应业	389	118	20		36	58	23	3	131			
51	3. 水的生产和供应业	643	39	214		57	271	15	25	22			
52	（四）建筑业	45391	28295	8025	12	2259	1600	227	277	489	2840	3	1364
53	1. 房屋和土木工程建筑业	12617	9198	1581		380	453	86	54	252	295		318
54	2. 建筑安装业	18861	10900	3141	1	955	667	71	142	117	2334	3	530
55	3. 建筑装饰业	3608	2104	891		80	155	41	29	76	131		101
56	4. 其他建筑业	10305	6093	2412	11	844	325	29	52	44	80		415
57	三、第三产业	176010	89381	16967	34	20169	7921	5125	1755	7427	21644	2771	2816
58	（一）交通运输、仓储及邮政业	6441	3702	799		1268	227	198	50	116	11	70	
59	1. 交通运输业	6046	3569	799		1157	217	109	33	81	11	70	
60	2. 仓储业	33	4			3	1	7	17	1			
61	3. 邮政业	362	129			108	9	82		34			
62	（二）信息传输、计算机服务和软件业	6835	4728	41	4	856	310	573	66	256	1		
63	1. 电信和其他信息传输服务业	6499	4500	5		845	289	572	32	255	1		
64	其中：电信	5406	3821	2		697	240	424	24	197	1		
65	2. 计算机服务业	247	173	22	4	9	17	1	20	1			
66	3. 软件业	89	55	14		2	4		14				
67	（三）批发和零售业	11805	1166	3103	4	2844	2272	603	496	943	18	45	311
68	1. 批发业	3133	252	1107	4	577	702	71	234	114	14		58
69	其中：烟草制品批发	667	6	371		145	125	10	9	1			

续表

序号	项目	合计	营业税	企业所得税		个人所得税	城市维护建设税	房产税	印花税	城镇土地使用税	土地增值税	车船税	其他各税
				内资企业	外资企业								
70	煤炭及制品批发	1					1						
71	石油及其制品批发	3				1		1		1			
72	汽车及零配件批发	7	1			5	1						
73	2. 零售业	8672	914	1996		2267	1570	532	262	829	4	45	253
74	(四)住宿和餐饮业	12437	8915	445		1934	556	397	1	189			
75	1. 住宿业	3612	2523	272		354	153	211	1	98			
76	2. 餐饮业	8825	6392	173		1580	403	186		91			
77	(五)金融业	20277	14636	470		2807	937	511	195	102	47	572	
78	1. 银行业	12546	9979			1430	640	308	117	65	7		
79	2. 证券业	240	143			87	10						
80	3. 保险业	3964	2376			779	150	40	35	12		572	
81	4. 其他金融	3527	2138	470		511	137	163	43	25	40		
82	其中:金融租赁												
83	邮政储蓄	242	176			50	12	1	3				
84	(六)房地产业	60119	30589	3757		1574	1847	956	517	4923	15935		21
85	(七)租赁和商务服务业	4097	2549	239	4	684	133	140	77	89	175		7
86	1. 租赁业	179	147	9		8	4	5	1				5
87	2. 商务服务业	3918	2402	230	4	676	129	135	76	89	175		2
88	(八)居民服务和其他服务业	28576	13059	4015	18	3292	886	1202	159	371	3389	1780	405
89	(九)教育	538	62	2		449	4	16		5			
90	(十)卫生、社会保险和社会福利业	2946	62	15		892	3	49	6	6	12		1901
91	其中:卫生	814	8	2		788	1	9	5	1			
92	(十一)文化、体育和娱乐业	995	644	46		234	44	19	1	7			
93	(十二)公共管理和社会组织	14373	6499	1604		2968	500	351	110	80	1789	304	168
94	(十三)其他行业	6571	2770	2431	4	367	202	110	77	340	267		3

2011年梅州市地方税务局税收收入分行业分税种统计年报总表

编报机关:梅州市地方税务局　　　　单位:万元

序号	项目	合计	营业税	企业所得税		个人所得税	城市维护建设税	房产税	印花税	城镇土地使用税	土地增值税	车船税	其他各税
				内资企业	外资企业								
1	税收收入合计	406457	114306	108267	46	58361	46235	12729	7915	15120	23829	3922	15727
2	一、第一产业	1349	233	112		487	78	99	185	126	26		3
3	二、第二产业	195424	32545	67849		22252	37547	6098	2839	6745	6894	56	12599
4	(一)采矿业	12459	396	3046		654	833	145	73	117	4375	20	2800
5	1. 煤炭开采和洗选业	15					8		4	3			
6	2. 原油和天然气开采业	7	3				2		1				1
7	其中:原油	6	3				2		1				
8	3. 黑色金属矿采选业	1549		936		33	265	5	17	38			255
9	4. 有色金属矿采选业	2450	19	1850		219	104	73	9	19			157
10	5. 非金属矿采选业	2329	6	150		32	61	2	7	9			2062
11	6. 其他采矿业	6109	368	110		370	393	65	35	48	4375	20	325
12	(二)制造业	77889	1391	15744		9887	32096	3478	1500	4030	650	36	9077
13	1. 农副食品加工业	208	24	3		86	35	29	4	28			-1
14	2. 食品制造业	54	5	11		6	11	3	5	13			
15	3. 饮料制造业	244		55		7	72	32	14	64			
16	其中:酒制造	232		53		6	64	31	14	64			
17	4. 烟草制品业	31079	33	1074		2594	25455	297	8	140			1478
18	其中:卷烟制造	27695				2086	25296	195	6	112			
19	5. 纺织业	111	1	1		5	38	12	15	39			
20	6. 纺织服装、鞋帽制造业	494	48	8		89	212	73	28	29	7		
21	7. 皮革、毛皮、羽毛(绒)制品业	85				5	55	9	3	12		1	
22	8. 木材加工及木竹藤棕草制品业	466	33	34		33	215	43	38	64	5	1	
23	9. 家具制造业	475	13	181		29	107	47	20	78			

续表

序号	项目	合计	营业税	企业所得税		个人所得税	城市维护建设税	房产税	印花税	城镇土地使用税	土地增值税	车船税	其他各税
				内资企业	外资企业								
24	10. 造纸及纸制品业	87	1	4		14	17	1	1	49			
25	11. 印刷业和记录媒体的复制	81	2	7		6	33	5	3	25			
26	12. 文教体育用品制造业	28					3	6		19			
27	13. 石油加工、炼焦及核燃料业	16				8							8
28	其中:成品油制造												
29	14. 化学原料及化学制品业	187	12	58		27	56	11	6	13			4
30	15. 医药制造业	1254	2	173		548	120	139	20	252			
31	16. 化学纤维制造业	5					1	1	1	2			
32	17. 橡胶制品业	606				158	239	87	42	80			
33	18. 塑料制品业	192	2	2		12	92	19	19	46			
34	19. 非金属矿物制品业	23062	237	6816		4154	1947	1725	395	1798	58		5932
35	20. 黑色金属冶炼及压延加工业	131		14		19	64	9	6	19			
36	21. 有色金属冶炼及压延加工业	6241		3137		116	993	24	234	127			1610
37	22. 金属制品业	1394	119	496		374	122	93	39	144			7
38	23. 通用设备制造业	3456	54	2354		145	130	180	58	154	350		31
39	24. 专用设备制造业	326	42	7		21	114	33	17	86	2		4
40	25. 交通运输设备制造业	876	71	25		115	206	153	102	202	2		
41	其中:汽车制造	664	41	25		97	127	126	92	156			
42	摩托车制造	34					28	2	2	2			
43	26. 电气机械及器材制造业	894	26	106		302	190	89	51	70	60		
44	27. 通信设备、计算机及其他电子设备制造业	4722	611	893		893	1189	284	326	360	166		
45	28. 仪表仪器及文化、办公用机械制造业	258	6	76		28	38	41	9	60			
46	29. 其他制造业	857	49	209		93	342	33	36	57		34	4

续表

序号	项目	合计	营业税	企业所得税		个人所得税	城市维护建设税	房产税	印花税	城镇土地使用税	土地增值税	车船税	其他各税
				内资企业	外资企业								
47	(三)电力、燃气及水的生产和供应业	32418	1008	19589		5620	2605	1978	402	978	231		7
48	1. 电力、热力的生产和供应业	32007	916	19458		5584	2542	1944	397	929	230		7
49	其中:电力生产和供应	31983	908	19458		5580	2541	1941	396	928	230		1
50	2. 燃气生产和供应业	32	22			2	3	1	1	3			
51	3. 水的生产和供应业	379	70	131		34	60	33	4	46	1		
52	(四)建筑业	72658	29750	29470		6091	2013	497	864	1620	1638		715
53	1. 房屋和土木工程建筑业	16504	7760	6004		1481	512	129	189	94	107		228
54	2. 建筑安装业	50890	19418	22866		4239	1383	348	653	316	1208		459
55	3. 建筑装饰业	728	364	222		79	27	10	6	14			6
56	4. 其他建筑业	4536	2208	378		292	91	10	16	1196	323		22
57	三、第三产业	209684	81528	40306	46	35622	8610	6532	4891	8249	16909	3866	3125
58	(一)交通运输、仓储及邮政业	11583	5811	1486		711	350	279	55	221	33	2630	7
59	1. 交通运输业	10664	5458	1423		510	325	98	53	132	28	2630	7
60	2. 仓储业	10	3	3		1	1	1		1			
61	3. 邮政业	909	350	60		200	24	180	2	88	5		
62	(二)信息传输、计算机服务和软件业	7064	4753	58		1047	328	613	38	226		1	
63	1. 电信和其他信息传输服务业	6750	4578	12		1011	292	609	30	218			
64	其中:电信	6404	4296	12		984	274	596	28	214			
65	2. 计算机服务业	252	141	46		24	25	3	4	8		1	
66	3. 软件业	62	34			12	11	1	4				
67	(三)批发和零售业	34839	532	20776		3873	3341	929	1051	1610	244	6	2477
68	1. 批发业	14776	56	8707		1625	1896	155	505	285	4	1	1542
69	其中:烟草制品批发	10798		7477		1128	1379	10	205	46			553

续表

序号	项目	合计	营业税	企业所得税		个人所得税	城市维护建设税	房产税	印花税	城镇土地使用税	土地增值税	车船税	其他各税
				内资企业	外资企业								
70	煤炭及制品批发	118				18	72		25	3			
71	石油及其制品批发	47				3	13	3		28			
72	汽车及零配件批发	52	1			2	14	6	18	11			
73	2. 零售业	20063	476	12069		2248	1445	774	546	1325	240	5	935
74	(四)住宿和餐饮业	9457	6478	116		1579	401	618	3	261		1	
75	1. 住宿业	2008	1227	33		185	74	360	2	126		1	
76	2. 餐饮业	7449	5251	83		1394	327	258	1	135			
77	(五)金融业	29046	15361	73		11335	1021	755	214	156	127	1	3
78	1. 银行业	15167	11138			2337	722	639	111	117	102	1	
79	2. 证券业	8680	823			7762	54	26	1	14			
80	3. 保险业	4818	3230			1197	233	82	50	20	6		
81	4. 其他金融	381	170	73		39	12	8	52	5	19		3
82	其中:金融租赁	17	5	8		2		1			1		
83	邮政储蓄	155	108			31	6	6		4			
84	(六)房地产业	44046	15456	6373		4315	1363	584	339	3139	12450	1	26
85	(七)租赁和商务服务业	11146	2708	7081		629	173	94	284	51	115		11
86	1. 租赁业	243	199	30		6	4	2		2			
87	2. 商务服务业	10903	2509	7051		623	169	92	284	49	115		11
88	(八)居民服务和其他服务业	48315	25773	3219	46	6631	1209	2240	2823	2092	3054	648	580
89	(九)教育	1423	395	120		739	26	42	3	6	92		
90	(十)卫生、社会保险和社会福利业	1975	41	131		1660	14	7	6	3	113		
91	其中:卫生	1911	25	104		1650	11	5	6	3	107		
92	(十一)文化、体育和娱乐业	2953	1603	6		1225	43	49	2	21	3	1	
93	(十二)公共管理和社会组织	4819	1272	183		1385	156	249	24	285	678	577	10
94	(十三)其他行业	3018	1345	684		493	185	73	49	178			11

2011年惠州市地方税务局税收收入分行业分税种统计年报总表

编报机关：惠州市地方税务局　　　　单位：万元

序号	项目	合计	营业税	企业所得税		个人所得税	城市维护建设税	房产税	印花税	城镇土地使用税	土地增值税	车船税	其他各税
				内资企业	外资企业								
1	税收收入合计	1363986	565408	104189	204	216688	158768	49795	24290	101000	123555	10462	9627
2	一、第一产业	2494	1011	267	2	558	87	382	43	124	7		13
3	二、第二产业	526964	170991	56668	72	91989	122747	21185	14333	34946	5537		8496
4	（一）采矿业	2371	19	201		224	181	14	9	49			1674
5	1. 煤炭开采和洗选业												
6	2. 原油和天然气开采业												
7	其中：原油												
8	3. 黑色金属矿采选业	384		195		7	79		3				100
9	4. 有色金属矿采选业	5											5
10	5. 非金属矿采选业	1352	19	5		77	61	5	4	27			1154
11	6. 其他采矿业	630		1		140	41	9	2	22			415
12	（二）制造业	244658	8779	8003	6	55600	107600	16984	12533	31161	2236		1756
13	1. 农副食品加工业	763	75	171		67	88	71	53	182	56		
14	2. 食品制造业	775	53	222		98	216	53	27	87	19		
15	3. 饮料制造业	1108	16	4		183	610	138	58	99			
16	其中：酒制造	647	7	1		106	453	19	24	37			
17	4. 烟草制品业												
18	其中：卷烟制造												
19	5. 纺织业	1330	72	86		223	296	151	56	388	58		
20	6. 纺织服装、鞋帽制造业	8326	419	384		1237	1309	1801	313	2671	192		
21	7. 皮革、毛皮、羽毛(绒)制品业	6694	143	356		1825	1559	709	213	1794	95		
22	8. 木材加工及木竹藤棕草制品业	542	5	34		93	98	45	15	252			
23	9. 家具制造业	5428	639	23		1056	1155	830	155	1540	30		

续表

序号	项　目	合　计	营业税	企业所得税		个人所得税	城市维护建设税	房产税	印花税	城镇土地使用税	土地增值税	车船税	其他各税
				内资企业	外资企业								
24	10. 造纸及纸制品业	1769	39	48		423	286	232	70	671			
25	11. 印刷业和记录媒体的复制	1421	71	183		290	296	203	71	300	7		
26	12. 文教体育用品制造业	1946	46	195		364	240	291	59	751			
27	13. 石油加工、炼焦及核燃料业	87503	1257	86		3033	77981	90	1948	3063	45		
28	其中:成品油制造	87244	1247	86		2807	77981	68	1948	3062	45		
29	14. 化学原料及化学制品业	7958	75	133		2318	2760	634	571	1460	7		
30	15. 医药制造业	1041	78	315		132	277	61	22	156			
31	16. 化学纤维制造业	102	3			13	7	32	5	42			
32	17. 橡胶制品业	2415	134	54		605	435	313	164	710			
33	18. 塑料制品业	7961	544	421		1675	1127	1308	379	2354	153		
34	19. 非金属矿物制品业	10905	183	3377		1842	1427	618	309	1444	5		1700
35	20. 黑色金属冶炼及压延加工业	175	4			40	79	18	4	30			
36	21. 有色金属冶炼及压延加工业	362	25	9		87	34	87	18	102			
37	22. 金属制品业	9424	530	385	1	2351	1470	1425	439	2651	162		10
38	23. 通用设备制造业	2230	408	212	3	486	201	146	77	464	233		
39	24. 专用设备制造业	7050	394	118		2455	1385	781	434	1342	120		21
40	25. 交通运输设备制造业	3130	165	66		1675	317	225	177	504	1		
41	其中:汽车制造	2570	122	65		1645	266	175	163	133	1		
42	摩托车制造	5				1	1		3				
43	26. 电气机械及器材制造业	13912	495	376		6347	2699	1302	892	1646	155		
44	27. 通信设备、计算机及其他电子设备制造业	47964	1830	256		23202	9285	3986	5491	3882	32		
45	28. 仪表仪器及文化、办公用机械制造业	1146	72	39	2	454	170	72	71	225	41		
46	29. 其他制造业	11278	1004	450		3026	1793	1362	442	2351	825		25

续表

序号	项目	合计	营业税	企业所得税		个人所得税	城市维护建设税	房产税	印花税	城镇土地使用税	土地增值税	车船税	其他各税
				内资企业	外资企业								
47	(三)电力、燃气及水的生产和供应业	31701	5556	6224		11257	4636	2168	360	1491	9		
48	1. 电力、热力的生产和供应业	28887	4970	5814		10805	4041	1835	295	1118	9		
49	其中:电力生产和供应	21565	4870	5613		6049	2735	1204	227	858	9		
50	2. 燃气生产和供应业	1427	420	129		193	328	131	38	188			
51	3. 水的生产和供应业	1387	166	281		259	267	202	27	185			
52	(四)建筑业	248234	156637	42240	66	24908	10330	2019	1431	2245	3292		5066
53	1. 房屋和土木工程建筑业	78431	56340	7824		6307	3633	415	416	425	760		2311
54	2. 建筑安装业	137517	85603	23280	65	15725	5552	1119	821	1143	1776		2433
55	3. 建筑装饰业	12568	7171	2617	1	945	507	192	108	416	506		105
56	4. 其他建筑业	19718	7523	8519		1931	638	293	86	261	250		217
57	三、第三产业	834528	393406	47254	130	124141	35934	28228	9914	65930	118011	10462	1118
58	(一)交通运输、仓储及邮政业	28125	17814	2337		3608	1155	762	228	1732	479	6	4
59	1. 交通运输业	24222	15986	2329		2787	1031	363	117	1122	477	6	4
60	2. 仓储业	2619	1240	7		549	85	95	109	532	2		
61	3. 邮政业	1284	588	1		272	39	304	2	78			
62	(二)信息传输、计算机服务和软件业	25992	18220	1047		3829	1478	976	187	249	5		1
63	1. 电信和其他信息传输服务业	23037	17193	192		3387	1084	851	116	214			
64	其中:电信	20714	15105	182		3303	973	825	116	210			
65	2. 计算机服务业	2629	823	854		366	367	124	67	22	5		1
66	3. 软件业	326	204	1		76	27	1	4	13			
67	(三)批发和零售业	69391	18797	4949		14016	9274	4991	2085	8351	6303		625
68	1. 批发业	20495	5496	1429		4771	3059	1287	651	2039	1663		100
69	其中:烟草制品批发	853	3			467	324	17	40	2			

续表

序号	项　　目	合　计	营业税	企业所得税		个人所得税	城市维护建设税	房产税	印花税	城镇土地使用税	土地增值税	车船税	其他各税
				内资企业	外资企业								
70	煤炭及制品批发	1					1						
71	石油及其制品批发	106	14	6		1	3	17		65			
72	汽车及零配件批发	73				63	4	2	1	3			
73	2. 零售业	48896	13301	3520		9245	6215	3704	1434	6312	4640		525
74	（四）住宿和餐饮业	39592	26547	1641		6162	1703	1982	36	1362	158		1
75	1. 住宿业	10232	6454	406		1342	393	939	9	665	23		1
76	2. 餐饮业	29360	20093	1235		4820	1310	1043	27	697	135		
77	（五）金融业	78865	55373	481		17057	3729	1249	577	264	135		
78	1. 银行业	55281	42138			8713	2814	1067	312	102	135		
79	2. 证券业	2997	1281			1616	89	11					
80	3. 保险业	15814	9818			5066	700	82	141	7			
81	4. 其他金融	4773	2136	481		1662	126	89	124	155			
82	其中：金融租赁												
83	邮政储蓄	336	224			91	14		7				
84	（六）房地产业	398709	188416	23924	1	15835	12364	9565	3650	44777	100064		113
85	（七）租赁和商务服务业	45397	11299	1858		26616	885	1096	703	1941	418	479	102
86	1. 租赁业	508	347	42		66	24	21	6	2			
87	2. 商务服务业	44889	10952	1816		26550	861	1075	697	1939	418	479	102
88	（八）居民服务和其他服务业	85258	38435	7501	126	15080	2803	5706	843	3154	10152	1255	203
89	（九）教育	2602	245	84		2107	17	81	4	32	32		
90	（十）卫生、社会保险和社会福利业	2277	85	21		2092	6	72	1				
91	其中：卫生	2234	78	21		2069	5	60	1				
92	（十一）文化、体育和娱乐业	5523	2616	201		485	152	214	6	1848			1
93	（十二）公共管理和社会组织	13105	1839	320		8002	160	447	278	26	20	2006	7
94	（十三）其他行业	39692	13720	2890	3	9252	2208	1087	1316	2194	245	6716	61

2011年汕尾市地方税务局税收收入分行业分税种统计年报总表

编报机关:汕尾市地方税务局　　　　单位:万元

序号	项　　目	合　计	营业税	企业所得税		个人所得税	城市维护建设税	房产税	印花税	城镇土地使用税	土地增值税	车船税	其他各税
				内资企业	外资企业								
1	税收收入合计	192693	69275	23365	80	18594	12391	6827	1978	30186	26856	1548	1593
2	一、第一产业	225	70	16		33	18	19	2	44	23		
3	二、第二产业	58143	22806	10005	63	8651	5979	2726	1398	3292	1753	3	1467
4	(一)采矿业	133	6	15		41	37	15	7				12
5	1. 煤炭开采和洗选业												
6	2. 原油和天然气开采业	99	6			40	32	14	7				
7	其中:原油	99	6			40	32	14	7				
8	3. 黑色金属矿采选业												
9	4. 有色金属矿采选业												
10	5. 非金属矿采选业	34		15		1	5	1					12
11	6. 其他采矿业												
12	(二)制造业	11250	414	715	6	2669	2201	1488	776	2287	689		5
13	1. 农副食品加工业	528	41	23		74	44	143	11	192			
14	2. 食品制造业	217	19	5		18	13	57	2	103			
15	3. 饮料制造业	178	7	89		9	29	14	5	25			
16	其中:酒制造	171	7	88		8	28	12	5	23			
17	4. 烟草制品业												
18	其中:卷烟制造												
19	5. 纺织业	1268	5	8		379	182	250	127	317			
20	6. 纺织服装、鞋帽制造业	1140	31	465		176	154	99	31	174	9		1
21	7. 皮革、毛皮、羽毛(绒)制品业	134		5		54	7	9	4	55			
22	8. 木材加工及木竹藤棕草制品业	65				14	29	6	3	13			
23	9. 家具制造业	69	24	2		13	5	4	2	7	12		

续表

序号	项　　目	合　计	营业税	企业所得税		个人所得税	城市维护建设税	房产税	印花税	城镇土地使用税	土地增值税	车船税	其他各税
				内资企业	外资企业								
24	10. 造纸及纸制品业	205		8		15	28	16	7	131			
25	11. 印刷业和记录媒体的复制	40	8	3		14	2	5	3	5			
26	12. 文教体育用品制造业	143				7	17	-9	2	126			
27	13. 石油加工、炼焦及核燃料业	1				1							
28	其中:成品油制造												
29	14. 化学原料及化学制品业	97		5		32	41	3	3	10			3
30	15. 医药制造业												
31	16. 化学纤维制造业												
32	17. 橡胶制品业	6				2	1	1		2			
33	18. 塑料制品业	330	1	7		20	70	52	21	159			
34	19. 非金属矿物制品业	338	13	2		220	14	1	69	18			1
35	20. 黑色金属冶炼及压延加工业	1				1							
36	21. 有色金属冶炼及压延加工业	151	6			7	1	100	2	5	30		
37	22. 金属制品业	137	1	33		16	15	19	5	48			
38	23. 通用设备制造业	118	43	1		19	36	4	3	12			
39	24. 专用设备制造业	4699	144	3		1202	1334	505	438	441	632		
40	25. 交通运输设备制造业	54	7	1		16	3	3		24			
41	其中:汽车制造	25	5			15	2	1		2			
42	摩托车制造												
43	26. 电气机械及器材制造业	76	18			6	3	6	1	42			
44	27. 通信设备、计算机及其他电子设备制造业	114	12	30		10	8	10		44			
45	28. 仪表仪器及文化、办公用机械制造业	474	13	1		122	75	96	12	155			
46	29. 其他制造业	667	21	24	6	222	90	94	25	179	6		

续表

序号	项　　目	合　计	营业税	企业所得税		个人所得税	城市维护建设税	房产税	印花税	城镇土地使用税	土地增值税	车船税	其他各税
				内资企业	外资企业								
47	(三)电力、燃气及水的生产和供应业	9509	848	963		2943	2374	1105	430	808			38
48	1. 电力、热力的生产和供应业	8952	725	741		2904	2310	1087	429	718			38
49	其中:电力生产和供应	8664	690	689		2815	2288	1050	428	666			38
50	2. 燃气生产和供应业	161	43	25		27	8	7		51			
51	3. 水的生产和供应业	396	80	197		12	56	11	1	39			
52	(四)建筑业	37251	21538	8312	57	2998	1367	118	185	197	1064	3	1412
53	1. 房屋和土木工程建筑业	8457	5405	1554		585	295	35	36	116	74		357
54	2. 建筑安装业	22593	13240	5570	57	1514	901	31	120	80	73	2	1005
55	3. 建筑装饰业	426	264	30		107	16		5			1	3
56	4. 其他建筑业	5775	2629	1158		792	155	52	24	1	917		47
57	三、第三产业	134325	46399	13344	17	9910	6394	4082	578	26850	25080	1545	126
58	(一)交通运输、仓储及邮政业	2115	1098	248	5	197	70	99	7	107	17	266	1
59	1. 交通运输业	1762	973	238	5	121	62	37	7	52		266	1
60	2. 仓储业	109	36	10		13	2	3		28	17		
61	3. 邮政业	244	89			63	6	59		27			
62	(二)信息传输、计算机服务和软件业	6742	4575	1		1169	285	505	33	174			
63	1. 电信和其他信息传输服务业	6692	4539			1160	281	505	33	174			
64	其中:电信	6554	4426			1142	275	504	33	174			
65	2. 计算机服务业	49	35	1		9	4						
66	3. 软件业	1	1										
67	(三)批发和零售业	15775	1513	7716		1999	1665	1243	161	1102	375	1	
68	1. 批发业	11907	585	7194		667	1333	919	133	881	195		
69	其中:烟草制品批发	9039		7116		551	1233	13	109	17			

续表

序号	项　　目	合　计	营业税	企业所得税		个人所得税	城市维护建设税	房产税	印花税	城镇土地使用税	土地增值税	车船税	其他各税
				内资企业	外资企业								
70	煤炭及制品批发												
71	石油及其制品批发	103	1	1		3	8	27		63			
72	汽车及零配件批发	26	4			10	4	8					
73	2. 零售业	3868	928	522		1332	332	324	28	221	180	1	
74	(四)住宿和餐饮业	7660	5043	195		1145	314	283	9	217	454		
75	1. 住宿业	2550	1563	114		107	114	115	4	136	397		
76	2. 餐饮业	5110	3480	81		1038	200	168	5	81	57		
77	(五)金融业	12820	5983	53		1275	389	268	51	4796	4	1	
78	1. 银行业	10511	4432			728	290	243	28	4786	4		
79	2. 证券业	347	252			79	16						
80	3. 保险业	1816	1256			426	80	21	22	10		1	
81	4. 其他金融	146	43	53		42	3	4	1				
82	其中:金融租赁												
83	邮政储蓄	2	1			1							
84	(六)房地产业	49093	17722	2771		1259	2765	295	239	5542	18454		46
85	(七)租赁和商务服务业	3744	866	71		225	54	216	16	2292		3	1
86	1. 租赁业	91	84			2	4		1				
87	2. 商务服务业	3653	782	71		223	50	216	15	2292		3	1
88	(八)居民服务和其他服务业	17724	7879	2123	12	982	674	940	37	2746	2113	167	51
89	(九)教育	60	12	1		36	1	7	2	1			
90	(十)卫生、社会保险和社会福利业	254	17	6		220	1	8	1	1			
91	其中:卫生	252	15	6		220	1	8	1	1			
92	(十一)文化、体育和娱乐业	442	278	16		38	18	16	2	74			
93	(十二)公共管理和社会组织	13814	1114	68		475	78	74	6	7527	3363	1107	2
94	(十三)其他行业	4082	299	75		890	80	128	14	2271	300		25

2011 年东莞市地方税务局税收收入分行业分税种统计年报总表

编报机关:东莞市地方税务局　　　　单位:万元

序号	项目	合计	营业税	企业所得税		个人所得税	城市维护建设税	房产税	印花税	城镇土地使用税	土地增值税	车船税	其他各税
				内资企业	外资企业								
1	税收收入合计	2938906	1054446	274913	329279	559247	219573	106267	59703	95962	204218	35188	110
2	一、第一产业	1642	665	117	7	640	45	76	20	72			
3	二、第二产业	1200865	243430	127754	266817	295319	143313	44338	37716	39564	2480	27	107
4	(一)采矿业	1926	825	170		231	134	153	116	191			106
5	1. 煤炭开采和洗选业												
6	2. 原油和天然气开采业	1078	537	-82		135	43	150	108	187			
7	其中:原油	1078	537	-82		135	43	150	108	187			
8	3. 黑色金属矿采选业	438	229	166		31	12						
9	4. 有色金属矿采选业	4				1	1	1		1			
10	5. 非金属矿采选业	250	29	4		54	45	2	7	3			106
11	6. 其他采矿业	156	30	82		10	33		1				
12	(二)制造业	849824	23400	82302	266302	247808	118602	38079	34587	36888	1828	27	1
13	1. 农副食品加工业	8727	664	1319	801	3368	525	438	1227	385			
14	2. 食品制造业	39578	563	840	28079	2495	4704	1429	659	809			
15	3. 饮料制造业	11953	82	36	5794	1979	2502	405	913	242			
16	其中:酒制造	671	22			44	297	122	26	160			
17	4. 烟草制品业												
18	其中:卷烟制造												
19	5. 纺织业	19718	231	1472	4933	6169	3335	1606	737	1212	23		
20	6. 纺织服装、鞋帽制造业	35730	1486	4598	3878	12381	8341	2063	1387	1596			
21	7. 皮革、毛皮、羽毛(绒)制品业	24201	824	2524	4969	8548	4659	938	522	1008	209		
22	8. 木材加工及木竹藤棕草制品业	3690	181	1031	204	1057	610	236	103	268			
23	9. 家具制造业	21744	754	3329	2966	5507	4422	1757	673	2209	127		

续表

序号	项目	合计	营业税	企业所得税		个人所得税	城市维护建设税	房产税	印花税	城镇土地使用税	土地增值税	车船税	其他各税
				内资企业	外资企业								
24	10. 造纸及纸制品业	22315	326	2653	3676	7430	4059	1240	957	1951	23		
25	11. 印刷业和记录媒体的复制	15447	655	1185	3736	5117	2780	609	611	632	122		
26	12. 文教体育用品制造业	19440	216	1673	4649	6145	3499	1365	491	1402			
27	13. 石油加工、炼焦及核燃料业	2848	48	45	50	2354	165	18	105	63			
28	其中:成品油制造	542	45			215	145	16	64	57			
29	14. 化学原料及化学制品业	19486	403	1489	7626	5269	2525	656	602	916			
30	15. 医药制造业	5642	284	2889	89	1321	708	144	75	132			
31	16. 化学纤维制造业	274	5	4	28	93	65	14	17	48			
32	17. 橡胶制品业	9499	114	784	1946	3062	1822	695	358	718			
33	18. 塑料制品业	54932	1078	6473	9544	19996	8281	3236	1892	4148	284		
34	19. 非金属矿物制品业	12135	423	1939	1787	3335	2513	639	355	1142	2		
35	20. 黑色金属冶炼及压延加工业	1782	42	108	292	977	245	34	49	35			
36	21. 有色金属冶炼及压延加工业	2658	19	182	394	1433	343	75	104	108			
37	22. 金属制品业	48181	2400	4885	6698	18581	7548	2729	1907	3165	268		
38	23. 通用设备制造业	21884	1050	3419	3580	7709	3055	1306	659	1093	13		
39	24. 专用设备制造业	25667	1662	2291	3999	11691	3397	844	881	865	11	26	
40	25. 交通运输设备制造业	16273	459	963	5654	5969	1786	474	516	451		1	
41	其中:汽车制造	8521	372	962	603	4273	1505	248	344	214			
42	摩托车制造	95				21	38	16	6	14			
43	26. 电气机械及器材制造业	78273	1842	10262	27535	19652	9502	2844	3885	2715	36		
44	27. 通信设备、计算机及其他电子设备制造业	261655	5481	15988	113332	68230	29590	9295	12711	6421	607		
45	28. 仪表仪器及文化、办公用机械制造业	16047	354	628	6990	5170	1596	403	540	366			
46	29. 其他制造业	50045	1754	9293	13073	12770	6025	2587	1651	2788	103		1

续表

序号	项目	合计	营业税	企业所得税		个人所得税	城市维护建设税	房产税	印花税	城镇土地使用税	土地增值税	车船税	其他各税
				内资企业	外资企业								
47	（三）电力、燃气及水的生产和供应业	49841	10499	4582		15121	12153	5092	734	1610	50		
48	1. 电力、热力的生产和供应业	43185	9493	2011		13822	11041	4876	653	1239	50		
49	其中：电力生产和供应	43028	9493	2011		13746	10961	4876	652	1239	50		
50	2. 燃气生产和供应业	3122	586	1228		719	377	38	70	104			
51	3. 水的生产和供应业	3534	420	1343		580	735	178	11	267			
52	（四）建筑业	299274	208706	40700	515	32159	12424	1014	2279	875	602		
53	1. 房屋和土木工程建筑业	95382	71524	9915	184	8082	4025	316	555	220	561		
54	2. 建筑安装业	163570	109855	25527	141	19416	6554	484	1146	427	20		
55	3. 建筑装饰业	18968	13065	2402	7	2271	775	124	168	149	7		
56	4. 其他建筑业	21354	14262	2856	183	2390	1070	90	410	79	14		
57	三、第三产业	1736399	810351	147042	62455	263288	76215	61853	21967	56326	201738	35161	3
58	（一）交通运输、仓储及邮政业	104704	44596	16221	9663	10289	2752	928	463	1757	87	17948	
59	1. 交通运输业	93746	37883	15706	8943	8796	2304	610	382	1087	87	17948	
60	2. 仓储业	4656	2664	482		450	176	270	66	548			
61	3. 邮政业	6302	4049	33	720	1043	272	48	15	122			
62	（二）信息传输、计算机服务和软件业	59102	44125	843	177	8673	2767	1335	587	594	1		
63	1. 电信和其他信息传输服务业	49168	38156	99	3	6344	2234	1298	514	519	1		
64	其中：电信	43954	34855	17		5302	1970	1211	180	418	1		
65	2. 计算机服务业	7556	5184	522	168	1089	454	12	61	66			
66	3. 软件业	2378	785	222	6	1240	79	25	12	9			
67	（三）批发和零售业	142149	28878	25299	3331	40264	26320	6074	5352	5342	1286		3
68	1. 批发业	43893	7902	9118	1787	12652	7205	1517	1837	1038	837		
69	其中：烟草制品批发												

续表

序号	项目	合计	营业税	企业所得税		个人所得税	城市维护建设税	房产税	印花税	城镇土地使用税	土地增值税	车船税	其他各税
				内资企业	外资企业								
70	煤炭及制品批发	187	5	17		10	87		68				
71	石油及其制品批发	3278	154	273	1350	462	789	43	127	80			
72	汽车及零配件批发	400	78	106		74	62	19	18	43			
73	2. 零售业	98256	20976	16181	1544	27612	19115	4557	3515	4304	449		3
74	(四)住宿和餐饮业	89879	66132	2633	2413	10299	3700	3442	102	1114	44		
75	1. 住宿业	23990	16806	964		2295	929	2319	21	612	44		
76	2. 餐饮业	65889	49326	1669	2413	8004	2771	1123	81	502			
77	(五)金融业	250794	147698	3271	476	81545	10294	4308	2404	777	21		
78	1. 银行业	181511	110584			57528	7729	3685	1471	504	10		
79	2. 证券业	9861	4577			4708	301	271	3	1			
80	3. 保险业	49982	29734			17282	2085	178	494	209			
81	4. 其他金融	9440	2803	3271	476	2027	179	174	436	63	11		
82	其中:金融租赁	157	116			33	8						
83	邮政储蓄	9						4		5			
84	(六)房地产业	649545	297346	59036	3698	28903	17230	25219	4309	27746	186058		
85	(七)租赁和商务服务业	125967	55894	17114	4845	22950	3955	9064	2675	6231	3239		
86	1. 租赁业	1615	1119	48		329	77	8	17	9	8		
87	2. 商务服务业	124352	54775	17066	4845	22621	3878	9056	2658	6222	3231		
88	(八)居民服务和其他服务业	209639	84428	11647	35885	30631	5964	8032	5128	3944	10653	13327	
89	(九)教育	5068	1055	1465	15	2290	64	62	21	7	89		
90	(十)卫生、社会保险和社会福利业	5185	139	1171	23	3444	8	260	11	129			
91	其中:卫生	5125	118	1164	23	3431	7	251	11	120			
92	(十一)文化、体育和娱乐业	25804	14163	559	753	2382	847	635	18	6447			
93	(十二)公共管理和社会组织	24682	5372	1215	1	11025	300	1780	107	970	26	3886	
94	(十三)其他行业	43881	20525	6568	1175	10593	2014	714	790	1268	234		

2011年中山市地方税务局税收收入分行业分税种统计年报总表

编报机关：中山市地方税务局　　　　单位：万元

序号	项　目	合　计	营业税	企业所得税		个人所得税	城市维护建设税	房产税	印花税	城镇土地使用税	土地增值税	车船税	其他各税
				内资企业	外资企业								
1	税收收入合计	1465666	614457	160093	2050	270314	115569	61145	31477	48721	146697	15021	122
2	一、第一产业	1069	577	31		352	37	13	20	39			
3	二、第二产业	530355	156288	90675	259	140183	80478	25457	18246	17085	1652		32
4	（一）采矿业	1438	33	5		464	543	98	71	200			24
5	1. 煤炭开采和洗选业												
6	2. 原油和天然气开采业	674	3			83	294	90	35	169			
7	其中：原油	674	3			83	294	90	35	169			
8	3. 黑色金属矿采选业												
9	4. 有色金属矿采选业												
10	5. 非金属矿采选业	764	30	5		381	249	8	36	31			24
11	6. 其他采矿业												
12	（二）制造业	297139	6995	46926	211	122303	66092	23244	15362	15206	796		4
13	1. 农副食品加工业	3669	78	838		2022	213	263	83	172			
14	2. 食品制造业	3943	202	508		1630	923	247	145	279	9		
15	3. 饮料制造业	2985	8	210		1415	949	130	173	100			
16	其中：酒制造	229	2	5		12	77	51	14	68			
17	4. 烟草制品业												
18	其中：卷烟制造												
19	5. 纺织业	10188	210	1602		3089	2023	1422	437	1262	143		
20	6. 纺织服装、鞋帽制造业	22849	268	2550		10526	5516	2089	765	1099	36		
21	7. 皮革、毛皮、羽毛(绒)制品业	7259	124	489		2514	2149	1152	317	514			
22	8. 木材加工及木竹藤棕草制品业	1414	24	275		552	374	68	44	77			
23	9. 家具制造业	6156	151	426		2616	1445	649	214	562	93		

续表

序号	项目	合计	营业税	企业所得税		个人所得税	城市维护建设税	房产税	印花税	城镇土地使用税	土地增值税	车船税	其他各税
				内资企业	外资企业								
24	10. 造纸及纸制品业	8051	75	1539		3632	1402	608	254	532	9		
25	11. 印刷业和记录媒体的复制	6093	24	1455		2788	1033	423	145	225			
26	12. 文教体育用品制造业	3614	13	489		988	1201	509	144	270			
27	13. 石油加工、炼焦及核燃料业	2765	7	2		2702	33	8		13			
28	其中:成品油制造	68	7	2		6	32	8		13			
29	14. 化学原料及化学制品业	17135	182	2211		3911	8439	1098	537	757			
30	15. 医药制造业	3583	340	206		1232	1159	375	130	141			
31	16. 化学纤维制造业	194	1	5		90	69	11	12	6			
32	17. 橡胶制品业	3033	20	402		1498	619	206	138	150			
33	18. 塑料制品业	19010	182	1949	13	8850	4110	1816	831	1255	4		
34	19. 非金属矿物制品业	6220	392	1302		1962	1564	406	172	418			4
35	20. 黑色金属冶炼及压延加工业	1283	99			348	241	389	82	124			
36	21. 有色金属冶炼及压延加工业	1949	68	146		646	562	264	99	164			
37	22. 金属制品业	28997	1290	3586	7	13349	6283	1814	1120	1448	100		
38	23. 通用设备制造业	9636	159	2593		3946	1765	441	443	289			
39	24. 专用设备制造业	10588	216	913		4935	2231	734	990	448	121		
40	25. 交通运输设备制造业	6635	196	147		3477	1417	381	430	399	188		
41	其中:汽车制造	5652	187	98		3057	1293	295	364	170	188		
42	摩托车制造	24				3	5	8	1	7			
43	26. 电气机械及器材制造业	70021	782	17896	191	27767	12665	4415	3310	2902	93		
44	27. 通信设备、计算机及其他电子设备制造业	24886	940	4075		9273	4092	2212	3347	947			
45	28. 仪表仪器及文化、办公用机械制造业	4487	50	312		2867	733	216	194	115			
46	29. 其他制造业	10496	894	800		3678	2882	898	806	538			

续表

序号	项　目	合　计	营业税	企业所得税		个人所得税	城市维护建设税	房产税	印花税	城镇土地使用税	土地增值税	车船税	其他各税
				内资企业	外资企业								
47	（三）电力、燃气及水的生产和供应业	23626	2770	5995		5628	5767	1267	1116	1083			
48	1. 电力、热力的生产和供应业	14333	1094	2871		4531	3887	1041	336	573			
49	其中：电力生产和供应	12117	1087	2868		4151	2568	916	157	370			
50	2. 燃气生产和供应业	4306	1291	181		545	1434	36	753	66			
51	3. 水的生产和供应业	4987	385	2943		552	446	190	27	444			
52	（四）建筑业	208152	146490	37749	48	11788	8076	848	1697	596	856		4
53	1. 房屋和土木工程建筑业	75245	54257	14987	1	1563	2889	251	487	288	522		
54	2. 建筑安装业	98507	69249	17018	45	6703	3820	288	972	188	224		
55	3. 建筑装饰业	19433	12930	3895	1	1593	773	36	111	31	63		
56	4. 其他建筑业	14967	10054	1849	1	1929	594	273	127	89	47		4
57	三、第三产业	934242	457592	69387	1791	129779	35054	35675	13211	31597	145045	15021	90
58	（一）交通运输、仓储及邮政业	29680	18623	2452	3	5101	1085	967	191	1109	150	－1	
59	1. 交通运输业	26400	16984	2375	3	4450	986	500	174	779	150	－1	
60	2. 仓储业	1369	769	43		85	40	181	14	237			
61	3. 邮政业	1911	870	34		566	59	286	3	93			
62	（二）信息传输、计算机服务和软件业	25430	18731	587		3468	1378	857	103	262	44		
63	1. 电信和其他信息传输服务业	21644	16487	268		2649	1176	727	80	213	44		
64	其中：电信	17862	13784	1		2114	967	686	68	198	44		
65	2. 计算机服务业	2726	1741	267		476	158	49	16	19			
66	3. 软件业	1060	503	52		343	44	81	7	30			
67	（三）批发和零售业	59358	8848	12387	9	20090	9343	2902	2524	2372	793		90
68	1. 批发业	24076	3649	8183	3	5505	3202	1083	1390	904	154		3
69	其中：烟草制品批发	2				1	1						

续表

序号	项　　目	合　计	营业税	企业所得税		个人所得税	城市维护建设税	房产税	印花税	城镇土地使用税	土地增值税	车船税	其他各税
				内资企业	外资企业								
70	煤炭及制品批发	9	1	2		2	4						
71	石油及其制品批发	1457	85	439		342	438	19	49	85			
72	汽车及零配件批发	167	23	45		56	26	5	11	1			
73	2. 零售业	35282	5199	4204	6	14585	6141	1819	1134	1468	639		87
74	(四)住宿和餐饮业	39514	27527	1823	2	5992	1626	1831	59	599	55		
75	1. 住宿业	13936	9418	1117	2	936	593	1360	23	432	55		
76	2. 餐饮业	25578	18109	706		5056	1033	471	36	167			
77	(五)金融业	107260	66348	2346	31	28396	4636	2707	1185	1189	422		
78	1. 银行业	69429	47801			13387	3349	2527	799	1144	422		
79	2. 证券业	9796	1796			7869	117	10	4				
80	3. 保险业	20422	13004			6049	1046	106	202	15			
81	4. 其他金融	7613	3747	2346	31	1091	124	64	180	30			
82	其中:金融租赁												
83	邮政储蓄	755	560			144	34	10	7				
84	(六)房地产业	510410	253913	33641	1683	31171	12734	15882	8079	18909	133988	410	
85	(七)租赁和商务服务业	70112	30180	10894	37	10955	1907	5874	646	2954	6673	-8	
86	1. 租赁业	1866	1012	84	1	241	118	323	25	42	20		
87	2. 商务服务业	68246	29168	10810	36	10714	1789	5551	621	2912	6653	-8	
88	(八)居民服务和其他服务业	40176	14270	1557	21	6181	1097	500	263	449	1224	14614	
89	(九)教育	5405	734	556		3977	47	68	6	17			
90	(十)卫生、社会保险和社会福利业	4535	60	114		4332	4	11	12	2			
91	其中:卫生	4509	59	113		4308	4	11	12	2			
92	(十一)文化、体育和娱乐业	13931	6995	526	5	3365	450	332	23	2235			
93	(十二)公共管理和社会组织	12623	3324	313		3023	187	3486	48	1326	910	6	
94	(十三)其他行业	15808	8039	2191		3728	560	258	72	174	786		

2011年江门市地方税务局税收收入分行业分税种统计年报总表

编报机关:江门市地方税务局　　　　单位:万元

序号	项目	合计	营业税	企业所得税		个人所得税	城市维护建设税	房产税	印花税	城镇土地使用税	土地增值税	车船税	其他各税
				内资企业	外资企业								
1	税收收入合计	995760	387586	132960	579	156947	88552	42111	20839	71251	71005	17698	6232
2	一、第一产业	1481	356	87		637	54	80	105	154	6		2
3	二、第二产业	389911	104692	70367	125	82094	58452	18278	11179	35414	1291	2826	5193
4	(一)采矿业	4133	28	6		142	132	8	13	277			3527
5	1. 煤炭开采和洗选业	1				1							
6	2. 原油和天然气开采业	10	3	1		1	2	1	1	1			
7	其中:原油	9	3	1		1	2	1		1			
8	3. 黑色金属矿采选业												
9	4. 有色金属矿采选业	23				1	9		1	9			3
10	5. 非金属矿采选业	3256		5		111	101	6	9	184			2840
11	6. 其他采矿业	843	25			28	20	1	2	83			684
12	(二)制造业	207098	8671	34526	70	55488	48238	15427	9413	31195	654	2826	590
13	1. 农副食品加工业	4832	342	553		1267	859	664	272	853	2	20	
14	2. 食品制造业	19928	1027	516		10219	6935	554	225	452			
15	3. 饮料制造业	1450	8	68		751	429	64	40	90			
16	其中:酒制造	22		2		4	9	2		5			
17	4. 烟草制品业	1051	3	1		542	410	68	25	2			
18	其中:卷烟制造	258				137	121						
19	5. 纺织业	10812	339	1152		2182	2468	1422	623	2554	72		
20	6. 纺织服装、鞋帽制造业	8937	849	567		1632	2939	719	494	1532	205		
21	7. 皮革、毛皮、羽毛(绒)制品业	4047	214	641		997	1071	265	217	550	92		
22	8. 木材加工及木竹藤棕草制品业	1949	96	22	3	486	431	221	104	586			
23	9. 家具制造业	3395	57	358		758	763	366	133	960			

续表

序号	项目	合计	营业税	企业所得税		个人所得税	城市维护建设税	房产税	印花税	城镇土地使用税	土地增值税	车船税	其他各税
				内资企业	外资企业								
24	10. 造纸及纸制品业	6738	121	860		1613	1469	658	543	1474			
25	11. 印刷业和记录媒体的复制	4429	224	448		1789	633	477	196	662			
26	12. 文教体育用品制造业	269	12	8		67	71	30	12	69			
27	13. 石油加工、炼焦及核燃料业	256	4			92	68	2	61	29			
28	其中:成品油制造	217	4			56	67	2	60	28			
29	14. 化学原料及化学制品业	13379	202	5030	62	2662	2671	603	681	1466			2
30	15. 医药制造业	4021	39	1957		1024	624	154	53	170			
31	16. 化学纤维制造业	1744	282	57		480	222	219	56	260	168		
32	17. 橡胶制品业	1678	50	306		385	432	103	101	301			
33	18. 塑料制品业	7404	116	1452		1615	1637	556	383	1626	19		
34	19. 非金属矿物制品业	9334	221	745		1464	2188	743	429	2975			569
35	20. 黑色金属冶炼及压延加工业	886	25	198		160	187	53	71	192			
36	21. 有色金属冶炼及压延加工业	969	9	284		130	232	58	98	158			
37	22. 金属制品业	29528	635	4249	-5	8446	6629	2353	1665	5556			
38	23. 通用设备制造业	4407	760	528		1124	861	256	200	680	-2		
39	24. 专用设备制造业	4431	387	794	1	1280	976	237	203	553			
40	25. 交通运输设备制造业	29751	1517	7721		6578	5494	2406	780	2663		2592	
41	其中:汽车制造	2941	282	242		820	665	254	99	508		71	
42	摩托车制造	9360	557	171		3361	4006	410	288	514		53	
43	26. 电气机械及器材制造业	16342	329	3931		3447	3684	1238	981	2721	11		
44	27. 通信设备、计算机及其他电子设备制造业	8314	638	672	9	2704	2323	465	470	946	87		
45	28. 仪表仪器及文化、办公用机械制造业	626	10	78		140	235	47	32	84			
46	29. 其他制造业	6191	155	1330		1454	1297	426	265	1031		214	19

续表

序号	项目	合计	营业税	企业所得税		个人所得税	城市维护建设税	房产税	印花税	城镇土地使用税	土地增值税	车船税	其他各税
				内资企业	外资企业								
47	（三）电力、燃气及水的生产和供应业	23366	1425	1508		9000	3979	2395	841	3171	12		1035
48	1. 电力、热力的生产和供应业	19610	808	349		8270	3587	2255	790	2516			1035
49	其中：电力生产和供应	19590	808	347		8264	3586	2254	780	2516			1035
50	2. 燃气生产和供应业	672	109	242		88	85	18	37	93			
51	3. 水的生产和供应业	3084	508	917		642	307	122	14	562	12		
52	（四）建筑业	155314	94568	34327	55	17464	6103	448	912	771	625		41
53	1. 房屋和土木工程建筑业	57233	36038	13159	1	4831	2346	125	341	255	136		1
54	2. 建筑安装业	83403	49029	19354	54	10161	3119	292	489	376	489		40
55	3. 建筑装饰业	6779	4145	1039		1256	280	19	29	11			
56	4. 其他建筑业	7899	5356	775		1216	358	12	53	129			
57	三、第三产业	604368	282538	62506	454	74216	30046	23753	9555	35683	69708	14872	1037
58	（一）交通运输、仓储及邮政业	37941	13598	11473		3649	915	847	165	1204	9	6081	
59	1. 交通运输业	35662	12615	11450		2983	844	552	150	986	1	6081	
60	2. 仓储业	572	313	10		89	25	9	9	110	7		
61	3. 邮政业	1707	670	13		577	46	286	6	108	1		
62	（二）信息传输、计算机服务和软件业	17997	12902	152		2213	927	1259	61	483			
63	1. 电信和其他信息传输服务业	16846	12060	93		2074	848	1251	46	474			
64	其中：电信	16501	11810	72		2027	831	1245	45	471			
65	2. 计算机服务业	919	678	52		95	65	7	13	9			
66	3. 软件业	232	164	7		44	14	1	2				
67	（三）批发和零售业	47174	6131	6808		11340	11023	2783	3487	4009	622		971
68	1. 批发业	17557	2094	2745		3214	5230	810	1526	989	439		510
69	其中：烟草制品批发	2770	15	107		889	1567	43	87	62			

续表

序号	项目	合计	营业税	企业所得税		个人所得税	城市维护建设税	房产税	印花税	城镇土地使用税	土地增值税	车船税	其他各税
				内资企业	外资企业								
70	煤炭及制品批发	147	2	22		18	47	1	51	6			
71	石油及其制品批发	771	89	6		138	292	38	80	128			
72	汽车及零配件批发	214	39	2		74	63	12	23	1			
73	2. 零售业	29617	4037	4063		8126	5793	1973	1961	3020	183		461
74	(四)住宿和餐饮业	30121	22059	651	3	3949	1485	1091	15	868			
75	1. 住宿业	8450	6168	437		429	423	563	10	420			
76	2. 餐饮业	21671	15891	214	3	3520	1062	528	5	448			
77	(五)金融业	76596	51251	813		17537	3527	2165	883	381	39		
78	1. 银行业	36398	23487			8861	1643	1447	627	295	38		
79	2. 证券业	3102	1458			1465	102	58	2	17			
80	3. 保险业	21304	15351			4639	1008	142	142	22			
81	4. 其他金融	15792	10955	813		2572	774	518	112	47	1		
82	其中:金融租赁												
83	邮政储蓄	655	401			201	28	9	12	4			
84	(六)房地产业	244975	115889	25956	125	5379	7500	7708	1806	20138	60474		
85	(七)租赁和商务服务业	22837	10621	1885	26	3241	764	1690	1909	1515	987	199	
86	1. 租赁业	1947	833	184		117	56	530	15	212			
87	2. 商务服务业	20890	9788	1701	26	3124	708	1160	1894	1303	987	199	
88	(八)居民服务和其他服务业	58867	26756	4734	279	8670	2135	3666	695	5441	3085	3340	66
89	(九)教育	3475	504	220	1	2519	34	145	3	45	4		
90	(十)卫生、社会保险和社会福利业	3759	40	57		3586	4	59	1	12			
91	其中:卫生	3634	-13	49		3551		41		6			
92	(十一)文化、体育和娱乐业	5105	2643	455	11	1077	180	276	8	430	25		
93	(十二)公共管理和社会组织	37585	12622	6149	5	8159	858	1470	414	506	4454	2948	
94	(十三)其他行业	17936	7522	3153	4	2897	694	594	108	651	9	2304	

2011 年阳江市地方税务局税收收入分行业分税种统计年报总表

编报机关:阳江市地方税务局

单位:万元

序号	项　目	合　计	营业税	企业所得税		个人所得税	城市维护建设税	房产税	印花税	城镇土地使用税	土地增值税	车船税	其他各税
				内资企业	外资企业								
1	税收收入合计	278789	128420	41983		38435	18485	6021	5070	12897	19820	4545	3113
2	一、第一产业	554	142	35		223	18	84	12	39			1
3	二、第二产业	105468	40357	23968		17042	10594	2262	2504	4659	1391	142	2549
4	(一)采矿业	1187	52	63		51	40	22	2	26			931
5	1. 煤炭开采和洗选业												
6	2. 原油和天然气开采业	11								11			
7	其中:原油	11								11			
8	3. 黑色金属矿采选业	2				1							1
9	4. 有色金属矿采选业	17						1		2			14
10	5. 非金属矿采选业	1135	39	61		50	39	21	2	11			912
11	6. 其他采矿业	22	13	2			1			2			4
12	(二)制造业	25683	1380	5133		4786	7267	1768	1497	3172	134	141	405
13	1. 农副食品加工业	2233	236	32		539	748	222	307	149			
14	2. 食品制造业	1429	37	305		246	593	81	63	104			
15	3. 饮料制造业	146	4	75		3	31	16	4	13			
16	其中:酒制造	141	3	74		2	30	16	4	12			
17	4. 烟草制品业	23		7			12	2		2			
18	其中:卷烟制造												
19	5. 纺织业	246				31	92	49	2	72			
20	6. 纺织服装、鞋帽制造业	436		116		43	172	37	10	58			
21	7. 皮革、毛皮、羽毛(绒)制品业	220		14		47	87	11	12	49			
22	8. 木材加工及木竹藤棕草制品业	880	24	19		268	370	49	30	120			
23	9. 家具制造业	183	1	33		38	43	10	2	56			

续表

序号	项　　目	合　计	营业税	企业所得税		个人所得税	城市维护建设税	房产税	印花税	城镇土地使用税	土地增值税	车船税	其他各税
				内资企业	外资企业								
24	10. 造纸及纸制品业	522		182		97	128	32	10	73			
25	11. 印刷业和记录媒体的复制	641	16	259		133	129	32	11	61			
26	12. 文教体育用品制造业	37	6	11		3	4	7	1	5			
27	13. 石油加工、炼焦及核燃料业	42	6			3	1	3		5		24	
28	其中:成品油制造	16	6			1	1	3		5			
29	14. 化学原料及化学制品业	179		38		54	48	6	8	25			
30	15. 医药制造业	85		11		2	25	23	2	22			
31	16. 化学纤维制造业	1				1							
32	17. 橡胶制品业	110	1	54		7	25	7	3	13			
33	18. 塑料制品业	490		115		114	124	36	18	83			
34	19. 非金属矿物制品业	2102	325	39		334	387	110	57	366	134		350
35	20. 黑色金属冶炼及压延加工业	3427	105	8		705	974	465	463	702			5
36	21. 有色金属冶炼及压延加工业	385	270			9	33	8	27	29			9
37	22. 金属制品业	8410	144	2183		1824	2654	406	381	781			37
38	23. 通用设备制造业	1614	19	1095		120	219	36	23	102			
39	24. 专用设备制造业	423	90	182		30	64	15	9	29		4	
40	25. 交通运输设备制造业	743	3	326		22	201	13	31	34		113	
41	其中:汽车制造	691		323		17	198	13	30	23		87	
42	摩托车制造	23										23	
43	26. 电气机械及器材制造业	241	66	3		36	52	42	9	33			
44	27. 通信设备、计算机及其他电子设备制造业	112	6	6		24	9	5	4	58			
45	28. 仪表仪器及文化、办公用机械制造业	45	11	11		2	4	11		6			
46	29. 其他制造业	278	10	9		51	38	34	10	122			4

续表

序号	项目	合计	营业税	企业所得税		个人所得税	城市维护建设税	房产税	印花税	城镇土地使用税	土地增值税	车船税	其他各税
				内资企业	外资企业								
47	(三)电力、燃气及水的生产和供应业	8464	672	387		4641	1099	421	584	659		1	
48	1. 电力、热力的生产和供应业	7791	519	315		4409	1024	369	575	579		1	
49	其中:电力生产和供应	7728	519	290		4396	1007	367	575	573		1	
50	2. 燃气生产和供应业	146	45	50		15	18	3	8	7			
51	3. 水的生产和供应业	527	108	22		217	57	49	1	73			
52	(四)建筑业	70134	38253	18385		7564	2188	51	421	802	1257		1213
53	1. 房屋和土木工程建筑业	23451	11544	7803		2295	693	30	158	176	284		468
54	2. 建筑安装业	38636	21924	9845		4396	1227	17	194	373	14		646
55	3. 建筑装饰业	4271	2508	289		100	134	3	23	253	959		2
56	4. 其他建筑业	3776	2277	448		773	134	1	46				97
57	三、第三产业	172767	87921	17980		21170	7873	3675	2554	8199	18429	4403	563
58	(一)交通运输、仓储及邮政业	7888	4214	829		846	264	265	58	487		925	
59	1. 交通运输业	6803	3791	825		613	240	124	54	231		925	
60	2. 仓储业	625	296	3		63	16	22	4	221			
61	3. 邮政业	460	127	1		170	8	119		35			
62	(二)信息传输、计算机服务和软件业	6561	4693	32		1047	323	327	30	109			
63	1. 电信和其他信息传输服务业	6332	4529	4		1026	309	326	29	109			
64	其中:电信	6247	4454	2		1023	305	326	29	108			
65	2. 计算机服务业	189	130	28		19	11		1				
66	3. 软件业	40	34			2	3	1					
67	(三)批发和零售业	14905	1751	5594		3013	2426	425	446	653	260		337
68	1. 批发业	6775	701	2770		686	1507	128	290	226	171		296
69	其中:烟草制品批发	3135		2163		247	652	7	38	28			

续表

序号	项　目	合　计	营业税	企业所得税		个人所得税	城市维护建设税	房产税	印花税	城镇土地使用税	土地增值税	车船税	其他各税
				内资企业	外资企业								
70	煤炭及制品批发	3		1			2						
71	石油及其制品批发	336	169			39	39	33	32	24			
72	汽车及零配件批发	2				1			1				
73	2. 零售业	8130	1050	2824		2327	919	297	156	427	89		41
74	(四)住宿和餐饮业	14786	9715	711		2409	587	685	32	319	328		
75	1. 住宿业	3253	1705	81		292	91	499	31	226	328		
76	2. 餐饮业	11533	8010	630		2117	496	186	1	93			
77	(五)金融业	22969	13539	140		4506	911	402	167	153		3151	
78	1. 银行业	13969	9964			2735	670	347	115	138			
79	2. 证券业	583	245			322	16						
80	3. 保险业	7817	3174			1364	215	52	49	10		2953	
81	4. 其他金融	600	156	140		85	10	3	3	5		198	
82	其中:金融租赁												
83	邮政储蓄												
84	(六)房地产业	69326	34825	7049		2105	2098	767	651	5714	16088	1	28
85	(七)租赁和商务服务业	5096	3457	609		452	195	100	33	248		1	1
86	1. 租赁业	393	320	11		33	13	9	5	2			
87	2. 商务服务业	4703	3137	598		419	182	91	28	246		1	1
88	(八)居民服务和其他服务业	9889	5647	748		1600	330	476	37	308	435	296	12
89	(九)教育	966	324	94		485	19	41		3			
90	(十)卫生、社会保险和社会福利业	803	3	34		708	19	17	3	11		8	
91	其中:卫生	730	−1	33		681	2	10	1	4			
92	(十一)文化、体育和娱乐业	2167	654	68		1338	42	16		49			
93	(十二)公共管理和社会组织	9664	4836	1175		1738	332	125	70	29	1318	21	20
94	(十三)其他行业	7747	4263	897		923	327	29	1027	116			165

2011年湛江市地方税务局税收收入分行业分税种统计年报总表

编报机关:湛江市地方税务局

单位:万元

序号	项目	合计	营业税	企业所得税		个人所得税	城市维护建设税	房产税	印花税	城镇土地使用税	土地增值税	车船税	其他各税
				内资企业	外资企业								
1	税收收入合计	531902	234592	47902	5792	85326	68112	16170	9649	19161	37938	6367	893
2	一、第一产业	3328	476	88		916	423	323	242	848	5	5	2
3	二、第二产业	175016	60301	22352	4	27211	47523	3744	4424	7049	1796	8	604
4	(一)采矿业	990	13	153		120	214	22	11	80			377
5	1. 煤炭开采和洗选业	1				1							
6	2. 原油和天然气开采业	40		27			6	1		6			
7	其中:原油	40		27			6	1		6			
8	3. 黑色金属矿采选业	7				3	1			3			
9	4. 有色金属矿采选业	163	4	102		4	25	10	4	13			1
10	5. 非金属矿采选业	519	3	16		100	59	10	1	35			295
11	6. 其他采矿业	260	6	8		12	123	1	6	23			81
12	(二)制造业	69047	1392	5671		7397	42335	2883	2601	5921	705	5	137
13	1. 农副食品加工业	9331	672	1966		1522	2095	1030	296	1609	141		
14	2. 食品制造业	516	4	40		31	119	98	10	214			
15	3. 饮料制造业	1196	3	39		127	522	171	55	279			
16	其中:酒制造	581		5		26	365	90	24	71			
17	4. 烟草制品业	7184				1290	5721	150	2	21			
18	其中:卷烟制造												
19	5. 纺织业	496	10	1		89	153	124	21	98			
20	6. 纺织服装、鞋帽制造业	281	2	4		137	73	31	22	12			
21	7. 皮革、毛皮、羽毛(绒)制品业	186		43		8	60	14	5	56			
22	8. 木材加工及木竹藤棕草制品业	947	22	3		107	395	60	17	343			
23	9. 家具制造业	575	2	6		26	356	76	38	71			

续表

序号	项　目	合　计	营业税	企业所得税		个人所得税	城市维护建设税	房产税	印花税	城镇土地使用税	土地增值税	车船税	其他各税
				内资企业	外资企业								
24	10. 造纸及纸制品业	1323	16	262		275	294	132	59	285			
25	11. 印刷业和记录媒体的复制	623	48	132		100	177	53	19	94			
26	12. 文教体育用品制造业	52	1	2		1	30	7	4	7			
27	13. 石油加工、炼焦及核燃料业	31971	19	8		689	29305	96	1134	720			
28	其中:成品油制造	31725	10			580	29274	74	1128	659			
29	14. 化学原料及化学制品业	2025	33	1215		272	110	82	77	236			
30	15. 医药制造业	2043	10	112		731	384	143	28	337	298		
31	16. 化学纤维制造业	11				1	7	2		1			
32	17. 橡胶制品业	385	6	32		27	51	22	7	240			
33	18. 塑料制品业	1508	32	158		571	450	93	32	172			
34	19. 非金属矿物制品业	2179	63	34		485	707	175	95	494			126
35	20. 黑色金属冶炼及压延加工业	557		1		35	11	2	508				
36	21. 有色金属冶炼及压延加工业	69	9	2		16	20	3	7	10			2
37	22. 金属制品业	628	30	125		51	239	36	25	122			
38	23. 通用设备制造业	241	36	9		22	52	43	12	67			
39	24. 专用设备制造业	478	14	131		93	107	44	37	50	2		
40	25. 交通运输设备制造业	1359	205	59		318	330	47	21	115	264		
41	其中:汽车制造	1181	115	42		298	284	47	16	115	264		
42	摩托车制造	7		1			5		1				
43	26. 电气机械及器材制造业	1227	76	174		167	444	108	46	212			
44	27. 通信设备、计算机及其他电子设备制造业	219	68	10		35	51	26	10	19			
45	28. 仪表仪器及文化、办公用机械制造业	18	5	1		1	8	3					
46	29. 其他制造业	1419	6	1102		170	64	12	14	37		5	9

续表

序号	项目	合计	营业税	企业所得税		个人所得税	城市维护建设税	房产税	印花税	城镇土地使用税	土地增值税	车船税	其他各税
				内资企业	外资企业								
47	(三)电力、燃气及水的生产和供应业	7240	519	201		3658	1131	488	155	542	544	2	
48	1. 电力、热力的生产和供应业	6110	211	2		3587	914	383	141	326	544	2	
49	其中:电力生产和供应	5208	66	2		3543	839	358	125	274		1	
50	2. 燃气生产和供应业	221	5	6		9	97	33	4	67			
51	3. 水的生产和供应业	909	303	193		62	120	72	10	149			
52	(四)建筑业	97739	58377	16327	4	16036	3843	351	1657	506	547	1	90
53	1. 房屋和土木工程建筑业	25306	15221	5094	1	3097	983	154	601	43	109		3
54	2. 建筑安装业	65284	38560	10535	2	11671	2562	160	959	393	366	1	75
55	3. 建筑装饰业	1344	1002	161		89	65	1	22	1			3
56	4. 其他建筑业	5805	3594	537	1	1179	233	36	75	69	72		9
57	三、第三产业	353558	173815	25462	5788	57199	20166	12103	4983	11264	36137	6354	287
58	(一)交通运输、仓储及邮政业	34005	16750	2615	5673	4183	1147	1105	271	1521	25	699	16
59	1. 交通运输业	32142	15880	2586	5673	3757	1079	820	261	1346	25	699	16
60	2. 仓储业	761	415	26		96	38	70	6	110			
61	3. 邮政业	1102	455	3		330	30	215	4	65			
62	(二)信息传输、计算机服务和软件业	9597	7205	60		1010	507	593	19	203			
63	1. 电信和其他信息传输服务业	9005	6759	30		968	442	589	14	203			
64	其中:电信	7560	5777	7		714	373	502	7	180			
65	2. 计算机服务业	544	428	27		36	44	4	5				
66	3. 软件业	48	18	3		6	21						
67	(三)批发和零售业	47506	10166	9829	108	11675	8424	2080	2010	2784	240		190
68	1. 批发业	21003	3284	8324	108	2970	3459	660	675	1221	142		160
69	其中:烟草制品批发	1381				517	855	1	1	7			

续表

序号	项　　目	合　计	营业税	企业所得税		个人所得税	城市维护建设税	房产税	印花税	城镇土地使用税	土地增值税	车船税	其他各税
				内资企业	外资企业								
70	煤炭及制品批发	4		1		1	1		1				
71	石油及其制品批发	923	164	98		57	127	98	27	352			
72	汽车及零配件批发	30	9	5		5	6	3	1	1			
73	2. 零售业	26503	6882	1505		8705	4965	1420	1335	1563	98		30
74	(四)住宿和餐饮业	20527	13669	1055		3504	913	818	24	395	149		
75	1. 住宿业	4059	2497	352		301	159	348	12	247	143		
76	2. 餐饮业	16468	11172	703		3203	754	470	12	148	6		
77	(五)金融业	53509	35836	82		8846	2460	1101	625	303	40	4216	
78	1. 银行业	39272	29520			5914	2032	995	504	267	40		
79	2. 证券业	1557	885			610	61		1				
80	3. 保险业	11946	4960			2249	333	80	72	36		4216	
81	4. 其他金融	734	471	82		73	34	26	48				
82	其中:金融租赁												
83	邮政储蓄	127	93			27	6		1				
84	(六)房地产业	103472	50689	8059	4	3302	3494	2906	1324	4037	29657		
85	(七)租赁和商务服务业	15255	9591	1112		2411	454	1130	123	426	6	1	1
86	1. 租赁业	387	208	5		48	13	96	1	16			
87	2. 商务服务业	14868	9383	1107		2363	441	1034	122	410	6	1	1
88	(八)居民服务和其他服务业	36827	20211	1130	3	6007	1441	1088	414	1124	4074	1278	57
89	(九)教育	4670	483	65		3892	34	179	4	13			
90	(十)卫生、社会保险和社会福利业	2990	88	8		2699	6	62	30	5	92		
91	其中:卫生	2918	70	8		2656	4	55	29	4	92		
92	(十一)文化、体育和娱乐业	4315	2561	485		774	194	196	7	97	1		
93	(十二)公共管理和社会组织	7539	1988	312		3982	170	222	37	62	737	29	
94	(十三)其他行业	13346	4578	650		4914	922	623	95	294	1116	131	23

2011年茂名市地方税务局税收收入分行业分税种统计年报总表

编报机关:茂名市地方税务局　　　　单位:万元

序号	项　　目	合　计	营业税	企业所得税		个人所得税	城市维护建设税	房产税	印花税	城镇土地使用税	土地增值税	车船税	其他各税
				内资企业	外资企业								
1	税收收入合计	432652	133780	54755		46755	104366	20626	5201	28631	25335	8151	5052
2	一、第一产业	693	207	84		59	38	46	11	191	13	42	2
3	二、第二产业	198766	39280	27181		14024	90426	5839	3150	12598	3656	169	2443
4	(一)采矿业	1448	13	14		126	298	63	8	197			729
5	1. 煤炭开采和洗选业												
6	2. 原油和天然气开采业	16		1		3	6		1	4			1
7	其中:原油	16		1		3	6		1	4			1
8	3. 黑色金属矿采选业	145				11	24	22		65			23
9	4. 有色金属矿采选业	224				44	117	9		20			34
10	5. 非金属矿采选业	894	12	13		61	126	27	6	102			547
11	6. 其他采矿业	169	1			7	25	5	1	6			124
12	(二)制造业	110851	4564	2343		7699	83983	2131	1150	8167	61	27	726
13	1. 农副食品加工业	1519	60	82		660	436	137	14	130			
14	2. 食品制造业	173	28	3		41	48	30	1	22			
15	3. 饮料制造业	35	2	1		4	5	5		18			
16	其中:酒制造	9				2	1	1		5			
17	4. 烟草制品业	9					9						
18	其中:卷烟制造												
19	5. 纺织业	86	2			6	42	11	5	20			
20	6. 纺织服装、鞋帽制造业	150	2			46	79	6	6	11			
21	7. 皮革、毛皮、羽毛(绒)制品业	227	3	3		47	77	30	24	43			
22	8. 木材加工及木竹藤棕草制品业	408	7	1		86	182	30	2	100			
23	9. 家具制造业	57	1			23	14	10	2	6			1

续表

序号	项　　目	合　计	营业税	企业所得税		个人所得税	城市维护建设税	房产税	印花税	城镇土地使用税	土地增值税	车船税	其他各税
				内资企业	外资企业								
24	10. 造纸及纸制品业	272	71	11		9	82	58	1	33			7
25	11. 印刷业和记录媒体的复制	169	15	22		38	57	11	2	24			
26	12. 文教体育用品制造业	59				4	8	24	2	21			
27	13. 石油加工、炼焦及核燃料业	99829	4103	92		5486	80875	1379	931	6963			
28	其中:成品油制造	86758	542	70		4245	80406	642	836	17			
29	14. 化学原料及化学制品业	809	15	47		73	339	46	43	246			
30	15. 医药制造业	553		154		100	211	56	8	24			
31	16. 化学纤维制造业	103				1	59	33		10			
32	17. 橡胶制品业	171	7	3		35	71	14	2	34	5		
33	18. 塑料制品业	170	2	8		36	65	16	1	42			
34	19. 非金属矿物制品业	2525	21	861		259	480	92	3	164	3		642
35	20. 黑色金属冶炼及压延加工业	7	2	1		1	2				1		
36	21. 有色金属冶炼及压延加工业	96		39		25	24	2		6			
37	22. 金属制品业	370	124	20		44	46	13	5	42	52		24
38	23. 通用设备制造业	1206	8	650		329	130	42	33	14			
39	24. 专用设备制造业	691	5	1		214	342	27	62	40			
40	25. 交通运输设备制造业	103	12	3		27	8	3		23		27	
41	其中:汽车制造	79	6	2		19	2	2		22		26	
42	摩托车制造	1				1							
43	26. 电气机械及器材制造业	209	11	46		21	62	25	2	42			
44	27. 通信设备、计算机及其他电子设备制造业	128	33	8		4	38	20		25			
45	28. 仪表仪器及文化、办公用机械制造业	3				1	2						
46	29. 其他制造业	714	30	287		79	190	11	1	64			52

续表

序号	项目	合计	营业税	企业所得税		个人所得税	城市维护建设税	房产税	印花税	城镇土地使用税	土地增值税	车船税	其他各税
				内资企业	外资企业								
47	(三)电力、燃气及水的生产和供应业	8033	1239	474		3090	1197	761	326	946			
48	1. 电力、热力的生产和供应业	7318	1123	440		3017	1107	669	325	637			
49	其中:电力生产和供应	6395	712	311		2811	1057	593	319	592			
50	2. 燃气生产和供应业	145	34			3	6	26		76			
51	3. 水的生产和供应业	570	82	34		70	84	66	1	233			
52	(四)建筑业	78434	33464	24350		3109	4948	2884	1666	3288	3595	142	988
53	1. 房屋和土木工程建筑业	40056	15889	18300		1378	1399	99	561	486	1856		88
54	2. 建筑安装业	26480	11258	4117		1020	2686	1987	988	2178	1594	81	571
55	3. 建筑装饰业	1446	1233	231		29	67	-78	31	-69	2		
56	4. 其他建筑业	10452	5084	1702		682	796	876	86	693	143	61	329
57	三、第三产业	233193	94293	27490		32672	13902	14741	2040	15842	21666	7940	2607
58	(一)交通运输、仓储及邮政业	8858	5313	535		1449	414	647	47	434	5	10	4
59	1. 交通运输业	6876	4540	528		838	352	291	47	261	5	10	4
60	2. 仓储业	313	170			24	20	15		84			
61	3. 邮政业	1669	603	7		587	42	341		89			
62	(二)信息传输、计算机服务和软件业	10131	7496	88		1071	516	690	46	223	1		
63	1. 电信和其他信息传输服务业	9705	7170	50		1055	485	678	45	222			
64	其中:电信	9506	7021	45		1026	473	676	44	221			
65	2. 计算机服务业	395	297	38		16	29	12	1	1	1		
66	3. 软件业	31	29				2						
67	(三)批发和零售业	36080	4082	12444		7595	5814	1994	496	2479	446	40	690
68	1. 批发业	14676	872	6529		2987	2597	478	162	1046	1		4
69	其中:烟草制品批发	4851		2449		1195	1130		57	20			

续表

序号	项　　目	合　计	营业税	企业所得税		个人所得税	城市维护建设税	房产税	印花税	城镇土地使用税	土地增值税	车船税	其他各税
				内资企业	外资企业								
70	煤炭及制品批发												
71	石油及其制品批发	177	37				6			134			
72	汽车及零配件批发	12	3			6	2			1			
73	2. 零售业	21404	3210	5915		4608	3217	1516	334	1433	445	40	686
74	(四)住宿和餐饮业	10103	6648	411		1764	448	294	3	108		427	
75	1. 住宿业	1266	834	107		164	55	92		14			
76	2. 餐饮业	8837	5814	304		1600	393	202	3	94		427	
77	(五)金融业	26649	17168	200		4926	1147	781	177	282		1968	
78	1. 银行业	15269	11177			2320	739	679	100	254			
79	2. 证券业	1221	691			481	48		1				
80	3. 保险业	9343	4774			2096	327	84	69	25		1968	
81	4. 其他金融	816	526	200		29	33	18	7	3			
82	其中:金融租赁	1						1					
83	邮政储蓄	189	155			19	11	2	2				
84	(六)房地产业	54048	22957	6892		870	1775	2141	368	5477	13237		331
85	(七)租赁和商务服务业	7416	3712	823		559	322	680	199	862	50	199	10
86	1. 租赁业	209	17	2		27	1	9	153				
87	2. 商务服务业	7207	3695	821		532	321	671	46	862	50	199	10
88	(八)居民服务和其他服务业	69613	23217	5573		10665	2863	7007	609	5717	7789	4900	1273
89	(九)教育	1364	131	80		1037	9	103		4			
90	(十)卫生、社会保险和社会福利业	1149	55	19		675	76	110	70	57	30		57
91	其中:卫生	741	25	4		672	2	38					
92	(十一)文化、体育和娱乐业	1310	862	5		197	122	48		73	3		
93	(十二)公共管理和社会组织	5923	2186	394		1860	366	242	24	118	103	396	234
94	(十三)其他行业	549	466	26		4	30	4	1	8	2		8

2011年肇庆市地方税务局税收收入分行业分税种统计年报总表

编报机关：肇庆市地方税务局

单位：万元

序号	项目	合计	营业税	企业所得税		个人所得税	城市维护建设税	房产税	印花税	城镇土地使用税	土地增值税	车船税	其他各税
				内资企业	外资企业								
1	税收收入合计	642542	269713	83742	27	75872	41588	23398	9011	44145	78753	6828	9465
2	一、第一产业	1472	347	48		285	202	103	30	421	36		
3	二、第二产业	232230	86044	44997	10	33267	24041	10957	4284	16225	3177	9	9219
4	（一）采矿业	13178	194	3082		2030	1112	115	53	671			5921
5	1. 煤炭开采和洗选业												
6	2. 原油和天然气开采业	246	4			3	64	58	5	112			
7	其中：原油	246	4			3	64	58	5	112			
8	3. 黑色金属矿采选业	3083				1085	715	21	37	8			1217
9	4. 有色金属矿采选业	3825	40	3027		549	19	13	1	13			163
10	5. 非金属矿采选业	5908	146	55		391	307	22	10	537			4440
11	6. 其他采矿业	116	4			2	7	1		1			101
12	（二）制造业	79203	2853	14026	1	15571	15226	9054	3222	14071	1877	8	3294
13	1. 农副食品加工业	933	72	33		360	129	122	46	126	45		
14	2. 食品制造业	1140	28	134		170	205	179	27	379	18		
15	3. 饮料制造业	1050	116	12		89	459	161	15	198			
16	其中：酒制造	940	116	11		78	438	120	14	163			
17	4. 烟草制品业	1					1						
18	其中：卷烟制造												
19	5. 纺织业	1841	18	82		156	447	314	77	735	12		
20	6. 纺织服装、鞋帽制造业	1895	8	45		313	641	384	83	419		2	
21	7. 皮革、毛皮、羽毛(绒)制品业	1392	54	26		334	304	230	48	358	38		
22	8. 木材加工及木竹藤棕草制品业	798	119	42		147	160	99	18	198	15		
23	9. 家具制造业	910	89	4		107	134	193	33	350			

续表

序号	项　　目	合　计	营业税	企业所得税		个人所得税	城市维护建设税	房产税	印花税	城镇土地使用税	土地增值税	车船税	其他各税
				内资企业	外资企业								
24	10. 造纸及纸制品业	1767	161	129		129	360	135	58	359	436		
25	11. 印刷业和记录媒体的复制	841	21	587		64	106	28	12	23			
26	12. 文教体育用品制造业	519	6			276	63	54	17	103			
27	13. 石油加工、炼焦及核燃料业	85	2	3		23	13	7	6	31			
28	其中:成品油制造	9		3		2	1	1	1	1			
29	14. 化学原料及化学制品业	5713	110	452		1959	976	628	300	1274	14		
30	15. 医药制造业	5607	7	3604		826	363	274	77	138	318		
31	16. 化学纤维制造业	216	2	1		19	67	39	11	77			
32	17. 橡胶制品业	788		1		145	298	42	48	253		1	
33	18. 塑料制品业	1843	17	153		219	462	243	87	662			
34	19. 非金属矿物制品业	13792	290	1322		1003	2504	1706	487	2974	216		3290
35	20. 黑色金属冶炼及压延加工业	91				9	59	4	8	11			
36	21. 有色金属冶炼及压延加工业	8944	-7	2549		2290	1488	675	514	1433		2	
37	22. 金属制品业	7331	353	417		1775	1750	830	374	1649	179	2	2
38	23. 通用设备制造业	4476	303	1215		1007	1069	356	141	284	101		
39	24. 专用设备制造业	566	23	50		90	108	48	20	227			
40	25. 交通运输设备制造业	2614	99	1255		525	210	211	55	259			
41	其中:汽车制造	2256	82	1244		476	155	88	41	170			
42	摩托车制造	183				2	5	108		68			
43	26. 电气机械及器材制造业	3278	198	809		567	641	254	146	331	331	1	
44	27. 通信设备、计算机及其他电子设备制造业	6415	577	403	1	2202	1241	1306	238	447			
45	28. 仪表仪器及文化、办公用机械制造业	947	11	468		290	105	39	20	14			
46	29. 其他制造业	3410	176	230		477	863	493	256	759	154		2

续表

序号	项　　目	合　计	营业税	企业所得税		个人所得税	城市维护建设税	房产税	印花税	城镇土地使用税	土地增值税	车船税	其他各税
				内资企业	外资企业								
47	（三）电力、燃气及水的生产和供应业	15197	1097	3217		6031	2175	1466	133	970	107	1	
48	1. 电力、热力的生产和供应业	14032	807	3070		5826	2016	1335	112	759	106	1	
49	其中：电力生产和供应	13229	588	2712		5746	1982	1328	108	755	9	1	
50	2. 燃气生产和供应业	320	174	35		29	36	7	12	27			
51	3. 水的生产和供应业	845	116	112		176	123	124	9	184	1		
52	（四）建筑业	124652	81900	24672	9	9635	5528	322	876	513	1193		4
53	1. 房屋和土木工程建筑业	47959	34783	7830		2553	2294	68	186	90	155		
54	2. 建筑安装业	64761	39326	15200	9	6119	2635	170	478	204	619		1
55	3. 建筑装饰业	3886	2625	618		328	181	29	93	12			
56	4. 其他建筑业	8046	5166	1024		635	418	55	119	207	419		3
57	三、第三产业	408840	183322	38697	17	42320	17345	12338	4697	27499	75540	6819	246
58	（一）交通运输、仓储及邮政业	17898	6952	1783	3	3036	465	560	60	807	3	4229	
59	1. 交通运输业	16738	6562	1772	3	2767	436	251	54	664		4229	
60	2. 仓储业	324	130	6		43	12	57	2	74			
61	3. 邮政业	836	260	5		226	17	252	4	69	3		
62	（二）信息传输、计算机服务和软件业	10808	7639	65		1400	558	790	42	243	71		
63	1. 电信和其他信息传输服务业	8727	6327	22		1048	438	605	28	188	71		
64	其中：电信	8435	6146	2		1003	427	576	28	182	71		
65	2. 计算机服务业	538	399	32		36	45	8	4	14			
66	3. 软件业	1543	913	11		316	75	177	10	41			
67	（三）批发和零售业	25612	3119	8037		5047	4731	1445	1205	1603	283		142
68	1. 批发业	11543	960	5977		1041	1694	585	521	663	67		35
69	其中：烟草制品批发	4898		4314		259	325						

续表

序号	项 目	合 计	营业税	企业所得税		个人所得税	城市维护建设税	房产税	印花税	城镇土地使用税	土地增值税	车船税	其他各税
				内资企业	外资企业								
70	煤炭及制品批发	9				1	7		1				
71	石油及其制品批发	181	11	3		44	64	14	16	29			
72	汽车及零配件批发	12	3			2	4	1	2				
73	2. 零售业	14069	2159	2060		4006	3037	860	684	940	216		107
74	（四）住宿和餐饮业	27000	13108	481	6	3445	882	1080	26	4768	3204		
75	1. 住宿业	5363	3230	123		409	229	848	16	504	4		
76	2. 餐饮业	21637	9878	358	6	3036	653	232	10	4264	3200		
77	（五）金融业	37559	27555	145		6489	1843	989	211	287	40		
78	1. 银行业	27302	20715			4100	1389	762	104	206	26		
79	2. 证券业	1408	684			653	54	14	1	2			
80	3. 保险业	6733	4674			1493	326	138	75	27			
81	4. 其他金融	2116	1482	145		243	74	75	31	52	14		
82	其中：金融租赁												
83	邮政储蓄	240	190			34	11	2	3				
84	（六）房地产业	186401	85277	20741	2	4334	5958	3319	1861	15012	49897		
85	（七）租赁和商务服务业	11127	5073	1491	1	2116	403	521	135	1234	102		51
86	1. 租赁业	514	48	2		27	4	15	3	415			
87	2. 商务服务业	10613	5025	1489	1	2089	399	506	132	819	102		51
88	（八）居民服务和其他服务业	50142	21812	2913	1	8349	1416	1690	732	1806	8855	2548	20
89	（九）教育	2683	185	81		2290	12	84	4	23	4		
90	（十）卫生、社会保险和社会福利业	2221	177	77		1732	10	63	27	10	125		
91	其中：卫生	2180	173	77		1706	10	55	27	7	125		
92	（十一）文化、体育和娱乐业	3747	2389	97	3	412	158	262	11	414	1		
93	（十二）公共管理和社会组织	17402	3207	257		1935	229	1086	235	213	10166	41	33
94	（十三）其他行业	16240	6829	2529	1	1735	680	449	148	1079	2789	1	

2011年清远市地方税务局税收收入分行业分税种统计年报总表

编报机关:清远市地方税务局　　　　单位:万元

序号	项目	合计	营业税	企业所得税		个人所得税	城市维护建设税	房产税	印花税	城镇土地使用税	土地增值税	车船税	其他各税
				内资企业	外资企业								
1	税收收入合计	645556	295551	84447	19	68136	36549	17120	8697	31851	74580	4337	24269
2	一、第一产业	1213	273	86		462	68	82	41	155			46
3	二、第二产业	225071	89805	34587	13	31327	19690	7428	4282	13943	2862	1	21133
4	(一)采矿业	7575	14	529		930	728	71	109	190			5004
5	1. 煤炭开采和洗选业												
6	2. 原油和天然气开采业	51				12	20	3	3	13			
7	其中:原油	51				12	20	3	3	13			
8	3. 黑色金属矿采选业	1751	5	47		240	249	5	9	32			1164
9	4. 有色金属矿采选业	2439		482		535	253	31	77	55			1006
10	5. 非金属矿采选业	2137	8			70	135	22	10	58			1834
11	6. 其他采矿业	1197	1			73	71	10	10	32			1000
12	(二)制造业	57919	1997	1728		8337	10872	6142	2962	12185	1470		12226
13	1. 农副食品加工业	701	50	12		170	207	60	68	124	10		
14	2. 食品制造业	534	1	248		111	26	71	23	54			
15	3. 饮料制造业	1729	8	493		441	292	302	82	111			
16	其中:酒制造	1047		488		352	159	19	4	25			
17	4. 烟草制品业	9						1		8			
18	其中:卷烟制造												
19	5. 纺织业	1710	29	35		187	329	183	75	803	69		
20	6. 纺织服装、鞋帽制造业	1670	22	16		584	583	188	88	171	18		
21	7. 皮革、毛皮、羽毛(绒)制品业	2488	150	3		705	622	298	156	553	1		
22	8. 木材加工及木竹藤棕草制品业	807	8	10		229	170	91	17	282			
23	9. 家具制造业	269	9	3		20	74	55	13	95			

续表

序号	项　目	合　计	营业税	企业所得税		个人所得税	城市维护建设税	房产税	印花税	城镇土地使用税	土地增值税	车船税	其他各税
				内资企业	外资企业								
24	10. 造纸及纸制品业	938		2		117	241	243	85	250			
25	11. 印刷业和记录媒体的复制	942	43	20		180	31	241	27	236	164		
26	12. 文教体育用品制造业	635	17			186	116	107	28	167	14		
27	13. 石油加工、炼焦及核燃料业	9					1	2		6			
28	其中:成品油制造	9					1	2		6			
29	14. 化学原料及化学制品业	1464	34	50		262	271	115	86	597	32		17
30	15. 医药制造业	772	1	239		74	195	92	13	158			
31	16. 化学纤维制造业	4				2	2						
32	17. 橡胶制品业	466	7	1		189	64	73	38	94			
33	18. 塑料制品业	1691	4	7		471	366	204	132	507			
34	19. 非金属矿物制品业	24285	120	23		1263	4209	2051	642	3753	61		12163
35	20. 黑色金属冶炼及压延加工业	366				75	84	11	44	130			22
36	21. 有色金属冶炼及压延加工业	2812	61			487	509	289	511	839	93		23
37	22. 金属制品业	1579	163	16		97	262	136	108	666	131		
38	23. 通用设备制造业	1971	161	30		532	546	145	199	248	110		
39	24. 专用设备制造业	926	85	10		155	105	101	33	369	68		
40	25. 交通运输设备制造业	931	41	9		354	156	89	36	221	25		
41	其中:汽车制造	781	33	4		257	131	87	34	212	23		
42	摩托车制造	16	2			7	3	2			2		
43	26. 电气机械及器材制造业	1814	100	456		298	319	178	104	287	72		
44	27. 通信设备、计算机及其他电子设备制造业	3331	622	2		604	346	377	88	692	600		
45	28. 仪表仪器及文化、办公用机械制造业	19				2	3	8	1	5			
46	29. 其他制造业	3047	261	43		542	743	431	265	759	2		1

续表

序号	项目	合计	营业税	企业所得税		个人所得税	城市维护建设税	房产税	印花税	城镇土地使用税	土地增值税	车船税	其他各税
				内资企业	外资企业								
47	(三)电力、燃气及水的生产和供应业	20479	2089	5610		6708	2949	1131	305	1026	659		2
48	1. 电力、热力的生产和供应业	18555	1776	4549		6488	2817	1070	285	909	659		2
49	其中:电力生产和供应	18453	1776	4536		6416	2807	1069	282	907	659		1
50	2. 燃气生产和供应业	854	220	475		93	26	5	6	29			
51	3. 水的生产和供应业	1070	93	586		127	106	56	14	88			
52	(四)建筑业	139098	85705	26720	13	15352	5141	84	906	542	733	1	3901
53	1. 房屋和土木工程建筑业	36480	25268	5092	7	2568	1500	7	217	392	434		995
54	2. 建筑安装业	88839	52007	19273	1	10793	3111	73	603	124	282	1	2571
55	3. 建筑装饰业	3635	2476	477	5	421	158		18				80
56	4. 其他建筑业	10144	5954	1878		1570	372	4	68	26	17		255
57	三、第三产业	419272	205473	49774	6	36347	16791	9610	4374	17753	71718	4336	3090
58	(一)交通运输、仓储及邮政业	11135	6627	1326		1360	445	311	68	188	10	798	2
59	1. 交通运输业	10619	6475	1315		1223	437	173	65	121	10	798	2
60	2. 仓储业	51	17	4		17		12		1			
61	3. 邮政业	465	135	7		120	8	126	3	66			
62	(二)信息传输、计算机服务和软件业	9674	7068	22		1221	446	723	36	158			
63	1. 电信和其他信息传输服务业	9237	6796	6		1123	420	701	33	158			
64	其中:电信	8715	6365	5		1067	398	693	33	154			
65	2. 计算机服务业	382	236	7		93	22	22	2				
66	3. 软件业	55	36	9		5	4		1				
67	(三)批发和零售业	27709	3753	10470		4324	3878	1175	747	1704	67		1591
68	1. 批发业	14160	749	7826		1449	1797	335	387	568	45		1004
69	其中:烟草制品批发	9011	2	6478		832	1056	66	101	19			457

续表

序号	项目	合计	营业税	企业所得税		个人所得税	城市维护建设税	房产税	印花税	城镇土地使用税	土地增值税	车船税	其他各税
				内资企业	外资企业								
70	煤炭及制品批发	16					6		8	2			
71	石油及其制品批发	26				3	15	3	4	1			
72	汽车及零配件批发	71	10			17	12	9	11	12			
73	2. 零售业	13549	3004	2644		2875	2081	840	360	1136	22		587
74	(四)住宿和餐饮业	20545	14320	503		3077	882	926	19	337	480		1
75	1. 住宿业	7279	4934	119		634	303	597	10	201	480		1
76	2. 餐饮业	13266	9386	384		2443	579	329	9	136			
77	(五)金融业	30758	22516	169		5223	1535	732	267	203	112	1	
78	1. 银行业	22572	16923			3449	1144	663	176	194	23		
79	2. 证券业	716	406			281	28		1				
80	3. 保险业	6574	4687			1426	331	56	65	8		1	
81	4. 其他金融	896	500	169		67	32	13	25	1	89		
82	其中:金融租赁												
83	邮政储蓄	82	56			18	3	3	1	1			
84	(六)房地产业	190615	96025	23364	6	6103	5855	1501	2142	9125	46453		41
85	(七)租赁和商务服务业	67660	28489	9721		4078	1872	549	536	2171	20188	18	38
86	1. 租赁业	108	67	1		34	4		1				1
87	2. 商务服务业	67552	28422	9720		4044	1868	549	535	2171	20188	18	37
88	(八)居民服务和其他服务业	35970	17607	2718		5073	1099	2124	400	1684	2514	1398	1353
89	(九)教育	1194	123	3		567	7	59	5	107	37	286	
90	(十)卫生、社会保险和社会福利业	2354	58	1		2241	4	24	3	1	22		
91	其中:卫生	1624	44	1		1529	3	22	2	1	22		
92	(十一)文化、体育和娱乐业	3370	2016	33		371	129	48	18	755			
93	(十二)公共管理和社会组织	7680	1655	129		1751	144	1247	69	823	1835	4	23
94	(十三)其他行业	10608	5216	1315		958	495	191	64	497		1831	41

2011年潮州市地方税务局税收收入分行业分税种统计年报总表

编报机关:潮州市地方税务局　　　　单位:万元

序号	项　目	合　计	营业税	企业所得税		个人所得税	城市维护建设税	房产税	印花税	城镇土地使用税	土地增值税	车船税	其他各税
				内资企业	外资企业								
1	税收收入合计	228585	57801	48686		43627	21876	13647	6593	17830	9258	2918	6349
2	一、第一产业	277	90	13		22	14	16	53	66	3		
3	二、第二产业	133468	16420	37831		28221	16964	9279	4077	14009	425		6242
4	(一)采矿业	512	2	7		131	44	25	14	125			164
5	1. 煤炭开采和洗选业												
6	2. 原油和天然气开采业	9				1	1	1	1	5			
7	其中:原油	9				1	1	1	1	5			
8	3. 黑色金属矿采选业												
9	4. 有色金属矿采选业												
10	5. 非金属矿采选业	486	2	7		129	35	23	9	117			164
11	6. 其他采矿业	17				1	8	1	4	3			
12	(二)制造业	84282	338	22103		20673	12640	7828	3337	12495	121		4747
13	1. 农副食品加工业	507	3	17		93	138	83	38	135			
14	2. 食品制造业	9203	20	958		4624	1511	873	279	923	13		2
15	3. 饮料制造业	85	1	16		17	6	18	1	26			
16	其中:酒制造	7		2		2		1		2			
17	4. 烟草制品业												
18	其中:卷烟制造												
19	5. 纺织业	305	1	28		100	61	35	16	64			
20	6. 纺织服装、鞋帽制造业	4190	70	474		1177	1136	604	205	471	53		
21	7. 皮革、毛皮、羽毛(绒)制品业	1410		260		383	353	137	70	207			
22	8. 木材加工及木竹藤棕草制品业	68	1	1		19	6	7	4	26			4
23	9. 家具制造业	445	1	85		109	72	48	25	100			5

续表

序号	项　目	合　计	营业税	企业所得税		个人所得税	城市维护建设税	房产税	印花税	城镇土地使用税	土地增值税	车船税	其他各税
				内资企业	外资企业								
24	10. 造纸及纸制品业	1804		314		719	198	163	104	305			1
25	11. 印刷业和记录媒体的复制	4935	24	1342		1347	557	663	195	789	7		11
26	12. 文教体育用品制造业	288		48		66	56	22	52	44			
27	13. 石油加工、炼焦及核燃料业												
28	其中:成品油制造												
29	14. 化学原料及化学制品业	1540	2	365		465	187	127	77	266			51
30	15. 医药制造业	341	4	32		79	89	56	15	66			
31	16. 化学纤维制造业	1		1									
32	17. 橡胶制品业	364		53		116	50	43	22	80			
33	18. 塑料制品业	5357	35	1412		1131	814	646	246	1032	40		1
34	19. 非金属矿物制品业	28033	66	4632		5442	4641	2558	671	5440			4583
35	20. 黑色金属冶炼及压延加工业	32				10	3	6	2	11			
36	21. 有色金属冶炼及压延加工业	1003	18	677		48	101	27	37	50			45
37	22. 金属制品业	6955	7	1557		1395	754	1049	570	1596	1		26
38	23. 通用设备制造业	226	2	24		90	30	33	10	37			
39	24. 专用设备制造业	542	5	159		152	58	56	19	92			1
40	25. 交通运输设备制造业	123	36	8		42	8	12	3	14			
41	其中:汽车制造	118	36	8		41	7	11	2	13			
42	摩托车制造												
43	26. 电气机械及器材制造业	2854	10	720		475	576	266	516	291			
44	27. 通信设备、计算机及其他电子设备制造业	12450	25	8842		2027	1043	183	117	209	4		
45	28. 仪表仪器及文化、办公用机械制造业	55		2		3	22	10	2	16			
46	29. 其他制造业	1166	7	76		544	170	103	41	205	3		17

续表

序号	项　目	合　计	营业税	企业所得税		个人所得税	城市维护建设税	房产税	印花税	城镇土地使用税	土地增值税	车船税	其他各税
				内资企业	外资企业								
47	(三)电力、燃气及水的生产和供应业	19410	773	8061		4047	3328	1360	558	1283			
48	1. 电力、热力的生产和供应业	18152	676	7893		3858	3151	1251	508	815			
49	其中:电力生产和供应	18152	676	7893		3858	3151	1251	508	815			
50	2. 燃气生产和供应业	550	41	35		99	107	20	47	201			
51	3. 水的生产和供应业	708	56	133		90	70	89	3	267			
52	(四)建筑业	29264	15307	7660		3370	952	66	168	106	304		1331
53	1. 房屋和土木工程建筑业	15643	7869	4832		1196	500	39	95	68	247		797
54	2. 建筑安装业	12201	6495	2661		1980	395	10	67	32	45		516
55	3. 建筑装饰业	345	199	52		52	13	16	2	2			9
56	4. 其他建筑业	1075	744	115		142	44	1	4	4	12		9
57	三、第三产业	94840	41291	10842		15384	4898	4352	2463	3755	8830	2918	107
58	(一)交通运输、仓储及邮政业	4950	2454	540		712	189	256	215	339		245	
59	1. 交通运输业	4057	2257	533		541	134	109	78	160		245	
60	2. 仓储业	350	40			43	44	10	135	78			
61	3. 邮政业	543	157	7		128	11	137	2	101			
62	(二)信息传输、计算机服务和软件业	8199	5496	30		1151	333	816	106	263			4
63	1. 电信和其他信息传输服务业	7977	5407	20		1121	322	812	29	262			4
64	其中:电信	7678	5211	6		1070	308	798	27	254			4
65	2. 计算机服务业	204	77	9		27	10	3	77	1			
66	3. 软件业	18	12	1		3	1	1					
67	(三)批发和零售业	10736	769	1484		3127	2143	1106	1150	911	8		38
68	1. 批发业	5621	295	1099		1118	1619	287	879	316	3		5
69	其中:烟草制品批发	1871				537	1211	39	67	17			

续表

序号	项　　目	合　计	营业税	企业所得税		个人所得税	城市维护建设税	房产税	印花税	城镇土地使用税	土地增值税	车船税	其他各税
				内资企业	外资企业								
70	煤炭及制品批发												
71	石油及其制品批发	432	8	81		45	81	66	47	104			
72	汽车及零配件批发	26	2			5	1	2	2	14			
73	2. 零售业	5115	474	385		2009	524	819	271	595	5		33
74	（四）住宿和餐饮业	5020	3037	513		637	199	441	3	190			
75	1. 住宿业	1888	1151	235		145	74	188	2	93			
76	2. 餐饮业	3132	1886	278		492	125	253	1	97			
77	（五）金融业	16807	11238	84		3568	729	614	337	218	19		
78	1. 银行业	9143	6715			1198	448	477	183	121	1		
79	2. 证券业	2139	792			1277	51	15	1	3			
80	3. 保险业	4381	3032			1039	194	35	75	6			
81	4. 其他金融	1144	699	84		54	36	87	78	88	18		
82	其中:金融租赁	3				3							
83	邮政储蓄												
84	（六）房地产业	28838	11418	6948		1769	759	256	284	410	6966		28
85	（七）租赁和商务服务业	4989	1814	577		577	106	119	295	103	1395		3
86	1. 租赁业	124	61	23		11	4	2		12	11		
87	2. 商务服务业	4865	1753	554		566	102	117	295	91	1384		3
88	（八）居民服务和其他服务业	8421	2949	209		1217	167	577	42	1122	442	1673	23
89	（九）教育	1213	274	120		760	31	12		16			
90	（十）卫生、社会保险和社会福利业	596	36	11		539	2	6	1	1			
91	其中:卫生	278	9	11		250	1	5	1	1			
92	（十一）文化、体育和娱乐业	1420	1002	26		248	67	34	17	26			
93	（十二）公共管理和社会组织	1313	269	20		864	21	76	4	56			3
94	（十三）其他行业	2338	535	280		215	152	39	9	100		1000	8

2011年揭阳市地方税务局税收收入分行业分税种统计年报总表

编报机关:揭阳市地方税务局　　　　单位:万元

序号	项目	合计	营业税	企业所得税		个人所得税	城市维护建设税	房产税	印花税	城镇土地使用税	土地增值税	车船税	其他各税
				内资企业	外资企业								
1	税收收入合计	345085	106569	82391	89	57517	32376	11434	9176	25066	15402	3555	1510
2	一、第一产业	307	103	13		66	8	17	70	29			1
3	二、第二产业	183445	38111	66130	13	29909	21236	5627	4570	14617	1821	1	1410
4	(一)采矿业	395		14		205	18		8	24			126
5	1. 煤炭开采和洗选业												
6	2. 原油和天然气开采业	133				127			6				
7	其中:原油	133				127			6				
8	3. 黑色金属矿采选业												
9	4. 有色金属矿采选业	35		14		2	3		1				15
10	5. 非金属矿采选业	217				76	12		1	21			107
11	6. 其他采矿业	10					3			3			4
12	(二)制造业	75695	1075	27786	8	12011	15261	4019	3573	11430	397		135
13	1. 农副食品加工业	1463	1	681		124	152	106	75	324			
14	2. 食品制造业	3343	19	1480		773	463	218	83	299	8		
15	3. 饮料制造业	248	2	3		41	59	57	29	57			
16	其中:酒制造	45	2			5	1	5	11	21			
17	4. 烟草制品业												
18	其中:卷烟制造												
19	5. 纺织业	3353	52	934		457	846	179	179	624	82		
20	6. 纺织服装、鞋帽制造业	8147	542	2097		1246	2428	611	560	614	49		
21	7. 皮革、毛皮、羽毛(绒)制品业	300	60	12		13	38	7	16	58	96		
22	8. 木材加工及木竹藤棕草制品业	198	1	74		27	32	7	7	50			
23	9. 家具制造业	238	2	4		62	55	15	15	85			

续表

序号	项目	合计	营业税	企业所得税		个人所得税	城市维护建设税	房产税	印花税	城镇土地使用税	土地增值税	车船税	其他各税
				内资企业	外资企业								
24	10. 造纸及纸制品业	465		75		71	53	42	21	203			
25	11. 印刷业和记录媒体的复制	1063	59	238		239	205	92	38	158	34		
26	12. 文教体育用品制造业	1147	1	93		351	368	81	91	162			
27	13. 石油加工、炼焦及核燃料业	10				2		1		7			
28	其中:成品油制造	8						1		7			
29	14. 化学原料及化学制品业	3669	3	1951		287	387	177	67	797			
30	15. 医药制造业	15996	-90	12020		987	1979	360	180	560			
31	16. 化学纤维制造业	1685	38	938		187	249	55	85	79	54		
32	17. 橡胶制品业	560		123		89	165	36	45	102			
33	18. 塑料制品业	8984	10	730		2079	3174	600	830	1561			
34	19. 非金属矿物制品业	2288	62	242		498	300	89	78	831	74		114
35	20. 黑色金属冶炼及压延加工业	2462		905		303	492	21	76	665			
36	21. 有色金属冶炼及压延加工业	877		171		103	171	87	65	262			18
37	22. 金属制品业	8362	42	1583		2158	1635	471	470	2003			
38	23. 通用设备制造业	304	5	15		97	44	17	23	103			
39	24. 专用设备制造业	4926	44	2864		421	514	311	114	658			
40	25. 交通运输设备制造业	261	78	16		67	19	12	3	66			
41	其中:汽车制造	183	50	9		57	14	9	2	42			
42	摩托车制造	9					1	2		6			
43	26. 电气机械及器材制造业	2366	14	220	1	602	582	176	160	611			
44	27. 通信设备、计算机及其他电子设备制造业	728	30	60		190	176	69	46	157			
45	28. 仪表仪器及文化、办公用机械制造业	298	1	73		84	53	41	15	31			
46	29. 其他制造业	1954	99	184	7	453	622	81	202	303			3

续表

序号	项　　目	合　计	营业税	企业所得税		个人所得税	城市维护建设税	房产税	印花税	城镇土地使用税	土地增值税	车船税	其他各税
				内资企业	外资企业								
47	（三）电力、燃气及水的生产和供应业	29932	118	15452		7207	3692	1214	532	1717			
48	1. 电力、热力的生产和供应业	29051	46	15286		7037	3560	1140	505	1477			
49	其中：电力生产和供应	29037	46	15281		7032	3559	1139	505	1475			
50	2. 燃气生产和供应业	252	15	6		126	38	4	25	38			
51	3. 水的生产和供应业	629	57	160		44	94	70	2	202			
52	（四）建筑业	77423	36918	22878	5	10486	2265	394	457	1446	1424	1	1149
53	1. 房屋和土木工程建筑业	23589	11266	6784		3257	734	191	127	716	88		426
54	2. 建筑安装业	43449	20786	13568	3	6074	1217	190	230	504	222		655
55	3. 建筑装饰业	1663	820	351	2	397	50	9	12	10			12
56	4. 其他建筑业	8722	4046	2175		758	264	4	88	216	1114	1	56
57	三、第三产业	161333	68355	16248	76	27542	11132	5790	4536	10420	13581	3554	99
58	（一）交通运输、仓储及邮政业	12431	4634	224		1147	279	460	81	1877	169	3554	6
59	1. 交通运输业	9541	3869	223		837	229	173	55	552	43	3554	6
60	2. 仓储业	1954	488	1		70	33	24	24	1188	126		
61	3. 邮政业	936	277			240	17	263	2	137			
62	（二）信息传输、计算机服务和软件业	11606	8338	72		1652	531	692	53	272	-4		
63	1. 电信和其他信息传输服务业	11176	8071	2		1604	508	679	48	268	-4		
64	其中：电信	11057	7987			1581	503	678	48	264	-4		
65	2. 计算机服务业	410	258	67		45	21	11	5	3			
66	3. 软件业	20	9	3		3	2	2		1			
67	（三）批发和零售业	29835	2186	6832	46	6696	6774	1237	2974	2545	494		51
68	1. 批发业	20889	1209	5994		2882	5727	653	2592	1407	389		36
69	其中：烟草制品批发	4096	5			1073	2702	25	230	61			

续表

序号	项目	合计	营业税	企业所得税		个人所得税	城市维护建设税	房产税	印花税	城镇土地使用税	土地增值税	车船税	其他各税
				内资企业	外资企业								
70	煤炭及制品批发	640				1	469	1	168	1			
71	石油及其制品批发	291	96	4		5	37	52	11	86			
72	汽车及零配件批发	62	15			19	6	4	12	6			
73	2. 零售业	8946	977	838	46	3814	1047	584	382	1138	105		15
74	(四)住宿和餐饮业	9498	5726	848		1703	373	561	15	272			
75	1. 住宿业	3709	2323	320		304	148	450	14	150			
76	2. 餐饮业	5789	3403	528		1399	225	111	1	122			
77	(五)金融业	31705	21431	91		6734	1398	927	481	490	153		
78	1. 银行业	22703	15659			4186	1015	858	365	467	153		
79	2. 证券业	1554	740			756	51		2	5			
80	3. 保险业	7125	4885			1764	324	67	69	16			
81	4. 其他金融	323	147	91		28	8	2	45	2			
82	其中:金融租赁												
83	邮政储蓄	119	89			24	4		2				
84	(六)房地产业	43031	16980	6446		2245	1127	663	402	3715	11447		6
85	(七)租赁和商务服务业	6133	2447	556	11	1182	170	626	359	600	178		4
86	1. 租赁业	82	51	1		24	3	1	1	1			
87	2. 商务服务业	6051	2396	555	11	1158	167	625	358	599	178		4
88	(八)居民服务和其他服务业	5745	2597	566	19	1183	167	272	103	471	356		11
89	(九)教育	804	403	27		331	26	11	3	3			
90	(十)卫生、社会保险和社会福利业	2845	3	1		2827		4	7	3			
91	其中:卫生	1974	1	1		1958		4	7	3			
92	(十一)文化、体育和娱乐业	1227	836	38		212	56	11	5	69			
93	(十二)公共管理和社会组织	3527	1081	47		1240	58	299	21	14	767		
94	(十三)其他行业	2946	1693	500		390	173	27	32	89	21		21

2011年云浮市地方税务局税收收入分行业分税种统计年报总表

编报机关:云浮市地方税务局

单位:万元

序号	项目	合计	营业税	企业所得税		个人所得税	城市维护建设税	房产税	印花税	城镇土地使用税	土地增值税	车船税	其他各税
				内资企业	外资企业								
1	税收收入合计	225648	86291	29149	33	50167	14046	6855	2720	8744	19300	3864	4479
2	一、第一产业	14482	149	334		12997	35	185	88	256	438		
3	二、第二产业	82455	26898	16509	33	16693	8309	2556	1310	5123	775	3	4246
4	(一)采矿业	9411	162	3726		983	1017	105	30	260			3128
5	1. 煤炭开采和洗选业												
6	2. 原油和天然气开采业												
7	其中:原油												
8	3. 黑色金属矿采选业	128				18	33		1	1			75
9	4. 有色金属矿采选业	110				49	55	1	3	2			
10	5. 非金属矿采选业	9152	162	3726		906	926	104	25	255			3048
11	6. 其他采矿业	21				10	3		1	2			5
12	(二)制造业	23767	838	2700	32	7688	4601	1464	803	4110	414		1117
13	1. 农副食品加工业	1619	41	27		897	304	149	39	142	20		
14	2. 食品制造业	145	3	34		17	26	14	4	47			
15	3. 饮料制造业	33		1		13	5	5		9			
16	其中:酒制造	23		1		9	2	4		7			
17	4. 烟草制品业	2						1		1			
18	其中:卷烟制造	2						1		1			
19	5. 纺织业	302	1			84	97	46	19	55			
20	6. 纺织服装、鞋帽制造业	1128	7	67		293	510	55	33	163			
21	7. 皮革、毛皮、羽毛(绒)制品业	137				116	12	4	1	4			
22	8. 木材加工及木竹藤棕草制品业	128	7	1		31	18	13	5	53			
23	9. 家具制造业	34	13	1		7	4	3	1	5			

续表

序号	项目	合计	营业税	企业所得税		个人所得税	城市维护建设税	房产税	印花税	城镇土地使用税	土地增值税	车船税	其他各税
				内资企业	外资企业								
24	10. 造纸及纸制品业	232	2	115		10	50	11	6	38			
25	11. 印刷业和记录媒体的复制	102	8	18		12	15	6	1	42			
26	12. 文教体育用品制造业	24				7	2	5	4	6			
27	13. 石油加工、炼焦及核燃料业												
28	其中:成品油制造												
29	14. 化学原料及化学制品业	1513	23	683		169	308	103	39	188			
30	15. 医药制造业	1573	37	46		1116	171	53	84	66			
31	16. 化学纤维制造业												
32	17. 橡胶制品业	33	5	1	2	3	4	2	1	12	3		
33	18. 塑料制品业	227	2	16		38	42	35	11	83			
34	19. 非金属矿物制品业	9395	487	402	30	2342	1249	541	252	2588	391		1113
35	20. 黑色金属冶炼及压延加工业	8				1	6			1			
36	21. 有色金属冶炼及压延加工业	339	12	52		35	125	19	24	72			
37	22. 金属制品业	3245	14	163		1661	750	207	122	328			
38	23. 通用设备制造业	363	7	86		127	88	22	4	29			
39	24. 专用设备制造业	367	82	83		92	32	36	7	34			1
40	25. 交通运输设备制造业	52	11	16		9	8	2	3	3			
41	其中:汽车制造	28	2	11		8	2	1	3	1			
42	摩托车制造												
43	26. 电气机械及器材制造业	1895	53	631		407	551	69	123	61			
44	27. 通信设备、计算机及其他电子设备制造业	248	6	1		38	146	24	13	20			
45	28. 仪表仪器及文化、办公用机械制造业												
46	29. 其他制造业	623	17	256		163	78	39	7	60			3

续表

序号	项　　目	合　计	营业税	企业所得税		个人所得税	城市维护建设税	房产税	印花税	城镇土地使用税	土地增值税	车船税	其他各税
				内资企业	外资企业								
47	（三）电力、燃气及水的生产和供应业	8971	613	2551		2966	1229	783	223	595	8	3	
48	1. 电力、热力的生产和供应业	8509	469	2472		2910	1176	744	219	508	8	3	
49	其中:电力生产和供应	8509	469	2472		2910	1176	744	219	508	8	3	
50	2. 燃气生产和供应业	140	32	61		7	8	4	1	27			
51	3. 水的生产和供应业	322	112	18		49	45	35	3	60			
52	（四）建筑业	40306	25285	7532	1	5056	1462	204	254	158	353		1
53	1. 房屋和土木工程建筑业	17576	11140	3482	1	1750	659	167	86	129	162		
54	2. 建筑安装业	19853	12385	3658		2916	702	28	152	5	7		
55	3. 建筑装饰业	661	411	92		126	25	2	4	1			
56	4. 其他建筑业	2216	1349	300		264	76	7	12	23	184		1
57	三、第三产业	128711	59244	12306		20477	5702	4114	1322	3365	18087	3861	233
58	（一）交通运输、仓储及邮政业	8089	3570	1429		1917	232	262	35	197	3	444	
59	1. 交通运输业	7126	3273	1401		1516	213	110	34	132	3	444	
60	2. 仓储业	209	76	27		38	6	27	1	34			
61	3. 邮政业	754	221	1		363	13	125		31			
62	（二）信息传输、计算机服务和软件业	5941	3889	21		879	258	692	47	155			
63	1. 电信和其他信息传输服务业	5689	3710	1		844	245	692	43	154			
64	其中:电信	5372	3514			739	233	691	42	153			
65	2. 计算机服务业	243	172	20		34	13		3	1			
66	3. 软件业	9	7			1			1				
67	（三）批发和零售业	16280	2247	6217		3206	1990	664	274	694	634	202	152
68	1. 批发业	10459	864	5903		1317	1457	177	169	246	245		81
69	其中:烟草制品批发	6757		5275		489	879	6	77	31			

续表

序号	项　目	合　计	营业税	企业所得税		个人所得税	城市维护建设税	房产税	印花税	城镇土地使用税	土地增值税	车船税	其他各税
				内资企业	外资企业								
70	煤炭及制品批发	42				1	40		1				
71	石油及其制品批发	483	3	256		53	103	18	16	34			
72	汽车及零配件批发	6				1	3	1		1			
73	2. 零售业	5821	1383	314		1889	533	487	105	448	389	202	71
74	(四)住宿和餐饮业	7943	5479	112		1364	338	326	15	250	59		
75	1. 住宿业	1482	857	56		138	52	159	7	154	59		
76	2. 餐饮业	6461	4622	56		1226	286	167	8	96			
77	(五)金融业	20168	12512	262		4027	801	432	170	175	477	1312	
78	1. 银行业	13331	9117			2780	593	307	125	71	338		
79	2. 证券业	684	428			228	28						
80	3. 保险业	4494	2182			757	138	52	36	17		1312	
81	4. 其他金融	1659	785	262		262	42	73	9	87	139		
82	其中:金融租赁												
83	邮政储蓄	134	104			22	7		1				
84	(六)房地产业	36084	17071	3027		1223	1051	512	339	1262	11599		
85	(七)租赁和商务服务业	7670	4281	226		1194	281	283	284	317	804		
86	1. 租赁业	48	32	6		6	2		2				
87	2. 商务服务业	7622	4249	220		1188	279	283	282	317	804		
88	(八)居民服务和其他服务业	16874	6400	464		2795	474	523	120	171	3943	1903	81
89	(九)教育	1703	316	112		1076	21	63	1	23	91		
90	(十)卫生、社会保险和社会福利业	805	9	2		778	4	10		2			
91	其中:卫生	801	8	2		776	4	9		2			
92	(十一)文化、体育和娱乐业	614	444	11		81	31	30	3	14			
93	(十二)公共管理和社会组织	3678	1055	73		1701	70	268	21	50	440		
94	(十三)其他行业	2862	1971	350		236	151	49	13	55	37		

2011年广东省地方税务局直属分局税收收入分行业分税种统计年报总表

编报机关:广东省地方税务局直属分局　　　　单位:万元

序号	项目	合计	营业税	企业所得税		个人所得税	城市维护建设税	房产税	印花税	城镇土地使用税	土地增值税	车船税	其他各税
				内资企业	外资企业								
1	税收收入合计	1006782	686644	316694	3444								
2	一、第一产业	25	18	7									
3	二、第二产业	213721	6029	207692									
4	(一)采矿业												
5	1. 煤炭开采和洗选业												
6	2. 原油和天然气开采业												
7	其中:原油												
8	3. 黑色金属矿采选业												
9	4. 有色金属矿采选业												
10	5. 非金属矿采选业												
11	6. 其他采矿业												
12	(二)制造业	10501	3757	6744									
13	1. 农副食品加工业	306	193	113									
14	2. 食品制造业	483	477	6									
15	3. 饮料制造业	388	388										
16	其中:酒制造												
17	4. 烟草制品业												
18	其中:卷烟制造												
19	5. 纺织业	2	2										
20	6. 纺织服装、鞋帽制造业	13	5	8									
21	7. 皮革、毛皮、羽毛(绒)制品业	21	21										
22	8. 木材加工及木竹藤棕草制品业												
23	9. 家具制造业	2	2										

续表

序号	项　目	合　计	营业税	企业所得税		个人所得税	城市维护建设税	房产税	印花税	城镇土地使用税	土地增值税	车船税	其他各税
				内资企业	外资企业								
24	10. 造纸及纸制品业	47	47										
25	11. 印刷业和记录媒体的复制	70	5	65									
26	12. 文教体育用品制造业	1	1										
27	13. 石油加工、炼焦及核燃料业	28	28										
28	其中:成品油制造	20	20										
29	14. 化学原料及化学制品业	882	634	248									
30	15. 医药制造业	119	109	10									
31	16. 化学纤维制造业	1	1										
32	17. 橡胶制品业	20	20										
33	18. 塑料制品业	499	94	405									
34	19. 非金属矿物制品业	270	149	121									
35	20. 黑色金属冶炼及压延加工业	105	105										
36	21. 有色金属冶炼及压延加工业	4487	144	4343									
37	22. 金属制品业	176	63	113									
38	23. 通用设备制造业	99	48	51									
39	24. 专用设备制造业	390	6	384									
40	25. 交通运输设备制造业	500	366	134									
41	其中:汽车制造	383	365	18									
42	摩托车制造	1	1										
43	26. 电气机械及器材制造业	209	209										
44	27. 通信设备、计算机及其他电子设备制造业	627	565	62									
45	28. 仪表仪器及文化、办公用机械制造业	2	1	1									
46	29. 其他制造业	754	74	680									

续表

序号	项　　目	合　计	营业税	企业所得税		个人所得税	城市维护建设税	房产税	印花税	城镇土地使用税	土地增值税	车船税	其他各税
				内资企业	外资企业								
47	（三）电力、燃气及水的生产和供应业	170169	1334	168835									
48	1. 电力、热力的生产和供应业	170111	1276	168835									
49	其中：电力生产和供应	170101	1267	168834									
50	2. 燃气生产和供应业	42	42										
51	3. 水的生产和供应业	16	16										
52	（四）建筑业	33051	938	32113									
53	1. 房屋和土木工程建筑业	10775	792	9983									
54	2. 建筑安装业	1345	42	1303									
55	3. 建筑装饰业	439	10	429									
56	4. 其他建筑业	20492	94	20398									
57	三、第三产业	793036	680597	108995	3444								
58	（一）交通运输、仓储及邮政业	65408	62757	2356	295								
59	1. 交通运输业	64496	62741	1708	47								
60	2. 仓储业	912	16	648	248								
61	3. 邮政业												
62	（二）信息传输、计算机服务和软件业	1348	766	582									
63	1. 电信和其他信息传输服务业	319	11	308									
64	其中：电信	215	11	204									
65	2. 计算机服务业	826	552	274									
66	3. 软件业	203	203										
67	（三）批发和零售业	28569	2180	26389									
68	1. 批发业	25589	1347	24242									
69	其中：烟草制品批发												

续表

序号	项　　目	合　计	营业税	企业所得税		个人所得税	城市维护建设税	房产税	印花税	城镇土地使用税	土地增值税	车船税	其他各税
				内资企业	外资企业								
70	煤炭及制品批发	4774	64	4710									
71	石油及其制品批发	40	10	30									
72	汽车及零配件批发	2070	65	2005									
73	2. 零售业	2980	833	2147									
74	(四)住宿和餐饮业	1861	234	1627									
75	1. 住宿业	1650	114	1536									
76	2. 餐饮业	211	120	91									
77	(五)金融业	611802	597507	14177	118								
78	1. 银行业	469744	469744										
79	[illegible]券业	31887	31887										
80	3. [illegible]业	79809	79809										
81	4. 其[illegible]	30362	16067	14177	118								
82	其中:[illegible]赁	959	959										
83	邮政[illegible]	425	425										
84	(六)房地产业	5207	2117	2937	153								
85	(七)租赁和商务服务业	33335	13765	19570									
86	1. 租赁业	110	95	15									
87	2. 商务服务业	33225	13670	19555									
88	(八)居民服务和其他服务业	1926	360	1566									
89	(九)教育	145	5	140									
90	(十)卫生、社会保险和社会福利业	119		119									
91	其中:卫生	101		101									
92	(十一)文化、体育和娱乐业	3124	9	3115									
93	(十二)公共管理和社会组织	1718	38	1680									
94	(十三)其他行业	38474	859	34737	2878								

2011年广东省地方税务局税收收入分企业类型统计年报总表

编报机关:广东省地方税务局　　　　单位:万元

序号	项目	合计	内资企业									港澳台投资企业	外商投资企业	个体经营	附列资料:乡(镇)企业
			小计	国有企业	集体企业	股份合作企业	联营企业	有限责任公司	股份有限公司	私营企业	其他企业				
1	税收收入合计	39876419	28471415	1931202	987964	238847	295221	9713572	9118606	4206893	1979110	4884531	4372520	2147953	2150244
2	1. 营业税	14249891	11046069	770362	381969	120856	116277	3808654	3430604	1847275	570072	1338853	1049497	815472	621324
3	2. 企业所得税	7497384	5518527	380435	286611	25234	79350	2107879	1665046	736422	237550	1029090	949767		536091
4	3. 个人所得税	8474519	5611060	378169	118135	42483	53048	1051473	2522170	731539	714043	957573	1142547	763339	319744
5	4. 资源税	111231	81208	4546	3899	459	823	42731	8566	15456	4728	16247	2636	11140	8431
6	5. 固定资产投资方向调节税														
7	6. 城市维护建设税	3093991	2005065	132664	31376	11520	13889	837484	571562	366411	40159	473178	526353	89395	189521
8	7. 房产税	1451709	897240	97929	53811	17327	7027	280395	187309	103728	149714	232324	169339	152806	124335
9	8. 印花税	684883	419559	20709	6984	2290	1781	183400	109460	74264	20671	101440	147450	16434	45713
10	9. 城镇土地使用税	1040353	679455	66730	40173	12354	3561	349173	66607	97047	43810	188617	115957	56324	144537
11	10. 土地增值税	2952133	2044087	71569	58013	5367	19295	1004294	482034	228976	174539	546007	266590	95449	159914
12	11. 车船税	306275	155095	8089	6993	957	170	34975	74312	5775	23824	1202	2384	147594	634
13	12. 车辆购置税														
14	13. 屠宰税														
15	14. 筵席税														
16	15. 燃油税														
17	16. 烟叶税	14050	14050					13114	936						

2011年广州市地方税务局税收收入分企业类型统计年报总表

编报机关：广州市地方税务局　　　　单位：万元

序号	项目	合计	内资企业									港澳台投资企业	外商投资企业	个体经营	附列资料：乡(镇)企业
			小计	国有企业	集体企业	股份合作企业	联营企业	有限责任公司	股份有限公司	私营企业	其他企业				
1	税收收入合计	9206475	6461820	585690	176521	35992	35115	2514503	875650	1425344	813005	998908	1401768	343979	431258
2	1. 营业税	3246399	2371027	240388	77153	12373	20608	952030	149760	648955	269760	373067	363196	139109	159286
3	2. 企业所得税	998818	908709	42386	42401	8922	5114	419983	97620	254480	37803	6344	83765		76858
4	3. 个人所得税	2301402	1528296	186200	15414	7353	4628	423135	373683	217343	300540	218734	415821	138551	45953
5	4. 资源税	2233	479					48	371	60		962	792		35
6	5. 固定资产投资方向调节税														
7	6. 城市维护建设税	898012	524002	25132	6476	3597	1662	220465	124356	123255	19059	101375	256425	16210	31260
8	7. 房产税	511079	348304	49924	20234	2009	1290	103204	43637	41306	86700	76033	79531	7211	38588
9	8. 印花税	210757	133407	8978	1099	555	183	61456	17890	33697	9549	22145	52586	2619	8684
10	9. 城镇土地使用税	174438	121736	23024	7629	690	1117	43801	7099	26876	11500	23681	26176	2845	21176
11	10. 土地增值税	807521	502025	6794	5578	270	398	279898	59443	75045	74599	175978	123056	6462	49418
12	11. 车船税	55816	23835	2864	537	223	115	10483	1791	4327	3495	589	420	30972	
13	12. 车辆购置税														
14	13. 屠宰税														
15	14. 筵席税														
16	15. 燃油税														
17	16. 烟叶税														

2011年深圳市地方税务局税收收入分企业类型统计年报总表

编报机关:深圳市地方税务局　　　　单位:万元

序号	项目	合计	内资企业									港澳台投资企业	外商投资企业	个体经营	附列资料:乡(镇)企业
			小计	国有企业	集体企业	股份合作企业	联营企业	有限责任公司	股份有限公司	私营企业	其他企业				
1	税收收入合计	12619630	8761221	518743	107013	63983	225386		5837352	1464985	543759	2109391	1515564	233454	153935
2	1. 营业税	3929798	3039411	174644	24962	34732	72966		1933126	674738	124243	478958	326435	84994	32594
3	2. 企业所得税	3202911	1915168	151064	38147	10537	70368		1226883	284578	133591	786831	500912		42838
4	3. 个人所得税	3342406	2427277	86460	35699	3515	44733		1754985	267882	234003	413114	418684	83331	56326
5	4. 资源税														
6	5. 固定资产投资方向调节税														
7	6. 城市维护建设税	700320	458372	46996	2375	2347	10161		254131	135816	6546	131674	101088	9186	6479
8	7. 房产税	292970	178822	16390	3396	7661	5108		97234	25167	23866	46361	25289	42498	9470
9	8. 印花税	166435	97172	4958	371	127	1440		68532	18696	3048	30177	36936	2150	722
10	9. 城镇土地使用税	101833	61520	7141	2046	3352	2014		35755	9710	1502	21316	17260	1737	5235
11	10. 土地增值税	820939	526553	28940	6	1709	18545		412397	48013	16943	200613	87090	6683	263
12	11. 车船税	62018	56926	2150	11	3	51		54309	385	17	347	1870	2875	8
13	12. 车辆购置税														
14	13. 屠宰税														
15	14. 筵席税														
16	15. 燃油税														
17	16. 烟叶税														

2011 年珠海市地方税务局税收收入分企业类型统计年报总表

编报机关:珠海市地方税务局　　　　单位:万元

序号	项目	合计	内资企业									港澳台投资企业	外商投资企业	个体经营	附列资料:乡(镇)企业
			小计	国有企业	集体企业	股份合作企业	联营企业	有限责任公司	股份有限公司	私营企业	其他企业				
1	税收收入合计	1617074	1059937	57849	19772	9932	2511	576223	269975	95860	27815	184116	305442	67579	265779
2	1. 营业税	523054	421435	28747	8860	4010	1519	256998	69083	45070	7148	36968	36162	28489	52678
3	2. 企业所得税	498790	272409	15130	5344	493	32	117469	111134	19998	2809	62380	164001		109719
4	3. 个人所得税	263264	152460	5702	1053	2585	770	72470	47302	7755	14823	30896	50158	29750	29287
5	4. 资源税														
6	5. 固定资产投资方向调节税														
7	6. 城市维护建设税	116843	74302	2190	727	297	111	38191	24653	7543	590	15053	24989	2499	26955
8	7. 房产税	57690	30005	2561	1632	1729	34	14933	4162	3326	1628	13211	10193	4281	13598
9	8. 印花税	28528	15039	1003	114	46	3	7938	4577	838	520	3640	9522	327	7310
10	9. 城镇土地使用税	29738	17439	484	767	158	3	12216	1463	2264	84	6152	5779	368	14688
11	10. 土地增值税	90122	68470	1991	1272	228	39	54608	1209	8923	200	15767	4591	1294	11520
12	11. 车船税	9045	8378	41	3	386		1400	6392	143	13	49	47	571	24
13	12. 车辆购置税														
14	13. 屠宰税														
15	14. 筵席税														
16	15. 燃油税														
17	16. 烟叶税														

2011年汕头市地方税务局税收收入分企业类型统计年报总表

编报机关：汕头市地方税务局　　　　单位：万元

序号	项目	合计	内资企业									港澳台投资企业	外商投资企业	个体经营	附列资料：乡(镇)企业
			小计	国有企业	集体企业	股份合作企业	联营企业	有限责任公司	股份有限公司	私营企业	其他企业				
1	税收收入合计	742432	623790	130022	15519	6658	1025	295654	91546	43736	39630	50240	29731	38671	98153
2	1. 营业税	226169	191221	29472	6968	3195	344	103395	32897	7214	7736	17342	5331	12275	18626
3	2. 企业所得税	222300	215643	59861	5361	1594	359	105320	25026	16287	1835	2129	4528		39614
4	3. 个人所得税	104196	77227	10910	409	607	61	24218	18955	5962	16105	6598	6774	13597	8203
5	4. 资源税	2309	2084	748	171	1	4	1068	40	50	2			225	280
6	5. 固定资产投资方向调节税														
7	6. 城市维护建设税	53603	38616	4387	737	498	76	22400	5539	4413	566	6925	6604	1458	9725
8	7. 房产税	32856	21442	3991	719	344	59	8418	4510	2756	645	4362	2745	4307	5201
9	8. 印花税	12649	9888	1044	103	110	14	5637	1628	1126	226	1265	1272	224	2196
10	9. 城镇土地使用税	41577	29921	7530	591	309	105	13997	1791	5405	193	6100	2207	3349	9075
11	10. 土地增值税	38120	32000	12079	460		3	11192	1134	523	6609	5519	270	331	5233
12	11. 车船税	8653	5748					9	26		5713			2905	
13	12. 车辆购置税														
14	13. 屠宰税														
15	14. 筵席税														
16	15. 燃油税														
17	16. 烟叶税														

2011 年佛山市地方税务局税收收入分企业类型统计年报总表

编报机关:佛山市地方税务局　　　　单位:万元

序号	项　目	合　计	内资企业									港澳台投资企业	外商投资企业	个体经营	附列资料:乡(镇)企业
			小　计	国有企业	集体企业	股份合作企业	联营企业	有限责任公司	股份有限公司	私营企业	其他企业				
1	税收收入合计	2131992	1590374	41226	66479	26737	7335	964968	233819	178743	71067	214134	141464	186020	139765
2	1. 营业税	819218	635498	24770	32654	13039	5326	352644	128439	60195	18431	84486	43378	55856	47215
3	2. 企业所得税	340600	334237	3297	15562	1448	718	254664	27895	21553	9100	193	6170		24289
4	3. 个人所得税	399366	260886	4130	4753	9204	607	107430	55335	59732	19695	25089	35218	78173	15551
5	4. 资源税	376	200		2		20	139		39				176	4
6	5. 固定资产投资方向调节税														
7	6. 城市维护建设税	172888	118862	2585	2902	1159	429	79428	13082	17927	1350	23527	23355	7144	16079
8	7. 房产税	81386	53236	2485	2334	935	102	26721	3954	5705	11000	7875	6566	13709	6441
9	8. 印花税	36054	24999	237	407	347	25	15870	2330	4206	1577	4096	5178	1781	2464
10	9. 城镇土地使用税	68872	43418	1920	2243	364	51	29382	1275	3675	4508	13992	6405	5057	14717
11	10. 土地增值税	188745	108419	1774	5549	241	56	88939	1067	5665	5128	54818	15184	10324	12836
12	11. 车船税	24487	10619	28	73		1	9751	442	46	278	58	10	13800	169
13	12. 车辆购置税														
14	13. 屠宰税														
15	14. 筵席税														
16	15. 燃油税														
17	16. 烟叶税														

2011年韶关市地方税务局税收收入分企业类型统计年报总表

编报机关:韶关市地方税务局　　　　单位:万元

序号	项目	合计	内资企业									港澳台投资企业	外商投资企业	个体经营	附列资料:乡(镇)企业
			小计	国有企业	集体企业	股份合作企业	联营企业	有限责任公司	股份有限公司	私营企业	其他企业				
1	税收收入合计	418308	349387	52752	19365	3671	583	193209	46105	20372	13330	13597	15006	40318	3868
2	1. 营业税	164977	134003	14503	9579	2095	368	78621	16375	8336	4126	5162	7386	18426	1147
3	2. 企业所得税	53248	53236	5242	6242	69	59	33040	5338	2043	1203		12		313
4	3. 个人所得税	57699	43063	8132	1098	840	89	17828	8079	2889	4108	1496	1195	11945	782
5	4. 资源税	12968	12218	139	319	4		4449	3259	2230	1818	188	189	373	194
6	5. 固定资产投资方向调节税														
7	6. 城市维护建设税	46796	42283	20042	736	168	45	13350	5815	1653	474	1329	1629	1555	503
8	7. 房产税	15699	11919	1401	486	182	8	5657	2764	419	1002	1488	575	1717	413
9	8. 印花税	5165	4482	207	90	28	3	2354	1533	209	58	284	212	187	82
10	9. 城镇土地使用税	25326	19790	1746	280	201	9	14101	2110	1211	132	2666	2531	339	321
11	10. 土地增值税	22251	17492	1189	535	69	2	13904	39	1377	377	984	1272	2503	101
12	11. 车船税	4421	1143	151		15		147	793	5	32		5	3273	12
13	12. 车辆购置税														
14	13. 屠宰税														
15	14. 筵席税														
16	15. 燃油税														
17	16. 烟叶税	9758	9758					9758							

2011 年河源市地方税务局税收收入分企业类型统计年报总表

编报机关:河源市地方税务局　　　　单位:万元

序号	项　目	合　计	内资企业									港澳台投资企业	外商投资企业	个体经营	附列资料:乡(镇)企业
			小　计	国有企业	集体企业	股份合作企业	联营企业	有限责任公司	股份有限公司	私营企业	其他企业				
1	税收收入合计	300911	228521	23326	11435	2224	83	114090	49424	9295	18644	32587	3404	36399	7020
2	1. 营业税	119633	93929	10010	6726	1390	42	55806	8961	4393	6601	8485	429	16790	2272
3	2. 企业所得税	65692	65646	5003	2525	65	37	22592	32004	1005	2415	40	6		270
4	3. 个人所得税	31833	16943	3453	309	370		5092	2164	897	4658	4300	725	9865	676
5	4. 资源税	8802	7995	208	192	1	1	1822	2194	1297	2280	97		710	1086
6	5. 固定资产投资方向调节税														
7	6. 城市维护建设税	19864	13257	1493	437	99	3	7416	2754	654	401	4381	1015	1211	742
8	7. 房产税	8757	4664	796	200	161		2336	508	190	473	2410	323	1360	453
9	8. 印花税	3781	2094	169	70	32		1459	192	87	85	1146	373	168	290
10	9. 城镇土地使用税	14712	7733	623	112	89		6122	403	314	70	5940	529	510	1001
11	10. 土地增值税	25017	15122	1451	859	7		10762	40	457	1546	5785	4	4106	227
12	11. 车船税	2820	1138	120	5	10		683	204	1	115	3		1679	3
13	12. 车辆购置税														
14	13. 屠宰税														
15	14. 筵席税														
16	15. 燃油税														
17	16. 烟叶税														

2011年梅州市地方税务局税收收入分企业类型统计年报总表

编报机关:梅州市地方税务局

单位:万元

序号	项目	合计	内资企业									港澳台投资企业	外商投资企业	个体经营	附列资料:乡(镇)企业
			小计	国有企业	集体企业	股份合作企业	联营企业	有限责任公司	股份有限公司	私营企业	其他企业				
1	税收收入合计	406457	342268	23379	11530	2622	364	216833	61211	7057	19272	10740	4815	48634	4455
2	1. 营业税	114306	87517	6808	5004	1310	218	52573	13977	2269	5358	5001	1730	20058	1209
3	2. 企业所得税	108313	108267	4233	3639	264	79	75266	22385	1369	1032	46			1044
4	3. 个人所得税	58361	42175	5150	602	283	31	12756	17339	935	5079	1356	923	13907	360
5	4. 资源税	11962	11122	552	334	357	9	7772	1027	1035	36	106	21	713	518
6	5. 固定资产投资方向调节税														
7	6. 城市维护建设税	46235	42220	2183	441	146	20	36576	1827	701	326	1707	819	1489	730
8	7. 房产税	12729	10390	2034	746	150	6	4678	1557	178	1041	594	336	1409	111
9	8. 印花税	7915	6892	266	85	24		5688	423	159	247	656	156	211	161
10	9. 城镇土地使用税	15120	12671	1404	392	31		8696	1293	232	623	736	588	1125	156
11	10. 土地增值税	23829	17140	719	281	57	1	9935	437	178	5532	538	242	5909	164
12	11. 车船税	3922	109	30	6			64	10	1	-2			3813	2
13	12. 车辆购置税														
14	13. 屠宰税														
15	14. 筵席税														
16	15. 燃油税														
17	16. 烟叶税	3765	3765					2829	936						

2011年惠州市地方税务局税收收入分企业类型统计年报总表

编报机关：惠州市地方税务局　　　　单位：万元

序号	项目	合计	内资企业									港澳台投资企业	外商投资企业	个体经营	附列资料：乡(镇)企业
			小计	国有企业	集体企业	股份合作企业	联营企业	有限责任公司	股份有限公司	私营企业	其他企业				
1	税收收入合计	1363986	1017295	75186	39095	6298	3625	557479	103189	199582	32841	131996	97338	117357	52571
2	1. 营业税	565408	461352	38573	15848	4558	1658	237936	62311	88424	12044	44232	15636	44188	22233
3	2. 企业所得税	104393	104189	10472	10538	45	262	46846	8871	24133	3022	178	26		2689
4	3. 个人所得税	216688	116040	14289	2377	1132	882	35326	18835	29825	13374	24987	36555	39106	5512
5	4. 资源税	9627	8367	998	369	2	45	4539	1162	1246	6	521	1	738	243
6	5. 固定资产投资方向调节税														
7	6. 城市维护建设税	158768	126860	5087	1270	276	501	102468	5956	10168	1134	14393	13633	3882	4446
8	7. 房产税	49795	26706	2661	2050	150	175	11825	2171	6168	1506	10647	5924	6518	2824
9	8. 印花税	24290	12076	824	291	37	18	7061	1177	2310	358	4341	7231	642	1373
10	9. 城镇土地使用税	101000	60855	1376	1984	69	74	44313	1437	11289	313	20406	16639	3100	7743
11	10. 土地增值税	123555	100546	906	4339	29	10	67164	1269	26019	810	12291	1693	9025	5508
12	11. 车船税	10462	304		29			1			274			10158	
13	12. 车辆购置税														
14	13. 屠宰税														
15	14. 筵席税														
16	15. 燃油税														
17	16. 烟叶税														

2011年汕尾市地方税务局税收收入分企业类型统计年报总表

编报机关:汕尾市地方税务局　　单位:万元

序号	项目	合计	内资企业									港澳台投资企业	外商投资企业	个体经营	附列资料:乡(镇)企业
			小计	国有企业	集体企业	股份合作企业	联营企业	有限责任公司	股份有限公司	私营企业	其他企业				
1	税收收入合计	192693	154247	18430	13913	5679	116	52864	7741	21040	34464	18200	3345	16901	790
2	1. 营业税	69275	53484	7649	5342	722	48	19549	5226	10653	4295	5972	1958	7861	308
3	2. 企业所得税	23445	23365	1771	2617	52	31	14743	67	3224	860	24	56		75
4	3. 个人所得税	18594	10093	2635	488	22	8	2932	1258	773	1977	2610	219	5672	105
5	4. 资源税	1593	1520	257	282	1	1	792	18	156	13		7	66	16
6	5. 固定资产投资方向调节税														
7	6. 城市维护建设税	12391	9020	1056	337	49	3	5237	406	1449	483	2540	235	596	32
8	7. 房产税	6827	4671	861	974	70	1	1138	374	450	803	1573	111	472	19
9	8. 印花税	1978	1115	88	42	6	1	713	44	182	39	769	42	52	9
10	9. 城镇土地使用税	30186	27420	542	2129	4757	23	4375	235	1070	14289	2198	320	248	196
11	10. 土地增值税	26856	22048	2558	1702			3234	34	3083	11437	2514	397	1897	30
12	11. 车船税	1548	1511	1013				151	79		268			37	
13	12. 车辆购置税														
14	13. 屠宰税														
15	14. 筵席税														
16	15. 燃油税														
17	16. 烟叶税														

2011 年东莞市地方税务局税收收入分企业类型统计年报总表

编报机关:东莞市地方税务局　　　　单位:万元

序号	项目	合计	内资企业									港澳台投资企业	外商投资企业	个体经营	附列资料:乡(镇)企业
			小计	国有企业	集体企业	股份合作企业	联营企业	有限责任公司	股份有限公司	私营企业	其他企业				
1	税收收入合计	2938906	1786491	42090	231496	5361	1695	933182	283823	242012	46832	479100	401668	271647	648091
2	1. 营业税	1054446	825127	29142	73061	3175	1149	430202	159211	114707	14480	68169	56180	104970	182614
3	2. 企业所得税	604192	274913	4274	75881	517	241	139433	17744	30136	6687	163088	166191		177691
4	3. 个人所得税	559247	261800	4999	36615	1067	170	82460	83392	35555	17542	114648	90999	91800	106813
5	4. 资源税	110	107	35				62		10				3	37
6	5. 固定资产投资方向调节税														
7	6. 城市维护建设税	219573	120146	1817	5405	198	93	77072	13971	20229	1361	46016	40062	13349	53140
8	7. 房产税	106267	48601	854	14194	249	3	19888	5273	5547	2593	23341	16899	17426	28719
9	8. 印花税	59703	28266	310	2463	58	9	17430	2565	3694	1737	12988	16272	2177	11999
10	9. 城镇土地使用税	95962	48644	592	11481	97	3	25214	1654	8326	1277	27796	11948	7574	33996
11	10. 土地增值税	204218	177083	67	11675		27	141430	13	22958	913	23054	3116	965	53093
12	11. 车船税	35188	1804		721			-9		850	242		1	33383	-11
13	12. 车辆购置税														
14	13. 屠宰税														
15	14. 筵席税														
16	15. 燃油税														
17	16. 烟叶税														

2011年中山市地方税务局税收收入分企业类型统计年报总表

编报机关：中山市地方税务局　　单位：万元

序号	项目	合计	内资企业									港澳台投资企业	外商投资企业	个体经营	附列资料：乡(镇)企业
			小计	国有企业	集体企业	股份合作企业	联营企业	有限责任公司	股份有限公司	私营企业	其他企业				
1	税收收入合计	1465666	985872	23680	53020	16165	3499	620899	141654	80227	46728	169976	125797	184021	78877
2	1. 营业税	614457	448254	15174	22260	6847	2909	287508	74751	23405	15400	66394	34413	65396	27944
3	2. 企业所得税	162143	160093	4370	12838	20	172	113806	15906	8803	4178	560	1490		14568
4	3. 个人所得税	270314	137649	1294	3398	4621	13	45909	35096	33162	14156	33531	35025	64109	11590
5	4. 资源税	122	72		1			48		23				50	
6	5. 固定资产投资方向调节税														
7	6. 城市维护建设税	115569	64414	955	1502	426	156	45890	7322	7194	969	20910	23263	6982	6654
8	7. 房产税	61145	32756	536	2296	1192	30	18925	3701	1469	4607	11983	6840	9566	4561
9	8. 印花税	31477	16036	122	487	113	14	12496	1212	1333	259	5349	7892	2200	1337
10	9. 城镇土地使用税	48721	26256	269	1340	1051	25	18677	1592	1484	1818	12792	4915	4758	2848
11	10. 土地增值税	146697	100041	960	8898	1895	180	77640	2074	3354	5040	18457	11959	16240	9375
12	11. 车船税	15021	301								301			14720	
13	12. 车辆购置税														
14	13. 屠宰税														
15	14. 筵席税														
16	15. 燃油税														
17	16. 烟叶税														

2011年江门市地方税务局税收收入分企业类型统计年报总表

编报机关：江门市地方税务局　　　　单位：万元

序号	项目	合计	内资企业									港澳台投资企业	外商投资企业	个体经营	附列资料：乡(镇)企业
			小计	国有企业	集体企业	股份合作企业	联营企业	有限责任公司	股份有限公司	私营企业	其他企业				
1	税收收入合计	995760	695113	30763	48037	14876	1425	376234	77102	107015	39661	122390	85305	92952	112700
2	1. 营业税	387586	284369	14508	19132	8376	977	146509	46145	37831	10891	30447	36588	36182	31045
3	2. 企业所得税	133539	132960	3297	10774	88	133	88557	6786	19077	4248	486	93		16179
4	3. 个人所得税	156947	87855	4843	1259	4631	148	30988	14254	16676	15056	27813	13076	28203	18724
5	4. 资源税	6232	4581					2632		1949		74	1035	542	1577
6	5. 固定资产投资方向调节税														
7	6. 城市维护建设税	88552	48178	2338	1517	588	82	28056	4906	9955	736	26588	9463	4323	14253
8	7. 房产税	42111	23263	2082	1653	557	16	10178	2789	2530	3458	8881	3314	6653	5988
9	8. 印花税	20839	12218	221	307	332	9	7406	882	2570	491	4198	4022	401	3916
10	9. 城镇土地使用税	71251	41814	1642	2723	216	60	27718	1107	7224	1124	15506	8020	5911	16276
11	10. 土地增值税	71005	50898	1549	6026	88		31788	66	9203	2178	8396	9694	2017	4738
12	11. 车船税	17698	8977	283	4646			2402	167		1479	1		8720	4
13	12. 车辆购置税														
14	13. 屠宰税														
15	14. 筵席税														
16	15. 燃油税														
17	16. 烟叶税														

2011年阳江市地方税务局税收收入分企业类型统计年报总表

编报机关:阳江市地方税务局　　单位:万元

序号	项　目	合　计	内资企业									港澳台投资企业	外商投资企业	个体经营	附列资料:乡(镇)企业
			小　计	国有企业	集体企业	股份合作企业	联营企业	有限责任公司	股份有限公司	私营企业	其他企业				
1	税收收入合计	278789	234365	19497	14394	2201	779	109918	25257	48796	13523	12007	4204	28213	4136
2	1. 营业税	128420	108735	8139	6729	1316	150	51435	14061	20517	6388	5682	1822	12181	1889
3	2. 企业所得税	41983	41983	3677	5122	29	82	20701	1332	9602	1438				1005
4	3. 个人所得税	38435	26232	3946	1449	336	22	8509	4188	4374	3408	1569	478	10156	401
5	4. 资源税	3113	2773	185	219		471	1186	137	573	2	181		159	318
6	5. 固定资产投资方向调节税														
7	6. 城市维护建设税	18485	15398	1301	428	108	28	7304	1329	4487	413	1752	307	1028	232
8	7. 房产税	6021	3942	809	82	60	18	1385	564	783	241	629	412	1038	31
9	8. 印花税	5070	4372	124	78	10	2	3132	189	775	62	282	294	122	39
10	9. 城镇土地使用税	12897	10875	422	77	36	6	6570	626	3090	48	1190	307	525	55
11	10. 土地增值税	19820	16661	871	199	1		9632	130	4590	1238	722	583	1854	135
12	11. 车船税	4545	3394	23	11	305		64	2701	5	285		1	1150	31
13	12. 车辆购置税														
14	13. 屠宰税														
15	14. 筵席税														
16	15. 燃油税														
17	16. 烟叶税														

2011 年湛江市地方税务局税收收入分企业类型统计年报总表

编报机关:湛江市地方税务局　　　　单位:万元

序号	项目	合计	内资企业									港澳台投资企业	外商投资企业	个体经营	附列资料:乡(镇)企业
			小计	国有企业	集体企业	股份合作企业	联营企业	有限责任公司	股份有限公司	私营企业	其他企业				
1	税收收入合计	531902	400713	50658	17757	4194	354	219486	58962	24999	24303	61727	8470	60992	5068
2	1. 营业税	234592	184983	23948	9079	2855	185	93519	36737	12048	6612	16535	3418	29656	1877
3	2. 企业所得税	53694	47902	7094	5038	20	47	28593	3220	3576	314	5784	8		618
4	3. 个人所得税	85326	59616	9516	1651	734	55	22711	8567	3418	12964	4228	1363	20119	572
5	4. 资源税	823	605	69	41			257		238		4		214	198
6	5. 固定资产投资方向调节税														
7	6. 城市维护建设税	68112	36824	2775	673	193	23	27475	3319	1908	458	27570	1133	2585	860
8	7. 房产税	16170	12315	1589	260	218	10	6519	1567	757	1395	1604	688	1563	209
9	8. 印花税	9649	7722	723	217	45	9	4975	749	600	404	1347	245	335	149
10	9. 城镇土地使用税	19161	14841	1747	224	89	22	9930	992	1610	227	2774	872	674	381
11	10. 土地增值税	37938	31203	2747	574	25		24989	277	842	1749	1880	728	4127	204
12	11. 车船税	6367	4632	450		15	3	448	3534	2	180	1	15	1719	
13	12. 车辆购置税														
14	13. 屠宰税														
15	14. 筵席税														
16	15. 燃油税														
17	16. 烟叶税	70	70					70							

2011 年茂名市地方税务局税收收入分企业类型统计年报总表

编报机关:茂名市地方税务局　　　　单位:万元

序号	项目	合计	内资企业									港澳台投资企业	外商投资企业	个体经营	附列资料:乡(镇)企业
			小计	国有企业	集体企业	股份合作企业	联营企业	有限责任公司	股份有限公司	私营企业	其他企业				
1	税收收入合计	432652	366228	42718	11589	2929	844	177772	109541	2942	17893	8081	4332	54011	4360
2	1. 营业税	133780	106224	16552	6193	2459	423	62066	11952	1380	5199	5935	2408	19213	1490
3	2. 企业所得税	54755	54755	2852	2969	13	106	46032	1233	202	1348				774
4	3. 个人所得税	46755	33996	7985	239	116	32	11637	9198	466	4323	667	388	11704	245
5	4. 资源税	5052	2370	42	145	2	74	1468	72	386	181	10		2672	-2
6	5. 固定资产投资方向调节税														
7	6. 城市维护建设税	104366	99664	2800	777	129	30	12148	82036	208	1536	632	649	3421	727
8	7. 房产税	20626	13013	2691	395	205	135	5850	1523	58	2156	261	91	7261	111
9	8. 印花税	5201	4760	524	184	12	9	2285	1138	7	601	75	47	319	61
10	9. 城镇土地使用税	28631	23628	8985	198	-20	17	12078	738	216	1416	271	376	4356	401
11	10. 土地增值税	25335	21256	271	484	13	18	19190	160	9	1111	230	373	3476	197
12	11. 车船税	8151	6562	16	5			5018	1491	10	22			1589	356
13	12. 车辆购置税														
14	13. 屠宰税														
15	14. 筵席税														
16	15. 燃油税														
17	16. 烟叶税														

2011年肇庆市地方税务局税收收入分企业类型统计年报总表

编报机关:肇庆市地方税务局　　　　单位:万元

序号	项目	合计	内资企业									港澳台投资企业	外商投资企业	个体经营	附列资料:乡(镇)企业
			小计	国有企业	集体企业	股份合作企业	联营企业	有限责任公司	股份有限公司	私营企业	其他企业				
1	税收收入合计	642542	514072	33642	40770	7425	548	236569	47474	89189	58455	48502	25580	54388	17574
2	1. 营业税	269713	220949	14160	16222	4980	419	103657	22307	42008	17196	17533	8131	23100	6744
3	2. 企业所得税	83769	83742	5703	8997	45	48	44465	7598	13027	3859	16	11		3445
4	3. 个人所得税	75872	47583	2720	3015	1392	19	15411	10633	6079	8314	4440	4297	19552	1529
5	4. 资源税	9465	5237	148	258		7	2614	2	2208		3553	125	550	453
6	5. 固定资产投资方向调节税														
7	6. 城市维护建设税	41588	30292	2102	1184	302	34	16888	3044	5619	1119	5707	3528	2061	1764
8	7. 房产税	23398	15560	2091	464	366	8	6784	2047	2024	1776	3089	3219	1530	477
9	8. 印花税	9011	6675	167	163	52	2	3867	697	1217	510	1259	820	257	335
10	9. 城镇土地使用税	44145	31824	4031	4384	142	5	16082	819	5530	831	6731	4531	1059	1590
11	10. 土地增值税	78753	67723	2481	5153	146	6	25570	327	11477	22563	6162	916	3952	1237
12	11. 车船税	6828	4487	39	930			1231			2287	12	2	2327	
13	12. 车辆购置税														
14	13. 屠宰税														
15	14. 筵席税														
16	15. 燃油税														
17	16. 烟叶税														

2011年清远市地方税务局税收收入分企业类型统计年报总表

编报机关:清远市地方税务局　　　　单位:万元

序号	项目	合计	内资企业									港澳台投资企业	外商投资企业	个体经营	附列资料:乡(镇)企业
			小计	国有企业	集体企业	股份合作企业	联营企业	有限责任公司	股份有限公司	私营企业	其他企业				
1	税收收入合计	645556	516329	29344	20087	3789	5559	371489	35027	24912	26122	45208	19973	64046	9269
2	1. 营业税	295551	245365	13244	10956	2686	3719	169661	22907	12517	9675	9808	9625	30753	3646
3	2. 企业所得税	84466	84447	3413	5084	77	823	69488	1147	1341	3074	14	5		873
4	3. 个人所得税	68136	40074	5127	1681	457	498	17929	5736	3291	5355	5709	2647	19706	966
5	4. 资源税	23812	12214	787	479		185	7997	229	2152	385	9184	186	2228	835
6	5. 固定资产投资方向调节税														
7	6. 城市维护建设税	36549	26308	2993	821	174	274	17558	2031	1622	835	5646	2314	2281	840
8	7. 房产税	17120	9350	1228	279	180	14	4934	980	340	1395	4333	1137	2300	358
9	8. 印花税	8697	6264	219	107	45	18	5121	283	247	224	1323	599	511	297
10	9. 城镇土地使用税	31851	22631	1225	219	119	23	18324	694	1012	1015	6211	2061	948	1244
11	10. 土地增值税	74580	66154	283	445	51	5	58127	1014	2390	3839	2980	1397	4049	210
12	11. 车船税	4337	3065	825	16			1893	6		325		2	1270	
13	12. 车辆购置税														
14	13. 屠宰税														
15	14. 筵席税														
16	15. 燃油税														
17	16. 烟叶税	457	457					457							

2011年潮州市地方税务局税收收入分企业类型统计年报总表

编报机关：潮州市地方税务局　　　　单位：万元

序号	项目	合计	内资企业									港澳台投资企业	外商投资企业	个体经营	附列资料：乡(镇)企业
			小计	国有企业	集体企业	股份合作企业	联营企业	有限责任公司	股份有限公司	私营企业	其他企业				
1	税收收入合计	228585	184300	18135	11539	3730	125	99600	30164	15900	5107	16175	3743	24367	59631
2	1. 营业税	57801	48311	3212	4968	1139	30	24940	10767	1419	1836	4249	470	4771	6977
3	2. 企业所得税	48686	48686	8628	3411	828	65	24522	10336	551	345				13325
4	3. 个人所得税	43627	30777	2014	1245	438	5	13908	4127	6683	2357	2969	558	9323	11058
5	4. 资源税	6349	4558	111	370	91		2819	7	1157	3	1006	272	513	2481
6	5. 固定资产投资方向调节税														
7	6. 城市维护建设税	21876	16521	1024	398	300	8	10975	2060	1545	211	3511	1031	813	7545
8	7. 房产税	13647	9625	801	101	408	3	5527	1341	1258	186	1528	365	2129	4835
9	8. 印花税	6593	5113	67	93	126	12	3447	733	613	22	822	282	376	2465
10	9. 城镇土地使用税	17830	11909	652	135	400	2	7427	712	2447	134	2019	653	3249	7884
11	10. 土地增值税	9258	8567	1626	818			5883		227	13	71	112	508	3061
12	11. 车船税	2918	233					152	81					2685	
13	12. 车辆购置税														
14	13. 屠宰税														
15	14. 筵席税														
16	15. 燃油税														
17	16. 烟叶税														

2011年揭阳市地方税务局税收收入分企业类型统计年报总表

编报机关：揭阳市地方税务局　　　　单位：万元

序号	项目	合计	内资企业									港澳台投资企业	外商投资企业	个体经营	附列资料：乡(镇)企业
			小计	国有企业	集体企业	股份合作企业	联营企业	有限责任公司	股份有限公司	私营企业	其他企业				
1	税收收入合计	345085	293936	31999	34489	6690	264	137509	54534	20853	7598	14875	4168	32106	32577
2	1. 营业税	106569	89959	10163	9439	4673	116	39483	17479	6312	2294	5423	2338	8849	6639
3	2. 企业所得税	82480	82391	10185	18178	1	112	29502	19071	4921	421	32	57		7664
4	3. 个人所得税	57517	42651	5659	3590	1147	8	18210	7611	2590	3836	1740	300	12826	3591
5	4. 资源税	1510	1227	242	303		6	535	47	92	2		1	282	124
6	5. 固定资产投资方向调节税														
7	6. 城市维护建设税	32376	27725	2130	1328	271	16	17731	4326	1769	154	2914	545	1192	5378
8	7. 房产税	11434	8682	1027	586	299	3	3958	1702	614	493	1259	230	1263	1352
9	8. 印花税	9176	8146	322	131	134	2	6263	678	589	27	758	140	132	1663
10	9. 城镇土地使用税	25066	19195	767	660	74	1	12466	3525	1674	28	2604	421	2846	4795
11	10. 土地增值税	15402	13296	1498	274	91		8741	95	2292	305	145	136	1825	1371
12	11. 车船税	3555	664	6				620			38			2891	
13	12. 车辆购置税														
14	13. 屠宰税														
15	14. 筵席税														
16	15. 燃油税														
17	16. 烟叶税														

2011年云浮市地方税务局税收收入分企业类型统计年报总表

编报机关:云浮市地方税务局　　　　单位:万元

序号	项目	合计	内资企业									港澳台投资企业	外商投资企业	个体经营	附列资料:乡(镇)企业
			小计	国有企业	集体企业	股份合作企业	联营企业	有限责任公司	股份有限公司	私营企业	其他企业				
1	税收收入合计	225648	180626	13378	9577	5646	273	108129	16965	12559	14099	11144	1847	32031	7058
2	1. 营业税	86291	70689	5670	4079	2940	193	38096	8820	6059	4832	2942	480	12180	3058
3	2. 企业所得税	29182	29149	2951	2584	88	20	20968	181	1439	918	32	1		571
4	3. 个人所得税	50167	36605	1859	404	1614	38	22937	3858	1315	4580	2524	348	10690	1046
5	4. 资源税	4479	3219	19	391			2267		542		361	7	892	34
6	5. 固定资产投资方向调节税														
7	6. 城市维护建设税	14046	10353	830	332	175	12	6962	816	856	370	2185	325	1183	745
8	7. 房产税	6855	4664	680	128	202	3	2252	517	245	637	774	120	1297	227
9	8. 印花税	2720	1961	52	51	50	1	1358	257	126	66	442	81	236	149
10	9. 城镇土地使用税	8744	5492	452	104	130	1	3830	230	575	170	1476	473	1303	573
11	10. 土地增值税	19300	15676	815	1504	447	5	8996		1402	2507	408	1	3215	619
12	11. 车船税	3864	2818	50				463	2286		19		11	1035	36
13	12. 车辆购置税														
14	13. 屠宰税														
15	14. 筵席税														
16	15. 燃油税														
17	16. 烟叶税														

2011年广东省地方税务局直属分局税收收入分企业类型统计年报总表

编报机关:广东省地方税务局直属分局　　单位:万元

序号	项　目	合　计	内资企业									港澳台投资企业	外商投资企业	个体经营	附列资料:乡(镇)企业
			小　计	国有企业	集体企业	股份合作企业	联营企业	有限责任公司	股份有限公司	私营企业	其他企业				
1	税收收入合计	1006782	913922	59810	403	1844	1513	321302	514028	4988	10034	11862	80948	50	7700
2	1. 营业税	686644	597228	34585	27	1841	1163	52967	504622	1739	284	11567	77799	50	7504
3	2. 企业所得税	320138	316694	25225	376	3	350	268335	9406	3249	9750	295	3149		196
4	3. 个人所得税														
5	4. 资源税														
6	5. 固定资产投资方向调节税														
7	6. 城市维护建设税														
8	7. 房产税														
9	8. 印花税														
10	9. 城镇土地使用税														
11	10. 土地增值税														
12	11. 车船税														
13	12. 车辆购置税														
14	13. 屠宰税														
15	14. 筵席税														
16	15. 燃油税														
17	16. 烟叶税														

2011年广东省地方税务局营业税分税目分企业类型统计年报表

编报机关:广东省地方税务局　　　　单位:万元

序号	项目	合计	内资企业												港澳台投资企业	其中:国有控股	外商投资企业	其中:国有控股	个体经营	附列:应税营业收入
			小计	国有企业	集体企业	股份合作企业	联营企业	其中:国有控股	有限责任公司	其中:国有控股	股份有限公司	其中:国有控股	私营企业	其他企业						
1	合　计	14249891	11046069	770362	381969	120856	116277	16391	3808654	280778	3430604	980666	1847275	570072	1338853	73969	1049497	103915	815472	632025074
2	一、建筑业	2690447	2476356	356705	185869	6982	51307	2444	1170333	87579	287367	22264	399553	18240	22479	2216	35947	501	155665	189322093
3	其中:建筑	1545157	1463087	242058	129595	4817	32011	1162	693994	57979	190826	12901	160251	9535	7804	756	18944	113	55322	118067122
4	安装	344927	305651	31387	10609	771	4609	255	134879	8715	30617	1220	91777	1002	7361	420	10042	161	21873	25893057
5	二、交通运输业	654121	425318	32133	4751	796	3278	563	155136	30918	127534	18825	92620	9070	51566	8053	131485	64710	45752	38462451
6	1. 陆路运输	338551	275589	26128	2233	601	1992	442	96807	11332	67334	7247	77532	2962	12609	567	15931	1795	34422	19623601
7	2. 水路运输	58935	32256	492	466	5	560	115	13736	2285	10093	1654	4320	2584	3612	700	22365	9331	702	3677709
8	3. 航空运输	135731	60509	900					16332	10657	43277	8227			2388		72834	51642		7868530
9	4. 管道运输	4684	2971	1856	12		12		1091	17					517	37	1196	1		280615
10	5. 装卸搬运	116220	53993	2757	2040	190	714	6	27170	6627	6830	1697	10768	3524	32440	6749	19159	1941	10628	7011996
11	三、邮电通信业	468275	211871	17309	3	3	1174	61	36488	9875	118555	27103	37875	464	202251	24029	53977	2553	176	30468228
12	1. 邮政	30024	23961	5277	3		50		9461	189	5458	841	3669	43	1804	73	4092	532	167	1999064
13	2. 电信	438251	187910	12032		3	1124	61	27027	9686	113097	26262	34206	421	200447	23956	49885	2021	9	28469164
14	四、金融保险业	2371131	2238079	92472	8072	61579	5678	3178	104587	29002	1958211	820795	5935	1545	44704	893	87336	10008	1012	44331668
15	1. 金融	2073588	1957726	74538	8072	61579	5678	3178	94549	26901	1705830	716786	5935	1545	44389	893	70461	9174	1012	37911552
16	2. 保险	297543	280353	17934					10038	2101	252381	104009			315		16875	834		6420116
17	五、娱乐业	92178	57550	1247	1251	543	322	27	22060	69	4317	786	27558	252	18523	44	6479	34	9626	1494650
18	1. 按5%税率征收	3433	1976	42	4	23	11		602	1	92	1	1146	56	120	17	50		1287	140749

续表

序号	项目	合计	内资企业												港澳台投资企业	其中：国有控股	外商投资企业	其中：国有控股	个体经营	附列：应税营业收入
			小计	国有企业	集体企业	股份合作企业	联营企业	其中:国有控股	有限责任公司	其中:国有控股	股份有限公司	其中:国有控股	私营企业	其他企业						
19	2. 按10%税率征收	32042	12689	696	15	45	7		4109	14	2097	785	5713	7	13934	11	4973		446	583000
20	3. 按15%税率征收	45992	34363	459	1182	416	23	18	17264	54			15015	4	3790	13	579	34	7260	696784
21	4. 按20%税率征收	224	32	22	3	-13			59				-39		122	-3	40		30	4143
22	六、服务业	4281042	2938676	214837	102490	42769	33768	9777	799444	85594	549988	79920	896769	298611	520446	22067	457540	14892	364380	174636684
23	1. 代理业	185242	118300	5385	2289	153	1392	442	39377	4385	29258	7947	39271	1175	33652	474	20140	159	13150	7284338
24	2. 旅店业	152258	102478	8973	1924	425	1510	350	41881	2794	16224	1566	29280	2261	24124	1052	14733	29	10923	6139542
25	3. 饮食业	557105	263499	8277	3780	4902	1899	185	82603	2622	27125	1851	127572	7341	59290	1083	64180	270	170136	23123674
26	4. 旅游业	15166	14488	979	52	2	254	21	6490	608	3965	924	2592	154	353	93	256		69	671377
27	5. 仓储业	48991	29711	1940	942	120	320	48	11207	1559	6832	1587	7363	987	9142	1414	9399	1090	739	1938522
28	6. 租赁业	719074	547732	34217	40352	30667	8292	1965	129346	19597	93929	13860	110754	100175	65049	2675	34591	-9452	71702	29030216
29	其中:房屋租赁	288845	191246	14690	17741	2495	435	50	59094	9615	6455	1842	22947	67389	28377	320	17789	325	51433	12871820
30	7. 广告业	167249	150881	10544	442	10	57		39062	5292	20262	4140	36567	43937	5626	18	8538	504	2204	7273834
31	8. 其他服务业	2435957	1711587	144522	52709	6490	20044	6766	449478	48737	352393	48045	543370	142581	323210	15258	305703	22292	95457	99175264
32	七、转让无形资产	237298	160523	10014	18652	2868	126	1	70206	3782	10247	171	8314	40096	13009	-59	31182	1084	32584	9740298
33	其中:转让土地使用权	184616	141749	8651	17680	2644	88	1	66365	3474	3411	53	3765	39145	7275	-363	4275	17	31317	7194205
34	八、销售不动产	3352812	2454399	42512	58471	4703	20125	238	1431861	31503	359906	9102	364137	172684	458484	16613	237558	9932	202371	137391640
35	九、文化体育业	76372	66365	1811	1112	351	281	2	12196	1365	12177	1378	10766	27671	4395	54	3224	175	2388	5466398
36	十、税款滞纳金罚款收入	26215	16932	1322	1298	262	218	100	6343	1091	2302	322	3748	1439	2996	59	4769	26	1518	710964

2011年广州市地方税务局营业税分税目分企业类型统计年报表

编报机关:广州市地方税务局　　　　单位:万元

序号	项　目	合计	内资企业												港澳台投资企业	其中:国有控股	外商投资企业	其中:国有控股	个体经营	附列:应税营业收入
			小计	国有企业	集体企业	股份合作企业	联营企业	其中:国有控股	有限责任公司	其中:国有控股	股份有限公司	其中:国有控股	私营企业	其他企业						
1	合　计	3246399	2371027	240388	77153	12373	20608	2051	952030	121144	149760	27152	648955	269760	373067	10325	363196	16465	139109	218047803
2	一、建筑业	539182	512004	72928	39218	1962	17397	267	249089	22260	23274	145	105545	2591	6505	678	9054	140	11619	51395545
3	其中:建筑	241709	236409	38519	18531	812	8960	1	122427	13010	13798	119	31533	1829	1013	11	2672	60	1615	23061035
4	安装	68151	60811	5750	2015	366	1163	61	24502	2725	1052	18	25829	134	2671	31	2846	8	1823	6668836
5	二、交通运输业	147672	114407	17727	677	703	251	61	46144	21270	11002	8639	34880	3023	6952	1150	21112	10285	5201	15053948
6	1. 陆路运输	81505	69879	15673	361	528	61	61	22959	6738	1543	744	28707	47	5177	1	2851	122	3598	7052561
7	2. 水路运输	17894	7795	298	2	5	189		4206	1958	363	16	2257	475	747	699	9309	9304	43	1749261
8	3. 航空运输	19010	14517	350					7826	7826	6341	6333					4493			3410769
9	4. 管道运输	10	3						3	3					1		6			979
10	5. 装卸搬运	29253	22213	1406	314	170	1		11150	4745	2755	1546	3916	2501	1027	450	4453	859	1560	2840378
11	三、邮电通信业	124200	66986	10044			29		15141	3076	28461	5	13095	216	39639	3977	17554	857	21	12220764
12	1. 邮政	8976	7221	1622			29		4650	38			898	22	625		1110	2	20	894482
13	2. 电信	115224	59765	8422					10491	3038	28461	5	12197	194	39014	3977	16444	855	1	11326282
14	四、金融保险业																			6
15	1. 金融																			
16	2. 保险																			6
17	五、娱乐业	16076	11135	119	229	397	6	1	2681	30			7695	8	3350	-3	643		948	387024
18	1. 按5%税率征收	825	683	6	1	18			210				443	5	18		17		107	48810

续表

序号	项目	合计	内资企业												港澳台投资企业	其中:国有控股	外商投资企业	其中:国有控股	个体经营	附列:应税营业收入
			小计	国有企业	集体企业	股份合作企业	联营企业	其中:国有控股	有限责任公司	其中:国有控股	股份有限公司	其中:国有控股	私营企业	其他企业						
19	2. 按10%税率征收	4538	1833			23			882	4			928		2092		491		122	130305
20	3. 按15%税率征收	10762	8668	115	229	369	6	1	1563	26			6385	1	1243		135		716	206727
21	4. 按20%税率征收	-113	-98	-2	-1	-13							-82		-3	-3			-12	241
22	六、服务业	1413197	1027051	121011	31118	8469	2664	1623	326614	58924	45302	16195	358525	133348	150988	4428	168695	4176	66463	84806611
23	1. 代理业	60469	43122	3021	296	74	107	14	19310	3751	6132	3326	13718	464	10470	218	5320	36	1557	3596277
24	2. 旅店业	43585	31588	5404	674	160	64	42	13752	2204	690	520	9801	1043	5613	37	5166	5	1218	2566075
25	3. 饮食业	155537	80087	4772	1006	4106	31	2	20955	1729	2555	1017	45553	1109	14821	19	22334	166	38295	9266293
26	4. 旅游业	6047	5964	662			2	2	2280	370	2024	580	871	125	49		30		4	361476
27	5. 仓储业	17309	12219	1038	854	81	14	3	4618	1156	620	266	4703	291	1207	3	3643	838	240	1031235
28	6. 租赁业	244256	207230	17802	13690	1678	1442	961	59177	13989	8345	3831	45476	59620	23246	174	8593	-9941	5187	13402743
29	其中:房屋租赁	140827	109594	10352	5894	577	355	38	26002	6596	3081	1005	15245	48088	16083	128	11846	265	3304	6115253
30	7. 广告业	77533	66524	9365	79	7	1		24872	4926	1937	143	11652	18611	4232	7	6525		252	4660366
31	8. 其他服务业	808461	580317	78947	14519	2363	1003	599	181650	30799	22999	6512	226751	52085	91350	3970	117084	13072	19710	49922146
32	七、转让无形资产	36255	14794	2782	1285	15			5066	1145	3076	44	1364	1206	3823	2	16844	991	794	2212352
33	其中:转让土地使用权	10703	8309	1661	1246				3963	1018	235		506	698	1867		58		469	616079
34	八、销售不动产	929700	591324	15004	4188	356	86		298993	13437	38040	2117	120088	114569	159438	73	125537	2	53401	48554487
35	九、文化体育业	29627	27202	442	107	270	4		5309	674	374	2	6347	14349	881	20	1106	5	438	2950223
36	十、税款滞纳金罚款收入	10490	6124	331	331	201	171	99	2993	328	231	5	1416	450	1491		2651	9	224	466843

2011年深圳市地方税务局营业税分税目分企业类型统计年报表

编报机关：深圳市地方税务局　　　　单位：万元

序号	项目	合计	内资企业												港澳台投资企业	其中：国有控股	外商投资企业	其中：国有控股	个体经营	附列：应税营业收入
			小计	国有企业	集体企业	股份合作企业	联营企业	其中:国有控股	有限责任公司	其中:国有控股	股份有限公司	其中:国有控股	私营企业	其他企业						
1	合计	3929798	3039411	174644	24962	34732	72966	12960			1933126	328457	674738	124243	478958	12820	326435	20523	84994	91596429
2	一、建筑业	470421	438745	87028	11289	1172	15117	1827			190595	12878	133321	223	6289	1365	3926	129	21461	15701576
3	其中:建筑	293140	280965	69227	8066	979	11143	1023			130796	9707	60697	57	2025	738	671	32	9479	19561219
4	安装	71970	64288	7367	1331	12	1651	69			23999	1028	29889	39	2241	358	2564	84	2877	4810962
5	二、交通运输业	250257	161564	4988	451	13	2895	462			108875	4954	42225	2117	32118	662	53770	3365	2805	8390795
6	1. 陆路运输	123571	102914	4630	4		1856	341			59785	1341	36633	6	5970	535	12561	1659	2126	4126961
7	2. 水路运输	26796	11845	135			330	115			8533	1638	1051	1796	2479	1	12459		13	894558
8	3. 航空运输	55462	36805	94							36711	1894			2156		16501	675		1869174
9	4. 管道运输	50	12				12								37	37	1	1		1674
10	5. 装卸搬运	44378	9988	129	447	13	697	6			3846	81	4541	315	21476	89	12248	1030	666	1498428
11	三、邮电通信业	126503	66187	1361		3	1144	61			40747	3721	22876	56	57085		3208	571	23	4223317
12	1. 邮政	8145	7591	676			21				5448	841	1444	2	1		530	530	23	271546
13	2. 电信	118358	58596	685		3	1123	61			35299	2880	21432	54	57084		2678	41		3951771
14	四、金融保险业	892341	819872	25077	55	4	4410	2507			785903	245210	3427	996	24024	596	48435	9480	10	18393557
15	1. 金融	822222	753360	22832	55	4	4410	2507			721636	213622	3427	996	24024	596	44828	9480	10	16692728
16	2. 保险	70119	66512	2245							64267	31588					3607			1700829
17	五、娱乐业	21664	12617	745	48	84	299	9			4312	787	6899	230	3102	23	5130		815	186496
18	1. 按5%税率征收	857	568	22	1		11				92	1	400	42	73	17	15		201	17036

续表

序号	项目	合计	内资企业												港澳台投资企业	其中:国有控股	外商投资企业	其中:国有控股	个体经营	附列:应税营业收入
			小计	国有企业	集体企业	股份合作企业	联营企业	其中:国有控股	有限责任公司	其中:国有控股	股份有限公司	其中:国有控股	私营企业	其他企业						
19	2. 按10%税率征收	10389	3612	695	1	12	7				2092	786	800	5	2472		4278		27	100425
20	3. 按15%税率征收																			
21	4. 按20%税率征收																			
22	六、服务业	1572702	1073675	51121	12711	30331	29492	7856			474777	52586	395848	79395	258777	6056	188840	6599	51410	32568783
23	1. 代理业	75320	42823	765	779	2	1253	411			19825	3067	20010	189	19444	209	12563	104	490	1519261
24	2. 旅店业	45546	27404	2056	177	241	1294	241			15435	1030	7765	436	9926	684	6705		1511	911633
25	3. 饮食业	144574	81161	1930	294	230	1802	126			24323	758	46752	5830	25248	646	18366		19799	2902322
26	4. 旅游业	3550	3416	21	2	2	250	19			1881	344	1247	13	99	14	17		18	70998
27	5. 仓储业	16774	8089	334		35	209	45			5058	1321	1789	664	4990	467	3669	250	26	335695
28	6. 租赁业	240343	185775	8447	3624	26659	6050	890			81495	8834	50373	9127	24483	1983	16178	404	13907	5323193
29	其中:房屋租赁	15792	4782	62	41	77	6	1			722		368	3506	786		481		9743	803695
30	7. 广告业	53532	51085	439	12		54				14091	866	21361	15128	475	7	1957	504	15	1070869
31	8. 其他服务业	993063	673922	37129	7823	3162	18580	6124			312669	36366	246551	48008	174112	2046	129385	5337	15644	20434812
32	七、转让无形资产	11869	5033	184	15	4	54				2859	77	1901	16	1593	149	5194	71	49	260287
33	其中:转让土地使用权	1173	751	92	3	4	17				584	7	36	15	59	30	360		3	23498
34	八、销售不动产	555053	439312	3187	228	3021	19250	235			314165	6728	63860	35601	92778	3876	15081	137	7882	11118843
35	九、文化体育业	22357	18517	834	4	62	277	2			8969	1261	3167	5204	2587	34	1062	170	191	752775
36	十、税款滞纳金罚款收入	6631	3889	119	161	38	28	1			1924	255	1214	405	605	59	1789	1	348	

2011年珠海市地方税务局营业税分税目分企业类型统计年报表

编报机关:珠海市地方税务局　　　　单位:万元

序号	项目	合计	内资企业												港澳台投资企业	其中:国有控股	外商投资企业	其中:国有控股	个体经营	附列:应税营业收入
			小计	国有企业	集体企业	股份合作企业	联营企业	其中:国有控股	有限责任公司	其中:国有控股	股份有限公司	其中:国有控股	私营企业	其他企业						
1	合计	523054	421435	28747	8860	4010	1519	21	256998	8395	69083	14024	45070	7148	36968	48	36162	16	28489	23587093
2	一、建筑业	131618	126730	19517	5557	15	1366	19	77366	4174	8634	103	13863	412	760	1	953	9	3175	8779663
3	其中:建筑	62035	60914	9860	2157	1	704	5	36749	1358	5189	1	6053	201	152		596		373	4137439
4	安装	7703	6540	447	462	2	62	3	3649	75	117		1777	24	363		205	9	595	513877
5	二、交通运输业	17300	12298	498	56				9589	2988	603	397	1420	132	1051		1889		2062	1153814
6	1. 陆路运输	8964	7231	464	47				5070	11	603	397	1046	1	81		100		1552	597953
7	2. 水路运输	1814	1264	10	4				1072	80			138	40	148		283		119	121124
8	3. 航空运输	3953	2849						2849	2831					232		872			269645
9	4. 管道运输	40	2	2													38			2749
10	5. 装卸搬运	2529	952	22	5				598	66			236	91	590		596		391	162343
11	三、邮电通信业	10770	3653	107					1134	3	2285		125	2	1998		5108		11	717886
12	1. 邮政	740	541	107					414	3			20		6		182		11	49331
13	2. 电信	10030	3112						720		2285		105	2	1992		4926			668555
14	四、金融保险业	85518	78583	1188		2293	104		22763	3	52116	12573	113	6	2661		4127		147	1769577
15	1. 金融	77475	70589	1188		2293	104		21884	3	45001	11877	113	6	2661		4078		147	1579348
16	2. 保险	8043	7994						879		7115	696					49			190229
17	五、娱乐业	2969	1400	20	18				1097				261	4	1113		277		179	51432
18	1. 按5%税率征收	86	39						34				3	2	9		2		36	3412

续表

序号	项目	合计	内资企业												港澳台投资企业	其中:国有控股	外商投资企业	其中:国有控股	个体经营	附列:应税营业收入
			小计	国有企业	集体企业	股份合作企业	联营企业	其中:国有控股	有限责任公司	其中:国有控股	股份有限公司	其中:国有控股	私营企业	其他企业						
19	2. 按10%税率征收	1502	499						430				69		827		174		2	30062
20	3. 按15%税率征收	1245	852	20	19				625				186	2	155		101		137	16582
21	4. 按20%税率征收	136	10		-1				8				3		122				4	1376
22	六、服务业	114283	72672	5371	2124	1509	13	2	40913	1024	4150	915	12867	5725	17099	47	13514	7	10998	4574663
23	1. 代理业	5588	4530	383	16	1			2943		583	552	586	18	183		756		119	229200
24	2. 旅店业	7242	4609	303	82				3180		3		773	268	2077		266		290	290224
25	3. 饮食业	17110	5498	128	133				3768	33			1343	126	3521		1488		6603	684242
26	4. 旅游业	701	696	11	6				573		12		94		1				4	28003
27	5. 仓储业	2437	941	13	5				706	3	19		198		531		964		1	97708
28	6. 租赁业	17459	11338	1017	571	984	12	2	6225	398	457	95	1373	699	2816	47	1511	5	1794	687438
29	其中:房屋租赁	12410	7674	762	480	804	12	2	3918	222	418	90	878	402	2321	47	1024	5	1391	486826
30	7. 广告业	3753	2919	28	15				1352	1	96		170	1258	768		28		38	150126
31	8. 其他服务业	59993	42141	3488	1296	524	1		22166	589	2980	268	8330	3356	7202		8501	2	2149	2407722
32	七、转让无形资产	2913	1639	4	139				685	121	559		246	6	70		873		331	114611
33	其中:转让土地使用权	1756	1431	1	139				674	121	558		59						325	68252
34	八、销售不动产	153310	121595	1984	944	193	36		101870	81	504	36	15924	140	11636		8618		11461	6142831
35	九、文化体育业	4077	2738	56	17				1528	1	232		200	705	439		790		110	271608
36	十、税款滞纳金罚款收入	296	127	2	5				53				51	16	141		13		15	11008

2011年汕头市地方税务局营业税分税目分企业类型统计年报表

编报机关：汕头市地方税务局　　　　单位：万元

序号	项目	合计	内资企业												港澳台投资企业	其中：国有控股	外商投资企业	其中：国有控股	个体经营	附列：应税营业收入
			小计	国有企业	集体企业	股份合作企业	联营企业	其中:国有控股	有限责任公司	其中:国有控股	股份有限公司	其中:国有控股	私营企业	其他企业						
1	合　计	226169	191221	29472	6968	3195	344	228	103395	7999	32897	15364	7214	7736	17342	6696	5331	167	12275	13514137
2	一、建筑业	50992	46665	14777	3143	53	147	83	26069	1922	892	200	1481	103	81	48	78		4168	4356364
3	其中:建筑	40132	37322	12735	2683	41	106	83	20408	1366	636	144	640	73	5		1		2804	3450950
4	安装	5993	5629	1397	203	8	38		3399	463	183	56	392	9	19		25		320	499571
5	二、交通运输业	14134	12665	1455	212	21	1		10236	794	41	41	144	555	481	192	127		861	1325443
6	1. 陆路运输	4751	3835	631	133	14	1		2425	92			132	499	71		60		785	393629
7	2. 水路运输	1166	1163	15	1				1130					17					3	113322
8	3. 航空运输	5876	5876	219					5657											589216
9	4. 管道运输	2	2						2											162
10	5. 装卸搬运	2339	1789	590	78	7			1022	702	41	41	12	39	410	192	67		73	229114
11	三、邮电通信业	14343	5736	88					2241	1624	3398			9	8537	5942	70	70		1179204
12	1. 邮政	215	214	35					179						1					18592
13	2. 电信	14128	5522	53					2062	1624	3398			9	8536	5942	70	70		1160612
14	四、金融保险业	34975	33909	2328	261	2814			1902	365	26562	14722		42	725		311		30	748023
15	1. 金融	27901	27030	2324	261	2814			1748	364	19841	13591		42	719		122		30	599072
16	2. 保险	7074	6879	4					154	1	6721	1131			6		189			148951
17	五、娱乐业	2133	1753	142	64	4	17	17	1148	1			378		322		30		28	44915
18	1. 按5%税率征收	117	93	9					68	1			16		11		1		12	6600

续表

序号	项目	合计	内资企业												港澳台投资企业	其中:国有控股	外商投资企业	其中:国有控股	个体经营	附列:应税营业收入
			小计	国有企业	集体企业	股份合作企业	联营企业	其中:国有控股	有限责任公司	其中:国有控股	股份有限公司	其中:国有控股	私营企业	其他企业						
19	2. 按10%税率征收	217	142			3			91				48		75					6226
20	3. 按15%税率征收	1774	1493	109	64	1	17	17	988				314		236		29		16	31723
21	4. 按20%税率征收	25	25	24					1											366
22	六、服务业	42969	31725	4486	970	283	132	128	17740	683	1443	329	2874	3797	2500	461	3055	97	5689	2459099
23	1. 代理业	1358	1110	67	13	1			845	173	9		124	51	89		43		116	75993
24	2. 旅店业	2659	1676	139	38	2	67	67	971	14			368	91	637	200	320	9	26	144468
25	3. 饮食业	8904	4637	24	87	190	57	57	2965	12			1258	56	605	186	1332	4	2330	485714
26	4. 旅游业	152	152	21					125	21	3		3							8933
27	5. 仓储业	371	345	161	20				161	66			3		21				5	21212
28	6. 租赁业	5572	3384	1062	364	11	3	2	1312	80	314	254	59	259	483	19	201		1504	322117
29	其中:房屋租赁	3375	1908	717	167	9	1		602	57	266	214	19	127	325	13	167		975	200489
30	7. 广告业	1977	1971	48	10		1		549	23	124		20	1219					6	115137
31	8. 其他服务业	21976	18450	2964	438	79	4	2	10812	294	993	75	1039	2121	665	56	1159	84	1702	1285523
32	七、转让无形资产	3123	2116	293	106		36		1026		71		437	147	353	29	293		361	151207
33	其中:转让土地使用权	1528	1113	285	105		36		516				24	147	27		29		359	66234
34	八、销售不动产	62076	55419	5584	2061	18	11		42622	2607	400	58	1881	2842	4301	24	1236		1120	3143960
35	九、文化体育业	967	822	92	68	1			332		76		13	240	5		131		9	92306
36	十、税款滞纳金罚款收入	457	411	227	83	1			79	3	14	14	6	1	37				9	13616

2011年佛山市地方税务局营业税分税目分企业类型统计月报表

编报机关：佛山市地方税务局　　　　单位：万元

序号	项目	合计	内资企业												港澳台投资企业	其中：国有控股	外商投资企业	其中：国有控股	个体经营	附列：应税营业收入
			小计	国有企业	集体企业	股份合作企业	联营企业	其中:国有控股	有限责任公司	其中:国有控股	股份有限公司	其中:国有控股	私营企业	其他企业						
1	合　计	819218	635498	24770	32654	13039	5326	106	352644	12953	128439	46967	60195	18431	84486	7947	43378	10556	55856	41167041
2	一、建筑业	193463	176366	14679	17769	181	4218	12	109213	4526	8958	521	20920	428	1978	30	4531	55	10588	14249096
3	其中:建筑	105402	98854	8554	13239	73	3171		62424	1750	4502	101	6800	91	1250		2805		2493	7752080
4	安装	34200	29710	2071	1074	77	450		19012	1023	866	46	6125	35	421	7	1317	53	2752	2552696
5	二、交通运输业	16592	12050	85	72	16	28	25	10341	721	23		1456	29	789		726		3027	1330690
6	1. 陆路运输	11237	8782	30	50	16	25	25	7617	160	23		1007	14	214		68		2173	913675
7	2. 水路运输	1096	944						934				4	6			150		2	99162
8	3. 航空运输																			
9	4. 管道运输																			2
10	5. 装卸搬运	4259	2324	55	22		3		1790	561			445	9	575		508		852	317851
11	三、邮电通信业	23563	8937	245					2004	373	6478	2250	210		14480	244	123		23	1835563
12	1. 邮政	1181	1035	237					739	5			59				123		23	90892
13	2. 电信	22382	7902	8					1265	368	6478	2250	151		14480	244				1744671
14	四、金融保险业	135551	133082	3217	1684	11975	1		7718	1125	108285	40457	197	5	1018	7	1285	297	166	2922741
15	1. 金融	113718	111619	1816	1684	11975	1		6648	1125	89293	39090	197	5	1018	7	915	112	166	2457070
16	2. 保险	21833	21463	1401					1070		18992	1367					370	185		465671
17	五、娱乐业	5679	4174	111	152	49			2021		-1	-1	1838	4	966		42		497	104559
18	1. 按5%税率征收	281	215		1	5			62				145	2	1		4		61	13009

续表

序号	项目	合计	内资企业												港澳台投资企业	其中：国有控股	外商投资企业	其中：国有控股	个体经营	附列：应税营业收入
			小计	国有企业	集体企业	股份合作企业	联营企业	其中:国有控股	有限责任公司	其中:国有控股	股份有限公司	其中:国有控股	私营企业	其他企业						
19	2. 按10%税率征收	1603	1000	1	3	7			411		-1	-1	577	2	600				3	34388
20	3. 按15%税率征收	3753	2955	110	146	37			1548				1114		365				433	56346
21	4. 按20%税率征收	42	4		2								2				38			816
22	六、服务业	166318	120346	3551	4290	764	791	69	68554	3257	4245	3626	25451	12700	8747	45	13759	491	23466	8224731
23	1. 代理业	6207	3452	71	6	3			2520	96	2		821	29	398		210		2147	321249
24	2. 旅店业	5575	4723	110	87	1	81		2831	20	2	2	1587	24	221		199		432	260896
25	3. 饮食业	31225	17188	209	405	262	9		8649	42			7639	15	1115		3234		9688	1469320
26	4. 旅游业	621	620	1	1				495	2	4		119						1	30952
27	5. 仓储业	947	591	51			3		440	77			97		139		162		55	41753
28	6. 租赁业	35772	27601	852	2175	382	653	66	13612	1349	428	248	2039	7460	1460	45	1123	22	5588	1674702
29	其中:房屋租赁	15246	9896	323	811	191	20	4	4870	776	177	84	1076	2428	810		883	7	3657	704518
30	7. 广告业	5401	5184	1	1	3			1710	5	2813	2775	646	10	11				206	308869
31	8. 其他服务业	80570	60987	2256	1615	113	45	3	38297	1666	996	601	12503	5162	5403		8831	469	5349	4116990
32	七、转让无形资产	9884	6935	132	1642		19		2376		8		9	2749	331		996		1622	313514
33	其中:转让土地使用权	9326	6692	125	1592		19		2203				5	2748	291		769		1574	286791
34	八、销售不动产	263517	169556	2303	6939	36	255		149224	2594	134	37	9939	726	55994	7621	21820	9711	16147	11896297
35	九、文化体育业	3367	3158	51	55	16			878	352	288	72	132	1738	43		9		157	267358
36	十、税款滞纳金罚款收入	1284	894	396	51	2	14		315	5	21	5	43	52	140		87	2	163	22492

2011年韶关市地方税务局营业税分税目分企业类型统计年报表

编报机关:韶关市地方税务局　　　　单位:万元

序号	项目	合计	内资企业												港澳台投资企业	其中:国有控股	外商投资企业	其中:国有控股	个体经营	附列:应税营业收入
			小计	国有企业	集体企业	股份合作企业	联营企业	其中:国有控股	有限责任公司	其中:国有控股	股份有限公司	其中:国有控股	私营企业	其他企业						
1	合计	164977	134003	14503	9579	2095	368		78621	9272	16375	12233	8336	4126	5162	2118	7386	210	18426	9881013
2	一、建筑业	60195	52875	8888	7959	22	290		30614	3212	1972	64	2502	628	113	4	2879		4328	5223836
3	其中:建筑	42242	38189	6839	6943	15	11		21700	2481	1636		678	367	78		2832		1143	3885373
4	安装	4499	3771	402	170	1	274		1981	132	170	3	746	27	15		23		690	345438
5	二、交通运输业	6641	5019	753	303	7			3504	506	130	114	299	23	-3	-8	2	-3	1623	471101
6	1. 陆路运输	5700	4388	748	4	7			3272	487	129	114	225	3	-3	-8	2	-3	1313	399289
7	2. 水路运输	116	106						106	-1									10	10633
8	3. 航空运输																			
9	4. 管道运输	1	1						1											63
10	5. 装卸搬运	824	524	5	299				125	20	1		74	20					300	61116
11	三、邮电通信业	4985	1617	135					1391	682	79	70	1	11	3353	2030	13		2	321214
12	1. 邮政	232	217	118					89	4	9		1				13		2	20608
13	2. 电信	4753	1400	17					1302	678	70	70		11	3353	2030				300606
14	四、金融保险业	17657	17454	1856	3	1727			763	424	13093	11146	12		5		183	118	15	367721
15	1. 金融	13448	13358	843	3	1727			494	391	10279	9388	12		5		70	49	15	285681
16	2. 保险	4209	4096	1013					269	33	2814	1758					113	69		82040
17	五、娱乐业	986	433	50		9			266	7			108		95		43	22	415	16107
18	1. 按5%税率征收	6	3										3						3	268

续表

序号	项目	合计	内资企业												港澳台投资企业	其中:国有控股	外商投资企业	其中:国有控股	个体经营	附列:应税营业收入
			小计	国有企业	集体企业	股份合作企业	联营企业	其中:国有控股	有限责任公司	其中:国有控股	股份有限公司	其中:国有控股	私营企业	其他企业						
19	2. 按10%税率征收	95	90						55				35						5	2572
20	3. 按15%税率征收	883	340	50		9			211	7			70		95		43	22	405	13256
21	4. 按20%税率征收	2																	2	11
22	六. 服务业	30873	21069	1830	579	116	76		12783	3149	987	835	1994	2704	747	80	1099	66	7958	1498825
23	1. 代理业	317	238	33	1	1			133	2	18	15	51	1	4	4			75	15743
24	2. 旅店业	2130	1393	106	44	13			939	75	1		263	27	90		224		423	91865
25	3. 饮食业	6316	1587	127	28	65			1027	116			306	34	200		542	43	3987	292198
26	4. 旅游业	382	299	14	1				274	193	2		8		81	75			2	16414
27	5. 仓储业	111	111	23	4	4			54	8	7			19						5255
28	6. 租赁业	4132	3030	283	231	15			1615	695	75	40	221	590	176	1	25		901	212044
29	其中:房屋租赁	2046	1447	189	149	12			539	130	44	36	110	404	150	1	7		442	102620
30	7. 广告业	681	601		2				194	4	2	2	122	281					80	36488
31	8. 其他服务业	16804	13810	1244	268	18	76		8547	2056	882	778	1023	1752	196		308	23	2490	828818
32	七、转让无形资产	1883	1449	232	15	145			767	261	13		77	200	96	4	3		335	78562
33	其中:转让土地使用权	1311	935	232	14	145			330	80	13		1	200	50		3		323	52759
34	八、销售不动产	40999	33380	672	718	69	2		28264	872	54	2	3261	340	742	8	3145		3732	1841146
35	九、文化体育业	561	535	26					205	157	44		41	219	2		12		12	56662
36	十、税款滞纳金罚款收入	197	172	61	2				64	2	3	2	41	1	12		7	7	6	5839

2011年河源市地方税务局营业税分税目分企业类型统计年报表

编报机关：河源市地方税务局　　　　单位：万元

序号	项　目	合　计	内资企业												港澳台投资企业	其中：国有控股	外商投资企业	其中：国有控股	个体经营	附列：应税营业收入
			小计	国有企业	集体企业	股份合作企业	联营企业	其中：国有控股	有限责任公司	其中：国有控股	股份有限公司	其中：国有控股	私营企业	其他企业						
1	合　计	119633	93929	10010	6726	1390	42	1	55806	2645	8961	4176	4393	6601	8485	2123	429	-5	16790	5523680
2	一、建筑业	33730	28500	2335	3115	27	26	1	18587	1244	483	4	2291	1636	447		26		4757	2214346
3	其中：建筑	19269	17468	1571	2438	8	14		10590	942	315	4	1152	1380	340				1461	1249907
4	安装	2639	2281	171	81				1590	59	24		362	53	4		19		335	175968
5	二、交通运输业	3248	2893	247	68		4		1719	150			34	821	-9	-17	-5	-5	369	215756
6	1. 陆路运输	2880	2657	246	58		4		1513	130			15	821	-10	-17	-5	-5	238	190913
7	2. 水路运输	174	173		2				171	20									1	11861
8	3. 航空运输																			
9	4. 管道运输																			9
10	5. 装卸搬运	194	63	1	8				35				19		1				130	12973
11	三、邮电通信业	4381	1678	478					665	585	532	282		3	2703	2138				295147
12	1. 邮政	346	305	246					59						41					26015
13	2. 电信	4035	1373	232					606	585	532	282		3	2662	2138				269132
14	四、金融保险业	14566	14490	3356	1026	1343			1126	361	7639	3848			76					314667
15	1. 金融	12229	12153	2275	1026	1343			945	250	6564	3462			76					268038
16	2. 保险	2337	2337	1081					181	111	1075	386								46629
17	五、娱乐业	1117	835	1					662				172		13				269	15489
18	1. 按5%税率征收	6	1										1						5	230

续表

序号	项目	合计	内资企业												港澳台投资企业	其中:国有控股	外商投资企业	其中:国有控股	个体经营	附列:应税营业收入
			小计	国有企业	集体企业	股份合作企业	联营企业	其中:国有控股	有限责任公司	其中:国有控股	股份有限公司	其中:国有控股	私营企业	其他企业						
19	2. 按10%税率征收	85	66						4				62						19	1686
20	3. 按15%税率征收	1026	768	1					658				109		13				245	13569
21	4. 按20%税率征收																			4
22	六、服务业	22327	14598	1574	588	2	12		9813	305	195	40	899	1515	856	2	390		6483	951390
23	1. 代理业	428	325	135		1			91	3	74	20	14	10	3				100	15690
24	2. 旅店业	1567	1004	22	5				872				105		176				387	62656
25	3. 饮食业	6243	2006	113	1				1414				477	1	194		222		3821	249762
26	4. 旅游业	465	464	39	1		2		409	2			13						1	18596
27	5. 仓储业	63	54						54										9	2531
28	6. 租赁业	1463	868	109	32				441	48	39	2	40	207	51	2	7		537	59660
29	其中:房屋租赁	817	474	87	14				187	11	32	2	5	149	19	1	3		321	33735
30	7. 广告业	411	380	2	1				215	2	2	1	4	156					31	16418
31	8. 其他服务业	11687	9497	1154	548	1	10		6317	250	80	17	246	1141	432		161		1597	526077
32	七、转让无形资产	5839	4633	572	466	1			1405		28		485	1676	57				1149	225110
33	其中:转让土地使用权	4571	3534	562	441				1075		27		25	1404	57				980	174419
34	八、销售不动产	33810	25762	1438	1279	16			21641		18	2	510	860	4332		17		3699	1252532
35	九、文化体育业	532	469	6	183	1			122		66		2	89	3		1		59	35448
36	十、税款滞纳金罚款收入	83	71	3	1				66					1	7				5	3795

2011年梅州市地方税务局营业税分税目分企业类型统计年报表

编报机关:梅州市地方税务局　　　　单位:万元

序号	项目	合计	内资企业												港澳台投资企业	其中:国有控股	外商投资企业	其中:国有控股	个体经营	附列:应税营业收入
			小计	国有企业	集体企业	股份合作企业	联营企业	其中:国有控股	有限责任公司	其中:国有控股	股份有限公司	其中:国有控股	私营企业	其他企业						
1	合计	114306	87517	6808	5004	1310	218		52573	1480	13977	10135	2269	5358	5001	226	1730	36	20058	5418423
2	一、建筑业	41875	35066	3142	3308	8	203		24750	465	629	9	1154	1872	361		55		6393	2539146
3	其中:建筑	28997	24282	1810	2617	6	188		17529	186	420		577	1135	296		19		4400	1759805
4	安装	3856	3348	716	67		1		2265	143	20		270	9	29		4		475	257027
5	二、交通运输业	5290	4387	134	63	12			3976	257	1		196	5	6		1		896	325381
6	1. 陆路运输	4895	4184	123	58	12			3807	227	1		180	3	6		1		704	299286
7	2. 水路运输	46	45						45										1	3020
8	3. 航空运输	10	10	10																642
9	4. 管道运输																			
10	5. 装卸搬运	339	148	1	5				124	30			16	2					191	22433
11	三、邮电通信业	5314	2045	384					655	200	1001	761		5	2617	226	652	16		354268
12	1. 邮政	261	215	44					171								46			17537
13	2. 电信	5053	1830	340					484	200	1001	761		5	2617	226	606	16		336731
14	四、金融保险业	15277	15233	1359	969	1216			666	166	11023	9162					41	18	3	344136
15	1. 金融	12207	12181	1217	969	1216			545	135	8234	7238					23		3	273154
16	2. 保险	3070	3052	142					121	31	2789	1924					18	18		70982
17	五、娱乐业	176	71						38				33		30				75	2458
18	1. 按5%税率征收	1																	1	114

续表

序号	项目	合计	内资企业												港澳台投资企业	其中：国有控股	外商投资企业	其中：国有控股	个体经营	附列：应税营业收入
			小计	国有企业	集体企业	股份合作企业	联营企业	其中:国有控股	有限责任公司	其中:国有控股	股份有限公司	其中:国有控股	私营企业	其他企业						
19	2. 按10%税率征收	10																	10	198
20	3. 按15%税率征收	162	71						38				33		30				61	2110
21	4. 按20%税率征收	3																	3	36
22	六、服务业	18021	11533	949	335	12	5		6859	387	788	171	679	1906	541		427	2	5520	769979
23	1. 代理业	351	228	70					103	3			19	36			32		91	14201
24	2. 旅店业	1443	1061	36	12		3		779		53		57	121	26		7		349	57732
25	3. 饮食业	5385	1508	82	28				1118		18		253	9	272		258		3347	214927
26	4. 旅游业	123	117	6	3				100				7	1	6					4921
27	5. 仓储业	25	25	1					24											979
28	6. 租赁业	1921	1448	260	60	1	2		463	29	79	13	31	552	47		16		410	77752
29	其中:房屋租赁	717	499	101	11				222	17	57	4	10	98	18		2		198	29661
30	7. 广告业	715	663	25	3				232		7	5	12	384					52	28225
31	8. 其他服务业	8058	6483	469	229	11			4040	355	631	153	300	803	190		114	2	1271	371242
32	七、转让无形资产	2402	1144	65	26		1		401		399	3	26	226	284				974	95697
33	其中:转让土地使用权	1972	1005	65	26		1		368		297		23	225	18				949	78996
34	八、销售不动产	24811	17020	746	281	62	9		14938	5	117	28	110	757	1151		542		6098	942265
35	九、文化体育业	884	786	27	20				81				71	587	1				97	36007
36	十、税款滞纳金罚款收入	256	232	2	2				209		19	1			10		12		2	9086

2011年惠州市地方税务局营业税分税目分企业类型统计年报表

编报机关：惠州市地方税务局　　　　单位：万元

序号	项目	合计	内资企业												港澳台投资企业	其中：国有控股	外商投资企业	其中：国有控股	个体经营	附列：应税营业收入
			小计	国有企业	集体企业	股份合作企业	联营企业	其中:国有控股	有限责任公司	其中:国有控股	股份有限公司	其中:国有控股	私营企业	其他企业						
1	合　计	565408	461352	38573	15848	4558	1658	202	237936	11861	62311	34704	88424	12044	44232	2746	15636	670	44188	32719938
2	一、建筑业	163222	151361	30344	9331	425	1385	156	76928	6381	8569	2650	20605	3774	1697	26	1444	28	8720	12969564
3	其中：建筑	108780	103654	24153	7424	402	1004	40	54049	4912	7152	2618	9293	177	803	6	654		3669	8812979
4	安装	19638	17991	3162	613	15	234	116	8289	604	609	30	4998	71	335	17	337	1	975	1558412
5	二、交通运输业	12795	7776	871	275		46	15	4076	135	535	29	1742	231	691	28	1985	25	2343	929997
6	1. 陆路运输	9189	6781	870	136		38	15	3633	111	329		1619	156	364	17	54	1	1990	674953
7	2. 水路运输	531	425		135				79		103		37	71			90	24	16	35742
8	3. 航空运输																			
9	4. 管道运输	957	5						5								952			63833
10	5. 装卸搬运	2118	565	1	4		8		359	24	103	29	86	4	327	11	889		337	155469
11	三、邮电通信业	16099	5640	283					1787	177	3447	2630	116	7	9429	492	1027		3	1308446
12	1. 邮政	517	440	111					327				2				75		2	50315
13	2. 电信	15582	5200	172					1460	177	3447	2630	114	7	9429	492	952		1	1258131
14	四、金融保险业	55232	54440	2218		4081			2394	738	45690	28932	57		701	4	86	179	5	1188485
15	1. 金融	46507	45481	1823		4081			1918	408	37602	26986	57		669	4	352	53	5	985001
16	2. 保险	8725	8959	395					476	330	8088	1946			32		-266	126		203484
17	五、娱乐业	4083	2222	9	12				1140	1			1061		1058	24	63		740	77459
18	1. 按5%税率征收	91	19	2					2				15		3				69	4295

续表

序号	项目	合计	内资企业												港澳台投资企业	其中:国有控股	外商投资企业	其中:国有控股	个体经营	附列:应税营业收入
			小计	国有企业	集体企业	股份合作企业	联营企业	其中:国有控股	有限责任公司	其中:国有控股	股份有限公司	其中:国有控股	私营企业	其他企业						
19	2. 按10%税率征收	1113	338		1				135	1			202		759	11			16	26102
20	3. 按15%税率征收	2847	1848	7	11				996				834		293	13	63		643	46616
21	4. 按20%税率征收	32	17						7				10		3				12	446
22	六、服务业	102397	68806	3753	1690	24	218	28	35236	2540	1680	461	19685	6520	8478	527	7960	406	17153	5393634
23	1. 代理业	3467	2575	130	7		19	9	836	39	818	74	764	1	518	31	98		276	189759
24	2. 旅店业	5576	3358	15	25	1	1		1739	91			1572	5	1255	129	88		875	273076
25	3. 饮食业	18954	6940	49	24				2799	70			4066	2	1704	231	1730	18	8580	961019
26	4. 旅游业	326	283	19					240	1			24		35	4			8	14526
27	5. 仓储业	1492	353	5	5		82		172	4			85	4	405		732		2	61673
28	6. 租赁业	13530	8118	530	711	15	32	5	3757	174	137	41	2278	658	1372	57	1112	46	2928	726466
29	其中:房屋租赁	7315	4012	343	383	11	18	3	1580	54	70	31	1178	429	813	4	758	45	1732	407692
30	7. 广告业	2496	2418	12	12		1		1509		138	124	581	165	9		12		57	138348
31	8. 其他服务业	56556	44761	2993	906	8	83	14	24184	2161	587	222	10315	5685	3180	75	4188	342	4427	3028767
32	七、转让无形资产	18146	14459	228	3871	14	6		7547		90		2160	543	275	-393	408	1	3004	872366
33	其中:转让土地使用权	17015	13765	228	3865	14	6		7308		90		1711	543	176	-393	113		2961	811343
34	八、销售不动产	190916	154776	809	353	10	3	3	108418	1866	2046	2	42432	705	21501	2038	2608	31	12031	9824771
35	九、文化体育业	1306	1166	58	313				190	23	254		88	263	22		6		112	119603
36	十、税款滞纳金罚款收入	1212	706		3	4			220				478	1	380		49		77	35613

2011 年汕尾市地方税务局营业税分税目分企业类型统计年报表

编报机关:汕尾市地方税务局　　单位:万元

序号	项　目	合　计	内资企业												港澳台投资企业	其中:国有控股	外商投资企业	其中:国有控股	个体经营	附列:应税营业收入
			小计	国有企业	集体企业	股份合作企业	联营企业	其中:国有控股	有限责任公司	其中:国有控股	股份有限公司	其中:国有控股	私营企业	其他企业						
1	合　计	69275	53484	7649	5342	722	48		19549	2660	5226	4119	10653	4295	5972	604	1958		7861	3973251
2	一、建筑业	23242	21514	3640	3843	36	38		10826	2299	351		2544	236	26	1	95		1607	1791449
3	其中:建筑	15237	14588	2664	2796	7	11		7597	2071	196		1186	131	1		68		580	1165746
4	安装	3227	2972	599	274	3	3		1365	108	24		614	90	6	1	6		243	252216
5	二、交通运输业	1378	1237	261	15				652	49	4		229	76	22		1		118	107740
6	1. 陆路运输	1167	1083	250	2				564	2	4		190	73	22		1		61	90258
7	2. 水路运输	55	53	1					48	47			1	3					2	5364
8	3. 航空运输																			
9	4. 管道运输	33	33	1	12				20											2194
10	5. 装卸搬运	123	68	9	1				20				38						55	9924
11	三、邮电通信业	4423	1619	945					55	20	617	617	2		2416	603	387		1	337010
12	1. 邮政	143	81	44					35				2		62	55				10968
13	2. 电信	4280	1538	901					20	20	617	617			2354	548	387		1	326042
14	四、金融保险业	5901	5895	1242		629			113		3873	3410	37	1	5				1	126417
15	1. 金融	4754	4748	1006		629			113		2962	2785	37	1	5				1	103480
16	2. 保险	1147	1147	236							911	625								22937
17	五、娱乐业	410	254						98				156		92		2		62	6547
18	1. 按5%税率征收	9	8										8						1	400

续表

序号	项　目	合计	内资企业												港澳台投资企业	其中：国有控股	外商投资企业	其中：国有控股	个体经营	附列：应税营业收入
			小计	国有企业	集体企业	股份合作企业	联营企业	其中:国有控股	有限责任公司	其中:国有控股	股份有限公司	其中:国有控股	私营企业	其他企业						
19	2. 按10%税率征收	50	34										34		3				13	1096
20	3. 按15%税率征收	348	210						96				114		89		2		47	5026
21	4. 按20%税率征收	3	2						2										1	25
22	六、服务业	11545	6501	456	247	57	10		2831	290	180	88	1495	1225	860		1051		3133	590092
23	1. 代理业	264	160	33	11				20		67	29	21	8	5		22		77	12686
24	2. 旅店业	871	400	31	12	7			179		14	14	136	21	292		21		158	43205
25	3. 饮食业	3464	778	13	2	49			246		1		462	5	406		396		1884	161996
26	4. 旅游业	38	37	5	20				8	4			4						1	1717
27	5. 仓储业	18	15	1			9		1				4				1		2	754
28	6. 租赁业	1197	808	75	14	1			150		13	9	147	408	88		3		298	60223
29	其中:房屋租赁	285	108	23	3	1			26		2	2	24	29	78		2		97	16960
30	7. 广告业	290	273	38					48		4	4	116	67					17	14710
31	8. 其他服务业	5403	4030	260	188		1		2179	286	81	32	605	716	69		608		696	294801
32	七、转让无形资产	4183	3721	14	750				452					2505	76				386	172056
33	其中:转让土地使用权	3585	3161	14	195				452					2500	49				375	147623
34	八、销售不动产	18077	12663	1080	479				4510		201	4	6184	209	2468		422		2524	832463
35	九、文化体育业	103	71	11	8				6	2			3	43	7				25	7719
36	十、税款滞纳金罚款收入	13	9						6				3						4	1758

2011年东莞市地方税务局营业税分税目分企业类型统计年报表

编报机关：东莞市地方税务局　　　　单位：万元

序号	项目	合计	内资企业												港澳台投资企业	其中：国有控股	外商投资企业	其中：国有控股	个体经营	附列：应税营业收入
			小计	国有企业	集体企业	股份合作企业	联营企业	其中:国有控股	有限责任公司	其中:国有控股	股份有限公司	其中:国有控股	私营企业	其他企业						
1	合计	1054446	825127	29142	73061	3175	1149	20	430202	15921	159211	95759	114707	14480	68169	6780	56180	587	104970	40962848
2	一、建筑业	232637	218310	23622	18675	2470	1119	18	128539	13855	11408	39	31116	1361	905	13	1192	28	12230	16742051
3	其中:建筑	145148	140248	17247	14197	2220	594	1	83894	13042	8619	30	12357	1120	179		340	21	4381	10921639
4	安装	42177	38215	2438	1545	134	278	2	23956	538	702	9	9066	96	481	2	618	6	2863	2799060
5	二、交通运输业	33937	23600	275	139		7		18856	13	7		3410	906	2716	1745	260		7361	1507867
6	1. 陆路运输	21120	14755	13	130		7		10751	13	4		3011	839	203	3	83		6079	985012
7	2. 水路运输	1433	1387	11					1307				2	67	5		11		30	88394
8	3. 航空运输																			7
9	4. 管道运输	93	1						1								92			5075
10	5. 装卸搬运	11291	7457	251	9				6797		3		397		2508	1742	74		1252	429379
11	三、邮电通信业	40374	15045	1687					2520	185	9534	9525	1290	14	3564		21759		6	1086105
12	1. 邮政	4940	3461	1352					986				1123		13		1461		5	248633
13	2. 电信	35434	11584	335					1534	185	9534	9525	167	14	3551		20298		1	837472
14	四、金融保险业	147747	143158	738	34				7029	55	135114	85623	156	87	1663	95	2894	221	32	1192220
15	1. 金融	120161	116336	738	34				6450	55	108871	68562	156	87	1643	95	2150	221	32	789019
16	2. 保险	27586	26822						579		26243	17061			20		744			403201
17	五、娱乐业	14986	9621		485				4277	3			4859		4578		109		678	237983
18	1. 按5%税率征收	154	94						67				27				7		53	6343

续表

序号	项目	合计	内资企业												港澳台投资企业	其中：国有控股	外商投资企业	其中：国有控股	个体经营	附列：应税营业收入
			小计	国有企业	集体企业	股份合作企业	联营企业	其中:国有控股	有限责任公司	其中:国有控股	股份有限公司	其中:国有控股	私营企业	其他企业						
19	2. 按10%税率征收	7043	2769		8				885	3			1876		4132		30		112	140869
20	3. 按15%税率征收	7739	6709		476				3295				2938		446		72		512	90607
21	4. 按20%税率征收	45	45						30				15							161
22	六、服务业	299951	190187	2728	32819	698	22	2	101686	1588	2810	534	38620	10804	35269	4926	23667	338	50828	11723014
23	1. 代理业	9764	6684	29	520				4736	13	12		1380	7	1179		252		1649	392411
24	2. 旅店业	13082	10590	4	425				6602	22	22		3525	12	953		236		1303	480261
25	3. 饮食业	49758	22470		757				14009	2			7704		4560	1	5131	11	17597	1883224
26	4. 旅游业	547	546		1				473		18		54						1	21857
27	5. 仓储业	3973	3360	15	13				3081	100	5		245	1	499	1	95		19	114808
28	6. 租赁业	71739	47374	543	15351	692	10		19041	193	595	27	5267	5875	4673	229	3493		16199	2976958
29	其中:房屋租赁	38595	21341	137	7607	664	3		6883	20	76	10	2328	3643	2765	75	1084		13405	1751359
30	7. 广告业	7852	7556		66				3609	1	309	164	952	2620	4	4	5		287	196995
31	8. 其他服务业	143236	91607	2137	15686	6	12	2	50135	1257	1849	343	19493	2289	23401	4691	14455	327	13773	5656500
32	七、转让无形资产	12294	9789	14	1196				8194				377	8	391		1823		291	150070
33	其中:转让土地使用权	9846	9323	14	1015				8024				263	7	294		33		196	52055
34	八、销售不动产	268733	212288	62	19348	1	1		157795	216	38	28	34483	560	18892	1	4368		33185	8130040
35	九、文化体育业	2495	2241	13	20	1			976	6	287	2	216	728	86		27		141	163781
36	十、税款滞纳金罚款收入	1292	888	3	345	5			330		13	8	180	12	105		81		218	29717

2011年中山市地方税务局营业税分税目分企业类型统计年报表

编报机关:中山市地方税务局　　　　单位:万元

序号	项目	合计	内资企业												港澳台投资企业	其中:国有控股	外商投资企业	其中:国有控股	个体经营	附列:应税营业收入
			小计	国有企业	集体企业	股份合作企业	联营企业	其中:国有控股	有限责任公司	其中:国有控股	股份有限公司	其中:国有控股	私营企业	其他企业						
1	合计	614457	448254	15174	22260	6847	2909	6	287508	14584	74751	36565	23405	15400	66394	3622	34413	227	65396	28468636
2	一、建筑业	154974	141646	13136	5981	101	2420	6	99190	2764	9653	317	10913	252	642	15	1122	97	11564	10341664
3	其中:建筑	80215	78569	7994	3552	50	994		54281	1262	7427		4138	133	87		306		1253	5357153
4	安装	18003	15098	1080	579	15	82		10515	370	1038		1748	41	167		566		2172	1204512
5	二、交通运输业	10352	7533	15	181				6920	1363	3		350	64	738		164		1917	690118
6	1. 陆路运输	7325	5750	3	14				5434	1363	3		276	20	194		101		1280	488381
7	2. 水路运输	190	176		4				103				30	39	11				3	12596
8	3. 航空运输																			
9	4. 管道运输	1003	1003						1003											66906
10	5. 装卸搬运	1834	604	12	163				380				44	5	533		63		634	122235
11	三、邮电通信业	16492	6146	-312					1159		5270		29		10085		208		53	1125761
12	1. 邮政	1085	663	83					554				26		161		208		53	72381
13	2. 电信	15407	5483	-395					605		5270		3		9924					1053380
14	四、金融保险业	65783	63670	288	94	4097			3847	1068	55286	35720	58		822		1185	130	106	1411037
15	1. 金融	52878	51036	288	94	4097			2092	1003	44407	30698	58		821		915		106	1139226
16	2. 保险	12905	12634						1755	65	10879	5022			1		270	130		271811
17	五、娱乐业	5629	3310		82				2520				707	1	1548		11		760	94080
18	1. 按5%税率征收	264	88						52				36						176	10436

续表

序号	项　目	合　计	内资企业												港澳台投资企业	其中:国有控股	外商投资企业	其中:国有控股	个体经营	附列:应税营业收入
			小计	国有企业	集体企业	股份合作企业	联营企业	其中:国有控股	有限责任公司	其中:国有控股	股份有限公司	其中:国有控股	私营企业	其他企业						
19	2. 按10%税率征收	1818	412						139				273		1406					36383
20	3. 按15%税率征收	3546	2810		82				2329				398	1	142		11		583	47246
21	4. 按20%税率征收	1																	1	15
22	六、服务业	112577	66629	1135	4175	105	48		47471	4063	1909	527	4521	7265	12158	3607	7722		26068	4773237
23	1. 代理业	7710	3719	70	109				2865	26	4		516	155	608	1	506		2877	308406
24	2. 旅店业	3691	2579	3	51				2308		1		211	5	470		226		416	147764
25	3. 饮食业	22534	8890		341				7714	1			790	45	1523		2137		9984	901386
26	4. 旅游业	359	355	27	11				300		6		11						4	14331
27	5. 仓储业	691	477						341				136		186		13		15	27630
28	6. 租赁业	25681	15460	149	1468	105	35		7301	1511	710	265	201	5491	1830	23	747		7644	1094842
29	其中:房屋租赁	21430	12389	120	1216	94	15		5765	1371	622	256	133	4424	1532		654		6855	923217
30	7. 广告业	2681	2493	30	85				919	95	177		75	1207	6		6		176	107212
31	8. 其他服务业	49230	32656	856	2110		13		25723	2430	1011	262	2581	362	7535	3583	4087		4952	2171666
32	七、转让无形资产	43614	26728	569	6018	1998			12493	729	419		125	5106	2289		3586		11011	1735031
33	其中:转让土地使用权	42138	26583	569	6008	1998			12384	729	402		124	5098	2268		2282		11005	1675417
34	八、销售不动产	203132	130935	342	5708	539	440		113286	4585	1742		6662	2216	38038		20390		13769	8178177
35	九、文化体育业	1659	1472	1	3				529	10	464		35	440	59		6		122	110754
36	十、税款滞纳金罚款收入	245	185		18	7	1		93	2	5	1	5	56	15		19		26	8777

2011年江门市地方税务局营业税分税目分企业类型统计年报表

编报机关:江门市地方税务局　　　　单位:万元

序号	项目	合计	内资企业												港澳台投资企业	其中:国有控股	外商投资企业	其中:国有控股	个体经营	附列:应税营业收入
			小计	国有企业	集体企业	股份合作企业	联营企业	其中:国有控股	有限责任公司	其中:国有控股	股份有限公司	其中:国有控股	私营企业	其他企业						
1	合　计	387586	284369	14508	19132	8376	977	44	146509	9536	46145	18848	37831	10891	30447	1274	36588	320	36182	18251998
2	一、建筑业	101538	88365	8480	6393	33	945	26	57361	7031	1561	31	12380	1212	222	2	3858		9093	6911841
3	其中:建筑	57335	51130	6033	4966	1	363		33117	2995	1014	26	5047	589	31		3550		2624	3820461
4	安装	10993	9530	482	448		46	4	5514	501	89	4	2925	26	163		146		1154	733050
5	二、交通运输业	11295	6729	222	440				4549	380	13		1175	330	442	183	84	74	4040	705440
6	1. 陆路运输	8805	5305	193	244				3669	233	13		867	319	95	24	27	19	3378	539509
7	2. 水路运输	788	693	5	169				409				100	10			4	3	91	52685
8	3. 航空运输																			
9	4. 管道运输																			5
10	5. 装卸搬运	1702	731	24	27				471	147			208	1	347	159	53	52	571	113241
11	三、邮电通信业	12176	4686	48					1282	712	3299		27	30	7294		195		1	815588
12	1. 邮政	444	374	46					308	35	1		19				69		1	33401
13	2. 电信	11732	4312	2					974	677	3298		8	30	7294		126			782187
14	四、金融保险业	50416	49383	789	3	7996			2111	311	38440	18370	44		506	47	511	79	16	1120289
15	1. 金融	36275	35538	586	3	7996			1907	311	25002	15595	44		428	47	293	13	16	832091
16	2. 保险	14141	13845	203					204		13438	2775			78		218	66		288198
17	五、娱乐业	3047	1819	10	10				1321	9	1		475	2	508		62		658	50649
18	1. 按5%税率征收	263	41	2	1				27				9	2	4				218	10423

续表

序号	项目	合计	内资企业												港澳台投资企业	其中：国有控股	外商投资企业	其中：国有控股	个体经营	附列：应税营业收入
			小计	国有企业	集体企业	股份合作企业	联营企业	其中:国有控股	有限责任公司	其中:国有控股	股份有限公司	其中:国有控股	私营企业	其他企业						
19	2. 按10%税率征收	478	186						26		1		159		262				30	9547
20	3. 按15%税率征收	2279	1579	8	7				1267	9			297		242		61		397	30351
21	4. 按20%税率征收	27	13		2				1				10				1		13	328
22	六、服务业	79591	43314	1932	3603	159	32	18	22388	966	2512	402	7532	5156	7079	400	10796	167	18402	3335173
23	1. 代理业	2160	1428	82	23	5	2		481	4	400	27	381	54	204	7	23	6	505	86453
24	2. 旅店业	3445	1667	127	36				1194		1		289	20	559		535		684	137802
25	3. 饮食业	17044	4337	10	33				3181				1113		1924		1637		9146	681802
26	4. 旅游业	388	372	24	1				301	4	7		39				14		2	15541
27	5. 仓储业	450	176	6					121				49		149	11	77	2	48	17994
28	6. 租赁业	10863	6913	547	950	57	18	18	2370	250	256	51	734	1981	1321	14	336	2	2293	439303
29	其中:房屋租赁	4016	2313	212	459	7			743	32	55	5	239	598	530	1	120		1053	166257
30	7. 广告业	1858	1618	11	89				894	172	67		219	338	9				231	74324
31	8. 其他服务业	43383	26803	1125	2471	97	12		13846	536	1781	324	4708	2763	2913	368	8174	157	5493	1881954
32	七、转让无形资产	7395	4296	1258	673	61			1062	11	55	42	50	1137	1897	150	171		1031	257019
33	其中:转让土地使用权	6142	4172	1256	601	57			1028	11	47	42	48	1135	889		91		990	209169
34	八、销售不动产	120425	84368	1728	7841	125			56046	86	62	3	16020	2546	12399	492	20879		2779	4934723
35	九、文化体育业	1401	1199	40	79				333	30	202		74	471	67		21		114	92579
36	十、税款滞纳金罚款收入	302	210	1	90	2			56				54	7	33		11		48	28697

2011年阳江市地方税务局营业税分税目分企业类型统计年报表

编报机关:阳江市地方税务局　　　　单位:万元

序号	项目	合计	内资企业												港澳台投资企业	其中:国有控股	外商投资企业	其中:国有控股	个体经营	附列:应税营业收入
			小计	国有企业	集体企业	股份合作企业	联营企业	其中:国有控股	有限责任公司	其中:国有控股	股份有限公司	其中:国有控股	私营企业	其他企业						
1	合　计	128420	108735	8139	6729	1316	150	32	51435	4013	14061	5943	20517	6388	5682	39	1822		12181	6395574
2	一、建筑业	43001	40337	3834	5194	37	119	2	24590	1584	1641		4570	352	38		69		2557	2880927
3	其中:建筑	31166	30182	2419	4684		80	1	19067	1291	1094		2607	231	15		39		930	2089931
4	安装	3761	3526	370	201	8	9		2130	126	141		634	33	2		30		203	250976
5	二、交通运输业	3965	3409	8	282	15			2018	683	702	690	346	38	9		126		421	264346
6	1. 陆路运输	2670	2444	8	170	15			1288	561	699	690	264		8				218	178035
7	2. 水路运输	333	331		4				309	122			13	5					2	22165
8	3. 航空运输																			
9	4. 管道运输																			15
10	5. 装卸搬运	962	634		108				421		3		69	33	1		126		201	64131
11	三、邮电通信业	4487	1500	97					84	25	1280	1279	33	6	2984	39			3	299044
12	1. 邮政	107	106	59					13				33	1					1	7046
13	2. 电信	4380	1394	38					71	25	1280	1279		5	2984	39			2	291998
14	四、金融保险业	13174	13150	1155	494	1261			636	374	9582	3725	22		1		21		2	287728
15	1. 金融	10453	10429	1111	494	1261			432	182	7109	2623	22		1		21		2	232698
16	2. 保险	2721	2721	44					204	192	2473	1102								55030
17	五、娱乐业	1178	380						137		5		238		665				133	20867
18	1. 按5%税率征收	19	3										3						16	590

续表

序号	项目	合计	内资企业												港澳台投资企业	其中：国有控股	外商投资企业	其中：国有控股	个体经营	附列：应税营业收入
			小计	国有企业	集体企业	股份合作企业	联营企业	其中:国有控股	有限责任公司	其中:国有控股	股份有限公司	其中:国有控股	私营企业	其他企业						
19	2. 按10%税率征收	726	61						7		5		49		663				2	14531
20	3. 按15%税率征收	431	314						129				185		2				115	5724
21	4. 按20%税率征收	2	2						1				1							22
22	六、服务业	21602	15053	1125	332	1	30	30	5418	1231	582	249	5343	2222	857		761		4931	918249
23	1. 代理业	152	141	23					40				78						11	6082
24	2. 旅店业	1372	833	2	23				512		2		292	2	49		127		363	54885
25	3. 饮食业	7760	3952	2	56				765	27	152		2977		378		332		3098	310013
26	4. 旅游业	39	36	5					13				18						3	1574
27	5. 仓储业	106	80	1					50	31	28		1				21		5	4291
28	6. 租赁业	1162	623	123	17	1	15	15	141	33	19	12	120	187	51		56		432	49815
29	其中:房屋租赁	462	263	66	7				55	13	6	2	66	63	38		3		158	21871
30	7. 广告业	452	437	3	4				68		7	7	181	174					15	18115
31	8. 其他服务业	10559	8951	966	232		15	15	3829	1140	374	230	1676	1859	379		225		1004	473474
32	七、转让无形资产	5946	3543	551	185	2	1		1279	57	187		162	1176	126				2277	227988
33	其中:转让土地使用权	5842	3484	551	185	2			1253	57	187		130	1176	126				2232	223851
34	八、销售不动产	34202	30598	1337	213				17022		82		9587	2357	996		839		1769	1451697
35	九、文化体育业	541	519	8	26				160	27			92	233			6		16	36105
36	十、税款滞纳金罚款收入	324	246	24	3				91	32			124	4	6				72	8623

2011年湛江市地方税务局营业税分税目分企业类型统计年报表

编报机关:湛江市地方税务局　　　　单位:万元

序号	项目	合计	内资企业												港澳台投资企业	其中:国有控股	外商投资企业	其中:国有控股	个体经营	附列:应税营业收入
			小计	国有企业	集体企业	股份合作企业	联营企业	其中:国有控股	有限责任公司	其中:国有控股	股份有限公司	其中:国有控股	私营企业	其他企业						
1	合　计	234592	184983	23948	9079	2855	185	15	93519	6556	36737	20769	12048	6612	16535	5004	3418	77	29656	11272785
2	一、建筑业	66338	54598	13411	6768	27	98	8	27663	3108	2558	206	3500	573	379		725		10636	4427098
3	其中:建筑	44425	38126	9872	5170	7	13	8	18753	2719	2154		1703	454	186		549		5564	2965076
4	安装	4924	4068	953	153	10	3		2080	184	96	12	759	14	76		173		607	328377
5	二、交通运输业	18748	11746	640	450	2	38		7365	503	1337		1423	491	4036	3718	59		2907	1244163
6	1. 陆路运输	6689	4889	329	177	2			3499	322	28		830	24	34	-8	1		1765	440139
7	2. 水路运输	3842	3475	4	70		38		2035	28	1076		251	1	186		58		123	256177
8	3. 航空运输	452	452	227							225									30161
9	4. 管道运输	40	40						40											2683
10	5. 装卸搬运	7725	2890	80	203				1791	153	8		342	466	3816	3726			1019	515003
11	三、邮电通信业	10265	2900	197					753	367	1942	1604	7	1	6376	39	988		1	684279
12	1. 邮政	1186	306	193					107	69			6		868		12			79078
13	2. 电信	9079	2594	4					646	298	1942	1604	1	1	5508	39	976		1	605201
14	四、金融保险业	35838	35547	1563	229	2601			1925	594	29168	18331	23	38	40	1	210	69	41	772749
15	1. 金融	30906	30736	1281	229	2601			1069	535	25495	16313	23	38	4	1	125	11	41	666219
16	2. 保险	4932	4811	282					856	59	3673	2018			36		85	58		106530
17	五、娱乐业	1328	918	2	1				288	11			627		152		27		231	19453
18	1. 按5%税率征收	29	6						1				5						23	1156

续表

序号	项目	合计	内资企业												港澳台投资企业	其中：国有控股	外商投资企业	其中：国有控股	个体经营	附列：应税营业收入
			小计	国有企业	集体企业	股份合作企业	联营企业	其中:国有控股	有限责任公司	其中:国有控股	股份有限公司	其中:国有控股	私营企业	其他企业						
19	2. 按10%税率征收	159	128		1				13	5			114						31	3155
20	3. 按15%税率征收	1138	783	2					274	6			507		152		27		176	15111
21	4. 按20%税率征收	2	1										1						1	31
22	六、服务业	45889	31821	3028	1075	52	49	7	16876	1638	1436	627	5093	4212	2470	1246	1164	8	10434	1889469
23	1. 代理业	1776	1632	59	2	9			1193	83			287	82	26		5		113	71394
24	2. 旅店业	2206	1492	109	34				672	118			646	31	315	2	4		395	88252
25	3. 饮食业	12141	5818	53	121				3145	376			2448	51	551		679		5093	485650
26	4. 旅游业	135	131	14					90	1			14	13					4	5409
27	5. 仓储业	2317	1304	120	29		3		510	50	630		9	3	965	932	9		39	92700
28	6. 租赁业	5499	4069	601	236	7			1939	168	49	15	231	1006	79	22	137		1214	228605
29	其中:房屋租赁	2069	1707	344	72	2			671	77	31	10	121	466	21		7		334	90967
30	7. 广告业	1194	1074	330	7				325	1	15	14	104	293	23				97	47744
31	8. 其他服务业	20621	16301	1742	646	36	46	7	9002	841	742	598	1354	2733	511	290	330	8	3479	869715
32	七、转让无形资产	6592	4051	852	264	128			2181	34	25		29	572	84		237		2220	240029
33	其中:转让土地使用权	6427	3900	852	263	1			2160	34	25		29	570	84		237		2206	233376
34	八、销售不动产	47832	42077	4196	222	43			36080	275	96		1301	139	2997				2758	1892590
35	九、文化体育业	1301	995	17	22				199	20	172		33	552					306	86394
36	十、税款滞纳金罚款收入	461	330	42	48	2			189	6	3	1	12	34	1		8		122	16561

2011年茂名市地方税务局营业税分税目分企业类型统计年报表

编报机关:茂名市地方税务局　　　　单位:万元

序号	项目	合计	内资企业												港澳台投资企业	其中:国有控股	外商投资企业	其中:国有控股	个体经营	附列:应税营业收入
			小计	国有企业	集体企业	股份合作企业	联营企业	其中:国有控股	有限责任公司	其中:国有控股	股份有限公司	其中:国有控股	私营企业	其他企业						
1	合计	133780	106224	16552	6193	2459	423	3	62066	2897	11952	6744	1380	5199	5935	2554	2408	83	19213	6575358
2	一、建筑业	36840	31996	5033	3688	51	395		19257	569	2050	937	509	1013	111		542		4191	2431700
3	其中:建筑	23031	20715	2731	2592	29	359		13247	485	781		179	797	5		301		2010	1516371
4	安装	2960	2786	1114	170	3	10		1224	13	32		133	100	30		6		138	204967
5	二、交通运输业	9239	6734	2562	225	4	3		3705	271	44		26	165	588	73	131		1786	653068
6	1. 陆路运输	4600	3130	668	96	4			2184	87	42		17	119	1				1469	361649
7	2. 水路运输	820	764	13	16		3		690	58				42	35				21	55864
8	3. 航空运输																			
9	4. 管道运输	2453	1867	1853					14	14					479		107			133995
10	5. 装卸搬运	1366	973	28	113				817	112	2		9	4	73	73	24		296	101560
11	三、邮电通信业	7579	2509	466					1658	854	299	295		86	4812	2478	256		2	498438
12	1. 邮政	212	193	86					96					11	18	18			1	15016
13	2. 电信	7367	2316	380					1562	854	299	295		75	4794	2460	256		1	483422
14	四、金融保险业	16193	15992	4001	396	2252			1600	741	7743	4489			3		196	83	2	322242
15	1. 金融	12335	12329	3657	396	2252			748	212	5276	2850			3		1		2	239237
16	2. 保险	3858	3663	344					852	529	2467	1639					195	83		83005
17	五、娱乐业	493	214	2					176				36						279	9031
18	1. 按5%税率征收	48	6						3				3						42	1971

续表

序号	项目	合计	内资企业												港澳台投资企业	其中:国有控股	外商投资企业	其中:国有控股	个体经营	附列:应税营业收入
			小计	国有企业	集体企业	股份合作企业	联营企业	其中:国有控股	有限责任公司	其中:国有控股	股份有限公司	其中:国有控股	私营企业	其他企业						
19	2. 按10%税率征收	65	63						31				32						2	1190
20	3. 按15%税率征收	380	145	2					142				1						235	5869
21	4. 按20%税率征收																			1
22	六、服务业	28913	20317	3684	1636	60	10	3	10658	406	1612	1023	802	1855	211	3	666		7719	1311217
23	1. 代理业	1494	1201	91	435	5			650	106	5	1	7	8			5		288	69621
24	2. 旅店业	1134	733	68	23				619				20	3					401	44171
25	3. 饮食业	6263	2038	170	54				1389	1			422	3			412		3813	268982
26	4. 旅游业	208	197	24	2				171										11	6487
27	5. 仓储业	367	332	91	1				238	8				2			5		30	17983
28	6. 租赁业	3377	2829	647	41	3	5	3	1527	72	55	16	115	436	9	3	12		527	163241
29	其中:房屋租赁	1292	1189	253	20	2	2		639	34	19	9		254	5	3	7		91	64379
30	7. 广告业	567	510	179	3				160	19	23	23	3	142					57	28616
31	8. 其他服务业	15503	12477	2414	1077	52	5		5904	200	1529	983	235	1261	202		232		2592	712120
32	七、转让无形资产	3966	2222	653	151	11	1		908		90		7	401	100		12		1632	126762
33	其中:转让土地使用权	3600	1986	652	132	10	1		710		88		7	386	100				1514	111918
34	八、销售不动产	29827	25711	133	82	81	14		23849	53	110			1442	110		604		3402	1175234
35	九、文化体育业	639	442	9	13				179	3	4			237					197	45218
36	十、税款滞纳金罚款收入	91	87	9	2				76								1		3	2448

2011年肇庆市地方税务局营业税分税目分企业类型统计年报表

编报机关：肇庆市地方税务局　　　　单位：万元

序号	项目	合计	内资企业												港澳台投资企业	其中：国有控股	外商投资企业	其中：国有控股	个体经营	附列：应税营业收入
			小计	国有企业	集体企业	股份合作企业	联营企业	其中：国有控股	有限责任公司	其中：国有控股	股份有限公司	其中：国有控股	私营企业	其他企业						
1	合计	269713	220949	14160	16222	4980	419	30	103657	10032	22307	13228	42008	17196	17533	2828	8131	214	23100	17508396
2	一、建筑业	85223	77771	7394	11352	77	377	18	44437	5045	1532	110	12178	424	135	2	1874	11	5443	8516162
3	其中：建筑	56697	53019	4216	9599	7	49		30122	3844	1040	43	7775	211	74		893		2711	6246217
4	安装	5907	4490	156	178	21	20		2986	645	63	2	1010	56	9		870		538	401194
5	二、交通运输业	6445	4638	99	481				2993	608			1049	16	216	81	20		1571	508505
6	1. 陆路运输	4779	3500	58	292				2475	634			670	5	25	25			1254	371881
7	2. 水路运输	544	490		1				265	-30			216	8					54	46525
8	3. 航空运输																			
9	4. 管道运输	2	2						2											266
10	5. 装卸搬运	1120	646	41	188				251	4			163	3	191	56	20		263	89833
11	三、邮电通信业	7194	2402	146	3				1545	413	691	326	17		4286	205	506	24		652388
12	1. 邮政	177	165	56	3				89				17				12			15328
13	2. 电信	7017	2237	90					1456	413	691	326			4286	205	494	24		637060
14	四、金融保险业	27792	27427	2670	104	4693			1031	173	18907	12524	20	2	67		278	22	20	623975
15	1. 金融	23222	23017	2420	104	4693			674	90	15104	10396	20	2	67		118		20	529062
16	2. 保险	4570	4410	250					357	83	3803	2128					160	22		94913
17	五、娱乐业	1609	560	2	3				118				434	3	209		18	12	822	30559
18	1. 按5%税率征收	54	11	1					1				6	3	1				42	2608

续表

序号	项　目	合计	内资企业												港澳台投资企业	其中：国有控股	外商投资企业	其中：国有控股	个体经营	附列：应税营业收入
			小计	国有企业	集体企业	股份合作企业	联营企业	其中:国有控股	有限责任公司	其中:国有控股	股份有限公司	其中:国有控股	私营企业	其他企业						
19	2. 按10%税率征收	305	124		1				1				122		163				18	6760
20	3. 按15%税率征收	1246	424	1	2				116				305		45		18	12	759	21147
21	4. 按20%税率征收	4	1										1						3	44
22	六、服务业	40297	25492	2754	1040	69	36	11	10197	1664	574	258	6633	4189	1306	60	3264	86	10235	2146905
23	1. 代理业	1166	766	42	16	49	11	8	283	51	162	100	194	9	1		112		287	61892
24	2. 旅店业	2612	1858	201	19				743	174			877	18	90		202	15	462	132605
25	3. 饮食业	10755	2757	286	170				1124	148	76	76	1072	29	435		965	28	6598	537711
26	4. 旅游业	246	245	70	2				127	4			44	2					1	14080
27	5. 仓储业	116	111	12	1				84				13	1			4		1	5255
28	6. 租赁业	6211	4926	539	200	20	3	3	1223	204	111	55	1019	1811	202	54	256	7	827	333606
29	其中:房屋租赁	2911	2285	295	78	16	3	2	684	87	84	45	425	700	119	45	195	3	312	160564
30	7. 广告业	1040	880	14	47				278	30	1	1	139	401					160	56409
31	8. 其他服务业	18151	13949	1590	585		22		6335	1053	224	26	3275	1918	578	6	1725	36	1899	1005345
32	七、转让无形资产	15801	13971	178	334	97	5	1	3870	859	5	5	201	9281	196		133	3	1501	681431
33	其中:转让土地使用权	15110	13491	61	334	97	5	1	3705	859	5	4	131	9153	108		98	3	1413	651740
34	八、销售不动产	83888	67482	846	2855	44	1		39091	1216	514	5	21310	2821	11015	2480	2000	50	3391	4246914
35	九、文化体育业	1103	936	25	16				262	53	84		91	458	96		18		53	91498
36	十、税款滞纳金罚款收入	361	270	46	34				113	1			75	2	7		20	6	64	10059

2011年清远市地方税务局营业税分税目分企业类型统计年报表

编报机关:清远市地方税务局　　　　单位:万元

序号	项　目	合　计	内资企业												港澳台投资企业	其中:国有控股	外商投资企业	其中:国有控股	个体经营	附列:应税营业收入
			小计	国有企业	集体企业	股份合作企业	联营企业	其中:国有控股	有限责任公司	其中:国有控股	股份有限公司	其中:国有控股	私营企业	其他企业						
1	合　计	295551	245365	13244	10956	2686	3719	1	169661	3593	22907	17277	12517	9675	9808	1762	9625	1973	30753	14148247
2	一、建筑业	93268	80861	8832	7343	66	3640	1	50577	2003	3926	99	5891	586	1322		2164		8921	6191817
3	其中:建筑	55434	49243	5278	5259	29	2767		32013	1000	1979	80	1560	358	1236		1829		3126	3669800
4	安装	10024	8895	1291	384	36	173		5383	205	197	7	1386	45	29		47		1053	668463
5	二、交通运输业	5895	4408	1061	229		5		2367		154		592		21	-2	5	2	1461	389476
6	1. 陆路运输	4628	3791	1055	168				1961		154		453		19	-2	3	2	815	302822
7	2. 水路运输	428	386		46				240				100		1				41	30752
8	3. 航空运输																			
9	4. 管道运输																			3
10	5. 装卸搬运	839	231	6	15		5		166				39		1		2		605	55899
11	三、邮电通信业	6550	2008	308			1		721	531	942	872	29	7	3628	1591	910	490	4	436224
12	1. 邮政	148	137	29					100				1	7	8				3	9849
13	2. 电信	6402	1871	279			1		621	531	942	872	28		3620	1591	910	490	1	426375
14	四、金融保险业	22196	21938	479	2043	2562			738	138	16116	15782			71		167	78	20	505688
15	1. 金融	17916	17748	479	2043	2562			717	138	11947	11716			71		77	1	20	419634
16	2. 保险	4280	4190						21		4169	4066					90	77		86054
17	五、娱乐业	3047	1874	1					1427	7			446		39		19		1115	46379
18	1. 按5%税率征收	64	12						11				1				2		50	2561

续表

序号	项目	合计	内资企业												港澳台投资企业	其中：国有控股	外商投资企业	其中：国有控股	个体经营	附列：应税营业收入
			小计	国有企业	集体企业	股份合作企业	联营企业	其中:国有控股	有限责任公司	其中:国有控股	股份有限公司	其中:国有控股	私营企业	其他企业						
19	2. 按10%税率征收	615	592						502	1			90						23	12318
20	3. 按15%税率征收	2365	1269	1					913	6			355		39		17		1040	31457
21	4. 按20%税率征收	3	1						1										2	43
22	六、服务业	41234	26500	2239	535	16	63		16340	349	660	517	1221	5426	1980	173	3162	1403	9592	1644694
23	1. 代理业	760	592	4	2	2			197		342	334	5	40			125	13	43	28680
24	2. 旅店业	3548	1929	75	12				1435	30			301	106	782		276		561	141971
25	3. 饮食业	9544	2775	55	77				2295	27			347	1	421		727		5621	381849
26	4. 旅游业	400	150	2					132		1		15		81		167		2	16049
27	5. 仓储业	66	62	33					27	3				2			2		2	2642
28	6. 租赁业	3585	2317	232	71	7	12		1314	45	40	25	79	562	128	1	42	3	1098	117375
29	其中:房屋租赁	2068	1206	94	24	6			615	17	25	17	14	428	100	1	15		747	58554
30	7. 广告业	1233	1027	8					550	5	14	4	8	447	88		5		113	49268
31	8. 其他服务业	22098	17648	1830	373	7	51		10390	239	263	154	466	4268	480	172	1818	1387	2152	906943
32	七、转让无形资产	23234	21248	133	185	38			18431	565	836		305	1320	407		52		1527	933468
33	其中:转让土地使用权	23028	21148	133	185	38			18331	565	836		305	1320	352		52		1476	921832
34	八、销售不动产	98856	85411	172	572	4	9		78512		205	5	4004	1933	2269		3137		8039	3946253
35	九、文化体育业	678	564	11	2				287		59		26	179	69		9		36	46042
36	十、税款滞纳金罚款收入	593	553	8	47		1		261		9	2	3	224	2				38	8206

2011年潮州市地方税务局营业税分税目分企业类型统计年报表

编报机关：潮州市地方税务局　　　　单位：万元

序号	项目	合计	内资企业												港澳台投资企业	其中：国有控股	外商投资企业	其中：国有控股	个体经营	附列：应税营业收入
			小计	国有企业	集体企业	股份合作企业	联营企业	其中：国有控股	有限责任公司	其中：国有控股	股份有限公司	其中：国有控股	私营企业	其他企业						
1	合　计	57801	48311	3212	4968	1139	30		24940	1743	10767	8685	1419	1836	4249	3166	470	15	4771	3816366
2	一、建筑业	15891	14622	1435	3285	39	18		9162	1262	78		534	71	46	22	1		1222	1468621
3	其中：建筑	12830	11921	928	3149	37	2		7601	1133	57		126	21	23	1			886	1183600
4	安装	1865	1724	411	80		16		1011	114	13		165	28	1		1		139	167928
5	二、交通运输业	2457	1566	66	62	3			1273	7	22		112	28	4		2		885	206802
6	1. 陆路运输	1878	1196	59	62	3			957	1	4		111		4		1		677	148842
7	2. 水路运输	315	302						283		18		1				1		12	31544
8	3. 航空运输																			
9	4. 管道运输																			2
10	5. 装卸搬运	264	68	7					33	6				28					196	26414
11	三、邮电通信业	5173	1855	19					106		1726	1105		4	3292	3144	26			517336
12	1. 邮政	101	75	19					56								26			10132
13	2. 电信	5072	1780						50		1726	1105		4	3292	3144				507204
14	四、金融保险业	10966	10936	477	34	1010			771	185	8644	7362			29		1			245370
15	1. 金融	8169	8139	234	34	1010			547	68	6314	5410			29		1			175629
16	2. 保险	2797	2797	243					224	117	2330	1952								69741
17	五、娱乐业	736	428	30	5				317				76		230		1		77	15569
18	1. 按5%税率征收	11	8						5				3						3	563

续表

序号	项目	合计	内资企业												港澳台投资企业	其中:国有控股	外商投资企业	其中:国有控股	个体经营	附列:应税营业收入
			小计	国有企业	集体企业	股份合作企业	联营企业	其中:国有控股	有限责任公司	其中:国有控股	股份有限公司	其中:国有控股	私营企业	其他企业						
19	2. 按10%税率征收	245	56						29				27		185				4	5476
20	3. 按15%税率征收	470	355	30	4				275				46		45				70	9375
21	4. 按20%税率征收	10	9		1				8								1			155
22	六、服务业	10021	7028	708	226	28	5		3885	289	296	218	443	1437	411		377		2205	620764
23	1. 代理业	346	310	2	5				50	1	236	176	16	1					36	20489
24	2. 旅店业	558	478	99	12				336				20	11	22		24		34	33446
25	3. 饮食业	2063	1259	192	42				745	6			268	12	118		223		463	123804
26	4. 旅游业	97	81	8	1				72	1							15		1	5836
27	5. 仓储业	28	27	5					22										1	1697
28	6. 租赁业	1261	542	58	53	17			313		20	15	19	62	42		32		645	77937
29	其中:房屋租赁	359	172	35	12	17			67		15	11	9	17	9		7		171	22468
30	7. 广告业	606	600	3	1				134		7			455	1				5	36400
31	8. 其他服务业	5062	3731	341	112	11	5		2213	281	33	27	120	896	228		83		1020	321155
32	七、转让无形资产	1290	883	340	2	59			451				31		203		53	14	151	77386
33	其中:转让土地使用权	1180	788	340	2				415				31		203		53	14	136	70795
34	八、销售不动产	10795	10556	114	1349		4		8844				217	28	12		5	1	222	617968
35	九、文化体育业	444	412	22	1				119				5	265	22		4		6	44491
36	十、税款滞纳金罚款收入	28	25	1	4		3		12		1		1	3					3	2059

2011 年揭阳市地方税务局营业税分税目分企业类型统计年报表

编报机关:揭阳市地方税务局　　　　单位:万元

序号	项目	合计	内资企业												港澳台投资企业	其中:国有控股	外商投资企业	其中:国有控股	个体经营	附列:应税营业收入
			小计	国有企业	集体企业	股份合作企业	联营企业	其中:国有控股	有限责任公司	其中:国有控股	股份有限公司	其中:国有控股	私营企业	其他企业						
1	合　计	106569	89959	10163	9439	4673	116		39483	544	17479	7360	6312	2294	5423	759	2338	1561	8849	5143831
2	一、建筑业	36304	34609	7019	7609	18	86		17486	417	785		1553	53	23	6	42		1630	2424685
3	其中:建筑	25024	23948	5129	6471		83		11398	243	445		401	21					1076	1672610
4	安装	4246	4109	587	176	13	2		2731	72	48		534	18	7	2	15		115	283081
5	二、交通运输业	1823	1143	105	42				932	3	39		22	3	20		3		657	103783
6	1. 陆路运输	1406	827	71	4				727				22	3	20		3		556	76051
7	2. 水路运输	69	68		11				57	3									1	4622
8	3. 航空运输																			
9	4. 管道运输																			
10	5. 装卸搬运	348	248	34	27				148		39								100	23110
11	三、邮电通信业	8098	2826	342					924	1	1556	1124		4	4680	753	592	525		539785
12	1. 邮政	80	80	26					54											5246
13	2. 电信	8018	2746	316					870	1	1556	1124		4	4680	753	592	525		534539
14	四、金融保险业	20833	20833	951	588	4594			754	53	13946	5951								474312
15	1. 金融	16463	16463	695	588	4594			699	53	9887	3733								383983
16	2. 保险	4370	4370	256					55		4059	2218								90329
17	五、娱乐业	1216	839	3	108				463				265		87				290	17740
18	1. 按5%税率征收	46	18						14				4						28	1872

续表

序号	项　目	合　计	内资企业												港澳台投资企业	其中:国有控股	外商投资企业	其中:国有控股	个体经营	附列:应税营业收入
			小计	国有企业	集体企业	股份合作企业	联营企业	其中:国有控股	有限责任公司	其中:国有控股	股份有限公司	其中:国有控股	私营企业	其他企业						
19	2. 按10%税率征收	40	8										8		32					807
20	3. 按15%税率征收	1130	813	3	108				449				253		55				262	15059
21	4. 按20%税率征收																			2
22	六、服务业	16998	11565	659	710	3	27		6330	65	1069	241	1248	1519	502		1414	1036	3517	726801
23	1. 代理业	1101	795	115	1				146		508	228	23	2			3		303	35731
24	2. 旅店业	1249	971	27	104				562				276	2	165				113	49958
25	3. 饮食业	3664	1547	47	67				971				462		298		329		1490	146584
26	4. 旅游业	89	89	5					76		6		2							3524
27	5. 仓储业	266	257	1	2				230	53	24						2		7	10671
28	6. 租赁业	1989	1416	149	133	2			707	5	34	2	150	241	31		5		537	82863
29	其中:房屋租赁	670	433	26	37				235	3	12	1	32	91	4		3		230	28187
30	7. 广告业	860	822	8	4				244	1	5	5	104	457					38	34396
31	8. 其他服务业	7780	5668	307	399	1	27		3394	6	492	6	231	817	8		1075	1036	1029	363074
32	七、转让无形资产	1760	1108	392	111	37			377		17		105	69	71		97		484	66332
33	其中:转让土地使用权	1658	1011	392	111	37			280		17		105	69	67		97		483	58453
34	八、销售不动产	18698	16248	644	219	21	3		11856	5	15	2	3085	405	40		188		2222	746878
35	九、文化体育业	521	492	21	11				221		41	41	30	168					29	34755
36	十、税款滞纳金罚款收入	318	296	27	41				140		11	1	4	73			2		20	8760

2011年云浮市地方税务局营业税分税目分企业类型统计年报表

编报机关:云浮市地方税务局　　　　单位:万元

序号	项目	合计	内资企业												港澳台投资企业	其中:国有控股	外商投资企业	其中:国有控股	个体经营	附列:应税营业收入
			小计	国有企业	集体企业	股份合作企业	联营企业	其中:国有控股	有限责任公司	其中:国有控股	股份有限公司	其中:国有控股	私营企业	其他企业						
1	合　计	86291	70689	5670	4079	2940	193		38096	2469	8820	6091	6059	4832	2942	125	480		12180	4185190
2	一、建筑业	29154	25831	2203	2150	20	189		17671	1397	684	33	2632	282	21		131		3171	1937057
3	其中:建筑	17847	16528	1269	1498		107		11511	1033	399	28	1588	156	2		95		1222	1182606
4	安装	2502	2135	189	161	13			1077	102	243	5	423	29	12		32		323	167300
5	二、交通运输业	3354	1823	13	24				1686	215			94	6	11	-3			1520	223652
6	1. 陆路运输	2728	1428	3	21				1321	158			82	1	11	-3			1289	181655
7	2. 水路运输	156	116		1				112					3					40	10402
8	3. 航空运输																			
9	4. 管道运输																			
10	5. 装卸搬运	470	279	10	2				253	57			12	2					191	31595
11	三、邮电通信业	3631	1352	180					287	47	881	637	1	3	2109	128	170			242075
12	1. 邮政	119	119	27					91	35			1							7977
13	2. 电信	3512	1233	153					196	12	881	637		3	2109	128	170			234098
14	四、金融保险业	12085	11979	2112	1	2590			341	172	6935	5350			82				24	295001
15	1. 金融	10100	9994	2033	1	2590			302	172	5068	4802			82				24	251042
16	2. 保险	1985	1985	79					39		1867	548								43959
17	五、娱乐业	697	371						88				283						326	10439
18	1. 按5%税率征收	23	1						1										22	889

续表

序号	项　　目	合　计	内资企业												港澳台投资企业	其中：国有控股	外商投资企业	其中：国有控股	个体经营	附列：应税营业收入
			小计	国有企业	集体企业	股份合作企业	联营企业	其中:国有控股	有限责任公司	其中:国有控股	股份有限公司	其中:国有控股	私营企业	其他企业						
19	2. 按10%税率征收	87	80						1				79						7	1728
20	3. 按15%税率征收	587	290						86				204						297	7807
21	4. 按20%税率征收																			15
22	六、服务业	13901	8568	430	447	11			5229	620	209	71	937	1305	313		179		4841	594041
23	1. 代理业	244	185	21	6				120	5	-3	-3	35	6					59	9876
24	2. 旅店业	907	541	35	10				388	46			108		19		30		317	36240
25	3. 饮食业	4157	905	7	53				500	32			345		220		71		2961	166167
26	4. 旅游业	34	19	1					16	5			2		1		13		1	1358
27	5. 仓储业	17	17						17											675
28	6. 租赁业	2035	1530	127	76	10			758	253	7	4	100	452	31		8		466	82528
29	其中:房屋租赁	756	565	87	28	5			216	34	5	3	48	176	5		3		183	31547
30	7. 广告业	445	261		1				119	4	3	2	15	123					184	17819
31	8. 其他服务业	6062	5110	239	301	1			3311	275	202	68	332	724	42		57		853	279378
32	七、转让无形资产	6763	5186	568	1204	258	3		1199				126	1828	213				1364	263718
33	其中:转让土地使用权	6593	5134	566	1204	241	3		1182				111	1827	186				1273	255754
34	八、销售不动产	16189	15097	124	208	61	1		11485	15	1		1952	1265	193				899	595613
35	九、文化体育业	335	323	20	43				66	3	110		5	79					12	20572
36	十、税款滞纳金罚款收入	182	159	20	2				44				29	64					23	3022

2011 年广东省地方税务局直属分局营业税分税目分企业类型统计年报表

编报机关:广东省地方税务局直属分局　　单位:万元

序号	项　目	合　计	内资企业												港澳台投资企业	其中:国有控股	外商投资企业	其中:国有控股	个体经营	附列:应税营业收入
			小计	国有企业	集体企业	股份合作企业	联营企业	其中:国有控股	有限责任公司	其中:国有控股	股份有限公司	其中:国有控股	私营企业	其他企业						
1	合　计	686644	597228	34585	27	1841	1163	671	52967	22534	504622	227296	1739	284	11567	143	77799	50202	50	11466213
2	一、建筑业																			
3	其中:建筑																			
4	安装																			
5	二、交通运输业	62794	11826						7865		3961	3961					50968	50967		2093116
6	1. 陆路运输	11826	11826						7865		3961	3961								394200
7	2. 水路运输																			
8	3. 航空运输	50968															50968	50967		1698916
9	4. 管道运输																			
10	5. 装卸搬运																			
11	三、邮电通信业																			
12	1. 邮政																			
13	2. 电信																			
14	四、金融保险业	623125	584683	34585	27	1841	1163	671	44387	21822	500657	223335	1739	284	11565	143	26827	-766	50	9370984
15	1. 金融	545828	518100	24869	27	1841	1163	671	42730	21357	445447	203315	1739	284	11487	143	16191	-766	50	7666343
16	2. 保险	77297	66583	9716					1657	465	55210	20020			78		10636			1704641
17	五、娱乐业																			
18	1. 按5%税率征收																			

续表

序号	项目	合计	内资企业												港澳台投资企业	其中：国有控股	外商投资企业	其中：国有控股	个体经营	附列：应税营业收入
			小计	国有企业	集体企业	股份合作企业	联营企业	其中:国有控股	有限责任公司	其中:国有控股	股份有限公司	其中:国有控股	私营企业	其他企业						
19	2. 按10%税率征收																			
20	3. 按15%税率征收																			
21	4. 按20%税率征收																			
22	六、服务业																			
23	1. 代理业																			
24	2. 旅店业																			
25	3. 饮食业																			
26	4. 旅游业																			
27	5. 仓储业																			
28	6. 租赁业																			
29	其中:房屋租赁																			
30	7. 广告业																			
31	8. 其他服务业																			
32	七、转让无形资产																			
33	其中:转让土地使用权																			
34	八、销售不动产																			
35	九、文化体育业																			
36	十、税款滞纳金罚款收入	725	719						715	712	4				2		4	1		2113

2011年广东省地方税务局企业所得税分行业分企业类型统计年报表

编报机关:广东省地方税务局　　　　单位:万元

序号	项目	合计	内资企业									港澳台投资企业	外商投资企业
			小计	国有企业	集体企业	股份合作企业	联营企业	有限责任公司	股份有限公司	私营企业	其他企业		
1	合计	7497384	5518527	380435	286611	25234	79350	2107879	1665046	736422	237550	1029090	949767
2	(一)采矿业	51045	50950	3094	130	13	64	10677	36510	453	9	95	
3	1. 煤炭开采和洗选业	7	7	2					5				
4	2. 石油和天然气开采业	-37	-37	16	4			-58		1			
5	其中:原油	-37	-37	16	4			-58		1			
6	3. 黑色金属矿采选业	39376	39376	1180	58			2132	35650	356			
7	4. 有色金属矿采选业	6808	6808	1850				4093	851	14			
8	5. 非金属矿采选业	4303	4208	17	65	8	60	3972		82	4	95	
9	6. 其他采矿业	588	588	29	3	5	4	538	4		5		
10	(二)制造业	2163216	1187703	43170	79939	8558	5000	337663	577739	134926	708	501781	473732
11	1. 农副食品加工业	23452	15557	1001	133	23	11	8212	2494	3682	1	2349	5546
12	2. 食品制造业	51466	13669	1372	218	158	1	7081	2970	1869		18044	19753
13	3. 饮料制造业	32703	8975	50	36	3		8600	99	187		16337	7391
14	酒的制造	13893	8408	47	3	1		8212	42	103			5485
15	酒精制造	42	42			1		35	6				
16	软饮料制造	18719	476		32	-1		315	49	81		16337	1906
17	精制茶加工	49	49	3	1	2		38	2	3			
18	4. 烟草制品业	20130	20130	18728				1402					
19	卷烟制造												
20	烟叶复烤	753	753					753					
21	其他烟草制品加工	19377	19377	18728				649					
22	5. 纺织业	25747	19416	40	1530	315	29	7709	5395	4398		5449	882
23	6. 纺织服装、鞋帽制造业	66216	35071	113	4789	452	324	11410	5190	12543	250	28739	2406
24	其中:纺织服装	62669	31896	113	4066	450	323	10886	3356	12453	249	28622	2151
25	7. 皮革、毛皮、羽毛(绒)制品业	13740	7443	14	3499	85		3009	42	794		4975	1322
26	其中:皮革、毛皮	13394	7097	12	3493	85		2883	30	594		4975	1322

续表

序号	项　　目	合　计	内资企业									港澳台投资企业	外商投资企业
			小　计	国有企业	集体企业	股份合作企业	联营企业	有限责任公司	股份有限公司	私营企业	其他企业		
27	8. 木材加工及木竹藤棕草制品业	3016	2652	195	114	13	2	1121	617	590		283	81
28	9. 家具制造业	24044	12822	7	421	98	4	6072	2813	3407		8948	2274
29	10. 造纸及纸制品业	23215	14295	2	2184	323	2	7682	1744	2345	13	5478	3442
30	①纸浆制造	6738	3504		665	25	1	1863	724	226		3130	104
31	②造纸	5002	1410		203	29		949	12	217		413	3179
32	其中:机制纸及纸板制造	4288	1002		92	8		762	2	138		151	3135
33	③纸制品制造	11475	9381	2	1316	269	1	4870	1008	1902	13	1935	159
34	11. 印刷业和记录媒体的复制	46677	28211	690	1628	701	11	9916	12675	2557	33	12640	5826
35	12. 文教体育用品制造业	22634	13560	17	2956	51	1	3249	6653	633		3035	6039
36	13. 石油加工、炼焦及核燃料业	9139	3455		10	7		3037	259	142		587	5097
37	①原油加工及石油制品制造	8855	3171		3	7		3019		142		587	5097
38	其中:成品油	8649	3015		3	4		2965		43		537	5097
39	②人造原油生产	22	22		4			18					
40	③炼焦	262	262		3				259				
41	④核燃料加工												
42	14. 化学原料及化学制品业	97423	38743	575	508	528	582	15467	11941	9142		14221	44459
43	①肥料制造	1591	1591	59			16	339	1146	31			
44	②农药制造	929	926		1	5		30	124	766		3	
45	③专用化学产品制造	42289	6216	226	97	161	56	4094	195	1387		2332	33741
46	④日用化学产品制造	8550	6658	30	67	234	2	1400	2897	2028		408	1484
47	其中:化妆品制造	1590	1512		9	211		197		1095		75	3
48	⑤其他	44064	23352	260	343	128	508	9604	7579	4930		11478	9234
49	15. 医药制造业	91358	61626	336	318	35	97	12854	46386	1575	25	11691	18041
50	16. 化学纤维制造业	4784	1124		12	1		1055		56		3605	55
51	17. 橡胶制品业	13488	4003	10	1468	39		2122	6	358		7404	2081
52	其中:轮胎制造	3099	63		4			59				3036	
53	18. 塑料制品业	145135	53264	22	13545	1036	825	17078	11407	9351		83270	8601

续表

序号	项目	合计	内资企业									港澳台投资企业	外商投资企业
			小计	国有企业	集体企业	股份合作企业	联营企业	有限责任公司	股份有限公司	私营企业	其他企业		
54	19. 非金属矿物制品业	61305	52713	37	1435	521	56	29439	18141	3079	5	4047	4545
55	①水泥、石灰和石膏制造	14092	14086	15	392	19		6202	7103	355		−2	8
56	其中:水泥制造	13062	13064	9	327	2		5287	7103	336		−2	
57	②水泥及石膏制品制造	4826	3830	20	229	7	44	3078	50	402		276	720
58	③玻璃及玻璃制品制造	16541	12199		171	23		3649	7521	835		1496	2846
59	④其他	25846	22598	2	643	472	12	16510	3467	1487	5	2277	971
60	20. 黑色金属冶炼及压延加工业	3572	3242		102	1		2926	36	177		70	260
61	其中:钢压延加工	1542	1212		84	1		916	35	176		70	260
62	21. 有色金属冶炼及压延加工业	31875	31010	91	323	27	806	20930	6720	2113		709	156
63	22. 金属制品业	94007	49337	66	7314	1218	558	22130	7216	10799	36	32699	11971
64	23. 通用设备制造业	51392	36337	51	2735	193	12	20246	8871	4229		5262	9793
65	24. 专用设备制造业	78319	31811	206	2100	91	88	10334	15778	3202	12	31792	14716
66	25. 交通运输设备制造业	46820	29469	1163	319	161	71	17945	3622	6188		4263	13088
67	①铁路运输设备制造	194	161		25			87	2	47		33	
68	②汽车制造	17449	14841	1160	177	109	60	8838	3231	1266		880	1728
69	③摩托车制造	1801	1728			3		1172		553		73	
70	④航空航天器制造	340											340
71	其中:飞机制造及修理												
72	⑤其他	27036	12739	3	117	49	11	7848	389	4322		3277	11020
73	26. 电气机械及器材制造业	269726	201109	1002	4407	505	124	54592	125963	14319	197	22438	46179
74	电机制造	14350	12012	27	191	10		6056	5418	310		2305	33
75	电线电缆光缆及电工器材制造	15010	9913	406	661	92	55	4329	1610	2760		2586	2511
76	家用电力器具制造	145016	130517	448	453	20		26985	99758	2656	197	3011	11488
77	其他	95350	48667	121	3102	383	69	17222	19177	8593		14536	32147
78	27. 通信设备、计算机及其他电子设备制造业	634434	307121	292	18430	584	1037	13676	249339	23703	60	124635	202678
79	通信设备制造	213335	153673	11	340	15		2450	146590	4267		7347	52315
80	广播电视设备制造	231	141	9	8	3		73	1	47		78	12

续表

序号	项目	合计	内资企业									港澳台投资企业	外商投资企业
			小计	国有企业	集体企业	股份合作企业	联营企业	有限责任公司	股份有限公司	私营企业	其他企业		
81	电子计算机制造	39495	6085		255	1		114	4915	800		17039	16371
82	家用视听设备	15249	1832		344	28		1165		295		13103	314
83	其他	366124	145390	272	17483	537	1037	9874	97833	18294	60	87068	133666
84	28. 仪表仪器及文化、办公用机械制造业	42918	14521	297	976	110	77	3241	8890	928	2	10757	17640
85	29. 其他制造业	134481	77017	16793	8429	1279	282	15128	22472	12560	74	38054	19410
86	(三)电力、燃气及水的生产和供应业	547297	392819	39477	21469	138	5141	221800	102700	1730	364	49488	104990
87	1. 电力、热力的生产和供应业	463041	343655	38454	14673	138	5039	201492	83094	402	363	49176	70210
88	电力生产	206826	118573	4227	2019	24	5022	27870	78848	200	363	48130	40123
89	电力供应	251465	220339	34028	12648	114	17	173002	328	202		1039	30087
90	热力生产和供应	4750	4743	199	6			620	3918			7	
91	2. 燃气生产和供应业	13524	13121	85	919		85	11359	32	641		122	281
92	3. 水的生产和供应业	70732	36043	938	5877		17	8949	19574	687	1	190	34499
93	(四)建筑业	908087	884130	117442	80267	1252	11659	395251	127703	146153	4403	3665	20292
94	1. 房屋和土木工程建筑业	322382	321394	72458	37821	428	6632	151846	19244	32573	392	396	592
95	2. 建筑安装业	416311	396414	38437	36342	487	3338	178284	63242	73107	3177	1397	18500
96	3. 建筑装饰业	85015	83033	1415	2417	222	512	19167	31604	27519	177	1676	306
97	4. 其他建筑业	84379	83289	5132	3687	115	1177	45954	13613	12954	657	196	894
98	(五)交通运输、仓储及邮政业	375423	259500	20467	3310	280	4793	73261	125018	22354	10017	67894	48029
99	1. 交通运输业	353816	244518	19375	2053	274	4482	70860	117165	20375	9934	62934	46364
100	2. 仓储业	19640	13735	1092	1257	6	311	2191	7074	1723	81	4960	945
101	3. 邮政业	1967	1247					210	779	256	2		720
102	(六)信息传输、计算机服务和软件业	163314	74362	550	565	45	2186	8235	26886	35608	287	46164	42788
103	1. 电信和其他信息传输服务业	54602	12248	368	81	5	2155	1135	6191	2249	64	42248	106
104	其中:电信	52965	10635	22	46	4	2277	621	6191	1458	16	42330	
105	2. 计算机服务业	30918	27580	182	425	41	26	6044	7628	13115	119	1188	2150
106	3. 软件业	77794	34534		59	−1	5	1056	13067	20244	104	2728	40532

续表

序号	项　目	合　计	内资企业									港澳台投资企业	外商投资企业
			小　计	国有企业	集体企业	股份合作企业	联营企业	有限责任公司	股份有限公司	私营企业	其他企业		
107	(七)批发和零售业	866746	770361	82011	16573	4834	19226	291600	179686	175902	529	53711	42674
108	1. 批发业	610368	561021	67815	8381	2971	15169	202332	130261	133645	447	34793	14554
109	其中:烟草制品批发	110182	110182	43695	3		1413	64979	90	2			
110	煤炭及制品批发	18046	12398	112	17			5397	1006	5866			5648
111	石油及其制品批发	12952	10916	847	484	4	191	2779	5080	1531		1409	627
112	汽车及零配件批发	4776	4765	419	17	13	576	2261	346	1128	5		11
113	2. 零售业	256378	209340	14196	8192	1863	4057	89268	49425	42257	82	18918	28120
114	(八)住宿和餐饮业	55941	41826	4380	2124	1870	542	18432	4157	10141	180	6495	7620
115	1. 住宿业	20156	16944	3778	1092	129	411	7123	2413	1860	138	2008	1204
116	2. 餐饮业	35785	24882	602	1032	1741	131	11309	1744	8281	42	4487	6416
117	(九)金融业	39592	32112	8	27			23510	6263	1905	399	6114	1366
118	1. 银行业	123	-7						-7				130
119	2. 证券业	81	49					49					32
120	3. 保险业	25	25					17	7		1		
121	4. 其他金融	39363	32045	8	27			23444	6263	1905	398	6114	1204
122	(十)房地产业	1105662	936015	17330	53226	2322	10079	504612	223729	100632	24085	80574	89073
123	其中:房地产开发经营业	782306	697587	11780	35388	309	387	449762	115320	81310	3331	28036	56683
124	(十一)租赁和商务服务业	488471	425289	17174	10350	3748	10971	106200	114851	53951	108044	25994	37188
125	1. 租赁业	12275	11822	39	626	2495	207	603	6235	718	899	62	391
126	2. 商务服务业	476196	413467	17135	9724	1253	10764	105597	108616	53233	107145	25932	36797
127	(十二)居民服务和其他服务业	289378	165104	10918	9764	1363	3112	41539	65846	16702	15860	53355	70919
128	(十三)教育	14705	14569	142	333	31	2	439	642	265	12715	108	28
129	(十四)卫生、社会保险和社会福利业	4981	4956	40	278	38		1239	684	812	1865		25
130	其中:卫生	4792	4767	25	275	21		1211	684	807	1744		25
131	(十五)文化、体育和娱乐业	43450	33573	1717	469	252	3073	11144	3948	1965	11005	9475	402
132	(十六)其他行业	380076	245258	22515	7787	490	3502	62277	68684	32923	47080	124177	10641

2011年广州市地方税务局企业所得税分行业分企业类型统计年报表

编报机关：广州市地方税务局　　　　单位：万元

序号	项目	合计	内资企业									港澳台投资企业	外商投资企业
			小计	国有企业	集体企业	股份合作企业	联营企业	有限责任公司	股份有限公司	私营企业	其他企业		
1	合计	998818	908709	42386	42401	8922	5114	419983	97620	254480	37803	6344	83765
2	(一)采矿业	90	90	2				34		54			
3	1. 煤炭开采和洗选业	2	2	2									
4	2. 石油和天然气开采业												
5	其中：原油												
6	3. 黑色金属矿采选业	19	19							19			
7	4. 有色金属矿采选业												
8	5. 非金属矿采选业	69	69					34		35			
9	6. 其他采矿业												
10	(二)制造业	122268	117849	3828	3339	3088	422	45467	28696	32972	37	242	4177
11	1. 农副食品加工业	4400	4171	76	26	9		174	1726	2160			229
12	2. 食品制造业	4877	4877	349	3	23		3608		894			
13	3. 饮料制造业	4397	4397	48		1		4286		62			
14	酒的制造	4385	4385	46		1		4286		52			
15	酒精制造												
16	软饮料制造	8	8							8			
17	精制茶加工	4	4	2						2			
18	4. 烟草制品业												
19	卷烟制造												
20	烟叶复烤												
21	其他烟草制品加工												
22	5. 纺织业	1177	1177	28	68	9		41		1031			
23	6. 纺织服装、鞋帽制造业	2092	2092	51	126	80	303	250	-330	1612			
24	其中：纺织服装	2078	2078	51	123	80	303	243	-330	1608			
25	7. 皮革、毛皮、羽毛(绒)制品业	544	533		82	36		73		342			11
26	其中：皮革、毛皮	544	533		82	36		73		342			11

续表

序号	项　　目	合　计	内资企业									港澳台投资企业	外商投资企业
			小　计	国有企业	集体企业	股份合作企业	联营企业	有限责任公司	股份有限公司	私营企业	其他企业		
27	8. 木材加工及木竹藤棕草制品业	348	348		2	2		17		327			
28	9. 家具制造业	708	708	3	12	54	4	268		367			
29	10. 造纸及纸制品业	618	618	1	22	125		243		227			
30	①纸浆制造	46	46		4	2		8		32			
31	②造纸	235	235			8		168		59			
32	其中:机制纸及纸板制造	235	235			8		168		59			
33	③纸制品制造	337	337	1	18	115		67		136			
34	11. 印刷业和记录媒体的复制	1635	1635	295	59	172		582		495	32		
35	12. 文教体育用品制造业	4195	3487	4	610	24	1	33	2685	130			708
36	13. 石油加工、炼焦及核燃料业	349	349			3			259	87			
37	①原油加工及石油制品制造	90	90			3				87			
38	其中:成品油	42	42							42			
39	②人造原油生产												
40	③炼焦	259	259						259				
41	④核燃料加工												
42	14. 化学原料及化学制品业	9101	9101	4	51	383	3	3021	2580	3059			
43	①肥料制造	204	204					190		14			
44	②农药制造	6	6			5				1			
45	③专用化学产品制造	1366	1366		11	140		215		1000			
46	④日用化学产品制造	4167	4167		15	234		39	2580	1299			
47	其中:化妆品制造	957	957		3	211		28		715			
48	⑤其他	3358	3358	4	25	4	3	2577		745			
49	15. 医药制造业	10497	7416	348	1	21		3678	2894	474			3081
50	16. 化学纤维制造业	20	20					14		6			
51	17. 橡胶制品业	942	942		161	29		684		68			
52	其中:轮胎制造	18	18					18					
53	18. 塑料制品业	12457	12416	19	67	83	48	1228	6892	4079			41

续表

序号	项目	合计	内资企业									港澳台投资企业	外商投资企业
			小计	国有企业	集体企业	股份合作企业	联营企业	有限责任公司	股份有限公司	私营企业	其他企业		
54	19. 非金属矿物制品业	3178	3178	19	386	366	2	1383	509	513			
55	①水泥、石灰和石膏制造	198	198		87					111			
56	其中:水泥制造	198	198		87					111			
57	②水泥及石膏制品制造	1489	1489	18	6	6		1272		187			
58	③玻璃及玻璃制品制造	708	708		1	20		45	508	134			
59	④其他	783	783	1	292	340	2	66	1	81			
60	20. 黑色金属冶炼及压延加工业	76	78							78			-2
61	其中:钢压延加工	76	78							78			-2
62	21. 有色金属冶炼及压延加工业	6824	6824		11	15		6409		389			
63	22. 金属制品业	3964	3957		240	767	3	369	116	2462			7
64	23. 通用设备制造业	10296	10296	5	84	50		6092	2838	1227			
65	24. 专用设备制造业	3450	3208	126	50	43		1322	757	910		242	
66	25. 交通运输设备制造业	9798	9709	1128	61	153		4382		3985			89
67	①铁路运输设备制造	12	12							12			
68	②汽车制造	5009	4920	1128	22	106		2777		887			89
69	③摩托车制造	765	765			3		324		438			
70	④航空航天器制造												
71	其中:飞机制造及修理												
72	⑤其他	4012	4012		39	44		1281		2648			
73	26. 电气机械及器材制造业	9817	9816	403	24	156	55	3227	2366	3585			1
74	电机制造	64	64			6		34		24			
75	电线电缆光缆及电工器材制造	1575	1575	403	13	68	55	498		538			
76	家用电力器具制造	1567	1567		1	2		1384		180			
77	其他	6611	6610		10	80		1311	2366	2843			1
78	27. 通信设备、计算机及其他电子设备制造业	4960	4960	124	727	96		1578	674	1761			
79	通信设备制造	811	811		4	12		487	155	153			
80	广播电视设备制造	50	50	9				3		38			

续表

序号	项目	合计	内资企业								港澳台投资企业	外商投资企业
			小计	国有企业	集体企业	股份合作企业	联营企业	有限责任公司	股份有限公司	私营企业	其他企业		
81	电子计算机制造	117	117		23	1			44	49			
82	家用视听设备	378	378		221			34		123			
83	其他	3604	3604	115	479	83		1054	475	1398			
84	28. 仪表仪器及文化、办公用机械制造业	6869	6863	269	139	20		1499	4730	206			6
85	29. 其他制造业	4679	4673	528	327	368	3	1006		2436	5		6
86	（三）电力、燃气及水的生产和供应业	18104	17792	158	1107		102	13736	1733	925	31		312
87	1. 电力、热力的生产和供应业	7129	7129		436			5466	1106	90	31		
88	电力生产	5968	5968		78			4741	1106	12	31		
89	电力供应	575	575		358			139		78			
90	热力生产和供应	586	586					586					
91	2. 燃气生产和供应业	8602	8290		30		85	7981		194			312
92	3. 水的生产和供应业	2373	2373	158	641		17	289	627	641			
93	（四）建筑业	108997	108686	4323	9979	472	189	48656	5965	38936	166	117	194
94	1. 房屋和土木工程建筑业	46367	46312	1644	7611	110		23270	1983	11630	64		55
95	2. 建筑安装业	41518	41313	2323	1164	140	169	18767	3898	14810	42	78	127
96	3. 建筑装饰业	13440	13393	57	1064	162	18	3622	59	8411		39	8
97	4. 其他建筑业	7672	7668	299	140	60	2	2997	25	4085	60		4
98	（五）交通运输、仓储及邮政业	44356	44356	10236	1751	257	451	14389	4269	11888	1115		
99	1. 交通运输业	41029	41031	9506	522	256	154	13696	4269	11543	1085		-2
100	2. 仓储业	3221	3219	730	1229	1	297	692		240	30		2
101	3. 邮政业	106	106					1		105			
102	（六）信息传输、计算机服务和软件业	19646	19639	255	108	6		4158	3440	11578	94		7
103	1. 电信和其他信息传输服务业	1869	1866	247		1		144	2	1472			3
104	其中：电信	1484	1484	1				125	2	1356			
105	2. 计算机服务业	16721	16717	8	106	6		3404	3436	9757			4
106	3. 软件业	1056	1056		2	-1		610	2	349	94		

续表

序号	项目	合计	内资企业									港澳台投资企业	外商投资企业
			小计	国有企业	集体企业	股份合作企业	联营企业	有限责任公司	股份有限公司	私营企业	其他企业		
107	(七)批发和零售业	141681	135577	3770	4987	1835	307	43527	19440	61702	9	441	5663
108	1. 批发业	82188	76421	2800	1493	426	61	27416	1284	42934	7	104	5663
109	其中:烟草制品批发												
110	煤炭及制品批发	11430	5782	57	17			22		5686			5648
111	石油及其制品批发	2082	2082	630	54	4	23	417		954			
112	汽车及零配件批发	977	977	139	2	11		-98	22	901			
113	2. 零售业	59493	59156	970	3494	1409	246	16111	18156	18768	2	337	
114	(八)住宿和餐饮业	14968	14968	2983	912	1593	4	3361	578	5515	22		
115	1. 住宿业	6283	6283	2723	599	60	4	1290	578	1008	21		
116	2. 餐饮业	8685	8685	260	313	1533		2071		4507	1		
117	(九)金融业	6912	4070	3				1624	1254	793	396	2841	1
118	1. 银行业												
119	2. 证券业												
120	3. 保险业												
121	4. 其他金融	6912	4070	3				1624	1254	793	396	2841	1
122	(十)房地产业	317476	255438	4872	12664	356	76	176402	12197	44876	3995	1708	60330
123	其中:房地产开发经营业	255271	215764	4225	6987	176	53	155975	10614	36362	1372	1159	38348
124	(十一)租赁和商务服务业	86289	80109	4740	2913	262	371	41274	7843	20168	2538	156	6024
125	1. 租赁业	1071	970		411	5		184	38	325	7	23	78
126	2. 商务服务业	85218	79139	4740	2502	257	371	41090	7805	19843	2531	133	5946
127	(十二)居民服务和其他服务业	19254	14137	1582	2108	329	27	3427	577	2843	3244	769	4348
128	(十三)教育	6746	6684	4	122	19		59		142	6338	61	1
129	(十四)卫生、社会保险和社会福利业	831	831		2	38		181		37	573		
130	其中:卫生	770	770		2	21		181		32	534		
131	(十五)文化、体育和娱乐业	18768	18764	442	67	237	3008	9257		1241	4512		4
132	(十六)其他行业	72432	69719	5188	2342	430	157	14431	11628	20810	14733	9	2704

2011年深圳市地方税务局企业所得税分行业分企业类型统计年报表

编报机关:深圳市地方税务局 单位:万元

序号	项目	合计	内资企业									港澳台投资企业	外商投资企业
			小计	国有企业	集体企业	股份合作企业	联营企业	有限责任公司	股份有限公司	私营企业	其他企业		
1	合计	3202911	1915168	151064	38147	10537	70368		1226883	284578	133591	786831	500912
2	(一)采矿业	4397	4388	1	3	1			4383			9	
3	1. 煤炭开采和洗选业	5	5						5				
4	2. 石油和天然气开采业												
5	其中:原油												
6	3. 黑色金属矿采选业	4378	4378						4378				
7	4. 有色金属矿采选业												
8	5. 非金属矿采选业	10	1			1						9	
9	6. 其他采矿业	4	4	1	3								
10	(二)制造业	1005524	447090	35312	27610	2601	4177		327866	48828	696	334233	224201
11	1. 农副食品加工业	7038	570	124	7	4	2		256	177		1604	4864
12	2. 食品制造业	7804	894	1	4	1			596	292		1094	5816
13	3. 饮料制造业	17983	51						49	2		10541	7391
14	酒的制造	5485											5485
15	酒精制造												
16	软饮料制造	12498	51						49	2		10541	1906
17	精制茶加工												
18	4. 烟草制品业	18728	18728	18728									
19	卷烟制造												
20	烟叶复烤												
21	其他烟草制品加工	18728	18728	18728									
22	5. 纺织业	6204	4852	6	219	46	28		4364	189		1339	13
23	6. 纺织服装、鞋帽制造业	31739	5917		996	108			2014	2550	249	24513	1309
24	其中:纺织服装	29581	3766		753	107			180	2477	249	24510	1305
25	7. 皮革、毛皮、羽毛(绒)制品业	2054	852		759	40			42	11		1163	39
26	其中:皮革、毛皮	2040	838		757	40			30	11		1163	39

续表

序号	项目	合计	内资企业									港澳台投资企业	外商投资企业
			小计	国有企业	集体企业	股份合作企业	联营企业	有限责任公司	股份有限公司	私营企业	其他企业		
27	8. 木材加工及木竹藤棕草制品业	293	138		88	3				47		90	65
28	9. 家具制造业	11100	3786		227	44			1326	2189		6135	1179
29	10. 造纸及纸制品业	4832	2829		657	91			1014	1054	13	1836	167
30	①纸浆制造	2	2		2								
31	②造纸	360	113		21	3			10	79		203	44
32	其中:机制纸及纸板制造	60	60							60			
33	③纸制品制造	4470	2714		634	88			1004	975	13	1633	123
34	11. 印刷业和记录媒体的复制	20579	11489	263	823	29	9		9700	665		7646	1444
35	12. 文教体育用品制造业	4023	327		301	5			14	7		809	2887
36	13. 石油加工、炼焦及核燃料业	5635	1							1		537	5097
37	①原油加工及石油制品制造	5635	1							1		537	5097
38	其中:成品油	5635	1							1		537	5097
39	②人造原油生产												
40	③炼焦												
41	④核燃料加工												
42	14. 化学原料及化学制品业	21661	5281		91	3	518		2671	1998		9413	6967
43	①肥料制造	-11	-11						-20	9			
44	②农药制造												
45	③专用化学产品制造	238	234			1	11		184	38		4	
46	④日用化学产品制造	2483	832		1		2		306	523		221	1430
47	其中:化妆品制造	294	290							290		1	3
48	⑤其他	18951	4226		90	2	505		2201	1428		9188	5537
49	15. 医药制造业	39720	23633	-12			1		22555	1064	25	2608	13479
50	16. 化学纤维制造业	37	21		1					20		16	
51	17. 橡胶制品业	7837	426		313	2			4	107		5748	1663
52	其中:轮胎制造	3036										3036	
53	18. 塑料制品业	95334	14129		6998	740	761		3867	1763		77701	3504

续表

序号	项目	合计	内资企业									港澳台投资企业	外商投资企业
			小计	国有企业	集体企业	股份合作企业	联营企业	有限责任公司	股份有限公司	私营企业	其他企业		
54	19. 非金属矿物制品业	15130	9154		75		27		8671	381		1690	4286
55	①水泥、石灰和石膏制造	378	378						378				
56	其中:水泥制造	378	378						378				
57	②水泥及石膏制品制造	881	78				27		50	1		83	720
58	③玻璃及玻璃制品制造	11240	7047		1				7013	33		1360	2833
59	④其他	2631	1651		74				1230	347		247	733
60	20. 黑色金属冶炼及压延加工业	119	79		5					74		34	6
61	其中:钢压延加工	118	78		5					73		34	6
62	21. 有色金属冶炼及压延加工业	2365	1998	63	30		804		752	349		363	4
63	22. 金属制品业	50119	13516		3477	227	555		5520	3701	36	26484	10119
64	23. 通用设备制造业	13265	1956	16	120	5	6		156	1653		3518	7791
65	24. 专用设备制造业	37455	9444	78	638	14	88		7082	1532	12	22689	5322
66	25. 交通运输设备制造业	12165	2934	2	8		11		2326	587		2884	6347
67	①铁路运输设备制造												
68	②汽车制造	2063	1958	2					1956				105
69	③摩托车制造	73										73	
70	④航空航天器制造												
71	其中:飞机制造及修理												
72	⑤其他	10029	976		8		11		370	587		2811	6242
73	26. 电气机械及器材制造业	35992	14313	457	1354	237	69		8195	3804	197	10410	11269
74	电机制造	2079	1085		6				834	245		965	29
75	电线电缆光缆及电工器材制造	3586	1445		46				368	1031		733	1408
76	家用电力器具制造	2377	536	448	113				-385	163	197	1318	523
77	其他	27950	11247	9	1189	237	69		7378	2365		7394	9309
78	27. 通信设备、计算机及其他电子设备制造业	433240	255998	95	5693	444	1033		230555	18119	59	79035	98207
79	通信设备制造	177754	148531	2	62	3			144517	3947		5456	23767
80	广播电视设备制造	85	4			3			1			70	11

续表

序号	项　　目	合　计	内资企业									港澳台投资企业	外商投资企业
			小　计	国有企业	集体企业	股份合作企业	联营企业	有限责任公司	股份有限公司	私营企业	其他企业		
81	电子计算机制造	26893	5587		29				4864	694		16082	5224
82	家用视听设备	12354	50							50		12208	96
83	其他	216154	101826	93	5602	438	1033		81173	13428	59	45219	69109
84	28. 仪表仪器及文化、办公用机械制造业	22279	3642		138	58	7		2993	444	2	4578	14059
85	29. 其他制造业	80794	40132	15491	4588	500	258		13144	6048	103	29755	10907
86	(三)电力、燃气及水的生产和供应业	205224	81297	338	1356	6	4658		74926	13		49298	74629
87	1. 电力、热力的生产和供应业	167834	78535	322	1004	6	4658		72532	13		49176	40123
88	电力生产	162232	73979	293	696	6	4658		68313	13		48130	40123
89	电力供应	1677	638	29	308				301			1039	
90	热力生产和供应	3925	3918						3918			7	
91	2. 燃气生产和供应业	440	311		286				25			122	7
92	3. 水的生产和供应业	36950	2451	16	66				2369				34499
93	(四)建筑业	219426	214412	27068	4344	357	9927		108626	63416	674	3042	1972
94	1. 房屋和土木工程建筑业	39966	39264	7305	664	309	6405		14281	10296	4	320	382
95	2. 建筑安装业	107069	105517	16135	3170	45	2235		50610	32802	520	950	602
96	3. 建筑装饰业	48292	46414	666	355		134		31111	14028	120	1590	288
97	4. 其他建筑业	24099	23217	2962	155	3	1153		12624	6290	30	182	700
98	(五)交通运输、仓储及邮政业	239742	147163	8705	18	4	4297		119471	6695	7973	49421	43158
99	1. 交通运输业	226890	137639	8425	18	4	4284		111619	5330	7959	46486	42765
100	2. 仓储业	12001	8673	280			13		7073	1295	12	2935	393
101	3. 邮政业	851	851						779	70	2		
102	(六)信息传输、计算机服务和软件业	130888	42798	134	57	30	2186		17817	22492	82	46144	41946
103	1. 电信和其他信息传输服务业	50130	7782	10			2155		5410	191	16	42247	101
104	其中:电信	50112	7782	10			2277		5410	69	16	42330	
105	2. 计算机服务业	7053	4565	124		30	26		1384	2935	66	1175	1313
106	3. 软件业	73705	30451		57		5		11023	19366		2722	40532

续表

序号	项目	合计	内资企业									港澳台投资企业	外商投资企业
			小计	国有企业	集体企业	股份合作企业	联营企业	有限责任公司	股份有限公司	私营企业	其他企业		
107	(七)批发和零售业	397843	313609	58718	2635	2018	18406		145647	86173	12	49375	34859
108	1. 批发业	296199	255846	48410	2036	1961	14678		116315	72440	6	32039	8314
109	其中:烟草制品批发	43981	43981	42473			1413		90	5			
110	煤炭及制品批发	1006	1006						1006				
111	石油及其制品批发	6021	5386				150		5080	156		8	627
112	汽车及零配件批发	945	934	117			421		324	67	5		11
113	2. 零售业	101644	57763	10308	599	57	3728		29332	13733	6	17336	26545
114	(八)住宿和餐饮业	16327	5817	504	10	30	532		3578	1142	21	4712	5798
115	1. 住宿业	5213	2768	433	6	28	401		1834	48	18	1241	1204
116	2. 餐饮业	11114	3049	71	4	2	131		1744	1094	3	3471	4594
117	(九)金融业	3139	20						20			3116	3
118	1. 银行业												
119	2. 证券业												
120	3. 保险业												
121	4. 其他金融	3139	20						20			3116	3
122	(十)房地产业	333581	244989	2867	918	1541	9823		207907	12327	9606	64184	24408
123	其中:房地产开发经营业	141274	109580	3	44		329		103910	5294		15280	16414
124	(十一)租赁和商务服务业	299095	248430	9612	520	3442	10590		94076	26267	103923	24962	25703
125	1. 租赁业	10503	10154	25	138	2490	207		6181	286	827	39	310
126	2. 商务服务业	288592	238276	9587	382	952	10383		87895	25981	103096	24923	25393
127	(十二)居民服务和其他服务业	128485	81835	1954	546	506	2466		63801	9778	2784	26577	20073
128	(十三)教育	2673	2619	81	1		2		642	66	1827	32	22
129	(十四)卫生、社会保险和社会福利业	1801	1799	4	59				684	751	301		2
130	其中:卫生	1801	1799	4	59				684	751	301		2
131	(十五)文化、体育和娱乐业	16373	7607	764			64		4062	102	2615	8496	270
132	(十六)其他行业	198393	71295	5002	70	1	3240		53377	6528	3077	123230	3868

2011年珠海市地方税务局企业所得税分行业分企业类型统计年报表

编报机关：珠海市地方税务局　　　　单位：万元

序号	项目	合计	内资企业									港澳台投资企业	外商投资企业
			小计	国有企业	集体企业	股份合作企业	联营企业	有限责任公司	股份有限公司	私营企业	其他企业		
1	合计	498790	272409	15130	5344	493	32	117469	111134	19998	2809	62380	164001
2	(一)采矿业	127	41	15	3					23		86	
3	1. 煤炭开采和洗选业												
4	2. 石油和天然气开采业	15	15	15									
5	其中:原油	15	15	15									
6	3. 黑色金属矿采选业												
7	4. 有色金属矿采选业												
8	5. 非金属矿采选业	112	26		3					23		86	
9	6. 其他采矿业												
10	(二)制造业	248526	113035	44	580		2	10913	99550	1944	2	37299	98192
11	1. 农副食品加工业	794	397	8				26		363		105	292
12	2. 食品制造业	3513	705	24					678	3		2719	89
13	3. 饮料制造业	2402	2400					2400				2	
14	酒的制造	2400	2400					2400					
15	酒精制造												
16	软饮料制造	2										2	
17	精制茶加工												
18	4. 烟草制品业												
19	卷烟制造												
20	烟叶复烤												
21	其他烟草制品加工												
22	5. 纺织业	195	149					146		3		15	31
23	6. 纺织服装、鞋帽制造业	2342	985		214			4	756	11		1357	
24	其中:纺织服装	2135	778		7			4	756	11		1357	
25	7. 皮革、毛皮、羽毛(绒)制品业	117	2							2		115	
26	其中:皮革、毛皮	117	2							2		115	

续表

序号	项　目	合　计	内　资　企　业									港澳台投资企业	外商投资企业
			小　计	国有企业	集体企业	股份合作企业	联营企业	有限责任公司	股份有限公司	私营企业	其他企业		
27	8. 木材加工及木竹藤棕草制品业	3	1					1					2
28	9. 家具制造业	943	1							1		49	893
29	10. 造纸及纸制品业	3681	440					385		55		5	3236
30	①纸浆制造	76	1					1					75
31	②造纸	3165	30					30					3135
32	其中:机制纸及纸板制造	3165	30					30					3135
33	③纸制品制造	440	409					354		55		5	26
34	11. 印刷业和记录媒体的复制	1384	793					747		46		591	
35	12. 文教体育用品制造业	24	3							3		24	-3
36	13. 石油加工、炼焦及核燃料业												
37	①原油加工及石油制品制造												
38	其中:成品油												
39	②人造原油生产												
40	③炼焦												
41	④核燃料加工												
42	14. 化学原料及化学制品业	35213	602					95	474	33		1304	33307
43	①肥料制造												
44	②农药制造	3										3	
45	③专用化学产品制造	33290	34					24		10		196	33060
46	④日用化学产品制造	84	8					2		6		76	
47	其中:化妆品制造	75	1							1		74	
48	⑤其他	1836	560					69	474	17		1029	247
49	15. 医药制造业	13216	2741					774	1953	14		9067	1408
50	16. 化学纤维制造业	3618	2					2				3562	54
51	17. 橡胶制品业	151	25	2	7			16				107	19
52	其中:轮胎制造												
53	18. 塑料制品业	1267	199		16		2	165		16		461	607

续表

序号	项目	合计	内资企业								港澳台投资企业	外商投资企业
			小计	国有企业	集体企业	股份合作企业	联营企业	有限责任公司	股份有限公司	私营企业	其他企业		
54	19. 非金属矿物制品业	1060	756		1			328		425	2	293	11
55	①水泥、石灰和石膏制造												
56	其中:水泥制造												
57	②水泥及石膏制品制造	20	17					4		13		3	
58	③玻璃及玻璃制品制造	74	5					4		1		66	3
59	④其他	966	734		1			320		411	2	224	8
60	20. 黑色金属冶炼及压延加工业	23	23		23								
61	其中:钢压延加工	23	23		23								
62	21. 有色金属冶炼及压延加工业	108	4							4		104	
63	22. 金属制品业	2186	944		96			790		58		914	328
64	23. 通用设备制造业	360	197					124		73		80	83
65	24. 专用设备制造业	15699	1444					36	1282	126		5956	8299
66	25. 交通运输设备制造业	2502	125		22			82	19	2		891	1486
67	①铁路运输设备制造												
68	②汽车制造	1832	21		3			16		2		425	1386
69	③摩托车制造												
70	④航空航天器制造												
71	其中:飞机制造及修理												
72	⑤其他	670	104		19			66	19			466	100
73	26. 电气机械及器材制造业	109278	94836	1	15			2211	92571	38		378	14064
74	电机制造	2	2	1	1								
75	电线电缆光缆及电工器材制造	934	808					27	781			126	
76	家用电力器具制造	102112	91396		12			682	90701	1		109	10607
77	其他	6230	2630		2			1502	1089	37		143	3457
78	27. 通信设备、计算机及其他电子设备制造业	38934	2205		178			907	835	285		7204	29525
79	通信设备制造	2213	228						228			756	1229
80	广播电视设备制造	2	1					1				1	

续表

序号	项目	合计	内资企业									港澳台投资企业	外商投资企业
			小计	国有企业	集体企业	股份合作企业	联营企业	有限责任公司	股份有限公司	私营企业	其他企业		
81	电子计算机制造	405	9		6					3		166	230
82	家用视听设备	559	559					559					
83	其他	35755	1408		172			347	607	282		6281	28066
84	28. 仪表仪器及文化、办公用机械制造业	4640	1893					873	982	38		187	2560
85	29. 其他制造业	4873	1163	9	8			801		345		1809	1901
86	(三)电力、燃气及水的生产和供应业	32854	2616	20	1403			1176		17		189	30049
87	1. 电力、热力的生产和供应业	30177	90	20	69			1					30087
88	电力生产												
89	电力供应	30177	90	20	69			1					30087
90	热力生产和供应												
91	2. 燃气生产和供应业	-38											-38
92	3. 水的生产和供应业	2715	2526		1334			1175		17		189	
93	(四)建筑业	30494	30271	5001	1352		21	18482	978	4255	182	154	69
94	1. 房屋和土木工程建筑业	9582	9546	1636	328		2	5414	28	2014	124	19	17
95	2. 建筑安装业	17248	17099	3298	924		15	10648	935	1250	29	100	49
96	3. 建筑装饰业	2016	1979	24	89		3	1025	15	819	4	35	2
97	4. 其他建筑业	1648	1647	43	11		1	1395		172	25		1
98	(五)交通运输、仓储及邮政业	11693	3991	30	51			2726	910	274		4161	3541
99	1. 交通运输业	9076	3701	17	51			2471	910	252		2136	3239
100	2. 仓储业	2574	247	13				233		1		2025	302
101	3. 邮政业	43	43					22		21			
102	(六)信息传输、计算机服务和软件业	6993	6319		271			1115	4674	258	1	9	665
103	1. 电信和其他信息传输服务业	784	784					5	778		1		
104	其中:电信	783	783					5	778				
105	2. 计算机服务业	3762	3088		271			925	1856	36		9	665
106	3. 软件业	2447	2447					185	2040	222			

续表

序号	项目	合计	内资企业									港澳台投资企业	外商投资企业
			小计	国有企业	集体企业	股份合作企业	联营企业	有限责任公司	股份有限公司	私营企业	其他企业		
107	(七)批发和零售业	50772	48797	5295	476	277	4	34336	2080	6329		1138	837
108	1. 批发业	38684	37499	4120	306	99	3	25827	1200	5944		715	470
109	其中:烟草制品批发	15732	15732	1000				14732					
110	煤炭及制品批发												
111	石油及其制品批发	1353	1302	1				956		345		51	
112	汽车及零配件批发	60	60							60			
113	2. 零售业	12088	11298	1175	170	178	1	8509	880	385		423	367
114	(八)住宿和餐饮业	2265	1084	64	72			747		200	1	1014	167
115	1. 住宿业	1166	401	64	36			298		2	1	765	
116	2. 餐饮业	1099	683		36			449		198		249	167
117	(九)金融业	365	360					358	2			5	
118	1. 银行业												
119	2. 证券业												
120	3. 保险业												
121	4. 其他金融	365	360					358	2			5	
122	(十)房地产业	59301	46991	3653	757	196		34643	2127	5540	75	10939	1371
123	其中:房地产开发经营业	53867	43657	3627	744	83		33380	460	5363		8924	1286
124	(十一)租赁和商务服务业	7760	7432	59	80		3	5990	806	430	64	23	305
125	1. 租赁业	12	12					8	3	1			
126	2. 商务服务业	7748	7420	59	80		3	5982	803	429	64	23	305
127	(十二)居民服务和其他服务业	41428	6207	162	210	20	2	4534	5	585	689	6554	28667
128	(十三)教育	75	75	2				18			55		
129	(十四)卫生、社会保险和社会福利业	52	52	12	1			3			36		
130	其中:卫生	46	46	12	1			3			30		
131	(十五)文化、体育和娱乐业	493	158	7	4			55		19	73	222	113
132	(十六)其他行业	5592	4980	766	84			2373	2	124	1631	587	25

2011年汕头市地方税务局企业所得税分行业分企业类型统计年报表

编报机关：汕头市地方税务局　　　　单位：万元

序号	项目	合计	内资企业									港澳台投资企业	外商投资企业
			小计	国有企业	集体企业	股份合作企业	联营企业	有限责任公司	股份有限公司	私营企业	其他企业		
1	合计	222300	215643	59861	5361	1594	359	105320	25026	16287	1835	2129	4528
2	（一）采矿业	1	1					1					
3	1. 煤炭开采和洗选业												
4	2. 石油和天然气开采业												
5	其中：原油												
6	3. 黑色金属矿采选业												
7	4. 有色金属矿采选业												
8	5. 非金属矿采选业	1	1					1					
9	6. 其他采矿业												
10	（二）制造业	63337	58110	82	799	1123	94	26084	16690	13237	1	847	4380
11	1. 农副食品加工业	656	656	11	6	9		577		53			
12	2. 食品制造业	474	474	13				460		1			
13	3. 饮料制造业	58	58		1			9	5	43			
14	酒的制造	43	43					1		42			
15	酒精制造	8	8			1		2	5				
16	软饮料制造	5	5			−1		6					
17	精制茶加工	2	2		1					1			
18	4. 烟草制品业	270	270					270					
19	卷烟制造												
20	烟叶复烤	86	86					86					
21	其他烟草制品加工	184	184					184					
22	5. 纺织业	2910	2910		1	127		540		2242			
23	6. 纺织服装、鞋帽制造业	12239	12151		18	213		3896	1734	6289	1	88	
24	其中：纺织服装	12021	11933		18	213		3683	1734	6285		88	
25	7. 皮革、毛皮、羽毛（绒）制品业	318	318	3	2			98		215			
26	其中：皮革、毛皮	117	117	1	2			97		17			

续表

序号	项目	合计	内资企业									港澳台投资企业	外商投资企业
			小计	国有企业	集体企业	股份合作企业	联营企业	有限责任公司	股份有限公司	私营企业	其他企业		
27	8. 木材加工及木竹藤棕草制品业	10	10				2	7		1			
28	9. 家具制造业	44	44	1	1			42					
29	10. 造纸及纸制品业	2082	2082		116	29		1294	487	156			
30	①纸浆制造	1600	1600		116	23		899	487	75			
31	②造纸	18	18					18					
32	其中:机制纸及纸板制造	7	7					7					
33	③纸制品制造	464	464			6		377		81			
34	11. 印刷业和记录媒体的复制	9208	4159	5	10	213		1048	2697	186		669	4380
35	12. 文教体育用品制造业	6661	6661	2	1	21		2285	3954	398			
36	13. 石油加工、炼焦及核燃料业												
37	①原油加工及石油制品制造												
38	其中:成品油												
39	②人造原油生产												
40	③炼焦												
41	④核燃料加工												
42	14. 化学原料及化学制品业	1337	1336		3	97		800		436		1	
43	①肥料制造	4	4							4			
44	②农药制造	1	1							1			
45	③专用化学产品制造	89	89					84		5			
46	④日用化学产品制造	652	651		1			492		158		1	
47	其中:化妆品制造	128	128					42		86			
48	⑤其他	591	591		2	97		224		268			
49	15. 医药制造业	2628	2628		302		78	2234		14			
50	16. 化学纤维制造业	29	29		7			3		19			
51	17. 橡胶制品业	130	130		9	1		96	2	22			
52	其中:轮胎制造												
53	18. 塑料制品业	5739	5739		37	103	14	3345	510	1730			

续表

序号	项目	合计	内资企业									港澳台投资企业	外商投资企业
			小计	国有企业	集体企业	股份合作企业	联营企业	有限责任公司	股份有限公司	私营企业	其他企业		
54	19. 非金属矿物制品业	258	258		16	18		174		50			
55	①水泥、石灰和石膏制造	30	30		1	17		12					
56	其中:水泥制造	4	4					4					
57	②水泥及石膏制品制造	37	37		15			22					
58	③玻璃及玻璃制品制造	72	72			1		25		46			
59	④其他	119	119					115		4			
60	20. 黑色金属冶炼及压延加工业	3	3			1				2			
61	其中:钢压延加工	3	3			1				2			
62	21. 有色金属冶炼及压延加工业	7	7			7							
63	22. 金属制品业	353	264		10	14		154		86		89	
64	23. 通用设备制造业	617	617		42	24		503		48			
65	24. 专用设备制造业	261	261		4	15		179	6	57			
66	25. 交通运输设备制造业	345	345		12	1		332					
67	①铁路运输设备制造	88	88		1			87					
68	②汽车制造	230	230		11	1		218					
69	③摩托车制造	26	26					26					
70	④航空航天器制造												
71	其中:飞机制造及修理												
72	⑤其他	1	1					1					
73	26. 电气机械及器材制造业	3259	3259	29				1990	712	528			
74	电机制造	64	64					63		1			
75	电线电缆光缆及电工器材制造	300	300					107	142	51			
76	家用电力器具制造	70	70					14		56			
77	其他	2825	2825	29				1806	570	420			
78	27. 通信设备、计算机及其他电子设备制造业	1678	1678	9				130	1157	382			
79	通信设备制造	1257	1257	9				5	1157	86			
80	广播电视设备制造												

续表

序号	项目	合计	内资企业									港澳台投资企业	外商投资企业
			小计	国有企业	集体企业	股份合作企业	联营企业	有限责任公司	股份有限公司	私营企业	其他企业		
81	电子计算机制造	21	21							21			
82	家用视听设备	19	19					12		7			
83	其他	381	381					113		268			
84	28. 仪表仪器及文化、办公用机械制造业	61	61		12			36		13			
85	29. 其他制造业	11702	11702	9	189	230		5582	5426	266			
86	(三)电力、燃气及水的生产和供应业	12043	12042	11949	26	1	20	35	3	8		1	
87	1. 电力、热力的生产和供应业	11905	11905	11881		1	20		3				
88	电力生产	26	26	5		1	20						
89	电力供应	11879	11879	11876					3				
90	热力生产和供应												
91	2. 燃气生产和供应业	13	13					4		9			
92	3. 水的生产和供应业	125	124	68	26			31		-1		1	
93	(四)建筑业	69628	69626	43765	2036	17	63	22824	49	830	42	1	1
94	1. 房屋和土木工程建筑业	63808	63808	42902	1697		54	18692		462	1		
95	2. 建筑安装业	3493	3491	451	160	7	10	2498	47	310	8	1	1
96	3. 建筑装饰业	1141	1141	382	41			696	2	20			
97	4. 其他建筑业	1186	1186	30	138	10	-1	938		38	33		
98	(五)交通运输、仓储及邮政业	3618	3618	271	163	8	1	3058		53	64		
99	1. 交通运输业	3491	3491	227	146	3	1	2998		52	64		
100	2. 仓储业	91	91	44	17	5		25					
101	3. 邮政业	36	36					35		1			
102	(六)信息传输、计算机服务和软件业	336	336			2		325		6	3		
103	1. 电信和其他信息传输服务业	55	55					51		2	2		
104	其中:电信	3	3					3					
105	2. 计算机服务业	255	255			2		252			1		
106	3. 软件业	26	26					22		4			

续表

序号	项　目	合　计	内资企业									港澳台投资企业	外商投资企业
			小　计	国有企业	集体企业	股份合作企业	联营企业	有限责任公司	股份有限公司	私营企业	其他企业		
107	(七)批发和零售业	36657	36179	840	537	269	33	25439	7767	1276	18	468	10
108	1. 批发业	33101	33035	761	389	151	31	22984	7767	933	19	56	10
109	其中:烟草制品批发	10335	10335					10335					
110	煤炭及制品批发												
111	石油及其制品批发												
112	汽车及零配件批发	2	2					1		1			
113	2. 零售业	3556	3144	79	148	118	2	2455		343	-1	412	
114	(八)住宿和餐饮业	1752	1752	15	50	83		1415		182	7		
115	1. 住宿业	492	492	15	20			348		106	3		
116	2. 餐饮业	1260	1260		30	83		1067		76	4		
117	(九)金融业	600	600	5				517	78				
118	1. 银行业												
119	2. 证券业												
120	3. 保险业												
121	4. 其他金融	600	600	5				517	78				
122	(十)房地产业	22912	22823	666	1305			20074	225	429	124		89
123	其中:房地产开发经营业	22267	22267	553	1290			19773	224	426	1		
124	(十一)租赁和商务服务业	1830	1123	27	8	23		990	3	58	14	673	34
125	1. 租赁业	21	21	6	3			12					
126	2. 商务服务业	1809	1102	21	5	23		978	3	58	14	673	34
127	(十二)居民服务和其他服务业	6981	6967	2037	336	59	132	3057	210	143	993		14
128	(十三)教育	61	61	2							59		
129	(十四)卫生、社会保险和社会福利业	54	54					1			53		
130	其中:卫生	40	40					1			39		
131	(十五)文化、体育和娱乐业	295	295	5	21	3		213		26	27		
132	(十六)其他行业	2195	2056	197	80	6	16	1287	1	39	430	139	

2011年佛山市地方税务局企业所得税分行业分企业类型统计年报表

编报机关:佛山市地方税务局

单位:万元

序号	项目	合计	内资企业									港澳台投资企业	外商投资企业
			小计	国有企业	集体企业	股份合作企业	联营企业	有限责任公司	股份有限公司	私营企业	其他企业		
1	合计	340600	334237	3297	15562	1448	718	254664	27895	21553	9100	193	6170
2	(一)采矿业	3	3					3					
3	1. 煤炭开采和洗选业												
4	2. 石油和天然气开采业												
5	其中:原油												
6	3. 黑色金属矿采选业												
7	4. 有色金属矿采选业												
8	5. 非金属矿采选业	1	1					1					
9	6. 其他采矿业	2	2					2					
10	(二)制造业	103297	98486	698	1784	794	117	80806	9136	5151		25	4786
11	1. 农副食品加工业	1368	1368	125	9			1227		7			
12	2. 食品制造业	1280	1280	459	2	4		381	363	71			
13	3. 饮料制造业	711	711					663		48			
14	酒的制造	649	649					649					
15	酒精制造												
16	软饮料制造	62	62					14		48			
17	精制茶加工												
18	4. 烟草制品业												
19	卷烟制造												
20	烟叶复烤												
21	其他烟草制品加工												
22	5. 纺织业	3936	3936		88	125	1	3474		248			
23	6. 纺织服装、鞋帽制造业	1638	1638	2	164	16	21	1387		48			
24	其中:纺织服装	1526	1526	2	135	15	20	1306		48			
25	7. 皮革、毛皮、羽毛(绒)制品业	1003	1003		35	8		940		20			
26	其中:皮革、毛皮	981	981		35	8		918		20			

续表

序号	项目	合计	内资企业									港澳台投资企业	外商投资企业
			小计	国有企业	集体企业	股份合作企业	联营企业	有限责任公司	股份有限公司	私营企业	其他企业		
27	8. 木材加工及木竹藤棕草制品业	451	451	50		7		325	38	31			
28	9. 家具制造业	1974	1974		12			1941		21			
29	10. 造纸及纸制品业	1397	1397		58	37		1191		111			
30	①纸浆制造												
31	②造纸	109	109		42			67					
32	其中:机制纸及纸板制造	109	109		42			67					
33	③纸制品制造	1288	1288		16	37		1124		111			
34	11. 印刷业和记录媒体的复制	2158	2158		23	97	2	1740		296			
35	12. 文教体育用品制造业	508	508		171	1		317		19			
36	13. 石油加工、炼焦及核燃料业	2815	2815					2815					
37	①原油加工及石油制品制造	2815	2815					2815					
38	其中:成品油	2810	2810					2810					
39	②人造原油生产												
40	③炼焦												
41	④核燃料加工												
42	14. 化学原料及化学制品业	4005	4005		144	20	45	3759		37			
43	①肥料制造												
44	②农药制造	29	29					25		4			
45	③专用化学产品制造	1313	1313		24	20	45	1213		11			
46	④日用化学产品制造	156	156		1			153		2			
47	其中:化妆品制造	67	67					67					
48	⑤其他	2507	2507		119			2368		20			
49	15. 医药制造业	2651	2651		8		18	2615		10			
50	16. 化学纤维制造业	44	44					44					
51	17. 橡胶制品业	418	418		45	7		306		60			
52	其中:轮胎制造												
53	18. 塑料制品业	4707	4707		58	83		4434		132			

续表

序号	项目	合计	内资企业									港澳台投资企业	外商投资企业
			小计	国有企业	集体企业	股份合作企业	联营企业	有限责任公司	股份有限公司	私营企业	其他企业		
54	19. 非金属矿物制品业	15613	15613	1	183	4	26	14559		840			
55	①水泥、石灰和石膏制造	702	702	1	1			531		169			
56	其中:水泥制造	584	584					415		169			
57	②水泥及石膏制品制造	534	534				17	443		74			
58	③玻璃及玻璃制品制造	3071	3071		2	2		3016		51			
59	④其他	11306	11306		180	2	9	10569		546			
60	20. 黑色金属冶炼及压延加工业	333	333		29			300		4			
61	其中:钢压延加工	329	329		29			296		4			
62	21. 有色金属冶炼及压延加工业	8387	8387		192	5		7004		1186			
63	22. 金属制品业	7442	7414	8	279	107		6502	38	480		25	3
64	23. 通用设备制造业	4847	4847	11	43	98	3	2934	1463	295			
65	24. 专用设备制造业	5549	5549		73	18		4197	1156	105			
66	25. 交通运输设备制造业	4922	4922	1	36	2	1	4758	27	97			
67	①铁路运输设备制造												
68	②汽车制造	4196	4196	1	36	2	1	4118	27	11			
69	③摩托车制造	642	642					557		85			
70	④航空航天器制造												
71	其中:飞机制造及修理												
72	⑤其他	84	84					83		1			
73	26. 电气机械及器材制造业	12806	8038	12	90	78		7563	181	114			4768
74	电机制造	67	67	4				63					
75	电线电缆光缆及电工器材制造	1172	1172	3	2	7		1108		52			
76	家用电力器具制造	3298	3298		69	10		3216		3			
77	其他	8269	3501	5	19	61		3176	181	59			4768
78	27. 通信设备、计算机及其他电子设备制造业	9097	9097		14	41		3219	5746	77			
79	通信设备制造	591	591					47	533	11			
80	广播电视设备制造	9	9							9			

续表

序号	项目	合计	内资企业									港澳台投资企业	外商投资企业
			小计	国有企业	集体企业	股份合作企业	联营企业	有限责任公司	股份有限公司	私营企业	其他企业		
81	电子计算机制造	91	91					84	7				
82	家用视听设备	263	263			28		235					
83	其他	8143	8143		14	13		2853	5206	57			
84	28. 仪表仪器及文化、办公用机械制造业	313	298		5	32		109	4	148			15
85	29. 其他制造业	2924	2924	29	23	4		2102	120	646			
86	(三)电力、燃气及水的生产和供应业	20550	20550	2	808			3184	16556				
87	1. 电力、热力的生产和供应业	143	143	1				118	24				
88	电力生产												
89	电力供应	143	143	1				118	24				
90	热力生产和供应												
91	2. 燃气生产和供应业	2012	2012		33			1979					
92	3. 水的生产和供应业	18395	18395	1	775			1087	16532				
93	(四)建筑业	46040	45921	778	4336	41	18	36549	727	3410	62	81	38
94	1. 房屋和土木工程建筑业	21685	21685	98	3446	2	1	16915	21	1160	42		
95	2. 建筑安装业	18416	18300	558	846	34	3	14604	685	1551	19	78	38
96	3. 建筑装饰业	4516	4513	71	8	1	14	3827	20	571	1	3	
97	4. 其他建筑业	1423	1423	51	36	4		1203	1	128			
98	(五)交通运输、仓储及邮政业	9114	9114	17	33	4	1	8561		276	222		
99	1. 交通运输业	8994	8994	3	31	4		8489		249	218		
100	2. 仓储业	99	99	14	2		1	67		11	4		
101	3. 邮政业	21	21					5		16			
102	(六)信息传输、计算机服务和软件业	1282	1282	9		3		381	197	692			
103	1. 电信和其他信息传输服务业	603	603	9				66		528			
104	其中:电信	25	25	9				11		5			
105	2. 计算机服务业	515	515			3		269	196	47			
106	3. 软件业	164	164					46	1	117			

续表

序号	项目	合计	内资企业									港澳台投资企业	外商投资企业
			小计	国有企业	集体企业	股份合作企业	联营企业	有限责任公司	股份有限公司	私营企业	其他企业		
107	(七)批发和零售业	38733	38637	795	1412	322	39	28133	501	7421	14	22	74
108	1. 批发业	26535	26461	543	816	300	34	17086	501	7177	4		74
109	其中:烟草制品批发	99	99	99									
110	煤炭及制品批发	327	327					150		177			
111	石油及其制品批发	482	482	215	8		18	215		26			
112	汽车及零配件批发	601	601		2	2		502		95			
113	2. 零售业	12198	12176	252	596	22	5	11047		244	10	22	
114	(八)住宿和餐饮业	3045	3045	39	210	135		2229		408	24		
115	1. 住宿业	556	556	14	46	13		372		106	5		
116	2. 餐饮业	2489	2489	25	164	122		1857		302	19		
117	(九)金融业	4453	3733					2763		970			720
118	1. 银行业	-7	-7						-7				
119	2. 证券业	48	48					48					
120	3. 保险业	15	15					8	7				
121	4. 其他金融	4397	3677					2707		970			720
122	(十)房地产业	89084	89048	394	6016	53	157	79805	14	1389	1220	22	14
123	其中:房地产开发经营业	82410	82410	329	4546		4	76464		1001	66		
124	(十一)租赁和商务服务业	7894	7544	114	295	4		5783	557	628	163		350
125	1. 租赁业	140	140	1	29			74	7	9	20		
126	2. 商务服务业	7754	7404	113	266	4		5709	550	619	143		350
127	(十二)居民服务和其他服务业	3268	3213	27	253	22	368	1914	201	120	308	44	11
128	(十三)教育	1484	1484		31	12		245		3	1193		
129	(十四)卫生、社会保险和社会福利业	283	283		1						282		
130	其中:卫生	266	266		1						265		
131	(十五)文化、体育和娱乐业	599	599	1	45	12		362		118	61		
132	(十六)其他行业	11471	11295	423	338	46	18	3946	6	967	5551	-1	177

2011年韶关市地方税务局企业所得税分行业分企业类型统计年报表

编报机关:韶关市地方税务局　　　　单位:万元

序号	项目	合计	内资企业									港澳台投资企业	外商投资企业
			小计	国有企业	集体企业	股份合作企业	联营企业	有限责任公司	股份有限公司	私营企业	其他企业		
1	合计	53248	53236	5242	6242	69	59	33040	5338	2043	1203		12
2	(一)采矿业	2272	2272		12			1236	851	173			
3	1. 煤炭开采和洗选业												
4	2. 石油和天然气开采业	1	1							1			
5	其中:原油	1	1							1			
6	3. 黑色金属矿采选业	947	947		11			765		171			
7	4. 有色金属矿采选业	1320	1320					469	851				
8	5. 非金属矿采选业	2	2		1					1			
9	6. 其他采矿业	2	2					2					
10	(二)制造业	8264	8264	399	13	5	5	5810	1885	147			
11	1. 农副食品加工业	9	9					9					
12	2. 食品制造业												
13	3. 饮料制造业												
14	酒的制造												
15	酒精制造												
16	软饮料制造												
17	精制茶加工												
18	4. 烟草制品业	50	50					50					
19	卷烟制造												
20	烟叶复烤	50	50					50					
21	其他烟草制品加工												
22	5. 纺织业	1	1					1					
23	6. 纺织服装、鞋帽制造业	10	10							10			
24	其中:纺织服装	10	10							10			
25	7. 皮革、毛皮、羽毛(绒)制品业												
26	其中:皮革、毛皮												

续表

序号	项目	合计	内资企业									港澳台投资企业	外商投资企业
			小计	国有企业	集体企业	股份合作企业	联营企业	有限责任公司	股份有限公司	私营企业	其他企业		
27	8. 木材加工及木竹藤棕草制品业	115	115	85				30					
28	9. 家具制造业												
29	10. 造纸及纸制品业	5	5					5					
30	①纸浆制造												
31	②造纸	5	5					5					
32	其中:机制纸及纸板制造												
33	③纸制品制造												
34	11. 印刷业和记录媒体的复制	18	18		3			6		9			
35	12. 文教体育用品制造业												
36	13. 石油加工、炼焦及核燃料业	1	1			1							
37	①原油加工及石油制品制造	1	1			1							
38	其中:成品油	1	1			1							
39	②人造原油生产												
40	③炼焦												
41	④核燃料加工												
42	14. 化学原料及化学制品业	904	904	258				643		3			
43	①肥料制造	15	15					15					
44	②农药制造												
45	③专用化学产品制造	421	421	4				417					
46	④日用化学产品制造												
47	其中:化妆品制造												
48	⑤其他	468	468	254				211		3			
49	15. 医药制造业												
50	16. 化学纤维制造业												
51	17. 橡胶制品业												
52	其中:轮胎制造												
53	18. 塑料制品业	15	15					15					

续表

序号	项　　目	合　计	内　资　企　业									港澳台投资企业	外商投资企业
			小　计	国有企业	集体企业	股份合作企业	联营企业	有限责任公司	股份有限公司	私营企业	其他企业		
54	19. 非金属矿物制品业	170	170		3	2		163		2			
55	①水泥、石灰和石膏制造	165	165		1	2		161		1			
56	其中:水泥制造	47	47			2		45					
57	②水泥及石膏制品制造												
58	③玻璃及玻璃制品制造												
59	④其他	5	5		2			2		1			
60	20. 黑色金属冶炼及压延加工业												
61	其中:钢压延加工												
62	21. 有色金属冶炼及压延加工业	1909	1909	26			2	-4	1884	1			
63	22. 金属制品业	10	10		1			9					
64	23. 通用设备制造业	3388	3388	13		2	3	3254		116			
65	24. 专用设备制造业	267	267		4			262		1			
66	25. 交通运输设备制造业	105	105	1	1			98		5			
67	①铁路运输设备制造												
68	②汽车制造	103	103					98		5			
69	③摩托车制造												
70	④航空航天器制造												
71	其中:飞机制造及修理												
72	⑤其他	2	2	1	1								
73	26. 电气机械及器材制造业	22	22	16	1			4	1				
74	电机制造	19	19	16				3					
75	电线电缆光缆及电工器材制造	2	2		1			1					
76	家用电力器具制造												
77	其他	1	1						1				
78	27. 通信设备、计算机及其他电子设备制造业												
79	通信设备制造												
80	广播电视设备制造												

续表

序号	项目	合计	内资企业									港澳台投资企业	外商投资企业
			小计	国有企业	集体企业	股份合作企业	联营企业	有限责任公司	股份有限公司	私营企业	其他企业		
81	电子计算机制造												
82	家用视听设备												
83	其他												
84	28. 仪表仪器及文化、办公用机械制造业												
85	29. 其他制造业	1265	1265					1265					
86	（三）电力、燃气及水的生产和供应业	6659	6659	911	304	47	39	2963	2327	68			
87	1. 电力、热力的生产和供应业	6647	6647	911	304	47	39	2951	2327	68			
88	电力生产	5870	5870	297	284	15	39	2840	2327	68			
89	电力供应	777	777	614	20	32		111					
90	热力生产和供应												
91	2. 燃气生产和供应业	2	2	1				1					
92	3. 水的生产和供应业	10	10	-1				11					
93	（四）建筑业	18958	18947	3145	5154	2	3	9912	184	287	260		11
94	1. 房屋和土木工程建筑业	9153	9153	2725	2426	1		3946	3	20	32		
95	2. 建筑安装业	8524	8520	398	2671	1	3	4851	181	213	202		4
96	3. 建筑装饰业	296	296	1	11			268		16			
97	4. 其他建筑业	985	978	21	46			847		38	26		7
98	（五）交通运输、仓储及邮政业	1875	1875	59	131			1628	7	21	29		
99	1. 交通运输业	1774	1774	59	130			1545	7	21	12		
100	2. 仓储业	98	98		1			80			17		
101	3. 邮政业	3	3					3					
102	（六）信息传输、计算机服务和软件业	7	7					7					
103	1. 电信和其他信息传输服务业												
104	其中：电信												
105	2. 计算机服务业	7	7					7					
106	3. 软件业												

续表

序号	项　目	合　计	内资企业								港澳台投资企业	外商投资企业
			小　计	国有企业	集体企业	股份合作企业	联营企业	有限责任公司	股份有限公司	私营企业	其他企业		
107	(七)批发和零售业	6500	6500	327	234	1		5778	62	98			
108	1. 批发业	5617	5617	243	69			5243		62			
109	其中:烟草制品批发	4285	4285	13				4272					
110	煤炭及制品批发	530	530					530					
111	石油及其制品批发	11	11					11					
112	汽车及零配件批发												
113	2. 零售业	883	883	84	165	1		535	62	36			
114	(八)住宿和餐饮业	190	190	7	16			164		3			
115	1. 住宿业	91	91	5	16			69		1			
116	2. 餐饮业	99	99	2				95		2			
117	(九)金融业	5	5					11	-6				
118	1. 银行业												
119	2. 证券业												
120	3. 保险业												
121	4. 其他金融	5	5					11	-6				
122	(十)房地产业	5488	5488	164	201	11	8	3915	14	1133	42		
123	其中:房地产开发经营业	5129	5129	116	136			3761	1	1115			
124	(十一)租赁和商务服务业	491	491	5	28			362		48	48		
125	1. 租赁业	14	14					13			1		
126	2. 商务服务业	477	477	5	28			349		48	47		
127	(十二)居民服务和其他服务业	1540	1539	123	132	3		935	8	59	279		1
128	(十三)教育	22	22					2			20		
129	(十四)卫生、社会保险和社会福利业	6	6								6		
130	其中:卫生	6	6								6		
131	(十五)文化、体育和娱乐业	110	110	20				65			25		
132	(十六)其他行业	861	861	82	17		4	252	6	6	494		

2011 年河源市地方税务局企业所得税分行业分企业类型统计年报表

编报机关:河源市地方税务局

单位:万元

序号	项目	合计	内资企业									港澳台投资企业	外商投资企业
			小计	国有企业	集体企业	股份合作企业	联营企业	有限责任公司	股份有限公司	私营企业	其他企业		
1	合计	65692	65646	5003	2525	65	37	22592	32004	1005	2415	40	6
2	(一)采矿业	33124	33124	1182	28			627	31272	11	4		
3	1. 煤炭开采和洗选业												
4	2. 石油和天然气开采业												
5	其中:原油												
6	3. 黑色金属矿采选业	32688	32688	1180				236	31272				
7	4. 有色金属矿采选业	13	13					13					
8	5. 非金属矿采选业	46	46		28			3		11	4		
9	6. 其他采矿业	377	377	2				375					
10	(二)制造业	2102	2102	1	48			1549	498	6			
11	1. 农副食品加工业	2	2	1						1			
12	2. 食品制造业	1	1							1			
13	3. 饮料制造业												
14	酒的制造												
15	酒精制造												
16	软饮料制造												
17	精制茶加工												
18	4. 烟草制品业												
19	卷烟制造												
20	烟叶复烤												
21	其他烟草制品加工												
22	5. 纺织业	1	1					1					
23	6. 纺织服装、鞋帽制造业												
24	其中:纺织服装												
25	7. 皮革、毛皮、羽毛(绒)制品业												
26	其中:皮革、毛皮												

续表

序号	项　　目	合　计	内资企业									港澳台投资企业	外商投资企业
			小　计	国有企业	集体企业	股份合作企业	联营企业	有限责任公司	股份有限公司	私营企业	其他企业		
27	8. 木材加工及木竹藤棕草制品业												
28	9. 家具制造业												
29	10. 造纸及纸制品业												
30	①纸浆制造												
31	②造纸												
32	其中:机制纸及纸板制造												
33	③纸制品制造												
34	11. 印刷业和记录媒体的复制	6	6		1			4		1			
35	12. 文教体育用品制造业	4	4					4					
36	13. 石油加工、炼焦及核燃料业												
37	①原油加工及石油制品制造												
38	其中:成品油												
39	②人造原油生产												
40	③炼焦												
41	④核燃料加工												
42	14. 化学原料及化学制品业												
43	①肥料制造												
44	②农药制造												
45	③专用化学产品制造												
46	④日用化学产品制造												
47	其中:化妆品制造												
48	⑤其他												
49	15. 医药制造业	32	32					3	29				
50	16. 化学纤维制造业												
51	17. 橡胶制品业												
52	其中:轮胎制造												
53	18. 塑料制品业	1	1					1					

续表

序号	项　目	合　计	内资企业									港澳台投资企业	外商投资企业
			小　计	国有企业	集体企业	股份合作企业	联营企业	有限责任公司	股份有限公司	私营企业	其他企业		
54	19. 非金属矿物制品业	82	82		20			54	8				
55	①水泥、石灰和石膏制造												
56	其中:水泥制造												
57	②水泥及石膏制品制造	32	32		20			12					
58	③玻璃及玻璃制品制造												
59	④其他	50	50					42	8				
60	20. 黑色金属冶炼及压延加工业	1346	1346					1346					
61	其中:钢压延加工	11	11					11					
62	21. 有色金属冶炼及压延加工业	23	23					23					
63	22. 金属制品业	505	505					44	461				
64	23. 通用设备制造业	47	47					47					
65	24. 专用设备制造业	2	2							2			
66	25. 交通运输设备制造业	24	24		24								
67	①铁路运输设备制造	24	24		24								
68	②汽车制造												
69	③摩托车制造												
70	④航空航天器制造												
71	其中:飞机制造及修理												
72	⑤其他												
73	26. 电气机械及器材制造业	5	5					4		1			
74	电机制造	4	4					4					
75	电线电缆光缆及电工器材制造												
76	家用电力器具制造												
77	其他	1	1							1			
78	27. 通信设备、计算机及其他电子设备制造业	13	13					13					
79	通信设备制造	13	13					13					
80	广播电视设备制造												

续表

序号	项目	合计	内资企业									港澳台投资企业	外商投资企业
			小计	国有企业	集体企业	股份合作企业	联营企业	有限责任公司	股份有限公司	私营企业	其他企业		
81	电子计算机制造												
82	家用视听设备												
83	其他												
84	28. 仪表仪器及文化、办公用机械制造业	8	8		3			5					
85	29. 其他制造业												
86	(三)电力、燃气及水的生产和供应业	5334	5334	1241	89			3994		9	1		
87	1. 电力、热力的生产和供应业	5100	5100	1241	84			3765		9	1		
88	电力生产	1480	1480	29	80			1361		9	1		
89	电力供应	3620	3620	1212	4			2404					
90	热力生产和供应												
91	2. 燃气生产和供应业	20	20					20					
92	3. 水的生产和供应业	214	214		5			209					
93	(四)建筑业	8037	8025	273	1580	59	3	5126	170	213	601	12	
94	1. 房屋和土木工程建筑业	1581	1581	138	845			586	3	9			
95	2. 建筑安装业	3142	3141	57	431	4		2034	14	146	455	1	
96	3. 建筑装饰业	891	891	22	89	55		554	148	23			
97	4. 其他建筑业	2423	2412	56	215		3	1952	5	35	146	11	
98	(五)交通运输、仓储及邮政业	799	799	22	49		5	723					
99	1. 交通运输业	799	799	22	49		5	723					
100	2. 仓储业												
101	3. 邮政业												
102	(六)信息传输、计算机服务和软件业	45	41					31			10	4	
103	1. 电信和其他信息传输服务业	5	5					5					
104	其中:电信	2	2					2					
105	2. 计算机服务业	26	22					22				4	
106	3. 软件业	14	14					4			10		

续表

序号	项　　目	合　计	内资企业								港澳台投资企业	外商投资企业
			小　计	国有企业	集体企业	股份合作企业	联营企业	有限责任公司	股份有限公司	私营企业	其他企业		
107	(七)批发和零售业	3107	3103	189	12			2894		8		4	
108	1. 批发业	1111	1107	27	6			1073		1		4	
109	其中:烟草制品批发	371	371					371					
110	煤炭及制品批发												
111	石油及其制品批发												
112	汽车及零配件批发												
113	2. 零售业	1996	1996	162	6			1821		7			
114	(八)住宿和餐饮业	445	445	7	1			437					
115	1. 住宿业	272	272	5	1			266					
116	2. 餐饮业	173	173	2				171					
117	(九)金融业	470	470					469	1				
118	1. 银行业												
119	2. 证券业												
120	3. 保险业												
121	4. 其他金融	470	470					469	1				
122	(十)房地产业	3757	3757	515	217			2863	4	53	105		
123	其中:房地产开发经营业	2951	2951	482	20			2409	4	36			
124	(十一)租赁和商务服务业	243	239	19	33		3	146		12	26		4
125	1. 租赁业	9	9					9					
126	2. 商务服务业	234	230	19	33		3	137		12	26		4
127	(十二)居民服务和其他服务业	4033	4015	862	229	4	21	2370	36	47	446	16	2
128	(十三)教育	2	2		1						1		
129	(十四)卫生、社会保险和社会福利业	15	15		1						14		
130	其中:卫生	2	2								2		
131	(十五)文化、体育和娱乐业	46	46					2			44		
132	(十六)其他行业	4133	4129	692	237	2	5	1361	23	646	1163	4	

2011年梅州市地方税务局企业所得税分行业分企业类型统计年报表

编报机关:梅州市地方税务局　　　　单位:万元

序号	项　目	合　计	内资企业									港澳台投资企业	外商投资企业
			小　计	国有企业	集体企业	股份合作企业	联营企业	有限责任公司	股份有限公司	私营企业	其他企业		
1	合　计	108313	108267	4233	3639	264	79	75266	22385	1369	1032	46	
2	(一)采矿业	3046	3046	1876	2	5	4	1149	4	1	5		
3	1. 煤炭开采和洗选业												
4	2. 石油和天然气开采业												
5	其中:原油												
6	3. 黑色金属矿采选业	936	936					936					
7	4. 有色金属矿采选业	1850	1850	1850									
8	5. 非金属矿采选业	150	150		2			147		1			
9	6. 其他采矿业	110	110	26		5	4	66	4		5		
10	(二)制造业	15744	15744	6	139	202	72	6584	8386	355			
11	1. 农副食品加工业	3	3					3					
12	2. 食品制造业	11	11					11					
13	3. 饮料制造业	55	55					11	44				
14	酒的制造	53	53					11	42				
15	酒精制造												
16	软饮料制造												
17	精制茶加工	2	2						2				
18	4. 烟草制品业	1074	1074					1074					
19	卷烟制造												
20	烟叶复烤	616	616					616					
21	其他烟草制品加工	458	458					458					
22	5. 纺织业	1	1							1			
23	6. 纺织服装、鞋帽制造业	8	8		8								
24	其中:纺织服装												
25	7. 皮革、毛皮、羽毛(绒)制品业												
26	其中:皮革、毛皮												

续表

序号	项目	合计	内资企业									港澳台投资企业	外商投资企业
			小计	国有企业	集体企业	股份合作企业	联营企业	有限责任公司	股份有限公司	私营企业	其他企业		
27	8. 木材加工及木竹藤棕草制品业	34	34					33		1			
28	9. 家具制造业	181	181					181					
29	10. 造纸及纸制品业	4	4				1	1		2			
30	①纸浆制造												
31	②造纸												
32	其中:机制纸及纸板制造												
33	③纸制品制造	4	4				1	1		2			
34	11. 印刷业和记录媒体的复制	7	7	1	4			2					
35	12. 文教体育用品制造业												
36	13. 石油加工、炼焦及核燃料业												
37	①原油加工及石油制品制造												
38	其中:成品油												
39	②人造原油生产												
40	③炼焦												
41	④核燃料加工												
42	14. 化学原料及化学制品业	58	58					58					
43	①肥料制造												
44	②农药制造												
45	③专用化学产品制造	58	58					58					
46	④日用化学产品制造												
47	其中:化妆品制造												
48	⑤其他												
49	15. 医药制造业	173	173					56	117				
50	16. 化学纤维制造业												
51	17. 橡胶制品业												
52	其中:轮胎制造												
53	18. 塑料制品业	2	2					2					

续表

序号	项目	合计	内资企业									港澳台投资企业	外商投资企业
			小计	国有企业	集体企业	股份合作企业	联营企业	有限责任公司	股份有限公司	私营企业	其他企业		
54	19. 非金属矿物制品业	6816	6816	2	93	26	1	3264	3396	34			
55	①水泥、石灰和石膏制造	6726	6726	2	91			3203	3396	34			
56	其中:水泥制造	6725	6725	2	90			3203	3396	34			
57	②水泥及石膏制品制造	31	31		2			29					
58	③玻璃及玻璃制品制造												
59	④其他	59	59			26	1	32					
60	20. 黑色金属冶炼及压延加工业	14	14		11			2	1				
61	其中:钢压延加工	11	11		11								
62	21. 有色金属冶炼及压延加工业	3137	3137					1295	1842				
63	22. 金属制品业	496	496					204	291	1			
64	23. 通用设备制造业	2354	2354		1			34	2319				
65	24. 专用设备制造业	7	7					7					
66	25. 交通运输设备制造业	25	25					25					
67	①铁路运输设备制造												
68	②汽车制造	25	25					25					
69	③摩托车制造												
70	④航空航天器制造												
71	其中:飞机制造及修理												
72	⑤其他												
73	26. 电气机械及器材制造业	106	106					104	2				
74	电机制造	76	76					74	2				
75	电线电缆光缆及电工器材制造	23	23					23					
76	家用电力器具制造	5	5					5					
77	其他	2	2					2					
78	27. 通信设备、计算机及其他电子设备制造业	893	893		3			211	374	305			
79	通信设备制造	7	7					7					
80	广播电视设备制造	23	23					23					

续表

序号	项目	合计	内资企业									港澳台投资企业	外商投资企业
			小计	国有企业	集体企业	股份合作企业	联营企业	有限责任公司	股份有限公司	私营企业	其他企业		
81	电子计算机制造												
82	家用视听设备												
83	其他	863	863		3			181	374	305			
84	28. 仪表仪器及文化、办公用机械制造业	76	76	3	1		70	2					
85	29. 其他制造业	209	209		18	176		4		11			
86	(三)电力、燃气及水的生产和供应业	19589	19589	1058	16			11446	7069				
87	1. 电力、热力的生产和供应业	19458	19458	1057	15			11317	7069				
88	电力生产	17910	17910	1	6			10834	7069				
89	电力供应	1548	1548	1056	9			483					
90	热力生产和供应												
91	2. 燃气生产和供应业												
92	3. 水的生产和供应业	131	131	1	1			129					
93	(四)建筑业	29470	29470	491	2817	2	1	25171	50	788	150		
94	1. 房屋和土木工程建筑业	6004	6004	289	748			4341	1	624	1		
95	2. 建筑安装业	22866	22866	192	2062	2	1	20273	49	141	146		
96	3. 建筑装饰业	222	222	8				192		22			
97	4. 其他建筑业	378	378	2	7			365		1	3		
98	(五)交通运输、仓储及邮政业	1486	1486	76	23	4		1222	1	75	85		
99	1. 交通运输业	1423	1423	76	23	4		1160	1	74	85		
100	2. 仓储业	3	3					3					
101	3. 邮政业	60	60					59		1			
102	(六)信息传输、计算机服务和软件业	58	58					44		14			
103	1. 电信和其他信息传输服务业	12	12					12					
104	其中:电信	12	12					12					
105	2. 计算机服务业	46	46					32		14			
106	3. 软件业												

续表

序号	项　目	合计	内资企业									港澳台投资企业	外商投资企业
			小计	国有企业	集体企业	股份合作企业	联营企业	有限责任公司	股份有限公司	私营企业	其他企业		
107	(七)批发和零售业	20776	20776	130	13	13		20577		43			
108	1. 批发业	8707	8707	107	2	13		8581		4			
109	其中:烟草制品批发	7477	7477					7477					
110	煤炭及制品批发												
111	石油及其制品批发												
112	汽车及零配件批发												
113	2. 零售业	12069	12069	23	11			11996		39			
114	(八)住宿和餐饮业	116	116	24	2			64		23	3		
115	1. 住宿业	33	33		1			32					
116	2. 餐饮业	83	83	24	1			32		23	3		
117	(九)金融业	73	73					73					
118	1. 银行业												
119	2. 证券业												
120	3. 保险业												
121	4. 其他金融	73	73					73					
122	(十)房地产业	6373	6373	167	323	37		5713	12	35	86		
123	其中:房地产开发经营业	5286	5286	154	288	37		4734		25	48		
124	(十一)租赁和商务服务业	7081	7081	6	16			226	6824	8	1		
125	1. 租赁业	30	30					25		5			
126	2. 商务服务业	7051	7051	6	16			201	6824	3	1		
127	(十二)居民服务和其他服务业	3265	3219	300	218	1	1	2339	20	20	320	46	
128	(十三)教育	120	120					2		1	117		
129	(十四)卫生、社会保险和社会福利业	131	131	1				78			52		
130	其中:卫生	104	104	1				51			52		
131	(十五)文化、体育和娱乐业	6	6		1		1	3		1			
132	(十六)其他行业	979	979	98	69			575	19	5	213		

2011年惠州市地方税务局企业所得税分行业分企业类型统计年报表

编报机关:惠州市地方税务局　　　　单位:万元

序号	项目	合计	内资企业									港澳台投资企业	外商投资企业
			小计	国有企业	集体企业	股份合作企业	联营企业	有限责任公司	股份有限公司	私营企业	其他企业		
1	合计	104393	104189	10472	10538	45	262	46846	8871	24133	3022	178	26
2	(一)采矿业	201	201		3			198					
3	1. 煤炭开采和洗选业												
4	2. 石油和天然气开采业												
5	其中:原油												
6	3. 黑色金属矿采选业	195	195					195					
7	4. 有色金属矿采选业												
8	5. 非金属矿采选业	5	5		3			2					
9	6. 其他采矿业	1	1					1					
10	(二)制造业	8009	8003	244	2161	6	4	1461	3566	560	1		6
11	1. 农副食品加工业	171	171	29	9			132		1			
12	2. 食品制造业	222	222	133	3			12		74			
13	3. 饮料制造业	4	4		1			1		2			
14	酒的制造	1	1		1								
15	酒精制造												
16	软饮料制造	3	3					1		2			
17	精制茶加工												
18	4. 烟草制品业												
19	卷烟制造												
20	烟叶复烤												
21	其他烟草制品加工												
22	5. 纺织业	86	86		45			12		29			
23	6. 纺织服装、鞋帽制造业	384	384		323	1		3		57			
24	其中:纺织服装	373	373		313	1		3		56			
25	7. 皮革、毛皮、羽毛(绒)制品业	356	356		60			270		26			
26	其中:皮革、毛皮	354	354		58			270		26			

续表

序号	项目	合计	内资企业									港澳台投资企业	外商投资企业
			小计	国有企业	集体企业	股份合作企业	联营企业	有限责任公司	股份有限公司	私营企业	其他企业		
27	8. 木材加工及木竹藤棕草制品业	34	34	30	2			2					
28	9. 家具制造业	23	23	3	16			2		2			
29	10. 造纸及纸制品业	48	48		27			12		9			
30	①纸浆制造	8	8		1			7					
31	②造纸	12	12		7			2		3			
32	其中:机制纸及纸板制造	5	5		5								
33	③纸制品制造	28	28		19			3		6			
34	11. 印刷业和记录媒体的复制	183	183		3			137		42	1		
35	12. 文教体育用品制造业	195	195	3	192								
36	13. 石油加工、炼焦及核燃料业	86	86					86					
37	①原油加工及石油制品制造	86	86					86					
38	其中:成品油	86	86					86					
39	②人造原油生产												
40	③炼焦												
41	④核燃料加工												
42	14. 化学原料及化学制品业	133	133	26	1			38		68			
43	①肥料制造	26	26	26									
44	②农药制造												
45	③专用化学产品制造	5	5					5					
46	④日用化学产品制造	43	43					26		17			
47	其中:化妆品制造	26	26					26					
48	⑤其他	59	59		1			7		51			
49	15. 医药制造业	315	315					93	222				
50	16. 化学纤维制造业												
51	17. 橡胶制品业	54	54		32			22					
52	其中:轮胎制造												
53	18. 塑料制品业	421	421		392	1		15		13			

续表

序号	项目	合计	内资企业								港澳台投资企业	外商投资企业
			小计	国有企业	集体企业	股份合作企业	联营企业	有限责任公司	股份有限公司	私营企业	其他企业		
54	19. 非金属矿物制品业	3377	3377	1	5			33	3329	9			
55	①水泥、石灰和石膏制造	3351	3351	1				19	3329	2			
56	其中:水泥制造	3350	3350					19	3329	2			
57	②水泥及石膏制品制造												
58	③玻璃及玻璃制品制造	1	1					1					
59	④其他	25	25		5			13		7			
60	20. 黑色金属冶炼及压延加工业												
61	其中:钢压延加工												
62	21. 有色金属冶炼及压延加工业	9	9					6		3			
63	22. 金属制品业	386	385		316			44	15	10			1
64	23. 通用设备制造业	215	212	2	5			203		2			3
65	24. 专用设备制造业	118	118		55			4		59			
66	25. 交通运输设备制造业	66	66		9			51		6			
67	①铁路运输设备制造												
68	②汽车制造	65	65		9			51		5			
69	③摩托车制造												
70	④航空航天器制造												
71	其中:飞机制造及修理												
72	⑤其他	1	1							1			
73	26. 电气机械及器材制造业	376	376		207	4		123		42			
74	电机制造												
75	电线电缆光缆及电工器材制造	57	57		27					30			
76	家用电力器具制造	15	15		14					1			
77	其他	304	304		166	4		123		11			
78	27. 通信设备、计算机及其他电子设备制造业	256	256	2	122			82		50			
79	通信设备制造	1	1					1					
80	广播电视设备制造												

续表

序号	项目	合计	内资企业									港澳台投资企业	外商投资企业
			小计	国有企业	集体企业	股份合作企业	联营企业	有限责任公司	股份有限公司	私营企业	其他企业		
81	电子计算机制造	22	22					7		15			
82	家用视听设备	1	1		1								
83	其他	232	232	2	121			74		35			
84	28. 仪表仪器及文化、办公用机械制造业	41	39	12	27								2
85	29. 其他制造业	450	450	3	309		4	78		56			
86	(三)电力、燃气及水的生产和供应业	6224	6224	1076	48			5092		8			
87	1. 电力、热力的生产和供应业	5814	5814	950	29			4831		4			
88	电力生产	4901	4901	49	27			4821		4			
89	电力供应	712	712	702				10					
90	热力生产和供应	201	201	199	2								
91	2. 燃气生产和供应业	129	129	2				127					
92	3. 水的生产和供应业	281	281	124	19			134		4			
93	(四)建筑业	42306	42240	7469	3996	35	189	20826	2788	6025	912	56	10
94	1. 房屋和土木工程建筑业	7824	7824	3111	1367		144	2366	425	409	2		
95	2. 建筑安装业	23345	23280	4271	2289	35	44	9598	2338	3827	878	56	9
96	3. 建筑装饰业	2618	2617	39	53		1	943	24	1526	31		1
97	4. 其他建筑业	8519	8519	48	287			7919	1	263	1		
98	(五)交通运输、仓储及邮政业	2337	2337	56	23		17	1986		233	22		
99	1. 交通运输业	2329	2329	56	19		17	1983		232	22		
100	2. 仓储业	7	7		4			3					
101	3. 邮政业	1	1							1			
102	(六)信息传输、计算机服务和软件业	1047	1047	1	9			194	741	101	1		
103	1. 电信和其他信息传输服务业	192	192	1				182	1	7	1		
104	其中:电信	182	182	1				180	1				
105	2. 计算机服务业	854	854		9			12	740	93			
106	3. 软件业	1	1							1			

续表

序号	项目	合计	内资企业									港澳台投资企业	外商投资企业
			小计	国有企业	集体企业	股份合作企业	联营企业	有限责任公司	股份有限公司	私营企业	其他企业		
107	（七）批发和零售业	4949	4949	124	191		8	1992	25	2607	2		
108	1. 批发业	1429	1429	73	35		1	775	2	543			
109	其中：烟草制品批发												
110	煤炭及制品批发												
111	石油及其制品批发	6	6		1			5					
112	汽车及零配件批发												
113	2. 零售业	3520	3520	51	156		7	1217	23	2064	2		
114	（八）住宿和餐饮业	1641	1641	13	28	1	6	786		784	23		
115	1. 住宿业	406	406	2	19		6	194		162	23		
116	2. 餐饮业	1235	1235	11	9	1		592		622			
117	（九）金融业	481	481					25	405	51			
118	1. 银行业												
119	2. 证券业												
120	3. 保险业												
121	4. 其他金融	481	481					25	405	51			
122	（十）房地产业	23925	23924	367	2408		2	8439	1087	10976	645		1
123	其中：房地产开发经营业	17839	17839	268	197			6574	1	10571	228		
124	（十一）租赁和商务服务业	1858	1858	64	88		2	693	1	923	87		
125	1. 租赁业	42	42		3			10		22	7		
126	2. 商务服务业	1816	1816	64	85		2	683	1	901	80		
127	（十二）居民服务和其他服务业	7627	7501	343	1401	3	28	4169	237	938	382	117	9
128	（十三）教育	84	84	3				4			77		
129	（十四）卫生、社会保险和社会福利业	21	21		2			1			18		
130	其中：卫生	21	21		2			1			18		
131	（十五）文化、体育和娱乐业	201	201	11	3			69		112	6		
132	（十六）其他行业	3482	3477	701	177		6	911	21	815	846	5	

2011年汕尾市地方税务局企业所得税分行业分企业类型统计年报表

编报机关:汕尾市地方税务局　　　　单位:万元

序号	项　目	合　计	内资企业									港澳台投资企业	外商投资企业
			小　计	国有企业	集体企业	股份合作企业	联营企业	有限责任公司	股份有限公司	私营企业	其他企业		
1	合　计	23445	23365	1771	2617	52	31	14743	67	3224	860	24	56
2	(一)采矿业	15	15	15									
3	1. 煤炭开采和洗选业												
4	2. 石油和天然气开采业												
5	其中:原油												
6	3. 黑色金属矿采选业												
7	4. 有色金属矿采选业												
8	5. 非金属矿采选业	15	15	15									
9	6. 其他采矿业												
10	(二)制造业	721	715	20	21			301		373		6	
11	1. 农副食品加工业	23	23	17	5			1					
12	2. 食品制造业	5	5					2		3			
13	3. 饮料制造业	89	89	1				87		1			
14	酒的制造	88	88	1				87					
15	酒精制造												
16	软饮料制造	1	1							1			
17	精制茶加工												
18	4. 烟草制品业												
19	卷烟制造												
20	烟叶复烤												
21	其他烟草制品加工												
22	5. 纺织业	8	8							8			
23	6. 纺织服装、鞋帽制造业	465	465					182		283			
24	其中:纺织服装	465	465					182		283			
25	7. 皮革、毛皮、羽毛(绒)制品业	5	5		1					4			
26	其中:皮革、毛皮	5	5		1					4			

续表

序号	项目	合计	内资企业									港澳台投资企业	外商投资企业
			小计	国有企业	集体企业	股份合作企业	联营企业	有限责任公司	股份有限公司	私营企业	其他企业		
27	8. 木材加工及木竹藤棕草制品业												
28	9. 家具制造业	2	2							2			
29	10. 造纸及纸制品业	8	8							8			
30	①纸浆制造												
31	②造纸	1	1							1			
32	其中:机制纸及纸板制造												
33	③纸制品制造	7	7							7			
34	11. 印刷业和记录媒体的复制	3	3	1	1					1			
35	12. 文教体育用品制造业												
36	13. 石油加工、炼焦及核燃料业												
37	①原油加工及石油制品制造												
38	其中:成品油												
39	②人造原油生产												
40	③炼焦												
41	④核燃料加工												
42	14. 化学原料及化学制品业	5	5					2		3			
43	①肥料制造												
44	②农药制造												
45	③专用化学产品制造	1	1					1					
46	④日用化学产品制造												
47	其中:化妆品制造												
48	⑤其他	4	4					1		3			
49	15. 医药制造业												
50	16. 化学纤维制造业												
51	17. 橡胶制品业												
52	其中:轮胎制造												
53	18. 塑料制品业	7	7		1			4		2			

续表

序号	项　目	合　计	内　资　企　业									港澳台投资企业	外商投资企业
			小　计	国有企业	集体企业	股份合作企业	联营企业	有限责任公司	股份有限公司	私营企业	其他企业		
54	19. 非金属矿物制品业	2	2					1		1			
55	①水泥、石灰和石膏制造												
56	其中:水泥制造												
57	②水泥及石膏制品制造	1	1					1					
58	③玻璃及玻璃制品制造												
59	④其他	1	1							1			
60	20. 黑色金属冶炼及压延加工业												
61	其中:钢压延加工												
62	21. 有色金属冶炼及压延加工业												
63	22. 金属制品业	33	33					11		22			
64	23. 通用设备制造业	1	1							1			
65	24. 专用设备制造业	3	3					1		2			
66	25. 交通运输设备制造业	1	1					1					
67	①铁路运输设备制造												
68	②汽车制造												
69	③摩托车制造												
70	④航空航天器制造												
71	其中:飞机制造及修理												
72	⑤其他	1	1					1					
73	26. 电气机械及器材制造业												
74	电机制造												
75	电线电缆光缆及电工器材制造												
76	家用电力器具制造												
77	其他												
78	27. 通信设备、计算机及其他电子设备制造业	30	30							30			
79	通信设备制造												
80	广播电视设备制造												

续表

序号	项目	合计	内资企业									港澳台投资企业	外商投资企业
			小计	国有企业	集体企业	股份合作企业	联营企业	有限责任公司	股份有限公司	私营企业	其他企业		
81	电子计算机制造												
82	家用视听设备												
83	其他	30	30							30			
84	28. 仪表仪器及文化、办公用机械制造业	1	1							1			
85	29. 其他制造业	30	24	1	13			9		1		6	
86	(三)电力、燃气及水的生产和供应业	963	963	661	82			203		17			
87	1. 电力、热力的生产和供应业	741	741	533	9			198		1			
88	电力生产	54	54		9			44		1			
89	电力供应	687	687	533				154					
90	热力生产和供应												
91	2. 燃气生产和供应业	25	25		4			5		16			
92	3. 水的生产和供应业	197	197	128	69								
93	(四)建筑业	8369	8312	885	1858	9	19	4230	51	1137	123	1	56
94	1. 房屋和土木工程建筑业	1554	1554	27	528	2	3	948		41	5		
95	2. 建筑安装业	5627	5570	794	1139		3	2804	49	666	115	1	56
96	3. 建筑装饰业	30	30	4	1			24		1			
97	4. 其他建筑业	1158	1158	60	190	7	13	454	2	429	3		
98	(五)交通运输、仓储及邮政业	253	248	8	1			151		64	24	5	
99	1. 交通运输业	243	238	8	1			151		64	14	5	
100	2. 仓储业	10	10								10		
101	3. 邮政业												
102	(六)信息传输、计算机服务和软件业	1	1							1			
103	1. 电信和其他信息传输服务业												
104	其中:电信												
105	2. 计算机服务业	1	1							1			
106	3. 软件业												

续表

序号	项　　目	合　计	内　资　企　业									港澳台投资企业	外商投资企业
			小　计	国有企业	集体企业	股份合作企业	联营企业	有限责任公司	股份有限公司	私营企业	其他企业		
107	(七)批发和零售业	7716	7716	56	15		1	7506		138			
108	1. 批发业	7194	7194	32	1			7137		24			
109	其中:烟草制品批发	7116	7116					7116					
110	煤炭及制品批发												
111	石油及其制品批发	1	1					1					
112	汽车及零配件批发												
113	2. 零售业	522	522	24	14		1	369		114			
114	(八)住宿和餐饮业	195	195	5	3	28		127		32			
115	1. 住宿业	114	114	3	2	28		72		9			
116	2. 餐饮业	81	81	2	1			55		23			
117	(九)金融业	53	53					53					
118	1. 银行业												
119	2. 证券业												
120	3. 保险业												
121	4. 其他金融	53	53					53					
122	(十)房地产业	2771	2771	10	403			769	12	971	606		
123	其中:房地产开发经营业	1685	1685	3	395			352	11	923	1		
124	(十一)租赁和商务服务业	71	71	6	3		1	24	1	33	3		
125	1. 租赁业												
126	2. 商务服务业	71	71	6	3		1	24	1	33	3		
127	(十二)居民服务和其他服务业	2135	2123	63	212	15	10	1354	3	438	28	12	
128	(十三)教育	1	1								1		
129	(十四)卫生、社会保险和社会福利业	6	6								6		
130	其中:卫生	6	6								6		
131	(十五)文化、体育和娱乐业	16	16		1			4		11			
132	(十六)其他行业	159	159	42	18			21		9	69		

2011 年东莞市地方税务局企业所得税分行业分企业类型统计年报表

编报机关:东莞市地方税务局 单位:万元

序号	项　　目	合　计	内资企业									港澳台投资企业	外商投资企业
			小　计	国有企业	集体企业	股份合作企业	联营企业	有限责任公司	股份有限公司	私营企业	其他企业		
1	合　　计	604192	274913	4274	75881	517	241	139433	17744	30136	6687	163088	166191
2	(一)采矿业	170	170		4			-3		169			
3	1. 煤炭开采和洗选业												
4	2. 石油和天然气开采业	-82	-82		4			-86					
5	其中:原油	-82	-82		4			-86					
6	3. 黑色金属矿采选业	166	166							166			
7	4. 有色金属矿采选业												
8	5. 非金属矿采选业	4	4					1		3			
9	6. 其他采矿业	82	82					82					
10	(二)制造业	348604	82302	116	39569	9	4	23812	10588	8203	1	128330	137972
11	1. 农副食品加工业	2120	1319	18	25			1043		232	1	640	161
12	2. 食品制造业	28919	840		126			617		97		14231	13848
13	3. 饮料制造业	5830	36		30			5		1		5794	
14	酒的制造												
15	酒精制造												
16	软饮料制造	5830	36		30			5		1		5794	
17	精制茶加工												
18	4. 烟草制品业												
19	卷烟制造												
20	烟叶复烤												
21	其他烟草制品加工												
22	5. 纺织业	6405	1472		909			458		105		4095	838
23	6. 纺织服装、鞋帽制造业	8476	4598	59	2596			1502		441		2781	1097
24	其中:纺织服装	7877	4364	59	2403			1464		438		2667	846
25	7. 皮革、毛皮、羽毛(绒)制品业	7493	2524		2132			347		45		3697	1272
26	其中:皮革、毛皮	7491	2522		2130			347		45		3697	1272

续表

序号	项　目	合计	内资企业									港澳台投资企业	外商投资企业
			小计	国有企业	集体企业	股份合作企业	联营企业	有限责任公司	股份有限公司	私营企业	其他企业		
27	8. 木材加工及木竹藤棕草制品业	1235	1031	14	14			343	579	81		190	14
28	9. 家具制造业	6295	3329		123			1422	1483	301		2764	202
29	10. 造纸及纸制品业	6329	2653		1133			1279		241		3637	39
30	①纸浆制造	3996	837		427			321		89		3130	29
31	②造纸	632	422		115			301		6		210	
32	其中:机制纸及纸板制造	477	326		27			295		4		151	
33	③纸制品制造	1701	1394		591			657		146		297	10
34	11. 印刷业和记录媒体的复制	4921	1185		534			565	1	85		3734	2
35	12. 文教体育用品制造业	6322	1673	8	1560			103		2		2202	2447
36	13. 石油加工、炼焦及核燃料业	95	45					31		14		50	
37	①原油加工及石油制品制造	95	45					31		14		50	
38	其中:成品油												
39	②人造原油生产												
40	③炼焦												
41	④核燃料加工												
42	14. 化学原料及化学制品业	9115	1489		114			541	27	807		3456	4170
43	①肥料制造	22	22					19		3			
44	②农药制造	788	788		1				27	760			
45	③专用化学产品制造	3069	256		16			219		21		2132	681
46	④日用化学产品制造	187	70		30			39		1		63	54
47	其中:化妆品制造	7	7		6			1					
48	⑤其他	5049	353		67			264		22		1261	3435
49	15. 医药制造业	2978	2889		3			727	2157	2		16	73
50	16. 化学纤维制造业	32	4		4							27	1
51	17. 橡胶制品业	2730	784		636			116		32		1547	399
52	其中:轮胎制造	35	35					35					
53	18. 塑料制品业	16017	6473		5428	8		594		443		5095	4449

续表

序号	项目	合计	内资企业									港澳台投资企业	外商投资企业
			小计	国有企业	集体企业	股份合作企业	联营企业	有限责任公司	股份有限公司	私营企业	其他企业		
54	19. 非金属矿物制品业	3726	1939		417	1		1090		431		1539	248
55	①水泥、石灰和石膏制造	147	141		61			80				-2	8
56	其中:水泥制造	139	141		61			80				-2	
57	②水泥及石膏制品制造	349	189		176			13				160	
58	③玻璃及玻璃制品制造	735	655		157			84		414		70	10
59	④其他	2495	954		23	1		913		17		1311	230
60	20. 黑色金属冶炼及压延加工业	400	108		31			31	35	11		36	256
61	其中:钢压延加工	384	92		15			31	35	11		36	256
62	21. 有色金属冶炼及压延加工业	576	182		43			128		11		242	152
63	22. 金属制品业	11583	4885		2752			1613		520		5187	1511
64	23. 通用设备制造业	6999	3419		2242			859	155	163		1664	1916
65	24. 专用设备制造业	6290	2291		1180			786	228	97		2904	1095
66	25. 交通运输设备制造业	6617	963		50			902		11		488	5166
67	①铁路运输设备制造	33										33	
68	②汽车制造	1565	962		50			901		11		455	148
69	③摩托车制造												
70	④航空航天器制造	340											340
71	其中:飞机制造及修理												
72	⑤其他	4679	1					1					4678
73	26. 电气机械及器材制造业	37797	10262		2588			3740	2640	1294		11458	16077
74	电机制造	2209	865		172			693				1340	4
75	电线电缆光缆及电工器材制造	4691	1861		569			225	259	808		1727	1103
76	家用电力器具制造	2466	524		241			246		37		1584	358
77	其他	28431	7012		1606			2576	2381	449		6807	14612
78	27. 通信设备、计算机及其他电子设备制造业	129320	15988		11382		4	3687	474	441		38387	74945
79	通信设备制造	30556	2102		273			1826		3		1135	27319
80	广播电视设备制造												

续表

序号	项目	合计	内资企业									港澳台投资企业	外商投资企业
			小计	国有企业	集体企业	股份合作企业	联营企业	有限责任公司	股份有限公司	私营企业	其他企业		
81	电子计算机制造	11912	204		197			3		4		791	10917
82	家用视听设备	1412	299		122			62		115		895	218
83	其他	85440	13383		10790		4	1796	474	319		35566	36491
84	28. 仪表仪器及文化、办公用机械制造业	7618	628		616			8		4		5992	998
85	29. 其他制造业	22366	9293	17	2901			1275	2809	2291		6477	6596
86	(三)电力、燃气及水的生产和供应业	4582	4582	2	3802			389		389			
87	1. 电力、热力的生产和供应业	2011	2011	1	2173			-163					
88	电力生产	-164	-164					-164					
89	电力供应	2175	2175	1	2173			1					
90	热力生产和供应												
91	2. 燃气生产和供应业	1228	1228	1	529			310		388			
92	3. 水的生产和供应业	1343	1343		1100			242		1			
93	(四)建筑业	41215	40700	2543	5709	155	200	22859	1164	7946	124	162	353
94	1. 房屋和土木工程建筑业	10099	9915	662	2706		1	4957	161	1428		49	135
95	2. 建筑安装业	25668	25527	1736	1546	154	124	15333	964	5554	116	105	36
96	3. 建筑装饰业	2409	2402	42	95	1	73	1407	28	750	6	7	
97	4. 其他建筑业	3039	2856	103	1362		2	1162	11	214	2	1	182
98	(五)交通运输、仓储及邮政业	25884	16221	279	116			14126		1269	431	8586	1077
99	1. 交通运输业	24649	15706	279	115			13757		1124	431	8586	357
100	2. 仓储业	482	482		1			343		138			
101	3. 邮政业	753	33					26		7			720
102	(六)信息传输、计算机服务和软件业	1020	843			4		531	6	236	66	7	170
103	1. 电信和其他信息传输服务业	102	99			4		81			14	1	2
104	其中:电信	17	17			4		13					
105	2. 计算机服务业	690	522					399	6	65	52		168
106	3. 软件业	228	222					51		171		6	

续表

序号	项目	合计	内资企业								港澳台投资企业	外商投资企业
			小计	国有企业	集体企业	股份合作企业	联营企业	有限责任公司	股份有限公司	私营企业	其他企业		
107	(七)批发和零售业	28630	25299	310	3515		1	16067	744	4310	352	2146	1185
108	1. 批发业	10905	9118	274	2249		1	5342	100	843	309	1764	23
109	其中:烟草制品批发												
110	煤炭及制品批发	17	17					17					
111	石油及其制品批发	1623	273		22			250		1		1350	
112	汽车及零配件批发	106	106					106					
113	2. 零售业	17725	16181	36	1266			10725	644	3467	43	382	1162
114	(八)住宿和餐饮业	5046	2633		198			2017		412	6	767	1646
115	1. 住宿业	964	964		105			744		109	6		
116	2. 餐饮业	4082	1669		93			1273		303		767	1646
117	(九)金融业	3747	3271		25			1123	2116	7		51	425
118	1. 银行业												
119	2. 证券业												
120	3. 保险业												
121	4. 其他金融	3747	3271		25			1123	2116	7		51	425
122	(十)房地产业	62734	59036	44	14623	3	2	41921	6	1858	579	3088	610
123	其中:房地产开发经营业	53530	51102	10	11516		1	38348		985	242	2414	14
124	(十一)租赁和商务服务业	21959	17114	335	3791	9		7621	845	4057	456	134	4711
125	1. 租赁业	48	48					38		10			
126	2. 商务服务业	21911	17066	335	3791	9		7583	845	4047	456	134	4711
127	(十二)居民服务和其他服务业	47532	11647	84	2410	337	2	5820	38	573	2383	18865	17020
128	(十三)教育	1480	1465		12			5		1	1447	15	
129	(十四)卫生、社会保险和社会福利业	1194	1171	1	176			835		23	136		23
130	其中:卫生	1187	1164	1	176			835		23	129		23
131	(十五)文化、体育和娱乐业	1312	559		181			253		93	32	741	12
132	(十六)其他行业	9083	7900	560	1750		32	2057	2237	590	674	196	987

2011年中山市地方税务局企业所得税分行业分企业类型统计年报表

编报机关:中山市地方税务局　　　　单位:万元

序号	项目	合计	内资企业									港澳台投资企业	外商投资企业
			小计	国有企业	集体企业	股份合作企业	联营企业	有限责任公司	股份有限公司	私营企业	其他企业		
1	合计	162143	160093	4370	12838	20	172	113806	15906	8803	4178	560	1490
2	(一)采矿业	5	5					3		2			
3	1. 煤炭开采和洗选业												
4	2. 石油和天然气开采业												
5	其中:原油												
6	3. 黑色金属矿采选业												
7	4. 有色金属矿采选业												
8	5. 非金属矿采选业	5	5					3		2			
9	6. 其他采矿业												
10	(二)制造业	47137	46926	34	2575		4	28367	10731	5215		204	7
11	1. 农副食品加工业	838	838	1	8		3	785		41			
12	2. 食品制造业	508	508		31			464		13			
13	3. 饮料制造业	210	210					193		17			
14	酒的制造	5	5					5					
15	酒精制造												
16	软饮料制造	205	205					188		17			
17	精制茶加工												
18	4. 烟草制品业												
19	卷烟制造												
20	烟叶复烤												
21	其他烟草制品加工												
22	5. 纺织业	1602	1602		165			1320		117			
23	6. 纺织服装、鞋帽制造业	2550	2550		291			2020		239			
24	其中:纺织服装	2386	2386		262			1885		239			
25	7. 皮革、毛皮、羽毛(绒)制品业	489	489		409			80					
26	其中:皮革、毛皮	489	489		409			80					

续表

序号	项目	合计	内资企业								港澳台投资企业	外商投资企业
			小计	国有企业	集体企业	股份合作企业	联营企业	有限责任公司	股份有限公司	私营企业	其他企业		
27	8. 木材加工及木竹藤棕草制品业	275	275		3			271		1			
28	9. 家具制造业	426	426		9			314		103			
29	10. 造纸及纸制品业	1539	1539		162		1	1347		29			
30	①纸浆制造	642	642		115		1	511		15			
31	②造纸	30	30		17			13					
32	其中:机制纸及纸板制造	30	30		17			13					
33	③纸制品制造	867	867		30			823		14			
34	11. 印刷业和记录媒体的复制	1455	1455		47			1378		30			
35	12. 文教体育用品制造业	489	489		105			384					
36	13. 石油加工、炼焦及核燃料业	2	2					2					
37	①原油加工及石油制品制造	2	2					2					
38	其中:成品油	2	2					2					
39	②人造原油生产												
40	③炼焦												
41	④核燃料加工												
42	14. 化学原料及化学制品业	2211	2211	26	14			1842	110	219			
43	①肥料制造	26	26	26									
44	②农药制造	97	97						97				
45	③专用化学产品制造	220	220		1			219					
46	④日用化学产品制造	262	262		1			251	10				
47	其中:化妆品制造	25	25					25					
48	⑤其他	1606	1606		12			1372	3	219			
49	15. 医药制造业	206	206					206					
50	16. 化学纤维制造业	5	5					5					
51	17. 橡胶制品业	402	402		254			146		2			
52	其中:轮胎制造												
53	18. 塑料制品业	1962	1949		462			1276		211		13	

续表

序号	项目	合计	内资企业									港澳台投资企业	外商投资企业
			小计	国有企业	集体企业	股份合作企业	联营企业	有限责任公司	股份有限公司	私营企业	其他企业		
54	19. 非金属矿物制品业	1302	1302	2	1			1205		94			
55	①水泥、石灰和石膏制造	9	9					9					
56	其中:水泥制造	9	9					9					
57	②水泥及石膏制品制造	916	916	2				823		91			
58	③玻璃及玻璃制品制造	89	89					89					
59	④其他	288	288		1			284		3			
60	20. 黑色金属冶炼及压延加工业												
61	其中:钢压延加工												
62	21. 有色金属冶炼及压延加工业	146	146		19			127					
63	22. 金属制品业	3593	3586	3	48			3443		92			7
64	23. 通用设备制造业	2593	2593		128			1459	912	94			
65	24. 专用设备制造业	913	913	2	19			892					
66	25. 交通运输设备制造业	147	147		31			113		3			
67	①铁路运输设备制造												
68	②汽车制造	98	98		3			93		2			
69	③摩托车制造												
70	④航空航天器制造												
71	其中:飞机制造及修理												
72	⑤其他	49	49		28			20		1			
73	26. 电气机械及器材制造业	18087	17896		36			6863	8687	2310		191	
74	电机制造	4758	4758		6			179	4573				
75	电线电缆光缆及电工器材制造	316	316		2			231		83			
76	家用电力器具制造	4310	4310					4137		173			
77	其他	8703	8512		28			2316	4114	2054		191	
78	27. 通信设备、计算机及其他电子设备制造业	4075	4075		296			1392	841	1546			
79	通信设备制造	12	12					12					
80	广播电视设备制造	37	37		8			29					

续表

序号	项目	合计	内资企业									港澳台投资企业	外商投资企业
			小计	国有企业	集体企业	股份合作企业	联营企业	有限责任公司	股份有限公司	私营企业	其他企业		
81	电子计算机制造	1	1							1			
82	家用视听设备	73	73					73					
83	其他	3952	3952		288			1278	841	1545			
84	28. 仪表仪器及文化、办公用机械制造业	312	312		27			96	181	8			
85	29. 其他制造业	800	800		10			744		46			
86	(三)电力、燃气及水的生产和供应业	5995	5995	2181	2029			1785					
87	1. 电力、热力的生产和供应业	2871	2871	2181	687			3					
88	电力生产	2181	2181	2181									
89	电力供应	687	687		687								
90	热力生产和供应	3	3					3					
91	2. 燃气生产和供应业	181	181		2			179					
92	3. 水的生产和供应业	2943	2943		1340			1603					
93	(四)建筑业	37797	37749	1252	844	9	126	31228	2617	1666	7	5	43
94	1. 房屋和土木工程建筑业	14988	14987	349	560	1		13553	41	483			1
95	2. 建筑安装业	17063	17018	738	220	8	108	12698	2529	710	7	3	42
96	3. 建筑装饰业	3896	3895		22		18	3598	46	211		1	
97	4. 其他建筑业	1850	1849	165	42			1379	1	262		1	
98	(五)交通运输、仓储及邮政业	2455	2452	26	55			2259	2	96	14	3	
99	1. 交通运输业	2378	2375	26	55			2196	2	82	14	3	
100	2. 仓储业	43	43					38		5			
101	3. 邮政业	34	34					25		9			
102	(六)信息传输、计算机服务和软件业	587	587		11			526	11	34	5		
103	1. 电信和其他信息传输服务业	268	268					258		5	5		
104	其中:电信	1	1					1					
105	2. 计算机服务业	267	267		11			221	10	25			
106	3. 软件业	52	52					47	1	4			

续表

序号	项目	合计	内资企业									港澳台投资企业	外商投资企业
			小计	国有企业	集体企业	股份合作企业	联营企业	有限责任公司	股份有限公司	私营企业	其他企业		
107	(七)批发和零售业	12396	12387	447	655	1	33	10848	3	400		9	
108	1. 批发业	8186	8183	137	167		31	7769		79		3	
109	其中:烟草制品批发												
110	煤炭及制品批发	2	2					2					
111	石油及其制品批发	439	439					434		5			
112	汽车及零配件批发	45	45		11			34					
113	2. 零售业	4210	4204	310	488	1	2	3079	3	321		6	
114	(八)住宿和餐饮业	1825	1823		144			1644		32	3	2	
115	1. 住宿业	1119	1117		19			1087		8	3	2	
116	2. 餐饮业	706	706		125			557		24			
117	(九)金融业	2377	2346					295	2050	1		6	25
118	1. 银行业												
119	2. 证券业												
120	3. 保险业												
121	4. 其他金融	2377	2346					295	2050	1		6	25
122	(十)房地产业	35324	33641	179	3915	9	9	25709	17	968	2835	312	1371
123	其中:房地产开发经营业	20437	20404		1973			17898	15	518		33	
124	(十一)租赁和商务服务业	10931	10894	60	1669			8496	474	174	21		37
125	1. 租赁业	85	84					79		5			1
126	2. 商务服务业	10846	10810	60	1669			8417	474	169	21		36
127	(十二)居民服务和其他服务业	1578	1557	12	181			1184	1	114	65	14	7
128	(十三)教育	556	556	2	1			28		2	523		
129	(十四)卫生、社会保险和社会福利业	114	114		3			1			110		
130	其中:卫生	113	113		2			1			110		
131	(十五)文化、体育和娱乐业	531	526		34			175		34	283	5	
132	(十六)其他行业	2535	2535	177	722	1		1258		65	312		

2011年江门市地方税务局企业所得税分行业分企业类型统计年报表

编报机关:江门市地方税务局

单位:万元

序号	项目	合计	内资企业									港澳台投资企业	外商投资企业
			小计	国有企业	集体企业	股份合作企业	联营企业	有限责任公司	股份有限公司	私营企业	其他企业		
1	合计	133539	132960	3297	10774	88	133	88557	6786	19077	4248	486	93
2	(一)采矿业	6	6		5			1					
3	1. 煤炭开采和洗选业												
4	2. 石油和天然气开采业	1	1					1					
5	其中:原油	1	1					1					
6	3. 黑色金属矿采选业												
7	4. 有色金属矿采选业												
8	5. 非金属矿采选业	5	5		5								
9	6. 其他采矿业												
10	(二)制造业	34596	34526	42	367	4		23709	6022	4413	-31	60	10
11	1. 农副食品加工业	553	553	16	11			523		3			
12	2. 食品制造业	516	516	3	1			379	80	53			
13	3. 饮料制造业	68	68		3			63	1	1			
14	酒的制造	2	2		1					1			
15	酒精制造	1	1						1				
16	软饮料制造	65	65		2			63					
17	精制茶加工												
18	4. 烟草制品业	1	1					1					
19	卷烟制造												
20	烟叶复烤	1	1					1					
21	其他烟草制品加工												
22	5. 纺织业	1152	1152		4			616	426	106			
23	6. 纺织服装、鞋帽制造业	567	567		10			420		137			
24	其中:纺织服装	538	538		10			391		137			
25	7. 皮革、毛皮、羽毛(绒)制品业	641	641	11	4			538		88			
26	其中:皮革、毛皮	640	640	11	4			538		87			

续表

序号	项　目	合　计	内资企业									港澳台投资企业	外商投资企业
			小　计	国有企业	集体企业	股份合作企业	联营企业	有限责任公司	股份有限公司	私营企业	其他企业		
27	8. 木材加工及木竹藤棕草制品业	25	22					11		11		3	
28	9. 家具制造业	358	358		13			210		135			
29	10. 造纸及纸制品业	860	860	1				588		271			
30	①纸浆制造	120	120					106		14			
31	②造纸	81	81					27		54			
32	其中:机制纸及纸板制造	4	4					4					
33	③纸制品制造	659	659	1				455		203			
34	11. 印刷业和记录媒体的复制	448	448		23			322		103			
35	12. 文教体育用品制造业	8	8					8					
36	13. 石油加工、炼焦及核燃料业												
37	①原油加工及石油制品制造												
38	其中:成品油												
39	②人造原油生产												
40	③炼焦												
41	④核燃料加工												
42	14. 化学原料及化学制品业	5092	5030	1	66			1909	2926	128		47	15
43	①肥料制造	13	13	1				12					
44	②农药制造	1	1					1					
45	③专用化学产品制造	525	525		39			461		25			
46	④日用化学产品制造	329	282		13			264		5		47	
47	其中:化妆品制造	5	5					4		1			
48	⑤其他	4224	4209		14			1171	2926	98			15
49	15. 医药制造业	1957	1957		3			950	988	16			
50	16. 化学纤维制造业	57	57					46		11			
51	17. 橡胶制品业	306	306		10			273		23			
52	其中:轮胎制造	4	4		4								
53	18. 塑料制品业	1452	1452		6			1286		160			

续表

序号	项目	合计	内资企业								港澳台投资企业	外商投资企业
			小计	国有企业	集体企业	股份合作企业	联营企业	有限责任公司	股份有限公司	私营企业	其他企业		
54	19. 非金属矿物制品业	745	745					555		187	3		
55	①水泥、石灰和石膏制造	240	240					221		19			
56	其中:水泥制造	217	217					214		3			
57	②水泥及石膏制品制造	155	155					120		35			
58	③玻璃及玻璃制品制造	246	246					121		125			
59	④其他	104	104					93		8	3		
60	20. 黑色金属冶炼及压延加工业	198	198		3			192		3			
61	其中:钢压延加工	183	183		1			179		3			
62	21. 有色金属冶炼及压延加工业	284	284		2			244		38			
63	22. 金属制品业	4244	4249		72			3227		950			-5
64	23. 通用设备制造业	528	528	3	26			429		70			
65	24. 专用设备制造业	795	794		3			206	562	23		1	
66	25. 交通运输设备制造业	7721	7721	6	21			6573		1121			
67	①铁路运输设备制造	35	35							35			
68	②汽车制造	242	242	6	19			214		3			
69	③摩托车制造	171	171					141		30			
70	④航空航天器制造												
71	其中:飞机制造及修理												
72	⑤其他	7273	7273		2			6218		1053			
73	26. 电气机械及器材制造业	3931	3931		80	4		2534	1038	275			
74	电机制造	502	502			4		463	7	28			
75	电线电缆光缆及电工器材制造	851	851					851					
76	家用电力器具制造	214	214					61		153			
77	其他	2364	2364		80			1159	1031	94			
78	27. 通信设备、计算机及其他电子设备制造业	681	672					426		246		9	
79	通信设备制造	45	45					45					
80	广播电视设备制造	7										7	

续表

序号	项　目	合　计	内资企业									港澳台投资企业	外商投资企业
			小　计	国有企业	集体企业	股份合作企业	联营企业	有限责任公司	股份有限公司	私营企业	其他企业		
81	电子计算机制造	16	16					9		7			
82	家用视听设备	85	85					85					
83	其他	528	526					287		239		2	
84	28. 仪表仪器及文化、办公用机械制造业	78	78		2			72		4			
85	29. 其他制造业	1330	1330	1	4			1108	1	250	-34		
86	(三)电力、燃气及水的生产和供应业	1508	1508	62	171		17	1203	20	19	16		
87	1. 电力、热力的生产和供应业	349	349	6	82		17	228			16		
88	电力生产	48	48	6	17			9			16		
89	电力供应	301	301		65		17	219					
90	热力生产和供应												
91	2. 燃气生产和供应业	242	242	56				179	7				
92	3. 水的生产和供应业	917	917		89			796	13	19			
93	(四)建筑业	34382	34327	821	3542	8	65	23339	468	5860	224	10	45
94	1. 房屋和土木工程建筑业	13160	13159	341	1946	3		9347	255	1258	9		1
95	2. 建筑安装业	19408	19354	412	1205	4	59	13022	204	4253	195	10	44
96	3. 建筑装饰业	1039	1039	4	361		5	412	7	249	1		
97	4. 其他建筑业	775	775	64	30	1	1	558	2	100	19		
98	(五)交通运输、仓储及邮政业	11473	11473	3	152			10951		360	7		
99	1. 交通运输业	11450	11450	2	152			10940		349	7		
100	2. 仓储业	10	10	1				4		5			
101	3. 邮政业	13	13					7		6			
102	(六)信息传输、计算机服务和软件业	152	152		1			77		62	12		
103	1. 电信和其他信息传输服务业	93	93		1			52		28	12		
104	其中:电信	72	72					48		24			
105	2. 计算机服务业	52	52					20		32			
106	3. 软件业	7	7					5		2			

续表

序号	项目	合计	内资企业									港澳台投资企业	外商投资企业
			小计	国有企业	集体企业	股份合作企业	联营企业	有限责任公司	股份有限公司	私营企业	其他企业		
107	(七)批发和零售业	6808	6808	534	366		16	3832	56	1991	13		
108	1. 批发业	2745	2745	444	127			1493		675	6		
109	其中:烟草制品批发	107	107	107									
110	煤炭及制品批发	22	22					19		3			
111	石油及其制品批发	6	6					6					
112	汽车及零配件批发	2	2		2								
113	2. 零售业	4063	4063	90	239		16	2339	56	1316	7		
114	(八)住宿和餐饮业	654	651	10	175			410	1	55			3
115	1. 住宿业	437	437	9	169			238	1	20			
116	2. 餐饮业	217	214	1	6			172		35			3
117	(九)金融业	813	813		1			633	171	8			
118	1. 银行业												
119	2. 证券业												
120	3. 保险业												
121	4. 其他金融	813	813		1			633	171	8			
122	(十)房地产业	26081	25956	800	4809	66		14901	6	5156	218	109	16
123	其中:房地产开发经营业	23775	23691	725	4597	13		13835		4437	84	69	15
124	(十一)租赁和商务服务业	1911	1885	80	166	3		1199	17	271	149	14	12
125	1. 租赁业	184	184	1	39			90	6	17	31		
126	2. 商务服务业	1727	1701	79	127	3		1109	11	254	118	14	12
127	(十二)居民服务和其他服务业	5013	4734	594	499	6	35	1323	18	500	1759	276	3
128	(十三)教育	221	220		41			38		1	140		1
129	(十四)卫生、社会保险和社会福利业	57	57		29			1			27		
130	其中:卫生	49	49		29						20		
131	(十五)文化、体育和娱乐业	466	455	16	82			56		24	277	9	2
132	(十六)其他行业	9398	9389	335	368	1		6884	7	357	1437	8	1

2011年阳江市地方税务局企业所得税分行业分企业类型统计年报表

编报机关:阳江市地方税务局　　　　单位:万元

序号	项目	合计	内资企业									港澳台投资企业	外商投资企业
			小计	国有企业	集体企业	股份合作企业	联营企业	有限责任公司	股份有限公司	私营企业	其他企业		
1	合计	41983	41983	3677	5122	29	82	20701	1332	9602	1438		
2	(一)采矿业	63	63				59	2		2			
3	1. 煤炭开采和洗选业												
4	2. 石油和天然气开采业												
5	其中:原油												
6	3. 黑色金属矿采选业												
7	4. 有色金属矿采选业												
8	5. 非金属矿采选业	61	61				59			2			
9	6. 其他采矿业	2	2					2					
10	(二)制造业	5133	5133	182	82			1002	1028	2839			
11	1. 农副食品加工业	32	32	1				27		4			
12	2. 食品制造业	305	305	132	47			34		92			
13	3. 饮料制造业	75	75					66		9			
14	酒的制造	74	74					66		8			
15	酒精制造												
16	软饮料制造	1	1							1			
17	精制茶加工												
18	4. 烟草制品业	7	7					7					
19	卷烟制造												
20	烟叶复烤												
21	其他烟草制品加工	7	7					7					
22	5. 纺织业												
23	6. 纺织服装、鞋帽制造业	116	116					4		112			
24	其中:纺织服装	110	110					3		107			
25	7. 皮革、毛皮、羽毛(绒)制品业	14	14					4		10			
26	其中:皮革、毛皮	14	14					4		10			

续表

序号	项目	合计	内资企业									港澳台投资企业	外商投资企业
			小计	国有企业	集体企业	股份合作企业	联营企业	有限责任公司	股份有限公司	私营企业	其他企业		
27	8. 木材加工及木竹藤棕草制品业	19	19	3						16			
28	9. 家具制造业	33	33		1					32			
29	10. 造纸及纸制品业	182	182		1			26		155			
30	①纸浆制造	2	2					2					
31	②造纸												
32	其中:机制纸及纸板制造												
33	③纸制品制造	180	180		1			24		155			
34	11. 印刷业和记录媒体的复制	259	259	42	17			130		70			
35	12. 文教体育用品制造业	11	11		6					5			
36	13. 石油加工、炼焦及核燃料业												
37	①原油加工及石油制品制造												
38	其中:成品油												
39	②人造原油生产												
40	③炼焦												
41	④核燃料加工												
42	14. 化学原料及化学制品业	38	38					29		9			
43	①肥料制造	29	29					29					
44	②农药制造												
45	③专用化学产品制造												
46	④日用化学产品制造												
47	其中:化妆品制造												
48	⑤其他	9	9							9			
49	15. 医药制造业	11	11					11					
50	16. 化学纤维制造业												
51	17. 橡胶制品业	54	54					16		38			
52	其中:轮胎制造												
53	18. 塑料制品业	115	115					5		110			

续表

序号	项　目	合　计	内资企业									港澳台投资企业	外商投资企业
			小　计	国有企业	集体企业	股份合作企业	联营企业	有限责任公司	股份有限公司	私营企业	其他企业		
54	19. 非金属矿物制品业	39	39		2			1		36			
55	①水泥、石灰和石膏制造	13	13							13			
56	其中:水泥制造	13	13							13			
57	②水泥及石膏制品制造	2	2		2								
58	③玻璃及玻璃制品制造	23	23							23			
59	④其他	1	1					1					
60	20. 黑色金属冶炼及压延加工业	8	8					8					
61	其中:钢压延加工	8	8					8					
62	21. 有色金属冶炼及压延加工业												
63	22. 金属制品业	2183	2183	3	4			611		1565			
64	23. 通用设备制造业	1095	1095					12	1028	55			
65	24. 专用设备制造业	182	182		1			8		173			
66	25. 交通运输设备制造业	326	326	1	3			1		321			
67	①铁路运输设备制造												
68	②汽车制造	323	323	1				1		321			
69	③摩托车制造												
70	④航空航天器制造												
71	其中:飞机制造及修理												
72	⑤其他	3	3		3								
73	26. 电气机械及器材制造业	3	3					1		2			
74	电机制造	1	1					1					
75	电线电缆光缆及电工器材制造												
76	家用电力器具制造												
77	其他	2	2							2			
78	27. 通信设备、计算机及其他电子设备制造业	6	6							6			
79	通信设备制造	1	1							1			
80	广播电视设备制造												

续表

序号	项目	合计	内资企业									港澳台投资企业	外商投资企业
			小计	国有企业	集体企业	股份合作企业	联营企业	有限责任公司	股份有限公司	私营企业	其他企业		
81	电子计算机制造												
82	家用视听设备												
83	其他	5	5							5			
84	28. 仪表仪器及文化、办公用机械制造业	11	11							11			
85	29. 其他制造业	9	9					1		8			
86	(三)电力、燃气及水的生产和供应业	387	387	16	43	1		233	10	83	1		
87	1. 电力、热力的生产和供应业	315	315	16	32	1		178	10	77	1		
88	电力生产	287	287	4	19	1		175	10	77	1		
89	电力供应	28	28	12	13			3					
90	热力生产和供应												
91	2. 燃气生产和供应业	50	50					50					
92	3. 水的生产和供应业	22	22		11			5		6			
93	(四)建筑业	18385	18385	2518	4398	27	4	9087	30	2310	11		
94	1. 房屋和土木工程建筑业	7803	7803	722	3116			3448	1	516			
95	2. 建筑安装业	9845	9845	1794	1244	7	4	5356	29	1401	10		
96	3. 建筑装饰业	289	289					216		73			
97	4. 其他建筑业	448	448	2	38	20		67		320	1		
98	(五)交通运输、仓储及邮政业	829	829	3	142			389	216	79			
99	1. 交通运输业	825	825		142			388	216	79			
100	2. 仓储业	3	3	3									
101	3. 邮政业	1	1					1					
102	(六)信息传输、计算机服务和软件业	32	32					3		29			
103	1. 电信和其他信息传输服务业	4	4					1		3			
104	其中:电信	2	2							2			
105	2. 计算机服务业	28	28					2		26			
106	3. 软件业												

续表

序号	项目	合计	内资企业									港澳台投资企业	外商投资企业
			小计	国有企业	集体企业	股份合作企业	联营企业	有限责任公司	股份有限公司	私营企业	其他企业		
107	(七)批发和零售业	5594	5594	41	51		1	5012		488	1		
108	1. 批发业	2770	2770	34	8			2481		247			
109	其中:烟草制品批发	2163	2163		1			2162					
110	煤炭及制品批发	1	1					1					
111	石油及其制品批发												
112	汽车及零配件批发												
113	2. 零售业	2824	2824	7	43		1	2531		241	1		
114	(八)住宿和餐饮业	711	711	1	23			44		642	1		
115	1. 住宿业	81	81	1	5			22		52	1		
116	2. 餐饮业	630	630		18			22		590			
117	(九)金融业	140	140					96		44			
118	1. 银行业												
119	2. 证券业												
120	3. 保险业												
121	4. 其他金融	140	140					96		44			
122	(十)房地产业	7049	7049	600	242	1	1	3449	45	2552	159		
123	其中:房地产开发经营业	6110	6110	413	159			3032	26	2388	92		
124	(十一)租赁和商务服务业	609	609	15	5			381		171	37		
125	1. 租赁业	11	11							7	4		
126	2. 商务服务业	598	598	15	5			381		164	33		
127	(十二)居民服务和其他服务业	748	748	30	26			536	2	79	75		
128	(十三)教育	94	94	1	1					44	48		
129	(十四)卫生、社会保险和社会福利业	34	34	5							29		
130	其中:卫生	33	33	5							28		
131	(十五)文化、体育和娱乐业	68	68	1				16		41	10		
132	(十六)其他行业	2107	2107	264	109		17	451	1	199	1066		

2011年湛江市地方税务局企业所得税分行业分企业类型统计年报表

编报机关:湛江市地方税务局　　　　单位:万元

序号	项目	合计	内资企业									港澳台投资企业	外商投资企业
			小计	国有企业	集体企业	股份合作企业	联营企业	有限责任公司	股份有限公司	私营企业	其他企业		
1	合计	53694	47902	7094	5038	20	47	28593	3220	3576	314	5784	8
2	(一)采矿业	153	153					153					
3	1. 煤炭开采和洗选业												
4	2. 石油和天然气开采业	27	27					27					
5	其中:原油	27	27					27					
6	3. 黑色金属矿采选业												
7	4. 有色金属矿采选业	102	102					102					
8	5. 非金属矿采选业	16	16					16					
9	6. 其他采矿业	8	8					8					
10	(二)制造业	5671	5671	630	147			1592	2894	407	1		
11	1. 农副食品加工业	1966	1966	489	6			671	505	295			
12	2. 食品制造业	40	40	2				7	1	30			
13	3. 饮料制造业	39	39					39					
14	酒的制造	5	5					5					
15	酒精制造	33	33					33					
16	软饮料制造	1	1					1					
17	精制茶加工												
18	4. 烟草制品业												
19	卷烟制造												
20	烟叶复烤												
21	其他烟草制品加工												
22	5. 纺织业	1	1					1					
23	6. 纺织服装、鞋帽制造业	4	4		3			1					
24	其中:纺织服装	4	4		3			1					
25	7. 皮革、毛皮、羽毛(绒)制品业	43	43					43					
26	其中:皮革、毛皮												

续表

序号	项目	合计	内资企业									港澳台投资企业	外商投资企业
			小计	国有企业	集体企业	股份合作企业	联营企业	有限责任公司	股份有限公司	私营企业	其他企业		
27	8. 木材加工及木竹藤棕草制品业	3	3					3					
28	9. 家具制造业	6	6		3			3					
29	10. 造纸及纸制品业	262	262					25	237				
30	①纸浆制造	237	237						237				
31	②造纸												
32	其中:机制纸及纸板制造												
33	③纸制品制造	25	25					25					
34	11. 印刷业和记录媒体的复制	132	132	2	7			118		5			
35	12. 文教体育用品制造业	2	2					2					
36	13. 石油加工、炼焦及核燃料业	8	8		4			4					
37	①原油加工及石油制品制造	4	4					4					
38	其中:成品油												
39	②人造原油生产	4	4		4								
40	③炼焦												
41	④核燃料加工												
42	14. 化学原料及化学制品业	1215	1215	30	11			7	1167				
43	①肥料制造	1166	1166						1166				
44	②农药制造	1	1					1					
45	③专用化学产品制造	6	6		5			1					
46	④日用化学产品制造	37	37	30	4			2	1				
47	其中:化妆品制造	1	1					1					
48	⑤其他	5	5		2			3					
49	15. 医药制造业	112	112					100	12				
50	16. 化学纤维制造业												
51	17. 橡胶制品业	32	32	8				23		1			
52	其中:轮胎制造	6	6					6					
53	18. 塑料制品业	158	158					151		7			

续表

序号	项目	合计	内资企业									港澳台投资企业	外商投资企业
			小计	国有企业	集体企业	股份合作企业	联营企业	有限责任公司	股份有限公司	私营企业	其他企业		
54	19. 非金属矿物制品业	34	34		6			24		4			
55	①水泥、石灰和石膏制造	22	22					19		3			
56	其中:水泥制造	8	8					5		3			
57	②水泥及石膏制品制造	6	6					5		1			
58	③玻璃及玻璃制品制造												
59	④其他	6	6		6								
60	20. 黑色金属冶炼及压延加工业	1	1					1					
61	其中:钢压延加工												
62	21. 有色金属冶炼及压延加工业	2	2	2									
63	22. 金属制品业	125	125	2				118		5			
64	23. 通用设备制造业	9	9		3			5		1			
65	24. 专用设备制造业	131	131		66			64		1			
66	25. 交通运输设备制造业	59	59	9	7			30		13			
67	①铁路运输设备制造												
68	②汽车制造	42	42	9	1			20		12			
69	③摩托车制造	1	1					1					
70	④航空航天器制造												
71	其中:飞机制造及修理												
72	⑤其他	16	16		6			9		1			
73	26. 电气机械及器材制造业	174	174		1			133		40			
74	电机制造												
75	电线电缆光缆及电工器材制造	11	11					11					
76	家用电力器具制造	98	98		1			82		15			
77	其他	65	65					40		25			
78	27. 通信设备、计算机及其他电子设备制造业	10	10		1			3		5	1		
79	通信设备制造	1	1		1								
80	广播电视设备制造												

续表

序号	项目	合计	内资企业									港澳台投资企业	外商投资企业
			小计	国有企业	集体企业	股份合作企业	联营企业	有限责任公司	股份有限公司	私营企业	其他企业		
81	电子计算机制造	5	5							5			
82	家用视听设备												
83	其他	4	4					3			1		
84	28. 仪表仪器及文化、办公用机械制造业	1	1					1					
85	29. 其他制造业	1102	1102	86	29			15	972				
86	(三)电力、燃气及水的生产和供应业	201	201	176	8			16	1				
87	1. 电力、热力的生产和供应业	2	2					1	1				
88	电力生产	1	1						1				
89	电力供应	1	1					1					
90	热力生产和供应												
91	2. 燃气生产和供应业	6	6					6					
92	3. 水的生产和供应业	193	193	176	8			9					
93	(四)建筑业	16331	16327	5347	3754		18	6179	65	816	148	3	1
94	1. 房屋和土木工程建筑业	5095	5094	4067	107			647	2	248	23	1	
95	2. 建筑安装业	10537	10535	1177	3546		16	5221	59	405	111	1	1
96	3. 建筑装饰业	161	161	30	1			44		74	12		
97	4. 其他建筑业	538	537	73	100		2	267	4	89	2	1	
98	(五)交通运输、仓储及邮政业	8288	2615	12	198		21	2211	9	163	1	5668	5
99	1. 交通运输业	8259	2586	9	197		21	2202	9	147	1	5668	5
100	2. 仓储业	26	26	3	1			9		13			
101	3. 邮政业	3	3							3			
102	(六)信息传输、计算机服务和软件业	60	60	3	3			28		24	2		
103	1. 电信和其他信息传输服务业	30	30		3			22		3	2		
104	其中:电信	7	7		3			3		1			
105	2. 计算机服务业	27	27	3				4		20			
106	3. 软件业	3	3					2		1			

续表

序号	项目	合计	内资企业									港澳台投资企业	外商投资企业
			小计	国有企业	集体企业	股份合作企业	联营企业	有限责任公司	股份有限公司	私营企业	其他企业		
107	(七)批发和零售业	9937	9829	77	133		6	9321	5	286	1	108	
108	1. 批发业	8432	8324	24	35			8140	1	124		108	
109	其中:烟草制品批发												
110	煤炭及制品批发	1	1					1					
111	石油及其制品批发	98	98	1	3			94					
112	汽车及零配件批发	5	5					1		4			
113	2. 零售业	1505	1505	53	98		6	1181	4	162	1		
114	(八)住宿和餐饮业	1055	1055	46	67			655		286	1		
115	1. 住宿业	352	352	46	3			201		101	1		
116	2. 餐饮业	703	703		64			454		185			
117	(九)金融业	82	82					12	58	12			
118	1. 银行业												
119	2. 证券业												
120	3. 保险业												
121	4. 其他金融	82	82					12	58	12			
122	(十)房地产业	8063	8059	402	166	1		6288	9	1126	67	4	
123	其中:房地产开发经营业	3543	3539	149	14			2255	9	1094	18	4	
124	(十一)租赁和商务服务业	1112	1112	24	234	5		495	161	171	22		
125	1. 租赁业	5	5							5			
126	2. 商务服务业	1107	1107	24	234	5		495	161	166	22		
127	(十二)居民服务和其他服务业	1133	1130	75	236	14	2	970	11	116	-294	1	2
128	(十三)教育	65	65							2	63		
129	(十四)卫生、社会保险和社会福利业	8	8	1	2						5		
130	其中:卫生	8	8	1	2						5		
131	(十五)文化、体育和娱乐业	485	485	188				177		117	3		
132	(十六)其他行业	1050	1050	113	90			496	7	50	294		

2011年茂名市地方税务局企业所得税分行业分企业类型统计年报表

编报机关:茂名市地方税务局　　　　单位:万元

序号	项目	合计	内资企业									港澳台投资企业	外商投资企业
			小计	国有企业	集体企业	股份合作企业	联营企业	有限责任公司	股份有限公司	私营企业	其他企业		
1	合计	54755	54755	2852	2969	13	106	46032	1233	202	1348		
2	(一)采矿业	14	14	1	5			8					
3	1. 煤炭开采和洗选业												
4	2. 石油和天然气开采业	1	1	1									
5	其中:原油	1	1	1									
6	3. 黑色金属矿采选业												
7	4. 有色金属矿采选业												
8	5. 非金属矿采选业	13	13		5			8					
9	6. 其他采矿业												
10	(二)制造业	2343	2343	92	76	4		2158	11	2			
11	1. 农副食品加工业	82	82	48	1			33					
12	2. 食品制造业	3	3	1				2					
13	3. 饮料制造业	1	1					1					
14	酒的制造												
15	酒精制造												
16	软饮料制造	1	1					1					
17	精制茶加工												
18	4. 烟草制品业												
19	卷烟制造												
20	烟叶复烤												
21	其他烟草制品加工												
22	5. 纺织业												
23	6. 纺织服装、鞋帽制造业												
24	其中:纺织服装												
25	7. 皮革、毛皮、羽毛(绒)制品业	3	3					3					
26	其中:皮革、毛皮	1	1					1					

续表

序号	项目	合计	内资企业									港澳台投资企业	外商投资企业
			小计	国有企业	集体企业	股份合作企业	联营企业	有限责任公司	股份有限公司	私营企业	其他企业		
27	8. 木材加工及木竹藤棕草制品业	1	1					1					
28	9. 家具制造业												
29	10. 造纸及纸制品业	11	11		1			10					
30	①纸浆制造	8	8					8					
31	②造纸												
32	其中:机制纸及纸板制造												
33	③纸制品制造	3	3		1			2					
34	11. 印刷业和记录媒体的复制	22	22		13			8	1				
35	12. 文教体育用品制造业												
36	13. 石油加工、炼焦及核燃料业	92	92		3	3		86					
37	①原油加工及石油制品制造	71	71			3		68					
38	其中:成品油	70	70			3		67					
39	②人造原油生产	18	18					18					
40	③炼焦	3	3		3								
41	④核燃料加工												
42	14. 化学原料及化学制品业	47	47		4			43					
43	①肥料制造	8	8					8					
44	②农药制造	3	3					3					
45	③专用化学产品制造	5	5					5					
46	④日用化学产品制造	6	6					6					
47	其中:化妆品制造												
48	⑤其他	25	25		4			21					
49	15. 医药制造业	154	154					144	10				
50	16. 化学纤维制造业												
51	17. 橡胶制品业	3	3		1			2					
52	其中:轮胎制造												
53	18. 塑料制品业	8	8					8					

续表

序号	项　目	合　计	内资企业									港澳台投资企业	外商投资企业
			小　计	国有企业	集体企业	股份合作企业	联营企业	有限责任公司	股份有限公司	私营企业	其他企业		
54	19. 非金属矿物制品业	861	861	4	36	1		819		1			
55	①水泥、石灰和石膏制造	733	733	4				728		1			
56	其中:水泥制造	74	74					74					
57	②水泥及石膏制品制造	88	88			1		87					
58	③玻璃及玻璃制品制造												
59	④其他	40	40		36			4					
60	20. 黑色金属冶炼及压延加工业	1	1					1					
61	其中:钢压延加工												
62	21. 有色金属冶炼及压延加工业	39	39					39					
63	22. 金属制品业	20	20		5			15					
64	23. 通用设备制造业	650	650		4			646					
65	24. 专用设备制造业	1	1		1								
66	25. 交通运输设备制造业	3	3		1			2					
67	①铁路运输设备制造												
68	②汽车制造	2	2					2					
69	③摩托车制造												
70	④航空航天器制造												
71	其中:飞机制造及修理												
72	⑤其他	1	1		1								
73	26. 电气机械及器材制造业	46	46	39	1			5		1			
74	电机制造												
75	电线电缆光缆及电工器材制造	2	2					1		1			
76	家用电力器具制造												
77	其他	44	44	39	1			4					
78	27. 通信设备、计算机及其他电子设备制造业	8	8					8					
79	通信设备制造												
80	广播电视设备制造												

续表

序号	项　目	合　计	内资企业									港澳台投资企业	外商投资企业
			小　计	国有企业	集体企业	股份合作企业	联营企业	有限责任公司	股份有限公司	私营企业	其他企业		
81	电子计算机制造												
82	家用视听设备												
83	其他	8	8					8					
84	28. 仪表仪器及文化、办公用机械制造业												
85	29. 其他制造业	287	287		5			282					
86	(三)电力、燃气及水的生产和供应业	474	474	38	110	1	1	290	34				
87	1. 电力、热力的生产和供应业	440	440	38	110	1	1	289	1				
88	电力生产	280	280	38	108	1	1	131	1				
89	电力供应	129	129		2			127					
90	热力生产和供应	31	31					31					
91	2. 燃气生产和供应业												
92	3. 水的生产和供应业	34	34					1	33				
93	(四)建筑业	24350	24350	1907	2018	5	94	19448	381	121	376		
94	1. 房屋和土木工程建筑业	18300	18300	1517	775		22	15622	210	75	79		
95	2. 建筑安装业	4117	4117	279	608	2	72	2880	146	26	104		
96	3. 建筑装饰业	231	231	27	70			115		18	1		
97	4. 其他建筑业	1702	1702	84	565	3		831	25	2	192		
98	(五)交通运输、仓储及邮政业	535	535	148	49			335	2	1			
99	1. 交通运输业	528	528	148	49			328	2	1			
100	2. 仓储业												
101	3. 邮政业	7	7					7					
102	(六)信息传输、计算机服务和软件业	88	88	1	43			44					
103	1. 电信和其他信息传输服务业	50	50	1	43			6					
104	其中:电信	45	45	1	43			1					
105	2. 计算机服务业	38	38					38					
106	3. 软件业												

续表

序号	项　　目	合　计	内资企业								港澳台投资企业	外商投资企业
			小　计	国有企业	集体企业	股份合作企业	联营企业	有限责任公司	股份有限公司	私营企业	其他企业		
107	(七)批发和零售业	12444	12444	352	144		1	11717	131	59	40		
108	1. 批发业	6529	6529	28	31			6435	2	2	31		
109	其中:烟草制品批发	2449	2449		2			2447					
110	煤炭及制品批发												
111	石油及其制品批发												
112	汽车及零配件批发												
113	2. 零售业	5915	5915	324	113		1	5282	129	57	9		
114	(八)住宿和餐饮业	411	411	30	18			362			1		
115	1. 住宿业	107	107	8	14			84			1		
116	2. 餐饮业	304	304	22	4			278					
117	(九)金融业	200	200					200					
118	1. 银行业												
119	2. 证券业												
120	3. 保险业												
121	4. 其他金融	200	200					200					
122	(十)房地产业	6892	6892	21	19	2		6795	41		14		
123	其中:房地产开发经营业	6779	6779	16	17			6691	41		14		
124	(十一)租赁和商务服务业	823	823	5	77			736		1	4		
125	1. 租赁业	2	2		1					1			
126	2. 商务服务业	821	821	5	76			736			4		
127	(十二)居民服务和其他服务业	5573	5573	202	335		9	3745	628	13	641		
128	(十三)教育	80	80					1			79		
129	(十四)卫生、社会保险和社会福利业	19	19	15				2			2		
130	其中:卫生	4	4					2			2		
131	(十五)文化、体育和娱乐业	5	5	1				4					
132	(十六)其他行业	504	504	39	75	1	1	187	5	5	191		

2011年肇庆市地方税务局企业所得税分行业分企业类型统计年报表

编报机关:肇庆市地方税务局

单位:万元

序号	项目	合计	内资企业									港澳台投资企业	外商投资企业
			小计	国有企业	集体企业	股份合作企业	联营企业	有限责任公司	股份有限公司	私营企业	其他企业		
1	合计	83769	83742	5703	8997	45	48	44465	7598	13027	3859	16	11
2	(一)采矿业	3082	3082	2	9		1	3066		4			
3	1. 煤炭开采和洗选业												
4	2. 石油和天然气开采业												
5	其中:原油												
6	3. 黑色金属矿采选业												
7	4. 有色金属矿采选业	3027	3027					3027					
8	5. 非金属矿采选业	55	55	2	9		1	39		4			
9	6. 其他采矿业												
10	(二)制造业	14027	14026	42	162		7	5885	7374	556			1
11	1. 农副食品加工业	33	33	7	1		6	14		5			
12	2. 食品制造业	134	134					83	46	5			
13	3. 饮料制造业	12	12					12					
14	酒的制造	11	11					11					
15	酒精制造												
16	软饮料制造	1	1					1					
17	精制茶加工												
18	4. 烟草制品业												
19	卷烟制造												
20	烟叶复烤												
21	其他烟草制品加工												
22	5. 纺织业	82	82	4				11	18	49			
23	6. 纺织服装、鞋帽制造业	45	45		15			28		2			
24	其中:纺织服装	44	44		15			27		2			
25	7. 皮革、毛皮、羽毛(绒)制品业	26	26					26					
26	其中:皮革、毛皮	24	24					24					

续表

序号	项目	合计	内资企业									港澳台投资企业	外商投资企业
			小计	国有企业	集体企业	股份合作企业	联营企业	有限责任公司	股份有限公司	私营企业	其他企业		
27	8. 木材加工及木竹藤棕草制品业	42	42	12	3			25		2			
28	9. 家具制造业	4	4					4					
29	10. 造纸及纸制品业	129	129					126		3			
30	①纸浆制造												
31	②造纸	15	15					15					
32	其中:机制纸及纸板制造	15	15					15					
33	③纸制品制造	114	114					111		3			
34	11. 印刷业和记录媒体的复制	587	587	10	20			554		3			
35	12. 文教体育用品制造业												
36	13. 石油加工、炼焦及核燃料业	3	3		3								
37	①原油加工及石油制品制造	3	3		3								
38	其中:成品油	3	3		3								
39	②人造原油生产												
40	③炼焦												
41	④核燃料加工												
42	14. 化学原料及化学制品业	452	452	1			1	37	404	9			
43	①肥料制造	1	1				1						
44	②农药制造												
45	③专用化学产品制造	20	20					20					
46	④日用化学产品制造	5	5							5			
47	其中:化妆品制造												
48	⑤其他	426	426	1				17	404	4			
49	15. 医药制造业	3604	3604					187	3406	11			
50	16. 化学纤维制造业	1	1					1					
51	17. 橡胶制品业	1	1					1					
52	其中:轮胎制造												
53	18. 塑料制品业	153	153		2			139	6	6			

续表

序号	项目	合计	内资企业								港澳台投资企业	外商投资企业
			小计	国有企业	集体企业	股份合作企业	联营企业	有限责任公司	股份有限公司	私营企业	其他企业		
54	19. 非金属矿物制品业	1322	1322		103			1219					
55	①水泥、石灰和石膏制造	1272	1272		95			1177					
56	其中：水泥制造	1211	1211		34			1177					
57	②水泥及石膏制品制造	8	8		8								
58	③玻璃及玻璃制品制造												
59	④其他	42	42					42					
60	20. 黑色金属冶炼及压延加工业												
61	其中：钢压延加工												
62	21. 有色金属冶炼及压延加工业	2549	2549					307	2242				
63	22. 金属制品业	417	417		6			267		144			
64	23. 通用设备制造业	1215	1215		2			1007		206			
65	24. 专用设备制造业	50	50		3			23	3	21			
66	25. 交通运输设备制造业	1255	1255					9	1244	2			
67	①铁路运输设备制造	2	2						2				
68	②汽车制造	1244	1244						1242	2			
69	③摩托车制造												
70	④航空航天器制造												
71	其中：飞机制造及修理												
72	⑤其他	9	9					9					
73	26. 电气机械及器材制造业	809	809	5				754	2	48			
74	电机制造	21	21	5				2	2	12			
75	电线电缆光缆及电工器材制造	12	12							12			
76	家用电力器具制造	6	6					3		3			
77	其他	770	770					749		21			
78	27. 通信设备、计算机及其他电子设备制造业	404	403					372	3	28			1
79	通信设备制造												
80	广播电视设备制造	1											1

续表

序号	项目	合计	内资企业									港澳台投资企业	外商投资企业
			小计	国有企业	集体企业	股份合作企业	联营企业	有限责任公司	股份有限公司	私营企业	其他企业		
81	电子计算机制造	1	1							1			
82	家用视听设备	2	2					2					
83	其他	400	400					370	3	27			
84	28. 仪表仪器及文化、办公用机械制造业	468	468		4			462		2			
85	29. 其他制造业	230	230	3				217		10			
86	(三)电力、燃气及水的生产和供应业	3217	3217	2271	77			459	21	157	232		
87	1. 电力、热力的生产和供应业	3070	3070	2247	40			406	21	125	231		
88	电力生产	963	963	285	38			387	21	1	231		
89	电力供应	2107	2107	1962	2			19		124			
90	热力生产和供应												
91	2. 燃气生产和供应业	35	35					3		32			
92	3. 水的生产和供应业	112	112	24	37			50			1		
93	(四)建筑业	24681	24672	1027	6350	3	7	12943	178	4013	151	8	1
94	1. 房屋和土木工程建筑业	7830	7830	220	4650			2330		624	6		
95	2. 建筑安装业	15209	15200	486	1411		7	10133	55	3039	69	8	1
96	3. 建筑装饰业	618	618	14	146			155	120	182	1		
97	4. 其他建筑业	1024	1024	307	143	3		325	3	168	75		
98	(五)交通运输、仓储及邮政业	1786	1783	11	77			1608	1	69	17	3	
99	1. 交通运输业	1775	1772	8	77			1604	1	66	16	3	
100	2. 仓储业	6	6	3				2			1		
101	3. 邮政业	5	5					2		3			
102	(六)信息传输、计算机服务和软件业	65	65					35		23	7		
103	1. 电信和其他信息传输服务业	22	22					8		7	7		
104	其中:电信	2	2					2					
105	2. 计算机服务业	32	32					18		14			
106	3. 软件业	11	11					9		2			

续表

序号	项　目	合　计	内资企业								港澳台投资企业	外商投资企业
			小　计	国有企业	集体企业	股份合作企业	联营企业	有限责任公司	股份有限公司	私营企业	其他企业		
107	(七)批发和零售业	8037	8037	390	142		30	7090	6	369	10		
108	1. 批发业	5977	5977	326	16			5379	1	245	10		
109	其中:烟草制品批发	4314	4314					4314					
110	煤炭及制品批发												
111	石油及其制品批发	3	3							3			
112	汽车及零配件批发												
113	2. 零售业	2060	2060	64	126		30	1711	5	124			
114	(八)住宿和餐饮业	487	481	44	79			172		180	6		6
115	1. 住宿业	123	123	27	5			46		45			
116	2. 餐饮业	364	358	17	74			126		135	6		6
117	(九)金融业	145	145					123	3	19			
118	1. 银行业												
119	2. 证券业												
120	3. 保险业												
121	4. 其他金融	145	145					123	3	19			
122	(十)房地产业	20743	20741	778	1670			9836	1	7154	1302	2	
123	其中:房地产开发经营业	17101	17101	404	786			8850	1	7044	16		
124	(十一)租赁和商务服务业	1492	1491	207	151		1	984	5	110	33	1	
125	1. 租赁业	2	2		1						1		
126	2. 商务服务业	1490	1489	207	150		1	984	5	110	32	1	
127	(十二)居民服务和其他服务业	2914	2913	389	222	42	2	1135	9	105	1009		1
128	(十三)教育	81	81		3			14		1	63		
129	(十四)卫生、社会保险和社会福利业	77	77					1		1	75		
130	其中:卫生	77	77					1		1	75		
131	(十五)文化、体育和娱乐业	100	97	2	17			29		18	31	2	1
132	(十六)其他行业	2835	2834	540	38			1085		248	923		1

2011 年清远市地方税务局企业所得税分行业分企业类型统计年报表

编报机关:清远市地方税务局　　　　单位:万元

序号	项目	合计	内资企业									港澳台投资企业	外商投资企业
			小计	国有企业	集体企业	股份合作企业	联营企业	有限责任公司	股份有限公司	私营企业	其他企业		
1	合计	84466	84447	3413	5084	77	823	69488	1147	1341	3074	14	5
2	(一)采矿业	529	529		47			482					
3	1. 煤炭开采和洗选业												
4	2. 石油和天然气开采业												
5	其中:原油												
6	3. 黑色金属矿采选业	47	47		47								
7	4. 有色金属矿采选业	482	482					482					
8	5. 非金属矿采选业												
9	6. 其他采矿业												
10	(二)制造业	1728	1728	252	37	5		1189	239	6			
11	1. 农副食品加工业	12	12		2			9		1			
12	2. 食品制造业	248	248	248									
13	3. 饮料制造业	493	493	1				492					
14	酒的制造	488	488					488					
15	酒精制造												
16	软饮料制造												
17	精制茶加工	5	5	1				4					
18	4. 烟草制品业												
19	卷烟制造												
20	烟叶复烤												
21	其他烟草制品加工												
22	5. 纺织业	35	35					35					
23	6. 纺织服装、鞋帽制造业	16	16					16					
24	其中:纺织服装	10	10					10					
25	7. 皮革、毛皮、羽毛(绒)制品业	3	3		3								
26	其中:皮革、毛皮	3	3		3								

续表

序号	项目	合计	内资企业									港澳台投资企业	外商投资企业
			小计	国有企业	集体企业	股份合作企业	联营企业	有限责任公司	股份有限公司	私营企业	其他企业		
27	8. 木材加工及木竹藤棕草制品业	10	10					10					
28	9. 家具制造业	3	3		3								
29	10. 造纸及纸制品业	2	2		1			1					
30	①纸浆制造												
31	②造纸												
32	其中:机制纸及纸板制造												
33	③纸制品制造	2	2		1			1					
34	11. 印刷业和记录媒体的复制	20	20		14			6					
35	12. 文教体育用品制造业												
36	13. 石油加工、炼焦及核燃料业												
37	①原油加工及石油制品制造												
38	其中:成品油												
39	②人造原油生产												
40	③炼焦												
41	④核燃料加工												
42	14. 化学原料及化学制品业	50	50					50					
43	①肥料制造												
44	②农药制造												
45	③专用化学产品制造	30	30					30					
46	④日用化学产品制造												
47	其中:化妆品制造												
48	⑤其他	20	20					20					
49	15. 医药制造业	239	239						239				
50	16. 化学纤维制造业												
51	17. 橡胶制品业	1	1					1					
52	其中:轮胎制造												
53	18. 塑料制品业	7	7					7					

续表

序号	项目	合计	内资企业									港澳台投资企业	外商投资企业
			小计	国有企业	集体企业	股份合作企业	联营企业	有限责任公司	股份有限公司	私营企业	其他企业		
54	19. 非金属矿物制品业	23	23	2	7			12		2			
55	①水泥、石灰和石膏制造	5	5	2	1					2			
56	其中:水泥制造	4	4	2	1					1			
57	②水泥及石膏制品制造												
58	③玻璃及玻璃制品制造												
59	④其他	18	18		6			12					
60	20. 黑色金属冶炼及压延加工业												
61	其中:钢压延加工												
62	21. 有色金属冶炼及压延加工业												
63	22. 金属制品业	16	16					16					
64	23. 通用设备制造业	30	30	1				29					
65	24. 专用设备制造业	10	10					7		3			
66	25. 交通运输设备制造业	9	9			5		4					
67	①铁路运输设备制造												
68	②汽车制造	4	4					4					
69	③摩托车制造												
70	④航空航天器制造												
71	其中:飞机制造及修理												
72	⑤其他	5	5			5							
73	26. 电气机械及器材制造业	456	456		6			450					
74	电机制造	6	6		6								
75	电线电缆光缆及电工器材制造	404	404					404					
76	家用电力器具制造												
77	其他	46	46					46					
78	27. 通信设备、计算机及其他电子设备制造业	2	2					2					
79	通信设备制造												
80	广播电视设备制造												

续表

序号	项目	合计	内资企业									港澳台投资企业	外商投资企业
			小计	国有企业	集体企业	股份合作企业	联营企业	有限责任公司	股份有限公司	私营企业	其他企业		
81	电子计算机制造												
82	家用视听设备												
83	其他	2	2					2					
84	28. 仪表仪器及文化、办公用机械制造业												
85	29. 其他制造业	43	43		1			42					
86	(三)电力、燃气及水的生产和供应业	5610	5610	1148	557		303	3585		11	6		
87	1. 电力、热力的生产和供应业	4549	4549	1148	553		303	2528		11	6		
88	电力生产	4173	4173	1033	553		303	2267		11	6		
89	电力供应	376	376	115				261					
90	热力生产和供应												
91	2. 燃气生产和供应业	475	475		1			474					
92	3. 水的生产和供应业	586	586		3			583					
93	(四)建筑业	26733	26720	1330	3614	29	480	19615	733	797	122	8	5
94	1. 房屋和土木工程建筑业	5099	5092	8	361			4341	376	6		7	
95	2. 建筑安装业	19274	19273	1225	3117	25	452	13453	251	646	104	1	
96	3. 建筑装饰业	482	477				27	385	1	64			5
97	4. 其他建筑业	1878	1878	97	136	4	1	1436	105	81	18		
98	(五)交通运输、仓储及邮政业	1326	1326	214	158			632	129	193			
99	1. 交通运输业	1315	1315	214	158			621	129	193			
100	2. 仓储业	4	4					4					
101	3. 邮政业	7	7					7					
102	(六)信息传输、计算机服务和软件业	22	22					19		3			
103	1. 电信和其他信息传输服务业	6	6					6					
104	其中:电信	5	5					5					
105	2. 计算机服务业	7	7					7					
106	3. 软件业	9	9					6		3			

续表

序号	项　目	合　计	内资企业								港澳台投资企业	外商投资企业
			小　计	国有企业	集体企业	股份合作企业	联营企业	有限责任公司	股份有限公司	私营企业	其他企业		
107	(七)批发和零售业	10470	10470	11	15	7	35	10379	10	13			
108	1. 批发业	7826	7826	5	3		33	7772		13			
109	其中:烟草制品批发	6478	6478					6478					
110	煤炭及制品批发												
111	石油及其制品批发												
112	汽车及零配件批发												
113	2. 零售业	2644	2644	6	12	7	2	2607	10				
114	(八)住宿和餐饮业	503	503	17	10			473			3		
115	1. 住宿业	119	119	17	1			98			3		
116	2. 餐饮业	384	384		9			375					
117	(九)金融业	169	169		1			168					
118	1. 银行业												
119	2. 证券业												
120	3. 保险业												
121	4. 其他金融	169	169		1			168					
122	(十)房地产业	23370	23364	51	331	36	1	21074	2	133	1736	6	
123	其中:房地产开发经营业	18916	18916	3	306			17410		128	1069		
124	(十一)租赁和商务服务业	9721	9721	15	11			9605	1	4	85		
125	1. 租赁业	1	1					1					
126	2. 商务服务业	9720	9720	15	11			9604	1	4	85		
127	(十二)居民服务和其他服务业	2718	2718	244	86		4	1939	30	139	276		
128	(十三)教育	3	3					3					
129	(十四)卫生、社会保险和社会福利业	1	1	1									
130	其中:卫生	1	1	1									
131	(十五)文化、体育和娱乐业	33	33					12			21		
132	(十六)其他行业	1530	1530	130	217			313	3	42	825		

2011 年潮州市地方税务局企业所得税分行业分企业类型统计年报表

编报机关:潮州市地方税务局 单位:万元

序号	项目	合计	内资企业									港澳台投资企业	外商投资企业
			小计	国有企业	集体企业	股份合作企业	联营企业	有限责任公司	股份有限公司	私营企业	其他企业		
1	合计	48686	48686	8628	3411	828	65	24522	10336	551	345		
2	(一)采矿业	7	7			7							
3	1. 煤炭开采和洗选业												
4	2. 石油和天然气开采业												
5	其中:原油												
6	3. 黑色金属矿采选业												
7	4. 有色金属矿采选业												
8	5. 非金属矿采选业	7	7			7							
9	6. 其他采矿业												
10	(二)制造业	22103	22103	14	50	717	1	11026	10131	164			
11	1. 农副食品加工业	17	17	1	1	1		14					
12	2. 食品制造业	958	958	1		130	1	788	38				
13	3. 饮料制造业	16	16		1	2		13					
14	酒的制造	2	2		1			1					
15	酒精制造												
16	软饮料制造	7	7					7					
17	精制茶加工	7	7			2		5					
18	4. 烟草制品业												
19	卷烟制造												
20	烟叶复烤												
21	其他烟草制品加工												
22	5. 纺织业	28	28	2		8		17		1			
23	6. 纺织服装、鞋帽制造业	474	474	1	20	34		354	65				
24	其中:纺织服装	473	473	1	19	34		354	65				
25	7. 皮革、毛皮、羽毛(绒)制品业	260	260			1		228		31			
26	其中:皮革、毛皮	214	214			1		183		30			

续表

序号	项目	合计	内资企业								港澳台投资企业	外商投资企业
			小计	国有企业	集体企业	股份合作企业	联营企业	有限责任公司	股份有限公司	私营企业	其他企业		
27	8. 木材加工及木竹藤棕草制品业	1	1			1							
28	9. 家具制造业	85	85					85					
29	10. 造纸及纸制品业	314	314			41		273					
30	①纸浆制造												
31	②造纸	181	181			18		163					
32	其中:机制纸及纸板制造	23	23					23					
33	③纸制品制造	133	133			23		110					
34	11. 印刷业和记录媒体的复制	1342	1342	6	8	190		1118	15	5			
35	12. 文教体育用品制造业	48	48		1			37		10			
36	13. 石油加工、炼焦及核燃料业												
37	①原油加工及石油制品制造												
38	其中:成品油												
39	②人造原油生产												
40	③炼焦												
41	④核燃料加工												
42	14. 化学原料及化学制品业	365	365		7	25		332		1			
43	①肥料制造												
44	②农药制造												
45	③专用化学产品制造	3	3					3					
46	④日用化学产品制造	41	41					41					
47	其中:化妆品制造	1	1					1					
48	⑤其他	321	321		7	25		288		1			
49	15. 医药制造业	32	32			14		18					
50	16. 化学纤维制造业	1	1			1							
51	17. 橡胶制品业	53	53					53					
52	其中:轮胎制造												
53	18. 塑料制品业	1412	1412		2	18		1392					

续表

序号	项目	合计	内资企业									港澳台投资企业	外商投资企业
			小计	国有企业	集体企业	股份合作企业	联营企业	有限责任公司	股份有限公司	私营企业	其他企业		
54	19. 非金属矿物制品业	4632	4632	1	7	103		3308	1207	6			
55	①水泥、石灰和石膏制造	36	36					36					
56	其中:水泥制造	36	36					36					
57	②水泥及石膏制品制造												
58	③玻璃及玻璃制品制造	6	6					6					
59	④其他	4590	4590	1	7	103		3266	1207	6			
60	20. 黑色金属冶炼及压延加工业												
61	其中:钢压延加工												
62	21. 有色金属冶炼及压延加工业	677	677					677					
63	22. 金属制品业	1557	1557			103		1344		110			
64	23. 通用设备制造业	24	24			14		10					
65	24. 专用设备制造业	159	159			1		158					
66	25. 交通运输设备制造业	8	8					8					
67	①铁路运输设备制造												
68	②汽车制造	8	8					8					
69	③摩托车制造												
70	④航空航天器制造												
71	其中:飞机制造及修理												
72	⑤其他												
73	26. 电气机械及器材制造业	720	720			26		568	126				
74	电机制造	35	35					35					
75	电线电缆光缆及电工器材制造	173	173			17		96	60				
76	家用电力器具制造	173	173			8		165					
77	其他	339	339			1		272	66				
78	27. 通信设备、计算机及其他电子设备制造业	8842	8842			3		159	8680				
79	通信设备制造												
80	广播电视设备制造	17	17					17					

续表

序号	项目	合计	内资企业									港澳台投资企业	外商投资企业
			小计	国有企业	集体企业	股份合作企业	联营企业	有限责任公司	股份有限公司	私营企业	其他企业		
81	电子计算机制造												
82	家用视听设备												
83	其他	8825	8825			3		142	8680				
84	28. 仪表仪器及文化、办公用机械制造业	2	2		2								
85	29. 其他制造业	76	76	2	1	1		72					
86	(三)电力、燃气及水的生产和供应业	8061	8061	7871	73		1	116					
87	1. 电力、热力的生产和供应业	7893	7893	7760	51		1	81					
88	电力生产	81	81	6	50		1	24					
89	电力供应	7812	7812	7754	1			57					
90	热力生产和供应												
91	2. 燃气生产和供应业	35	35					35					
92	3. 水的生产和供应业	133	133	111	22								
93	(四)建筑业	7660	7660	289	2735	6	5	4372	9	235	9		
94	1. 房屋和土木工程建筑业	4832	4832	189	2672			1805	1	165			
95	2. 建筑安装业	2661	2661	100	61	6	5	2405	8	67	9		
96	3. 建筑装饰业	52	52					49		3			
97	4. 其他建筑业	115	115		2			113					
98	(五)交通运输、仓储及邮政业	540	540	8	40	3		403		83	3		
99	1. 交通运输业	533	533	8	40	3		396		83	3		
100	2. 仓储业												
101	3. 邮政业	7	7					7					
102	(六)信息传输、计算机服务和软件业	30	30					29			1		
103	1. 电信和其他信息传输服务业	20	20					19			1		
104	其中:电信	6	6					6					
105	2. 计算机服务业	9	9					9					
106	3. 软件业	1	1					1					

续表

序号	项目	合计	内资企业									港澳台投资企业	外商投资企业
			小计	国有企业	集体企业	股份合作企业	联营企业	有限责任公司	股份有限公司	私营企业	其他企业		
107	(七)批发和零售业	1484	1484	29	78	91	55	1073	121	37			
108	1. 批发业	1099	1099	9	48	21	55	822	117	27			
109	其中:烟草制品批发												
110	煤炭及制品批发												
111	石油及其制品批发	81	81		5			76					
112	汽车及零配件批发												
113	2. 零售业	385	385	20	30	70		251	4	10			
114	(八)住宿和餐饮业	513	513	84	23			389		17			
115	1. 住宿业	235	235	16	2			217					
116	2. 餐饮业	278	278	68	21			172		17			
117	(九)金融业	84	84					10	74				
118	1. 银行业												
119	2. 证券业												
120	3. 保险业												
121	4. 其他金融	84	84					10	74				
122	(十)房地产业	6948	6948	26	363	1		6509		10	39		
123	其中:房地产开发经营业	6526	6526	19	268			6203			36		
124	(十一)租赁和商务服务业	577	577	241	24			299		3	10		
125	1. 租赁业	23	23					23					
126	2. 商务服务业	554	554	241	24			276		3	10		
127	(十二)居民服务和其他服务业	209	209	5	15	2	3	161	1	2	20		
128	(十三)教育	120	120	12							108		
129	(十四)卫生、社会保险和社会福利业	11	11					9			2		
130	其中:卫生	11	11					9			2		
131	(十五)文化、体育和娱乐业	26	26	1				19			6		
132	(十六)其他行业	313	313	48	10	1		107			147		

2011 年揭阳市地方税务局企业所得税分行业分企业类型统计年报表

编报机关:揭阳市地方税务局　　　　单位:万元

序号	项目	合计	内资企业									港澳台投资企业	外商投资企业
			小计	国有企业	集体企业	股份合作企业	联营企业	有限责任公司	股份有限公司	私营企业	其他企业		
1	合计	82480	82391	10185	18178	1	112	29502	19071	4921	421	32	57
2	(一)采矿业	14	14							14			
3	1. 煤炭开采和洗选业												
4	2. 石油和天然气开采业												
5	其中:原油												
6	3. 黑色金属矿采选业												
7	4. 有色金属矿采选业	14	14							14			
8	5. 非金属矿采选业												
9	6. 其他采矿业												
10	(二)制造业	27794	27786	39	192			6606	18940	2009		8	
11	1. 农副食品加工业	681	681	20	9			595	7	50			
12	2. 食品制造业	1480	1480		1			71	1168	240			
13	3. 饮料制造业	3	3					2		1			
14	酒的制造												
15	酒精制造												
16	软饮料制造	3	3					2		1			
17	精制茶加工												
18	4. 烟草制品业												
19	卷烟制造												
20	烟叶复烤												
21	其他烟草制品加工												
22	5. 纺织业	934	934		28			130	587	189			
23	6. 纺织服装、鞋帽制造业	2097	2097		4			578	938	577			
24	其中:纺织服装	2097	2097		4			578	938	577			
25	7. 皮革、毛皮、羽毛(绒)制品业	12	12		12								
26	其中:皮革、毛皮	12	12		12								

续表

序号	项目	合计	内资企业								港澳台投资企业	外商投资企业
			小计	国有企业	集体企业	股份合作企业	联营企业	有限责任公司	股份有限公司	私营企业	其他企业		
27	8. 木材加工及木竹藤棕草制品业	74	74		2					72			
28	9. 家具制造业	4	4		1					3			
29	10. 造纸及纸制品业	75	75		4			59	4	8			
30	①纸浆制造												
31	②造纸	10	10		1			4		5			
32	其中:机制纸及纸板制造	10	10		1			4		5			
33	③纸制品制造	65	65		3			55	4	3			
34	11. 印刷业和记录媒体的复制	238	238		8			156		74			
35	12. 文教体育用品制造业	93	93		9			26		58			
36	13. 石油加工、炼焦及核燃料业												
37	①原油加工及石油制品制造												
38	其中:成品油												
39	②人造原油生产												
40	③炼焦												
41	④核燃料加工												
42	14. 化学原料及化学制品业	1951	1951	1				346	1571	33			
43	①肥料制造	6	6					5		1			
44	②农药制造												
45	③专用化学产品制造	328	328					328					
46	④日用化学产品制造	7	7					2		5			
47	其中:化妆品制造	4	4					2		2			
48	⑤其他	1610	1610	1				11	1571	27			
49	15. 医药制造业	12020	12020					246	11804	-30			
50	16. 化学纤维制造业	938	938					938					
51	17. 橡胶制品业	123	123					120		3			
52	其中:轮胎制造												
53	18. 塑料制品业	730	730	3	75			447		205			

续表

序号	项目	合计	内资企业									港澳台投资企业	外商投资企业
			小计	国有企业	集体企业	股份合作企业	联营企业	有限责任公司	股份有限公司	私营企业	其他企业		
54	19. 非金属矿物制品业	242	242		12			182		48			
55	①水泥、石灰和石膏制造												
56	其中:水泥制造												
57	②水泥及石膏制品制造	1	1					1					
58	③玻璃及玻璃制品制造	99	99		10			89					
59	④其他	142	142		2			92		48			
60	20. 黑色金属冶炼及压延加工业	905	905					905					
61	其中:钢压延加工	251	251					251					
62	21. 有色金属冶炼及压延加工业	171	171					89		82			
63	22. 金属制品业	1583	1583		7			1259	139	178			
64	23. 通用设备制造业	15	15		3			9		3			
65	24. 专用设备制造业	2864	2864		3			126	2722	13			
66	25. 交通运输设备制造业	16	16	2	2			4		8			
67	①铁路运输设备制造												
68	②汽车制造	9	9		2			4		3			
69	③摩托车制造												
70	④航空航天器制造												
71	其中:飞机制造及修理												
72	⑤其他	7	7	2						5			
73	26. 电气机械及器材制造业	221	220		1			156		63		1	
74	电机制造	26	26					26					
75	电线电缆光缆及电工器材制造	91	91					48		43			
76	家用电力器具制造	75	75					75					
77	其他	29	28		1			7		20		1	
78	27. 通信设备、计算机及其他电子设备制造业	60	60		8			10		42			
79	通信设备制造												
80	广播电视设备制造												

续表

序号	项目	合计	内资企业									港澳台投资企业	外商投资企业
			小计	国有企业	集体企业	股份合作企业	联营企业	有限责任公司	股份有限公司	私营企业	其他企业		
81	电子计算机制造												
82	家用视听设备												
83	其他	60	60		8			10		42			
84	28. 仪表仪器及文化、办公用机械制造业	73	73	13				60					
85	29. 其他制造业	191	184		3			92		89		7	
86	(三)电力、燃气及水的生产和供应业	15452	15452	6379	9009			60		4			
87	1. 电力、热力的生产和供应业	15286	15286	6262	8966			55		3			
88	电力生产	41	41		25			13		3			
89	电力供应	15241	15241	6262	8937			42					
90	热力生产和供应	4	4		4								
91	2. 燃气生产和供应业	6	6		1			4		1			
92	3. 水的生产和供应业	160	160	117	42			1					
93	(四)建筑业	22883	22878	3216	8178		30	10866	81	479	28		5
94	1. 房屋和土木工程建筑业	6784	6784	2511	858			3343		72			
95	2. 建筑安装业	13571	13568	680	7286			5235	61	293	13		3
96	3. 建筑装饰业	353	351		4		30	190	20	107			2
97	4. 其他建筑业	2175	2175	25	30			2098		7	15		
98	(五)交通运输、仓储及邮政业	224	224	26	25			148	1	22	2		
99	1. 交通运输业	223	223	26	25			148		22	2		
100	2. 仓储业	1	1						1				
101	3. 邮政业												
102	(六)信息传输、计算机服务和软件业	72	72		2			70					
103	1. 电信和其他信息传输服务业	2	2		2								
104	其中:电信												
105	2. 计算机服务业	67	67					67					
106	3. 软件业	3	3					3					

续表

序号	项目	合计	内资企业									港澳台投资企业	外商投资企业
			小计	国有企业	集体企业	股份合作企业	联营企业	有限责任公司	股份有限公司	私营企业	其他企业		
107	(七)批发和零售业	6878	6832	353	254		82	5852		236	55		46
108	1. 批发业	5994	5994	328	32		82	5370		127	55		
109	其中:烟草制品批发												
110	煤炭及制品批发												
111	石油及其制品批发	4	4		4								
112	汽车及零配件批发												
113	2. 零售业	884	838	25	222			482		109			46
114	(八)住宿和餐饮业	848	848	3	72			731		42			
115	1. 住宿业	320	320	1	13			264		42			
116	2. 餐饮业	528	528	2	59			467					
117	(九)金融业	91	91					54	37				
118	1. 银行业												
119	2. 证券业												
120	3. 保险业												
121	4. 其他金融	91	91					54	37				
122	(十)房地产业	6446	6446	84	172			4111		1975	104		
123	其中:房地产开发经营业	5908	5908	32	113			3825		1938			
124	(十一)租赁和商务服务业	567	556	17	173			295	1	59	11	5	6
125	1. 租赁业	1	1		1								
126	2. 商务服务业	566	555	17	172			295	1	59	11	5	6
127	(十二)居民服务和其他服务业	585	566	58	32			369	10	25	72	19	
128	(十三)教育	27	27		8			11			8		
129	(十四)卫生、社会保险和社会福利业	1	1								1		
130	其中:卫生	1	1								1		
131	(十五)文化、体育和娱乐业	38	38	1	4			29		2	2		
132	(十六)其他行业	560	560	9	57	1		300	1	54	138		

2011年云浮市地方税务局企业所得税分行业分企业类型统计年报表

编报机关:云浮市地方税务局　　　　单位:万元

序号	项目	合计	内资企业									港澳台投资企业	外商投资企业
			小计	国有企业	集体企业	股份合作企业	联营企业	有限责任公司	股份有限公司	私营企业	其他企业		
1	合计	29182	29149	2951	2584	88	20	20968	181	1439	918	32	1
2	(一)采矿业	3726	3726		9			3717					
3	1. 煤炭开采和洗选业												
4	2. 石油和天然气开采业												
5	其中:原油												
6	3. 黑色金属矿采选业												
7	4. 有色金属矿采选业												
8	5. 非金属矿采选业	3726	3726		9			3717					
9	6. 其他采矿业												
10	(二)制造业	2732	2700	231	74		15	2006	93	281		32	
11	1. 农副食品加工业	27	27					21		6			
12	2. 食品制造业	34	34					34					
13	3. 饮料制造业	1	1					1					
14	酒的制造	1	1					1					
15	酒精制造												
16	软饮料制造												
17	精制茶加工												
18	4. 烟草制品业												
19	卷烟制造												
20	烟叶复烤												
21	其他烟草制品加工												
22	5. 纺织业												
23	6. 纺织服装、鞋帽制造业	67	67					66		1			
24	其中:纺织服装	67	67					66		1			
25	7. 皮革、毛皮、羽毛(绒)制品业												
26	其中:皮革、毛皮												

续表

序号	项目	合计	内资企业									港澳台投资企业	外商投资企业
			小计	国有企业	集体企业	股份合作企业	联营企业	有限责任公司	股份有限公司	私营企业	其他企业		
27	8. 木材加工及木竹藤棕草制品业	1	1	1									
28	9. 家具制造业	1	1							1			
29	10. 造纸及纸制品业	115	115					102	2	11			
30	①纸浆制造	1	1							1			
31	②造纸	100	100					88	2	10			
32	其中:机制纸及纸板制造	100	100					88	2	10			
33	③纸制品制造	14	14					14					
34	11. 印刷业和记录媒体的复制	18	18		10			8					
35	12. 文教体育用品制造业												
36	13. 石油加工、炼焦及核燃料业												
37	①原油加工及石油制品制造												
38	其中:成品油												
39	②人造原油生产												
40	③炼焦												
41	④核燃料加工												
42	14. 化学原料及化学制品业	683	683	222			15	274		172			
43	①肥料制造	74	74				15	59					
44	②农药制造												
45	③专用化学产品制造	586	586	222				215		149			
46	④日用化学产品制造	2	2							2			
47	其中:化妆品制造												
48	⑤其他	21	21							21			
49	15. 医药制造业	46	46					46					
50	16. 化学纤维制造业												
51	17. 橡胶制品业	3	1					1				2	
52	其中:轮胎制造												
53	18. 塑料制品业	16	16					13		3			

续表

序号	项目	合计	内资企业								港澳台投资企业	外商投资企业
			小计	国有企业	集体企业	股份合作企业	联营企业	有限责任公司	股份有限公司	私营企业	其他企业		
54	19. 非金属矿物制品业	432	402	5	62			335				30	
55	①水泥、石灰和石膏制造	65	65	5	54			6					
56	其中:水泥制造	65	65	5	54			6					
57	②水泥及石膏制品制造	30										30	
58	③玻璃及玻璃制品制造	19	19					19					
59	④其他	318	318		8			310					
60	20. 黑色金属冶炼及压延加工业												
61	其中:钢压延加工												
62	21. 有色金属冶炼及压延加工业	52	52					2		50			
63	22. 金属制品业	163	163					72	91				
64	23. 通用设备制造业	86	86					86					
65	24. 专用设备制造业	83	83					83					
66	25. 交通运输设备制造业	16	16		2			14					
67	①铁路运输设备制造												
68	②汽车制造	11	11					11					
69	③摩托车制造												
70	④航空航天器制造												
71	其中:飞机制造及修理												
72	⑤其他	5	5		2			3					
73	26. 电气机械及器材制造业	631	631	1				594		36			
74	电机制造	1	1	1									
75	电线电缆光缆及电工器材制造												
76	家用电力器具制造												
77	其他	630	630					594		36			
78	27. 通信设备、计算机及其他电子设备制造业	1	1							1			
79	通信设备制造												
80	广播电视设备制造												

续表

序号	项目	合计	内资企业									港澳台投资企业	外商投资企业
			小计	国有企业	集体企业	股份合作企业	联营企业	有限责任公司	股份有限公司	私营企业	其他企业		
81	电子计算机制造												
82	家用视听设备												
83	其他	1	1							1			
84	28. 仪表仪器及文化、办公用机械制造业												
85	29. 其他制造业	256	256	2				254					
86	（三）电力、燃气及水的生产和供应业	2551	2551	1919	63	82		408		2	77		
87	1. 电力、热力的生产和供应业	2472	2472	1879	29	82		404		1	77		
88	电力生产	511	511		29			404		1	77		
89	电力供应	1961	1961	1879		82							
90	热力生产和供应												
91	2. 燃气生产和供应业	61	61	25	33			2		1			
92	3. 水的生产和供应业	18	18	15	1			2					
93	（四）建筑业	7533	7532	186	1625	5	3	4801	40	850	22		1
94	1. 房屋和土木工程建筑业	3483	3482	153	409			2559	2	359			1
95	2. 建筑安装业	3658	3658	24	1213	5	3	1999	38	354	22		
96	3. 建筑装饰业	92	92					74		18			
97	4. 其他建筑业	300	300	9	3			169		119			
98	（五）交通运输、仓储及邮政业	1429	1429	11	20			1224		170	4		
99	1. 交通运输业	1401	1401	10	20			1200		170	1		
100	2. 仓储业	27	27	1				23			3		
101	3. 邮政业	1	1					1					
102	（六）信息传输、计算机服务和软件业	21	21					20		1			
103	1. 电信和其他信息传输服务业	1	1							1			
104	其中：电信												
105	2. 计算机服务业	20	20					20					
106	3. 软件业												

续表

序号	项目	合计	内资企业									港澳台投资企业	外商投资企业
			小计	国有企业	集体企业	股份合作企业	联营企业	有限责任公司	股份有限公司	私营企业	其他企业		
107	(七)批发和零售业	6217	6217	209	293		2	5664	1	46	2		
108	1. 批发业	5903	5903	191	272			5437	1	2			
109	其中:烟草制品批发	5275	5275	3				5275		-3			
110	煤炭及制品批发												
111	石油及其制品批发	256	256		256								
112	汽车及零配件批发												
113	2. 零售业	314	314	18	21		2	227		44	2		
114	(八)住宿和餐饮业	112	112	29				79		3	1		
115	1. 住宿业	56	56	29				26			1		
116	2. 餐饮业	56	56					53		3			
117	(九)金融业	262	262					262					
118	1. 银行业												
119	2. 证券业												
120	3. 保险业												
121	4. 其他金融	262	262					262					
122	(十)房地产业	3027	3027	223	361	1		2011	3	67	361		
123	其中:房地产开发经营业	2274	2274	223	19			1964	3	65			
124	(十一)租赁和商务服务业	226	226		1			197		6	22		
125	1. 租赁业	6	6					5			1		
126	2. 商务服务业	220	220		1			192		6	21		
127	(十二)居民服务和其他服务业	464	464	91	59			170		4	140		
128	(十三)教育	112	112		6			5		2	99		
129	(十四)卫生、社会保险和社会福利业	2	2								2		
130	其中:卫生	2	2								2		
131	(十五)文化、体育和娱乐业	11	11	1				4			6		
132	(十六)其他行业	757	757	51	73			400	44	7	182		

2011年广东省地方税务局直属分局企业所得税分行业分企业类型统计年报表

编报机关:广东省地方税务局直属分局　　　　单位:万元

序号	项　目	合　计	内资企业									港澳台投资企业	外商投资企业
			小　计	国有企业	集体企业	股份合作企业	联营企业	有限责任公司	股份有限公司	私营企业	其他企业		
1	合　计	320138	316694	25225	376	3	350	268335	9406	3249	9750	295	3149
2	(一)采矿业												
3	1. 煤炭开采和洗选业												
4	2. 石油和天然气开采业												
5	其中:原油												
6	3. 黑色金属矿采选业												
7	4. 有色金属矿采选业												
8	5. 非金属矿采选业												
9	6. 其他采矿业												
10	(二)制造业	6744	6744	818	7		17	5657		245			
11	1. 农副食品加工业	113	113	4				109					
12	2. 食品制造业	6	6	6									
13	3. 饮料制造业												
14	酒的制造												
15	酒精制造												
16	软饮料制造												
17	精制茶加工												
18	4. 烟草制品业												
19	卷烟制造												
20	烟叶复烤												
21	其他烟草制品加工												
22	5. 纺织业												
23	6. 纺织服装、鞋帽制造业	8	8					8					
24	其中:纺织服装	8	8					8					
25	7. 皮革、毛皮、羽毛(绒)制品业												
26	其中:皮革、毛皮												

续表

序号	项目	合计	内资企业									港澳台投资企业	外商投资企业
			小计	国有企业	集体企业	股份合作企业	联营企业	有限责任公司	股份有限公司	私营企业	其他企业		
27	8. 木材加工及木竹藤棕草制品业												
28	9. 家具制造业												
29	10. 造纸及纸制品业												
30	①纸浆制造												
31	②造纸												
32	其中:机制纸及纸板制造												
33	③纸制品制造												
34	11. 印刷业和记录媒体的复制	65	65	65									
35	12. 文教体育用品制造业												
36	13. 石油加工、炼焦及核燃料业												
37	①原油加工及石油制品制造												
38	其中:成品油												
39	②人造原油生产												
40	③炼焦												
41	④核燃料加工												
42	14. 化学原料及化学制品业	248	248	6						242			
43	①肥料制造	6	6	6									
44	②农药制造												
45	③专用化学产品制造												
46	④日用化学产品制造												
47	其中:化妆品制造												
48	⑤其他	242	242							242			
49	15. 医药制造业	10	10					10					
50	16. 化学纤维制造业												
51	17. 橡胶制品业												
52	其中:轮胎制造												
53	18. 塑料制品业	405	405					405					

续表

序号	项目	合计	内资企业									港澳台投资企业	外商投资企业
			小计	国有企业	集体企业	股份合作企业	联营企业	有限责任公司	股份有限公司	私营企业	其他企业		
54	19. 非金属矿物制品业	121	121					121					
55	①水泥、石灰和石膏制造												
56	其中:水泥制造												
57	②水泥及石膏制品制造	121	121					121					
58	③玻璃及玻璃制品制造												
59	④其他												
60	20. 黑色金属冶炼及压延加工业												
61	其中:钢压延加工												
62	21. 有色金属冶炼及压延加工业	4343	4343					4343					
63	22. 金属制品业	113	113	50				63					
64	23. 通用设备制造业	51	51					51					
65	24. 专用设备制造业	384	384					384					
66	25. 交通运输设备制造业	134	134	13	7			114					
67	①铁路运输设备制造												
68	②汽车制造	18	18	13				5					
69	③摩托车制造												
70	④航空航天器制造												
71	其中:飞机制造及修理												
72	⑤其他	116	116		7			109					
73	26. 电气机械及器材制造业												
74	电机制造												
75	电线电缆光缆及电工器材制造												
76	家用电力器具制造												
77	其他												
78	27. 通信设备、计算机及其他电子设备制造业	62	62	62									
79	通信设备制造												
80	广播电视设备制造												

续表

序号	项　目	合　计	内资企业									港澳台投资企业	外商投资企业
			小　计	国有企业	集体企业	股份合作企业	联营企业	有限责任公司	股份有限公司	私营企业	其他企业		
81	电子计算机制造												
82	家用视听设备												
83	其他	62	62	62									
84	28. 仪表仪器及文化、办公用机械制造业	1	1							1			
85	29. 其他制造业	680	680	612			17	49		2			
86	(三)电力、燃气及水的生产和供应业	168835	168835					168835					
87	1. 电力、热力的生产和供应业	168835	168835					168835					
88	电力生产	-17	-17					-17					
89	电力供应	168852	168852					168852					
90	热力生产和供应												
91	2. 燃气生产和供应业												
92	3. 水的生产和供应业												
93	(四)建筑业	32113	32113	3612		3	163	25810	2252	267	6		
94	1. 房屋和土木工程建筑业	9983	9983	1839				6551	1449	144			
95	2. 建筑安装业	1303	1303	1129				61		113			
96	3. 建筑装饰业	429	429	16		3	163	244		3			
97	4. 其他建筑业	20398	20398	628				18954	803	7	6		
98	(五)交通运输、仓储及邮政业	2651	2356	246	5			2100		1	4	47	248
99	1. 交通运输业	1755	1708	246	5			1456		1		47	
100	2. 仓储业	896	648					644			4		248
101	3. 邮政业												
102	(六)信息传输、计算机服务和软件业	582	582	147				429		3	3		
103	1. 电信和其他信息传输服务业	308	308	100				205			3		
104	其中:电信	204	204					204					
105	2. 计算机服务业	274	274	47				224		3			
106	3. 软件业												

续表

序号	项目	合计	内资企业									港澳台投资企业	外商投资企业
			小计	国有企业	集体企业	股份合作企业	联营企业	有限责任公司	股份有限公司	私营企业	其他企业		
107	（七）批发和零售业	26389	26389	8977	36		166	13686	3087	437			
108	1. 批发业	24242	24242	8862	34		159	12187	2970	30			
109	其中：烟草制品批发												
110	煤炭及制品批发	4710	4710	55				4655					
111	石油及其制品批发	30	30					30					
112	汽车及零配件批发	2005	2005	163			155	1687					
113	2. 零售业	2147	2147	115	2		7	1499	117	407			
114	（八）住宿和餐饮业	1627	1627	451	8			1117			51		
115	1. 住宿业	1536	1536	360	8			1117			51		
116	2. 餐饮业	91	91	91									
117	（九）金融业	14295	14177					14177				95	23
118	1. 银行业												
119	2. 证券业												
120	3. 保险业												
121	4. 其他金融	14295	14177					14177				95	23
122	（十）房地产业	3090	2937	442	255			1172		1061	7	153	
123	其中：房地产开发经营业	1833	1680	24	246			604		799	7	153	
124	（十一）租赁和商务服务业	19570	19570	1517	35			14633	2895	180	310		
125	1. 租赁业	15	15	6						9			
126	2. 商务服务业	19555	19555	1511	35			14633	2895	171	310		
127	（十二）居民服务和其他服务业	1566	1566	1680				－120			6		
128	（十三）教育	140	140	35				3			102		
129	（十四）卫生、社会保险和社会福利业	119	119								119		
130	其中：卫生	101	101								101		
131	（十五）文化、体育和娱乐业	3115	3115	256	3			5	－114		2965		
132	（十六）其他行业	39302	36424	7044	27		4	20831	1286	1055	6177		2878

2011年广东省地方税务局个人所得税分项目统计年报表

编报机关：广东省地方税务局　　　　单位：万元

序号	项　目	合　计	大　陆	港澳台	外　国
1	合　计	8474519	7094151	627851	752517
2	1. 工资、薪金所得	5953540	4628412	599570	725558
3	按3%税率征收	344568	321847	11394	11327
4	按10%税率征收	1362799	1165193	115274	82332
5	按20%税率征收	1668907	1390410	161158	117339
6	按25%税率征收	948658	744161	103458	101039
7	按30%税率征收	430304	295814	67945	66545
8	按35%税率征收	308806	175486	47280	86040
9	按45%税率征收	889498	535501	93061	260936
10	2. 个体工商户生产、经营所得	755682	752188	2473	1021
11	按5%税率征收	139094	137127	995	972
12	按10%税率征收	1850	1844	1	5
13	按20%税率征收	3932	3925	7	
14	按30%税率征收	4406	4404	2	
15	按35%税率征收	58996	58984	13	-1
16	核定征收	547404	545904	1455	45
17	3. 企事业单位承包、承租经营所得	33420	33420		
18	按5%税率征收	755	755		

续表

序号	项　目	合　计	大　陆	港　澳　台	外　国
19	按 10% 税率征收	37	37		
20	按 20% 税率征收	10	10		
21	按 30% 税率征收	21	21		
22	按 35% 税率征收	281	281		
23	核定征收	32316	32316		
24	4. 劳务报酬所得	230809	216071	11034	3704
25	按 20% 税率征收	193008	181589	9342	2077
26	按 30% 税率征收	18284	16993	622	669
27	按 40% 税率征收	19517	17489	1070	958
28	5. 稿酬所得	1744	1702	31	11
29	6. 特许权使用费所得	2014	1770	167	77
30	7. 利息、股息、红利所得	876527	856612	7575	12340
31	8. 财产租赁所得	47118	46723	372	23
32	9. 财产转让所得	433093	422456	3845	6792
33	其中:限售股转让所得	31676	31676		
34	房屋转让所得	134379	134349	29	1
35	10. 偶然所得	75317	74106	302	909
36	11. 其他所得	53496	51257	1732	507
37	12. 税款滞纳金、罚款收入	11759	9434	750	1575

2011 年广州市地方税务局个人所得税分项目统计年报表

编报机关:广州市地方税务局 单位:万元

序号	项　　目	合　　计	大　　陆	港　澳　台	外　　国
1	合　　计	2301402	2078348	60817	162237
2	1. 工资、薪金所得	1760247	1544874	55255	160118
3	按3%税率征收	115996	112643	1023	2330
4	按10%税率征收	411979	409652	1263	1064
5	按20%税率征收	533805	519882	6644	7279
6	按25%税率征收	308935	288166	8178	12591
7	按30%税率征收	106468	85033	7012	14423
8	按35%税率征收	59685	36276	5930	17479
9	按45%税率征收	223379	93222	25205	104952
10	2. 个体工商户生产、经营所得	115635	114954	654	27
11	按5%税率征收	352	352		
12	按10%税率征收	157	157		
13	按20%税率征收	898	897	1	
14	按30%税率征收	1223	1223		
15	按35%税率征收	14162	14158	4	
16	核定征收	98843	98167	649	27
17	3. 企事业单位承包、承租经营所得	2652	2652		
18	按5%税率征收				

续表

序号	项目	合计	大陆	港澳台	外国
19	按10%税率征收				
20	按20%税率征收	3	3		
21	按30%税率征收	1	1		
22	按35%税率征收				
23	核定征收	2648	2648		
24	4. 劳务报酬所得	107465	105577	1207	681
25	按20%税率征收	95468	94725	508	235
26	按30%税率征收	6161	5921	118	122
27	按40%税率征收	5836	4931	581	324
28	5. 稿酬所得	1365	1332	28	5
29	6. 特许权使用费所得	854	695	103	56
30	7. 利息、股息、红利所得	147917	144430	3115	372
31	8. 财产租赁所得	22424	22422	2	
32	9. 财产转让所得	109393	109063	197	133
33	其中:限售股转让所得	15	15		
34	房屋转让所得	48179	48162	17	
35	10. 偶然所得	22016	21834	110	72
36	11. 其他所得	8856	8757	103	-4
37	12. 税款滞纳金、罚款收入	2578	1758	43	777

2011 年深圳市地方税务局个人所得税分项目统计年报表

编报机关:深圳市地方税务局　　　　单位:万元

序号	项　目	合　计	大　陆	港　澳　台	外　国
1	合　计	3342406	2510610	413111	418685
2	1. 工资、薪金所得	2556727	1756225	401890	398612
3	按 3% 税率征收	29661	16008	7915	5738
4	按 10% 税率征收	440994	262925	98557	79512
5	按 20% 税率征收	693603	493249	104890	95464
6	按 25% 税率征收	433307	300012	65315	67980
7	按 30% 税率征收	248914	172983	44595	31336
8	按 35% 税率征收	195471	123285	31142	41044
9	按 45% 税率征收	514777	387763	49476	77538
10	2. 个体工商户生产、经营所得	133356	131382	998	976
11	按 5% 税率征收	130548	128587	989	972
12	按 10% 税率征收	63	57	1	5
13	按 20% 税率征收	860	856	4	
14	按 30% 税率征收	178	178		
15	按 35% 税率征收	1707	1704	4	-1
16	核定征收				
17	3. 企事业单位承包、承租经营所得	899	899		
18	按 5% 税率征收	685	685		

续表

序号	项目	合计	大陆	港澳台	外国
19	按10%税率征收	35	35		
20	按20%税率征收	2	2		
21	按30%税率征收	18	18		
22	按35%税率征收	42	42		
23	核定征收	117	117		
24	4. 劳务报酬所得	38250	34144	1426	2680
25	按20%税率征收	25507	23059	686	1762
26	按30%税率征收	6329	5490	394	445
27	按40%税率征收	6414	5595	346	473
28	5. 稿酬所得	287	279	3	5
29	6. 特许权使用费所得	732	663	48	21
30	7. 利息、股息、红利所得	456142	441263	3303	11576
31	8. 财产租赁所得	4879	4874	5	
32	9. 财产转让所得	108536	102344	3224	2968
33	其中:限售股转让所得	31653	31653		
34	房屋转让所得	2751	2747	3	1
35	10. 偶然所得	16037	15197	122	718
36	11. 其他所得	23160	21072	1602	486
37	12. 税款滞纳金、罚款收入	3401	2268	490	643

2011 年珠海市地方税务局个人所得税分项目统计年报表

编报机关:珠海市地方税务局　　　　单位:万元

序号	项　目	合　计	大　陆	港澳台	外　国
1	合　计	263264	233271	7196	22797
2	1. 工资、薪金所得	198556	172366	6877	19313
3	按 3% 税率征收	9421	8915	-72	578
4	按 10% 税率征收	53041	52541	297	203
5	按 20% 税率征收	49684	47524	882	1278
6	按 25% 税率征收	28711	24984	1616	2111
7	按 30% 税率征收	12175	8607	1250	2318
8	按 35% 税率征收	7108	3637	836	2635
9	按 45% 税率征收	38416	26158	2068	10190
10	2. 个体工商户生产、经营所得	11103	10993	108	2
11	按 5% 税率征收	218	216	2	
12	按 10% 税率征收	14	14		
13	按 20% 税率征收	71	71		
14	按 30% 税率征收	105	105		
15	按 35% 税率征收	1291	1291		
16	核定征收	9404	9296	106	2
17	3. 企事业单位承包、承租经营所得	28	28		
18	按 5% 税率征收	4	4		

续表

序号	项　　目	合　　计	大　　陆	港　澳　台	外　　国
19	按 10% 税率征收				
20	按 20% 税率征收				
21	按 30% 税率征收				
22	按 35% 税率征收				
23	核定征收	24	24		
24	4. 劳务报酬所得	4416	4316	31	69
25	按 20% 税率征收	2950	2927	18	5
26	按 30% 税率征收	319	292	13	14
27	按 40% 税率征收	1147	1097		50
28	5. 稿酬所得	9	9		
29	6. 特许权使用费所得	9	9		
30	7. 利息、股息、红利所得	20682	20442	58	182
31	8. 财产租赁所得	1252	1163	85	4
32	9. 财产转让所得	24515	21283	19	3213
33	其中:限售股转让所得				
34	房屋转让所得	8440	8440		
35	10. 偶然所得	1864	1863	1	
36	11. 其他所得	743	736	7	
37	12. 税款滞纳金、罚款收入	87	63	10	14

2011 年汕头市地方税务局个人所得税分项目统计年报表

编报机关:汕头市地方税务局

单位:万元

序号	项　　目	合　　计	大　　陆	港　澳　台	外　　国
1	合　　计	104196	101568	1020	1608
2	1. 工资、薪金所得	59342	57205	539	1598
3	按 3% 税率征收	3976	3921	6	49
4	按 10% 税率征收	21113	21051	41	21
5	按 20% 税率征收	22700	22403	135	162
6	按 25% 税率征收	7574	7288	128	158
7	按 30% 税率征收	1584	1246	133	205
8	按 35% 税率征收	943	495	53	395
9	按 45% 税率征收	1452	801	43	608
10	2. 个体工商户生产、经营所得	12031	12012	19	
11	按 5% 税率征收	2	2		
12	按 10% 税率征收	7	7		
13	按 20% 税率征收	95	95		
14	按 30% 税率征收	184	184		
15	按 35% 税率征收	1178	1178		
16	核定征收	10565	10546	19	
17	3. 企事业单位承包、承租经营所得	2465	2465		
18	按 5% 税率征收	1	1		

续表

序号	项目	合计	大陆	港澳台	外国
19	按10%税率征收	2	2		
20	按20%税率征收	3	3		
21	按30%税率征收	1	1		
22	按35%税率征收				
23	核定征收	2458	2458		
24	4. 劳务报酬所得	3594	3569	16	9
25	按20%税率征收	2838	2822	9	7
26	按30%税率征收	521	512	7	2
27	按40%税率征收	235	235		
28	5. 稿酬所得	5	5		
29	6. 特许权使用费所得	10	10		
30	7. 利息、股息、红利所得	10573	10129	444	
31	8. 财产租赁所得	509	509		
32	9. 财产转让所得	10096	10096		
33	其中:限售股转让所得				
34	房屋转让所得	6000	6000		
35	10. 偶然所得	2780	2780		
36	11. 其他所得	2630	2629		1
37	12. 税款滞纳金、罚款收入	161	159	2	

2011年佛山市地方税务局个人所得税分项目统计年报表

编报机关:佛山市地方税务局　　　　单位:万元

序号	项目	合计	大陆	港澳台	外国
1	合计	399366	383706	3618	12042
2	1. 工资、薪金所得	192936	177453	3453	12030
3	按3%税率征收	30109	29713	100	296
4	按10%税率征收	60117	59794	240	83
5	按20%税率征收	53080	51349	786	945
6	按25%税率征收	25349	23397	823	1129
7	按30%税率征收	7448	5691	543	1214
8	按35%税率征收	4695	2448	333	1914
9	按45%税率征收	12138	5061	628	6449
10	2. 个体工商户生产、经营所得	87061	87019	42	
11	按5%税率征收	1702	1702		
12	按10%税率征收	36	36		
13	按20%税率征收	299	299		
14	按30%税率征收	429	428	1	
15	按35%税率征收	8567	8566	1	
16	核定征收	76028	75988	40	
17	3. 企事业单位承包、承租经营所得	82	82		
18	按5%税率征收				

续表

序号	项　　目	合　计	大　陆	港　澳　台	外　国
19	按 10% 税率征收				
20	按 20% 税率征收				
21	按 30% 税率征收				
22	按 35% 税率征收	12	12		
23	核定征收	70	70		
24	4. 劳务报酬所得	7737	7665	67	5
25	按 20% 税率征收	4056	4039	14	3
26	按 30% 税率征收	788	785	2	1
27	按 40% 税率征收	2893	2841	51	1
28	5. 稿酬所得	8	8		
29	6. 特许权使用费所得	132	132		
30	7. 利息、股息、红利所得	50363	50354	9	
31	8. 财产租赁所得	2096	2070	23	3
32	9. 财产转让所得	49595	49590	4	1
33	其中:限售股转让所得	1	1		
34	房屋转让所得	17733	17733		
35	10. 偶然所得	5607	5592	15	
36	11. 其他所得	2534	2533	1	
37	12. 税款滞纳金、罚款收入	1215	1208	4	3

2011年韶关市地方税务局个人所得税分项目统计年报表

编报机关:韶关市地方税务局　　　　单位:万元

序号	项　目	合　计	大　陆	港澳台	外　国
1	合　计	57699	57188	109	402
2	1. 工资、薪金所得	36411	35916	93	402
3	按3%税率征收	5618	5519	3	96
4	按10%税率征收	15102	15049	36	17
5	按20%税率征收	10812	10766	28	18
6	按25%税率征收	3674	3601	26	47
7	按30%税率征收	436	418		18
8	按35%税率征收	382	332		50
9	按45%税率征收	387	231		156
10	2. 个体工商户生产、经营所得	11079	11065	14	
11	按5%税率征收	90	90		
12	按10%税率征收	5	5		
13	按20%税率征收	19	19		
14	按30%税率征收	14	14		
15	按35%税率征收	330	330		
16	核定征收	10621	10607	14	
17	3. 企事业单位承包、承租经营所得	1522	1522		
18	按5%税率征收	58	58		

续表

序号	项　　目	合　　计	大　　陆	港　澳　台	外　　国
19	按10%税率征收				
20	按20%税率征收				
21	按30%税率征收				
22	按35%税率征收	19	19		
23	核定征收	1445	1445		
24	4. 劳务报酬所得	2010	2010		
25	按20%税率征收	1795	1795		
26	按30%税率征收	154	154		
27	按40%税率征收	61	61		
28	5. 稿酬所得	2	2		
29	6. 特许权使用费所得	35	35		
30	7. 利息、股息、红利所得	3775	3775		
31	8. 财产租赁所得	126	126		
32	9. 财产转让所得	1977	1977		
33	其中:限售股转让所得				
34	房屋转让所得	1226	1226		
35	10. 偶然所得	551	549	2	
36	11. 其他所得	154	154		
37	12. 税款滞纳金、罚款收入	57	57		

2011年河源市地方税务局个人所得税分项目统计年报表

编报机关:河源市地方税务局　　　　单位:万元

序号	项目	合计	大陆	港澳台	外国
1	合计	31833	30868	753	212
2	1. 工资、薪金所得	17822	16897	713	212
3	按3%税率征收	2340	2336	4	
4	按10%税率征收	8556	8502	48	6
5	按20%税率征收	4391	4210	149	32
6	按25%税率征收	1860	1547	219	94
7	按30%税率征收	433	213	179	41
8	按35%税率征收	137	49	57	31
9	按45%税率征收	105	40	57	8
10	2. 个体工商户生产、经营所得	7294	7282	12	
11	按5%税率征收	47	47		
12	按10%税率征收	3	3		
13	按20%税率征收	11	11		
14	按30%税率征收	5	5		
15	按35%税率征收	9	9		
16	核定征收	7219	7207	12	
17	3. 企事业单位承包、承租经营所得	199	199		
18	按5%税率征收				

续表

序号	项目	合计	大陆	港澳台	外国
19	按10%税率征收				
20	按20%税率征收				
21	按30%税率征收				
22	按35%税率征收	1	1		
23	核定征收	198	198		
24	4. 劳务报酬所得	1006	1006		
25	按20%税率征收	979	979		
26	按30%税率征收	25	25		
27	按40%税率征收	2	2		
28	5. 稿酬所得	1	1		
29	6. 特许权使用费所得				
30	7. 利息、股息、红利所得	824	798	26	
31	8. 财产租赁所得	103	103		
32	9. 财产转让所得	2066	2064	2	
33	其中:限售股转让所得				
34	房屋转让所得	1527	1527		
35	10. 偶然所得	469	469		
36	11. 其他所得	2023	2023		
37	12. 税款滞纳金、罚款收入	26	26		

2011 年梅州市地方税务局个人所得税分项目统计年报表

编报机关:梅州市地方税务局

单位:万元

序号	项　目	合　计	大　陆	港　澳　台	外　国
1	合　计	58361	58063	241	57
2	1. 工资、薪金所得	27660	27423	180	57
3	按 3% 税率征收	7639	7569	43	27
4	按 10% 税率征收	7982	7952	28	2
5	按 20% 税率征收	8395	8361	34	
6	按 25% 税率征收	2872	2828	44	
7	按 30% 税率征收	307	284	23	
8	按 35% 税率征收	237	230	5	2
9	按 45% 税率征收	228	199	3	26
10	2. 个体工商户生产、经营所得	10426	10365	61	
11	按 5% 税率征收	140	140		
12	按 10% 税率征收	87	87		
13	按 20% 税率征收	21	21		
14	按 30% 税率征收	104	104		
15	按 35% 税率征收	110	110		
16	核定征收	9964	9903	61	
17	3. 企事业单位承包、承租经营所得	393	393		
18	按 5% 税率征收				

续表

序号	项　目	合　计	大　陆	港 澳 台	外　国
19	按10%税率征收				
20	按20%税率征收				
21	按30%税率征收				
22	按35%税率征收				
23	核定征收	393	393		
24	4. 劳务报酬所得	1262	1262		
25	按20%税率征收	1202	1202		
26	按30%税率征收	27	27		
27	按40%税率征收	33	33		
28	5. 稿酬所得	6	6		
29	6. 特许权使用费所得				
30	7. 利息、股息、红利所得	4909	4909		
31	8. 财产租赁所得	378	378		
32	9. 财产转让所得	10452	10452		
33	其中：限售股转让所得	1	1		
34	房屋转让所得	2529	2529		
35	10. 偶然所得	1290	1290		
36	11. 其他所得	409	409		
37	12. 税款滞纳金、罚款收入	1176	1176		

2011年惠州市地方税务局个人所得税分项目统计年报表

编报机关:惠州市地方税务局　　　　单位:万元

序号	项　目	合　计	大　陆	港　澳　台	外　国
1	合　计	216688	197359	4842	14487
2	1. 工资、薪金所得	140835	122472	4422	13941
3	按3%税率征收	25204	25045	49	110
4	按10%税率征收	46236	45813	321	102
5	按20%税率征收	35383	32814	1477	1092
6	按25%税率征收	15544	13350	679	1515
7	按30%税率征收	4926	3205	374	1347
8	按35%税率征收	3435	1030	182	2223
9	按45%税率征收	10107	1215	1340	7552
10	2. 个体工商户生产、经营所得	24021	23957	60	4
11	按5%税率征收	628	626	2	
12	按10%税率征收	20	20		
13	按20%税率征收	110	110		
14	按30%税率征收	143	143		
15	按35%税率征收	483	483		
16	核定征收	22637	22575	58	4
17	3. 企事业单位承包、承租经营所得	853	853		
18	按5%税率征收				

续表

序号	项目	合计	大陆	港澳台	外国
19	按10%税率征收				
20	按20%税率征收				
21	按30%税率征收				
22	按35%税率征收	12	12		
23	核定征收	841	841		
24	4. 劳务报酬所得	6738	6622	72	44
25	按20%税率征收	6121	6061	51	9
26	按30%税率征收	414	390	1	23
27	按40%税率征收	203	171	20	12
28	5. 稿酬所得	33	33		
29	6. 特许权使用费所得	27	27		
30	7. 利息、股息、红利所得	6322	6290	14	18
31	8. 财产租赁所得	749	735	13	1
32	9. 财产转让所得	26688	25963	252	473
33	其中:限售股转让所得				
34	房屋转让所得	2724	2724		
35	10. 偶然所得	2675	2675		
36	11. 其他所得	7532	7523	4	5
37	12. 税款滞纳金、罚款收入	215	209	5	1

2011 年汕尾市地方税务局个人所得税分项目统计年报表

编报机关:汕尾市地方税务局　　　　单位:万元

序号	项　目	合　计	大　陆	港 澳 台	外　国
1	合　计	18594	18460	121	13
2	1. 工资、薪金所得	10954	10865	76	13
3	按 3% 税率征收	2436	2436		
4	按 10% 税率征收	3919	3917	2	
5	按 20% 税率征收	3166	3122	40	4
6	按 25% 税率征收	1273	1254	10	9
7	按 30% 税率征收	122	122		
8	按 35% 税率征收	38	14	24	
9	按 45% 税率征收				
10	2. 个体工商户生产、经营所得	4848	4809	39	
11	按 5% 税率征收	5	5		
12	按 10% 税率征收	6	6		
13	按 20% 税率征收	30	30		
14	按 30% 税率征收	32	32		
15	按 35% 税率征收	150	150		
16	核定征收	4625	4586	39	
17	3. 企事业单位承包、承租经营所得	24	24		
18	按 5% 税率征收				

续表

序号	项目	合计	大陆	港澳台	外国
19	按10%税率征收				
20	按20%税率征收				
21	按30%税率征收				
22	按35%税率征收				
23	核定征收	24	24		
24	4. 劳务报酬所得	608	608		
25	按20%税率征收	593	593		
26	按30%税率征收	13	13		
27	按40%税率征收	2	2		
28	5. 稿酬所得				
29	6. 特许权使用费所得				
30	7. 利息、股息、红利所得	451	451		
31	8. 财产租赁所得	82	82		
32	9. 财产转让所得	729	723	6	
33	其中:限售股转让所得	1	1		
34	房屋转让所得	685	679	6	
35	10. 偶然所得	732	732		
36	11. 其他所得	145	145		
37	12. 税款滞纳金、罚款收入	21	21		

2011年东莞市地方税务局个人所得税分项目统计年报表

编报机关：东莞市地方税务局　　　　单位：万元

序号	项　目	合　计	大　陆	港　澳　台	外　国
1	合　计	559247	353600	114648	90999
2	1. 工资、薪金所得	384891	180209	113830	90852
3	按3%税率征收	34364	30660	2067	1637
4	按10%税率征收	81293	67155	13189	949
5	按20%税率征收	100935	49071	42785	9079
6	按25%税率征收	57574	20985	24105	12484
7	按30%税率征收	30232	5608	12295	12329
8	按35%税率征收	25516	2522	7439	15555
9	按45%税率征收	54977	4208	11950	38819
10	2. 个体工商户生产、经营所得	84159	83943	213	3
11	按5%税率征收	45	45		
12	按10%税率征收	62	62		
13	按20%税率征收	388	387	1	
14	按30%税率征收	533	533		
15	按35%税率征收	5694	5694		
16	核定征收	77437	77222	212	3
17	3. 企事业单位承包、承租经营所得	114	114		
18	按5%税率征收				

续表

序号	项　　目	合　计	大　陆	港　澳　台	外　国
19	按10%税率征收				
20	按20%税率征收				
21	按30%税率征收				
22	按35%税率征收				
23	核定征收	114	114		
24	4. 劳务报酬所得	13092	12973	57	62
25	按20%税率征收	11014	10955	30	29
26	按30%税率征收	1241	1228	10	3
27	按40%税率征收	837	790	17	30
28	5. 稿酬所得	4	4		
29	6. 特许权使用费所得	6	6		
30	7. 利息、股息、红利所得	44860	44686	208	-34
31	8. 财产租赁所得	4821	4684	133	4
32	9. 财产转让所得	17480	17462	18	
33	其中:限售股转让所得	1	1		
34	房屋转让所得	11899	11900	-1	
35	10. 偶然所得	7528	7512	16	
36	11. 其他所得	1045	1032	4	9
37	12. 税款滞纳金、罚款收入	1247	975	169	103

2011年中山市地方税务局个人所得税分项目统计年报表

编报机关：中山市地方税务局　　　　单位：万元

序号	项目	合计	大陆	港澳台	外国
1	合计	270314	251285	6130	12899
2	1. 工资、薪金所得	136527	118232	5719	12576
3	按3%税率征收	10374	10102	95	177
4	按10%税率征收	55211	54555	546	110
5	按20%税率征收	35377	32539	1958	880
6	按25%税率征收	16015	13530	1099	1386
7	按30%税率征收	5085	3105	635	1345
8	按35%税率征收	3798	1255	616	1927
9	按45%税率征收	10667	3146	770	6751
10	2. 个体工商户生产、经营所得	74047	73950	97	
11	按5%税率征收	1457	1455	2	
12	按10%税率征收	30	30		
13	按20%税率征收	520	520		
14	按30%税率征收	649	649		
15	按35%税率征收	13845	13845		
16	核定征收	57546	57451	95	
17	3. 企事业单位承包、承租经营所得	1	1		
18	按5%税率征收				

续表

序号	项　目	合　计	大　陆	港　澳　台	外　国
19	按10%税率征收				
20	按20%税率征收				
21	按30%税率征收				
22	按35%税率征收				
23	核定征收	1	1		
24	4. 劳务报酬所得	4493	4312	103	78
25	按20%税率征收	3457	3418	31	8
26	按30%税率征收	563	506	47	10
27	按40%税率征收	473	388	25	60
28	5. 稿酬所得	2	2		
29	6. 特许权使用费所得	114	114		
30	7. 利息、股息、红利所得	24359	24087	53	219
31	8. 财产租赁所得	4766	4741	21	4
32	9. 财产转让所得	23617	23545	68	4
33	其中:限售股转让所得				
34	房屋转让所得	8590	8586	4	
35	10. 偶然所得	1882	1845	34	3
36	11. 其他所得	90	70	10	10
37	12. 税款滞纳金、罚款收入	416	386	25	5

2011年江门市地方税务局个人所得税分项目统计年报表

编报机关:江门市地方税务局　　　　单位:万元

序号	项目	合计	大陆	港澳台	外国
1	合计	156947	141831	9977	5139
2	1. 工资、薪金所得	86032	79019	1930	5083
3	按3%税率征收	11377	11258	43	76
4	按10%税率征收	32233	32027	160	46
5	按20%税率征收	24857	24142	387	328
6	按25%税率征收	9579	8507	423	649
7	按30%税率征收	2558	1639	178	741
8	按35%税率征收	2047	724	220	1103
9	按45%税率征收	3381	722	519	2140
10	2. 个体工商户生产、经营所得	30545	30482	63	
11	按5%税率征收	106	106		
12	按10%税率征收	42	42		
13	按20%税率征收	250	249	1	
14	按30%税率征收	329	329		
15	按35%税率征收	1717	1717		
16	核定征收	28101	28039	62	
17	3. 企事业单位承包、承租经营所得	163	163		
18	按5%税率征收				

续表

序号	项目	合计	大陆	港澳台	外国
19	按10%税率征收				
20	按20%税率征收				
21	按30%税率征收				
22	按35%税率征收				
23	核定征收	163	163		
24	4. 劳务报酬所得	16721	8722	7973	26
25	按20%税率征收	15942	7982	7954	6
26	按30%税率征收	453	438	1	14
27	按40%税率征收	326	302	18	6
28	5. 稿酬所得				
29	6. 特许权使用费所得	7	7		
30	7. 利息、股息、红利所得	11703	11697		6
31	8. 财产租赁所得	643	640	3	
32	9. 财产转让所得	8493	8486	7	
33	其中:限售股转让所得				
34	房屋转让所得	4092	4092		
35	10. 偶然所得	1712	1712		
36	11. 其他所得	676	676		
37	12. 税款滞纳金、罚款收入	252	227	1	24

2011年阳江市地方税务局个人所得税分项目统计年报表

编报机关：阳江市地方税务局　　　　单位：万元

序号	项　目	合　计	大　陆	港 澳 台	外　国
1	合　计	38435	38158	46	231
2	1. 工资、薪金所得	21969	21693	45	231
3	按3%税率征收	6799	6791	3	5
4	按10%税率征收	6744	6738	3	3
5	按20%税率征收	5817	5791	16	10
6	按25%税率征收	1935	1917	2	16
7	按30%税率征收	301	283	12	6
8	按35%税率征收	125	98	9	18
9	按45%税率征收	248	75		173
10	2. 个体工商户生产、经营所得	9633	9632	1	
11	按5%税率征收	66	66		
12	按10%税率征收	5	5		
13	按20%税率征收	52	52		
14	按30%税率征收	73	73		
15	按35%税率征收	604	604		
16	核定征收	8833	8832	1	
17	3. 企事业单位承包、承租经营所得	15	15		
18	按5%税率征收				

续表

序号	项目	合计	大陆	港澳台	外国
19	按10%税率征收				
20	按20%税率征收				
21	按30%税率征收				
22	按35%税率征收				
23	核定征收	15	15		
24	4. 劳务报酬所得	999	999		
25	按20%税率征收	872	872		
26	按30%税率征收	87	87		
27	按40%税率征收	40	40		
28	5. 稿酬所得	1	1		
29	6. 特许权使用费所得				
30	7. 利息、股息、红利所得	1527	1527		
31	8. 财产租赁所得	127	127		
32	9. 财产转让所得	2577	2577		
33	其中:限售股转让所得				
34	房屋转让所得	1609	1609		
35	10. 偶然所得	1386	1386		
36	11. 其他所得	159	159		
37	12. 税款滞纳金、罚款收入	42	42		

2011年湛江市地方税务局个人所得税分项目统计年报表

编报机关:湛江市地方税务局

单位:万元

序号	项　目	合　计	大　陆	港　澳　台	外　国
1	合　计	85326	84903	144	279
2	1. 工资、薪金所得	48623	48215	132	276
3	按3%税率征收	6238	6204	2	32
4	按10%税率征收	19821	19812	5	4
5	按20%税率征收	15294	15212	63	19
6	按25%税率征收	5085	5053	20	12
7	按30%税率征收	1059	989	40	30
8	按35%税率征收	371	312	2	57
9	按45%税率征收	755	633		122
10	2. 个体工商户生产、经营所得	17585	17579	6	
11	按5%税率征收	169	169		
12	按10%税率征收	3	3		
13	按20%税率征收	16	16		
14	按30%税率征收	13	13		
15	按35%税率征收	155	155		
16	核定征收	17229	17223	6	
17	3. 企事业单位承包、承租经营所得	9433	9433		
18	按5%税率征收	1	1		

续表

序号	项　　目	合　　计	大　　陆	港　澳　台	外　　国
19	按10%税率征收				
20	按20%税率征收				
21	按30%税率征收				
22	按35%税率征收	3	3		
23	核定征收	9429	9429		
24	4. 劳务报酬所得	2167	2166		1
25	按20%税率征收	2008	2007		1
26	按30%税率征收	138	138		
27	按40%税率征收	21	21		
28	5. 稿酬所得				
29	6. 特许权使用费所得	10	10		
30	7. 利息、股息、红利所得	1985	1979	6	
31	8. 财产租赁所得	210	210		
32	9. 财产转让所得	2401	2401		
33	其中:限售股转让所得	2	2		
34	房屋转让所得	1710	1710		
35	10. 偶然所得	1780	1780		
36	11. 其他所得	1030	1030		
37	12. 税款滞纳金、罚款收入	102	100		2

2011 年茂名市地方税务局个人所得税分项目统计年报表

编报机关:茂名市地方税务局　　　　单位:万元

序号	项　目	合　计	大　陆	港 澳 台	外　国
1	合　计	46755	46731	3	21
2	1. 工资、薪金所得	26694	26670	3	21
3	按 3% 税率征收	3659	3659		
4	按 10% 税率征收	11451	11451		
5	按 20% 税率征收	7233	7228	2	3
6	按 25% 税率征收	3446	3428	1	17
7	按 30% 税率征收	344	343		1
8	按 35% 税率征收	235	235		
9	按 45% 税率征收	326	326		
10	2. 个体工商户生产、经营所得	12851	12851		
11	按 5% 税率征收	1993	1993		
12	按 10% 税率征收	1255	1255		
13	按 20% 税率征收	5	5		
14	按 30% 税率征收	1	1		
15	按 35% 税率征收	4	4		
16	核定征收	9593	9593		
17	3. 企事业单位承包、承租经营所得	22	22		
18	按 5% 税率征收				

续表

序号	项　目	合　计	大　陆	港澳台	外　国
19	按10%税率征收				
20	按20%税率征收				
21	按30%税率征收				
22	按35%税率征收				
23	核定征收	22	22		
24	4. 劳务报酬所得	1549	1549		
25	按20%税率征收	1416	1416		
26	按30%税率征收	72	72		
27	按40%税率征收	61	61		
28	5. 稿酬所得	7	7		
29	6. 特许权使用费所得	1	1		
30	7. 利息、股息、红利所得	2774	2774		
31	8. 财产租赁所得	112	112		
32	9. 财产转让所得	1111	1111		
33	其中:限售股转让所得				
34	房屋转让所得	284	284		
35	10. 偶然所得	1131	1131		
36	11. 其他所得	492	492		
37	12. 税款滞纳金、罚款收入	11	11		

2011 年肇庆市地方税务局个人所得税分项目统计年报表

编报机关:肇庆市地方税务局　　　　单位:万元

序号	项　目	合　计	大　陆	港　澳　台	外　国
1	合　计	75872	73602	1051	1219
2	1. 工资、薪金所得	38424	36230	999	1195
3	按 3% 税率征收	3922	3806	76	40
4	按 10% 税率征收	16063	15574	340	149
5	按 20% 税率征收	10481	10122	238	121
6	按 25% 税率征收	5010	4725	114	171
7	按 30% 税率征收	1157	1036	61	60
8	按 35% 税率征收	676	491	10	175
9	按 45% 税率征收	1115	476	160	479
10	2. 个体工商户生产、经营所得	17284	17246	37	1
11	按 5% 税率征收	152	152		
12	按 10% 税率征收	29	29		
13	按 20% 税率征收	96	96		
14	按 30% 税率征收	113	112	1	
15	按 35% 税率征收	1495	1491	4	
16	核定征收	15399	15366	32	1
17	3. 企事业单位承包、承租经营所得	4371	4371		
18	按 5% 税率征收				

续表

序号	项　　目	合　计	大　陆	港　澳　台	外　国
19	按10%税率征收				
20	按20%税率征收				
21	按30%税率征收				
22	按35%税率征收	177	177		
23	核定征收	4194	4194		
24	4. 劳务报酬所得	1356	1330	4	22
25	按20%税率征收	1159	1152	1	6
26	按30%税率征收	106	91	1	14
27	按40%税率征收	91	87	2	2
28	5. 稿酬所得	6	6		
29	6. 特许权使用费所得	1	1		
30	7. 利息、股息、红利所得	5605	5605		
31	8. 财产租赁所得	128	128		
32	9. 财产转让所得	6787	6776	11	
33	其中:限售股转让所得				
34	房屋转让所得	690	690		
35	10. 偶然所得	1202	1201		1
36	11. 其他所得	478	478		
37	12. 税款滞纳金、罚款收入	230	230		

2011年清远市地方税务局个人所得税分项目统计年报表

编报机关:清远市地方税务局　　　　单位:万元

序号	项　　目	合　　计	大　　陆	港　澳　台	外　　国
1	合　　计	68136	67562	352	222
2	1. 工资、薪金所得	32987	32454	312	221
3	按3%税率征收	5067	5056	9	2
4	按10%税率征收	14555	14507	43	5
5	按20%税率征收	8867	8660	165	42
6	按25%税率征收	2982	2887	58	37
7	按30%税率征收	507	415	32	60
8	按35%税率征收	225	197	5	23
9	按45%税率征收	784	732		52
10	2. 个体工商户生产、经营所得	15415	15414	1	
11	按5%税率征收	880	880		
12	按10%税率征收	8	8		
13	按20%税率征收	43	43		
14	按30%税率征收	41	41		
15	按35%税率征收	511	511		
16	核定征收	13932	13931	1	
17	3. 企事业单位承包、承租经营所得	25	25		
18	按5%税率征收				

续表

序号	项目	合计	大陆	港澳台	外国
19	按10%税率征收				
20	按20%税率征收				
21	按30%税率征收				
22	按35%税率征收				
23	核定征收	25	25		
24	4. 劳务报酬所得	10593	10564	28	1
25	按20%税率征收	10341	10312	28	1
26	按30%税率征收	136	136		
27	按40%税率征收	116	116		
28	5. 稿酬所得	2	2		
29	6. 特许权使用费所得				
30	7. 利息、股息、红利所得	2105	2104	1	
31	8. 财产租赁所得	696	696		
32	9. 财产转让所得	4991	4982	9	
33	其中:限售股转让所得	1	1		
34	房屋转让所得	3049	3049		
35	10. 偶然所得	743	743		
36	11. 其他所得	520	519	1	
37	12. 税款滞纳金、罚款收入	59	59		

2011年潮州市地方税务局个人所得税分项目统计年报表

编报机关:潮州市地方税务局　　单位:万元

序号	项目	合计	大陆	港澳台	外国
1	合计	43627	43553	56	18
2	1. 工资、薪金所得	12015	11947	50	18
3	按3%税率征收	859	857	2	
4	按10%税率征收	5404	5382	18	4
5	按20%税率征收	4126	4101	19	6
6	按25%税率征收	1374	1366	1	7
7	按30%税率征收	168	161	6	1
8	按35%税率征收	65	61	4	
9	按45%税率征收	19	19		
10	2. 个体工商户生产、经营所得	11140	11139	1	
11	按5%税率征收	47	47		
12	按10%税率征收	2	2		
13	按20%税率征收	40	40		
14	按30%税率征收	93	93		
15	按35%税率征收	1421	1421		
16	核定征收	9537	9536	1	
17	3. 企事业单位承包、承租经营所得	5801	5801		
18	按5%税率征收	6	6		

续表

序号	项　　目	合　计	大　陆	港澳台	外　国
19	按10%税率征收				
20	按20%税率征收	2	2		
21	按30%税率征收	1	1		
22	按35%税率征收	14	14		
23	核定征收	5778	5778		
24	4. 劳务报酬所得	1239	1237	2	
25	按20%税率征收	1069	1067	2	
26	按30%税率征收	94	94		
27	按40%税率征收	76	76		
28	5. 稿酬所得	4	4		
29	6. 特许权使用费所得	24	24		
30	7. 利息、股息、红利所得	8118	8115	3	
31	8. 财产租赁所得	226	226		
32	9. 财产转让所得	3890	3890		
33	其中:限售股转让所得				
34	房屋转让所得	132	132		
35	10. 偶然所得	942	942		
36	11. 其他所得	123	123		
37	12. 税款滞纳金、罚款收入	105	105		

2011年云浮市地方税务局个人所得税分项目统计年报表

编报机关:云浮市地方税务局　　　　单位:万元

序号	项目	合计	大陆	港澳台	外国
1	合计	50167	49801	269	97
2	1. 工资、薪金所得	20910	20713	100	97
3	按3%税率征收	4243	4238	2	3
4	按10%税率征收	8741	8728	12	1
5	按20%税率征收	5646	5605	29	12
6	按25%税率征收	1705	1672	16	17
7	按30%税率征收	369	336	16	17
8	按35%税率征收	133	104	17	12
9	按45%税率征收	73	30	8	35
10	2. 个体工商户生产、经营所得	8926	8922	4	
11	按5%税率征收	18	18		
12	按10%税率征收	6	6		
13	按20%税率征收	25	25		
14	按30%税率征收	17	17		
15	按35%税率征收	92	92		
16	核定征收	8768	8764	4	
17	3. 企事业单位承包、承租经营所得	16	16		
18	按5%税率征收				

续表

序号	项　　目	合　　计	大　　陆	港　澳　台	外　　国
19	按10%税率征收				
20	按20%税率征收				
21	按30%税率征收				
22	按35%税率征收				
23	核定征收	16	16		
24	4. 劳务报酬所得	1154	1153	1	
25	按20%税率征收	1104	1103	1	
26	按30%税率征收	42	42		
27	按40%税率征收	8	8		
28	5. 稿酬所得				
29	6. 特许权使用费所得	9	9		
30	7. 利息、股息、红利所得	15990	15827	163	
31	8. 财产租赁所得	223	222	1	
32	9. 财产转让所得	1918	1918		
33	其中:限售股转让所得				
34	房屋转让所得	1009	1009		
35	10. 偶然所得	591	591		
36	11. 其他所得	374	374		
37	12. 税款滞纳金、罚款收入	56	56		

2011年广东省地方税务局直属分局个人所得税分项目统计月报表

编报机关:广东省地方税务局直属分局　　　　单位:万元

序号	项　目	合　计	大　陆	港　澳　台	外　国
1	合　计				
2	1. 工资、薪金所得				
3	按3%税率征收				
4	按10%税率征收				
5	按20%税率征收				
6	按25%税率征收				
7	按30%税率征收				
8	按35%税率征收				
9	按45%税率征收				
10	2. 个体工商户生产、经营所得				
11	按5%税率征收				
12	按10%税率征收				
13	按20%税率征收				
14	按30%税率征收				
15	按35%税率征收				
16	核定征收				
17	3. 企事业单位承包、承租经营所得				
18	按5%税率征收				

续表

序号	项目	合计	大陆	港澳台	外国
19	按10%税率征收				
20	按20%税率征收				
21	按30%税率征收				
22	按35%税率征收				
23	核定征收				
24	4. 劳务报酬所得				
25	按20%税率征收				
26	按30%税率征收				
27	按40%税率征收				
28	5. 稿酬所得				
29	6. 特许权使用费所得				
30	7. 利息、股息、红利所得				
31	8. 财产租赁所得				
32	9. 财产转让所得				
33	其中:限售股转让所得				
34	房屋转让所得				
35	10. 偶然所得				
36	11. 其他所得				
37	12. 税款滞纳金、罚款收入				

2011年广东省地方税务局涉外税收分行业分税种统计年报表

编报机关：广东省地方税务局　　　　单位：万元

序号	项　目	合　计	营业税	企业所得税	个人所得税	城市维护建设税	房产税	城镇土地使用税	车船税	其他各税
1	一、涉外税收收入	9257051	2388350	1978857	2100120	999531	401663	304574	3586	1080370
2	（一）中外合资经营企业	2519102	590343	526632	499266	347142	106706	76232	1415	371366
3	1. 制造业	953262	37898	223293	263189	270924	52420	40551	106	64881
4	2. 采矿业	14498	59		5031	4579	864	1588		2377
5	3. 电力、燃气和水的生产和供应业	121887	2370	83005	13430	10088	4081	5236	5	3672
6	4. 建筑业	32666	20057	3859	5004	1460	409	1080	10	787
7	5. 交通运输、仓储及邮政业	311644	156384	69578	55930	11373	7119	6068	700	4492
8	6. 批发和零售业	122989	22147	45541	28664	16403	2984	1647	17	5586
9	7. 金融业	88165	35167		49468	2784	65	20	439	222
10	8. 信息传输、计算机服务及软件业	36003	7045	1958	18829	6503	678	246	1	743
11	9. 住宿和餐饮业	56529	41141	1662	4884	2794	4918	968	4	158
12	10. 文化、体育和娱乐业	25852	10761	6600	1896	711	1148	4700		36
13	11. 租赁和商务服务业	67999	25864	16885	16748	2522	2023	1229	42	2686
14	12. 房地产业	558275	206811	60473	21515	13139	27382	10792	5	218158
15	13. 其他行业	129333	24639	13778	14678	3862	2615	2107	86	67568
16	（二）中外合作经营企业	780545	253362	114726	61363	64491	31783	33978	496	220346
17	1. 制造业	99092	3166	16911	19397	41702	6161	6144	34	5577
18	2. 采矿业	473	152	95	99	41	11	21		54
19	3. 电力、燃气和水的生产和供应业	72002	601	57687	3126	5122	3112	1621	1	732
20	4. 建筑业	8392	6176	407	784	409	266	91	14	245
21	5. 交通运输、仓储及邮政业	20939	15980	1181	1359	1027	344	451	317	280
22	6. 批发和零售业	12800	2157	5540	2229	1679	525	221	9	440
23	7. 金融业	67	66							1
24	8. 信息传输、计算机服务及软件业	4736	1363		2178	191	840	125	5	34
25	9. 住宿和餐饮业	22983	14445	2101	1646	1111	2711	519	6	444

续表

序号	项目	合计	营业税	企业所得税	个人所得税	城市维护建设税	房产税	城镇土地使用税	车船税	其他各税
26	10. 文化、体育和娱乐业	40560	9839	80	815	573	797	12615	1	15840
27	11. 租赁和商务服务业	44850	22945	2354	13813	1471	1344	2551	6	366
28	12. 房地产业	394418	148471	9443	10990	9380	14161	8948	20	193005
29	13. 其他行业	59233	28001	18927	4927	1785	1511	671	83	3328
30	(三)外资企业	5235059	1336921	1015999	1397837	574611	241716	189821	1259	476895
31	1. 制造业	2356370	77031	660680	775872	429151	147866	126047	133	139590
32	2. 采矿业	529	2		140	84	34	64		205
33	3. 电力、燃气和水的生产和供应业	16886	1545	-37	6780	4414	1317	1489		1378
34	4. 建筑业	68680	29180	19422	13516	2866	723	857	3	2113
35	5. 交通运输、仓储及邮政业	123839	58488	26007	25854	4889	3982	2799	192	1628
36	6. 批发和零售业	306381	65978	41489	120751	50261	6058	3275	34	18535
37	7. 金融业	122493	74551		39514	4848	807	18	713	2042
38	8. 信息传输、计算机服务及软件业	519385	294890	48146	134413	22448	11858	1738	7	5885
39	9. 住宿和餐饮业	130396	98153	9526	9117	6601	4952	1523	2	522
40	10. 文化、体育和娱乐业	19070	9411	2642	883	622	651	4823		38
41	11. 租赁和商务服务业	245235	78527	27409	116405	8039	5028	1979	13	7835
42	12. 房地产业	944004	408554	72554	55013	25618	52275	40232	3	289755
43	13. 其他行业	381791	140611	108161	99579	14770	6165	4977	159	7369
44	(四)外国企业(非居民企业)	580399	186061	321500	37548	12095	16894	1977	373	3951
45	1. 外国企业常驻代表机构	82015	44028	2757	31891	2477	496	88	12	266
46	2. 提供劳务、承包工程作业	8431	4343	608	837	290	2278	24		51
47	3. 支付单位扣缴	5139		5139						
48	4. 国际运输收入	12398	12382	16						
49	5. 外资银行和保险业	-1795	5	-1923			53	23		47
50	6. 其他	474211	125303	314903	4820	9328	14067	1842	361	3587
51	(五)外籍个人	141946	21663		104106	1192	4564	2566	43	7812

2011年广东省地方税务局资源税分企业类型统计年报总表

编报机关:广东省地方税务局

单位:万元

序号	项目	合计	内资企业									港澳台投资企业	外商投资企业	个体经营
			小计	国有企业	集体企业	股份合作企业	联营企业	有限责任公司	股份有限公司	私营企业	其他企业			
1	合计	111231	81208	4546	3899	459	823	42731	8566	15456	4728	16247	2636	11140
2	一、原油	1	1					1						
3	二、天然气													
4	三、煤炭	8	8					8						
5	四、其他非金属矿原矿	91517	63647	4055	3852	457	803	35684	2425	11643	4728	15451	2635	9784
6	其中:石灰石	37325	20543	682	1010	343	478	14230	1057	2728	15	13816	1080	1886
7	五、黑色金属矿原矿	14550	12521	237	34			6062	2535	3653		771		1258
8	其中:铁矿石	9982	8227	81	34			4059	2133	1920		771		984
9	六、有色金属矿原矿	3559	3558	21				259	3235	43				1
10	七、盐	634	568	84	7		20	86	371					66
11	八、矿泉水、地下水													
12	九、其他													
13	十、税款滞纳金、罚款收入	962	905	149	6	2		631		117		25	1	31

2011年广东省地方税务局应收、实收社会保险基金明细年报表

编报机关:广东省地方税务局　　　　单位:万元

序号	项目	本年基数征缴累计				往年欠费追缴累计			
		合计	省级	市级	县(区)级	合计	省级	市级	县(区)级
1	一、应收合计	14818547	1351630	7860740	5606177	769369	75683	512752	180934
2	1. 养老保险	9761981	1313335	4743268	3705378	551307	73703	331230	146374
3	单位	6013228	884830	2936485	2191913	342924	50222	198105	94597
4	个人	3748753	428505	1806783	1513465	208383	23481	133125	51777
5	2. 医疗保险	3833892		2373168	1460724	183877		161316	22561
6	单位	3117990		1948150	1169840	156537		138301	18236
7	个人	715902		425018	290884	27340		23015	4325
8	3. 失业保险	696766		451277	245489	15179		7425	7754
9	单位	500062		326012	174050	10521		5305	5216
10	个人	196704		125265	71439	4658		2120	2538
11	4. 工伤保险	358367	25895	204624	127848	10507	1148	6631	2728
12	5. 生育保险	167541	12400	88403	66738	8499	832	6150	1517
13	二、入库合计	14702393	1492191	7761240	5448962	73029	574	23006	49449
14	1. 养老保险	9679139	1453772	4662182	3563185	56300	564	18069	37667
15	单位	5951878	883743	2918659	2149476	34607	374	11177	23056
16	个人	3713822	428203	1793504	1492115	20941	147	6757	14037
17	滞纳金	7679	70	1795	5814	712	13	135	564
18	利息	5760	17	906	4837	40			40
19	地市级上划调剂金		52682	-52682					
20	县级上划调剂金		89057		-89057		30		-30

续表

序号	项目	本年基数征缴累计				往年欠费追缴累计			
		合计	省级	市级	县(区)级	合计	省级	市级	县(区)级
21	2. 医疗保险	3810257		2358806	1451451	12156		3945	8211
22	单位	3095095		1934450	1160645	9637		3335	6302
23	个人	714290		423925	290365	2481		584	1897
24	滞纳金	559		293	266	38		26	12
25	利息	313		138	175				
26	3. 失业保险	691142	114	449237	241791	2766		378	2388
27	单位	495580		324443	171137	2099		267	1832
28	个人	195354		124827	70527	654		106	548
29	滞纳金	145		67	78	11		5	6
30	利息	63		14	49	2			2
31	地市级上划调剂金		114	-114					
32	县级上划调剂金								
33	4. 工伤保险	355232	25920	202973	126339	1155	6	457	692
34	单位	355142	25860	202990	126292	1145	6	451	688
35	滞纳金	66	1	35	30	9		6	3
36	利息	24		7	17	1			1
37	地市级上划调剂金		59	-59					
38	县级上划调剂金								
39	5. 生育保险	166623	12385	88042	66196	652	4	157	491
40	单位	166595	12385	88031	66179	649	4	157	488
41	滞纳金	23		10	13	2			2
42	利息	5		1	4	1			1

2011年广州市地方税务局应收、实收社会保险基金明细年报表

编报机关:广州市地方税务局

单位:万元

序号	项目	本年基数征缴累计				往年欠费追缴累计			
		合计	省级	市级	县(区)级	合计	省级	市级	县(区)级
1	一、应收合计	4639960		3717669	922291	492432	491	463329	28612
2	1. 养老保险	2425199		1887310	537889	314865	475	295316	19074
3	单位	1529219		1200434	328785	186016	334	173957	11725
4	个人	895980		686876	209104	128849	141	121359	7349
5	2. 医疗保险	1693856		1399082	294774	161172		152653	8519
6	单位	1416020		1175183	240837	137783		131197	6586
7	个人	277836		223899	53937	23389		21456	1933
8	3. 失业保险	353557		305729	47828	4615		4441	174
9	单位	256130		217215	38915	3379		3242	137
10	个人	97427		88514	8913	1236		1199	37
11	4. 工伤保险	86375		60370	26005	5644		5194	440
12	5. 生育保险	80973		65178	15795	6136		5725	405
13	二、入库合计	4605417		3690414	915003	29220		15174	14046
14	1. 养老保险	2405807		1872837	532970	21792		12360	9432
15	单位	1518149		1193217	324932	13640		7866	5774
16	个人	887409		679463	207946	8152		4494	3658
17	滞纳金	249		157	92				
18	利息								
19	地市级上划调剂金								
20	县级上划调剂金								

续表

序号	项　目	本年基数征缴累计				往年欠费追缴累计			
		合　计	省　级	市　级	县(区)级	合　计	省　级	市　级	县(区)级
21	2. 医疗保险	1681499		1388331	293168	6415		2352	4063
22	单位	1403021		1164746	238275	5084		2093	2991
23	个人	278390		223513	54877	1331		259	1072
24	滞纳金	86		70	16				
25	利息	2		2					
26	3. 失业保险	352242		304568	47674	275		157	118
27	单位	255043		216257	38786	202		111	91
28	个人	97180		88294	8886	73		46	27
29	滞纳金	19		17	2				
30	利息								
31	地市级上划调剂金								
32	县级上划调剂金								
33	4. 工伤保险	85085		59641	25444	425		209	216
34	单位	85077		59637	25440	425		209	216
35	滞纳金	8		4	4				
36	利息								
37	地市级上划调剂金								
38	县级上划调剂金								
39	5. 生育保险	80784		65037	15747	313		96	217
40	单位	80778		65032	15746	313		96	217
41	滞纳金	6		5	1				
42	利息								

2011年深圳市地方税务局应收、实收社会保险基金明细年报表

编报机关:深圳市地方税务局　　单位:万元

序号	项目	本年基数征缴累计				往年欠费追缴累计			
		合计	省级	市级	县(区)级	合计	省级	市级	县(区)级
1	一、应收合计	96827	96827						
2	1. 养老保险	96827	96827						
3	单位	67034	67034						
4	个人	29793	29793						
5	2. 医疗保险								
6	单位								
7	个人								
8	3. 失业保险								
9	单位								
10	个人								
11	4. 工伤保险								
12	5. 生育保险								
13	二、入库合计	96819	96819						
14	1. 养老保险	96819	96819						
15	单位	67028	67028						
16	个人	29790	29790						
17	滞纳金	1	1						
18	利息								
19	地市级上划调剂金								
20	县级上划调剂金								

续表

序号	项　目	本年基数征缴累计				往年欠费追缴累计			
		合　计	省　级	市　级	县(区)级	合　计	省　级	市　级	县(区)级
21	2. 医疗保险								
22	单位								
23	个人								
24	滞纳金								
25	利息								
26	3. 失业保险								
27	单位								
28	个人								
29	滞纳金								
30	利息								
31	地市级上划调剂金								
32	县级上划调剂金								
33	4. 工伤保险								
34	单位								
35	滞纳金								
36	利息								
37	地市级上划调剂金								
38	县级上划调剂金								
39	5. 生育保险								
40	单位								
41	滞纳金								
42	利息								

2011 年珠海市地方税务局应收、实收社会保险基金明细年报表

编报机关:珠海市地方税务局　　　　单位:万元

序号	项目	本年基数征缴累计				往年欠费追缴累计			
		合计	省级	市级	县(区)级	合计	省级	市级	县(区)级
1	一、应收合计	714936	10781	704155		14570		14570	
2	1. 养老保险	500874	10781	490093		9685		9685	
3	单位	310443	7464	302979		6152		6152	
4	个人	190431	3317	187114		3533		3533	
5	2. 医疗保险	157125		157125		3730		3730	
6	单位	125570		125570		2886		2886	
7	个人	31555		31555		844		844	
8	3. 失业保险	32473		32473		727		727	
9	单位	21902		21902		485		485	
10	个人	10571		10571		242		242	
11	4. 工伤保险	14321		14321		304		304	
12	5. 生育保险	10143		10143		124		124	
13	二、入库合计	709245	29407	679838		2795		2795	
14	1. 养老保险	496819	29407	467412		1983		1983	
15	单位	307609	7404	300205		1094		1094	
16	个人	188620	3291	185329		875		875	
17	滞纳金	523	1	522		14		14	
18	利息	67	2	65					
19	地市级上划调剂金		18709	-18709					
20	县级上划调剂金								

续表

序号	项目	本年基数征缴累计				往年欠费追缴累计			
		合计	省级	市级	县(区)级	合计	省级	市级	县(区)级
21	2. 医疗保险	155810		155810		723		723	
22	单位	124514		124514		554		554	
23	个人	31256		31256		169		169	
24	滞纳金	16		16					
25	利息	24		24					
26	3. 失业保险	32293		32293		29		29	
27	单位	21757		21757		20		20	
28	个人	10524		10524		9		9	
29	滞纳金	7		7					
30	利息	5		5					
31	地市级上划调剂金								
32	县级上划调剂金								
33	4. 工伤保险	14228		14228		31		31	
34	单位	14224		14224		31		31	
35	滞纳金	2		2					
36	利息	2		2					
37	地市级上划调剂金								
38	县级上划调剂金								
39	5. 生育保险	10095		10095		29		29	
40	单位	10093		10093		29		29	
41	滞纳金	1		1					
42	利息	1		1					

2011 年汕头市地方税务局应收、实收社会保险基金明细年报表

编报机关:汕头市地方税务局　　　　单位:万元

序号	项　目	本年基数征缴累计				往年欠费追缴累计			
		合　计	省　级	市　级	县(区)级	合　计	省　级	市　级	县(区)级
1	一、应收合计	330615	10106	257618	62891	6206		4951	1255
2	1. 养老保险	226023	10106	172637	43280	4045		2950	1095
3	单位	139802	6996	107538	25268	2678		2003	675
4	个人	86221	3110	65099	18012	1367		947	420
5	2. 医疗保险	77585		62906	14679	1391		1383	8
6	单位	63009		51261	11748	1336		1330	6
7	个人	14576		11645	2931	55		53	2
8	3. 失业保险	17119		14020	3099	583		474	109
9	单位	8696		7125	1571	374		311	63
10	个人	8423		6895	1528	209		163	46
11	4. 工伤保险	4015		3282	733	109		88	21
12	5. 生育保险	5873		4773	1100	78		56	22
13	二、入库合计	328833	21670	247002	60161	297		202	95
14	1. 养老保险	224430	21670	162134	40626	242		163	79
15	单位	137575	6997	106678	23900	151		102	49
16	个人	85636	3110	64710	17816	91		61	30
17	滞纳金	154		154					
18	利息	1065			1065				
19	地市级上划调剂金		9408	-9408					
20	县级上划调剂金		2155		-2155				

续表

序号	项目	本年基数征缴累计				往年欠费追缴累计			
		合计	省级	市级	县(区)级	合计	省级	市级	县(区)级
21	2. 医疗保险	77610		62937	14673	22		17	5
22	单位	63036		51293	11743	18		14	4
23	个人	14570		11640	2930	4		3	1
24	滞纳金	4		4					
25	利息								
26	3. 失业保险	16988		13932	3056	22		15	7
27	单位	8606		7067	1539	12		8	4
28	个人	8357		6851	1506	10		7	3
29	滞纳金	14		14					
30	利息	11			11				
31	地市级上划调剂金								
32	县级上划调剂金								
33	4. 工伤保险	3984		3261	723	5		3	2
34	单位	3979		3258	721	5		3	2
35	滞纳金	3		3					
36	利息	2			2				
37	地市级上划调剂金								
38	县级上划调剂金								
39	5. 生育保险	5821		4738	1083	6		4	2
40	单位	5817		4735	1082	6		4	2
41	滞纳金	3		3					
42	利息	1			1				

2011年佛山市地方税务局应收、实收社会保险基金明细年报表

编报机关:佛山市地方税务局　　　　单位:万元

序号	项目	本年基数征缴累计				往年欠费追缴累计			
		合计	省级	市级	县(区)级	合计	省级	市级	县(区)级
1	一、应收合计	1067659	19139		1048520	3445			3445
2	1. 养老保险	702239	19133		683106	2266			2266
3	单位	410557	13246		397311	1276			1276
4	个人	291682	5887		285795	990			990
5	2. 医疗保险	270229			270229	1002			1002
6	单位	212437			212437	760			760
7	个人	57792			57792	242			242
8	3. 失业保险	44116			44116	64			64
9	单位	26742			26742	37			37
10	个人	17374			17374	27			27
11	4. 工伤保险	34943	4		34939	52			52
12	5. 生育保险	16132	2		16130	61			61
13	二、入库合计	1062039	19139		1042900	1059			1059
14	1. 养老保险	698056	19133		678923	698			698
15	单位	408193	13246		394947	390			390
16	个人	289801	5887		283914	308			308
17	滞纳金	62			62				
18	利息								
19	地市级上划调剂金								
20	县级上划调剂金								

续表

序号	项　　目	本年基数征缴累计				往年欠费追缴累计			
		合　计	省　级	市　级	县(区)级	合　计	省　级	市　级	县(区)级
21	2. 医疗保险	269176			269176	304			304
22	单位	211614			211614	229			229
23	个人	57535			57535	75			75
24	滞纳金	27			27				
25	利息								
26	3. 失业保险	43860			43860	19			19
27	单位	26579			26579	11			11
28	个人	17278			17278	8			8
29	滞纳金	3			3				
30	利息								
31	地市级上划调剂金								
32	县级上划调剂金								
33	4. 工伤保险	34881	4		34877	19			19
34	单位	34877	4		34873	19			19
35	滞纳金	4			4				
36	利息								
37	地市级上划调剂金								
38	县级上划调剂金								
39	5. 生育保险	16066	2		16064	19			19
40	单位	16065	2		16063	19			19
41	滞纳金	1			1				
42	利息								

2011年韶关市地方税务局应收、实收社会保险基金明细年报表

编报机关:韶关市地方税务局　　　　单位:万元

序号	项　　目	本年基数征缴累计				往年欠费追缴累计			
		合　计	省　级	市　级	县(区)级	合　计	省　级	市　级	县(区)级
1	一、应收合计	329646	15927	171336	142383	236	228	8	
2	1. 养老保险	200751	15924	86247	98580	234	228	6	
3	单位	141548	10971	59497	71080	162	158	4	
4	个人	59203	4953	26750	27500	72	70	2	
5	2. 医疗保险	103851		68161	35690	2		2	
6	单位	90596		59778	30818	2		2	
7	个人	13255		8383	4872				
8	3. 失业保险	16938		11968	4970				
9	单位	11480		8125	3355				
10	个人	5458		3843	1615				
11	4. 工伤保险	6335	2	3942	2391				
12	5. 生育保险	1771	1	1018	752				
13	二、入库合计	328771	27618	165997	135156	248	228	8	12
14	1. 养老保险	200105	27615	80904	91586	245	228	6	11
15	单位	140909	10960	59484	70465	169	158	4	7
16	个人	59105	4951	26750	27404	76	70	2	4
17	滞纳金	23	11	6	6				
18	利息	68	4	18	46				
19	地市级上划调剂金		5354	-5354					
20	县级上划调剂金		6335		-6335				

续表

序号	项目	本年基数征缴累计				往年欠费追缴累计			
		合计	省级	市级	县(区)级	合计	省级	市级	县(区)级
21	2. 医疗保险	103630		68164	35466	3		2	1
22	单位	90329		59753	30576	3		2	1
23	个人	13254		8383	4871				
24	滞纳金	15		15					
25	利息	32		13	19				
26	3. 失业保险	16930		11968	4962				
27	单位	11467		8122	3345				
28	个人	5455		3841	1614				
29	滞纳金	3		3					
30	利息	5		2	3				
31	地市级上划调剂金								
32	县级上划调剂金								
33	4. 工伤保险	6335	2	3943	2390				
34	单位	6331	2	3940	2389				
35	滞纳金	2		2					
36	利息	2		1	1				
37	地市级上划调剂金								
38	县级上划调剂金								
39	5. 生育保险	1771	1	1018	752				
40	单位	1771	1	1018	752				
41	滞纳金								
42	利息								

2011 年河源市地方税务局应收、实收社会保险基金明细年报表

编报机关:河源市地方税务局　　　　单位:万元

序号	项目	本年基数征缴累计				往年欠费追缴累计			
		合计	省级	市级	县(区)级	合计	省级	市级	县(区)级
1	一、应收合计	159896	2757	51372	105767				
2	1. 养老保险	109046	2757	35454	70835				
3	单位	65457	1909	22755	40793				
4	个人	43589	848	12699	30042				
5	2. 医疗保险	38066		10952	27114				
6	单位	31265		9020	22245				
7	个人	6801		1932	4869				
8	3. 失业保险	7581		3087	4494				
9	单位	5569		2479	3090				
10	个人	2012		608	1404				
11	4. 工伤保险	2580		1099	1481				
12	5. 生育保险	2623		780	1843				
13	二、入库合计	160326	8331	49355	102640				
14	1. 养老保险	109473	8331	33436	67706				
15	单位	65393	2076	22692	40625				
16	个人	42934	922	12654	29358				
17	滞纳金	569			569				
18	利息	577	1	108	468				
19	地市级上划调剂金		2018	-2018					
20	县级上划调剂金		3314		-3314				

续表

序号	项　目	本年基数征缴累计				往年欠费追缴累计			
		合　计	省　级	市　级	县(区)级	合　计	省　级	市　级	县(区)级
21	2. 医疗保险	38066		10952	27114				
22	单位	31264		9019	22245				
23	个人	6799		1931	4868				
24	滞纳金								
25	利息	3		2	1				
26	3. 失业保险	7582		3088	4494				
27	单位	5569		2479	3090				
28	个人	2011		608	1403				
29	滞纳金								
30	利息	2		1	1				
31	地市级上划调剂金								
32	县级上划调剂金								
33	4. 工伤保险	2582		1099	1483				
34	单位	2580		1099	1481				
35	滞纳金								
36	利息	2			2				
37	地市级上划调剂金								
38	县级上划调剂金								
39	5. 生育保险	2623		780	1843				
40	单位	2623		780	1843				
41	滞纳金								
42	利息								

2011 年梅州市地方税务局应收、实收社会保险基金明细年报表

编报机关:梅州市地方税务局　　单位:万元

序号	项目	本年基数征缴累计				往年欠费追缴累计			
		合计	省级	市级	县(区)级	合计	省级	市级	县(区)级
1	一、应收合计	340336	5638	57489	277209	2851			2851
2	1. 养老保险	279143	5638	37537	235968	1903			1903
3	单位	136506	3904	23369	109233	905			905
4	个人	142637	1734	14168	126735	998			998
5	2. 医疗保险	52459		17099	35360	233			233
6	单位	39845		13563	26282	201			201
7	个人	12614		3536	9078	32			32
8	3. 失业保险	4892		1461	3431	581			581
9	单位	3147		909	2238	281			281
10	个人	1745		552	1193	300			300
11	4. 工伤保险	2283		864	1419	134			134
12	5. 生育保险	1559		528	1031				
13	二、入库合计	340336	5638	57489	277209				
14	1. 养老保险	279143	5638	37537	235968				
15	单位	136506	3904	23369	109233				
16	个人	142637	1734	14168	126735				
17	滞纳金								
18	利息								
19	地市级上划调剂金								
20	县级上划调剂金								

续表

序号	项目	本年基数征缴累计				往年欠费追缴累计			
		合计	省级	市级	县(区)级	合计	省级	市级	县(区)级
21	2. 医疗保险	52459		17099	35360				
22	单位	39845		13563	26282				
23	个人	12614		3536	9078				
24	滞纳金								
25	利息								
26	3. 失业保险	4892		1461	3431				
27	单位	3147		909	2238				
28	个人	1745		552	1193				
29	滞纳金								
30	利息								
31	地市级上划调剂金								
32	县级上划调剂金								
33	4. 工伤保险	2283		864	1419				
34	单位	2283		864	1419				
35	滞纳金								
36	利息								
37	地市级上划调剂金								
38	县级上划调剂金								
39	5. 生育保险	1559		528	1031				
40	单位	1559		528	1031				
41	滞纳金								
42	利息								

2011年惠州市地方税务局应收、实收社会保险基金明细年报表

编报机关：惠州市地方税务局　　　　单位：万元

序号	项目	本年基数征缴累计				往年欠费追缴累计			
		合计	省级	市级	县(区)级	合计	省级	市级	县(区)级
1	一、应收合计	491128	8256	171867	311005				
2	1. 养老保险	306854	8256	105246	193352				
3	单位	177888	5717	61179	110992				
4	个人	128966	2539	44067	82360				
5	2. 医疗保险	164361		58844	105517				
6	单位	136908		49238	87670				
7	个人	27453		9606	17847				
8	3. 失业保险	8705		3870	4835				
9	单位	5642		2247	3395				
10	个人	3063		1623	1440				
11	4. 工伤保险	11075		3891	7184				
12	5. 生育保险	133		16	117				
13	二、入库合计	488784	22982	166309	299493				
14	1. 养老保险	305464	22982	99657	182825				
15	单位	176608	5712	61152	109744				
16	个人	128183	2539	44067	81577				
17	滞纳金	279		10	269				
18	利息	394	5	63	326				
19	地市级上划调剂金		5635	-5635					
20	县级上划调剂金		9091		-9091				

续表

序号	项目	本年基数征缴累计				往年欠费追缴累计			
		合计	省级	市级	县(区)级	合计	省级	市级	县(区)级
21	2. 医疗保险	163503		58872	104631				
22	单位	136146		49232	86914				
23	个人	27268		9605	17663				
24	滞纳金	22		3	19				
25	利息	67		32	35				
26	3. 失业保险	8681		3871	4810				
27	单位	5608		2245	3363				
28	个人	3056		1623	1433				
29	滞纳金	14		1	13				
30	利息	3		2	1				
31	地市级上划调剂金								
32	县级上划调剂金								
33	4. 工伤保险	11008		3893	7115				
34	单位	10999		3890	7109				
35	滞纳金	5		1	4				
36	利息	4		2	2				
37	地市级上划调剂金								
38	县级上划调剂金								
39	5. 生育保险	128		16	112				
40	单位	126		16	110				
41	滞纳金	2			2				
42	利息								

2011 年汕尾市地方税务局应收、实收社会保险基金明细年报表

编报机关:汕尾市地方税务局　　　　单位:万元

序号	项目	本年基数征缴累计				往年欠费追缴累计			
		合计	省级	市级	县(区)级	合计	省级	市级	县(区)级
1	一、应收合计	116603	2132	31243	83228	90402	421	12694	77287
2	1. 养老保险	86964	2132	21314	63518	79301	421	9596	69284
3	单位	52774	1476	13456	37842	50054	292	6579	43183
4	个人	34190	656	7858	25676	29247	129	3017	26101
5	2. 医疗保险	21255		7245	14010	5400		1558	3842
6	单位	17254		6130	11124	4495		1238	3257
7	个人	4001		1115	2886	905		320	585
8	3. 失业保险	5709		1520	4189	3778		931	2847
9	单位	4085		1036	3049	2674		647	2027
10	个人	1624		484	1140	1104		284	820
11	4. 工伤保险	1769		729	1040	1178		394	784
12	5. 生育保险	906		435	471	745		215	530
13	二、入库合计	90489	5671	23040	61778	7038		693	6345
14	1. 养老保险	65034	5671	14720	44643	6013		511	5502
15	单位	38452	1450	9493	27509	3114		346	2768
16	个人	25964	645	6046	19273	2875		164	2711
17	滞纳金	484		45	439	24		1	23
18	利息	134		22	112				
19	地市级上划调剂金		886	-886					
20	县级上划调剂金		2690		-2690				

续表

序号	项目	本年基数征缴累计				往年欠费追缴累计			
		合计	省级	市级	县(区)级	合计	省级	市级	县(区)级
21	2. 医疗保险	19254		6229	13025	633		93	540
22	单位	15510		5200	10310	495		72	423
23	个人	3732		1027	2705	137		21	116
24	滞纳金	12		2	10	1			1
25	利息								
26	3. 失业保险	4319		1224	3095	263		54	209
27	单位	3118		830	2288	177		36	141
28	个人	1195		393	802	84		18	66
29	滞纳金	6		1	5	2			2
30	利息								
31	地市级上划调剂金								
32	县级上划调剂金								
33	4. 工伤保险	1242		548	694	86		23	63
34	单位	1241		548	693	85		23	62
35	滞纳金	1			1	1			1
36	利息								
37	地市级上划调剂金								
38	县级上划调剂金								
39	5. 生育保险	640		319	321	43		12	31
40	单位	640		319	321	43		12	31
41	滞纳金								
42	利息								

2011 年东莞市地方税务局应收、实收社会保险基金明细年报表

编报机关:东莞市地方税务局　　单位:万元

序号	项　目	本年基数征缴累计				往年欠费追缴累计			
		合　计	省　级	市　级	县(区)级	合　计	省　级	市　级	县(区)级
1	一、应收合计	1609272	13908	1595364		4006		4006	
2	1. 养老保险	1159442	13760	1145682		2941		2941	
3	单位	709532	9526	700006		1748		1748	
4	个人	449910	4234	445676		1193		1193	
5	2. 医疗保险	335634		335634		670		670	
6	单位	279753		279753		549		549	
7	个人	55881		55881		121		121	
8	3. 失业保险	28297		28297		72		72	
9	单位	24278		24278		67		67	
10	个人	4019		4019		5		5	
11	4. 工伤保险	85850	99	85751		323		323	
12	5. 生育保险	49	49						
13	二、入库合计	1605899	13908	1591991		1729		1729	
14	1. 养老保险	1157177	13760	1143417		1247		1247	
15	单位	707756	9526	698230		675		675	
16	个人	448833	4234	444599		476		476	
17	滞纳金	588		588		96		96	
18	利息								
19	地市级上划调剂金								
20	县级上划调剂金								

续表

序号	项目	本年基数征缴累计				往年欠费追缴累计			
		合计	省级	市级	县(区)级	合计	省级	市级	县(区)级
21	2. 医疗保险	335063		335063		299		299	
22	单位	279200		279200		225		225	
23	个人	55758		55758		53		53	
24	滞纳金	105		105		21		21	
25	利息								
26	3. 失业保险	28243		28243		31		31	
27	单位	24217		24217		25		25	
28	个人	4015		4015		3		3	
29	滞纳金	11		11		3		3	
30	利息								
31	地市级上划调剂金								
32	县级上划调剂金								
33	4. 工伤保险	85367	99	85268		152		152	
34	单位	85352	99	85253		146		146	
35	滞纳金	15		15		6		6	
36	利息								
37	地市级上划调剂金								
38	县级上划调剂金								
39	5. 生育保险	49	49						
40	单位	49	49						
41	滞纳金								
42	利息								

2011 年中山市地方税务局应收、实收社会保险基金明细年报表

编报机关:中山市地方税务局　　　　单位:万元

序号	项目	本年基数征缴累计				往年欠费追缴累计			
		合计	省级	市级	县(区)级	合计	省级	市级	县(区)级
1	一、应收合计	698862		698862		4786		4786	
2	1. 养老保险	504674		504674		4138		4138	
3	单位	279706		279706		2887		2887	
4	个人	224968		224968		1251		1251	
5	2. 医疗保险	149983		149983		391		391	
6	单位	94166		94166		353		353	
7	个人	55817		55817		38		38	
8	3. 失业保险	21790		21790		128		128	
9	单位	21790		21790		128		128	
10	个人								
11	4. 工伤保险	22415		22415		128		128	
12	5. 生育保险					1		1	
13	二、入库合计	698483		698483		806		806	
14	1. 养老保险	504643		504643		676		676	
15	单位	279697		279697		364		364	
16	个人	224812		224812		311		311	
17	滞纳金	134		134		1		1	
18	利息								
19	地市级上划调剂金								
20	县级上划调剂金								

续表

序号	项目	本年基数征缴累计				往年欠费追缴累计			
		合计	省级	市级	县(区)级	合计	省级	市级	县(区)级
21	2. 医疗保险	149753		149753		88		88	
22	单位	93958		93958		72		72	
23	个人	55766		55766		16		16	
24	滞纳金	29		29					
25	利息								
26	3. 失业保险	21731		21731		21		21	
27	单位	21724		21724		21		21	
28	个人								
29	滞纳金	7		7					
30	利息								
31	地市级上划调剂金								
32	县级上划调剂金								
33	4. 工伤保险	22356		22356		21		21	
34	单位	22349		22349		21		21	
35	滞纳金	7		7					
36	利息								
37	地市级上划调剂金								
38	县级上划调剂金								
39	5. 生育保险								
40	单位								
41	滞纳金								
42	利息								

2011年江门市地方税务局应收、实收社会保险基金明细年报表

编报机关：江门市地方税务局　　　　单位：万元

序号	项目	本年基数征缴累计				往年欠费追缴累计			
		合计	省级	市级	县(区)级	合计	省级	市级	县(区)级
1	一、应收合计	745833	7589		738244	20512			20512
2	1. 养老保险	484594	7589		477005	14910			14910
3	单位	288715	5254		283461	10792			10792
4	个人	195879	2335		193544	4118			4118
5	2. 医疗保险	211663			211663	4654			4654
6	单位	172237			172237	3949			3949
7	个人	39426			39426	705			705
8	3. 失业保险	32059			32059	658			658
9	单位	24725			24725	553			553
10	个人	7334			7334	105			105
11	4. 工伤保险	11853			11853	208			208
12	5. 生育保险	5664			5664	82			82
13	二、入库合计	738135	27306		710829	3359	30		3329
14	1. 养老保险	478674	27306		451368	2496	30		2466
15	单位	285023	5254		279769	1683			1683
16	个人	193399	2335		191064	753			753
17	滞纳金	170			170	20			20
18	利息	82	1		81	40			40
19	地市级上划调剂金								
20	县级上划调剂金		19716		-19716		30		-30

续表

序号	项目	本年基数征缴累计				往年欠费追缴累计			
		合计	省级	市级	县(区)级	合计	省级	市级	县(区)级
21	2. 医疗保险	210152			210152	657			657
22	单位	170801			170801	519			519
23	个人	39246			39246	131			131
24	滞纳金	68			68	7			7
25	利息	37			37				
26	3. 失业保险	31894			31894	134			134
27	单位	24568			24568	96			96
28	个人	7312			7312	35			35
29	滞纳金	9			9	1			1
30	利息	5			5	2			2
31	地市级上划调剂金								
32	县级上划调剂金								
33	4. 工伤保险	11789			11789	43			43
34	单位	11784			11784	41			41
35	滞纳金	3			3	1			1
36	利息	2			2	1			1
37	地市级上划调剂金								
38	县级上划调剂金								
39	5. 生育保险	5626			5626	29			29
40	单位	5624			5624	28			28
41	滞纳金	1			1				
42	利息	1			1	1			1

2011 年阳江市地方税务局应收、实收社会保险基金明细年报表

编报机关:阳江市地方税务局　　　　单位:万元

序号	项　目	本年基数征缴累计				往年欠费追缴累计			
		合　计	省　级	市　级	县(区)级	合　计	省　级	市　级	县(区)级
1	一、应收合计	141326	3416	36274	101636	1722		441	1281
2	1. 养老保险	93484	3416	22543	67525	1192		254	938
3	单位	58070	2365	13916	41789	861		153	708
4	个人	35414	1051	8627	25736	331		101	230
5	2. 医疗保险	36764		10497	26267	405		146	259
6	单位	29773		8588	21185	329		121	208
7	个人	6991		1909	5082	76		25	51
8	3. 失业保险	7628		2359	5269	81		29	52
9	单位	5309		1626	3683	55		20	35
10	个人	2319		733	1586	26		9	17
11	4. 工伤保险	2006		483	1523	24		6	18
12	5. 生育保险	1444		392	1052	20		6	14
13	二、入库合计	140559	7781	34982	97796	754		270	484
14	1. 养老保险	92874	7781	21243	63850	430		146	284
15	单位	57669	2365	13887	41417	238		86	152
16	个人	35155	1051	8604	25500	192		60	132
17	滞纳金	42		12	30				
18	利息	8		3	5				
19	地市级上划调剂金		1263	-1263					
20	县级上划调剂金		3102		-3102				

续表

序号	项　　目	本年基数征缴累计				往年欠费追缴累计			
		合　计	省　级	市　级	县(区)级	合　计	省　级	市　级	县(区)级
21	2. 医疗保险	36628		10506	26122	255		95	160
22	单位	29642		8596	21046	206		77	129
23	个人	6969		1907	5062	49		18	31
24	滞纳金	14		2	12				
25	利息	3		1	2				
26	3. 失业保险	7613		2358	5255	42		20	22
27	单位	5295		1625	3670	29		14	15
28	个人	2314		733	1581	13		6	7
29	滞纳金	3			3				
30	利息	1			1				
31	地市级上划调剂金								
32	县级上划调剂金								
33	4. 工伤保险	2003		483	1520	14		5	9
34	单位	2002		483	1519	14		5	9
35	滞纳金	1			1				
36	利息								
37	地市级上划调剂金								
38	县级上划调剂金								
39	5. 生育保险	1441		392	1049	13		4	9
40	单位	1440		392	1048	13		4	9
41	滞纳金	1			1				
42	利息								

2011年湛江市地方税务局应收、实收社会保险基金明细年报表

编报机关:湛江市地方税务局　　单位:万元

序号	项目	本年基数征缴累计				往年欠费追缴累计			
		合计	省级	市级	县(区)级	合计	省级	市级	县(区)级
1	一、应收合计	370471	11140		359331	8751		263	8488
2	1. 养老保险	260864	11140		249724	6742		248	6494
3	单位	171180	7712		163468	4674		182	4492
4	个人	89684	3428		86256	2068		66	2002
5	2. 医疗保险	82914			82914	1163		5	1158
6	单位	65583			65583	1026		3	1023
7	个人	17331			17331	137		2	135
8	3. 失业保险	18463			18463	599		2	597
9	单位	12793			12793	402		2	400
10	个人	5670			5670	197			197
11	4. 工伤保险	4238			4238	127		8	119
12	5. 生育保险	3992			3992	120			120
13	二、入库合计	364098	25460		338638	1669			1669
14	1. 养老保险	255792	25460		230332	1270			1270
15	单位	167826	7711		160115	831			831
16	个人	87787	3427		84360	439			439
17	滞纳金	145	1		144				
18	利息	34	2		32				
19	地市级上划调剂金								
20	县级上划调剂金		14319		-14319				

续表

序号	项　目	本年基数征缴累计				往年欠费追缴累计			
		合　计	省　级	市　级	县(区)级	合　计	省　级	市　级	县(区)级
21	2. 医疗保险	82285			82285	246			246
22	单位	65041			65041	202			202
23	个人	17187			17187	44			44
24	滞纳金	46			46				
25	利息	11			11				
26	3. 失业保险	17980			17980	125			125
27	单位	12436			12436	84			84
28	个人	5533			5533	41			41
29	滞纳金	9			9				
30	利息	2			2				
31	地市级上划调剂金								
32	县级上划调剂金								
33	4. 工伤保险	4126			4126	12			12
34	单位	4125			4125	12			12
35	滞纳金	1			1				
36	利息								
37	地市级上划调剂金								
38	县级上划调剂金								
39	5. 生育保险	3915			3915	16			16
40	单位	3911			3911	16			16
41	滞纳金	3			3				
42	利息	1			1				

2011年茂名市地方税务局应收、实收社会保险基金明细年报表

编报机关:茂名市地方税务局 单位:万元

序号	项目	本年基数征缴累计				往年欠费追缴累计			
		合计	省级	市级	县(区)级	合计	省级	市级	县(区)级
1	一、应收合计	281829	5970	125779	150080	14078		1783	12295
2	1. 养老保险	183910	5970	74877	103063	9465		1208	8257
3	单位	116188	4133	49158	62897	6427		758	5669
4	个人	67722	1837	25719	40166	3038		450	2588
5	2. 医疗保险	68507		36973	31534	1822		326	1496
6	单位	56037		30132	25905	1398		257	1141
7	个人	12470		6841	5629	424		69	355
8	3. 失业保险	19017		8707	10310	1905		191	1714
9	单位	13445		6015	7430	1134		110	1024
10	个人	5572		2692	2880	771		81	690
11	4. 工伤保险	6010		2800	3210	751		47	704
12	5. 生育保险	4385		2422	1963	135		11	124
13	二、入库合计	266589	16084	120351	130154	17779		765	17014
14	1. 养老保险	171552	16084	69870	85598	14069		549	13520
15	单位	105295	4133	48691	52471	9067		366	8701
16	个人	63491	1837	25483	36171	4466		160	4306
17	滞纳金	2460		101	2359	536		23	513
18	利息	306	1	11	294				
19	地市级上划调剂金		4416	-4416					
20	县级上划调剂金		5697		-5697				

续表

序号	项目	本年基数征缴累计				往年欠费追缴累计			
		合计	省级	市级	县(区)级	合计	省级	市级	县(区)级
21	2. 医疗保险	67266		36673	30593	1628		153	1475
22	单位	54965		29848	25117	1340		127	1213
23	个人	12230		6777	5453	279		21	258
24	滞纳金	62		43	19	9		5	4
25	利息	9		5	4				
26	3. 失业保险	17692		8631	9061	1668		42	1626
27	单位	12310		5959	6351	1329		25	1304
28	个人	5348		2666	2682	335		15	320
29	滞纳金	14		5	9	4		2	2
30	利息	20		1	19				
31	地市级上划调剂金								
32	县级上划调剂金								
33	4. 工伤保险	5798		2776	3022	295		11	284
34	单位	5785		2774	3011	294		11	283
35	滞纳金	5		1	4	1			1
36	利息	8		1	7				
37	地市级上划调剂金								
38	县级上划调剂金								
39	5. 生育保险	4281		2401	1880	119		10	109
40	单位	4278		2400	1878	117		10	107
41	滞纳金	3		1	2	2			2
42	利息								

2011年肇庆市地方税务局应收、实收社会保险基金明细年报表

编报机关：肇庆市地方税务局　　　　单位：万元

序号	项目	本年基数征缴累计				往年欠费追缴累计			
		合计	省级	市级	县(区)级	合计	省级	市级	县(区)级
1	一、应收合计	301442	8454	87708	205280	2601		1052	1549
2	1. 养老保险	203059	8454	55440	139165	1981		837	1144
3	单位	126293	5832	36796	83665	1422		681	741
4	个人	76766	2622	18644	55500	559		156	403
5	2. 医疗保险	73207		23823	49384	559		205	354
6	单位	58125		18585	39540	443		170	273
7	个人	15082		5238	9844	116		35	81
8	3. 失业保险	16838		6085	10753	37		5	32
9	单位	12541		4315	8226	31		4	27
10	个人	4297		1770	2527	6		1	5
11	4. 工伤保险	5615		1544	4071	17		4	13
12	5. 生育保险	2723		816	1907	7		1	6
13	二、入库合计	301395	18298	85220	197877	1402		295	1107
14	1. 养老保险	203656	18298	53071	132287	969		220	749
15	单位	124954	5832	36533	82589	543		149	394
16	个人	76122	2622	18479	55021	426		71	355
17	滞纳金	96	1	6	89				
18	利息	2484		603	1881				
19	地市级上划调剂金		2550	-2550					
20	县级上划调剂金		7293		-7293				

续表

序号	项　　目	本年基数征缴累计				往年欠费追缴累计			
		合　计	省　级	市　级	县(区)级	合　计	省　级	市　级	县(区)级
21	2. 医疗保险	72693		23705	48988	378		68	310
22	单位	57619		18454	39165	292		54	238
23	个人	14956		5197	9759	86		14	72
24	滞纳金	14		1	13				
25	利息	104		53	51				
26	3. 失业保险	16756		6084	10672	34		4	30
27	单位	12469		4313	8156	28		3	25
28	个人	4279		1769	2510	6		1	5
29	滞纳金	4		1	3				
30	利息	4		1	3				
31	地市级上划调剂金								
32	县级上划调剂金								
33	4. 工伤保险	5582		1544	4038	14		2	12
34	单位	5580		1543	4037	14		2	12
35	滞纳金	1			1				
36	利息	1		1					
37	地市级上划调剂金								
38	县级上划调剂金								
39	5. 生育保险	2708		816	1892	7		1	6
40	单位	2707		816	1891	7		1	6
41	滞纳金								
42	利息	1			1				

2011年清远市地方税务局应收、实收社会保险基金明细年报表

编报机关:清远市地方税务局　　　　单位:万元

序号	项目	本年基数征缴累计				往年欠费追缴累计			
		合计	省级	市级	县(区)级	合计	省级	市级	县(区)级
1	一、应收合计	263217	4939	66914	191364	2115		341	1774
2	1. 养老保险	176667	4939	41276	130452	1360		258	1102
3	单位	100061	3436	23703	72922	686		139	547
4	个人	76606	1503	17573	57530	674		119	555
5	2. 医疗保险	63647		19006	44641	578		79	499
6	单位	49257		14618	34639	455		61	394
7	个人	14390		4388	10002	123		18	105
8	3. 失业保险	14202		4117	10085	73		3	70
9	单位	10127		3024	7103	39		2	37
10	个人	4075		1093	2982	34		1	33
11	4. 工伤保险	5118		1438	3680	18			18
12	5. 生育保险	3583		1077	2506	86		1	85
13	二、入库合计	261980	11197	64991	185792	657		210	447
14	1. 养老保险	175612	11197	39439	124976	425		165	260
15	单位	98369	3472	23529	71368	211		94	117
16	个人	76565	1542	17469	57554	214		71	143
17	滞纳金	225		3	222				
18	利息	453		4	449				
19	地市级上划调剂金		1566	-1566					
20	县级上划调剂金		4617		-4617				

续表

序号	项目	本年基数征缴累计				往年欠费追缴累计			
		合计	省级	市级	县(区)级	合计	省级	市级	县(区)级
21	2. 医疗保险	63470		18919	44551	191		41	150
22	单位	49115		14550	34565	153		33	120
23	个人	14339		4365	9974	38		8	30
24	滞纳金	6		2	4				
25	利息	10		2	8				
26	3. 失业保险	14198		4118	10080	14		3	11
27	单位	10121		3024	7097	4		2	2
28	个人	4075		1093	2982	10		1	9
29	滞纳金								
30	利息	2		1	1				
31	地市级上划调剂金								
32	县级上划调剂金								
33	4. 工伤保险	5116		1438	3678	1			1
34	单位	5115		1438	3677	1			1
35	滞纳金	1			1				
36	利息								
37	地市级上划调剂金								
38	县级上划调剂金								
39	5. 生育保险	3584		1077	2507	26		1	25
40	单位	3584		1077	2507	26		1	25
41	滞纳金								
42	利息								

2011 年潮州市地方税务局应收、实收社会保险基金明细年报表

编报机关:潮州市地方税务局　　　　单位:万元

序号	项目	本年基数征缴累计				往年欠费追缴累计			
		合计	省级	市级	县(区)级	合计	省级	市级	县(区)级
1	一、应收合计	180547	3111	47440	129996	3242		110	3132
2	1. 养老保险	143554	3111	34546	105897	2815		78	2737
3	单位	91432	2132	23163	66137	1724		49	1675
4	个人	52122	979	11383	39760	1091		29	1062
5	2. 医疗保险	23697		8927	14770	159		21	138
6	单位	19222		7173	12049	133		18	115
7	个人	4475		1754	2721	26		3	23
8	3. 失业保险	8480		2587	5893	160		7	153
9	单位	5665		1734	3931	104		4	100
10	个人	2815		853	1962	56		3	53
11	4. 工伤保险	2751		811	1940	53		2	51
12	5. 生育保险	2065		569	1496	55		2	53
13	二、入库合计	180865	10949	47194	122722	1884		34	1850
14	1. 养老保险	143803	10776	34454	98573	1746		24	1722
15	单位	91569	2132	23183	66254	1089		19	1070
16	个人	52197	979	11395	39823	657		5	652
17	滞纳金	7			7				
18	利息	30	1	7	22				
19	地市级上划调剂金		131	-131					
20	县级上划调剂金		7533		-7533				

续表

序号	项　目	本年基数征缴累计				往年欠费追缴累计			
		合　计	省　级	市　级	县(区)级	合　计	省　级	市　级	县(区)级
21	2. 医疗保险	23741		8938	14803	49		9	40
22	单位	19253		7180	12073	42		8	34
23	个人	4480		1755	2725	7		1	6
24	滞纳金	1			1				
25	利息	7		3	4				
26	3. 失业保险	8492	114	2478	5900	53		1	52
27	单位	5671		1737	3934	36		1	35
28	个人	2818		854	1964	17			17
29	滞纳金	1			1				
30	利息	2		1	1				
31	地市级上划调剂金		114	-114					
32	县级上划调剂金								
33	4. 工伤保险	2757	59	753	1945	17			17
34	单位	2756		812	1944	17			17
35	滞纳金								
36	利息	1			1				
37	地市级上划调剂金		59	-59					
38	县级上划调剂金								
39	5. 生育保险	2072		571	1501	19			19
40	单位	2072		571	1501	19			19
41	滞纳金								
42	利息								

2011 年揭阳市地方税务局应收、实收社会保险基金明细年报表

编报机关：揭阳市地方税务局　　　　单位：万元

序号	项　目	本年基数征缴累计				往年欠费追缴累计			
		合　计	省　级	市　级	县(区)级	合　计	省　级	市　级	县(区)级
1	一、应收合计	141564	5069	16956	119539	20422		3534	16888
2	1. 养老保险	132753	5069	14881	112803	19055		3032	16023
3	单位	89315	3509	10453	75353	13592		2230	11362
4	个人	43438	1560	4428	37450	5463		802	4661
5	2. 医疗保险	1500			1500	47			47
6	单位	1335			1335	47			47
7	个人	165			165				
8	3. 失业保险	5589		1572	4017	1047		380	667
9	单位	3950		1069	2881	728		259	469
10	个人	1639		503	1136	319		121	198
11	4. 工伤保险	1722		503	1219	273		122	151
12	5. 生育保险								
13	二、入库合计	140684	5070	16815	118799	1008		9	999
14	1. 养老保险	131916	5070	14751	112095	987		8	979
15	单位	88476	3510	10367	74599	663		6	657
16	个人	43123	1560	4383	37180	324		2	322
17	滞纳金	317		1	316				
18	利息								
19	地市级上划调剂金								
20	县级上划调剂金								

续表

序号	项目	本年基数征缴累计				往年欠费追缴累计			
		合计	省级	市级	县(区)级	合计	省级	市级	县(区)级
21	2. 医疗保险	1496			1496	1			1
22	单位	1332			1332				
23	个人	164			164	1			1
24	滞纳金								
25	利息								
26	3. 失业保险	5562		1564	3998	16		1	15
27	单位	3924		1062	2862	13		1	12
28	个人	1634		502	1132	3			3
29	滞纳金	4			4				
30	利息								
31	地市级上划调剂金								
32	县级上划调剂金								
33	4. 工伤保险	1710		500	1210	4			4
34	单位	1709		500	1209	4			4
35	滞纳金	1			1				
36	利息								
37	地市级上划调剂金								
38	县级上划调剂金								
39	5. 生育保险								
40	单位								
41	滞纳金								
42	利息								

2011 年云浮市地方税务局应收、实收社会保险基金明细年报表

编报机关:云浮市地方税务局　　　　单位:万元

序号	项　目	本年基数征缴累计				往年欠费追缴累计			
		合　计	省　级	市　级	县(区)级	合　计	省　级	市　级	县(区)级
1	一、应收合计	115759	2467	22694	90598	1927		884	1043
2	1. 养老保险	75883	2467	13511	59905	1513		683	830
3	单位	45075	1708	8377	34990	1254		583	671
4	个人	30808	759	5134	24915	259		100	159
5	2. 医疗保险	30769		6911	23858	326		147	179
6	单位	24041		5392	18649	262		116	146
7	个人	6728		1519	5209	64		31	33
8	3. 失业保险	6064		1635	4429	60		35	25
9	单位	4726		1123	3603	43		24	19
10	个人	1338		512	826	17		11	6
11	4. 工伤保险	2145		381	1764	16		11	5
12	5. 生育保险	898		256	642	12		8	4
13	二、入库合计	115592	6408	21769	87415	665		16	649
14	1. 养老保险	76000	6408	12657	56935	497		11	486
15	单位	44361	1708	8252	34401	353		6	347
16	个人	30503	759	5093	24651	136		5	131
17	滞纳金	1078		56	1022	8			8
18	利息	58		2	56				
19	地市级上划调剂金		746	-746					
20	县级上划调剂金		3195		-3195				

续表

序号	项目	本年基数征缴累计				往年欠费追缴累计			
		合计	省级	市级	县(区)级	合计	省级	市级	县(区)级
21	2. 医疗保险	30541		6855	23686	150		5	145
22	单位	23836		5344	18492	118		4	114
23	个人	6678		1509	5169	32		1	31
24	滞纳金	23		1	22				
25	利息	4		1	3				
26	3. 失业保险	6030		1625	4405	13			13
27	单位	4685		1116	3569	8			8
28	个人	1328		509	819	4			4
29	滞纳金	16			16	1			1
30	利息	1			1				
31	地市级上划调剂金								
32	县级上划调剂金								
33	4. 工伤保险	2129		378	1751	3			3
34	单位	2125		378	1747	3			3
35	滞纳金	4			4				
36	利息								
37	地市级上划调剂金								
38	县级上划调剂金								
39	5. 生育保险	892		254	638	2			2
40	单位	890		254	636	2			2
41	滞纳金	2			2				
42	利息								

2011年广东省地方税务局直属分局应收、实收社会保险基金明细年报表

编报机关:广东省地方税务局直属分局　　　　单位:万元

序号	项目	本年基数征缴累计				往年欠费追缴累计			
		合计	省级	市级	县(区)级	合计	省级	市级	县(区)级
1	一、应收合计	1107776	1107776			74543	74543		
2	1. 养老保险	1069638	1069638			72579	72579		
3	单位	716194	716194			49438	49438		
4	个人	353444	353444			23141	23141		
5	2. 医疗保险								
6	单位								
7	个人								
8	3. 失业保险								
9	单位								
10	个人								
11	4. 工伤保险	25790	25790			1138	1138		
12	5. 生育保险	12348	12348			826	826		
13	二、入库合计	1106226	1106226			316	316		
14	1. 养老保险	1068138	1068138			306	306		
15	单位	715011	715011			216	216		
16	个人	353072	353072			77	77		
17	滞纳金	55	55			13	13		
18	利息								
19	地市级上划调剂金								
20	县级上划调剂金								

续表

序号	项目	本年基数征缴累计				往年欠费追缴累计			
		合计	省级	市级	县(区)级	合计	省级	市级	县(区)级
21	2. 医疗保险								
22	单位								
23	个人								
24	滞纳金								
25	利息								
26	3. 失业保险								
27	单位								
28	个人								
29	滞纳金								
30	利息								
31	地市级上划调剂金								
32	县级上划调剂金								
33	4. 工伤保险	25755	25755			6	6		
34	单位	25754	25754			6	6		
35	滞纳金	1	1						
36	利息								
37	地市级上划调剂金								
38	县级上划调剂金								
39	5. 生育保险	12333	12333			4	4		
40	单位	12333	12333			4	4		
41	滞纳金								
42	利息								

2011年广东省地方税务局纳税登记户数统计年报表（含社保费登记户）

编报机关：广东省地方税务局　　　　单位：户

序号	项目	合计	内资企业									港澳台投资企业	外商投资企业	个体经营
			小计	国有企业	集体企业	股份合作企业	联营企业	有限责任公司	股份有限公司	私营企业	其他企业			
1	1. 营业税	1844626	596182	22711	29792	7701	3429	159993	39458	287387	45711	41665	23876	1182903
2	2. 企业所得税	274786	265854	12877	35660	8901	1520	100847	8846	71986	25217	5702	3230	
3	3. 个人所得税	2535128	411183	13032	18996	3359	832	169533	4927	193129	7375	39537	18814	2065594
4	4. 资源税	86755	24135	2172	3775	67	128	11761	328	5175	729	261	94	62265
5	5. 固定资产投资方向调节税													
6	6. 城市维护建设税	3279701	1143993	24942	39575	12629	4729	285411	63082	666379	47246	68486	32902	2034320
7	7. 房产税	587192	128874	7850	13167	3226	853	47603	8720	43847	3608	24057	8022	426239
8	8. 印花税	1327937	598407	14358	25755	5684	1933	207161	26651	312354	4511	41601	20930	666999
9	9. 城镇土地使用税	422317	117221	6485	11425	3196	740	47288	8298	37279	2510	19001	6443	279652
10	10. 土地增值税	37837	12874	1004	1993	131	66	6401	634	1397	1248	1689	398	22876
11	11. 车船税	77689	14008	409	726	200	80	3137	987	4080	4389	868	485	62328
12	12. 车辆购置税													
13	13. 屠宰税													
14	14. 筵席税													
15	15. 燃油税													
16	16. 烟叶税	12	12					12						
17	附列资料：纳税户数	3938983	1108649	29145	50243	12746	3362	350167	39883	549399	73704	80811	38217	2711306
18	登记户数	7052428	2173437	68923	90021	20832	15143	402611	119831	1214503	241573	135410	79436	4664145

2011年广州市地方税务局纳税登记户数统计年报表(含社保费登记户)

编报机关:广州市地方税务局

单位:户

序号	项目	合计	内资企业									港澳台投资企业	外商投资企业	个体经营
			小计	国有企业	集体企业	股份合作企业	联营企业	有限责任公司	股份有限公司	私营企业	其他企业			
1	1. 营业税	285260	122356	4464	3441	1809	278	22379	1298	79822	8865	6843	6417	149644
2	2. 企业所得税	52325	51482	1691	3547	4378	206	10099	643	26110	4808	459	384	
3	3. 个人所得税	524458	130082	3408	2630	2182	274	22482	1340	94064	3702	9106	7643	377627
4	4. 资源税	14	11					3	1	7		2	1	
5	5. 固定资产投资方向调节税													
6	6. 城市维护建设税	576794	230526	4884	5373	5268	342	30934	1760	172404	9561	9288	8010	328970
7	7. 房产税	26525	16646	1827	1788	340	85	4359	607	6916	724	1995	1460	6424
8	8. 印花税	254301	146461	2473	3085	2550	219	20794	1239	114845	1256	5929	5092	96819
9	9. 城镇土地使用税	26162	17106	1626	1591	321	84	4238	586	8143	517	1922	1381	5753
10	10. 土地增值税	4345	1037	88	72	9	2	437	43	336	50	305	102	2901
11	11. 车船税	46873	9749	213	361	172	21	1827	49	2820	4286	186	119	36819
12	12. 车辆购置税													
13	13. 屠宰税													
14	14. 筵席税													
15	15. 燃油税													
16	16. 烟叶税													
17	附列资料:纳税户数	731178	277112	6190	6515	6118	431	38328	2517	202266	14747	13272	12413	428381
18	登记户数	1437095	425785	22611	17474	10578	1535	55323	4957	272886	40421	17069	20856	973385

2011年深圳市地方税务局纳税登记户数统计年报表(含社保费登记户)

编报机关:深圳市地方税务局　　单位:户

序号	项目	合计	内资企业									港澳台投资企业	外商投资企业	个体经营
			小计	国有企业	集体企业	股份合作企业	联营企业	有限责任公司	股份有限公司	私营企业	其他企业			
1	1. 营业税	262710	193614	2726	1010	2884	2340		32770	146204	5680	13936	7862	47298
2	2. 企业所得税	35746	32049	696	2286	866	641		6195	19710	1655	2593	1104	
3	3. 个人所得税													
4	4. 资源税													
5	5. 固定资产投资方向调节税													
6	6. 城市维护建设税	663553	425734	3016	1832	2924	3454		55888	354462	4158	27949	11836	198034
7	7. 房产税	27274	20846	812	1120	1682	552		5766	10120	794	4346	1558	524
8	8. 印花税	156224	127867	1228	850	742	1042		21184	101579	1242	13297	6270	8790
9	9. 城镇土地使用税	28880	15456	650	852	1688	500		5504	5964	298	4210	1470	7744
10	10. 土地增值税	854	614	20	2	12	30		384	158	8	142	42	56
11	11. 车船税	3288	2092	34	120	12	54		568	1212	92	644	318	234
12	12. 车辆购置税													
13	13. 屠宰税													
14	14. 筵席税													
15	15. 燃油税													
16	16. 烟叶税													
17	附列资料:纳税户数	351128	224046	1559	3038	1640	1805		28716	182282	5006	15738	6738	104606
18	登记户数	1473921	904540	10640	12126	4276	12080		103872	743610	17936	59062	25834	484485

2011年珠海市地方税务局纳税登记户数统计年报表(含社保费登记户)

编报机关:珠海市地方税务局　　　　单位:户

序号	项目	合计	内资企业									港澳台投资企业	外商投资企业	个体经营
			小计	国有企业	集体企业	股份合作企业	联营企业	有限责任公司	股份有限公司	私营企业	其他企业			
1	1. 营业税	26839	14779	811	588	76	37	8338	254	4120	555	1077	787	10196
2	2. 企业所得税	6227	5455	365	340	31	27	3090	122	1314	166	350	422	
3	3. 个人所得税	37407	9008	300	312	47	8	5574	137	2630		1537	809	26053
4	4. 资源税													
5	5. 固定资产投资方向调节税													
6	6. 城市维护建设税	51423	24249	872	721	78	43	14455	277	7243	560	1674	1083	24417
7	7. 房产税	9473	3204	292	265	63	6	1684	102	792		836	331	5102
8	8. 印花税	14200	7548	346	305	21	12	4785	167	1912		874	612	5166
9	9. 城镇土地使用税	4791	2362	218	178	49	5	1272	102	538		571	286	1572
10	10. 土地增值税	425	306	32	26	7	1	173	11	54	2	37	18	64
11	11. 车船税													
12	12. 车辆购置税													
13	13. 屠宰税													
14	14. 筵席税													
15	15. 燃油税													
16	16. 烟叶税													
17	附列资料:纳税户数	65828	31791	1085	1011	84	50	18903	353	9037	1268	2523	1444	30070
18	登记户数	243087	62053	2777	3790	115	178	32594	387	19148	3064	5202	2750	173082

2011年汕头市地方税务局纳税登记户数统计年报表（含社保费登记户）

编报机关：汕头市地方税务局　　　　单位：户

序号	项目	合计	内资企业									港澳台投资企业	外商投资企业	个体经营
			小计	国有企业	集体企业	股份合作企业	联营企业	有限责任公司	股份有限公司	私营企业	其他企业			
1	1. 营业税	47904	17854	1590	1828	346	89	10574	431	1676	1320	476	707	28867
2	2. 企业所得税	18238	18115	1312	2486	763	52	10469	63	2201	769	29	94	
3	3. 个人所得税	64969	15635	1073	1459	112	33	7140	109	4953	756	435	458	48441
4	4. 资源税	3087	1153	250	168	2	6	556	12	127	32	3		1931
5	5. 固定资产投资方向调节税													
6	6. 城市维护建设税	76519	30941	1813	2890	946	99	17649	362	5441	1741	970	765	43843
7	7. 房产税	35534	11869	881	1352	465	21	5259	138	3616	137	585	568	22512
8	8. 印花税	56592	25193	1429	2043	645	94	15604	213	4767	398	854	442	30103
9	9. 城镇土地使用税	34750	12481	705	1235	501	21	5785	135	3782	317	571	415	21283
10	10. 土地增值税	334	217	29	26		3	108	22	14	15	23	4	90
11	11. 车船税	938	90	2				84	3		1		1	847
12	12. 车辆购置税													
13	13. 屠宰税													
14	14. 筵席税													
15	15. 燃油税													
16	16. 烟叶税													
17	附列资料：纳税户数	90456	36575	2174	3155	1019	104	20337	578	6565	2643	1237	811	51833
18	登记户数	113796	49110	4405	8546	1142	164	23881	767	6990	3215	1796	838	62052

2011年佛山市地方税务局纳税登记户数统计年报表（含社保费登记户）

编报机关：佛山市地方税务局　　　　单位：户

序号	项目	合计	内资企业								港澳台投资企业	外商投资企业	个体经营
			小计	国有企业	集体企业	股份合作企业	联营企业	有限责任公司	股份有限公司	私营企业	其他企业			
1	1. 营业税	82912	24951	780	1041	229	55	11229	447	8697	2473	1244	693	56024
2	2. 企业所得税	14360	14287	349	1221	666	45	7319	145	2626	1916	32	41	
3	3. 个人所得税	195814	42777	664	742	370	53	18860	370	20670	1048	2338	1103	149596
4	4. 资源税	37	14		1		1	7		5				23
5	5. 固定资产投资方向调节税													
6	6. 城市维护建设税	192370	61481	843	1455	789	76	28056	488	27210	2564	2140	1084	127665
7	7. 房产税	56060	13355	330	690	59	39	6065	257	5300	615	1445	335	40925
8	8. 印花税	113987	51077	537	1198	609	52	24785	408	22787	701	1915	981	60014
9	9. 城镇土地使用税	31379	6495	266	590	48	20	3186	211	1510	664	973	287	23624
10	10. 土地增值税	2188	802	58	147	1	7	436	22	54	77	91	27	1268
11	11. 车船税	31	20					18		2				11
12	12. 车辆购置税													
13	13. 屠宰税													
14	14. 筵席税													
15	15. 燃油税													
16	16. 烟叶税													
17	附列资料：纳税户数	279544	74468	1157	1913	883	98	33347	810	32171	4089	3311	1550	200215
18	登记户数	362037	77930	1297	2868	1002	136	34095	1108	32192	5232	3331	1710	279066

2011年韶关市地方税务局纳税登记户数统计年报表(含社保费登记户)

编报机关:韶关市地方税务局　　单位:户

序号	项目	合计	内资企业									港澳台投资企业	外商投资企业	个体经营
			小计	国有企业	集体企业	股份合作企业	联营企业	有限责任公司	股份有限公司	私营企业	其他企业			
1	1. 营业税	10227	5326	493	297	26	11	2560	199	1098	642	118	67	4716
2	2. 企业所得税	2251	2241	212	332	23	16	1140	45	215	258	3	7	
3	3. 个人所得税	24717	4100	334	168	23	12	1942	123	1498		141	72	20404
4	4. 资源税	663	514	55	67	3	1	259	8	112	9	1	4	144
5	5. 固定资产投资方向调节税													
6	6. 城市维护建设税	20464	8735	583	499	46	26	4278	261	2382	660	202	102	11425
7	7. 房产税	5532	1939	225	225	28	12	876	98	475		113	26	3454
8	8. 印花税	8053	5839	316	309	33	20	3462	158	1539	2	178	62	1974
9	9. 城镇土地使用税	5442	1942	199	186	26	11	915	100	505		132	32	3336
10	10. 土地增值税	245	230	11	14	4		146	7	32	16	8	2	5
11	11. 车船税	53	50	7				6	37				2	1
12	12. 车辆购置税													
13	13. 屠宰税													
14	14. 筵席税													
15	15. 燃油税													
16	16. 烟叶税	4	4					4						
17	附列资料:纳税户数	32425	10812	678	559	52	28	5297	321	2745	1132	308	113	21192
18	登记户数	145908	13684	966	911	89	35	6024	403	2945	2311	521	143	131560

2011年河源市地方税务局纳税登记户数统计年报表（含社保费登记户）

编报机关：河源市地方税务局　　　　单位：户

序号	项目	合计	内资企业									港澳台投资企业	外商投资企业	个体经营
			小计	国有企业	集体企业	股份合作企业	联营企业	有限责任公司	股份有限公司	私营企业	其他企业			
1	1. 营业税	13875	5272	468	285	16	13	2564	109	904	913	110	42	8451
2	2. 企业所得税	2601	2580	240	317	10	9	1158	26	292	528	17	4	
3	3. 个人所得税	27247	2072	165	57	6	1	1182	59	539	63	222	41	24912
4	4. 资源税	2605	1182	61	123	8	2	470	18	216	284	7		1416
5	5. 固定资产投资方向调节税													
6	6. 城市维护建设税	24687	6837	498	387	16	14	3654	130	1224	914	228	64	17558
7	7. 房产税	5033	1613	253	163	12		829	56	279	21	157	28	3235
8	8. 印花税	7632	3974	227	257	18	9	2683	91	596	93	265	46	3347
9	9. 城镇土地使用税	4527	1530	216	127	12		814	54	284	23	165	27	2805
10	10. 土地增值税	639	360	101	38	1		149	4	22	45	12	1	266
11	11. 车船税	910	104	25	3			48	10	14	4	1		805
12	12. 车辆购置税													
13	13. 屠宰税													
14	14. 筵席税													
15	15. 燃油税													
16	16. 烟叶税													
17	附列资料：纳税户数	34971	8515	639	509	23	16	4546	207	1087	1488	405	88	25963
18	登记户数	87715	13686	910	1197	40	33	6794	286	1463	2963	511	99	73419

2011年梅州市地方税务局纳税登记户数统计年报表(含社保费登记户)

编报机关:梅州市地方税务局　　　　单位:户

序号	项　目	合　计	内资企业								港澳台投资企业	外商投资企业	个体经营
			小　计	国有企业	集体企业	股份合作企业	联营企业	有限责任公司	股份有限公司	私营企业	其他企业			
1	1. 营业税	53109	12662	493	1999	25	15	7510	236	647	1737	144	64	40239
2	2. 企业所得税	11128	11096	365	2002	27	26	7209	106	360	1001	24	8	
3	3. 个人所得税	59441	11797	366	1947	21	13	8212	207	991	40	166	58	47420
4	4. 资源税	12250	4231	104	1217	3	5	2501	46	208	147	25	4	7990
5	5. 固定资产投资方向调节税													
6	6. 城市维护建设税	60023	15526	569	2121	31	17	9831	262	1189	1506	289	92	44116
7	7. 房产税	21484	3805	269	372	15	13	2409	120	543	64	189	51	17439
8	8. 印花税	30829	11129	428	1853	26	9	7777	244	767	25	344	84	19272
9	9. 城镇土地使用税	18905	4281	223	332	14	10	2907	108	635	52	244	55	14325
10	10. 土地增值税	2954	677	52	113	6	2	390	11	12	91	9	4	2264
11	11. 车船税	19421	402	8	1			241	151	1				19019
12	12. 车辆购置税													
13	13. 屠宰税													
14	14. 筵席税													
15	15. 燃油税													
16	16. 烟叶税	6	6					6						
17	附列资料:纳税户数	72173	20901	799	2245	68	48	13033	480	1740	2488	538	142	50592
18	登记户数	94608	23913	1605	2596	122	59	13861	576	1885	3209	841	170	69684

2011年惠州市地方税务局纳税登记户数统计年报表(含社保费登记户)

编报机关:惠州市地方税务局　　单位:户

序号	项目	合计	内资企业									港澳台投资企业	外商投资企业	个体经营
			小计	国有企业	集体企业	股份合作企业	联营企业	有限责任公司	股份有限公司	私营企业	其他企业			
1	1. 营业税	147619	31674	2216	3043	58	182	13405	507	10217	2046	939	590	114416
2	2. 企业所得税	22898	22799	1783	3387	48	162	9654	257	5778	1730	43	56	
3	3. 个人所得税	180443	26632	1702	1951	44	130	11922	455	10427	1	2360	958	150493
4	4. 资源税	23271	8714	1019	1030	16	88	4016	120	2362	63	32	16	14509
5	5. 固定资产投资方向调节税													
6	6. 城市维护建设税	185369	41877	2309	3628	61	190	17290	536	15809	2054	2042	858	140592
7	7. 房产税	42150	6035	468	1111	21	34	2278	131	1991	1	1063	332	34720
8	8. 印花税	88198	28570	1750	2617	57	145	13419	398	10183	1	1867	733	57028
9	9. 城镇土地使用税	11046	4729	281	507	21	15	2347	100	1457	1	1028	339	4950
10	10. 土地增值税	6337	1871	123	167	12	4	1242	28	241	54	95	22	4349
11	11. 车船税	106	58	2	53			3						48
12	12. 车辆购置税													
13	13. 屠宰税													
14	14. 筵席税													
15	15. 燃油税													
16	16. 烟叶税													
17	附列资料:纳税户数	248406	53048	2698	4486	96	185	22782	657	18886	3258	3606	1313	190439
18	登记户数	321463	61859	3003	4883	136	189	22791	916	26315	3626	4187	1474	253943

2011 年汕尾市地方税务局纳税登记户数统计年报表(含社保费登记户)

编报机关:汕尾市地方税务局　　　　单位:户

序号	项目	合计	内资企业									港澳台投资企业	外商投资企业	个体经营
			小计	国有企业	集体企业	股份合作企业	联营企业	有限责任公司	股份有限公司	私营企业	其他企业			
1	1. 营业税	2942	1699	201	117	13	5	591	61	509	202	63	31	1149
2	2. 企业所得税	827	824	115	105	2	1	280	6	288	27	1	2	
3	3. 个人所得税	12962	1172	183	127	10	2	317	55	478		101	33	11656
4	4. 资源税	201	174	32	29	1	2	70	4	35	1		2	25
5	5. 固定资产投资方向调节税													
6	6. 城市维护建设税	8750	2802	332	195	14	5	969	73	1009	205	127	40	5781
7	7. 房产税	2579	875	130	77	14	1	276	40	337		110	20	1574
8	8. 印花税	1506	1030	85	78	6	3	474	41	343		94	22	360
9	9. 城镇土地使用税	2597	897	115	76	14	1	296	39	356		123	22	1555
10	10. 土地增值税	368	62	4	8			22	2	17	9	10	1	295
11	11. 车船税	20	12	1	1	1		3	6			1		7
12	12. 车辆购置税													
13	13. 屠宰税													
14	14. 筵席税													
15	15. 燃油税													
16	16. 烟叶税													
17	附列资料:纳税户数	15617	3627	454	311	22	5	1235	87	1126	387	208	50	11732
18	登记户数	26289	7690	1031	832	87	12	2011	202	1766	1749	379	60	18160

2011年东莞市地方税务局纳税登记户数统计年报表(含社保费登记户)

编报机关:东莞市地方税务局　　　　单位:户

序号	项目	合计	内资企业								港澳台投资企业	外商投资企业	个体经营
			小计	国有企业	集体企业	股份合作企业	联营企业	有限责任公司	股份有限公司	私营企业	其他企业			
1	1. 营业税	275985	53131	1164	6445	1736	131	28095	571	13360	1629	9651	3304	209899
2	2. 企业所得税	31574	28851	584	8924	1705	111	11729	346	4260	1192	1902	821	
3	3. 个人所得税	443795	70809	1077	5102	83	138	42680	625	21104		13547	4860	354579
4	4. 资源税	6	4	1				2		1				2
5	5. 固定资产投资方向调节税													
6	6. 城市维护建设税	478860	112447	1179	8149	1739	136	70207	623	28780	1634	12796	4802	348815
7	7. 房产税	111871	7634	113	2251	20	3	3556	300	1391		6762	1660	95815
8	8. 印花税	183206	65124	528	4150	375	86	44105	611	15269		7486	3603	106993
9	9. 城镇土地使用税	48921	7443	108	2208	20	2	3415	306	1384		3865	791	36822
10	10. 土地增值税	1310	636	5	148	1	1	368	3	79	31	243	26	405
11	11. 车船税	120	44		2			38		4		1	9	66
12	12. 车辆购置税													
13	13. 屠宰税													
14	14. 筵席税													
15	15. 燃油税													
16	16. 烟叶税													
17	附列资料:纳税户数	682102	134513	1449	11421	1781	168	82110	1214	32603	3767	21395	7274	518920
18	登记户数	735568	144767	1523	11982	1783	175	83669	1313	39377	4945	22781	8081	559939

2011 年中山市地方税务局纳税登记户数统计年报表（含社保费登记户）

编报机关：中山市地方税务局　　　　单位：户

序号	项　目	合　计	内资企业									港澳台投资企业	外商投资企业	个体经营
			小　计	国有企业	集体企业	股份合作企业	联营企业	有限责任公司	股份有限公司	私营企业	其他企业			
1	1. 营业税	91746	16610	338	946	46	33	10253	248	3142	1604	4013	1780	69343
2	2. 企业所得税	10071	9877	172	1249	7	27	6179	98	1135	1010	67	127	
3	3. 个人所得税	186750	30218	74	607	3	9	16915	137	12473		4785	1199	150548
4	4. 资源税	36	14		4			5		5				22
5	5. 固定资产投资方向调节税													
6	6. 城市维护建设税	195903	42259	350	1287	46	40	24294	283	14341	1618	5312	2202	146130
7	7. 房产税	31822	7066	58	877	32	9	4256	114	1720		3185	790	20781
8	8. 印花税	89207	32862	210	962	41	22	19784	202	11641		2881	1114	52350
9	9. 城镇土地使用税	28066	6733	52	905	33	10	4102	77	1554		2248	449	18636
10	10. 土地增值税	3588	606	10	47	14	3	467	13	21	31	317	44	2621
11	11. 车船税	13	1					1						12
12	12. 车辆购置税													
13	13. 屠宰税													
14	14. 筵席税													
15	15. 燃油税													
16	16. 烟叶税													
17	附列资料：纳税户数	269798	52376	453	1966	77	43	29100	431	16640	3666	9629	3009	204784
18	登记户数	299968	57883	507	3133	213	45	31876	628	17769	3712	9806	4320	227959

2011年江门市地方税务局纳税登记户数统计年报表(含社保费登记户)

编报机关:江门市地方税务局　　　　单位:户

序号	项目	合计	内资企业									港澳台投资企业	外商投资企业	个体经营
			小计	国有企业	集体企业	股份合作企业	联营企业	有限责任公司	股份有限公司	私营企业	其他企业			
1	1. 营业税	151092	28533	1029	2631	99	30	10988	428	5851	7477	1526	465	120568
2	2. 企业所得税	19857	19742	676	2859	66	23	10376	167	2469	3106	78	37	
3	3. 个人所得税	215756	22421	658	1148	43	33	9855	266	8888	1530	2588	657	190090
4	4. 资源税	273	124		4			38		82		5	1	143
5	5. 固定资产投资方向调节税													
6	6. 城市维护建设税	231449	43108	1087	3179	104	44	16649	479	12327	9239	2721	757	184863
7	7. 房产税	62884	8277	253	846	73	10	2844	316	2899	1036	1576	284	52747
8	8. 印花税	125657	34645	1142	3088	103	37	17017	477	12202	579	2994	871	87147
9	9. 城镇土地使用税	50037	8522	253	763	46	8	3367	294	3279	512	1229	307	39979
10	10. 土地增值税	4259	1964	139	715	21		761	35	98	195	248	70	1977
11	11. 车船税	465	52	4	7			34	2	2	3	1		412
12	12. 车辆购置税													
13	13. 屠宰税													
14	14. 筵席税													
15	15. 燃油税													
16	16. 烟叶税													
17	附列资料:纳税户数	303531	56634	1497	4072	164	55	22313	753	15443	12337	4576	1365	240956
18	登记户数	468547	127856	1959	4743	226	66	22364	1016	16279	81203	4867	10883	324941

2011 年阳江市地方税务局纳税登记户数统计年报表(含社保费登记户)

编报机关:阳江市地方税务局　　单位:户

序号	项目	合计	内资企业									港澳台投资企业	外商投资企业	个体经营
			小计	国有企业	集体企业	股份合作企业	联营企业	有限责任公司	股份有限公司	私营企业	其他企业			
1	1. 营业税	44134	7197	647	453	25	26	2254	133	2385	1274	79	50	36808
2	2. 企业所得税	5409	5405	458	531	17	23	1620	36	1667	1053	2	2	
3	3. 个人所得税	60695	5483	450	264	15	20	1771	104	2858	1	128	67	55017
4	4. 资源税	4218	862	169	138		5	345	19	168	18	7	1	3348
5	5. 固定资产投资方向调节税													
6	6. 城市维护建设税	60864	11829	721	683	31	29	3231	153	5659	1322	193	86	48756
7	7. 房产税	15822	2536	185	165	5	4	555	65	1555	2	91	29	13166
8	8. 印花税	24732	6886	469	346	18	25	2457	101	3468	2	167	56	17623
9	9. 城镇土地使用税	11418	2795	152	154	6	3	717	75	1686	2	104	34	8485
10	10. 土地增值税	553	310	22	22		1	154	3	98	10	16	3	224
11	11. 车船税	649	226	9	3	12		157	36	8	1			423
12	12. 车辆购置税													
13	13. 屠宰税													
14	14. 筵席税													
15	15. 燃油税													
16	16. 烟叶税													
17	附列资料:纳税户数	87258	13519	735	677	41	29	3871	224	6558	1384	355	103	73281
18	登记户数	112254	14315	843	807	42	30	3909	262	7032	1390	401	130	97408

2011 年湛江市地方税务局纳税登记户数统计年报表(含社保费登记户)

编报机关:湛江市地方税务局

单位:户

序号	项目	合计	内资企业									港澳台投资企业	外商投资企业	个体经营
			小计	国有企业	集体企业	股份合作企业	联营企业	有限责任公司	股份有限公司	私营企业	其他企业			
1	1. 营业税	153624	20457	2255	2120	62	50	10195	416	2399	2960	187	102	132878
2	2. 企业所得税	14482	14427	1804	2078	22	37	7694	197	1223	1372	33	22	
3	3. 个人所得税	179086	5685	586	256	40	24	2511	207	2013	48	154	135	173112
4	4. 资源税	884	353	15	204			101	1	31	1	1		530
5	5. 固定资产投资方向调节税													
6	6. 城市维护建设税	175363	25438	2435	2408	65	51	12940	444	4109	2986	259	163	149503
7	7. 房产税	13100	2425	457	268	27	4	1109	141	346	73	86	51	10538
8	8. 印花税	40998	11022	1226	1253	38	32	6070	261	2107	35	172	99	29705
9	9. 城镇土地使用税	5322	2072	300	153	26	5	1128	110	350		94	60	3096
10	10. 土地增值税	3516	915	158	114	4		420	14	16	189	8	3	2590
11	11. 车船税	441	295	84	1	1	2	147	55	5		1	4	141
12	12. 车辆购置税													
13	13. 屠宰税													
14	14. 筵席税													
15	15. 燃油税													
16	16. 烟叶税	1	1					1						
17	附列资料:纳税户数	207829	30675	2994	2623	55	62	14519	584	5321	4517	338	228	176588
18	登记户数	289026	39031	5251	3593	100	104	15872	709	7857	5545	446	326	249223

2011年茂名市地方税务局纳税登记户数统计年报表(含社保费登记户)

编报机关:茂名市地方税务局　　　　单位:户

序号	项　目	合　计	内资企业									港澳台投资企业	外商投资企业	个体经营
			小　计	国有企业	集体企业	股份合作企业	联营企业	有限责任公司	股份有限公司	私营企业	其他企业			
1	1. 营业税	6020	3467	357	208	99	15	1929	150	369	340	42	39	2472
2	2. 企业所得税	2271	2268	223	270	24	8	1484	31	48	180	1	2	
3	3. 个人所得税	31550	1858	263	56	64	8	883	63	511	10	47	25	29620
4	4. 资源税	408	165	3	34		3	40		84	1	2		241
5	5. 固定资产投资方向调节税													
6	6. 城市维护建设税	21912	7131	513	465	122	25	4661	170	798	377	129	56	14596
7	7. 房产税	15349	2170	237	217	102	7	1093	68	416	30	61	22	13096
8	8. 印花税	2120	1934	129	101	46	6	1421	76	127	28	99	28	59
9	9. 城镇土地使用税	8341	1931	184	197	102	7	1065	62	308	6	83	23	6304
10	10. 土地增值税	339	124	8	6		2	97	1	1	9	3	1	211
11	11. 车船税	169	50	2		1		15	32					119
12	12. 车辆购置税													
13	13. 屠宰税													
14	14. 筵席税													
15	15. 燃油税													
16	16. 烟叶税													
17	附列资料:纳税户数	39994	9768	656	590	139	29	6115	219	1146	874	194	75	29957
18	登记户数	189710	65869	4477	3742	173	71	10395	410	1626	44975	432	134	123275

2011年肇庆市地方税务局纳税登记户数统计年报表（含社保费登记户）

编报机关：肇庆市地方税务局

单位：户

序号	项目	合计	内资企业									港澳台投资企业	外商投资企业	个体经营
			小计	国有企业	集体企业	股份合作企业	联营企业	有限责任公司	股份有限公司	私营企业	其他企业			
1	1. 营业税	67139	11348	762	969	60	30	4661	237	2741	1888	547	315	54929
2	2. 企业所得税	6144	6108	372	1013	9	26	2263	54	840	1531	19	17	
3	3. 个人所得税	99988	6006	386	250	17	14	2754	148	2382	55	757	308	92917
4	4. 资源税	20263	1148	3	145		1	504	1	494		5	1	19109
5	5. 固定资产投资方向调节税													
6	6. 城市维护建设税	81600	15932	843	1288	61	37	6856	261	4675	1911	902	451	64315
7	7. 房产税	25394	3461	244	328	28	11	1641	85	1057	67	531	215	21187
8	8. 印花税	31768	9521	419	800	52	25	5081	213	2833	98	814	410	21023
9	9. 城镇土地使用税	20449	3864	200	332	29	9	1951	92	1179	72	455	184	15946
10	10. 土地增值税	1984	659	40	143	26	5	268	7	82	88	58	12	1255
11	11. 车船税	134	46	1				40	1	4		26	19	43
12	12. 车辆购置税													
13	13. 屠宰税													
14	14. 筵席税													
15	15. 燃油税													
16	16. 烟叶税													
17	附列资料：纳税户数	132052	18394	902	1184	69	53	7457	329	5079	3321	1057	478	112123
18	登记户数	186717	20367	1106	1338	90	64	7981	381	5671	3736	1185	491	164674

2011年清远市地方税务局纳税登记户数统计年报表（含社保费登记户）

编报机关：清远市地方税务局　　　　单位：户

序号	项　目	合　计	内资企业									港澳台投资企业	外商投资企业	个体经营
			小　计	国有企业	集体企业	股份合作企业	联营企业	有限责任公司	股份有限公司	私营企业	其他企业			
1	1. 营业税	45923	9865	620	425	18	46	5725	222	1385	1424	234	126	35698
2	2. 企业所得税	5364	5349	320	449	12	46	3064	131	384	943	9	6	
3	3. 个人所得税	63209	8308	442	334	17	33	5258	205	1928	91	394	124	54383
4	4. 资源税	11833	2370	161	111		11	1496	63	378	150	25	8	9430
5	5. 固定资产投资方向调节税													
6	6. 城市维护建设税	58903	12875	687	641	23	63	7600	231	2121	1509	414	171	45443
7	7. 房产税	7146	2320	214	208	8	26	1300	90	468	6	255	70	4501
8	8. 印花税	25976	8569	449	509	29	62	6056	192	1255	17	460	148	16799
9	9. 城镇土地使用税	6932	2679	155	221	11	14	1631	90	547	10	241	75	3937
10	10. 土地增值税	1799	928	35	59	3	3	546	19	23	240	27	8	836
11	11. 车船税	3869	646	12	174	1	3	446	4	5	1	7	12	3204
12	12. 车辆购置税													
13	13. 屠宰税													
14	14. 筵席税													
15	15. 燃油税													
16	16. 烟叶税	1	1					1						
17	附列资料：纳税户数	107821	19521	938	1074	56	88	11294	360	2907	2804	709	275	87316
18	登记户数	167617	20131	964	1111	57	90	11421	365	2932	3191	784	281	146421

2011年潮州市地方税务局纳税登记户数统计年报表(含社保费登记户)

编报机关:潮州市地方税务局　　单位:户

序号	项目	合计	内资企业									港澳台投资企业	外商投资企业	个体经营
			小计	国有企业	集体企业	股份合作企业	联营企业	有限责任公司	股份有限公司	私营企业	其他企业			
1	1. 营业税	3678	2401	234	174	21	5	1365	67	288	247	55	26	1196
2	2. 企业所得税	3407	3407	227	212	206	5	2157	52	340	208			
3	3. 个人所得税	16226	6197	195	185	221	8	3168	86	2304	30	300	113	9616
4	4. 资源税	2520	1415	48	52	34		620	7	647	7	143	53	909
5	5. 固定资产投资方向调节税													
6	6. 城市维护建设税	15142	6685	277	247	218	8	3253	86	2314	282	329	124	8004
7	7. 房产税	16182	5798	188	174	212	3	2966	66	2151	38	320	110	9954
8	8. 印花税	14435	5839	159	174	215	6	3051	86	2114	34	348	116	8132
9	9. 城镇土地使用税	16312	5919	187	177	214	3	3053	66	2183	36	320	104	9969
10	10. 土地增值税	210	70	9	12			43		4	2	4	1	135
11	11. 车船税	54	23					10	12		1			31
12	12. 车辆购置税													
13	13. 屠宰税													
14	14. 筵席税													
15	15. 燃油税													
16	16. 烟叶税													
17	附列资料:纳税户数	21105	8057	361	285	243	8	3910	142	2468	640	395	141	12512
18	登记户数	51253	14689	871	1144	385	16	5494	280	3208	3291	680	223	35661

2011 年揭阳市地方税务局纳税登记户数统计年报表(含社保费登记户)

编报机关:揭阳市地方税务局　　　　单位:户

序号	项　目	合　计	内资企业									港澳台投资企业	外商投资企业	个体经营
			小　计	国有企业	集体企业	股份合作企业	联营企业	有限责任公司	股份有限公司	私营企业	其他企业			
1	1. 营业税	21930	5396	573	799	26	16	2518	139	631	694	63	47	16424
2	2. 企业所得税	4581	4567	462	914	8	13	2130	54	470	516	5	9	
3	3. 个人所得税	51401	6450	433	644	29	6	3832	130	1376		231	88	44632
4	4. 资源税	3970	1615	250	443		3	691	28	184	16	1	2	2352
5	5. 固定资产投资方向调节税													
6	6. 城市维护建设税	39498	9577	729	1037	27	16	5285	186	1580	717	275	98	29548
7	7. 房产税	33103	5243	266	380	10	11	3457	115	1004		194	55	27611
8	8. 印花税	24202	8306	534	867	41	12	5461	171	1220		316	88	15492
9	9. 城镇土地使用税	41026	6212	284	398	9	9	4220	147	1145		257	69	34488
10	10. 土地增值税	775	255	30	77	5		91	3	14	35	9	3	508
11	11. 车船税	8	5	2				3						3
12	12. 车辆购置税													
13	13. 屠宰税													
14	14. 筵席税													
15	15. 燃油税													
16	16. 烟叶税													
17	附列资料:纳税户数	88068	13041	935	1277	76	23	7049	297	1812	1572	413	130	74484
18	登记户数	144817	15636	1314	1749	134	25	7269	367	1851	2927	500	146	128535

2011年云浮市地方税务局纳税登记户数统计年报表(含社保费登记户)

编报机关:云浮市地方税务局　　　　单位:户

序号	项目	合计	内资企业									港澳台投资企业	外商投资企业	个体经营
			小计	国有企业	集体企业	股份合作企业	联营企业	有限责任公司	股份有限公司	私营企业	其他企业			
1	1. 营业税	48237	6413	379	961	19	12	2392	114	812	1724	137	32	41655
2	2. 企业所得税	4206	4201	189	1120	9	8	1442	40	186	1207	3	2	
3	3. 个人所得税	59214	4473	273	757	12	13	2275	101	1042		200	63	54478
4	4. 资源税	216	72	1	5			37		29		2	1	141
5	5. 固定资产投资方向调节税													
6	6. 城市维护建设税	60255	8004	402	1090	20	14	3319	129	1302	1728	247	58	51946
7	7. 房产税	22875	1757	148	290	10	2	791	45	471		157	27	20934
8	8. 印花税	34114	5011	274	910	19	15	2875	118	800		247	53	28803
9	9. 城镇土地使用税	17014	1772	111	243	6	3	879	40	490		166	33	15043
10	10. 土地增值税	815	231	30	37	5	2	83	2	21	51	24	4	556
11	11. 车船税	127	43	3				16	21	3			1	83
12	12. 车辆购置税													
13	13. 屠宰税													
14	14. 筵席税													
15	15. 燃油税													
16	16. 烟叶税													
17	附列资料:纳税户数	75186	9382	419	1302	30	16	3889	151	1317	2258	391	84	65329
18	登记户数	98220	10470	490	1426	32	18	4255	173	1501	2575	416	94	87240

2011年广东省地方税务局直属分局纳税登记户数统计年报表（含社保费登记户）

编报机关：广东省地方税务局直属分局　　单位：户

序号	项目	合计	内资企业									港澳台投资企业	外商投资企业	个体经营
			小计	国有企业	集体企业	股份合作企业	联营企业	有限责任公司	股份有限公司	私营企业	其他企业			
1	1. 营业税	1721	1177	111	12	8	10	468	421	130	17	181	330	33
2	2. 企业所得税	819	724	262	18	2	8	291	32	70	41	32	63	
3	3. 个人所得税													
4	4. 资源税													
5	5. 固定资产投资方向调节税													
6	6. 城市维护建设税													
7	7. 房产税													
8	8. 印花税													
9	9. 城镇土地使用税													
10	10. 土地增值税													
11	11. 车船税													
12	12. 车辆购置税													
13	13. 屠宰税													
14	14. 筵席税													
15	15. 燃油税													
16	16. 烟叶税													
17	附列资料：纳税户数	2513	1874	373	30	10	18	732	453	200	58	213	393	33
18	登记户数	2812	2173	373	30	10	18	732	453	200	357	213	393	33

2011年广东省地方税务局纳税登记户数分行业统计年报表(含社保费登记户)

编报机关:广东省地方税务局　　　　单位:户

序号	项目	合计	内资企业									港澳台投资企业	外商投资企业	个体经营
			小计	国有企业	集体企业	股份合作企业	联营企业	有限责任公司	股份有限公司	私营企业	其他企业			
1	合计	4042923	1136797	29947	52392	14013	4176	384791	14837	559641	77000	83150	40649	2782327
2	一、第一产业	20785	7132	546	363	67	44	3065	183	1704	1160	341	128	13184
3	二、第二产业	882798	360599	12531	23679	3831	1545	149535	4197	161338	3943	30136	14304	477759
4	(一)采矿业	3129	2048	58	191	12	90	759	124	796	18	40	38	1003
5	1. 煤炭开采和洗选业	36	16	2	1			9	1	3			1	19
6	2. 原油和天然气开采业	104	77	10	2	2	1	38	10	13	1	2	14	11
7	其中:原油	98	73	8	2	1	1	38	10	12	1	2	14	9
8	3. 黑色金属矿采选业	276	182	7	6			105	2	60	2	5	2	87
9	4. 有色金属矿采选业	229	158	4	6	4	1	100	2	40	1	2	8	61
10	5. 非金属矿采选业	1648	944	20	68	6	2	299	4	536	9	22	8	674
11	6. 其他采矿业	836	671	15	108		86	208	105	144	5	9	5	151
12	(二)制造业	462909	214597	1769	11592	3129	369	78064	1219	118224	231	28428	12883	207001
13	1. 农副食品加工业	7677	2981	499	159	42	22	1134	36	1058	31	230	138	4328
14	2. 食品制造业	6910	2906	63	63	47	3	1219	31	1475	5	327	222	3455
15	3. 饮料制造业	1600	928	38	70	36	15	374	28	367		105	96	471
16	其中:酒制造	628	384	20	48	31	12	140	21	112		19	18	207
17	4. 烟草制品业	124	91	8	11	12	8	33	15	4		2	1	30
18	其中:卷烟制造	34	23	3	5	4	1	8	1	1				11
19	5. 纺织业	18310	5988	62	381	93	8	2275	23	3133	13	1275	214	10833
20	6. 纺织服装、鞋帽制造业	42462	17154	40	686	150	10	4318	33	11913	4	3146	559	21603
21	7. 皮革、毛皮、羽毛(绒)制品业	18892	6455	16	377	47	3	1797	16	4197	2	1042	315	11080
22	8. 木材加工及木竹藤棕草制品业	8954	2415	62	116	22	3	961	10	1237	4	264	64	6211
23	9. 家具制造业	11808	5145	11	213	39	1	1944	5	2927	5	756	300	5607

续表

序号	项目	合计	内资企业									港澳台投资企业	外商投资企业	个体经营
			小计	国有企业	集体企业	股份合作企业	联营企业	有限责任公司	股份有限公司	私营企业	其他企业			
24	10. 造纸及纸制品业	14217	8464	12	566	121	7	2518	13	5217	10	703	155	4895
25	11. 印刷业和记录媒体的复制	12367	9093	88	462	470	9	2569	15	5469	11	523	91	2660
26	12. 文教体育用品制造业	5394	2438	14	291	40	4	1099	8	980	2	688	234	2034
27	13. 石油加工、炼焦及核燃料业	2741	215	4	13	8	1	96	13	74	6	557	744	1225
28	其中:成品油	218	146	1	3	5	1	76	8	52		17	14	41
29	14. 化学原料及化学制品业	9392	6381	56	199	115	24	2819	73	3087	8	971	618	1422
30	15. 医药制造业	1552	1069	17	22	24	4	563	82	351	6	177	148	158
31	16. 化学纤维制造业	468	216	6	13	1	1	97	2	96		81	41	130
32	17. 橡胶制品业	5623	2825	19	190	21	2	1171	4	1416	2	526	232	2040
33	18. 塑料制品业	36041	17507	30	1890	256	11	6081	20	9215	4	2886	874	14774
34	19. 非金属矿物制品业	19159	7430	89	283	102	16	3583	55	3280	22	798	320	10611
35	20. 黑色金属冶炼及压延加工业	2601	877	4	27	11	4	346	9	475	1	47	131	1546
36	21. 有色金属冶炼及压延加工业	3821	1644	14	97	40	14	762	30	684	3	187	112	1878
37	22. 金属制品业	77527	30010	40	1366	274	26	11420	58	16814	12	2604	938	43975
38	23. 通用设备制造业	18042	8046	72	463	123	9	3250	37	4091	1	611	415	8970
39	24. 专用设备制造业	17849	8962	57	272	81	7	3511	68	4953	13	1093	593	7201
40	25. 交通运输设备制造业	9117	3905	107	207	170	23	1259	40	2089	10	349	966	3897
41	其中:汽车制造	6544	2428	75	143	141	18	754	22	1265	10	231	826	3059
42	摩托车制造	617	321	5	8	13	3	124	4	164		31	23	242
43	26. 电气机械及器材制造业	27314	15113	62	424	127	17	6996	99	7386	2	1699	810	9692
44	27. 通信设备、计算机及其他电子设备制造业	34904	23112	50	993	97	47	7019	286	14608	12	3608	2290	5894
45	28. 仪表仪器及文化、办公用机械制造业	3622	2196	23	264	198	28	565	31	1083	4	419	282	725

续表

序号	项目	合计	内资企业									港澳台投资企业	外商投资企业	个体经营
			小计	国有企业	集体企业	股份合作企业	联营企业	有限责任公司	股份有限公司	私营企业	其他企业			
46	29. 其他制造业	44421	21031	206	1474	362	42	8285	79	10545	38	2754	980	19656
47	(三)电力、燃气及水的生产和供应业	11590	7424	702	1445	93	349	1999	551	2180	105	174	185	3807
48	1. 电力、热力的生产和供应业	8312	4684	564	977	53	34	1043	74	1877	62	108	63	3457
49	其中:电力生产和供应业	7578	4280	527	882	52	28	951	66	1715	59	96	49	3153
50	2. 燃气生产和供应业	1577	1359	31	102	1	305	340	458	122		31	91	96
51	3. 水的生产和供应业	1701	1381	107	366	39	10	616	19	181	43	35	31	254
52	(四)建筑业	405170	136530	10002	10451	597	737	68713	2303	40138	3589	1494	1198	265948
53	1. 房屋和土木工程建筑业	34350	22321	2833	2014	47	146	12074	328	4342	537	115	70	11844
54	2. 建筑安装业	278240	75817	5911	7446	297	424	39298	1634	18149	2658	932	819	200672
55	3. 建筑装饰业	41717	24993	249	401	206	115	10253	168	13539	62	270	142	16312
56	4. 其他建筑业	50863	13399	1009	590	47	52	7088	173	4108	332	177	167	37120
57	三、第三产业	3139340	769066	16870	28350	10115	2587	232191	10457	396599	71897	52673	26217	2291384
58	(一)交通运输、仓储及邮政业	154318	35046	1150	1116	488	287	13394	579	17536	496	1938	833	116501
59	1. 交通运输业	147910	30632	760	866	275	202	12154	483	15479	413	1710	690	114878
60	2. 仓储业	3695	2921	167	206	177	33	660	35	1566	77	211	131	432
61	3. 邮政业	2713	1493	223	44	36	52	580	61	491	6	17	12	1191
62	(二)信息传输、计算机服务和软件业	34917	29301	225	139	151	77	7486	533	20495	195	1193	826	3597
63	1. 电信和其他信息传输服务业	7508	5013	185	67	78	20	1519	294	2720	130	381	151	1963
64	其中:电信	3220	1325	160	10	12	5	638	211	272	17	316	102	1477
65	2. 计算机服务业	18137	16103	38	55	62	38	4223	149	11482	56	328	298	1408
66	3. 软件业	9272	8185	2	17	11	19	1744	90	6293	9	484	377	226
67	(三)批发和零售业	1157613	324189	4469	7315	3959	989	101389	1937	203347	784	7084	4463	821877
68	1. 批发业	321661	198632	2401	2733	1359	602	50068	751	140466	252	5033	2896	115100
69	其中:烟草制品批发	271	152	29	3	3	1	87	1	28			1	118

续表

序号	项　目	合　计	内资企业								港澳台投资企业	外商投资企业	个体经营
			小计	国有企业	集体企业	股份合作企业	联营企业	有限责任公司	股份有限公司	私营企业	其他企业			
70	煤炭及制品批发	349	288	11	12	1		160	1	103			3	58
71	石油及其制品批发	1482	1219	44	40	5	10	577	118	425		23	88	152
72	汽车及零配件批发	5420	3037	17	17	36	5	712	6	2244		63	54	2266
73	2. 零售业	835952	125557	2068	4582	2600	387	51321	1186	62881	532	2051	1567	706777
74	(四)住宿和餐饮业	115873	16191	696	742	472	74	4381	54	9408	364	1166	1087	97429
75	1. 住宿业	24023	6251	550	454	60	49	1642	31	3141	324	305	169	17298
76	2. 餐饮业	91850	9940	146	288	412	25	2739	23	6267	40	861	918	80131
77	(五)金融业	18878	10101	604	348	726	96	2910	4206	977	234	515	919	7343
78	1. 银行业	4309	3506	360	194	555	49	213	2012	13	110	147	246	410
79	2. 证券业	1369	1111	24	64	89	38	426	452	12	6	18	35	205
80	3. 保险业	3372	2541	140	1	23	1	598	1540	215	23	30	276	525
81	4. 其他金融	9828	2943	80	89	59	8	1673	202	737	95	320	362	6203
82	其中:金融租赁	188	56		6			13	2	1	34	11	9	112
83	邮政储蓄	134	111	16	1		1	51	1	7	34			23
84	(六)房地产业	666866	61124	1662	7409	458	263	26928	754	18147	5503	24807	4705	576230
85	(七)租赁和商务服务业	172723	98361	1542	2046	690	301	28551	555	60971	3705	6352	6118	61892
86	1. 租赁业	22170	3680	71	187	205	15	954	47	1950	251	182	94	18214
87	2. 商务服务业	150553	94681	1471	1859	485	286	27597	508	59021	3454	6170	6024	43678
88	(八)居民服务和其他服务业	636626	90759	3396	6693	2780	326	32163	1375	24471	19555	6908	5237	533722
89	(九)教育	18034	15447	155	193	16	13	565	12	845	13648	34	123	2430
90	(十)卫生、社会保险和社会福利业	8779	4878	98	327	18	5	196	24	496	3714	11	14	3876
91	其中:卫生	7565	4013	90	297	15	5	164	15	456	2971	10	11	3531
92	(十一)文化、体育和娱乐业	15247	8579	420	232	143	36	1740	63	4096	1849	254	122	6292
93	(十二)公共管理和社会组织	49106	20111	554	1065	31	26	1077	107	576	16675	196	80	28719
94	(十三)其他行业	90360	54979	1899	725	183	94	11411	258	35234	5175	2215	1690	31476

2011年广州市地方税务局纳税登记户数分行业统计年报表(含社保费登记户)

编报机关:广州市地方税务局　　　　单位:户

序号	项目	合计	内资企业									港澳台投资企业	外商投资企业	个体经营
			小计	国有企业	集体企业	股份合作企业	联营企业	有限责任公司	股份有限公司	私营企业	其他企业			
1	合计	739594	279946	6297	6553	6157	434	38873	2590	203952	15090	13651	13358	432639
2	一、第一产业	3345	1347	91	65	6	1	191	46	663	284	53	32	1913
3	二、第二产业	122492	64107	2304	2168	1672	200	13389	669	43521	184	3945	3784	50656
4	(一)采矿业	100	42	7	5			12		17	1	4	13	41
5	1. 煤炭开采和洗选业	6	2	2									1	3
6	2. 原油和天然气开采业	14	3	1				2				1	7	3
7	其中:原油	14	3	1				2				1	7	3
8	3. 黑色金属矿采选业	7	3					1		2		1	2	1
9	4. 有色金属矿采选业	5	2		1			1					2	1
10	5. 非金属矿采选业	58	25	1	3			7		14		2	1	30
11	6. 其他采矿业	10	7	3	1			1		1	1			3
12	(二)制造业	65740	35947	437	1085	1456	49	4091	153	28644	32	3541	3388	22864
13	1. 农副食品加工业	885	427	21	16	14	1	89	9	271	6	31	26	401
14	2. 食品制造业	1201	586	24	12	12	2	85	1	449	1	64	94	457
15	3. 饮料制造业	215	121	10	2	2	1	16		90		23	35	36
16	其中:酒制造	46	32	5		1		7		19		1	4	9
17	4. 烟草制品业	9	5					5						4
18	其中:卷烟制造	9	5					5						4
19	5. 纺织业	1604	762	13	22	14		74		639		134	43	665
20	6. 纺织服装、鞋帽制造业	11733	6433	13	56	84	3	343	8	5926		498	158	4644
21	7. 皮革、毛皮、羽毛(绒)制品业	5681	2864	4	22	23	1	274	5	2535		164	93	2560
22	8. 木材加工及木竹藤棕草制品业	1005	378	3	12	6		46		311		31	11	585
23	9. 家具制造业	1696	1019	6	12	24	1	97	1	878		69	41	567

续表

序号	项目	合计	内资企业								港澳台投资企业	外商投资企业	个体经营
			小计	国有企业	集体企业	股份合作企业	联营企业	有限责任公司	股份有限公司	私营企业	其他企业			
24	10. 造纸及纸制品业	2153	1418	4	25	72		116		1201		75	21	639
25	11. 印刷业和记录媒体的复制	1605	1289	34	48	269	1	87		845	5	63	16	237
26	12. 文教体育用品制造业	749	419	7	14	30	3	54	2	309		106	42	182
27	13. 石油加工、炼焦及核燃料业	833	53		2	3	1	9	2	34	2	226	417	137
28	其中:成品油	61	40		1	3	1	9	1	25		8	5	8
29	14. 化学原料及化学制品业	2364	1667	19	40	75	4	227	16	1285	1	202	234	261
30	15. 医药制造业	373	272	7	3	5		71	24	161	1	30	35	36
31	16. 化学纤维制造业	50	25	2	2			2		19		10	5	10
32	17. 橡胶制品业	810	445	7	31	15		83		308	1	70	65	230
33	18. 塑料制品业	3456	1975	7	55	99	3	203	4	1602	2	239	139	1103
34	19. 非金属矿物制品业	1674	903	22	43	30	3	156	6	643		108	55	608
35	20. 黑色金属冶炼及压延加工业	233	44	1	1			17		25		18	117	54
36	21. 有色金属冶炼及压延加工业	411	178	1	6	1		41	1	128		30	24	179
37	22. 金属制品业	6790	3203	11	160	159	6	362	9	2494	2	195	144	3248
38	23. 通用设备制造业	2534	1457	22	39	60		231	6	1099		80	121	876
39	24. 专用设备制造业	2247	1461	21	21	52		197	6	1161	3	113	91	582
40	25. 交通运输设备制造业	2939	1626	50	56	122	8	259	5	1125	1	90	659	564
41	其中:汽车制造	2096	1014	35	42	109	8	152	3	664	1	68	610	404
42	摩托车制造	196	114	4	5	6		30	1	68		5	15	62
43	26. 电气机械及器材制造业	2685	1832	28	27	75	4	279	9	1410		168	142	543
44	27. 通信设备、计算机及其他电子设备制造业	3297	2028	13	27	46	2	289	36	1614	1	270	271	728
45	28. 仪表仪器及文化、办公用机械制造业	637	362	10	13	22		54	1	262		80	75	120

续表

序号	项目	合计	内资企业								港澳台投资企业	外商投资企业	个体经营
			小计	国有企业	集体企业	股份合作企业	联营企业	有限责任公司	股份有限公司	私营企业	其他企业			
46	29. 其他制造业	5871	2695	77	318	142	5	325	2	1820	6	354	214	2608
47	(三)电力、燃气及水的生产和供应业	572	443	46	75		3	187	10	105	17	23	23	83
48	1. 电力、热力的生产和供应业	285	211	25	38			93	8	38	9	12	3	59
49	其中:电力生产和供应业	275	201	25	38			85	8	36	9	12	3	59
50	2. 燃气生产和供应业	95	68	2	7		2	39		18		4	16	7
51	3. 水的生产和供应业	192	164	19	30		1	55	2	49	8	7	4	17
52	(四)建筑业	56080	27675	1814	1003	216	148	9099	506	14755	134	377	360	27668
53	1. 房屋和土木工程建筑业	6245	4830	664	350	23	16	1968	77	1725	7	31	23	1361
54	2. 建筑安装业	28579	12035	910	395	56	101	4755	354	5370	94	219	239	16086
55	3. 建筑装饰业	11893	8297	81	165	128	24	1327	35	6536	1	94	60	3442
56	4. 其他建筑业	9363	2513	159	93	9	7	1049	40	1124	32	33	38	6779
57	三、第三产业	613757	214492	3902	4320	4479	233	25293	1875	159768	14622	9653	9542	380070
58	(一)交通运输、仓储及邮政业	32857	8885	272	177	120	21	1380	56	6814	45	458	250	23264
59	1. 交通运输业	31753	8228	179	100	115	17	1238	53	6488	38	431	211	22883
60	2. 仓储业	633	455	55	75	5	4	105	1	204	6	22	37	119
61	3. 邮政业	471	202	38	2			37	2	122	1	5	2	262
62	(二)信息传输、计算机服务和软件业	12061	10852	68	23	49	1	1162	104	9417	28	315	296	598
63	1. 电信和其他信息传输服务业	1255	1009	40	1	28		213	36	677	14	47	32	167
64	其中:电信	409	242	35	1	6		93	35	71	1	25	21	121
65	2. 计算机服务业	8817	8156	26	19	19	1	764	55	7263	9	150	147	364
66	3. 软件业	1989	1687	2	3	2		185	13	1477	5	118	117	67
67	(三)批发和零售业	289647	86331	1107	2011	2536	81	8296	321	71916	63	1500	1505	200311
68	1. 批发业	123082	59875	692	1027	472	35	5031	169	52426	23	1129	1018	61060
69	其中:烟草制品批发	50	38	10	1	1		13		13			1	11

续表

序号	项　　目	合　计	内　资　企　业									港澳台投资企业	外商投资企业	个体经营
			小 计	国有企业	集体企业	股份合作企业	联营企业	有限责任公司	股份有限公司	私营企业	其他企业			
70	煤炭及制品批发	104	90	7	9			28	1	45			3	11
71	石油及其制品批发	365	277	13	7	2	3	84	20	148		7	54	27
72	汽车及零配件批发	3322	1761	9	9	28	2	148	4	1561		26	37	1498
73	2. 零售业	166565	26456	415	984	2064	46	3265	152	19490	40	371	487	139251
74	(四)住宿和餐饮业	19523	4895	269	141	395	9	561	13	3462	45	245	276	14107
75	1. 住宿业	2796	1676	213	88	30	8	220	4	1075	38	37	56	1027
76	2. 餐饮业	16727	3219	56	53	365	1	341	9	2387	7	208	220	13080
77	(五)金融业	2671	1914	130	8	110	9	455	800	383	19	69	131	557
78	1. 银行业	867	741	81	5	94		48	511	1	1	33	47	46
79	2. 证券业	249	219	10			7	108	85	7	2	3	8	19
80	3. 保险业	548	433	24		8		89	183	124	5	8	55	52
81	4. 其他金融	1007	521	15	3	8	2	210	21	251	11	25	21	440
82	其中:金融租赁	16	6							1	5	6	4	
83	邮政储蓄	21	19				1	9		4	5			2
84	(六)房地产业	49857	12803	312	669	88	18	3490	79	7636	511	2013	586	34455
85	(七)租赁和商务服务业	50045	34406	530	350	212	26	4386	192	28017	693	3005	3609	9025
86	1. 租赁业	4065	946	8	25	4		124	9	764	12	17	18	3084
87	2. 商务服务业	45980	33460	522	325	208	26	4262	183	27253	681	2988	3591	5941
88	(八)居民服务和其他服务业	103287	12978	373	493	707	36	2038	170	6674	2487	1194	1861	87254
89	(九)教育	4429	3939	21	30	10	2	90	2	191	3593	12	91	387
90	(十)卫生、社会保险和社会福利业	1839	1034	25	39	14		37	5	118	796	2	4	799
91	其中:卫生	1619	829	23	27	11		32	5	99	632	2	3	785
92	(十一)文化、体育和娱乐业	3784	2905	168	58	122	6	318	16	1703	514	53	62	764
93	(十二)公共管理和社会组织	12168	5182	49	138	2	2	79	14	97	4801	78	46	6862
94	(十三)其他行业	31589	28368	578	183	114	22	3001	103	23340	1027	709	825	1687

2011年深圳市地方税务局纳税登记户数分行业统计年报表(含社保费登记户)

编报机关:深圳市地方税务局　　　　单位:户

序号	项　　目	合　计	内　资　企　业									港澳台投资企业	外商投资企业	个体经营
			小计	国有企业	集体企业	股份合作企业	联营企业	有限责任公司	股份有限公司	私营企业	其他企业			
1	合　　计	351128	224046	1559	3038	1640	1805	26648	2068	182282	5006	15738	6738	104606
2	一、第一产业													
3	二、第二产业	63741	46512	444	2658	244	238	5200	452	37251	25	6585	2005	8639
4	(一)采矿业	14	12	2	1			1	1	7		1		1
5	1. 煤炭开采和洗选业	1	1							1				
6	2. 原油和天然气开采业													
7	其中:原油													
8	3. 黑色金属矿采选业	2	2						1	1				
9	4. 有色金属矿采选业	1												1
10	5. 非金属矿采选业	4	3	1						2		1		
11	6. 其他采矿业	6	6	1	1			1		3				
12	(二)制造业	57350	40578	62	2560	238	146	3764	357	33440	11	6462	1905	8405
13	1. 农副食品加工业	197	113	3	7	2	4	26	3	68		25	14	45
14	2. 食品制造业	359	185	1	3	1		31	3	145	1	64	28	82
15	3. 饮料制造业	91	55				1	15		39		16	7	13
16	其中:酒制造	7	3					1		2		2	2	
17	4. 烟草制品业	3	3	1					1	1				
18	其中:卷烟制造													
19	5. 纺织业	541	326	3	36	4	3	24	4	252		109	13	93
20	6. 纺织服装、鞋帽制造业	2896	1788	2	115	6	2	114	7	1542		558	66	484
21	7. 皮革、毛皮、羽毛(绒)制品业	767	416	1	78	6	1	19	1	310		125	16	210
22	8. 木材加工及木竹藤棕草制品业	334	185		25	2		12		146		37	10	102
23	9. 家具制造业	1234	799		61	10		46	2	680		141	25	269

续表

序号	项　目	合　计	内资企业									港澳台投资企业	外商投资企业	个体经营
			小计	国有企业	集体企业	股份合作企业	联营企业	有限责任公司	股份有限公司	私营企业	其他企业			
24	10. 造纸及纸制品业	2540	1921	2	152	17	3	129	4	1614		211	25	383
25	11. 印刷业和记录媒体的复制	1685	1330	7	132	8	6	105	4	1067	1	161	20	174
26	12. 文教体育用品制造业	365	195	1	40	1		11	1	141		74	25	71
27	13. 石油加工、炼焦及核燃料业	13	8					6	1	1		3	2	
28	其中:成品油													
29	14. 化学原料及化学制品业	730	503	1	24	1	8	60	13	395	1	136	57	34
30	15. 医药制造业	170	115	1	1			43	6	63	1	29	23	3
31	16. 化学纤维制造业	59	33		1			3		29		11	7	8
32	17. 橡胶制品业	743	469		33	1	2	33	2	398		102	28	144
33	18. 塑料制品业	5939	3920	1	674	65	4	235	6	2935		802	138	1079
34	19. 非金属矿物制品业	385	282		6		4	53	6	213		43	19	41
35	20. 黑色金属冶炼及压延加工业	27	14		1			2		11		3		10
36	21. 有色金属冶炼及压延加工业	131	66	1	8		1	8	2	46		21	3	41
37	22. 金属制品业	7107	4438	2	383	32	16	327	13	3665		619	146	1904
38	23. 通用设备制造业	1337	933	2	13	1	5	110	6	796		122	50	232
39	24. 专用设备制造业	2887	2098	4	20	1	4	209	29	1831		288	101	400
40	25. 交通运输设备制造业	429	266	4	2		3	47	4	206		49	36	78
41	其中:汽车制造	233	135	2	1		1	32	1	98		20	14	64
42	摩托车制造	2	1							1		1		
43	26. 电气机械及器材制造业	2720	2167	5	63	3	7	281	35	1773		331	128	94
44	27. 通信设备、计算机及其他电子设备制造业	14178	11558	14	285	25	40	1295	162	9735	2	1390	681	549
45	28. 仪表仪器及文化、办公用机械制造业	1079	722		32	6	9	63	9	601	2	118	48	191

续表

序号	项目	合计	内资企业									港澳台投资企业	外商投资企业	个体经营
			小计	国有企业	集体企业	股份合作企业	联营企业	有限责任公司	股份有限公司	私营企业	其他企业			
46	29. 其他制造业	8404	5670	6	365	46	23	457	33	4737	3	874	189	1671
47	(三)电力、燃气及水的生产和供应业	192	139	12	6	1	6	73	3	35	3	20	23	10
48	1. 电力、热力的生产和供应业	87	72	10	4	1	5	34	3	14	1	13	2	
49	其中:电力生产和供应业	75	61	10	3	5	1	28	2	11	1	12	2	
50	2. 燃气生产和供应业	25	14	1	1		1	9		2		5	5	1
51	3. 水的生产和供应业	80	53	1	1			30		19	2	2	16	9
52	(四)建筑业	6185	5783	368	91	5	86	1362	91	3769	11	102	77	223
53	1. 房屋和土木工程建筑业	837	808	106	25	2	19	243	7	401	5	7	7	15
54	2. 建筑安装业	2285	2028	196	48	3	36	689	51	1004	1	51	45	161
55	3. 建筑装饰业	1958	1892	15	6		22	214	19	1615	1	26	12	28
56	4. 其他建筑业	1105	1055	51	12		9	216	14	749	4	18	13	19
57	三、第三产业	287387	177534	1115	380	1396	1567	21448	1616	145031	4981	9153	4733	95967
58	(一)交通运输、仓储及邮政业	12135	8546	36	15	8	59	983	42	7389	14	665	225	2699
59	1. 交通运输业	9885	6844	29	15	7	56	768	37	5920	12	549	179	2313
60	2. 仓储业	1646	1483	6		1	3	195	5	1271	2	116	45	2
61	3. 邮政业	604	219	1				20		198			1	384
62	(二)信息传输、计算机服务和软件业	8375	7600	11	4	23	33	1023	80	6411	15	408	314	53
63	1. 电信和其他信息传输服务业	356	317	8		3	7	59	22	213	5	11	8	20
64	其中:电信	198	167	8			5	36	12	102	4	7	4	20
65	2. 计算机服务业	2434	2225	3	1	19	20	273	14	1886	9	98	84	27
66	3. 软件业	5585	5058		3	1	6	691	44	4312	1	299	222	6
67	(三)批发和零售业	171408	98296	251	152	578	749	9789	586	86167	24	3448	1365	68299
68	1. 批发业	82926	74889	140	56	536	520	6049	331	67250	7	2810	1146	4081
69	其中:烟草制品批发	33	24	8			1	4		11				9

续表

序号	项　　目	合　计	内资企业									港澳台投资企业	外商投资企业	个体经营
			小计	国有企业	集体企业	股份合作企业	联营企业	有限责任公司	股份有限公司	私营企业	其他企业			
70	煤炭及制品批发	11	11					5		6				
71	石油及其制品批发	148	126				2	38	5	81		8	4	10
72	汽车及零配件批发	561	478	2	1		2	47	1	425		29	7	47
73	2. 零售业	88482	23407	111	96	42	229	3740	255	18917	17	638	219	64218
74	（四）住宿和餐饮业	14235	3835	93	30	19	58	716	25	2878	15	362	287	9751
75	1. 住宿业	2815	1299	75	23	15	34	199	15	928	10	59	53	1404
76	2. 餐饮业	11420	2536	18	7	4	24	517	11	1950	5	303	234	8347
77	（五）金融业	1074	943	19		2	15	370	309	222	6	42	83	6
78	1. 银行业	165	121	4		1		3	112		1	20	24	
79	2. 证券业	279	264	11			14	109	128	1	1	6	9	
80	3. 保险业	199	164	2			1	67	46	47	1	8	27	
81	4. 其他金融	431	394	2		1		191	23	174	3	8	23	6
82	其中：金融租赁													
83	邮政储蓄													
84	（六）房地产业	10551	7690	124	30	188	185	2688	237	4188	50	762	368	1731
85	（七）租赁和商务服务业	32472	27705	225	70	429	255	3212	169	22775	570	2211	1318	1238
86	1. 租赁业	1465	1377	37	19	199	15	179	27	881	20	26	35	27
87	2. 商务服务业	31007	26328	188	51	230	240	3033	142	21894	550	2185	1283	1211
88	（八）居民服务和其他服务业	21217	9238	140	44	130	155	1539	101	6565	564	580	409	10990
89	（九）教育	2498	2454	28	10	1	9	101	4	339	1962	6	7	31
90	（十）卫生、社会保险和社会福利业	1119	515	8	13	1	2	32	2	191	266	3	3	598
91	其中：卫生	1067	463	7	13	1	2	32	2	191	215	3	3	598
92	（十一）文化、体育和娱乐业	1665	1277	60	5	8	27	185	10	767	215	39	14	335
93	（十二）公共管理和社会组织													
94	（十三）其他行业	10638	9435	120	7	9	20	810	50	7139	1280	627	340	236

2011年珠海市地方税务局纳税登记户数分行业统计年报表(含社保费登记户)

编报机关:珠海市地方税务局　　　　单位:户

序号	项目	合计	内资企业									港澳台投资企业	外商投资企业	个体经营
			小计	国有企业	集体企业	股份合作企业	联营企业	有限责任公司	股份有限公司	私营企业	其他企业			
1	合计	68801	35822	1119	1025	93	61	21062	422	10272	1768	2931	1674	28374
2	一、第一产业	369	254	24	28	1	3	103	4	44	47	38	11	66
3	二、第二产业	12702	9252	549	404	10	36	5232	168	2826	27	1309	705	1436
4	(一)采矿业	26	19	4	3			8	1	3		5		2
5	1. 煤炭开采和洗选业													
6	2. 原油和天然气开采业	8	8	2				5	1					
7	其中:原油	8	8	2				5	1					
8	3. 黑色金属矿采选业	1	1	1										
9	4. 有色金属矿采选业	1	1					1						
10	5. 非金属矿采选业	14	8	1	2			2		3		5		1
11	6. 其他采矿业	2	1		1									1
12	(二)制造业	6209	3173	41	117	5	7	1759	42	1195	7	1231	622	1183
13	1. 农副食品加工业	105	50	5	2			24	1	17	1	20	9	26
14	2. 食品制造业	129	40	2	1			23	1	13		32	18	39
15	3. 饮料制造业	44	32	1	1			18		12		4	5	3
16	其中:酒制造	16	10	1				7		2		1	4	1
17	4. 烟草制品业	3	1							1		1	1	
18	其中:卷烟制造													
19	5. 纺织业	193	59	1	7			22		28	1	60	6	68
20	6. 纺织服装、鞋帽制造业	414	147		16		1	67	4	59		200	11	56
21	7. 皮革、毛皮、羽毛(绒)制品业	59	16		1			8		7		23	4	16
22	8. 木材加工及木竹藤棕草制品业	78	35	1				18		16		2	4	37
23	9. 家具制造业	126	48	1	8			26		13		25	11	42

续表

序号	项　目	合　计	内资企业									港澳台投资企业	外商投资企业	个体经营
			小计	国有企业	集体企业	股份合作企业	联营企业	有限责任公司	股份有限公司	私营企业	其他企业			
24	10. 造纸及纸制品业	174	125		2			75		48		24	11	14
25	11. 印刷业和记录媒体的复制	244	206	1	3		1	106		95		15	2	21
26	12. 文教体育用品制造业	65	26		1			18	1	6		25	9	5
27	13. 石油加工、炼焦及核燃料业	11	9					5	2	2			1	1
28	其中:成品油	8	6					5		1			1	1
29	14. 化学原料及化学制品业	263	116	1	1		1	58	1	52	2	87	55	5
30	15. 医药制造业	97	50					27	5	18		29	17	1
31	16. 化学纤维制造业	23	8	1			1	4		2		10	4	1
32	17. 橡胶制品业	76	42	1	2			22		17		16	6	12
33	18. 塑料制品业	429	243	2	13	1	1	135	1	90		85	34	67
34	19. 非金属矿物制品业	165	69	1	5	1		37		24	1	39	17	40
35	20. 黑色金属冶炼及压延加工业	12	3		1			2					1	8
36	21. 有色金属冶炼及压延加工业	35	13					6		7		9	1	12
37	22. 金属制品业	490	245	2	10		2	147		83	1	55	31	159
38	23. 通用设备制造业	379	153	2	1			88	1	61		26	14	186
39	24. 专用设备制造业	422	235	2	2			136	5	89	1	60	51	76
40	25. 交通运输设备制造业	265	157	2	10			73	3	69		30	28	50
41	其中:汽车制造	210	131	1	8			57	1	64		17	16	46
42	摩托车制造	1										1		
43	26. 电气机械及器材制造业	331	189	3	3			118	7	58		73	44	25
44	27. 通信设备、计算机及其他电子设备制造业	673	354	3	5			210	5	131		143	143	33
45	28. 仪表仪器及文化、办公用机械制造业	106	48					35	3	10		25	27	6

续表

序号	项目	合计	内资企业									港澳台投资企业	外商投资企业	个体经营
			小计	国有企业	集体企业	股份合作企业	联营企业	有限责任公司	股份有限公司	私营企业	其他企业			
46	29. 其他制造业	798	454	9	22	3		251	2	167		113	57	174
47	(三)电力、燃气及水的生产和供应业	91	74	10	10			41	1	12		9	7	1
48	1. 电力、热力的生产和供应业	39	33	7	6			17	1	2		4	2	
49	其中:电力生产和供应业	39	33	7	6			17	1	2		4	2	
50	2. 燃气生产和供应业	13	5	1				4				3	5	
51	3. 水的生产和供应业	39	36	2	4			20		10		2		1
52	(四)建筑业	6376	5986	494	274	5	29	3424	124	1616	20	64	76	250
53	1. 房屋和土木工程建筑业	1084	1067	221	94		7	568	23	153	1	7	6	4
54	2. 建筑安装业	2859	2708	237	128	3	15	1532	84	699	10	37	62	52
55	3. 建筑装饰业	1688	1502	11	35	1	6	842	14	591	2	16	3	167
56	4. 其他建筑业	745	709	25	17	1	1	482	3	173	7	4	5	27
57	三、第三产业	55730	26316	546	593	82	22	15727	250	7402	1694	1584	958	26872
58	(一)交通运输、仓储及邮政业	1320	838	26	18			559	6	223	6	100	47	335
59	1. 交通运输业	1126	728	15	17			499	6	186	5	65	32	301
60	2. 仓储业	100	52	6	1			29		15	1	33	14	1
61	3. 邮政业	94	58	5				31		22		2	1	33
62	(二)信息传输、计算机服务和软件业	1059	919	3	4			520	15	366	11	69	35	36
63	1. 电信和其他信息传输服务业	190	161	3				37	5	111	5	10	2	17
64	其中:电信	45	23	2				16	3	2		7	2	13
65	2. 计算机服务业	687	611		4			383	8	211	5	36	22	18
66	3. 软件业	182	147					100	2	44	1	23	11	1
67	(三)批发和零售业	28898	13100	199	259	23	11	8383	31	4183	11	232	142	15424
68	1. 批发业	10649	8850	118	104	11	5	5774	18	2813	7	145	76	1578
69	其中:烟草制品批发	4	4					4						

续表

序号	项　目	合　计	内资企业									港澳台投资企业	外商投资企业	个体经营
			小计	国有企业	集体企业	股份合作企业	联营企业	有限责任公司	股份有限公司	私营企业	其他企业			
70	煤炭及制品批发	10	9					8		1				1
71	石油及其制品批发	99	94	2	1			70	6	15		2		3
72	汽车及零配件批发	118	89					58		31		1	1	27
73	2. 零售业	18249	4250	81	155	12	6	2609	13	1370	4	87	66	13846
74	（四）住宿和餐饮业	2921	493	37	34	1		242	1	168	10	71	38	2319
75	1. 住宿业	430	254	36	24	1		103	1	83	6	27	5	144
76	2. 餐饮业	2491	239	1	10			139		85	4	44	33	2175
77	（五）金融业	232	193	8	2	6	1	62	104	4	6	8	29	2
78	1. 银行业	56	44	6	1	4		1	30		2	4	8	
79	2. 证券业	28	27	1			1	8	16		1		1	
80	3. 保险业	94	77			2		21	54				17	
81	4. 其他金融	54	45	1	1			32	4	4	3	4	3	2
82	其中：金融租赁													
83	邮政储蓄													
84	（六）房地产业	4896	1696	51	61	28	3	1075	13	453	12	383	78	2739
85	（七）租赁和商务服务业	4274	2788	31	41	6	2	1838	28	768	74	189	128	1169
86	1. 租赁业	859	111	2		1		83	1	22	2	34	18	696
87	2. 商务服务业	3415	2677	29	41	5	2	1755	27	746	72	155	110	473
88	（八）居民服务和其他服务业	8747	3469	76	70	17	2	2150	47	818	289	451	389	4438
89	（九）教育	550	505	15	5			17		20	448		2	43
90	（十）卫生、社会保险和社会福利业	298	254	6	51			3		8	186		1	43
91	其中：卫生	288	246	6	50			3		7	180			42
92	（十一）文化、体育和娱乐业	667	395	15	20	1		175		115	69	19	13	240
93	（十二）公共管理和社会组织	554	547	19	14		1	9	1	1	502	2	1	4
94	（十三）其他行业	1314	1119	60	14		2	694	4	275	70	60	55	80

2011年汕头市地方税务局纳税登记户数分行业统计年报表(含社保费登记户)

编报机关:汕头市地方税务局　　单位:户

序号	项目	合计	内资企业									港澳台投资企业	外商投资企业	个体经营
			小计	国有企业	集体企业	股份合作企业	联营企业	有限责任公司	股份有限公司	私营企业	其他企业			
1	合计	90456	36575	2174	3155	1019	104	20337	578	6565	2643	1237	811	51833
2	一、第一产业	468	230	16	27	1		87	4	57	38	8	6	224
3	二、第二产业	25831	12095	641	946	462	23	5746	76	4030	171	595	185	12956
4	(一)采矿业	34	27			1		6		20				7
5	1. 煤炭开采和洗选业													
6	2. 原油和天然气开采业	6	5			1		2		2				1
7	其中:原油	3	3					2		1				
8	3. 黑色金属矿采选业													
9	4. 有色金属矿采选业													
10	5. 非金属矿采选业	19	13					3		10				6
11	6. 其他采矿业	9	9					1		8				
12	(二)制造业	16150	8417	113	505	377	5	3852	40	3509	16	560	150	7023
13	1. 农副食品加工业	280	199	27	9	5		81	2	75		16	3	62
14	2. 食品制造业	325	203	7	2	2		120	1	71		10	7	105
15	3. 饮料制造业	61	41	2	3	2		23	1	10		7	6	7
16	其中:酒制造	22	16	1	1			8		6		2	2	2
17	4. 烟草制品业	9	7					7						2
18	其中:卷烟制造													
19	5. 纺织业	2157	577	6	7	14		124		425	1	49	4	1527
20	6. 纺织服装、鞋帽制造业	2701	1327	3	25	26		504	1	767	1	179	21	1174
21	7. 皮革、毛皮、羽毛(绒)制品业	98	54	4	3	1		16		29	1	10	2	32
22	8. 木材加工及木竹藤棕草制品业	87	37		2	1	1	17		16		1	1	48
23	9. 家具制造业	109	46	1	4	1		26		14		1		62

续表

序号	项　　目	合　计	内　资　企　业								港澳台投资企业	外商投资企业	个体经营
			小计	国有企业	集体企业	股份合作企业	联营企业	有限责任公司	股份有限公司	私营企业	其他企业			
24	10. 造纸及纸制品业	521	285	1	8	10		153	1	111	1	12	2	222
25	11. 印刷业和记录媒体的复制	719	662	4	21	85		267	1	284		10	3	44
26	12. 文教体育用品制造业	979	437	2	6	2		231	3	193		19	3	520
27	13. 石油加工、炼焦及核燃料业	7	2						2				3	2
28	其中:成品油	2	2						2					
29	14. 化学原料及化学制品业	373	299	5	9	13	1	109	1	161		26	5	43
30	15. 医药制造业	50	38	2	2	1	1	25		5	2	6	4	2
31	16. 化学纤维制造业	19	8	1	3			2		2		2	1	8
32	17. 橡胶制品业	85	55		4	4		33	1	12	1	1		29
33	18. 塑料制品业	2818	1148	1	55	46	1	580	1	463	1	61	9	1600
34	19. 非金属矿物制品业	128	81		6	4		38	1	32		5		42
35	20. 黑色金属冶炼及压延加工业	15	3			1		1		1				12
36	21. 有色金属冶炼及压延加工业	18	9	2		2				5				9
37	22. 金属制品业	566	227		33	16		88		89	1	15	4	320
38	23. 通用设备制造业	211	135	4	27	22		55		27		4	6	66
39	24. 专用设备制造业	224	134	2	7	3		85	2	33	2	4	3	83
40	25. 交通运输设备制造业	209	105	3	19	3		45		35		1	4	99
41	其中:汽车制造	173	81	1	15	3		30		32			3	89
42	摩托车制造	5	2					1		1				3
43	26. 电气机械及器材制造业	180	115	4	5			56	4	46		6	1	58
44	27. 通信设备、计算机及其他电子设备制造业	302	191	2	2	1		112	4	69	1	19	5	87
45	28. 仪表仪器及文化、办公用机械制造业	33	24		3	1	1	14		5		5	1	3

续表

序号	项目	合计	内资企业									港澳台投资企业	外商投资企业	个体经营
			小计	国有企业	集体企业	股份合作企业	联营企业	有限责任公司	股份有限公司	私营企业	其他企业			
46	29. 其他制造业	2866	1968	30	240	111		1040	14	529	4	91	52	755
47	(三)电力、燃气及水的生产和供应业	135	106	36	15	3	2	28	6	12	4	11	10	8
48	1. 电力、热力的生产和供应业	79	55	25	1	3	2	13	6	3	2	9	9	6
49	其中:电力生产和供应业	56	41	17		3	1	10	5	3	2	6	3	6
50	2. 燃气生产和供应业	17	14	2				6		6		1	1	1
51	3. 水的生产和供应业	39	37	9	14			9		3	2	1		1
52	(四)建筑业	9512	3545	492	426	81	16	1860	30	489	151	24	25	5918
53	1. 房屋和土木工程建筑业	611	524	125	76	1	3	254	5	54	6	1		86
54	2. 建筑安装业	7359	2345	307	301	75	11	1239	21	325	66	10	17	4987
55	3. 建筑装饰业	503	286	18	11	2		205	1	43	6	3		214
56	4. 其他建筑业	1039	390	42	38	3	2	162	3	67	73	10	8	631
57	三、第三产业	64157	24250	1517	2182	556	81	14504	498	2478	2434	634	620	38653
58	(一)交通运输、仓储及邮政业	4856	2894	188	206	32	24	2187	4	236	17	51	8	1903
59	1. 交通运输业	4736	2804	174	200	31	24	2121	3	234	17	42	5	1885
60	2. 仓储业	75	54	2	6	1		44		1		9	2	10
61	3. 邮政业	45	36	12				22	1	1			1	8
62	(二)信息传输、计算机服务和软件业	644	589	6	2	6		411	17	142	5	13	3	39
63	1. 电信和其他信息传输服务业	204	177	6	2	1		56	14	95	3	13	1	13
64	其中:电信	73	51	6		1		23	13	7	1	11	1	10
65	2. 计算机服务业	386	363			5		315	2	39	2			23
66	3. 软件业	54	49					40	1	8			2	3
67	(三)批发和零售业	25742	8523	445	937	381	8	5526	35	1176	15	84	62	17073
68	1. 批发业	7342	5440	321	484	83	7	3903	20	616	6	61	45	1796
69	其中:烟草制品批发	6	4					4						2

续表

序号	项　目	合　计	内资企业									港澳台投资企业	外商投资企业	个体经营
			小计	国有企业	集体企业	股份合作企业	联营企业	有限责任公司	股份有限公司	私营企业	其他企业			
70	煤炭及制品批发	7	7					4		3				
71	石油及其制品批发	5	5	1				2	1	1				
72	汽车及零配件批发	50	38					31		7				12
73	2. 零售业	18400	3083	124	453	298	1	1623	15	560	9	23	17	15277
74	（四）住宿和餐饮业	1530	401	23	44	6	1	180		141	6	9	23	1097
75	1. 住宿业	155	116	19	13		1	52		26	5	3	5	31
76	2. 餐饮业	1375	285	4	31	6		128		115	1	6	18	1066
77	（五）金融业	392	353	51	20	35	40	77	124	1	5	2	13	24
78	1. 银行业	192	187	30	19	34	40	5	56		3	2	2	1
79	2. 证券业	23	22					7	15					1
80	3. 保险业	96	78	3				21	52		2		10	8
81	4. 其他金融	81	66	18	1	1		44	1	1			1	14
82	其中：金融租赁													
83	邮政储蓄	8	8	4				4						
84	（六）房地产业	1563	789	89	42	10	1	520	33	62	32	88	318	368
85	（七）租赁和商务服务业	2197	1285	45	42	5		990	7	112	84	34	19	859
86	1. 租赁业	181	44	5	9			29		1			1	136
87	2. 商务服务业	2016	1241	40	33	5		961	7	111	84	34	18	723
88	（八）居民服务和其他服务业	22997	6904	383	802	69	6	3931	274	461	978	292	150	15651
89	（九）教育	507	469	30	10	1		4		2	422	1	5	32
90	（十）卫生、社会保险和社会福利业	231	83	6	2			8		6	61		1	147
91	其中：卫生	221	74	6	2			8		6	52		1	146
92	（十一）文化、体育和娱乐业	383	237	21	14	2		92	1	44	63	20	6	120
93	（十二）公共管理和社会组织	1432	610	128	16			8		3	455	19	1	802
94	（十三）其他行业	1683	1113	102	45	9	1	570	3	92	291	21	11	538

2011 年佛山市地方税务局纳税登记户数分行业统计年报表(含社保费登记户)

编报机关:佛山市地方税务局　　单位:户

序号	项目	合计	内资企业									港澳台投资企业	外商投资企业	个体经营
			小计	国有企业	集体企业	股份合作企业	联营企业	有限责任公司	股份有限公司	私营企业	其他企业			
1	合计	280030	75529	1162	1981	893	99	34101	826	32366	4101	3514	1733	199254
2	一、第一产业	630	268	14	8	2	1	131	4	75	33	15	6	341
3	二、第二产业	68126	31068	513	679	405	41	14294	227	14870	39	1434	842	34782
4	(一)采矿业	45	24		4		1	10		8	1			21
5	1. 煤炭开采和洗选业	1												1
6	2. 原油和天然气开采业	4	3					1		1	1			1
7	其中:原油	4	3					1		1	1			1
8	3. 黑色金属矿采选业													
9	4. 有色金属矿采选业	2	2					1		1				
10	5. 非金属矿采选业	34	16		4			6		6				18
11	6. 其他采矿业	4	3				1	2						1
12	(二)制造业	47741	23928	102	373	364	17	10291	56	12717	8	1323	746	21744
13	1. 农副食品加工业	569	238	16	8			109		105		4	4	323
14	2. 食品制造业	554	216	4	3	1		82	3	123		14	9	315
15	3. 饮料制造业	109	58	5				30		23		17	11	23
16	其中:酒制造	27	16	3				8		5		4	2	5
17	4. 烟草制品业													
18	其中:卷烟制造													
19	5. 纺织业	3979	1491	7	37	49	3	520	2	873		139	22	2327
20	6. 纺织服装、鞋帽制造业	3827	1094	2	17	15	1	330		728	1	96	18	2619
21	7. 皮革、毛皮、羽毛(绒)制品业	1321	662		8	2		222		430		75	20	564
22	8. 木材加工及木竹藤棕草制品业	1045	350	3	3	2		140	1	201		18	4	673
23	9. 家具制造业	1707	1004		2	3		494		505		39	28	636

续表

序号	项目	合计	内资企业									港澳台投资企业	外商投资企业	个体经营
			小计	国有企业	集体企业	股份合作企业	联营企业	有限责任公司	股份有限公司	私营企业	其他企业			
24	10. 造纸及纸制品业	1137	712		6	14	1	247	1	443		26	9	390
25	11. 印刷业和记录媒体的复制	1145	994	2	15	63	1	212		701		14	2	135
26	12. 文教体育用品制造业	265	144	1	6	4		74		59		26	11	84
27	13. 石油加工、炼焦及核燃料业	152	23					13		10		27	50	52
28	其中:成品油	29	21					12		9		1		7
29	14. 化学原料及化学制品业	1166	852	5	26	10	1	469	1	340		64	41	209
30	15. 医药制造业	94	75		1		1	46	3	24		7	5	7
31	16. 化学纤维制造业	49	23		1			14	1	7		9	10	7
32	17. 橡胶制品业	500	310		2	1		112		195		36	19	135
33	18. 塑料制品业	3047	1643	2	28	32		650	2	929		103	33	1268
34	19. 非金属矿物制品业	2402	1354	9	20	11	3	761	5	541	4	56	35	957
35	20. 黑色金属冶炼及压延加工业	298	188		1	1		95		91		12	1	97
36	21. 有色金属冶炼及压延加工业	967	586	1	28	2	1	293		261		38	18	325
37	22. 金属制品业	11953	5155	6	71	31		1987	4	3055	1	159	71	6568
38	23. 通用设备制造业	3002	1582	11	21	28	2	640	3	877		41	35	1344
39	24. 专用设备制造业	1939	1085	6	16	21		577	5	459	1	64	30	760
40	25. 交通运输设备制造业	711	373	6	7	5	2	200	2	150	1	25	69	244
41	其中:汽车制造	495	231	6	7	4	2	117	2	92	1	17	64	183
42	摩托车制造	95	70					39		31		5	1	19
43	26. 电气机械及器材制造业	2382	1791	7	19	38		947	7	773		87	64	440
44	27. 通信设备、计算机及其他电子设备制造业	891	642	3	2	18	1	324	13	281		44	41	164
45	28. 仪表仪器及文化、办公用机械制造业	166	104	1	2	3		56	1	41		22	20	20

续表

序号	项目	合计	内资企业									港澳台投资企业	外商投资企业	个体经营
			小计	国有企业	集体企业	股份合作企业	联营企业	有限责任公司	股份有限公司	私营企业	其他企业			
46	29. 其他制造业	2364	1179	5	23	10		647	2	492		61	66	1058
47	(三)电力、燃气及水的生产和供应业	219	184	25	28		1	112	5	12	1	7	11	17
48	1. 电力、热力的生产和供应业	79	61	20	3			33	2	3		3	5	10
49	其中:电力生产和供应业	74	58	20	3			30	2	3		3	3	10
50	2. 燃气生产和供应业	54	43	1	7		1	28	1	5		1	6	4
51	3. 水的生产和供应业	86	80	4	18			51	2	4	1	3		3
52	(四)建筑业	20121	6932	386	274	41	22	3881	166	2133	29	104	85	13000
53	1. 房屋和土木工程建筑业	1710	1599	155	109	6	5	950	32	340	2	4	4	103
54	2. 建筑安装业	15105	3201	179	125	18	9	1829	111	905	25	80	70	11754
55	3. 建筑装饰业	2060	1487	11	19	15	7	710	13	712		12	9	552
56	4. 其他建筑业	1246	645	41	21	2	1	392	10	176	2	8	2	591
57	三、第三产业	211274	44193	635	1294	486	57	19676	595	17421	4029	2065	885	164131
58	(一)交通运输、仓储及邮政业	9895	1340	48	35	7	13	762	16	420	39	66	37	8452
59	1. 交通运输业	9586	1170	21	32	7	12	684	16	366	32	62	34	8320
60	2. 仓储业	166	82	8	2		1	47		19	5	2	2	80
61	3. 邮政业	143	88	19	1			31		35	2	2	1	52
62	(二)信息传输、计算机服务和软件业	1636	1325	9	1	2		568	38	695	12	51	10	250
63	1. 电信和其他信息传输服务业	484	305	8				144	27	125	1	36	2	141
64	其中:电信	250	88	8				44	23	13		29	1	132
65	2. 计算机服务业	817	714	1	1	1		277	7	417	10	7	5	91
66	3. 软件业	335	306			1		147	4	153	1	8	3	18
67	(三)批发和零售业	86697	21377	212	319	270	21	10675	119	9741	20	224	221	64875
68	1. 批发业	25741	15325	154	195	227	14	7370	36	7323	6	144	129	10143
69	其中:烟草制品批发	79	8	2	1			5						71

续表

序号	项　　目	合　计	内　资　企　业									港澳台投资企业	外商投资企业	个体经营
			小 计	国有企业	集体企业	股份合作企业	联营企业	有限责任公司	股份有限公司	私营企业	其他企业			
70	煤炭及制品批发	61	44	2		1		23		18				17
71	石油及其制品批发	231	199	5	4	3	3	90	9	85			5	27
72	汽车及零配件批发	483	250	2	4	8		134	1	101		3	4	226
73	2. 零售业	60956	6052	58	124	43	7	3305	83	2418	14	80	92	54732
74	(四)住宿和餐饮业	7371	1310	18	52	37	1	328		868	6	41	47	5973
75	1. 住宿业	884	488	14	31	4	1	143		292	3	12	6	378
76	2. 餐饮业	6487	822	4	21	33		185		576	3	29	41	5595
77	(五)金融业	2034	857	26	12	42		368	331	70	8	12	53	1112
78	1. 银行业	310	272	12	8	38		9	199	1	5	6	6	26
79	2. 证券业	70	53					26	26	1		1	4	12
80	3. 保险业	385	184	8				58	99	18	1		30	171
81	4. 其他金融	1269	348	6	4	4		275	7	50	2	5	13	903
82	其中:金融租赁	2	2					1			1			
83	邮政储蓄	5	4	1				1		1	1			1
84	(六)房地产业	62591	3644	87	428	19	5	1986	22	747	350	1369	117	57461
85	(七)租赁和商务服务业	7769	5273	78	94	20	3	2664	23	2302	89	65	163	2268
86	1. 租赁业	810	122	1	3			69	2	38	9	3	2	683
87	2. 商务服务业	6959	5151	77	91	20	3	2595	21	2264	80	62	161	1585
88	(八)居民服务和其他服务业	23778	2435	47	186	62	7	904	20	980	229	161	173	21009
89	(九)教育	1354	1255	3	65	3		47		18	1119	2	1	96
90	(十)卫生、社会保险和社会福利业	404	223	3	11	1		5	3	22	178		1	180
91	其中:卫生	338	167	3	11	1		3		22	127		1	170
92	(十一)文化、体育和娱乐业	1219	636	11	24	9		138	7	308	139	20	2	561
93	(十二)公共管理和社会组织	3031	1708	3	32	5	2	21		2	1643	1		1322
94	(十三)其他行业	3495	2810	90	35	9	5	1210	16	1248	197	53	60	572

2011 年韶关市地方税务局纳税登记户数分行业统计年报表(含社保费登记户)

编报机关:韶关市地方税务局　　　　单位:户

序号	项　目	合　计	内资企业									港澳台投资企业	外商投资企业	个体经营
			小计	国有企业	集体企业	股份合作企业	联营企业	有限责任公司	股份有限公司	私营企业	其他企业			
1	合　计	33315	11283	702	579	58	30	5420	445	2880	1169	348	117	21567
2	一、第一产业	457	318	37	4	3	2	115	17	54	86	28	4	107
3	二、第二产业	6578	3959	292	347	30	19	1917	95	1236	23	195	53	2371
4	(一)采矿业	209	147	1	10	3		60	5	66	2			62
5	1. 煤炭开采和洗选业	1	1						1					
6	2. 原油和天然气开采业	2	1					1						1
7	其中:原油	2	1					1						1
8	3. 黑色金属矿采选业	24	14		2			8		4				10
9	4. 有色金属矿采选业	37	29			1		18	2	8				8
10	5. 非金属矿采选业	97	66		5	2		22	1	35	1			31
11	6. 其他采矿业	48	36	1	3			11	1	19	1			12
12	(二)制造业	2441	1301	49	66	13	8	747	33	378	7	170	31	939
13	1. 农副食品加工业	88	47	5	2		2	25	1	12		1	1	39
14	2. 食品制造业	93	20	1				12		7		3	1	69
15	3. 饮料制造业	20	14	1				6	1	6		2	1	3
16	其中:酒制造	7	6					2	1	3				1
17	4. 烟草制品业	10	10	2				5	3					
18	其中:卷烟制造	3	3	2				1						
19	5. 纺织业	49	24	3	2			13	1	5		4	1	20
20	6. 纺织服装、鞋帽制造业	78	24	1	2			10		11		14	1	39
21	7. 皮革、毛皮、羽毛(绒)制品业	34	12	1		1		4	1	5		4	1	17
22	8. 木材加工及木竹藤棕草制品业	152	53	4	4			25	2	18		10	1	88
23	9. 家具制造业	80	32	1				13		18		8		40

续表

序号	项目	合计	内资企业								港澳台投资企业	外商投资企业	个体经营
			小计	国有企业	集体企业	股份合作企业	联营企业	有限责任公司	股份有限公司	私营企业	其他企业			
24	10. 造纸及纸制品业	42	26		1			17		8		3	1	12
25	11. 印刷业和记录媒体的复制	103	51	3	10	1		14	1	22		1		51
26	12. 文教体育用品制造业	11	2	1				1				4	2	3
27	13. 石油加工、炼焦及核燃料业	2	2			1		1						
28	其中:成品油	1	1			1								
29	14. 化学原料及化学制品业	134	110	3	2	1		83	3	17	1	9	4	11
30	15. 医药制造业	23	19		1			14		4		2	1	1
31	16. 化学纤维制造业	4										1		3
32	17. 橡胶制品业	10	8					5		3		1		1
33	18. 塑料制品业	66	35		2			21	3	9		11	3	17
34	19. 非金属矿物制品业	239	121	2	5	2		73	2	37		5	1	112
35	20. 黑色金属冶炼及压延加工业	25	14	1				10	1	2		2		9
36	21. 有色金属冶炼及压延加工业	80	53	2			1	34	3	13		5	1	21
37	22. 金属制品业	232	103	2	12			65	3	20	1	15		114
38	23. 通用设备制造业	252	190	5	3	6	1	116	1	58		9	1	52
39	24. 专用设备制造业	102	77	4	3			47		22	1	4	2	19
40	25. 交通运输设备制造业	132	62	2	7			19	2	28	4	1		69
41	其中:汽车制造	113	48	2	6			16	2	18	4	1		64
42	摩托车制造	1												1
43	26. 电气机械及器材制造业	69	52	1	3			34	1	13		5	1	11
44	27. 通信设备、计算机及其他电子设备制造业	58	22		1			13	3	5		16	3	17
45	28. 仪表仪器及文化、办公用机械制造业	15	9	1				4		4		2		4

续表

序号	项目	合计	内资企业									港澳台投资企业	外商投资企业	个体经营
			小计	国有企业	集体企业	股份合作企业	联营企业	有限责任公司	股份有限公司	私营企业	其他企业			
46	29. 其他制造业	238	109	3	6	1	4	63	1	31		28	4	97
47	（三）电力、燃气及水的生产和供应业	1885	909	63	138	10	6	181	15	492	4	13	3	960
48	1. 电力、热力的生产和供应业	1811	849	57	135	10	6	142	13	482	4	11	2	949
49	其中：电力生产和供应业	1543	735	43	119	9	5	122	12	422	3	10	2	796
50	2. 燃气生产和供应业	32	24	1	1			17	1	4		1	1	6
51	3. 水的生产和供应业	42	36	5	2			22	1	6		1		5
52	（四）建筑业	2043	1602	179	133	4	5	929	42	300	10	12	19	410
53	1. 房屋和土木工程建筑业	471	445	89	64	1	4	234	13	35	5		1	25
54	2. 建筑安装业	856	690	68	60	2	1	410	24	122	3	4	15	147
55	3. 建筑装饰业	434	255	2	1	1		152	1	98		5		174
56	4. 其他建筑业	282	212	20	8			133	4	45	2	3	3	64
57	三、第三产业	26280	7006	373	228	25	9	3388	333	1590	1060	125	60	19089
58	（一）交通运输、仓储及邮政业	593	357	32	30	1		234	7	40	13	14	3	219
59	1. 交通运输业	537	316	19	28	1		214	5	38	11	14	3	204
60	2. 仓储业	30	17	3	2			10			2			13
61	3. 邮政业	26	24	10				10	2	2				2
62	（二）信息传输、计算机服务和软件业	367	253	7				107	8	128	3	27	1	86
63	1. 电信和其他信息传输服务业	215	134	7				42	7	75	3	25		56
64	其中：电信	108	42	7				27	5	3		25		41
65	2. 计算机服务业	133	104					55	1	48		2	1	26
66	3. 软件业	19	15					10		5				4
67	（三）批发和零售业	14993	2893	111	126	4	2	1744	102	788	16	35	23	12042
68	1. 批发业	1811	1232	50	37			758	23	356	8	18	9	552
69	其中：烟草制品批发	11	11	2				8	1					

续表

序号	项目	合计	内资企业									港澳台投资企业	外商投资企业	个体经营
			小计	国有企业	集体企业	股份合作企业	联营企业	有限责任公司	股份有限公司	私营企业	其他企业			
70	煤炭及制品批发	28	28					20		8				
71	石油及其制品批发	19	15	1				4	7	3			1	3
72	汽车及零配件批发	35	19					13		6				16
73	2. 零售业	13182	1661	61	89	4	2	986	79	432	8	17	14	11490
74	（四）住宿和餐饮业	3326	161	29	12	2		68	1	45	4	14	13	3138
75	1. 住宿业	586	92	23	8	2		42	1	13	3	8	3	483
76	2. 餐饮业	2740	69	6	4			26		32	1	6	10	2655
77	（五）金融业	221	216	21	1	13	1	45	127	2	6		3	2
78	1. 银行业	71	71	11	1	12	1	8	35		3			
79	2. 证券业	12	12					3	9					
80	3. 保险业	111	108	9		1		16	80		2		3	
81	4. 其他金融	27	25	1				18	3	2	1			2
82	其中：金融租赁													
83	邮政储蓄	2	2					2						
84	（六）房地产业	957	555	12	7	1	2	406	6	101	20	7	6	389
85	（七）租赁和商务服务业	1019	684	26	15	1		370	7	204	61	7		328
86	1. 租赁业	49	16	1				12		2	1			33
87	2. 商务服务业	970	668	25	15	1		358	7	202	60	7		295
88	（八）居民服务和其他服务业	3123	591	51	28	1	2	248	35	103	123	17	8	2507
89	（九）教育	180	168	2				3	5	10	148			12
90	（十）卫生、社会保险和社会福利业	212	131	2	1			2	6	8	112			81
91	其中：卫生	185	111	2	1			2	4	7	95			74
92	（十一）文化、体育和娱乐业	237	105	11	1			20	5	28	40	2		130
93	（十二）公共管理和社会组织	399	395	7				4	16	1	367			4
94	（十三）其他行业	653	497	62	7	2	2	137	8	132	147	2	3	151

2011 年河源市地方税务局纳税登记户数分行业统计年报表(含社保费登记户)

编报机关:河源市地方税务局　　单位:户

序号	项目	合计	内资企业									港澳台投资企业	外商投资企业	个体经营
			小计	国有企业	集体企业	股份合作企业	联营企业	有限责任公司	股份有限公司	私营企业	其他企业			
1	合计	36665	9860	744	573	28	16	5209	219	1401	1670	407	105	26293
2	一、第一产业	416	303	6	15	6		216	9	18	33	20	5	88
3	二、第二产业	5281	2692	207	251	6	4	1573	56	509	86	246	43	2300
4	(一)采矿业	158	115	2	3	1		57	6	46		3		40
5	1. 煤炭开采和洗选业	1												1
6	2. 原油和天然气开采业	2	2					1	1					
7	其中:原油	2	2					1	1					
8	3. 黑色金属矿采选业	18	18	1				15	1	1				
9	4. 有色金属矿采选业	19	15					11		4				4
10	5. 非金属矿采选业	73	47		2	1		14	2	28		1		25
11	6. 其他采矿业	45	33	1	1			16	2	13		2		10
12	(二)制造业	1825	660	61	33	1		413	19	118	15	224	35	906
13	1. 农副食品加工业	120	39	18				12	1	6	2	2		79
14	2. 食品制造业	30	12	1		1		7		2	1	3		15
15	3. 饮料制造业	23	14		4			5	1	4		1		8
16	其中:酒制造	13	6					3	1	2				7
17	4. 烟草制品业													
18	其中:卷烟制造													
19	5. 纺织业	74	20	3				13		4		21	2	31
20	6. 纺织服装、鞋帽制造业	78	18		1			14	1	2		20	2	38
21	7. 皮革、毛皮、羽毛(绒)制品业	46	18	2	1			9		6		5	4	19
22	8. 木材加工及木竹藤棕草制品业	74	19	3	2			9		5		4		51
23	9. 家具制造业	44	16					14		2		2	1	25

续表

序号	项　目	合　计	内资企业									港澳台投资企业	外商投资企业	个体经营
			小计	国有企业	集体企业	股份合作企业	联营企业	有限责任公司	股份有限公司	私营企业	其他企业			
24	10. 造纸及纸制品业	23	11		1			7		3		8		4
25	11. 印刷业和记录媒体的复制	66	34	4	5			19		6		6		26
26	12. 文教体育用品制造业	28	9					7		2		15		4
27	13. 石油加工、炼焦及核燃料业													
28	其中:成品油													
29	14. 化学原料及化学制品业	21	13					12		1		4		4
30	15. 医药制造业	20	13					11	1	1		7		
31	16. 化学纤维制造业	3	2					2						1
32	17. 橡胶制品业	10	5					5				4		1
33	18. 塑料制品业	84	30	2				22		6		30	5	19
34	19. 非金属矿物制品业	218	91		3			55	1	32		8	1	118
35	20. 黑色金属冶炼及压延加工业	20	10					7		3		1		9
36	21. 有色金属冶炼及压延加工业	24	14					9		5		1	1	8
37	22. 金属制品业	112	41					33	1	6	1	3	2	66
38	23. 通用设备制造业	46	12	1	1			8	1	1		3		31
39	24. 专用设备制造业	49	26	1	2			16		6	1	8	1	14
40	25. 交通运输设备制造业	76	11					4	2	3	2	1	1	63
41	其中:汽车制造	62	9					4	2	1	2	1		52
42	摩托车制造	11												11
43	26. 电气机械及器材制造业	52	25	1				17	2	5		17	3	7
44	27. 通信设备、计算机及其他电子设备制造业	83	46	3				36	4	3		15	7	15
45	28. 仪表仪器及文化、办公用机械制造业	29	16	1	1			13		1		7	1	5

续表

序号	项目	合计	内资企业									港澳台投资企业	外商投资企业	个体经营
			小计	国有企业	集体企业	股份合作企业	联营企业	有限责任公司	股份有限公司	私营企业	其他企业			
46	29. 其他制造业	372	95	21	12			47	4	3	8	28	4	245
47	(三)电力、燃气及水的生产和供应业	670	364	55	89			90	7	113	10	6		300
48	1. 电力、热力的生产和供应业	609	314	45	84			60	6	109	10	4		291
49	其中:电力生产和供应业	598	306	44	81			59	6	106	10	4		288
50	2. 燃气生产和供应业	21	16	5				8	1	2		1		4
51	3. 水的生产和供应业	40	34	5	5			22		2		1		5
52	(四)建筑业	2628	1553	89	126	4	4	1013	24	232	61	13	8	1054
53	1. 房屋和土木工程建筑业	940	456	43	39		3	299	5	43	24	1		483
54	2. 建筑安装业	1175	621	31	75	3		364	15	106	27	8	5	541
55	3. 建筑装饰业	301	276	3	6	1	1	206	2	52	5	2		23
56	4. 其他建筑业	212	200	12	6			144	2	31	5	2	3	7
57	三、第三产业	30968	6865	531	307	16	12	3420	154	874	1551	141	57	23905
58	(一)交通运输、仓储及邮政业	384	255	38	12		1	176	3	9	16	24	6	99
59	1. 交通运输业	363	234	32	10		1	164	3	8	16	24	6	99
60	2. 仓储业	9	9		2			6		1				
61	3. 邮政业	12	12	6				6						
62	(二)信息传输、计算机服务和软件业	312	218	11				107	10	88	2	12	21	61
63	1. 电信和其他信息传输服务业	180	115	11				30	5	68	1	11	19	35
64	其中:电信	45	30	9				14	5	1	1	10	2	3
65	2. 计算机服务业	101	74					54	3	16	1		2	25
66	3. 软件业	31	29					23	2	4		1		1
67	(三)批发和零售业	15251	1612	157	88		1	1113	18	153	82	38	19	13582
68	1. 批发业	830	364	25	17			278		44		14		452
69	其中:烟草制品批发	3	2	1				1						1

续表

序号	项目	合计	内资企业									港澳台投资企业	外商投资企业	个体经营
			小计	国有企业	集体企业	股份合作企业	联营企业	有限责任公司	股份有限公司	私营企业	其他企业			
70	煤炭及制品批发	1	1					1						
71	石油及其制品批发	6	2		1					1		1		3
72	汽车及零配件批发	33	14					14						19
73	2. 零售业	14421	1248	132	71		1	835	18	109	82	24	19	13130
74	（四）住宿和餐饮业	2802	174	17	4			81		71	1	8	5	2615
75	1. 住宿业	390	84	8	2			39		35		2		304
76	2. 餐饮业	2412	90	9	2			42		36	1	6	5	2311
77	（五）金融业	163	161	18	29	7		51	49	1	6	2		
78	1. 银行业	36	36	8	2	3		7	12		4			
79	2. 证券业	4	4					2	2					
80	3. 保险业	58	57	7				15	34	1		1		
81	4. 其他金融	65	64	3	27	4		27	1		2	1		
82	其中：金融租赁													
83	邮政储蓄	2	2					2						
84	（六）房地产业	1192	658	47	4	1		545	5	23	33	24	2	508
85	（七）租赁和商务服务业	708	542	19	4		1	427		57	34	2	1	163
86	1. 租赁业	45	22					17		4	1			23
87	2. 商务服务业	663	520	19	4		1	410		53	33	2	1	140
88	（八）居民服务和其他服务业	2627	431	38	12	1	1	201	24	46	108	7		2189
89	（九）教育	94	66					3		3	60			28
90	（十）卫生、社会保险和社会福利业	402	317	2	6			7		4	298			85
91	其中：卫生	124	49	2				3		1	43			75
92	（十一）文化、体育和娱乐业	165	90	3	2			29	2	28	26	2		73
93	（十二）公共管理和社会组织	5746	1839	143	123	7	4	461	39	324	738	2	1	3904
94	（十三）其他行业	1122	502	38	23		4	219	4	67	147	20	2	598

2011年梅州市地方税务局纳税登记户数分行业统计年报表(含社保费登记户)

编报机关:梅州市地方税务局　　　　单位:户

序号	项目	合计	内资企业								港澳台投资企业	外商投资企业	个体经营
			小计	国有企业	集体企业	股份合作企业	联营企业	有限责任公司	股份有限公司	私营企业	其他企业			
1	合计	72173	20901	799	2245	68	48	13033	480	1740	2488	538	142	50592
2	一、第一产业	935	637	17	34	14	16	391	6	72	87	28	1	269
3	二、第二产业	20502	8614	284	1432	17	14	5715	116	855	181	284	66	11538
4	(一)采矿业	292	218	7	12			113	1	84	1		6	68
5	1. 煤炭开采和洗选业	8	8		1			7						
6	2. 原油和天然气开采业	3	1							1			2	
7	其中:原油	3	1							1			2	
8	3. 黑色金属矿采选业	31	29	1	1			24		3				2
9	4. 有色金属矿采选业	17	16	3	1			12					1	
10	5. 非金属矿采选业	158	106	2	9			34		61			2	50
11	6. 其他采矿业	75	58	1				36	1	19	1		1	16
12	(二)制造业	3282	1597	54	83	1	3	1061	34	346	15	262	45	1378
13	1. 农副食品加工业	145	77	21	8			36		7	5	3		65
14	2. 食品制造业	67	25					16		9		1	1	40
15	3. 饮料制造业	83	49	3	4			30	5	7		3		31
16	其中:酒制造	51	37	2	3			25	1	6		1		13
17	4. 烟草制品业	7	6	2				4						1
18	其中:卷烟制造	1	1					1						
19	5. 纺织业	76	38	1	6			21		10		10	3	25
20	6. 纺织服装、鞋帽制造业	98	37	1	2			32		2		26	4	31
21	7. 皮革、毛皮、羽毛(绒)制品业	33	5					3		2		7		21
22	8. 木材加工及木竹藤棕草制品业	178	59	2	2			46		9		22	4	93
23	9. 家具制造业	103	59					36		23		3	1	40

续表

序号	项　目	合　计	内资企业									港澳台投资企业	外商投资企业	个体经营
			小计	国有企业	集体企业	股份合作企业	联营企业	有限责任公司	股份有限公司	私营企业	其他企业			
24	10. 造纸及纸制品业	88	50		5		1	25		19		2		36
25	11. 印刷业和记录媒体的复制	105	45	2	8			30		5		1		59
26	12. 文教体育用品制造业	38	5					5				7		26
27	13. 石油加工、炼焦及核燃料业	7	5					3	1	1				2
28	其中:成品油	4	2					2						2
29	14. 化学原料及化学制品业	44	34	2				27	1	4		1	1	8
30	15. 医药制造业	40	25					19	2	4		3		12
31	16. 化学纤维制造业	1	1					1						
32	17. 橡胶制品业	25	9	1				6		2		3	1	12
33	18. 塑料制品业	103	70	1	3			61		5		8	4	21
34	19. 非金属矿物制品业	531	256	8	16		1	136	8	82	5	28	3	244
35	20. 黑色金属冶炼及压延加工业	46	26		1			15	1	8	1	4	1	15
36	21. 有色金属冶炼及压延加工业	130	57	1				36	3	17		5		68
37	22. 金属制品业	174	65	2				48	2	12	1	15	4	90
38	23. 通用设备制造业	113	58	3	5			43	1	6		4	2	49
39	24. 专用设备制造业	111	83	2	7			62		11	1	4	1	23
40	25. 交通运输设备制造业	219	52		3			41	2	6			3	164
41	其中:汽车制造	138	27		3			21		3			1	110
42	摩托车制造	1	1					1						
43	26. 电气机械及器材制造业	122	69		2			58	4	5		17	1	35
44	27. 通信设备、计算机及其他电子设备制造业	358	209	1	4			129	2	73		57	8	84
45	28. 仪表仪器及文化、办公用机械制造业	17	13	1	1		1	8		1	1	2		2

续表

序号	项目	合计	内资企业									港澳台投资企业	外商投资企业	个体经营
			小计	国有企业	集体企业	股份合作企业	联营企业	有限责任公司	股份有限公司	私营企业	其他企业			
46	29. 其他制造业	220	110		6	1		84	2	16	1	26	3	81
47	（三）电力、燃气及水的生产和供应业	1183	493	72	108	3	3	123	10	168	6	3	8	679
48	1. 电力、热力的生产和供应业	1094	434	64	94	3	1	101	9	157	5	3	7	650
49	其中：电力生产和供应业	1085	432	64	93	3	1	100	9	157	5	3	7	643
50	2. 燃气生产和供应业	25	13		2			4	1	6			1	11
51	3. 水的生产和供应业	64	46	8	12		2	18		5	1			18
52	（四）建筑业	15745	6306	151	1229	13	8	4418	71	257	159	19	7	9413
53	1. 房屋和土木工程建筑业	1102	972	42	50	1	5	838	4	29	3	2	1	127
54	2. 建筑安装业	12900	4676	96	1154	12	3	3033	62	171	145	10	4	8210
55	3. 建筑装饰业	479	251	1	4			213	3	30		3		225
56	4. 其他建筑业	1264	407	12	21			334	2	27	11	4	2	851
57	三、第三产业	50736	11650	498	779	37	18	6927	358	813	2220	226	75	38785
58	（一）交通运输、仓储及邮政业	3831	745	43	39	1		615	11	20	16	15	6	3065
59	1. 交通运输业	3789	706	30	39	1		590	11	19	16	15	6	3062
60	2. 仓储业	11	10	5				5						1
61	3. 邮政业	31	29	8				20		1				2
62	（二）信息传输、计算机服务和软件业	447	238	7		1		162	20	46	2	23	4	182
63	1. 电信和其他信息传输服务业	198	69	7				34	19	8	1	20	4	105
64	其中：电信	125	58	7				30	19	2		18	3	46
65	2. 计算机服务业	207	134			1		101		31	1	2		71
66	3. 软件业	42	35					27	1	7		1		6
67	（三）批发和零售业	15869	2576	122	166	2	7	1818	47	400	14	77	27	13189
68	1. 批发业	1424	697	48	26	1		536	7	73	6	40	6	681
69	其中：烟草制品批发	4	3					3						1

续表

序号	项目	合计	内资企业									港澳台投资企业	外商投资企业	个体经营
			小计	国有企业	集体企业	股份合作企业	联营企业	有限责任公司	股份有限公司	私营企业	其他企业			
70	煤炭及制品批发	27	25					23		2				2
71	石油及其制品批发	11	9	2				3	2	2			1	1
72	汽车及零配件批发	31	25					25						6
73	2. 零售业	14445	1879	74	140	1	7	1282	40	327	8	37	21	12508
74	(四)住宿和餐饮业	2506	138	11	16			90	1	15	5	13	8	2347
75	1. 住宿业	591	75	7	12			50		1	5	2		514
76	2. 餐饮业	1915	63	4	4			40	1	14		11	8	1833
77	(五)金融业	425	325	20	25	20	2	81	156	3	18		4	96
78	1. 银行业	118	115	15	24	7		8	56		5			3
79	2. 证券业	14	13					4	9					1
80	3. 保险业	85	81	4				14	63				4	
81	4. 其他金融	208	116	1	1	13	2	55	28	3	13			92
82	其中:金融租赁	97	8					2	1		5			89
83	邮政储蓄	8	8	1				3			4			
84	(六)房地产业	4505	1486	53	119	3	3	1078	73	39	118	42	10	2967
85	(七)租赁和商务服务业	1160	671	17	15			529	9	49	52	7	2	480
86	1. 租赁业	71	29		1			27		1				42
87	2. 商务服务业	1089	642	17	14			502	9	48	52	7	2	438
88	(八)居民服务和其他服务业	18732	4077	148	352	10	5	2295	37	169	1061	40	8	14607
89	(九)教育	472	406	4	4			4		7	387		1	65
90	(十)卫生、社会保险和社会福利业	252	113	3	5			9		2	94			139
91	其中:卫生	216	103	3	5			5		2	88			113
92	(十一)文化、体育和娱乐业	163	82	10	4		1	18		7	42	2	1	78
93	(十二)公共管理和社会组织	1052	447	15	20			93	2	10	307	4		601
94	(十三)其他行业	1322	346	45	14			135	2	46	104	3	4	969

2011年惠州市地方税务局纳税登记户数分行业统计年报表(含社保费登记户)

编报机关:惠州市地方税务局　　　　单位:户

序号	项目	合计	内资企业									港澳台投资企业	外商投资企业	个体经营
			小计	国有企业	集体企业	股份合作企业	联营企业	有限责任公司	股份有限公司	私营企业	其他企业			
1	合计	249007	52992	2770	4490	96	207	23098	661	18405	3265	3621	1469	190925
2	一、第一产业	5932	566	29	7	3	2	294	11	161	59	40	13	5313
3	二、第二产业	58880	22569	1470	2198	47	122	11025	282	7009	416	2183	837	33291
4	(一)采矿业	158	96	2	2			38	2	52		5	1	56
5	1. 煤炭开采和洗选业													
6	2. 原油和天然气开采业	3	2						1	1		1		
7	其中:原油	3	2						1	1		1		
8	3. 黑色金属矿采选业	5	3					1		2				2
9	4. 有色金属矿采选业	5	3					2		1				2
10	5. 非金属矿采选业	99	55		2			26	1	26		2	1	41
11	6. 其他采矿业	46	33	2				9		22		2		11
12	(二)制造业	19100	5790	66	799	6	6	2540	33	2330	10	2055	734	10521
13	1. 农副食品加工业	176	81	16	6		1	37		21		13	4	78
14	2. 食品制造业	120	52	3	4			27		18		12	9	47
15	3. 饮料制造业	37	23		3			9	1	10		3		11
16	其中:酒制造	13	10		2			5	1	2		1		2
17	4. 烟草制品业	3	2		1					1				1
18	其中:卷烟制造	2	1							1				1
19	5. 纺织业	655	172	2	31			81	2	55	1	45	5	433
20	6. 纺织服装、鞋帽制造业	1300	347	1	80	1		85	2	178		217	28	708
21	7. 皮革、毛皮、羽毛(绒)制品业	3350	465		49			225	1	190		75	19	2791
22	8. 木材加工及木竹藤棕草制品业	410	62	5	4			40	2	11		9	2	337
23	9. 家具制造业	474	151	1	23			76		51		73	29	221

续表

序号	项　目	合　计	内资企业								港澳台投资企业	外商投资企业	个体经营
			小计	国有企业	集体企业	股份合作企业	联营企业	有限责任公司	股份有限公司	私营企业	其他企业			
24	10. 造纸及纸制品业	542	259		28			98		133		45	9	229
25	11. 印刷业和记录媒体的复制	508	313	4	14			112		182	1	30	4	161
26	12. 文教体育用品制造业	224	70	1	27			34		8		63	12	79
27	13. 石油加工、炼焦及核燃料业	791	9		1			6	1		1	22	18	742
28	其中:成品油	9	4					3	1			1	1	3
29	14. 化学原料及化学制品业	491	271	1	8		2	179	2	79		101	37	82
30	15. 医药制造业	48	33	1	1			17	4	10		7		8
31	16. 化学纤维制造业	18	6					5		1		3	1	8
32	17. 橡胶制品业	296	104	1	15			50	1	37		45	18	129
33	18. 塑料制品业	1425	501	1	146	1		205		148		205	51	668
34	19. 非金属矿物制品业	633	190	9	12			110	3	56		34	7	402
35	20. 黑色金属冶炼及压延加工业	44	10					6		4		1	1	32
36	21. 有色金属冶炼及压延加工业	193	41	2	3			15		21		8	4	140
37	22. 金属制品业	1600	588	2	95		1	303	2	184	1	181	31	800
38	23. 通用设备制造业	433	123	2	13			57	1	50		31	15	264
39	24. 专用设备制造业	890	376	1	17			98	4	256		123	70	321
40	25. 交通运输设备制造业	312	51	3	7			17		24		15	20	226
41	其中:汽车制造	269	39	2	5			13		19		10	15	205
42	摩托车制造	18	1					1				2		15
43	26. 电气机械及器材制造业	656	280	1	35	1		97	4	141	1	155	65	156
44	27. 通信设备、计算机及其他电子设备制造业	1377	573	1	55	1		226	2	283	5	319	221	264
45	28. 仪表仪器及文化、办公用机械制造业	100	36	3	10			11		12		27	5	32

续表

序号	项目	合计	内资企业									港澳台投资企业	外商投资企业	个体经营
			小计	国有企业	集体企业	股份合作企业	联营企业	有限责任公司	股份有限公司	私营企业	其他企业			
46	29. 其他制造业	1994	601	5	111	2	2	314	1	166		193	49	1151
47	(三)电力、燃气及水的生产和供应业	486	357	41	76		2	132	6	97	3	13	6	110
48	1. 电力、热力的生产和供应业	286	190	26	44		1	36	2	80	1	6	3	87
49	其中:电力生产和供应业	262	175	22	39		1	34	2	76	1	2	2	83
50	2. 燃气生产和供应业	74	68	3			1	56	4	4		3	2	1
51	3. 水的生产和供应业	126	99	12	32			40		13	2	4	1	22
52	(四)建筑业	39136	16326	1361	1321	41	114	8315	241	4530	403	110	96	22604
53	1. 房屋和土木工程建筑业	1823	1248	238	157		11	618	19	198	7	8	2	565
54	2. 建筑安装业	33895	12635	1041	1116	36	100	6628	197	3126	391	78	76	21106
55	3. 建筑装饰业	2146	1688	14	22	5	2	710	20	915		19	9	430
56	4. 其他建筑业	1272	755	68	26		1	359	5	291	5	5	9	503
57	三、第三产业	184195	29857	1271	2285	46	83	11779	368	11235	2790	1398	619	152321
58	(一)交通运输、仓储及邮政业	6548	973	41	35		6	485	8	353	45	60	18	5497
59	1. 交通运输业	6440	904	23	34		6	453	6	338	44	55	15	5466
60	2. 仓储业	41	30	8	1			13	2	5	1	4	3	4
61	3. 邮政业	67	39	10				19		10		1		27
62	(二)信息传输、计算机服务和软件业	1092	949	8	5			200	15	695	26	28	34	81
63	1. 电信和其他信息传输服务业	405	324	8	2			107	10	171	26	14	26	41
64	其中:电信	119	58	5				37	10	5	1	13	25	23
65	2. 计算机服务业	598	552		3			69	3	477		4	4	38
66	3. 软件业	89	73					24	2	47		10	4	2
67	(三)批发和零售业	26608	8814	244	226	5	15	3316	43	4954	11	232	122	17440
68	1. 批发业	3061	1949	103	60		2	619	7	1155	3	83	37	992
69	其中:烟草制品批发	7	5	1				4						2

续表

序号	项目	合计	内资企业									港澳台投资企业	外商投资企业	个体经营
			小计	国有企业	集体企业	股份合作企业	联营企业	有限责任公司	股份有限公司	私营企业	其他企业			
70	煤炭及制品批发	2	2					2						
71	石油及其制品批发	25	18		1			14	2	1			4	3
72	汽车及零配件批发	19	9					1		8			2	8
73	2. 零售业	23547	6865	141	166	5	13	2697	36	3799	8	149	85	16448
74	(四)住宿和餐饮业	9812	819	16	70	1	3	274	1	237	217	125	63	8805
75	1. 住宿业	6191	514	10	63		3	139	1	84	214	94	11	5572
76	2. 餐饮业	3621	305	6	7	1		135		153	3	31	52	3233
77	(五)金融业	600	436	25	5	16		141	152	86	11	10	31	123
78	1. 银行业	107	86	14	5	14		6	44		3	3	8	10
79	2. 证券业	19	13					3	6	2	2	2		4
80	3. 保险业	179	140	7				33	93	6	1	1	19	19
81	4. 其他金融	295	197	4		2		99	9	78	5	4	4	90
82	其中:金融租赁	6	4					2			2			2
83	邮政储蓄	11	6	1				2			3			5
84	(六)房地产业	63705	5293	181	289	2	10	3148	44	1480	139	598	77	57737
85	(七)租赁和商务服务业	8027	2546	94	122	1	4	768	9	1388	160	56	35	5390
86	1. 租赁业	929	194	2	28			62		30	72			735
87	2. 商务服务业	7098	2352	92	94	1	4	706	9	1358	88	56	35	4655
88	(八)居民服务和其他服务业	62494	7292	517	1401	18	37	2987	83	1500	749	187	176	54839
89	(九)教育	545	486	4				17		25	440	1		58
90	(十)卫生、社会保险和社会福利业	248	161	5	6		2	14	1	12	121			87
91	其中:卫生	223	143	5	6		2	13		12	105			80
92	(十一)文化、体育和娱乐业	408	215	11	4			50	1	108	41	10	1	182
93	(十二)公共管理和社会组织	1586	754	13	66		1	18	4	17	635		1	831
94	(十三)其他行业	2522	1119	112	56	3	5	361	7	380	195	91	61	1251

2011年汕尾市地方税务局纳税登记户数分行业统计年报表(含社保费登记户)

编报机关:汕尾市地方税务局　　　　单位:户

序号	项目	合计	内资企业									港澳台投资企业	外商投资企业	个体经营
			小计	国有企业	集体企业	股份合作企业	联营企业	有限责任公司	股份有限公司	私营企业	其他企业			
1	合计	18819	8113	531	1421	1202	766	1578	1190	871	554	219	82	10405
2	一、第一产业	236	181	75	13	13	4	54	3	11	8	6	3	46
3	二、第二产业	5283	3427	91	659	558	516	544	693	357	9	100	54	1702
4	(一)采矿业	352	342		99	4	85	50	101	3			4	6
5	1. 煤炭开采和洗选业													
6	2. 原油和天然气开采业	5	4		1	1	1	1						1
7	其中:原油	4	4		1	1	1	1						
8	3. 黑色金属矿采选业													
9	4. 有色金属矿采选业	10	5		1	3	1						2	3
10	5. 非金属矿采选业	6	4					2		2				2
11	6. 其他采矿业	331	329		97		83	47	101	1			2	
12	(二)制造业	3068	1513	33	345	416	100	256	116	247		99	40	1416
13	1. 农副食品加工业	163	94	24	20	16	10	15	8	1		5	1	63
14	2. 食品制造业	50	12	1				5		6		3		35
15	3. 饮料制造业	156	108	3	32	29	12	12	16	4		1		47
16	其中:酒制造	142	102	2	31	29	12	11	16	1		1		39
17	4. 烟草制品业	57	41		6	11	8	5	11					16
18	其中:卷烟制造	16	11		5	4	1		1					5
19	5. 纺织业	130	34		7	7	2	5	3	10		17		79
20	6. 纺织服装、鞋帽制造业	243	116		4	4	3	26	3	76		4		123
21	7. 皮革、毛皮、羽毛(绒)制品业	90	32		9	13	1	2	4	3		7		51
22	8. 木材加工及木竹藤棕草制品业	98	30	1	11	10	1	5	1	1		3		65
23	9. 家具制造业	60	10		2	1		4		3				50

续表

序号	项　目	合　计	内资企业									港澳台投资企业	外商投资企业	个体经营
			小计	国有企业	集体企业	股份合作企业	联营企业	有限责任公司	股份有限公司	私营企业	其他企业			
24	10. 造纸及纸制品业	43	17		1			3		13		2		24
25	11. 印刷业和记录媒体的复制	43	21		7	4		3	1	6			1	21
26	12. 文教体育用品制造业	14	4		1	1	1		1			1		9
27	13. 石油加工、炼焦及核燃料业	1	1			1								
28	其中:成品油													
29	14. 化学原料及化学制品业	64	45		8	11	4	12	6	4		1		18
30	15. 医药制造业	50	34		9	14	2	6	3				1	15
31	16. 化学纤维制造业	1												1
32	17. 橡胶制品业	10	2					1		1		1		7
33	18. 塑料制品业	138	65	1	10	7	1	33	1	12		12		61
34	19. 非金属矿物制品业	92	31		7	8	2	9	2	3				61
35	20. 黑色金属冶炼及压延加工业	43	30		7	9	4	6	3	1				13
36	21. 有色金属冶炼及压延加工业	168	99		32	35	11	6	14	1		2		67
37	22. 金属制品业	65	23		4	4	1	9	1	4		6		36
38	23. 通用设备制造业	53	18	1	1	2	1	8	2	3		1		34
39	24. 专用设备制造业	27	19		3	3	2	5	2	4				8
40	25. 交通运输设备制造业	149	81		24	22	10	13	12			1		67
41	其中:汽车制造	87	38		7	12	7	5	7					49
42	摩托车制造	31	18		3	4	3	5	3					13
43	26. 电气机械及器材制造业	32	22	1	2	3	2	7	3	4		2	1	7
44	27. 通信设备、计算机及其他电子设备制造业	34	14		1	5	2	1	2	3		5		15
45	28. 仪表仪器及文化、办公用机械制造业	339	305		106	166	17		15	1			28	6

续表

序号	项目	合计	内资企业									港澳台投资企业	外商投资企业	个体经营
			小计	国有企业	集体企业	股份合作企业	联营企业	有限责任公司	股份有限公司	私营企业	其他企业			
46	29. 其他制造业	655	205	1	31	30	3	55	2	83		25	8	417
47	（三）电力、燃气及水的生产和供应业	1182	1074	13	127	68	307	61	450	43	5		5	103
48	1. 电力、热力的生产和供应业	196	146	11	31	29	2	47	5	20	1		2	48
49	其中：电力生产和供应业	144	111	9	18	26	2	40	2	13	1		1	32
50	2. 燃气生产和供应业	833	827		65		299	1	440	22			3	3
51	3. 水的生产和供应业	153	101	2	31	39	6	13	5	1	4			52
52	（四）建筑业	681	498	45	88	70	24	177	26	64	4	1	5	177
53	1. 房屋和土木工程建筑业	96	89	13	16	4	5	40	4	7				7
54	2. 建筑安装业	160	145	24	12	5		75	2	25	2	1	3	11
55	3. 建筑装饰业	185	130	2	31	41	10	27	9	9	1			55
56	4. 其他建筑业	240	134	6	29	20	9	35	11	23	1		2	104
57	三、第三产业	13300	4505	365	749	631	246	980	494	503	537	113	25	8657
58	（一）交通运输、仓储及邮政业	1352	1316	11	227	313	153	231	357	14	10	11	3	22
59	1. 交通运输业	731	697	7	79	107	76	125	279	14	10	11	3	20
60	2. 仓储业	362	361		112	170	25	31	23					1
61	3. 邮政业	259	258	4	36	36	52	75	55					1
62	（二）信息传输、计算机服务和软件业	425	286	3	71	65	41	39	47	17	3	5	1	133
63	1. 电信和其他信息传输服务业	213	136	3	40	41	12	7	18	12	3	5	1	71
64	其中：电信	20	7	2				1	4			5	1	7
65	2. 计算机服务业	143	99		22	17	16	25	16	3				44
66	3. 软件业	69	51		9	7	13	7	13	2				18
67	（三）批发和零售业	7378	896	174	190	109	23	239	25	134	2	4	6	6472
68	1. 批发业	319	160	28	14	8	2	67	3	37	1	2	1	156
69	其中：烟草制品批发	4	3					3						1

续表

序号	项目	合计	内资企业									港澳台投资企业	外商投资企业	个体经营
			小计	国有企业	集体企业	股份合作企业	联营企业	有限责任公司	股份有限公司	私营企业	其他企业			
70	煤炭及制品批发													
71	石油及其制品批发	6	5	1				2	1	1			1	
72	汽车及零配件批发	2												2
73	2. 零售业	7059	736	146	176	101	21	172	22	97	1	2	5	6316
74	(四)住宿和餐饮业	770	121	12	37	10	2	32	2	26		12	5	632
75	1. 住宿业	177	69	10	12	7	2	20	2	16		7	1	100
76	2. 餐饮业	593	52	2	25	3		12		10		5	4	532
77	(五)金融业	513	308	14	79	106	14	34	52	1	8		1	204
78	1. 银行业	130	67	9	18	18	4	6	10		2			63
79	2. 证券业	344	202		61	88	10	27	16				1	141
80	3. 保险业	31	31	5					26					
81	4. 其他金融	8	8					1		1	6			
82	其中:金融租赁													
83	邮政储蓄	6	6					1		1	4			
84	(六)房地产业	460	376	67	36	1		142	2	109	19	37	1	46
85	(七)租赁和商务服务业	282	200	14	4	2		85		74	21	1		81
86	1. 租赁业	10	4					3		1				6
87	2. 商务服务业	272	196	14	4	2		82		73	21	1		75
88	(八)居民服务和其他服务业	1239	496	39	90	25	13	108	7	35	179	34	4	705
89	(九)教育	50	31					2		4	25			19
90	(十)卫生、社会保险和社会福利业	217	26					1			25			191
91	其中:卫生	214	23					1			22			191
92	(十一)文化、体育和娱乐业	124	63	3	3			7		39	11	6		55
93	(十二)公共管理和社会组织	170	165	1				1			163			5
94	(十三)其他行业	320	221	27	12			59	2	50	71	3	4	92

2011年东莞市地方税务局纳税登记户数分行业统计年报表（含社保费登记户）

编报机关：东莞市地方税务局　　　　单位：户

序号	项　　目	合　计	内资企业									港澳台投资企业	外商投资企业	个体经营
			小计	国有企业	集体企业	股份合作企业	联营企业	有限责任公司	股份有限公司	私营企业	其他企业			
1	合　　计	735568	144767	1523	11982	1783	175	83669	1313	39377	4945	22781	8081	559939
2	一、第一产业	453	269	6	3		3	149	5	82	21	10	7	167
3	二、第二产业	154998	61702	1148	5326	65	124	35653	445	18820	121	6804	3191	83301
4	（一）采矿业	54	37	3	1			17		16		2	2	13
5	1. 煤炭开采和洗选业													
6	2. 原油和天然气开采业	10	8		1			6		1			2	
7	其中：原油	10	8		1			6		1			2	
8	3. 黑色金属矿采选业	6	6	2						4				
9	4. 有色金属矿采选业	6	5					1		4				1
10	5. 非金属矿采选业	19	12	1				5		6				7
11	6. 其他采矿业	13	6					5		1		2		5
12	（二）制造业	100223	41091	37	4265	9	2	23699	60	13010	9	6588	2992	49552
13	1. 农副食品加工业	403	166	6	16			91	2	48	3	22	16	199
14	2. 食品制造业	787	322		11			191	1	119		33	15	417
15	3. 饮料制造业	103	52	1	4			28		19		6	2	43
16	其中：酒制造	10	6	1				3		2		1	1	2
17	4. 烟草制品业													
18	其中：卷烟制造													
19	5. 纺织业	4084	1185		171			705		309		308	47	2544
20	6. 纺织服装、鞋帽制造业	7438	2580	1	241			1241	1	1095	1	499	114	4245
21	7. 皮革、毛皮、羽毛（绒）制品业	3610	1037		154			557	2	324		258	97	2218
22	8. 木材加工及木竹藤棕草制品业	1156	351	12	10			216	1	112		37	6	762
23	9. 家具制造业	2110	995		57			640	2	296		202	110	803

续表

序号	项　目	合　计	内资企业									港澳台投资企业	外商投资企业	个体经营
			小计	国有企业	集体企业	股份合作企业	联营企业	有限责任公司	股份有限公司	私营企业	其他企业			
24	10. 造纸及纸制品业	3676	1896		281			972		642	1	186	45	1549
25	11. 印刷业和记录媒体的复制	2193	1306		109			609	1	587		171	29	687
26	12. 文教体育用品制造业	1722	671	1	172			323		175		228	95	728
27	13. 石油加工、炼焦及核燃料业	512	28		1			16		11		175	157	152
28	其中:成品油	33	25		1			14		10		2	1	5
29	14. 化学原料及化学制品业	983	645		40			435	3	166	1	91	58	189
30	15. 医药制造业	103	73		3			51	2	17		7	6	17
31	16. 化学纤维制造业	90	42		5			27		10		17	2	29
32	17. 橡胶制品业	1629	757		84			492		181		143	69	660
33	18. 塑料制品业	8625	3860		805	1		1855		1199		851	303	3611
34	19. 非金属矿物制品业	1003	474	3	49	1		288	3	130		81	39	409
35	20. 黑色金属冶炼及压延加工业	1379	353	1	8			103	1	240		3	2	1021
36	21. 有色金属冶炼及压延加工业	490	152		12			85	1	54		17	27	294
37	22. 金属制品业	19169	6229		488			3700	7	2034		665	268	12007
38	23. 通用设备制造业	6528	2223	7	270			1299	4	643		192	116	3997
39	24. 专用设备制造业	5502	2058	1	129			1352	2	574		270	153	3021
40	25. 交通运输设备制造业	990	268		12			159		97		51	53	618
41	其中:汽车制造	849	185		11			97		77		43	30	591
42	摩托车制造	13	4					2		2		2		7
43	26. 电气机械及器材制造业	3616	2070	2	214			1287	5	562		420	185	941
44	27. 通信设备、计算机及其他电子设备制造业	9907	5654		585		2	3372	16	1678	1	977	705	2571
45	28. 仪表仪器及文化、办公用机械制造业	678	355		82			190		83		80	49	194

续表

序号	项目	合计	内资企业									港澳台投资企业	外商投资企业	个体经营
			小计	国有企业	集体企业	股份合作企业	联营企业	有限责任公司	股份有限公司	私营企业	其他企业			
46	29. 其他制造业	11737	5289	2	252	7		3415	6	1605	2	598	224	5626
47	(三)电力、燃气及水的生产和供应业	377	257	10	89			127	2	28	1	12	30	78
48	1. 电力、热力的生产和供应业	137	71	7	34			24	1	5		11	7	48
49	其中:电力生产和供应业	131	67	7	34			20	1	5		10	7	47
50	2. 燃气生产和供应业	85	55	2	11			34		8			20	10
51	3. 水的生产和供应业	155	131	1	44			69	1	15	1	1	3	20
52	(四)建筑业	54344	20317	1098	971	56	122	11810	383	5766	111	202	167	33658
53	1. 房屋和土木工程建筑业	3460	3071	351	300	1	17	1765	55	579	3	10	6	373
54	2. 建筑安装业	36018	10498	624	563	43	74	5739	291	3067	97	148	111	25261
55	3. 建筑装饰业	9718	4855	20	39	8	24	3173	22	1561	8	25	34	4804
56	4. 其他建筑业	5148	1893	103	69	4	7	1133	15	559	3	19	16	3220
57	三、第三产业	580117	82796	369	6653	1718	48	47867	863	20475	4803	15967	4883	476471
58	(一)交通运输、仓储及邮政业	28536	3356	34	44		1	2220	8	1030	19	131	121	24928
59	1. 交通运输业	28164	3122	17	39		1	2061	8	978	18	117	110	24815
60	2. 仓储业	167	87	4	2			63		18		12	7	61
61	3. 邮政业	205	147	13	3			96		34	1	2	4	52
62	(二)信息传输、计算机服务和软件业	3052	2625	26	6	4		1466	76	1032	15	74	51	302
63	1. 电信和其他信息传输服务业	1195	1015	26	4	4		326	64	580	11	54	20	106
64	其中:电信	283	166	26		4		89	26	19	2	42	8	67
65	2. 计算机服务业	1499	1294					915	9	366	4	14	19	172
66	3. 软件业	358	316		2			225	3	86		6	12	24
67	(三)批发和零售业	157016	38343	54	450	2	7	27207	120	10473	30	556	520	117597
68	1. 批发业	31578	15183	21	112	1	2	10954	29	4058	6	326	249	15820
69	其中:烟草制品批发	2	1							1				1

续表

序号	项目	合计	内资企业									港澳台投资企业	外商投资企业	个体经营
			小计	国有企业	集体企业	股份合作企业	联营企业	有限责任公司	股份有限公司	私营企业	其他企业			
70	煤炭及制品批发	16	14		1			11		2				2
71	石油及其制品批发	239	189		13			134	20	22		3	2	45
72	汽车及零配件批发	304	122		1			93		28		3	2	177
73	2. 零售业	125438	23160	33	338	1	5	16253	91	6415	24	230	271	101777
74	(四)住宿和餐饮业	11293	1590		98			822	2	664	4	79	152	9472
75	1. 住宿业	1467	507		53			185	2	266	1	8	8	944
76	2. 餐饮业	9826	1083		45			637		398	3	71	144	8528
77	(五)金融业	4209	995	24	31	15	1	376	453	49	46	156	127	2931
78	1. 银行业	660	427	13	3	12		35	325	1	38	13	15	205
79	2. 证券业	45	32					18	14			3	3	7
80	3. 保险业	190	143	2		1		63	71	4	2	3	19	25
81	4. 其他金融	3314	393	9	28	2	1	260	43	44	6	137	90	2694
82	其中:金融租赁	6	3								3	1	1	1
83	邮政储蓄	12	10	5				2			3			2
84	(六)房地产业	241596	9985	36	3776	29	8	3547	43	1279	1267	11838	1780	217993
85	(七)租赁和商务服务业	21437	9174	37	679	4	3	5864	32	2398	157	492	611	11160
86	1. 租赁业	4818	183					126	4	51	2	18	8	4609
87	2. 商务服务业	16619	8991	37	679	4	3	5738	28	2347	155	474	603	6551
88	(八)居民服务和其他服务业	97466	9944	47	1115	1660	10	3905	85	2235	887	2193	1306	84023
89	(九)教育	2020	1254		31		1	107		47	1068	10	6	750
90	(十)卫生、社会保险和社会福利业	680	477	1	125	1		21	2	50	277	3	2	198
91	其中:卫生	665	467	1	124	1		21	1	50	269	3	2	193
92	(十一)文化、体育和娱乐业	1456	795	5	41	1		346	16	311	75	32	14	615
93	(十二)公共管理和社会组织	1159	963	4	178		2	10	2	2	765	17	2	177
94	(十三)其他行业	10197	3295	101	79	2	15	1976	24	905	193	386	191	6325

2011年中山市地方税务局纳税登记户数分行业统计年报表(含社保费登记户)

编报机关:中山市地方税务局　　　　单位:户

序号	项目	合计	内资企业									港澳台投资企业	外商投资企业	个体经营
			小计	国有企业	集体企业	股份合作企业	联营企业	有限责任公司	股份有限公司	私营企业	其他企业			
1	合计	269798	52376	453	1966	77	43	29100	431	16640	3666	9629	3009	204784
2	一、第一产业	686	195		7	1		110	1	55	21	4	2	485
3	二、第二产业	79471	26162	274	606	11	24	14204	129	10869	45	2168	1026	50115
4	(一)采矿业	37	20					9	3	8		1		16
5	1. 煤炭开采和洗选业	2												2
6	2. 原油和天然气开采业	8	7					4	3					1
7	其中:原油	8	7					4	3					1
8	3. 黑色金属矿采选业													
9	4. 有色金属矿采选业													
10	5. 非金属矿采选业	26	12					4		8		1		13
11	6. 其他采矿业	1	1					1						
12	(二)制造业	53034	20685	9	410	2	3	10480	30	9748	3	2031	942	29376
13	1. 农副食品加工业	471	178	1	7		2	61	2	105		8	5	280
14	2. 食品制造业	567	215		2			117	3	93		16	7	329
15	3. 饮料制造业	111	66					37		29		4	9	32
16	其中:酒制造	25	9					7		2				16
17	4. 烟草制品业	2												2
18	其中:卷烟制造													
19	5. 纺织业	1841	554		28			260		266		132	32	1123
20	6. 纺织服装、鞋帽制造业	6705	1799		63			733		1003		328	71	4507
21	7. 皮革、毛皮、羽毛(绒)制品业	788	213		31			80		102		84	19	472
22	8. 木材加工及木竹藤棕草制品业	665	158	1	3			69		85		20	1	486
23	9. 家具制造业	1567	488		15			226		246	1	105	25	949

续表

序号	项　　目	合　计	内资企业									港澳台投资企业	外商投资企业	个体经营
			小计	国有企业	集体企业	股份合作企业	联营企业	有限责任公司	股份有限公司	私营企业	其他企业			
24	10. 造纸及纸制品业	1269	749		22		1	269		456	1	37	10	473
25	11. 印刷业和记录媒体的复制	1296	1073		12			286	1	774		12	5	206
26	12. 文教体育用品制造业	338	142		18			83		41		64	18	114
27	13. 石油加工、炼焦及核燃料业	233	6					5		1		94	69	64
28	其中:成品油	8	6					5		1				2
29	14. 化学原料及化学制品业	746	454	1	8			318	5	122		79	45	168
30	15. 医药制造业	121	45					42		3		22	41	13
31	16. 化学纤维制造业	44	22		1			14		7		8	1	13
32	17. 橡胶制品业	418	200		10			106		84		27	15	176
33	18. 塑料制品业	3904	1733		62			733		938		188	82	1901
34	19. 非金属矿物制品业	1168	372	1	9			192	2	168		29	11	756
35	20. 黑色金属冶炼及压延加工业	33	16		1			8		7		1	3	13
36	21. 有色金属冶炼及压延加工业	320	73		3			35		35		9	5	233
37	22. 金属制品业	11532	3885	1	28			1755	2	2099		181	89	7377
38	23. 通用设备制造业	853	376		11			228	1	136		35	20	422
39	24. 专用设备制造业	1694	539	1	11			339		188		66	57	1032
40	25. 交通运输设备制造业	430	192		11			105		76		26	30	182
41	其中:汽车制造	347	147		10			75		62		20	26	154
42	摩托车制造	16	6					2		4				10
43	26. 电气机械及器材制造业	10966	4916	1	11			2960	7	1936	1	172	103	5775
44	27. 通信设备、计算机及其他电子设备制造业	2026	1015		17			625	6	367		144	107	760
45	28. 仪表仪器及文化、办公用机械制造业	180	90		4			63	1	22		26	17	47

续表

序号	项目	合计	内资企业								港澳台投资企业	外商投资企业	个体经营
			小计	国有企业	集体企业	股份合作企业	联营企业	有限责任公司	股份有限公司	私营企业	其他企业			
46	29. 其他制造业	2746	1116	2	22	2		731		359		114	45	1471
47	（三）电力、燃气及水的生产和供应业	230	158	4	34			100	4	16		6	16	50
48	1. 电力、热力的生产和供应业	75	41	3	22			13	1	2		3	4	27
49	其中：电力生产和供应业	58	31	3	19			8	1			3	3	21
50	2. 燃气生产和供应业	52	35	1	3			27	2	2			10	7
51	3. 水的生产和供应业	103	82		9			60	1	12		3	2	16
52	（四）建筑业	26170	5299	261	162	9	21	3615	92	1097	42	130	68	20673
53	1. 房屋和土木工程建筑业	1230	986	96	55	4	4	678	19	128	2	6	4	234
54	2. 建筑安装业	11862	2162	131	84	3	12	1405	62	446	19	70	36	9594
55	3. 建筑装饰业	3959	1434	3	4	2	5	1049	7	362	2	16	5	2504
56	4. 其他建筑业	9119	717	31	19			483	4	161	19	38	23	8341
57	三、第三产业	189641	26019	179	1353	65	19	14786	301	5716	3600	7457	1981	154184
58	（一）交通运输、仓储及邮政业	8261	924	11	17			699	2	188	7	120	36	7181
59	1. 交通运输业	7944	774	7	17			593	2	148	7	114	31	7025
60	2. 仓储业	58	39	1				32		6		4	4	11
61	3. 邮政业	259	111	3				74		34		2	1	145
62	（二）信息传输、计算机服务和软件业	1050	698	5	5		1	514	12	151	10	26	6	320
63	1. 电信和其他信息传输服务业	257	122	5	2		1	76	3	30	5	13		122
64	其中：电信	142	31	2				22	3	4		8		103
65	2. 计算机服务业	585	424		3			311	6	100	4	5	5	151
66	3. 软件业	208	152					127	3	21	1	8	1	47
67	（三）批发和零售业	67315	11004	29	247	2	7	7112	51	3545	11	300	142	55869
68	1. 批发业	10788	3839	17	93		2	2909	9	806	3	110	75	6764
69	其中：烟草制品批发	8	2					2						6

续表

序号	项　　目	合　计	内资企业									港澳台投资企业	外商投资企业	个体经营
			小计	国有企业	集体企业	股份合作企业	联营企业	有限责任公司	股份有限公司	私营企业	其他企业			
70	煤炭及制品批发	12	4					3		1				8
71	石油及其制品批发	67	54	1				42		11			2	11
72	汽车及零配件批发	100	48		1			39		8				52
73	2. 零售业	56527	7165	12	154	2	5	4203	42	2739	8	190	67	49105
74	（四）住宿和餐饮业	7185	503	2	23			266	2	208	2	55	52	6575
75	1. 住宿业	519	214	2	13			111	1	86	1	7	4	294
76	2. 餐饮业	6666	289		10			155	1	122	1	48	48	6281
77	（五）金融业	2354	421	7	14	40	2	176	137	33	12	135	243	1555
78	1. 银行业	301	138	4	7	37	2	20	53	6	9	41	87	35
79	2. 证券业	36	23					7	16				1	12
80	3. 保险业	161	90	1				27	58	2	2	1	20	50
81	4. 其他金融	1856	170	2	7	3		122	10	25	1	93	135	1458
82	其中：金融租赁													
83	邮政储蓄	9	2					1			1			7
84	（六）房地产业	61423	3558	32	564	20	8	2120	67	262	485	5827	789	51249
85	（七）租赁和商务服务业	9512	3473	29	265	1		2332	15	546	285	158	138	5743
86	1. 租赁业	4333	86	2	4			62	1	14	3	74	6	4167
87	2. 商务服务业	5179	3387	27	261	1		2270	14	532	282	84	132	1576
88	（八）居民服务和其他服务业	24965	1716	19	90	1	1	777	7	381	440	643	494	22112
89	（九）教育	1260	1140	4	16			85		14	1021		3	117
90	（十）卫生、社会保险和社会福利业	323	239	2	17			14	1	20	185	2	1	81
91	其中：卫生	289	206	2	15			14	1	19	155	2	1	80
92	（十一）文化、体育和娱乐业	981	379	2	14			119	2	137	105	14	2	586
93	（十二）公共管理和社会组织	1030	1018	8	65			5			940			12
94	（十三）其他行业	3982	946	29	16	1		567	5	231	97	177	75	2784

2011年江门市地方税务局纳税登记户数分行业统计年报表(含社保费登记户)

编报机关:江门市地方税务局　　　　单位:户

序号	项目	合计	内资企业									港澳台投资企业	外商投资企业	个体经营
			小计	国有企业	集体企业	股份合作企业	联营企业	有限责任公司	股份有限公司	私营企业	其他企业			
1	合计	302956	55998	1500	4074	165	55	22428	758	15490	11528	4563	1401	240994
2	一、第一产业	777	301	15	24	1	1	148	6	63	43	14	6	456
3	二、第二产业	68077	21633	659	1483	20	31	11329	170	6765	1176	1959	558	43927
4	(一)采矿业	127	72		4			29		38	1	4	1	50
5	1. 煤炭开采和洗选业	3	1					1						2
6	2. 原油和天然气开采业	4	3					3						1
7	其中:原油	4	3					3						1
8	3. 黑色金属矿采选业													
9	4. 有色金属矿采选业	4	2					1		1		1		1
10	5. 非金属矿采选业	89	48		3			15		29	1	3	1	37
11	6. 其他采矿业	27	18		1			9		8				9
12	(二)制造业	30379	10514	73	241	5	6	5031	47	5100	11	1823	480	17562
13	1. 农副食品加工业	832	228	32	13		1	98	2	82		26	9	569
14	2. 食品制造业	654	183	2	4			70	3	104		31	10	430
15	3. 饮料制造业	84	41	1	6			11	1	22		3	4	36
16	其中:酒制造	28	17	1	4			1		11				11
17	4. 烟草制品业	7	5	1				4				1		1
18	其中:卷烟制造	1	1					1						
19	5. 纺织业	1088	301	3	7			168	6	117		148	18	621
20	6. 纺织服装、鞋帽制造业	1942	432	2	18			230		182		259	30	1221
21	7. 皮革、毛皮、羽毛(绒)制品业	1377	309	2	5			168	1	133		82	11	975
22	8. 木材加工及木竹藤棕草制品业	972	126	3	4			54	1	64		30	10	806
23	9. 家具制造业	1290	265		15			133		117		47	15	963

续表

序号	项　　目	合　计	内资企业									港澳台投资企业	外商投资企业	个体经营
			小计	国有企业	集体企业	股份合作企业	联营企业	有限责任公司	股份有限公司	私营企业	其他企业			
24	10. 造纸及纸制品业	861	469	2	3		1	179	1	283		44	15	333
25	11. 印刷业和记录媒体的复制	888	528		12			199		316	1	21	4	335
26	12. 文教体育用品制造业	254	179		1			166		12		17	8	50
27	13. 石油加工、炼焦及核燃料业	37	8					3	2	3		4	5	20
28	其中:成品油	13	6					3	2	1		2		5
29	14. 化学原料及化学制品业	847	593	4	7	1		311	6	264		73	28	153
30	15. 医药制造业	65	43		1			29	1	11	1	15	2	5
31	16. 化学纤维制造业	46	21	1				9		11		2	5	18
32	17. 橡胶制品业	577	219		3			103		113		41	4	313
33	18. 塑料制品业	2025	817	1	10			387	1	418		123	28	1057
34	19. 非金属矿物制品业	924	372		5		2	193	2	167	3	51	18	483
35	20. 黑色金属冶炼及压延加工业	160	79		4			14		61		1	1	79
36	21. 有色金属冶炼及压延加工业	213	80		3			39	1	37		12	3	118
37	22. 金属制品业	7547	2451	1	40	1		1249	1	1157	2	274	82	4740
38	23. 通用设备制造业	837	296	3	31			116		146		29	14	498
39	24. 专用设备制造业	695	326	2	3			140	3	177	1	44	15	310
40	25. 交通运输设备制造业	936	283	5	15	1		112	1	148	1	43	27	583
41	其中:汽车制造	500	129	5	11	1		45		66	1	22	16	333
42	摩托车制造	159	90					35		55		14	7	48
43	26. 电气机械及器材制造业	1687	820	1	12	2	1	352	6	446		179	46	642
44	27. 通信设备、计算机及其他电子设备制造业	776	407	1	2			182	4	217	1	101	32	236
45	28. 仪表仪器及文化、办公用机械制造业	72	28	2	3			11	1	11		17	5	22

续表

序号	项目	合计	内资企业								港澳台投资企业	外商投资企业	个体经营
			小计	国有企业	集体企业	股份合作企业	联营企业	有限责任公司	股份有限公司	私营企业	其他企业			
46	29. 其他制造业	2686	605	4	14		1	301	3	281	1	105	31	1945
47	（三）电力、燃气及水的生产和供应业	375	305	19	87	1	1	147	4	33	13	16	7	47
48	1. 电力、热力的生产和供应业	187	148	17	55		1	57		13	5	9	2	28
49	其中：电力生产和供应业	170	135	15	54		1	50		10	5	7	2	26
50	2. 燃气生产和供应业	32	24	2		1		16	1	4		4	2	2
51	3. 水的生产和供应业	156	133		32			74	3	16	8	3	3	17
52	（四）建筑业	37196	10742	567	1151	14	24	6122	119	1594	1151	116	70	26268
53	1. 房屋和土木工程建筑业	7143	2634	159	290	1	6	1479	16	255	428	19	4	4486
54	2. 建筑安装业	22520	6256	354	778	11	12	3586	83	783	649	69	46	16149
55	3. 建筑装饰业	3050	966	10	22		4	527	12	369	22	8	3	2073
56	4. 其他建筑业	4483	886	44	61	2	2	530	8	187	52	20	17	3560
57	三、第三产业	234102	34064	826	2567	144	23	10951	582	8662	10309	2590	837	196611
58	（一）交通运输、仓储及邮政业	20565	1663	71	54		1	1119	18	340	60	64	19	18819
59	1. 交通运输业	20227	1547	45	53		1	1059	18	314	57	58	16	18606
60	2. 仓储业	81	37	9				16		11	1	5	3	36
61	3. 邮政业	257	79	17	1			44		15	2	1		177
62	（二）信息传输、计算机服务和软件业	837	558	6	2		1	221	21	297	10	22	6	251
63	1. 电信和其他信息传输服务业	302	196	5	2			71	14	95	9	16	1	89
64	其中：电信	149	63	4	1			39	12	7		13	1	72
65	2. 计算机服务业	449	289	1			1	115	6	165	1	4	4	152
66	3. 软件业	86	73					35	1	37		2	1	10
67	（三）批发和零售业	59952	7926	130	459	2	13	3642	98	3449	133	110	93	51823
68	1. 批发业	5790	2634	67	78			1188	8	1288	5	48	29	3079
69	其中：烟草制品批发	8	6	2				4						2

续表

序号	项目	合计	内资企业									港澳台投资企业	外商投资企业	个体经营
			小计	国有企业	集体企业	股份合作企业	联营企业	有限责任公司	股份有限公司	私营企业	其他企业			
70	煤炭及制品批发	20	13					6		7				7
71	石油及其制品批发	39	28					14	6	8		1	4	6
72	汽车及零配件批发	134	57		1			27		29			1	76
73	2. 零售业	54162	5292	63	381	2	13	2454	90	2161	128	62	64	48744
74	（四）住宿和餐饮业	8035	270	15	41			111	3	94	6	36	39	7690
75	1. 住宿业	736	107	9	20			30	2	42	4	6	6	617
76	2. 餐饮业	7299	163	6	21			81	1	52	2	30	33	7073
77	（五）金融业	788	487	26	13	63		110	232	24	19	15	18	268
78	1. 银行业	180	161	15	2	55		5	80		4	6	1	12
79	2. 证券业	26	25					14	11			1		
80	3. 保险业	218	192	8	1	2		39	132	9	1	3	15	8
81	4. 其他金融	364	109	3	10	6		52	9	15	14	5	2	248
82	其中：金融租赁	33	16		5			2			9		1	16
83	邮政储蓄	14	14	3	1			5		1	4			
84	（六）房地产业	57002	4250	110	922	25		1509	52	631	1001	1389	460	50903
85	（七）租赁和商务服务业	14562	3041	86	125	2	2	1307	13	901	605	54	41	11426
86	1. 租赁业	2753	237	9	52			65	2	86	23	7	2	2507
87	2. 商务服务业	11809	2804	77	73	2	2	1242	11	815	582	47	39	8919
88	（八）居民服务和其他服务业	58577	11835	267	690	38	2	2282	130	2356	6070	811	114	45817
89	（九）教育	731	642	3	8			11		18	602	1	1	87
90	（十）卫生、社会保险和社会福利业	690	253	2	9		1	8	1	3	229	1		436
91	其中：卫生	421	213	2	9		1	2		3	196			208
92	（十一）文化、体育和娱乐业	1455	315	13	22			57		128	95	19	3	1118
93	（十二）公共管理和社会组织	4592	1451	21	131	14	2	150	10	30	1093	49	24	3068
94	（十三）其他行业	6316	1373	76	91		1	424	4	391	386	19	19	4905

2011年阳江市地方税务局纳税登记户数分行业统计年报表(含社保费登记户)

编报机关:阳江市地方税务局　　　　单位:户

序号	项目	合计	内资企业									港澳台投资企业	外商投资企业	个体经营
			小计	国有企业	集体企业	股份合作企业	联营企业	有限责任公司	股份有限公司	私营企业	其他企业			
1	合计	88895	14757	840	748	62	35	4279	232	6761	1800	274	106	73758
2	一、第一产业	1035	203	20	22	1	1	58	4	59	38	5	4	823
3	二、第二产业	18098	5343	328	267	27	10	1683	57	2901	70	145	59	12551
4	(一)采矿业	96	52	1	1		1	16		33			1	43
5	1. 煤炭开采和洗选业	2												2
6	2. 原油和天然气开采业	1											1	
7	其中:原油	1											1	
8	3. 黑色金属矿采选业	5												5
9	4. 有色金属矿采选业	10	5					4		1				5
10	5. 非金属矿采选业	62	36	1			1	8		26				26
11	6. 其他采矿业	16	11		1			4		6				5
12	(二)制造业	6071	2857	45	41	17		593	13	2145	3	128	38	3048
13	1. 农副食品加工业	295	110	19	4			41		45	1	7	4	174
14	2. 食品制造业	134	44	1	5			10	1	27		5		85
15	3. 饮料制造业	39	23	2				6		15				16
16	其中:酒制造	20	10	2				3		5				10
17	4. 烟草制品业	2	1					1						1
18	其中:卷烟制造	1												1
19	5. 纺织业	176	26	1				6	1	18		3	1	146
20	6. 纺织服装、鞋帽制造业	297	123					28		95		5	2	167
21	7. 皮革、毛皮、羽毛(绒)制品业	162	45	1				9		35		3	5	109
22	8. 木材加工及木竹藤棕草制品业	355	85	2				27		55	1	7	1	262
23	9. 家具制造业	165	33		1			13		19		4		128

续表

序号	项　　目	合　计	内资企业									港澳台投资企业	外商投资企业	个体经营
			小计	国有企业	集体企业	股份合作企业	联营企业	有限责任公司	股份有限公司	私营企业	其他企业			
24	10. 造纸及纸制品业	98	64		2			13		49		2	1	31
25	11. 印刷业和记录媒体的复制	148	107	3	7			16		81		1		40
26	12. 文教体育用品制造业	33	13		2			2		9		2		18
27	13. 石油加工、炼焦及核燃料业	14	7	1	1	2			1	1	1	1		6
28	其中:成品油	3	2						1	1		1		
29	14. 化学原料及化学制品业	37	27		1			7		19		1		9
30	15. 医药制造业	16	14	1				11		2		1		1
31	16. 化学纤维制造业	4	1							1				3
32	17. 橡胶制品业	36	19	2	1			5		11				17
33	18. 塑料制品业	264	149		1			27		121		8		107
34	19. 非金属矿物制品业	336	99	2	3			29	2	63		2	1	234
35	20. 黑色金属冶炼及压延加工业	93	17					11		6				76
36	21. 有色金属冶炼及压延加工业	39	24					19		5		2		13
37	22. 金属制品业	2678	1568	2	7			229	1	1329		59	14	1037
38	23. 通用设备制造业	113	44	1				21	2	20		2	2	65
39	24. 专用设备制造业	134	60	4	2			20	1	33		1	2	71
40	25. 交通运输设备制造业	83	43	2	3	13		2	2	21		1		39
41	其中:汽车制造	60	25	2	2	11		1	1	8		1		34
42	摩托车制造	3	2			2								1
43	26. 电气机械及器材制造业	39	26					14		12		4		9
44	27. 通信设备、计算机及其他电子设备制造业	54	19					7	2	10		2	3	30
45	28. 仪表仪器及文化、办公用机械制造业	13	8	1				3		4		1		4

续表

序号	项目	合计	内资企业									港澳台投资企业	外商投资企业	个体经营
			小计	国有企业	集体企业	股份合作企业	联营企业	有限责任公司	股份有限公司	私营企业	其他企业			
46	29. 其他制造业	214	58		1	2		16		39		4	2	150
47	（三）电力、燃气及水的生产和供应业	497	247	16	36	2		42	1	147	3	2	3	245
48	1. 电力、热力的生产和供应业	451	213	11	25	2		30	1	143	1	2		236
49	其中：电力生产和供应业	408	185	11	23	1		25		124	1	2		221
50	2. 燃气生产和供应业	13	7	1				4		2			3	3
51	3. 水的生产和供应业	33	27	4	11			8		2	2			6
52	（四）建筑业	11434	2187	266	189	8	9	1032	43	576	64	15	17	9215
53	1. 房屋和土木工程建筑业	449	328	49	52		3	129	6	89		4	4	113
54	2. 建筑安装业	8908	1518	201	124	4	4	759	26	346	54	5	10	7375
55	3. 建筑装饰业	388	176	1	5			72		98		5		207
56	4. 其他建筑业	1689	165	15	8	4	2	72	11	43	10	1	3	1520
57	三、第三产业	69762	9211	492	459	34	24	2538	171	3801	1692	124	43	60384
58	（一）交通运输、仓储及邮政业	3574	283	18	9	2		142	11	84	17	14	5	3272
59	1. 交通运输业	3533	254	5	9	2		130	11	81	16	13	1	3265
60	2. 仓储业	27	17	7				8		1	1	1	4	5
61	3. 邮政业	14	12	6				4		2				2
62	（二）信息传输、计算机服务和软件业	220	181	5		1		61	5	105	4	13		26
63	1. 电信和其他信息传输服务业	94	69	5		1		33	4	23	3	11		14
64	其中：电信	52	31	5		1		17	3	3	2	10		11
65	2. 计算机服务业	93	82					21	1	59	1	2		9
66	3. 软件业	33	30					7		23				3
67	（三）批发和零售业	16275	2498	119	227	2	1	633	31	1471	14	19	17	13741
68	1. 批发业	1850	923	57	42			268	3	542	11	8	5	914
69	其中：烟草制品批发	6	6		1			2		3				

续表

序号	项　　目	合　计	内资企业									港澳台投资企业	外商投资企业	个体经营
			小计	国有企业	集体企业	股份合作企业	联营企业	有限责任公司	股份有限公司	私营企业	其他企业			
70	煤炭及制品批发	4	4					1		3				
71	石油及其制品批发	14	12	2				6		4			2	
72	汽车及零配件批发	8	5					3		2				3
73	2. 零售业	14425	1575	62	185	2	1	365	28	929	3	11	12	12827
74	(四)住宿和餐饮业	4478	294	15	26	1		105	1	134	12	16	7	4161
75	1. 住宿业	2257	149	15	18	1		67	1	35	12	9	1	2098
76	2. 餐饮业	2221	145		8			38		99		7	6	2063
77	(五)金融业	170	162	15	1	13		41	61	26	5	2		6
78	1. 银行业	34	34	9	1	6		3	11		4			
79	2. 证券业	5	5					2	3					
80	3. 保险业	73	70	5		7		14	41	2	1	2		1
81	4. 其他金融	58	53	1				22	6	24				5
82	其中:金融租赁	6	4					4						2
83	邮政储蓄	1	1					1						
84	(六)房地产业	12516	966	53	25		3	432	9	323	121	22	5	11523
85	(七)租赁和商务服务业	1818	541	33	12			150	3	274	69	6		1271
86	1. 租赁业	407	40	1	1			8		25	5			367
87	2. 商务服务业	1411	501	32	11			142	3	249	64	6		904
88	(八)居民服务和其他服务业	23844	2837	135	107	12	4	776	41	1018	744	11	7	20989
89	(九)教育	352	249	2	3			7	1	56	180			103
90	(十)卫生、社会保险和社会福利业	221	118	5	12			9		13	79			103
91	其中:卫生	169	80	3	4					6	67			89
92	(十一)文化、体育和娱乐业	341	175	4			2	23	1	72	73	1		165
93	(十二)公共管理和社会组织	4528	503	40	19	3	10	76	4	67	284	17	2	4006
94	(十三)其他行业	1425	404	48	18		4	83	3	158	90	3		1018

2011年湛江市地方税务局纳税登记户数分行业统计年报表(含社保费登记户)

编报机关:湛江市地方税务局　　　　单位:户

序号	项目	合计	内资企业									港澳台投资企业	外商投资企业	个体经营
			小计	国有企业	集体企业	股份合作企业	联营企业	有限责任公司	股份有限公司	私营企业	其他企业			
1	合计	227563	31933	3100	2692	62	62	15424	612	5427	4554	348	235	195047
2	一、第一产业	2132	648	88	43	2	2	293	42	113	65	17	11	1456
3	二、第二产业	62104	10153	1523	1389	9	34	5242	125	1274	557	127	94	51730
4	(一)采矿业	192	78	9	1			42		24	2	3	1	110
5	1. 煤炭开采和洗选业	4	1							1				3
6	2. 原油和天然气开采业	7	6	2				1		3			1	
7	其中:原油	5	4					1		3			1	
8	3. 黑色金属矿采选业	16	7					5		1	1			9
9	4. 有色金属矿采选业	23	9					8		1		1		13
10	5. 非金属矿采选业	108	35	5	1			14		15		2		71
11	6. 其他采矿业	34	20	2				14		3	1			14
12	(二)制造业	4751	1927	205	133	2		1072	17	494	4	91	74	2659
13	1. 农副食品加工业	615	276	109	12			119	2	33	1	14	20	305
14	2. 食品制造业	165	74	3	2			43	2	24		2	3	86
15	3. 饮料制造业	76	57	3	4			33		17		3	3	13
16	其中:酒制造	40	31		1			17		13		1		8
17	4. 烟草制品业	5	5		2			2		1				
18	其中:卷烟制造													
19	5. 纺织业	115	42	13	5			15		9		10	1	62
20	6. 纺织服装、鞋帽制造业	88	30		6			15		9		1		57
21	7. 皮革、毛皮、羽毛(绒)制品业	64	18					16	1	1		5	3	38
22	8. 木材加工及木竹藤棕草制品业	519	182	7	5			107		63		5	1	331
23	9. 家具制造业	115	22		3			10		8	1	3	1	89

续表

序号	项　　目	合　计	内　资　企　业									港澳台投资企业	外商投资企业	个体经营
			小 计	国有企业	集体企业	股份合作企业	联营企业	有限责任公司	股份有限公司	私营企业	其他企业			
24	10. 造纸及纸制品业	76	49	1				29	1	18		1		26
25	11. 印刷业和记录媒体的复制	189	138	10	7			71		50		1		50
26	12. 文教体育用品制造业	14	5					4		1		1		8
27	13. 石油加工、炼焦及核燃料业	55	15	1	5			5		4		1	15	24
28	其中:成品油	12	6	1				4		1		1	3	2
29	14. 化学原料及化学制品业	83	66	4	6			41	2	13		3		14
30	15. 医药制造业	56	41	1				31	1	8		2	4	9
31	16. 化学纤维制造业	4	2					2					1	1
32	17. 橡胶制品业	54	30	4				20		6		2	2	20
33	18. 塑料制品业	428	122	4	3			84		31		16	3	287
34	19. 非金属矿物制品业	443	111	7	18			57		29		6	6	320
35	20. 黑色金属冶炼及压延加工业	11	3					2		1			1	7
36	21. 有色金属冶炼及压延加工业	48	10	2	1			5		2				38
37	22. 金属制品业	308	107	1	5	2		73	1	25		2	2	197
38	23. 通用设备制造业	148	55	4	5			32		14			1	92
39	24. 专用设备制造业	115	62	4	14			23		20	1	1	3	49
40	25. 交通运输设备制造业	232	123	12	8			55		48			1	108
41	其中:汽车制造	171	72	9	7			27		29			1	98
42	摩托车制造	10	3					2		1				7
43	26. 电气机械及器材制造业	306	150	1	14			106	1	28		4	1	151
44	27. 通信设备、计算机及其他电子设备制造业	72	35	1	2			12	4	15	1	5	1	31
45	28. 仪表仪器及文化、办公用机械制造业	7	5	2	1			2					1	1

续表

序号	项目	合计	内资企业								港澳台投资企业	外商投资企业	个体经营
			小计	国有企业	集体企业	股份合作企业	联营企业	有限责任公司	股份有限公司	私营企业	其他企业			
46	29. 其他制造业	340	92	11	5			58	2	16		3		245
47	（三）电力、燃气及水的生产和供应业	192	182	85	16		1	49	12	16	3		3	7
48	1. 电力、热力的生产和供应业	107	106	74	2			15	8	7			1	
49	其中：电力生产和供应业	104	104	73	2			14	8	7				
50	2. 燃气生产和供应业	31	27	4			1	14	4	4			2	2
51	3. 水的生产和供应业	54	49	7	14			20		5	3			5
52	（四）建筑业	56969	7966	1224	1239	7	33	4079	96	740	548	33	16	48954
53	1. 房屋和土木工程建筑业	3475	825	112	60	1	10	556	14	52	20	1	1	2648
54	2. 建筑安装业	45628	5930	843	1127	6	19	2904	74	457	500	14	13	39671
55	3. 建筑装饰业	810	289	23	4		1	155	3	100	3	12		509
56	4. 其他建筑业	7056	922	246	48		3	464	5	131	25	6	2	6126
57	三、第三产业	163327	21132	1489	1260	51	26	9889	445	4040	3932	204	130	141861
58	（一）交通运输、仓储及邮政业	9291	901	69	61		5	542	5	188	31	37	6	8347
59	1. 交通运输业	9208	832	47	59		5	514	5	172	30	37	6	8333
60	2. 仓储业	52	45	15	2			17		10	1			7
61	3. 邮政业	31	24	7				11		6				7
62	（二）信息传输、计算机服务和软件业	1238	461	6	5			185	11	248	6	14	5	758
63	1. 电信和其他信息传输服务业	957	212	3	4			58	6	135	6	14	3	728
64	其中：电信	736	51	3	3			35	5	4	1	13	3	669
65	2. 计算机服务业	243	214	3	1			107	5	98			1	28
66	3. 软件业	38	35					20		15			1	2
67	（三）批发和零售业	35690	5606	314	387	2	10	2793	95	1936	69	37	54	29993
68	1. 批发业	2741	1714	127	59		3	793	27	695	10	11	17	999
69	其中：烟草制品批发	6	5	1				4						1

续表

序号	项目	合计	内资企业									港澳台投资企业	外商投资企业	个体经营
			小计	国有企业	集体企业	股份合作企业	联营企业	有限责任公司	股份有限公司	私营企业	其他企业			
70	煤炭及制品批发	7	2					2						5
71	石油及其制品批发	62	56	5	3			8	18	22		1	4	1
72	汽车及零配件批发	57	31	2				5		24				26
73	2. 零售业	32949	3892	187	328	2	7	2000	68	1241	59	26	37	28994
74	(四)住宿和餐饮业	3448	303	45	21			89	1	137	10	16	12	3117
75	1. 住宿业	543	154	39	12			43	1	51	8	3	1	385
76	2. 餐饮业	2905	149	6	9			46		86	2	13	11	2732
77	(五)金融业	525	368	30	26	29	1	66	181	22	13	3	10	144
78	1. 银行业	144	142	16	26	27	1	6	60		6		1	1
79	2. 证券业	17	15					5	10				1	1
80	3. 保险业	288	147	13		1		25	106	1	1	2	7	132
81	4. 其他金融	76	64	1		1		30	5	21	6	1	1	10
82	其中:金融租赁	2	1					1						1
83	邮政储蓄	8	4								4			4
84	(六)房地产业	20695	2283	205	105	4	1	1047	21	307	593	31	2	18379
85	(七)租赁和商务服务业	4050	1478	71	47	1	1	797	16	412	133	8	13	2551
86	1. 租赁业	315	39	1				13	1	17	7	1	1	274
87	2. 商务服务业	3735	1439	70	47	1	1	784	15	395	126	7	12	2277
88	(八)居民服务和其他服务业	69425	7101	585	333	10	5	3987	106	520	1555	53	19	62252
89	(九)教育	722	340	4	2			5		6	323			382
90	(十)卫生、社会保险和社会福利业	252	170	7	1			3		13	146		1	81
91	其中:卫生	229	150	7	1			3		5	134			79
92	(十一)文化、体育和娱乐业	574	191	21	1			31		65	73	3		380
93	(十二)公共管理和社会组织	7067	1141	16	242		2	99	1		781		1	5925
94	(十三)其他行业	10350	789	116	29	5	1	245	8	186	199	2	7	9552

2011年茂名市地方税务局纳税登记户数分行业统计年报表(含社保费登记户)

编报机关:茂名市地方税务局

单位:户

序号	项目	合计	内资企业									港澳台投资企业	外商投资企业	个体经营
			小计	国有企业	集体企业	股份合作企业	联营企业	有限责任公司	股份有限公司	私营企业	其他企业			
1	合计	39994	9878	696	592	139	29	5925	234	1168	1095	194	78	29844
2	一、第一产业	287	217	13	9	5		110	9	24	47	6	1	63
3	二、第二产业	5963	2504	241	250	17	12	1424	38	494	28	136	29	3294
4	(一)采矿业	198	130	4	19	1	2	51		53		2		66
5	1. 煤炭开采和洗选业	3	1							1				2
6	2. 原油和天然气开采业	6	5	1				4						1
7	其中:原油	6	5	1				4						1
8	3. 黑色金属矿采选业	6	6					6						
9	4. 有色金属矿采选业	15	11		3			6		2				4
10	5. 非金属矿采选业	140	92	1	15	1		27		48		1		47
11	6. 其他采矿业	28	15	2	1		2	8		2		1		12
12	(二)制造业	4474	1231	102	109	9	2	750	15	241	3	120	19	3104
13	1. 农副食品加工业	543	161	71	3			69	1	17		4	1	377
14	2. 食品制造业	215	57	5				23		28	1	2	1	155
15	3. 饮料制造业	73	15			1		10		4				58
16	其中:酒制造	48	6			1		4		1				42
17	4. 烟草制品业	3	2		1	1								1
18	其中:卷烟制造													
19	5. 纺织业	97	21		1			13		7		1		75
20	6. 纺织服装、鞋帽制造业	115	19		1			13		5		7	1	88
21	7. 皮革、毛皮、羽毛(绒)制品业	500	123	1	2			91		29		58	3	316
22	8. 木材加工及木竹藤棕草制品业	283	64	4	5			42		13		4	2	213
23	9. 家具制造业	191	17		1			10		6		3		171

续表

序号	项目	合计	内资企业									港澳台投资企业	外商投资企业	个体经营
			小计	国有企业	集体企业	股份合作企业	联营企业	有限责任公司	股份有限公司	私营企业	其他企业			
24	10. 造纸及纸制品业	89	42	1	7			22		12		3		44
25	11. 印刷业和记录媒体的复制	93	42	1	11			16	1	12	1		2	49
26	12. 文教体育用品制造业	12	3			1		2				2		7
27	13. 石油加工、炼焦及核燃料业	27	25	1	1	1		19	1	2			1	1
28	其中:成品油	22	20			1		16	1	2			1	1
29	14. 化学原料及化学制品业	140	117	1	5			100		11		3	4	16
30	15. 医药制造业	44	36	1		2		30	1	2		1		7
31	16. 化学纤维制造业	10	4	1				3						6
32	17. 橡胶制品业	81	34	2	4			24		4				47
33	18. 塑料制品业	224	68	1	1		1	54		11		7	1	148
34	19. 非金属矿物制品业	367	133	3	22	1		62	2	42	1	2	1	231
35	20. 黑色金属冶炼及压延加工业	10	2		1			1						8
36	21. 有色金属冶炼及压延加工业	28	6		1			3	1	1			1	21
37	22. 金属制品业	472	46	2	5			29		10		6		420
38	23. 通用设备制造业	127	28	1	4	1		19	1	2		3	1	95
39	24. 专用设备制造业	59	22		2			17	3			3		34
40	25. 交通运输设备制造业	195	24	3	7	1		9		4		1		170
41	其中:汽车制造	115	14	2	4	1		6		1				101
42	摩托车制造	7												7
43	26. 电气机械及器材制造业	80	39	1	7			24		7		3		38
44	27. 通信设备、计算机及其他电子设备制造业	52	21					12	4	5		3		28
45	28. 仪表仪器及文化、办公用机械制造业	13	7		1			4		2				6

续表

序号	项目	合计	内资企业									港澳台投资企业	外商投资企业	个体经营
			小计	国有企业	集体企业	股份合作企业	联营企业	有限责任公司	股份有限公司	私营企业	其他企业			
46	29. 其他制造业	331	53	2	16		1	29		5		4		274
47	（三）电力、燃气及水的生产和供应业	257	203	14	44	3	2	53	2	83	2	4	1	49
48	1. 电力、热力的生产和供应业	209	163	9	36	3	1	32	1	79	2	1	1	44
49	其中：电力生产和供应业	179	134	8	27	3	1	26		67	2	1	1	43
50	2. 燃气生产和供应业	10	7					7				2		1
51	3. 水的生产和供应业	38	33	5	8		1	14	1	4		1		4
52	（四）建筑业	1034	940	121	78	4	6	570	21	117	23	10	9	75
53	1. 房屋和土木工程建筑业	369	362	65	42		6	213	8	22	6	2	1	4
54	2. 建筑安装业	390	363	44	26	4		209	11	57	12	1	6	20
55	3. 建筑装饰业	147	102	3	1			76		22		4		41
56	4. 其他建筑业	128	113	9	9			72	2	16	5	3	2	10
57	三、第三产业	33744	7157	442	333	117	17	4391	187	650	1020	52	48	26487
58	（一）交通运输、仓储及邮政业	304	222	19	18	1	1	166	5	4	8	7	6	69
59	1. 交通运输业	268	199	12	18	1	1	151	4	4	8	6	6	57
60	2. 仓储业	11	6					6						5
61	3. 邮政业	25	17	7				9	1			1		7
62	（二）信息传输、计算机服务和软件业	312	263	8	4			161	10	76	4	11	2	36
63	1. 电信和其他信息传输服务业	126	98	8	3			51	6	29	1	10	1	17
64	其中：电信	62	41	7	3			19	6	6		10	1	10
65	2. 计算机服务业	168	149		1			100	4	41	3		1	18
66	3. 软件业	18	16					10		6		1		1
67	（三）批发和零售业	23312	3348	174	198	16	10	2585	38	313	14	23	16	19925
68	1. 批发业	1861	1136	93	61	8	3	893	14	59	5	5	3	717
69	其中：烟草制品批发	9	4			2		2						5

续表

序号	项　　目	合　计	内资企业									港澳台投资企业	外商投资企业	个体经营
			小计	国有企业	集体企业	股份合作企业	联营企业	有限责任公司	股份有限公司	私营企业	其他企业			
70	煤炭及制品批发	1												1
71	石油及其制品批发	22	20	1	1		1	15	1	1				2
72	汽车及零配件批发	24	8					8						16
73	2. 零售业	21451	2212	81	137	8	7	1692	24	254	9	18	13	19208
74	(四)住宿和餐饮业	2538	119	17	19			50		29	4	1	7	2411
75	1. 住宿业	294	51	8	13			16		12	2			243
76	2. 餐饮业	2244	68	9	6			34		17	2	1	7	2168
77	(五)金融业	290	278	21	21	90	1	52	91		2		9	3
78	1. 银行业	149	149	13	21	86	1	3	24		1			
79	2. 证券业	5	5					3	2					
80	3. 保险业	113	104	6				33	65				9	
81	4. 其他金融	23	20	2		4		13			1			3
82	其中:金融租赁													
83	邮政储蓄	2	2					2						
84	(六)房地产业	710	472	15	9	1		397	5	7	38	2	4	232
85	(七)租赁和商务服务业	526	309	16	9	1		248	1	12	22		3	214
86	1. 租赁业	56	20			1		9		2	8			36
87	2. 商务服务业	470	289	16	9			239	1	10	14		3	178
88	(八)居民服务和其他服务业	4548	1150	78	51	5	2	660	25	79	250	6	1	3391
89	(九)教育	307	306	23	1			5		67	210			1
90	(十)卫生、社会保险和社会福利业	108	91	11		1		2		1	76			17
91	其中:卫生	104	87	10		1		2		1	73			17
92	(十一)文化、体育和娱乐业	194	82	8	1			16		13	44			112
93	(十二)公共管理和社会组织	469	396	26				5	12	14	339	1		72
94	(十三)其他行业	126	121	26	2	2	3	44		35	9	1		4

2011年肇庆市地方税务局纳税登记户数分行业统计年报表(含社保费登记户)

编报机关:肇庆市地方税务局　　　　单位:户

序号	项目	合计	内资企业									港澳台投资企业	外商投资企业	个体经营
			小计	国有企业	集体企业	股份合作企业	联营企业	有限责任公司	股份有限公司	私营企业	其他企业			
1	合计	132052	18394	902	1184	69	53	7457	329	5079	3321	1057	478	112123
2	一、第一产业	518	278	31	21			139	2	29	56	8	6	226
3	二、第二产业	35934	6667	328	441	8	24	3255	93	2248	270	616	278	28373
4	(一)采矿业	265	175	4	10		1	55	1	104		4	1	85
5	1. 煤炭开采和洗选业	2												2
6	2. 原油和天然气开采业	6	5	1				3	1					1
7	其中:原油	6	5	1				3	1					1
8	3. 黑色金属矿采选业	45	26					12		14		3		16
9	4. 有色金属矿采选业	7	6					5		1				1
10	5. 非金属矿采选业	185	126	3	10		1	30		82		1	1	57
11	6. 其他采矿业	20	12					5		7				8
12	(二)制造业	10165	3195	59	109	2	5	1757	42	1169	52	509	228	6233
13	1. 农副食品加工业	553	107	15	5		1	49		36	1	4	5	437
14	2. 食品制造业	292	66	2	3			40	3	17	1	8	5	213
15	3. 饮料制造业	89	45	1	3		1	22	1	17		5	2	37
16	其中:酒制造	54	27	1	2			12		12		2	2	23
17	4. 烟草制品业	2	1		1									1
18	其中:卷烟制造													
19	5. 纺织业	273	96	3	2			56	1	25	9	20	5	152
20	6. 纺织服装、鞋帽制造业	366	69		3			40		25	1	49	12	236
21	7. 皮革、毛皮、羽毛(绒)制品业	273	64		4			38		22		22	8	179
22	8. 木材加工及木竹藤棕草制品业	964	135	5	17		1	50	1	59	2	13	6	810
23	9. 家具制造业	246	40		3			23		12	2	17	10	179

续表

序号	项目	合计	内资企业									港澳台投资企业	外商投资企业	个体经营
			小计	国有企业	集体企业	股份合作企业	联营企业	有限责任公司	股份有限公司	私营企业	其他企业			
24	10. 造纸及纸制品业	199	107		6			53		41	7	9	1	82
25	11. 印刷业和记录媒体的复制	278	139	4	12			47		75	1	6		133
26	12. 文教体育用品制造业	46	19		1			11		5	2	8	3	16
27	13. 石油加工、炼焦及核燃料业	35	11		2			3		4	2	2	4	18
28	其中:成品油	9	3		1			1		1			1	5
29	14. 化学原料及化学制品业	331	206	2	8		1	131	5	57	2	42	29	54
30	15. 医药制造业	38	30	2				14	7	6	1	1	1	6
31	16. 化学纤维制造业	19	7					4		3		6	1	5
32	17. 橡胶制品业	85	41	1				26		14		11	2	31
33	18. 塑料制品业	458	196		3			138	1	54		38	9	215
34	19. 非金属矿物制品业	745	304	4	8	1		180		109	2	26	11	404
35	20. 黑色金属冶炼及压延加工业	43	10					8		2				33
36	21. 有色金属冶炼及压延加工业	227	90	1				54	3	29	3	13	10	114
37	22. 金属制品业	2180	496	3	4	1		285	2	201		60	28	1596
38	23. 通用设备制造业	486	182	2	5			91		83	1	16	9	279
39	24. 专用设备制造业	196	100	1	4			55	2	37	1	14	5	77
40	25. 交通运输设备制造业	183	49	3	3			24	4	14	1	7	5	122
41	其中:汽车制造	111	17	2				4	2	8	1	4	1	89
42	摩托车制造	30	1					1				1		28
43	26. 电气机械及器材制造业	238	155	2	1		1	88	2	61		18	6	59
44	27. 通信设备、计算机及其他电子设备制造业	229	122	2				56	8	56		38	31	38
45	28. 仪表仪器及文化、办公用机械制造业	49	33		1			16		16			3	13

续表

序号	项目	合计	内资企业									港澳台投资企业	外商投资企业	个体经营
			小计	国有企业	集体企业	股份合作企业	联营企业	有限责任公司	股份有限公司	私营企业	其他企业			
46	29. 其他制造业	1042	275	6	10			155	2	89	13	56	17	694
47	（三）电力、燃气及水的生产和供应业	654	482	29	106		2	90	3	246	6	3	12	157
48	1. 电力、热力的生产和供应业	522	389	20	74		2	53	3	233	4	3	7	123
49	其中：电力生产和供应业	433	316	16	45		2	44	3	204	2	3	6	108
50	2. 燃气生产和供应业	41	21	3	1			7		10			4	16
51	3. 水的生产和供应业	91	72	6	31			30		3	2		1	18
52	（四）建筑业	24850	2815	236	216	6	16	1353	47	729	212	100	37	21898
53	1. 房屋和土木工程建筑业	688	552	85	71	1	9	295	4	79	8	2	1	133
54	2. 建筑安装业	22141	1481	113	111	4	4	736	36	288	189	93	28	20539
55	3. 建筑装饰业	842	422	10	13		3	159	2	232	3	5	2	413
56	4. 其他建筑业	1179	360	28	21	1		163	5	130	12		6	813
57	三、第三产业	95600	11449	543	722	61	29	4063	234	2802	2995	433	194	83524
58	（一）交通运输、仓储及邮政业	3856	459	36	29			230	7	89	68	46	9	3342
59	1. 交通运输业	3705	371	22	27			215	7	82	18	43	7	3284
60	2. 仓储业	122	66	7	1			6		2	50	3	2	51
61	3. 邮政业	29	22	7	1			9		5				7
62	（二）信息传输、计算机服务和软件业	561	418	5	1			145	9	241	17	17	8	118
63	1. 电信和其他信息传输服务业	265	174	5	1			50	5	98	15	15	7	69
64	其中：电信	123	55	5	1			34	5	8	2	14	7	47
65	2. 计算机服务业	242	195					74	4	115	2		1	46
66	3. 软件业	54	49					21		28		2		3
67	（三）批发和零售业	32770	3106	114	279	1	7	1321	48	1217	119	67	37	29560
68	1. 批发业	2937	1106	64	70	1	1	362	11	492	105	34	15	1782
69	其中：烟草制品批发	6	4					4						2

续表

序号	项　目	合　计	内资企业									港澳台投资企业	外商投资企业	个体经营
			小计	国有企业	集体企业	股份合作企业	联营企业	有限责任公司	股份有限公司	私营企业	其他企业			
70	煤炭及制品批发	9	7					2		5				2
71	石油及其制品批发	40	34	3				13	6	12			1	5
72	汽车及零配件批发	31	10					4		6				21
73	2. 零售业	29833	2000	50	209		6	959	37	725	14	33	22	27778
74	(四)住宿和餐饮业	5234	198	27	13			87		67	4	23	22	4991
75	1. 住宿业	942	102	23	8			41		29	1	5	5	830
76	2. 餐饮业	4292	96	4	5			46		38	3	18	17	4161
77	(五)金融业	364	278	27	9	30		66	120	16	10	1	8	77
78	1. 银行业	97	94	16	6	27		5	36		4	1	1	1
79	2. 证券业	9	9					2	7					
80	3. 保险业	130	106	10		1		18	76		1		7	17
81	4. 其他金融	128	69	1	3	2		41	1	16	5			59
82	其中:金融租赁	2	2		1						1			
83	邮政储蓄	7	5					4			1			2
84	(六)房地产业	22323	1362	46	118	24	9	655	8	289	213	160	38	20763
85	(七)租赁和商务服务业	3031	1228	45	74		2	534	5	373	195	19	7	1777
86	1. 租赁业	507	135		37			13		1	84			372
87	2. 商务服务业	2524	1093	45	37		2	521	5	372	111	19	7	1405
88	(八)居民服务和其他服务业	22950	1872	129	161	5	7	731	31	194	614	74	48	20956
89	(九)教育	536	459	2	3			9		5	440		1	76
90	(十)卫生、社会保险和社会福利业	343	193	2	1			1		21	168			150
91	其中:卫生	319	170	2	1			1		21	145			149
92	(十一)文化、体育和娱乐业	508	197	16	6			26	1	72	76	5	2	304
93	(十二)公共管理和社会组织	1931	860	30	8			6	1	1	814	5	1	1065
94	(十三)其他行业	1193	819	64	20	1	4	252	4	217	257	16	13	345

2011 年清远市地方税务局纳税登记户数分行业统计年报表(含社保费登记户)

编报机关:清远市地方税务局

单位:户

序号	项目	合计	内资企业									港澳台投资企业	外商投资企业	个体经营
			小计	国有企业	集体企业	股份合作企业	联营企业	有限责任公司	股份有限公司	私营企业	其他企业			
1	合计	113984	19686	955	1077	56	88	11321	367	2919	2903	710	277	93311
2	一、第一产业	525	353	44	13	5	5	197	7	41	41	16	7	149
3	二、第二产业	20376	7370	460	470	8	50	4275	134	1608	365	382	125	12499
4	(一)采矿业	497	309	7	10			137		145	10	1	3	184
5	1. 煤炭开采和洗选业	1												1
6	2. 原油和天然气开采业	8	8	1				3		4				
7	其中:原油	8	8	1				3		4				
8	3. 黑色金属矿采选业	103	63	2	3			31		26	1			40
9	4. 有色金属矿采选业	54	37					24		12	1		1	16
10	5. 非金属矿采选业	238	147	2	7			53		78	7	1		90
11	6. 其他采矿业	93	54	2				26		25	1		2	37
12	(二)制造业	3733	1588	63	42	2	6	1040	17	404	14	341	86	1718
13	1. 农副食品加工业	230	87	22	3			37		17	8	6	2	135
14	2. 食品制造业	82	27	2				14		11		4	2	49
15	3. 饮料制造业	48	29	3				19		7		2	2	15
16	其中:酒制造	10	4					4						6
17	4. 烟草制品业	1	1	1										
18	其中:卷烟制造													
19	5. 纺织业	195	59		1			43		14	1	26	3	107
20	6. 纺织服装、鞋帽制造业	234	51	2	2			30	1	16		38	3	142
21	7. 皮革、毛皮、羽毛(绒)制品业	88	23		2			17		3	1	14	4	47
22	8. 木材加工及木竹藤棕草制品业	166	33	1				15	1	16		4		129
23	9. 家具制造业	93	41		1			31		9		11	2	39

续表

序号	项目	合计	内资企业									港澳台投资企业	外商投资企业	个体经营
			小计	国有企业	集体企业	股份合作企业	联营企业	有限责任公司	股份有限公司	私营企业	其他企业			
24	10. 造纸及纸制品业	55	35	1	3			23		8		7	2	11
25	11. 印刷业和记录媒体的复制	102	44		5			28		11		4	1	53
26	12. 文教体育用品制造业	27	8					4		4		9	3	7
27	13. 石油加工、炼焦及核燃料业	2	2	1				1						
28	其中:成品油	1	1					1						
29	14. 化学原料及化学制品业	189	134	2				103	2	27		19	4	32
30	15. 医药制造业	24	18					15	2	1		2	3	1
31	16. 化学纤维制造业	5	3					1		2				2
32	17. 橡胶制品业	48	18		1			11		6		16	3	11
33	18. 塑料制品业	152	84	3	2			73		6		28	8	32
34	19. 非金属矿物制品业	568	301	7	12		1	179	3	95	4	24	8	235
35	20. 黑色金属冶炼及压延加工业	29	13	1				9		3			1	15
36	21. 有色金属冶炼及压延加工业	74	32					26		6		10	9	23
37	22. 金属制品业	238	100	1	2			67	2	28		17	4	117
38	23. 通用设备制造业	176	77	1				32	1	43		8	3	88
39	24. 专用设备制造业	68	43				1	29		13		15		10
40	25. 交通运输设备制造业	183	51	3	3	1		35		9		3	4	125
41	其中:汽车制造	150	36	3	1			27		5		3	3	108
42	摩托车制造	8	4					3		1				4
43	26. 电气机械及器材制造业	91	60	1	1		2	45		11		8	4	19
44	27. 通信设备、计算机及其他电子设备制造业	102	35	1	1			28	2	3		23	7	37
45	28. 仪表仪器及文化、办公用机械制造业	11	4					2		2		2		5

续表

序号	项目	合计	内资企业								港澳台投资企业	外商投资企业	个体经营
			小计	国有企业	集体企业	股份合作企业	联营企业	有限责任公司	股份有限公司	私营企业	其他企业			
46	29. 其他制造业	452	175	10	3	1	2	123	3	33		41	4	232
47	(三)电力、燃气及水的生产和供应业	1458	858	83	193	1	12	200	4	356	9	11	3	586
48	1. 电力、热力的生产和供应业	1359	787	79	185	1	12	157		346	7	9	1	562
49	其中:电力生产和供应业	1297	775	79	184	1	12	154		338	7	9		513
50	2. 燃气生产和供应业	34	23	1	1			13	2	6			1	10
51	3. 水的生产和供应业	65	48	3	7			30	2	4	2	2	1	14
52	(四)建筑业	14688	4615	307	225	5	32	2898	113	703	332	29	33	10011
53	1. 房屋和土木工程建筑业	969	586	67	47		6	377	10	70	9	2	1	380
54	2. 建筑安装业	9647	2848	182	141	3	17	1751	76	407	271	18	25	6756
55	3. 建筑装饰业	598	402	4	3	1	3	256	2	126	7	7	3	186
56	4. 其他建筑业	3474	779	54	34	1	6	514	25	100	45	2	4	2689
57	三、第三产业	93083	11963	451	594	43	33	6849	226	1270	2497	312	145	80663
58	(一)交通运输、仓储及邮政业	1957	311	46	31		1	177	6	37	13	18	7	1621
59	1. 交通运输业	1897	270	33	31		1	152	6	35	12	18	6	1603
60	2. 仓储业	14	8	3				4			1		1	5
61	3. 邮政业	46	33	10				21		2				13
62	(二)信息传输、计算机服务和软件业	461	313	6	1			148	12	139	7	16	13	119
63	1. 电信和其他信息传输服务业	241	142	5	1			39	10	82	5	14	11	74
64	其中:电信	123	44	5	1			25	6	6	1	14	11	54
65	2. 计算机服务业	194	152	1				98	2	49	2	1	1	40
66	3. 软件业	26	19					11		8		1	1	5
67	(三)批发和零售业	19856	2480	53	91	2	5	1873	37	407	12	34	17	17325
68	1. 批发业	1799	699	17	18		1	535	9	117	2	11	3	1086
69	其中:烟草制品批发	7	7	1				6						

续表

序号	项　目	合　计	内资企业									港澳台投资企业	外商投资企业	个体经营
			小计	国有企业	集体企业	股份合作企业	联营企业	有限责任公司	股份有限公司	私营企业	其他企业			
70	煤炭及制品批发	4	4		1			3						
71	石油及其制品批发	13	11		1		1	4	3	2				2
72	汽车及零配件批发	17	8					8						9
73	2. 零售业	18057	1781	36	73	2	4	1338	28	290	10	23	14	16239
74	(四)住宿和餐饮业	4020	223	13	10			142		53	5	14	16	3767
75	1. 住宿业	966	117	11	5			70		27	4	5	2	842
76	2. 餐饮业	3054	106	2	5			72		26	1	9	14	2925
77	(五)金融业	345	191	17	26	10	1	62	65	1	9	3	7	144
78	1. 银行业	83	82	13	22	10		7	25		5			1
79	2. 证券业	10	10		3			3	4					
80	3. 保险业	51	47	3				11	33				4	
81	4. 其他金融	201	52	1	1		1	41	3	1	4	3	3	143
82	其中:金融租赁													
83	邮政储蓄	2	2					2						
84	(六)房地产业	31243	1920	48	34	7	3	1395	18	92	323	111	23	29189
85	(七)租赁和商务服务业	3640	1181	21	23	1		963	6	98	69	15	5	2439
86	1. 租赁业	158	33		3			25		4	1	1		124
87	2. 商务服务业	3482	1148	21	20	1		938	6	94	68	14	5	2315
88	(八)居民服务和其他服务业	29240	3599	166	354	2	21	1766	75	177	1038	87	57	25497
89	(九)教育	280	250					25		6	219			30
90	(十)卫生、社会保险和社会福利业	260	156	1	2			12	2	4	135			104
91	其中:卫生	219	132	1	2			11	2	4	112			87
92	(十一)文化、体育和娱乐业	420	147	9	2			36		73	27	2		271
93	(十二)公共管理和社会组织	583	565	5	2			18		6	534	1		17
94	(十三)其他行业	778	627	66	18	21	2	232	5	177	106	11		140

2011年潮州市地方税务局纳税登记户数分行业统计年报表(含社保费登记户)

编报机关:潮州市地方税务局

单位:户

序号	项目	合计	内资企业									港澳台投资企业	外商投资企业	个体经营
			小计	国有企业	集体企业	股份合作企业	联营企业	有限责任公司	股份有限公司	私营企业	其他企业			
1	合计	21105	8057	361	285	243	8	3910	142	2468	640	395	141	12512
2	一、第一产业	149	98	4	4	1		58	1	14	16	14		37
3	二、第二产业	10445	4738	143	138	203	6	2188	28	2025	7	322	111	5274
4	(一)采矿业	87	39	1		2		4	2	30		1	2	45
5	1. 煤炭开采和洗选业													
6	2. 原油和天然气开采业	3	3					1	2					
7	其中:原油	3	3					1	2					
8	3. 黑色金属矿采选业													
9	4. 有色金属矿采选业													
10	5. 非金属矿采选业	80	33	1		2		3		27		1	2	44
11	6. 其他采矿业	4	3							3				1
12	(二)制造业	8715	4002	52	52	199	1	1788	20	1885	5	311	103	4299
13	1. 农副食品加工业	132	91	23	1	5		35		26	1	8	4	29
14	2. 食品制造业	440	354	1	1	30	1	203	1	117		7	3	76
15	3. 饮料制造业	43	35		3	2		19		11				8
16	其中:酒制造	9	7		3			1		3				2
17	4. 烟草制品业													
18	其中:卷烟制造													
19	5. 纺织业	81	30	1		4		12		13		5		46
20	6. 纺织服装、鞋帽制造业	735	293	7	12	14		145	1	114		49	10	383
21	7. 皮革、毛皮、羽毛(绒)制品业	194	62		2	1		29		30		10	4	118
22	8. 木材加工及木竹藤棕草制品业	63	11	1	1	1		2		6		4		48
23	9. 家具制造业	89	17	1				10		6		2		70

续表

序号	项目	合计	内资企业									港澳台投资企业	外商投资企业	个体经营
			小计	国有企业	集体企业	股份合作企业	联营企业	有限责任公司	股份有限公司	私营企业	其他企业			
24	10. 造纸及纸制品业	308	140		2	8		50		80		1	1	166
25	11. 印刷业和记录媒体的复制	607	537	2	8	40		227	4	255	1	4	2	64
26	12. 文教体育用品制造业	27	16		1	1		9		5		4		7
27	13. 石油加工、炼焦及核燃料业													
28	其中:成品油													
29	14. 化学原料及化学制品业	154	88	2	2	3		47		34		9		57
30	15. 医药制造业	22	21			2		15	4			1		
31	16. 化学纤维制造业	1	1			1								
32	17. 橡胶制品业	39	23					7		16				16
33	18. 塑料制品业	519	245	1		4		109		130	1	9	2	263
34	19. 非金属矿物制品业	3017	1288	7	7	43		532	5	693	1	159	67	1503
35	20. 黑色金属冶炼及压延加工业	6	3		1			1		1				3
36	21. 有色金属冶炼及压延加工业	28	9					8		1				19
37	22. 金属制品业	1360	430		1	28		180		220	1	11	1	918
38	23. 通用设备制造业	71	26		1	3		8		14				45
39	24. 专用设备制造业	88	35			1		18		16		1	3	49
40	25. 交通运输设备制造业	65	20	2	1			5		12				45
41	其中:汽车制造	41	11					2		9				30
42	摩托车制造													
43	26. 电气机械及器材制造业	220	104			5		62	2	35		6	3	107
44	27. 通信设备、计算机及其他电子设备制造业	201	53	1	1	1		25	3	22		7	2	139
45	28. 仪表仪器及文化、办公用机械制造业	9	2		1			1				2		5

续表

序号	项目	合计	内资企业									港澳台投资企业	外商投资企业	个体经营
			小计	国有企业	集体企业	股份合作企业	联营企业	有限责任公司	股份有限公司	私营企业	其他企业			
46	29. 其他制造业	196	68	3	6	2		29		28		12	1	115
47	（三）电力、燃气及水的生产和供应业	162	137	16	33		1	37	1	49		4	1	20
48	1. 电力、热力的生产和供应业	110	90	13	18		1	13	1	44				20
49	其中：电力生产和供应	110	90	13	18		1	13	1	44				20
50	2. 燃气生产和供应业	30	25					21		4		4	1	
51	3. 水的生产和供应业	22	22	3	15			3		1				
52	（四）建筑业	1481	560	74	53	2	4	359	5	61	2	6	5	910
53	1. 房屋和土木工程建筑业	226	221	34	39	1	2	136	1	8		2	1	2
54	2. 建筑安装业	1066	238	28	11	1	1	159	4	32	2	1		827
55	3. 建筑装饰业	70	54	8	1		1	34		10		3		13
56	4. 其他建筑业	119	47	4	2			30		11			4	68
57	三、第三产业	10511	3221	214	143	39	2	1664	113	429	617	59	30	7201
58	（一）交通运输、仓储及邮政业	347	197	11	12	3		138		24	9	10	4	136
59	1. 交通运输业	306	162	7	12	3		108		23	9	9	2	133
60	2. 仓储业	8	5					5					1	2
61	3. 邮政业	33	30	4				25		1		1	1	1
62	（二）信息传输、计算机服务和软件业	171	143	6				90	6	33	8	8	2	18
63	1. 电信和其他信息传输服务业	105	88	6				46	5	23	8	6	2	9
64	其中：电信	30	19	3				10	5	1		6	2	3
65	2. 计算机服务业	57	47					40		7		2		8
66	3. 软件业	9	8					4	1	3				1
67	（三）批发和零售业	7210	1240	88	68	22	1	810	26	213	12	24	16	5930
68	1. 批发业	669	480	40	27	11	1	350	5	41	5	18	8	163
69	其中：烟草制品批发	3	3					3						

续表

序号	项目	合计	内资企业									港澳台投资企业	外商投资企业	个体经营
			小计	国有企业	集体企业	股份合作企业	联营企业	有限责任公司	股份有限公司	私营企业	其他企业			
70	煤炭及制品批发	1												1
71	石油及其制品批发	23	20	1	2			12	2	3			2	1
72	汽车及零配件批发	11	9					9						2
73	2. 零售业	6541	760	48	41	11		460	21	172	7	6	8	5767
74	（四）住宿和餐饮业	595	120	10	12			55		43		4	5	466
75	1. 住宿业	117	52	5	5			29		13		2	1	62
76	2. 餐饮业	478	68	5	7			26		30		2	4	404
77	（五）金融业	111	111	8	4	7		31	58		3			
78	1. 银行业	39	39	4	3	5		6	20		1			
79	2. 证券业	8	8			1		3	4					
80	3. 保险业	36	36	2				5	29					
81	4. 其他金融	28	28	2	1	1		17	5		2			
82	其中：金融租赁	1	1								1			
83	邮政储蓄	4	4					3			1			
84	（六）房地产业	167	149	13	17			103		2	14	6	2	10
85	（七）租赁和商务服务业	395	324	17	8			235	4	27	33	2		69
86	1. 租赁业	20	3					3						17
87	2. 商务服务业	375	321	17	8			232	4	27	33	2		52
88	（八）居民服务和其他服务业	744	202	15	12	4		106	18	34	13	3		539
89	（九）教育	127	124	6	1	1		1		3	112			3
90	（十）卫生、社会保险和社会福利业	57	48	2				2	1		43			9
91	其中：卫生	48	39	2				2			35			9
92	（十一）文化、体育和娱乐业	107	92	3				24		31	34	2		13
93	（十二）公共管理和社会组织	297	296	15	1			1			279			1
94	（十三）其他行业	183	175	20	8	2	1	68		19	57		1	7

2011年揭阳市地方税务局纳税登记户数分行业统计年报表(含社保费登记户)

编报机关:揭阳市地方税务局　　　　单位:户

序号	项目	合计	内资企业									港澳台投资企业	外商投资企业	个体经营
			小计	国有企业	集体企业	股份合作企业	联营企业	有限责任公司	股份有限公司	私营企业	其他企业			
1	合计	89023	13705	940	1290	72	24	7230	315	1951	1883	409	142	74767
2	一、第一产业	451	246	5	7		3	127		43	61	5	2	198
3	二、第二产业	18180	6076	399	764	4	7	3571	86	1204	41	324	68	11712
4	(一)采矿业	60	23					12	1	10				37
5	1. 煤炭开采和洗选业													
6	2. 原油和天然气开采业	1	1						1					
7	其中:原油	1	1						1					
8	3. 黑色金属矿采选业													
9	4. 有色金属矿采选业	5	5					1		4				
10	5. 非金属矿采选业	47	11					5		6				36
11	6. 其他采矿业	7	6					6						1
12	(二)制造业	12171	3437	54	176	1		2321	58	823	4	310	55	8369
13	1. 农副食品加工业	474	144	33	15			48	1	45	2	10	4	316
14	2. 食品制造业	465	178		9			81	8	80		10	1	276
15	3. 饮料制造业	44	24	1	1			14	1	7		2	2	16
16	其中:酒制造	12	7		1			4	1	1		2		3
17	4. 烟草制品业													
18	其中:卷烟制造													
19	5. 纺织业	766	155	2	11	1		92	2	47		26	6	579
20	6. 纺织服装、鞋帽制造业	1030	380	3	15			300	4	58		82	3	565
21	7. 皮革、毛皮、羽毛(绒)制品业	83	12		6			5		1		5		66
22	8. 木材加工及木竹藤棕草制品业	196	32	1	3			14		14				164
23	9. 家具制造业	208	32		4			13		14	1		1	175

续表

序号	项　　目	合　计	内资企业									港澳台投资企业	外商投资企业	个体经营
			小计	国有企业	集体企业	股份合作企业	联营企业	有限责任公司	股份有限公司	私营企业	其他企业			
24	10. 造纸及纸制品业	244	54		10			16	3	25		2		188
25	11. 印刷业和记录媒体的复制	279	204		12			102	1	89				75
26	12. 文教体育用品制造业	173	71		1			60		10		12	1	89
27	13. 石油加工、炼焦及核燃料业	3	1					1					1	1
28	其中:成品油	2	1					1					1	
29	14. 化学原料及化学制品业	113	73	1	2			50	5	15		2		38
30	15. 医药制造业	72	52					33	12	7		4	2	14
31	16. 化学纤维制造业	15	7					4	1	2		1	2	5
32	17. 橡胶制品业	68	25					18		7		4		39
33	18. 塑料制品业	1825	563	2	16			451		94		56	8	1198
34	19. 非金属矿物制品业	793	156	2	8			83	1	62		10	3	624
35	20. 黑色金属冶炼及压延加工业	65	37					27	3	7			1	27
36	21. 有色金属冶炼及压延加工业	167	39					30	1	8		3	1	124
37	22. 金属制品业	2566	555		18			441	6	90		37	8	1966
38	23. 通用设备制造业	269	51		9			30	4	8				218
39	24. 专用设备制造业	294	94		8			66	3	17		6	1	193
40	25. 交通运输设备制造业	261	41	3	7			19		12				220
41	其中:汽车制造	227	25		3			13		9				202
42	摩托车制造	7	2	1				1						5
43	26. 电气机械及器材制造业	751	193		5			138		50		10		548
44	27. 通信设备、计算机及其他电子设备制造业	152	85	2	3			51	2	27		8	7	52
45	28. 仪表仪器及文化、办公用机械制造业	63	23	1	3			14		4	1	2	1	37

续表

序号	项目	合计	内资企业									港澳台投资企业	外商投资企业	个体经营
			小计	国有企业	集体企业	股份合作企业	联营企业	有限责任公司	股份有限公司	私营企业	其他企业			
46	29. 其他制造业	732	156	3	10			120		23		18	2	556
47	(三)电力、燃气及水的生产和供应业	317	225	31	71			44	3	69	7	5	5	82
48	1. 电力、热力的生产和供应业	216	138	23	42			11	2	56	4	3	5	70
49	其中:电力生产和供应业	195	118	23	32			11	2	46	4	3	5	69
50	2. 燃气生产和供应业	39	31		1			18	1	11		1		7
51	3. 水的生产和供应业	62	56	8	28			15		2	3	1		5
52	(四)建筑业	5632	2391	314	517	3	7	1194	24	302	30	9	8	3224
53	1. 房屋和土木工程建筑业	674	285	65	37		2	157	2	22		2		387
54	2. 建筑安装业	3654	1657	225	437	3	3	727	17	231	14	3	4	1990
55	3. 建筑装饰业	153	113	3	5		1	75	2	26	1	4	1	35
56	4. 其他建筑业	1151	336	21	38		1	235	3	23	15		3	812
57	三、第三产业	70392	7383	536	519	68	14	3532	229	704	1781	80	72	62857
58	(一)交通运输、仓储及邮政业	1884	318	71	31			176	4	13	23	10	7	1549
59	1. 交通运输业	1787	246	21	31			160		11	23	10	5	1526
60	2. 仓储业	49	31	20				6	4	1			2	16
61	3. 邮政业	48	41	30				10		1				7
62	(二)信息传输、计算机服务和软件业	299	191	10	5			112	5	57	2	16	5	87
63	1. 电信和其他信息传输服务业	138	70	10	5			20	4	30	1	16	4	48
64	其中:电信	63	26	7				13	4	2		16	3	18
65	2. 计算机服务业	134	97					71	1	24	1		1	36
66	3. 软件业	27	24					21		3				3
67	(三)批发和零售业	38661	2505	220	183		2	1705	38	326	31	8	28	36120
68	1. 批发业	3030	1459	120	58		1	1085	10	160	25	4	12	1555
69	其中:烟草制品批发	8	5					5						3

续表

序号	项目	合计	内资企业									港澳台投资企业	外商投资企业	个体经营
			小计	国有企业	集体企业	股份合作企业	联营企业	有限责任公司	股份有限公司	私营企业	其他企业			
70	煤炭及制品批发	13	13	1				12						
71	石油及其制品批发	26	24	3	4			12	4	1			1	1
72	汽车及零配件批发	58	40					37		3				18
73	2. 零售业	35631	1046	100	125		1	620	28	166	6	4	16	34565
74	（四）住宿和餐饮业	1439	133	7	33			44		47	2	6	7	1293
75	1. 住宿业	201	77	5	26			20		24	2	5	1	118
76	2. 餐饮业	1238	56	2	7			24		23		1	6	1175
77	（五）金融业	322	265	16	15	54		43	128	4	5		2	55
78	1. 银行业	168	163	11	14	49		9	71	4	5			5
79	2. 证券业	19	10					4	6				2	7
80	3. 保险业	83	50	4				1	45					33
81	4. 其他金融	52	42	1	1	5		29	6					10
82	其中：金融租赁	3	2					1	1					1
83	邮政储蓄	4	4	1				2	1					
84	（六）房地产业	11062	636	36	105	5	1	355	12	41	81	25	8	10393
85	（七）租赁和商务服务业	4243	869	47	36	3		519	8	88	168	6	8	3360
86	1. 租赁业	233	24	1	5			13		4	1			209
87	2. 商务服务业	4010	845	46	31	3		506	8	84	167	6	8	3151
88	（八）居民服务和其他服务业	10308	873	74	57	3	10	409	29	60	231	8	1	9426
89	（九）教育	620	524	1	2		1	16		3	501			96
90	（十）卫生、社会保险和社会福利业	468	152	5	25						122			316
91	其中：卫生	458	143	3	25						115			315
92	（十一）文化、体育和娱乐业	146	71	8	7			16	1	10	29	1	1	73
93	（十二）公共管理和社会组织	569	533	9	6			11			507			36
94	（十三）其他行业	371	313	32	14	3		126	4	55	79		5	53

2011年云浮市地方税务局纳税登记户数分行业统计年报表(含社保费登记户)

编报机关:云浮市地方税务局

单位:户

序号	项目	合计	内资企业									港澳台投资企业	外商投资企业	个体经营
			小计	国有企业	集体企业	股份合作企业	联营企业	有限责任公司	股份有限公司	私营企业	其他企业			
1	合计	79185	10006	447	1412	21	16	3957	172	1427	2554	373	79	68727
2	一、第一产业	970	206	8	9	2		92	1	26	68	6	1	757
3	二、第二产业	19284	3744	188	798	5	7	1972	47	629	98	195	35	15310
4	(一)采矿业	127	71	4	6			32		29		4	2	50
5	1. 煤炭开采和洗选业	1	1					1						
6	2. 原油和天然气开采业	2	2	2										
7	其中:原油	2	2	2										
8	3. 黑色金属矿采选业	7	4					2		2		1		2
9	4. 有色金属矿采选业	8	5	1				4					2	1
10	5. 非金属矿采选业	92	49	1	5			19		24		1		42
11	6. 其他采矿业	17	10		1			6		3		2		5
12	(二)制造业	5971	1074	29	46	2	2	721	9	263	2	174	23	4700
13	1. 农副食品加工业	391	64	11	2			30		21			1	326
14	2. 食品制造业	168	31		1			18		12		2		135
15	3. 饮料制造业	42	26	1				11		14			1	15
16	其中:酒制造	28	22	1				7		14			1	5
17	4. 烟草制品业	1	1	1										
18	其中:卷烟制造	1	1	1										
19	5. 纺织业	132	16					8	1	7		6		110
20	6. 纺织服装、鞋帽制造业	140	44		7			17		20		17	3	76
21	7. 皮革、毛皮、羽毛(绒)制品业	269	4					4				4		261
22	8. 木材加工及木竹藤棕草制品业	154	30	3	3			7		16	1	3		121
23	9. 家具制造业	99	9		1			3		5		1		89

续表

序号	项目	合计	内资企业									港澳台投资企业	外商投资企业	个体经营
			小计	国有企业	集体企业	股份合作企业	联营企业	有限责任公司	股份有限公司	私营企业	其他企业			
24	10. 造纸及纸制品业	73	34		1			21	2	10				39
25	11. 印刷业和记录媒体的复制	60	21		4			12		5				39
26	12. 文教体育用品制造业	9										1	1	7
27	13. 石油加工、炼焦及核燃料业	3										1		2
28	其中：成品油													
29	14. 化学原料及化学制品业	88	62	1	2		2	39		18		8	1	17
30	15. 医药制造业	15	15	1				9	1	4				
31	16. 化学纤维制造业	1												1
32	17. 橡胶制品业	21	9					8		1		2		10
33	18. 塑料制品业	88	34		1			23		10		2	1	51
34	19. 非金属矿物制品业	3316	440	2	19			358	1	59	1	77	12	2787
35	20. 黑色金属冶炼及压延加工业	7	2					1		1				5
36	21. 有色金属冶炼及压延加工业	24	11	1				8		2		2		11
37	22. 金属制品业	372	50	1				42	1	6		27		295
38	23. 通用设备制造业	63	24		3			16	1	4		1	1	37
39	24. 专用设备制造业	99	27	1	1			19	1	5		3		69
40	25. 交通运输设备制造业	77	15	2	1	1		9		2			1	61
41	其中：汽车制造	60	6	1				5					1	53
42	摩托车制造	1												1
43	26. 电气机械及器材制造业	67	33	2				22		9		6	1	27
44	27. 通信设备、计算机及其他电子设备制造业	47	24					12	1	11		7		16
45	28. 仪表仪器及文化、办公用机械制造业	3	1					1						2

续表

序号	项目	合计	内资企业									港澳台投资企业	外商投资企业	个体经营
			小计	国有企业	集体企业	股份合作企业	联营企业	有限责任公司	股份有限公司	私营企业	其他企业			
46	29. 其他制造业	142	47	2		1		23		21		4		91
47	(三)电力、燃气及水的生产和供应业	431	212	21	63	1		74	1	45	7	2	2	215
48	1. 电力、热力的生产和供应业	364	164	17	44	1		56	1	40	5	1		199
49	其中:电力生产和供应业	333	164	17	44	1		56	1	40	5	1		168
50	2. 燃气生产和供应业	12	10	1	2			6		1			2	
51	3. 水的生产和供应业	55	38	3	17			12		4	2	1		16
52	(四)建筑业	12755	2387	134	683	2	5	1145	37	292	89	15	8	10345
53	1. 房屋和土木工程建筑业	703	391	45	40		3	252	3	47	1	2	2	308
54	2. 建筑安装业	11209	1758	73	629	2	2	755	33	177	87	12	4	9435
55	3. 建筑装饰业	320	101	1	4			66	1	29		1	1	217
56	4. 其他建筑业	523	137	15	10			72		39	1		1	385
57	三、第三产业	58931	6056	251	605	14	9	1893	124	772	2388	172	43	52660
58	(一)交通运输、仓储及邮政业	1904	209	20	15			139	1	15	19	13		1682
59	1. 交通运输业	1868	177	6	15			126	1	15	14	13		1678
60	2. 仓储业	22	20	8				7			5			2
61	3. 邮政业	14	12	6				6						2
62	(二)信息传输、计算机服务和软件业	261	193	3				69	11	106	4	21	4	43
63	1. 电信和其他信息传输服务业	117	74	3				19	9	40	3	19	3	21
64	其中:电信	58	29	3				13	6	6	1	19	3	7
65	2. 计算机服务业	128	107					42	2	62	1			21
66	3. 软件业	16	12					8		4		2	1	1
67	(三)批发和零售业	16708	1393	69	247		4	633	20	341	79	14	15	15286
68	1. 批发业	1221	483	39	92			249	6	89	8	5	3	730
69	其中:烟草制品批发	7	7	1				6						

续表

序号	项目	合计	内资企业									港澳台投资企业	外商投资企业	个体经营
			小计	国有企业	集体企业	股份合作企业	联营企业	有限责任公司	股份有限公司	私营企业	其他企业			
70	煤炭及制品批发	7	6		1			4		1				1
71	石油及其制品批发	16	15	2	2			7	3	1				1
72	汽车及零配件批发	14	8					4		4		1		5
73	2. 零售业	15487	910	30	155		4	384	14	252	71	9	12	14556
74	(四)住宿和餐饮业	2770	59	2	3			31		20	3	9		2702
75	1. 住宿业	936	26	2	2			17		3	2	2		908
76	2. 餐饮业	1834	33		1			14		17	1	7		1794
77	(五)金融业	145	129	12	7	12		32	57	2	7		1	15
78	1. 银行业	48	47	9	6	11		3	15		3			1
79	2. 证券业	3	3						3					
80	3. 保险业	72	62	3				17	39		3		1	9
81	4. 其他金融	22	17		1	1		12		2	1			5
82	其中:金融租赁													
83	邮政储蓄	4	4					3			1			
84	(六)房地产业	7708	455	29	45	2	2	235	3	60	79	51	7	7195
85	(七)租赁和商务服务业	1304	421	18	9		2	241	1	52	98	5	1	877
86	1. 租赁业	76	11					11						65
87	2. 商务服务业	1228	410	18	9		2	230	1	52	98	5	1	812
88	(八)居民服务和其他服务业	26293	1703	64	243			358	30	65	943	55	9	24526
89	(九)教育	366	347	2	2			5		1	337		5	14
90	(十)卫生、社会保险和社会福利业	145	114		1			4			109			31
91	其中:卫生	141	110		1			4			105			31
92	(十一)文化、体育和娱乐业	197	79	2	1			9		36	31	1		117
93	(十二)公共管理和社会组织	581	578	2	2			2		1	571			3
94	(十三)其他行业	549	376	28	30		1	135	1	73	108	3	1	169

2011年广东省地方税务局直属分局纳税登记户数分行业统计年报表(含社保费登记户)

编报机关:广东省地方税务局直属分局　　　　单位:户

序号	项目	合计	内资企业									港澳台投资企业	外商投资企业	个体经营
			小计	国有企业	集体企业	股份合作企业	联营企业	有限责任公司	股份有限公司	私营企业	其他企业			
1	合　计	2812	2173	373	30	10	18	732	453	200	357	213	393	33
2	一、第一产业	14	14	3				2	1		8			
3	二、第二产业	452	212	45	5	3	3	104	11	37	4	82	156	2
4	(一)采矿业	1											1	
5	1. 煤炭开采和洗选业													
6	2. 原油和天然气开采业	1											1	
7	其中:原油	1											1	
8	3. 黑色金属矿采选业													
9	4. 有色金属矿采选业													
10	5. 非金属矿采选业													
11	6. 其他采矿业													
12	(二)制造业	316	92	23	2	2	1	38	8	18		75	147	2
13	1. 农副食品加工业	10	4	1				2	1			1	5	
14	2. 食品制造业	13	4	3				1				1	8	
15	3. 饮料制造业	9										3	6	
16	其中:酒制造													
17	4. 烟草制品业													
18	其中:卷烟制造													
19	5. 纺织业	4										2	2	
20	6. 纺织服装、鞋帽制造业	4	3	2				1					1	
21	7. 皮革、毛皮、羽毛(绒)制品业	5	1					1				2	2	
22	8. 木材加工及木竹藤棕草制品业													
23	9. 家具制造业	2	2							2				

续表

序号	项目	合计	内资企业									港澳台投资企业	外商投资企业	个体经营
			小计	国有企业	集体企业	股份合作企业	联营企业	有限责任公司	股份有限公司	私营企业	其他企业			
24	10. 造纸及纸制品业	6	1					1				3	2	
25	11. 印刷业和记录媒体的复制	11	9	7				1		1		2		
26	12. 文教体育用品制造业	1											1	
27	13. 石油加工、炼焦及核燃料业	3										1	1	1
28	其中:成品油	1										1		
29	14. 化学原料及化学制品业	31	6	1				1	1	3		10	15	
30	15. 医药制造业	11	7					4	3			1	3	
31	16. 化学纤维制造业	2										1	1	
32	17. 橡胶制品业	2	1					1				1		
33	18. 塑料制品业	24	6					2		4		4	13	1
34	19. 非金属矿物制品业	12	2					2				5	5	
35	20. 黑色金属冶炼及压延加工业	2										1	1	
36	21. 有色金属冶炼及压延加工业	6	2					2					4	
37	22. 金属制品业	16	5	1				1		3		2	9	
38	23. 通用设备制造业	11	3					2	1			4	4	
39	24. 专用设备制造业	7	2					1		1		1	4	
40	25. 交通运输设备制造业	41	12	2	1	1		7	1			4	25	
41	其中:汽车制造	37	8	2				5	1			4	25	
42	摩托车制造	2	2			1		1						
43	26. 电气机械及器材制造业	24	5					4		1		8	11	
44	27. 通信设备、计算机及其他电子设备制造业	35	5	2				2	1			15	15	
45	28. 仪表仪器及文化、办公用机械制造业	3	1							1		1	1	

续表

序号	项目	合计	内资企业								港澳台投资企业	外商投资企业	个体经营
			小计	国有企业	集体企业	股份合作企业	联营企业	有限责任公司	股份有限公司	私营企业	其他企业			
46	29. 其他制造业	21	11	4	1	1	1	2		2		2	8	
47	(三)电力、燃气及水的生产和供应业	25	15	1	1			8	1	3	1	4	6	
48	1. 电力、热力的生产和供应业	10	9	1				6		1	1	1		
49	其中:电力生产和供应业	9	8	1				5		1	1	1		
50	2. 燃气生产和供应业	9	2					1		1		1	6	
51	3. 水的生产和供应业	6	4		1			1	1	1		2		
52	(四)建筑业	110	105	21	2	1	2	58	2	16	3	3	2	
53	1. 房屋和土木工程建筑业	45	42	9	1			25	1	6		2	1	
54	2. 建筑安装业	24	24	4	1			14		5				
55	3. 建筑装饰业	15	15	5		1	1	5		3				
56	4. 其他建筑业	26	24	3			1	14	1	2	3	1	1	
57	三、第三产业	2346	1947	325	25	7	15	626	441	163	345	131	237	31
58	(一)交通运输、仓储及邮政业	68	54	9	1		1	34	2	6	1	4	10	
59	1. 交通运输业	57	47	9	1		1	29	2	5		4	6	
60	2. 仓储业	11	7					5		1	1		4	
61	3. 邮政业													
62	(二)信息传输、计算机服务和软件业	37	28	6				15	1	5	1	4	5	
63	1. 电信和其他信息传输服务业	11	6	3				1	1		1	1	4	
64	其中:电信	7	3	1				1	1			1	3	
65	2. 计算机服务业	22	21	3				13		5		1		
66	3. 软件业	4	1					1				2	1	
67	(三)批发和零售业	357	322	83	5		4	176	8	44	2	18	16	1
68	1. 批发业	212	195	60	3		3	97	6	26		7	10	
69	其中:烟草制品批发													

续表

序号	项目	合计	内资企业									港澳台投资企业	外商投资企业	个体经营
			小计	国有企业	集体企业	股份合作企业	联营企业	有限责任公司	股份有限公司	私营企业	其他企业			
70	煤炭及制品批发	4	4	1				2		1				
71	石油及其制品批发	6	6	1				3	2					
72	汽车及零配件批发	8	8	2			1	4		1				
73	2. 零售业	145	127	23	2		1	79	2	18	2	11	6	1
74	(四)住宿和餐饮业	42	32	18	3			7		1	3	7	3	
75	1. 住宿业	30	28	16	3			6			3	2		
76	2. 餐饮业	12	4	2				1		1		5	3	
77	(五)金融业	930	710	69		6	8	171	419	27	10	55	146	19
78	1. 银行业	354	290	47		5		10	227		1	18	46	
79	2. 证券业	144	137	2			6	68	60	1		2	5	
80	3. 保险业	171	141	14				11	115	1		1	29	
81	4. 其他金融	261	142	6		1	2	82	17	25	9	34	66	19
82	其中:金融租赁	14	7								7	4	3	
83	邮政储蓄	4	4					2			2			
84	(六)房地产业	144	98	16	4		1	55	2	16	4	22	24	
85	(七)租赁和商务服务业	252	222	43	2	1		92	7	44	33	10	16	4
86	1. 租赁业	10	4	1				1		2		1	3	2
87	2. 商务服务业	242	218	42	2	1		91	7	42	33	9	13	2
88	(八)居民服务和其他服务业	25	16	5	2			5		1	3	1	3	5
89	(九)教育	34	33	1				1			31	1		
90	(十)卫生、社会保险和社会福利业	10	10					2			8			
91	其中:卫生	8	8					2			6			
92	(十一)文化、体育和娱乐业	53	51	16	2			5		1	27	1	1	
93	(十二)公共管理和社会组织	162	160		2				1		157			2
94	(十三)其他行业	232	211	59	4		1	63	1	18	65	8	13	

2011年广东省地方税务局一般税务登记及扣缴税款登记户数分登记注册类型分国民经济行业统计表(1)

编报机关:广东省地方税务局

单位:户

序号	项目	期初数	本期数				期末数				
			新开	注销	其他增减数	其中变更	合计	农、林、牧、渔业	采矿业	制造业	电力、燃气及水的生产和供应业
	序号	1	2	3	4	5	6	7	8	9	10
1	合计		61650	203901	2859008	235215	2716757	19330	3491	493128	11444
2	国有企业		68	750	30350	2231	29668	540	95	2909	789
3	集体企业		104	1975	58711	3553	56840	732	177	15510	1553
4	股份合作企业		20	597	16007	758	15430	190	11	3374	30
5	联营企业		6	37	1714	94	1683	139	9	279	49
6	其中:国有联营企业			6	459	24	453	2	4	58	4
7	其中:集体联营企业		3	10	417	30	410	39	2	87	12
8	其中:国有与集体联营企业			5	249	9	244	1	1	58	4
9	其中:其他联营企业		3	16	589	31	576	97	2	76	29
10	有限责任公司		9001	13872	372924	63777	368053	4912	970	90701	2056
11	其中:国有独资企业		13	59	1791	306	1745	12	9	107	72
12	其中:其他有限责任公司		8988	13813	371133	63471	366308	4900	961	90594	1984
13	股份有限公司		125	184	14670	3138	14611	109	30	729	92
14	私营企业		13338	17178	467717	53919	463877	2534	984	104952	2315

续表

序号	项目			期初数	本期数				期末数				
					新开	注销	其他增减数	其中变更	合计	农、林、牧、渔业	采矿业	制造业	电力、燃气及水的生产和供应业
15		其中	私营独资企业		911	921	24264	2710	24254	115	32	10712	76
16			私营合伙企业		108	260	6800	866	6648	182	58	2030	328
17			私营有限责任公司		11634	11472	358359	42591	358521	1500	180	50813	312
18			私营股份有限公司		17	16	627	99	628	15	6	118	14
19			个人独资及合伙企业			3	413		410	3	1	152	
20			其他私营企业		668	4506	77254	7653	73416	719	707	41127	1585
21		其他内资企业			43	104	4406	282	4345	1001	8	163	5
22		小计			22705	34697	966499	127752	954507	10157	2284	218617	6889
23	港澳台商投资企业	合资经营企业			79	201	7901	1317	7779	82	12	4583	98
24		合作经营企业			33	102	4636	347	4567	54	19	2041	41
25		独资经营企业			557	876	34518	6011	34199	636	26	21912	74
26		投资股份有限公司			15	17	429	104	427	22		113	2
27		其他港澳台企业			72	308	3433	491	3197	3		63	
28		小计			756	1504	50917	8270	50169	797	58	28712	215

续表

序号	项目			期初数	本期数				期末数				
					新开	注销	其他增减数	其中变更	合计	农、林、牧、渔业	采矿业	制造业	电力、燃气及水的生产和供应业
29	外商投资企业和外国企业	中外合资经营企业			76	162	5181	964	5095	51	13	1943	79
30		中外合作经营企业			15	44	1537	138	1508	21	8	562	30
31		外资企业			283	555	15745	3226	15473	94	7	7540	66
32		外商投资股份有限公司			4	10	272	47	266	4	2	75	3
33		外国企业			91	348	4777	623	4520	1		161	
34		其他外国企业					3		3				
35		小　计			469	1119	27515	4998	26865	171	30	10281	178
36	个体经营	个体工商户			37008	165205	1750470	86644	1622273	6704	1081	235115	3809
37		个人合伙			23	73	1177	124	1127	72	29	241	237
38		个人			9	112	3028	258	2925	4		26	2
39		其中	中国内地居民			77	2829	214	2752	1		22	2
40			港澳台人士		9	35	130	44	104	3		3	
41			华侨										
42			外籍人士				69		69			1	
43			其他个人										
44		其他个体经营			2		261	19	263			18	3
45		小　计			37042	165390	1754936	87045	1626588	6780	1110	235400	4051
46	其他				678	1191	59141	7150	58628	1425	9	118	111

2011年广东省地方税务局一般税务登记及扣缴税款登记户数分登记注册类型分国民经济行业统计表(2)

编报机关:广东省地方税务局　　　　单位:户

序号	项目	期末数 建筑业	交通运输、仓储及邮政业	信息传输、计算机服务和软件业	批发和零售业	住宿和餐饮业	金融业	房产地业	租赁和商务服务业	科学研究、技术服务和地质勘查业	水利、环境和公共设施管理业
	序号	11	12	13	14	15	16	17	18	19	20
1	合计	61370	45918	34355	1380504	138448	16822	58462	124297	54825	4367
2	国有企业	2503	1855	344	10406	977	985	1280	1858	912	194
3	集体企业	2974	1253	235	19884	1688	1097	2264	2763	584	188
4	股份合作企业	325	242	121	6121	792	1935	191	472	200	6
5	联营企业	80	84	12	580	38	32	73	99	44	6
6	其中：国有联营企业	28	31	5	186	15	10	20	43	16	
7	其中：集体联营企业	15	17	2	127	10	6	20	11	6	4
8	其中：国有与集体联营企业	7	8	2	111	5	4	9	11	3	2
9	其中：其他联营企业	30	28	3	156	8	12	24	34	19	
10	有限责任公司	22814	10299	7694	132543	4344	2762	25489	32054	8805	1473
11	其中：国有独资企业	266	85	42	368	32	38	147	400	26	39
12	其中：其他有限责任公司	22548	10214	7652	132175	4312	2724	25342	31654	8779	1434
13	股份有限公司	352	185	789	2988	55	8149	164	529	165	8
14	私营企业	20409	12349	17864	169504	8206	985	18223	54032	29748	873

续表

序号	项目			期末数									
				建筑业	交通运输、仓储及邮政业	信息传输、计算机服务和软件业	批发和零售业	住宿和餐饮业	金融业	房产地业	租赁和商务服务业	科学研究、技术服务和地质勘查业	水利、环境和公共设施管理业
15		其中	私营独资企业	319	265	288	8072	1362	14	107	766	197	5
16			私营合伙企业	65	59	192	1430	409	22	55	1004	101	5
17			私营有限责任公司	19315	11512	15080	144792	3279	913	17722	50220	28992	839
18			私营股份有限公司	44	19	16	213	9	16	24	58	26	
19			个人独资及合伙企业	4	7	8	151	35		2	12		
20			其他私营企业	662	487	2280	14846	3112	20	313	1972	432	24
21		其他内资企业		69	30	25	709	55	25	92	240	63	14
22		小计		49526	26297	27084	342735	16155	15970	47776	92047	40521	2762
23	港澳台商投资企业	合资经营企业		154	221	164	1186	156	23	420	272	120	15
24		合作经营企业		105	632	26	246	176	2	806	108	31	27
25		独资经营企业		260	490	1393	3631	615	95	1420	1687	733	24
26		投资股份有限公司		5	7	164	50	6	14	6	17	5	1
27		其他港澳台企业		7	35	83	116	7	10	17	2632	16	
28		小计		531	1385	1830	5229	960	144	2669	4716	905	67

续表

序号	项目			期末数									
				建筑业	交通运输、仓储及邮政业	信息传输、计算机服务和软件业	批发和零售业	住宿和餐饮业	金融业	房产地业	租赁和商务服务业	科学研究、技术服务和地质勘查业	水利、环境和公共设施管理业
29	外商投资企业和外国企业	中外合资经营企业		85	223	95	1174	268	210	279	350	168	7
30		中外合作经营企业		26	106	21	182	67	1	264	87	14	19
31		外资企业		99	234	549	2629	828	143	450	1859	459	14
32		外商投资股份有限公司		3	5	55	44	10	31	8	16	1	1
33		外国企业		25	26	12	115	5	15	10	3725	10	2
34		其他外国企业					1			1		1	
35		小计		238	594	732	4145	1178	400	1012	6037	653	43
36	个体经营	个体工商户		10899	17395	4496	1027581	119919	186	4764	18341	10597	222
37		个人合伙		3	6	28	237	50	1	4	83	6	
38		个人		27	10	1	146	66		1432	848	3	1
39		其中	中国内地居民	24	10		104	60		1380	807		1
40			港澳台人士			1	41	5		25	15	3	
41			华侨										
42			外籍人士	3			1	1		27	26		
43			其他个人										
44		其他个体经营		1	2	2	169	21				1	
45		小计		10930	17413	4527	1028133	120056	187	6200	19272	10607	223
46	其他			145	229	182	262	99	121	805	2225	2139	1272

2011年广东省地方税务局一般税务登记及扣缴税款登记户数分登记注册类型分国民经济行业统计表(3)

编报机关:广东省地方税务局　　单位:户

序号	项目	期末数							其中:共同登记户	增值税纳税人	
		居民服务和其他服务业	教育	卫生、社会保障和社会福利业	文化、体育和娱乐业	公共管理和社会组织	国际组织	其他行业		户数	其中:一般纳税人
	序号	21	22	23	24	25	26	27	28	29	30
1	合计	191123	20645	8764	17381	24998	30	7055	862761	1809503	1696508
2	国有企业	1749	351	136	478	629		678	2841	9742	7370
3	集体企业	3475	257	428	574	626		578	6028	24201	18657
4	股份合作企业	1087	39	17	250	18		9	2213	8443	8005
5	联营企业	82	7	5	24	5		36	194	733	613
6	其中:国有联营企业	19	1		4			7	50	187	145
7	其中:集体联营企业	26	1	1	9	3		12	46	186	151
8	其中:国有与集体联营企业	10			4	1		3	25	120	102
9	其中:其他联营企业	27	5	4	7	1		14	73	240	215
10	有限责任公司	17139	603	172	2014	134	10	1065	114842	231800	218473
11	其中:国有独资企业	63	5	1	14	11	2	6	175	498	461
12	其中:其他有限责任公司	17076	598	171	2000	123	8	1059	114667	231302	218012
13	股份有限公司	171	5	8	59	16		8	1002	2454	2266
14	私营企业	14848	631	337	4306	43		734	170948	313482	303499

续表

序号	项目			期末数							其中：共同登记户	增值税纳税人	
				居民服务和其他服务业	教育	卫生、社会保障和社会福利业	文化、体育和娱乐业	公共管理和社会组织	国际组织	其他行业		户数	其中：一般纳税人
15		其中	私营独资企业	1261	31	82	451	4		95	11292	16996	16279
16			私营合伙企业	475	14	41	149	5		24	1497	3795	3578
17			私营有限责任公司	9707	479	88	2217	16		545	127847	235408	228223
18			私营股份有限公司	41	2		1	1		5	133	329	293
19			个人独资及合伙企业	23		1	2			9	157	243	174
20			其他私营企业	3341	105	125	1486	17		56	30022	56711	54952
21		其他内资企业		463	413	285	104	408		173	586	1054	857
22		小　计		39014	2306	1388	7809	1879	10	3281	298654	591909	559740
23	港澳台商投资企业	合资经济企业		126	3	8	87	3		46	1166	4273	4117
24		合作经营企业		111	15	2	111	1		13	203	1409	1354
25		独资经营企业		901	7	3	89	6		197	4624	21542	21308
26		投资股份有限公司		12			2			1	26	128	126
27		其他港澳台企业		188			4	1		15	16	94	91
28		小　计		1338	25	13	293	11		271	6035	27446	26996

续表

序号	项目			期末数							其中：共同登记户	增值税纳税人	
				居民服务和其他服务业	教育	卫生、社会保障和社会福利业	文化、体育和娱乐业	公共管理和社会组织	国际组织	其他行业		户数	其中：一般纳税人
29	外商投资企业和外国企业	中外合资经济企业		97	4	4	27	2		16	688	2402	2349
30		中外合作经营企业		49	13	1	20			17	95	500	489
31		外资企业		374	13	2	30	3	3	77	2082	8943	8847
32		外商投资股份有限公司		3						5	21	89	84
33		外国企业		367		3	5	11	9	18	6	36	33
34		其他外国企业									1	1	1
35		小计		890	30	10	82	16	12	133	2893	11971	11803
36	个体经营	个体工商户		145376	1512	3581	7258	283	3	3151	554544	1176236	1096338
37		个人合伙		88	15	2	22	1		2	191	668	608
38		个人		257	3	30	4	19		46	56	152	77
39		其中	中国内地居民	249	3	29	4	13		43	30	111	46
40			港澳台人士	8							26	40	30
41			华侨										
42			外籍人士			1		6		3		1	1
43			其他个人										
44		其他个体经营		40	3	2	1				80	112	17
45		小计		145761	1533	3615	7285	303	3	3199	554871	1177168	1097040
46	其他			4120	16751	3738	1912	22789	5	171	308	1009	929

第六篇

机构与人员

2011年广东省地方税务局厅级以上干部名单

统计截止时间:2011年12月31日

序号	姓名	性别	现任职务	现任职级	备注
1	王南健	男	广东省地方税务局局长、党组书记	地(厅局)级	
2	杨楚潮	男	广东省地方税务局党组副书记、巡视员	地(厅局)级	
3	罗与洪	男	广东省地方税务局副局长、党组成员	副地(厅局)级	广州市地税局局长、党组书记
4	宋爱勤	女	广东省地方税务局副局长、党组成员	副地(厅局)级	
5	揭　晔	男	广东省地方税务局副局长、党组成员	副地(厅局)级	
6	李华东	男	广东省地方税务局副局长、党组成员	副地(厅局)级	
7	刘小涛	男	广东省地方税务局副局长、党组成员	副地(厅局)级	
8	杨朝峰	男	广东省地方税务局副局长、党组成员	副地(厅局)级	
9	杨荣华	男	广东省地方税务局副局长、党组成员	副地(厅局)级	
10	王中福	男	派驻广东省地方税务局纪检组组长、党组成员	副地(厅局)级	
11	苏振钿	男	广东省地方税务局总会计师、党组成员	副地(厅局)级	
12	吴昇文	男	广东省地方税务局巡视员	地(厅局)级	
13	方佳雄	男	广东省地方税务局直属税务分局局长	副地(厅局)级	
14	余振荣	男	广东省地方税务局稽查局局长	副地(厅局)级	
15	朱汉锋	男	派驻广东省地方税务局副厅级纪检员、监察专员	副地(厅局)级	
16	伍绍焕	男	广东省地方税务局副巡视员	副地(厅局)级	
17	陆　宇	男	广东省地方税务局副巡视员	副地(厅局)级	
18	刘茂坤	男	广东省地方税务局副巡视员	副地(厅局)级	

2011年广东省地方税务局机关及直属单位处级干部名单

统计截止时间:2011年12月31日

机构类别	机构名称	现配备情况			
		领导职务		非领导职务	
		正　职	副　职	调研员	副调研员
机关内设处室	总审计师	罗达佳			
	办公室	冯绍伍	王永民、聂鸿杰		王立行
	政策法规处	龚学泉	李漫天		
	税政一处	黄和平	张俭美、蒙全忠		
	税政二处	龙　磊	张浩祥、罗翠英		
	国际税务处	詹立仁	陈云璋	周润婷	
	规费管理处	宁　波	林润生、黄　荣		
	收入规划核算处	李殿相	黄健劲、杜　鹃		
	纳税服务处	黄桂祥	魏冬青、朱勇兵、刘　柯		
	征管和科技发展处	陈汉钗	宋天福、麦　立、邓长学		
	财务与装备管理处	陈小东	李明景		江　平
	内审处	庄义河	赵善文、黄媛春		
	人事处	朱　毅	梁明裕	吴胜自	冉启红、吴建秀
	教育培训处	胡泽民	张文邦		黄锡深
	基层工作处				
	机关党委办公室	魏少波	杜安娜	师青海、陈伏衡	
直属行政单位	稽查局	余振荣（副厅级）	黄松宜(正处)、龚寿文、范思鑫、欧阳华、林华儿	华　军、蒋安平	张　弟、黄燕平、郑小明、曾苏芬
	直属税务分局	方佳雄（副厅级）	王力元、黄永桂、李新忠	钟文锋、姚松德、何革明	张天才、周　昊、陈　忠、苏　彤、吕燕英、彭峰彪
	大企业税收管理局	刘通天	熊保利		陈磊然
事业单位	机关服务中心	何革明	曾建辉、黄燕平		
	信息中心	蒋安平	周　昊、卢新生	华　军(总工)	
	税收研究所	钟文锋	向　景		
	票证中心	师青海	江　平		
	干部进修学校	胡泽民（兼）	黄锡深(兼)		
派驻单位	监察室	谭举正、冯国华（副组长）	蒋万军	曾　军(正处级纪检监察员)	郭乐云、江国煌(副处级纪检监察员)

2011 年广东省各市地方税务局领导班子成员（含同级非领导职务）名单（在职）

统计截止时间:2011 年 12 月 31 日

单位	局　长	副局长	纪检组长	总经济师	总会计师	稽查局长	副巡视员、调研员、副调研员	市局党组成员及同级职务
广州	罗与洪	林如山（党组副书记）、骆贵全、孙　洪、谢红鹰	胡　强	杨　凡	李健强		王雄武、林泊全	马世超（党组成员）、徐　杰（党组成员）
珠海	赵　平	徐均红、文　英	杨　敏	陆　强	邝景伦	黄炳文	梁志强、李土南、陈才华、詹剑锋	
珠海横琴	罗增庆（珠海地税党组副书记）	林锦雄、李喜妍、黄炯培						
汕头	林达生	陈德元（党组副书记）、郑友声、吴志坚	庄顺明	黄映宣	杨启丰		蔡侥生	
佛山	陆耀炳	林少雄、吴杏芳、李海山	焦献民	关远荣	戚晋北	李怀嘉	杨汉奇	李振辉、黄学保
韶关	王中高（党组副书记）	陈红光、苏韶娟、欧阳坚	周卫平	赖燕华		黄伟明	朱　政（党组书记）、梁灼权、杨成祥	
河源	严贵杨	练富强、邹汇川	刁振光	张亮文	曾罗生	余小凡	刘伟荣（调研员、党组副书记）、赖明山	
梅州	李万清	饶羽平、管仕浩、甘广木	邓坤泉	廖永新		陈维聪	张世光（调研员、党组副书记）、刘国忠、李南安	
惠州	钟毅民	柳晓晖、吴凤雄、叶柏灼	陈少龙			郑小明	张玉华	罗群忠
汕尾	姚小健	孙彦浩（党组副书记）、赖永腾	林永胜	黄礼文		姚诗谋	黄　维	

续表

单位	局　长	副局长	纪检组长	总经济师	总会计师	稽查局长	副巡视员、调研员、副调研员	市局党组成员及同级职务
东莞	刘茂坤	莫灿洪、尹进城、叶　胜	黄　真	吴锡昌	黄见洪	蔡超文	戎惠良（调研员、党组副书记）、叶新光	
中山	区艳钊	刘　建（党组副书记）、李政科、叶冬青	廖胜亨	张政鸿	吴冠伟	温牧汉	王家良、蓝铭坚	
江门	陆　宇	关子超（党组副书记）、蔡品辉、李荣德	赖竹华	陈雁成	欧锦驱	黄　钟	陈庆年	
阳江	林永锋（党组副书记）	郑向阳、杨　路、陈德亮	唐　山			程国建	侯邦安（党组书记）、林　展	
湛江	林兆华	陈关宇（党组副书记）、（陈小龙）、阎　志	周景明		王上治	苏赤进	尤庆驰（调研员、党组成员）、董超明、胡新发、陆立发	陈小龙（党组成员）
茂名	陈　伟	潘致远、叶秀红	卢俭生	王振义	柯见贤	洪毅斌	张　雄（调研员、党组成员）、邱坚明	
肇庆	梁友平	何　蜀（党组副书记）、陈明兴、乔伟健	莫秋涛	黎明礼	伍自强	钟翰文	周国政（调研员、党组成员）、黄全福、苏成耀	
清远	罗镜文	雷文广、肖事叶	吴旭红	钟华清	王立新	苏彰强	温汝想（调研员、党组成员）、姜以贵、刘新中	陈　挺（党组成员）
潮州	张振宇	郑杰鹏（党组副书记）、陈　泽、罗逸绪	谢烈鹏	李俊坤		林玉辉	蔡振明、潘玉明	
揭阳	黄少波	罗木海、游绿东		黄瑞章	郑明钦	郑凯平	罗宗发、洪凯松	
云浮	王　毅	李　铸、郭仲均、徐安办	周石南	成志杰	区卓斌		赖彬贤、刘　萍	

2011年广东省地税系统机构级别情况统计表

统计截止时间:2011年12月31日　　单位:个

项　目	编号	总计	局机关			直属行政单位			税务所(分局)	事业单位		
			小计	省局	省以下局	小计	省局	省以下局		小计	省局	省以下局
甲		1	2	3	4	5	6	7	8	9	10	11
总　计	1	1082	102	1	101	217	5	212	630	133	4	129
正厅级	2	1	1	1								
副厅级	3	1	1		1							
正处级	4	54	25		25	19	5	14		10	4	6
副处级	5	45	1		1	40		40		4		4
正科级	6	286	74		74	84		84	83	45		45
副科级	7	621				74		74	547			
股级	8	74								74		74

注:1. 本表不含深圳市及佛山市顺德区。

2. 本表数据关系:编号1=编号2+…+编号8;甲1=甲2+甲5+甲8+甲9;甲2=甲3+甲4;甲5=甲6+甲7;甲9=甲10+甲11。

2011年广东省地税系统机构设置情况统计表

统计截止时间:2011年12月31日　　单位:个

项目		编号	合计	省局	副省级市局	地(市)局	副省级市区(市)局	地(市)区局	县(市)局
甲			1	2	3	4	5	6	7
总计		1	1082	10	29	273	58	89	623
局机关		2	102	1	1	19	6	10	65
直属行政单位	小计	3	217	5	14	70	52	11	65
	税务分局	4	58	1		11	46		
	区地方税务局(按行政区划设置)	5	34		6	28			
	区地方税务局(按经济区域设置)	6	12	2		10			
	稽查局	7	108	1	7	19	6	10	65
	其他直属行政单位	8	5	1	1	2		1	
税务所(分局)		9	630		14	146		58	412
事业单位		10	133	4		38		10	81
其中:规费服务中心		11	101			19		10	72

注:1. 不含深圳市及佛山市顺德区。

2. 本表数据关系:编号1=编号2+编号3+编号10+编号11+编号13;编号3=编号4+…+编号9;甲1=甲2+…+甲7。

2011年广东省地税系统从业人员基本情况统计表

统计截止时间:2011年12月31日

项目		编号	总计	女	少数民族	学历						学位		政治情况				年龄										人员分布			
						研究生	大学本科	大学专科	中专	高中 技校 职高	初中以下	博士	硕士	共产党员	共青团员	民主党派	无党派或群众	30岁以下	31岁至35岁	36岁至40岁	41岁至45岁	46岁至50岁	51岁至54岁	女	55岁至59岁	女	60岁以上	局机关	直属机构	派出机构	事业单位
甲			1	2	3	4	5	6	7	8	9	10	11	12	13	14	15	16	17	18	19	20	21	22	23	24	25	26	27	28	29
总计		1	30653	12083	233	1331	15009	9771	1916	1849	777	32	1059	18855	2462	113	9223	5573	4024	6181	5419	5455	2680	608	1321			5987	10014	11998	2654
正式职工合计		2	24998	9136	206	1320	13857	7766	1201	734	120	32	1051	18147	1000	91	5760	2954	2935	5335	4847	5098	2576	596	1253			5065	8810	9865	1258
干部	小计	3	23062	8649	194	1313	13424	6786	1004	491	44	32	1049	17163	936	65	4898	2868	2737	4777	4432	4675	2406	595	1167			4929	8402	9461	270
	公务员	4	22792	8535	190	1274	13271	6725	997	481	44	29	1012	17013	916	65	4798	2810	2694	4737	4384	4622	2385	585	1160			4929	8402	9461	
	事业干部	5	270	114	4	39	153	61	7	10		3	37	150	20		100	58	43	40	48	53	21	10	7						270
正式工人		6	1936	487	12	7	433	980	197	243	76		2	984	64	26	862	86	198	558	415	423	170	1	86			136	408	404	988
临时工	小计	7	5655	2947	27	11	1152	2005	715	1115	657		8	708	1462	22	3463	2619	1089	846	572	357	104	12	68			922	1204	2133	1396
	临时助征员	8	108	55	1		32	56	11	9				9			99	1	21	53	26	7							61	47	
	临时工	9	5547	2892	26	11	1120	1949	704	1106	657		8	699	1462	22	3364	2618	1068	793	546	350	104	12	68			922	1143	2086	1396

补充资料:离退休人员4687人,其中离休人员170人、退休人员4498人(提前离岗人员477人)、退职人员19人。

编号7中签订用工合同(包括与中介机构签订)的有5066人。

注:本表数据关系:编号1=编号2+编号7;编号2=编号3+编号6;编号3=编号4+编号5;编号7=编号8+编号9;甲1≥甲2;甲1≥甲3;甲1=甲4+…+甲9;甲1≥甲10+甲11;甲1=甲12+…+甲15;甲1=甲16+…+甲21+甲23+甲25;甲1=甲26+…+甲29;甲21≥甲22;甲23≥甲24。

2011年广东省地税系统公务员岗位分布情况统计表

统计截止时间:2011年12月31日

项目	编号	行政管理人员									税收业务人员														
		小计	局领导	综合办公岗位	人事岗位	教育培训岗位	纪检监察岗位	巡视岗位	党群岗位	其他岗位	小计	法制岗位	征管岗位	货物和劳务税岗位	所得税岗位	财产和行为税岗位	涉外税岗位	进出口税收岗位	收入核算岗位	财务审计岗位	稽查岗位	税源管理岗位	征收服务岗位	基金费征收岗位	其他岗位
甲		1	2	3	4	5	6	7	8	9	10	11	12	13	14	15	16	17	18	19	20	21	22	23	24
总计	1	3831	794	1457	516	110	483		133	338	18961	401	2332	157	321	189	130		531	338	2668	5481	4625	409	1379
总局	2																								
省(自治区、直辖市)	3	73	15	21	13	6	10		8		221	8	14		8	8	6		8	16	51	66	36		
副省级城市	4	674	14	321	143	16	84		17	79	3398	31	46	23	25	20	19		29	10	754	975	1159	55	252
地(市、州、盟)	5	1264	270	448	110	44	146		90	156	4928	179	799	62	131	74	60		196	114	780	1287	1070	95	81
直辖市区	6																								
副省级城市区	7	90	26	25	21		18				594	8	26	4	4	3	4		8	16	50	393	31	10	37
地(市、州、盟)区	8	352	88	133	44	10	46		9	22	2745	39	471	22	42	37	20		53	42	221	399	546	61	792
县(市、旗)	9	1378	381	509	185	34	179		9	81	7075	136	976	46	111	47	21		237	140	812	2361	1783	188	217

注:1. 本表统计范围是公务员;

2. 本表数据关系:编号1 = 编号2 + … + 编号9;甲1 = 甲2 + … + 甲9;甲10 = 甲11 + … + 甲24。

2011 年广东省地税系统税务人员分单位情况统计表

统计截止时间:2011 年 12 月 31 日

项目		编号	合计	总局	省(自治区、直辖市)局	副省级城市局	地(市、州、盟)局	直辖市区局	副省级城市区局	地(市、州、盟)区局	县(市、旗)局
甲			1	2	3	4	5	6	7	8	9
总　　计		1	24998		368	4499	7772		692	2382	9285
局机关		2	5065		167	297	1476		198	560	2367
直属机构	合　计	3	8810		127	3481	3317		488	272	1125
	稽查局	4	2715		53	793	802		48	187	832
	直属分局	5	3338		66	1202	1314		440	23	293
	车辆购置税征收管理分局	6									
	其他直属机构	7	2757		8	1486	1201			62	
派出机构	合　计	8	9865			575	2478			1473	5339
	税务分局	9	9290				2478			1473	5339
	其中:设在开发区	10	103				69			25	9
	税务所	11	575			575					
事业单位	合　计	12	1258		74	146	501		6	77	454
	信息中心	13	51		28	23					
	机关服务中心	14	805		34	114	437		5	77	138
	注册税务师管理中心	15									
	培训中心	16									
	税收科学研究所	17	6		6						
	票证中心	18	6		6						
	报社、杂志社	19									
	采购中心	20									
	其他事业单位	21	390			9	64		1		316

注:1. 本表统计范围为正式职工;

2. "机关党委办公室"、"离退休干部处(科)"和"工会"的人员统计在局机关。

第七篇

先进集体与个人

2011年广东省地方税务系统获各荣誉奖项一览表

	荣誉称号、奖项	授奖部门	获奖单位(个人)
全国	文明单位	中央文明委	河源市源城区地税局　阳江市地税局
	五一巾帼标兵岗	中华全国总工会	阳江市江城区地税局办税服务厅　清远市清城区地税局洲心分局纳税服务组
	五一劳动奖状	中华全国总工会	广州市越秀区地税局
	工人先锋号	中华全国总工会	肇庆高新区地税局　清远市清城区地税局洲心分局
	巾帼文明岗	全国妇联	河源市地税局和平县城区分局　惠州市龙门县地税局龙城分局　潮州市地税局枫溪分局征收股
	全国税务系统纪检监察先进集体	国家税务总局	驻省局纪检组监察室
	职工职业道德教育先进单位	全国职工职业道德建设指导小组	广州市荔湾区地税局
	三八红旗集体	全国妇联	阳江市地税局妇女委员会
	工会优秀职工书屋	中华全国总工会	陆丰市地税局
全国税务系统	青年文明号	国家税务总局、共青团中央	广州市开发区地税局西区分局　东莞市地税局大岭山分局　云浮市新兴县地税局新城分局
	打击发票违法犯罪活动工作成绩突出单位和个人	国家税务总局	单位:广州市地税局　深圳市地税局稽查局 江门市地税局 个人:姚诗谋(汕尾市稽查局)　蔡英旺(佛山市稽查局) 祁建锋(东莞市稽查局) 陈楚永(深圳市地税局稽查局)
	全国税务系统纪检监察先进工作者	国家税务总局	蒋万军
	第六届全国税法动漫大赛形象类三等奖	国家税务总局办公厅、中国税务杂志社	清远市地税局
	首届全国税收平面宣传作品一等奖	中国税务出版社	清远市地税局
	2010年度《中国税务年鉴》发行工作先进单位和个人	中国税务出版社	单位:广东省地税局 个人:詹锦松(省局)
广东省	文明单位	省委、省政府	汕头市地税局　韶关市乳源县地税局　韶关市翁源县地税局　惠州市惠阳区地税局　汕尾市海丰县地税局　茂名市电白县地税局　清远市地税局　潮州市地税局　揭阳市普宁市地税局　云浮市郁南县地税局
	精神文明建设先进工作者	省委、省政府	罗群忠(惠州大亚湾区局)
	文明窗口	省委、省政府	阳江市地税局
	五一劳动奖章	省政府	梁友平(肇庆市局)
	2006~2010年全省法制宣传教育先进集体	广东省普及法律常识领导小组	单位:揭阳市地税局 个人:郑明钦(揭阳市局)　黎海丰(梅州)

续表

<table>
<tr><th colspan="2">荣誉称号、奖项</th><th>授奖部门</th><th>获奖单位(个人)</th></tr>
<tr><td rowspan="4">广东省</td><td>工人先锋号</td><td>省总工会</td><td>普宁市地税局流沙分局</td></tr>
<tr><td>优秀工会积极分子</td><td>省总工会</td><td>谢荣华(肇庆端州区局)　陈亚保(梅州)</td></tr>
<tr><td>模范职工之家</td><td>省总工会</td><td>肇庆市封开县地税局　肇庆市德庆县地税局城区分局
肇庆市端州区地税局　揭阳市普宁市地税局工会</td></tr>
<tr><td>巾帼文明岗</td><td>省妇联</td><td>梅州市平远县地方税务局　梅州市局城区分局办税服务厅
云浮市郁南县地税局城区分局办税服务厅</td></tr>
<tr><td rowspan="6">广东省地税系统</td><td>个人三等功</td><td>省局</td><td>省局:冯绍伍　黄和平　黄桂祥　胡泽民　徐　伟
曾玉勤　颜蔚华　戴宏辉　李　航　谢沁华
刘　剑　黄世能
市局:林如山(广州)　林达生(汕头)　陈德元(汕头)
陆耀炳(佛山)　李万清(梅州)　姚小健(汕尾)
刘茂坤(东莞)　区艳钊(中山)　陆　宇(江门)
邓健儿(江门)　侯邦安(阳江)　林永锋(阳江)
陈　伟(茂名)　罗镜文(清远)　黄少波(揭阳)
张振宇(潮州)　王　毅(云浮)</td></tr>
<tr><td>个人嘉奖</td><td>省局</td><td>省局:罗达佳　龚学泉　李殿相　陈小东　朱　毅
王力元　李新忠　刘通天　周　昊　朱晓菁
赵永清　张　敏　孙　婷　周爱民　梁若莲
茹岱芸　谢森承　孙　杰　郑　珩　李秋然
高海燕　吴晨曦　唐雪峰　罗维明　蔡　丹
陈　洋　朱伟馨　陈能波　黄宏彬　赖旭东
柯晓江　刘曲萍　何　刚　曹梅松　朱曼菲
曹令飞　郑树人　倪文俊　张少宏　陈曼君
吴志勇　陈壮练　刘清南　刘小波　梁婷婷
市局:骆贵全(广州)　赵　平(珠海)　徐均红(珠海)
王中高(韶关)　严贵杨(河源)　钟毅民(惠州)
孙彦浩(汕尾)　莫灿洪(东莞)　刘　建(中山)
林兆华(湛江)　梁友平(肇庆)　郑杰鹏(潮州)
罗增庆(横琴)　刘爱萍(江门)</td></tr>
<tr><td>惩防体系建设工作先进单位</td><td>省局党组</td><td>省局:办公室　内审处　征管科技处　信息中心
市局:广州　珠海　佛山　江门　湛江　肇庆</td></tr>
<tr><td>政风行风建设工作先进单位</td><td>省局党组</td><td>省局:纳税服务处
市局:揭阳　清远　阳江　从化　珠海征收分局　汕头龙湖区局　南海区局　仁化县局　龙川县局　兴宁市局　惠州惠城区局　陆丰市局　东莞莞城分局　中山城区分局　新会区双水分局　市吴川县局　电白县局　怀集县局　潮安县城区分局　郁南县城区分局　横琴新区办税服务厅</td></tr>
<tr><td>廉政文化建设工作先进单位和个人</td><td>省局党组</td><td>单位:省局廉政文艺轻骑队　广州税官艺术团　番禺区局
惠州市局　饶平县局　惠来县局
个人:曾　军(驻省局)　焦献民(佛山)　林新才(惠州)
田茂真(惠州)　吴旭红(清远)</td></tr>
</table>

续表

<table>
<tr><th colspan="2">荣誉称号、奖项</th><th>授奖部门</th><th>获奖单位(个人)</th></tr>
<tr><td rowspan="2">广东省地税系统</td><td>纪检监察工作先进单位和个人</td><td>省局党组</td><td>单位:驻省局监察室　广州市局纪检组监察室　珠海市局纪检组监察室　佛山市局纪检组监察室　江门市局纪检组监察室
个人:陈志斌(驻省局)　庄顺明(汕头)　周卫平(韶关)　黄赵鑫(河源)　邓坤泉(梅州)　陈少龙(惠州)　吴少航(汕尾)　林俏芬(东莞南城)　廖胜亨(中山)　邓作高(阳江)　宁华强(湛江开发区)　张　苗(茂名)　莫秋涛(肇庆)　严经鉴(清远)　罗　强(潮州)　罗宗发(揭阳)　陈耀坚(云浮罗定)　黄炯培(珠海横琴新区)</td></tr>
<tr><td>一级办税服务厅</td><td>省局</td><td>广州南沙开发区地税局第一分局办税服务厅　广州市海珠区地税局办税服务厅　广州市地税局登记分局税务登记办税服务厅　广州市番禺区地税局沙湾分局办税服务厅　广州开发区地税局西区分局办税服务厅　珠海市地税局征收分局香洲办税服务厅　珠海市地税局高新区分局办税服务厅　汕头市龙湖区地税局办税服务厅　汕头市潮阳区地税局办税服务厅　汕头市澄海区地税局办税服务厅　佛山市禅城区地税局办税服务厅　佛山市三水区地税局西南分局办税服务厅　佛山市南海区地税局西樵分局办税服务厅　乳源瑶族自治县地税局乳城分局办税服务厅　韶关市曲江区地税局马坝分局办税服务厅　河源市高新区地税局办税服务厅　河源市源城区地税局办税服务厅　兴宁市地税局城区分局办税服务厅　梅江区地税局办税服务厅　惠州市惠阳区地税局淡水办税服务厅　惠州市博罗县地税局龙溪办税服务厅　海丰县地税局办税服务厅　陆丰市地税局办税服务厅　东莞市地税局石碣分局办税服务厅　东莞市地税局莞城分局办税服务厅　中山市地税局城区分局办税服务厅　中山市地税局大涌分局办税服务厅　台山市地税局台城分局办税服务厅　开平市地税局城区分局办税服务厅　江门市江海区地税局办税服务厅　阳东县地税局东城分局办税服务厅　阳江市江城区地税局办税服务厅　雷州市地税局雷城分局办税服务厅　徐闻县地税局徐城分局办税服务厅　湛江市赤坎区地税局办税服务厅　电白县地税局城区分局办税服务厅　高州市地税局城区分局办税服务厅　茂南区地税局征收股河东办税服务厅　高要市地税局城区分局办税服务厅　四会市地税局办税服务厅　德庆县地税局城区分局办税服务厅　清远市清城区地税局洲心分局办税服务厅　清远市经济开发区地税局龙塘分局办税服务厅　英德市地税局城区分局办税服务厅　潮州市地税局枫溪分局办税服务厅　潮州市湘桥区地税局潮枫路办税服务厅　揭阳市东山区地税局办税服务厅　揭阳市榕城区地税局梅云分局办税服务厅　云浮市云城区地税局都杨分局办税服务厅　郁南县地税局城区分局办税服务厅　顺德区地税局大良分局办税服务厅　佛山市顺德区地税局陈村分局办税服务厅　省地税局直属分局办税服务厅</td></tr>
</table>

先进集体(获省部级以上奖项)

全国文明单位

2011 年,河源市源城区地税局获中央文明委授予“全国文明单位”称号。这是区局近十年来第四次获得国家级殊荣,是区局精神文明建设的又一丰硕成果。源城区局广泛深入地开展文明创建活动,抓制度建设,完善创建机制;抓载体建设,树立文明品牌;抓税收执法,促进依法治税;抓廉洁自律,筑牢思想防线。真正做到文明创建落实在行动上,注重在实际效果中,实现了组织收入自我超越、文明建设长足进步,使整个队伍实现了质的提升,地税形象展示出新的风貌。(张秋娟)

2011 年,阳江市被中央精神文明建设指导委员会授予“全国文明单位”称号,被广东省委、省政府授予“广东省文明窗口”称号。阳江市地方税务局高度重视精神文明建设,把创建“全国文明单位”贯穿于税收工作的全过程,作为统一思想、凝聚人心的重要途径,作为科学发展、促进和谐的有效载体,作为统揽全局、推动工作的强大动力,走出了一条独具特色的科技兴税、文明兴税、人才兴税之路,成绩斐然,税费收入连年增长,税收征管和纳税服务不断优化,依法治税水平持续提升,队伍建设显著加强,逐步形成了敬业奉献的道德风尚、文明和谐的征纳关系、积极向上的地税文化、持续稳定的税收增长格局,深受上级部门、广大纳税人和社会各界的充分肯定和好评。近年相继获得“全国精神文明建设先进单位”、“全国税务系统先进集体”、“全国三八红旗集体”等国家级殊荣。(郑华馨)

全国五一劳动奖状

2011 年,广州市越秀区地方税务局被中华全国总工会授予“全国五一劳动奖状”。

越秀区地方税务局于 2005 年 10 月由原东山区地方税务局和原越秀区地方税务局合并而成,总人数约 480 人,全区税务登记户逾 13 万,纳税额超 50 万元的企业 3000 余户。2005 ~ 2011 年,全局累计组织地方税费金收入 1467.19 亿元,以占全市地税系统 1/10 的人员和占广州市 4.55‰ 的面积征收了全市近 1/5 的地方税费金。2006 年,被评为广东省“模范职工小家”;2008 年,被评为“广州地区优质文明服务示范窗口”;2009 年,获广州市委、市政府授予的“2006 ~ 2008 年度广州市先进集体”称号;2011 年,被广州市委、市政府评为“2006 ~ 2010 年广州市文明单位”,被中华全国总工会授予“全国五一劳动奖状”。(越秀区地税局办公室)

全国五一巾帼标兵岗

阳江市江城区地税局办税服务厅16名女同志，担负着市区范围1万多纳税户的税收和社保费征收工作，2010年组织各项税费收入突破13亿元，占全市地税系统税费收入的40%。该办税服务厅深入开展“创先争优”活动，通过争创“文明单位”、“文明服务标兵”、“党员模范岗”、“三八红旗手”等活动，不断优化纳税服务，提升队伍素质，深受社会各界和广大纳税人的好评，近年先后获得“阳江市诚信窗口单位”、“阳江市青年文明号”、“阳江市投资服务先进单位”、“广东省‘三八’红旗集体”、“南粤女职工文明岗”、“全国巾帼文明岗”等荣誉，充分展现了一流的地税形象和巾帼风采。2011年被中华全国总工会授予“全国五一巾帼标兵岗”称号。（郑华馨）

2011年，清远市清城区地方税务局洲心税务分局纳税服务组被中华全国总工会授予“全国五一巾帼标兵岗”。该组是以纳税服务为主的一线“窗口”班组，成立于2008年。该组现有干部职工41人，女同志36人（占全组的88%），平均年龄33岁，是一支朝气蓬勃、勇于创新、公正执法的年轻队伍。

该组负责区内3000多户企业、1700多户个体纳税人的申报、税务登记、发票管理、代开发票业务等日常事务，月均开具税票14000多份，月均征收税款超亿元。此外，还受理全市1300多户企业、超过16万自然人的社保费征收，包括登记核定、申报征收、数据清理等工作。该组以“全员、全程、全方位”服务新理念，强化服务观念，完善服务机制，创新服务手段，加强队伍建设，为纳税人提供更规范、更全面、更便捷、更经济的服务，营造了良好的税收秩序，实现了纳税服务与依法治税的协调发展，赢得社会各界的好口碑。通过评价器反映的纳税人满意度每月均达到99%以上，且连续多年被评为各级先进窗口。（邓颖瑜）

全国工人先锋号

2011年，肇庆市高新区地方税务局被全国总工会授予该局办税服务大厅“全国工人先锋号”称号。肇庆市高新区地方税务局于2008年5月挂牌成立，负责全区1750户纳税户的地方税费征管，全局43人，平均年龄29.8岁，是一支年轻、战斗力强的优秀青年集体。该局连年超额完成上级下达的税收任务，2011年税费总收入9.39亿元，同比增长45.6%，为打造国内一流园区、建设和谐地税作出了卓越贡献。坚持以创新促征管，先后研发应用房地产业销售监测分析系统、土地使用税房产税监测分析系统和社保费监测分析系统，既减轻了征纳双方负担，使税（费）源监控更加到位，先后受到省、市纪委，省、市地税局及高新区委、管委会主要领导的充分肯定和高度评价。同时，该局还积极开展青年志愿者行动，不断优化纳税服务，融洽了征纳关系，深受社会各界好评。2010年5月，团省委授予该局团支部“2009～2010年度广东省五四红旗团支部”称号，2010年11月，省局、团省委授予该局广东省“青年文明号”称号。（詹赛红）

2011年，清远市清城区地方税务局洲心税务分局被全国中华总工会授予“全国工人先锋号”。洲心税务分局是清远市地税系统37个基层分局中组织税收收入规模最大（约占全市总量的40%）、管辖户数最多的基层分局，现有干部职工91人，平均年龄33岁，是一支素质高、业务精、作风好、活力强的地税队伍。主要负责区内3000多户企业、1700多户个体纳税人的日常涉税事务，以及全市1300多户企业、超过16万自然人的社保费征收管理工作。洲心税务分局以科学发展观为核心，依法治税、文明服务，聚财为国，屡创一流业绩，

充分展现了地税部门高效、廉洁、和谐的风采:一是坚定不移为国聚财,组织税费收入屡创历史新高;二是首创全省地税系统第一个纳税服务组,践行"两个减负"先进理念;三是以制度管人,不断深化队伍建设水平;四是着力深化思想政治建设,立城区地税先进文化品牌。近几年先后获得"全国三八红旗集体",省级"青年文明号"、"文明窗口"、"巾帼文明示范岗"、"工人先锋号"及"广东省用户满意服务明星班组"等荣誉称号。(邓颖瑜)

全国巾帼文明岗

2011年,河源市和平县地税局城区分局办税服务厅被全国妇联授予"巾帼文明岗"称号。和平县地税局城区分局办税服务厅地处粤东北贫困山区,现有工作人员9人,全部为女性。她们以优质的服务、严格的执法和饱满的热情树立起良好的窗口形象,赢得社会各界赞誉。一是组织收入有力。聚财为国,执法为民,阳光行政。征收的税费超过全县地税收入的90%,为地方经济社会发展提供了财力支持。二是纳税服务优质。深入开展文明创建活动,大力推行纳税服务之星评比,推行"党员先锋岗"建立。社会各界满意度一直96%以上,2010年、2011年连续在全县政风行风工作中名列第一名。三是窗口形象一流。强化"硬、软"件建设,优化办税环境,树立税务机关窗口形象。先后被省委省政府评为"文明窗口",被市文明委和市局评为"文明示范窗口"。(董劭文)

2011年,惠州市龙门县地方税务局龙城税务分局被中华全国妇女联合会、全国妇女"巾帼建功"活动领导小组授予全国"巾帼文明岗"称号。龙城税务分局28名干部职工,13名协费员,管辖4774户企业户。2011年共组织税收收入18635万元,同比增收4460万元,增长31.46%;组织社保费收入8663万元,同比增收1593万元,增长22.53%,为当地经济发展提供了强有力保障。在抓好组织收入工作的同时,坚持硬环境、软环境两手抓,完善办税服务厅各项功能设施配备,落实首问责任制,开通绿色办税通道,简化办税办事流程等。在创建"巾帼文明岗"工作上,分局注重人文关怀,促使各位女同志树立起自尊、自信、自立、自强的新女性意识,培养良好的工作作风和日常行为习惯,充分调动其工作积极性及主观能动性;加强税费业务及纳税服务方面的教育培训,从细微之处入手,从点点滴滴抓起,不断提高纳税服务水平,获得了纳税人、缴费人的好评。(黄　广)

2011年3月,潮州市地税局枫溪税务分局征收股被全国妇女联合会和全国妇女"巾帼建功"活动领导小组授予"全国巾帼文明岗"称号。该征收股在岗干部11名,其中女干部8人,肩负着辖属范围内的税费综合业务、税收计划分析、经费管理、信息化建设和办税服务厅日常管理等工作。他们秉持"想纳税人所想、急纳税人所需、为纳税人提供优质服务"工作宗旨,落实纳税服务时限、办税服务首问责任制等办税服务制度,用优质的纳税服务展示了新时期地税妇女干部的新形象,赢得广大纳税人和社会各界人士的好口碑。在潮州市"群众、企业评机关活动"等各项社会评议活动中,社会各界和纳税人对该股人员评价的"满意率"均在99.5%以上。(张　骋)

全国税务系统纪检监察先进集体

驻省局纪检组监察室开拓创新、恪尽职守,广东省地方税务局呈现出执法水平和服务水平不断上升,不廉问题和有效投诉持续下降的"两升两降"良好局面。创新思路,从保持地税健康发展战略的高度谋划工作。先后提出"选好班长,管好班子,带好队伍"、"抓行风,带政风,促税风"、"苗头性问题提醒在前,倾向性问题防范在前,普遍性问题制约在前"等一系列治队理念,并形成了"管龙头、抓苗头、刹风头、治源头"的工作思路。突出重点,结合地税实际推动廉政建设各项工作落实。坚持"一把手""三纪"培训,落实任前、离任廉政谈话,创新双向述廉、廉政宣誓、廉政家访等形式,结合量化指标进行廉政考核,严格执行"一票否决制"和责任追究制,形成一把手"严格自律,认真履责"长效机制。勇于开拓,紧跟时代改革步伐创造性地开展工作。率先提出加强税收执法权和行政管理权的"两权监督"建议;大力推进"税务廉政风险防范"和"税企廉政联防"工作;依托信息"大集中",成功开发惩防体系信息管理系统,闯出一条广东地税特色科技反腐之路。

打造亮点，创作一批廉政文化建设品牌项目。创建廉政讲师团、演讲团、文艺轻骑队、清风城网站和廉政教育基地的“两团、一队、一网、一基地”廉政宣传教育阵地，举办“清风颂”廉政文艺汇演和书画摄影展，开展“一路清风细雨”廉政文艺基层巡演，制作系列廉政动漫等。严格执纪，坚决维护广东地税良好社会形象。近5年来，组织开展各类专项清理工作，批办信访举报1226件，直接查办17宗违法违纪案件，依法处理19人，为国家集体挽回经济损失1060多万元。2011年8月，驻省局纪检组监察室被国家税务总局授予“全国税务系统纪检监察先进集体”荣誉称号。（覃千乐）

全国职工职业道德建设先进单位

2011年，广州市荔湾区地方税务局被全国职工职业道德建设指导小组授予“全国职工职业道德建设先进单位”荣誉称号。该局为广州市地方税务局21个直属行政单位之一，内设16个科室，共有270名干部职工，经管纳税户58527户，管辖面积62.4平方公里，是广州地税中唯一管辖区域横跨珠江两岸的区局。荔湾区局在日常工作中以创建学习型组织为有力抓手，结合日常工作和文化建设，大力加强职业道德教育，职业道德建设水平明显提升，各项工作圆满完成。主要做法可概括为“五项修炼中修身，岗位立业中立德”：一是改善心智模式，深化作风建设；二是建立共同愿景，营造和谐氛围；三是追求自我超越，树立榜样标杆；四是组织团队学习，凝聚集体智慧；五是形成系统思考，建立常态机制。（周小娟）

全国三八红旗集体

2011年，阳江市地方税务局妇女委员会被中华全国妇女联合会授予“全国三八红旗集体”称号。该会坚持以组织收入为中心，以优化纳税服务为核心，以提高妇女干部职工素质为主线，求真务实，与时俱进，扎实深入地开展争当“三八红旗集体”活动，为广大地税女干部职工提供了建功立业的广阔舞台。妇女干部职工队伍的职业道德、职业纪律和业务技能不断提高，办税窗口的文明程度、服务水平不断提升，有力地促进了各项税收工作任务的完成，赢得了各级党政领导、广大纳税人和社会群众的广泛赞誉。近年先后获得阳江市“扶贫助困爱心单位”、“阳江市妇联系统先进单位”、“广东省三八红旗集体”等称号。（郑华馨）

全国工会优秀职工书屋

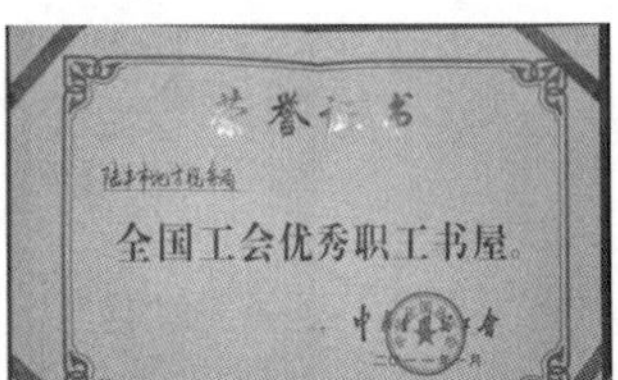

2011年1月，汕尾市陆丰市地税局职工书屋被中华全国总工会评为“全国工会优秀职工书屋”。近年来，陆丰市地税局加强文化建设：一是加强职工书屋规范化建设。加强组织领导，累计投入48万元，大力加强职工书屋规范化建设，书屋面积160平方米，建有图书室、阅览室；藏书9500册、报刊7种（类），音响制品100多种（张）；实行微机管理，配备专职管理人员，完善“图书借阅制度”及“职工书屋文明服务公约”等制度。二是打造职工文化品牌。充分发挥职工书屋的文化功能，开展形式多样的读书活动，做到以先进文化塑造人、以读书活动武装人、以主题教育引导人。三是全面提升职工素质。坚持把职工书屋建设与开展“创建学习型组织、争做知识型职工”等活动结合起来，倡导全员学习，激发广大职工爱书读书的热情，促进职工素质的全面提高。（吴维浩）

税务系统全国青年文明号

2011年,广州开发区地方税务局西区税务分局荣获国家税务总局、共青团中央授予的“2009～2010年度税务系统全国青年文明号”称号。该分局主要负责广州开发区西区及广州保税区共计17平方公里地域,超5000户企业的地方税收及社保费的征管工作。分局现有干部职工55人,平均年龄32岁。分局紧扣中心强征管,积极推进重点税源精细化管理,强化外籍人员个人所得税管理,探索专业评估新路,自2004年成立以来,组织税收收入以年均13.11%(2009年受经济危机影响略有下降)的增幅增长,8年共组织税收收入222.28亿元。主要典型经验有二:一是着眼细节强服务。推行“一窗式”、电子备案、中午不间断、文书办结提醒等服务,实施税管员AB岗、税管员坐班、首问责任等制度,不断提高服务质效。二是注重发展强队伍。以学习型组织创建和政风行风评议为载体,努力向“创一流地税业绩,做文明有为青年”目标奋进。(兰　庆)

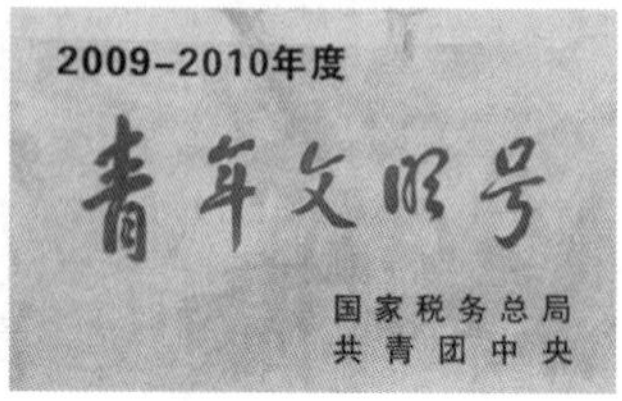

2011年,东莞市地方税务局大岭山分局获国家税务总局、共青团中央授予的“2009～2010年度税务系统全国青年文明号”荣誉称号。该分局是东莞市地方税务局下设大岭山镇的职能机构,负责辖区范围内地方税费的征收管理和日常检查工作,内设征收股、管理股、重点税源管理股和综合股,现有在编干部22人,其中本科以上学历21人,2011年共组织税收收入7.68亿元。近年来,分局坚持以抓组织收入为核心,以提升征管质效为目标,以优化纳税服务为主线,以提高队伍素质为根本,有计划、有步骤地开展文明创建活动。分局团员青年始终保持积极向上的热情,担当社会责任,创新征管办法,强化征纳互动,积极参与社会公益事业,不断丰富文明创建内涵。分局的工作得到了上级和社会各界的充分肯定,近年来先后获得“东莞市文明标兵单位”、广东省“青年文明号”等荣誉称号,充分展示了大岭山税务分局的良好风貌和崭新形象。(郭焕光)

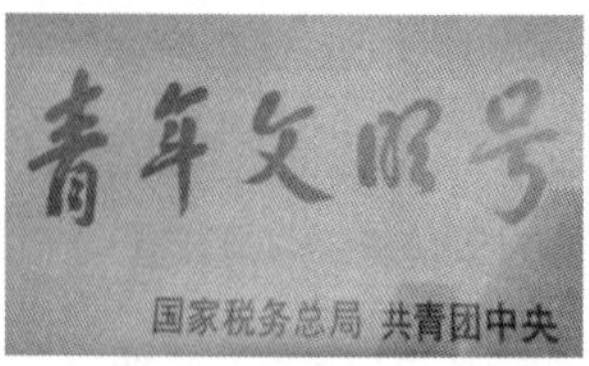

2011年,云浮市新兴县地方税务局新城税务分局获国家税务总局、共青团中央授予“2009～2010年度税务系统全国青年文明号”荣誉称号。该分局主要负责新城镇范围内6000多户纳税人地方税费的征管工作。分局共有工作人员39人,其中干部职工37人、协税员2人,具有大专以上学历35人。2011年,组织税收收入47100万元,占全县地税系统税收总量的77%;组织社保费收入16939万元,占全县地税系统社保费总量的60%。凭着精湛的业务和优质的服务,分局赢得了纳税人和社会各界的口碑,并被国家税务总局和共青团中央授予全国“青年文明号”称号,成为全省地税系统获此殊荣的三个单位之一,也是全市地税系统唯一两次获此殊荣的单位。分局朝着服务型、高效型、廉洁型的政府职能部门的目标稳步迈进。(陈　虹)

广东省文明单位

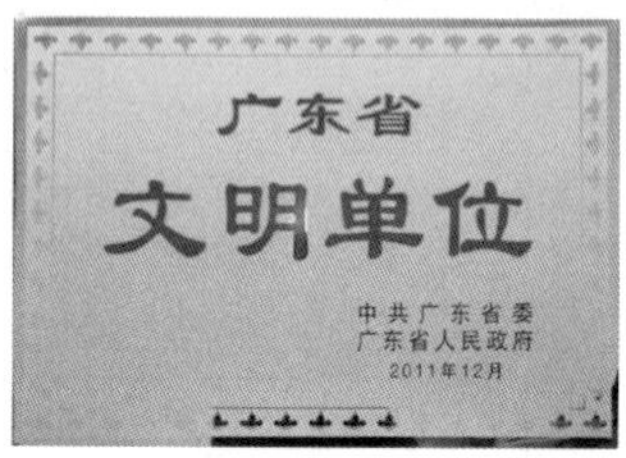

2011年,汕头市地税局获中共广东省委、广东省政府授予“广东省文明单位”称号。近年来,全市各级地税部门按照建设公共服务型机关的总体要求,在全系统掀起争创文明行业活动的热潮,广大地税干部主动服务意识不断增强,机关作风增效提速,办税透明度进一步提高,税风清廉税纪严明,各项工作齐头并进,出色地完成各项地税工作任务,提升了服务,优化了汕头投资软环境建设水平,巩固了党政满意、社会各界满意和纳税人满意的良好局面,实现文明创建工作与汕头地税事业的“双赢”发展,得到各级党政、社会各界和广大纳税人的充分肯定和广泛好评。近几年来,全系统60多个单位先后被省、市等各级评为先进集体或文明单位。在近年汕头市评比的全市20个“文明示范窗口”中,市地税系统3个单位受到表彰,在全市各部门中名列前茅;2011年先后被评为汕头市文明单位、汕头市“五五”普法先进集体以及汕头市扶贫工作先进单位等,并在全市民主评议政风行风活动中获第一名。

(杨　坚)

韶关市乳源县地方税务局成立于1994年10月，在职干部职工77人。2011年组织税费收入4.71亿元，比上年增收12582万元，增长36.44%。组织地方税收收入2.5亿元，比上年增收4395万元，增长21.35%。组织税收收入规模较1994年增长37倍。

该局结合文明创建工作，将文明征收理念与组织收入中心融合，落实“一窗式服务”、“一站式限时办结”、上门服务、首问负责制等文明服务承诺，对纳税人真诚以待，以诚信点亮“窗口”，做到为纳税人“多办事、办实事、办好事”。结合建设幸福地税的战略性举措，广泛深入地开展幸福地税系列活动，引领干部职工树立积极乐观的人生理念，深入挖掘地税文化精神内涵，打造文化亮点品牌，塑造文明团队，并以奉献社会为文明创建的延伸，重点做好挂扶点扶贫工作，为农民群众办实事。在扶贫开发“规划到户、责任到人”工作中，对大坪村委、鲜明村委进行了对口帮扶，积极筹措资金改善村容村貌，完善通水通电设施，修复农田水利灌溉工程，为村民安装有线电视线路，设计多套方案帮贫困户脱贫，取得显著效果，村民们的物质精神生活水平都有进一步提高。该局的文明建设工作受到各级党政领导和群众的一致好评。于2011年12月27日获广东省委、省政府授予“2010～2011年广东省文明单位”荣誉称号。（黄德明）

韶关市翁源县地方税务局成立于1994年10月，在职干部职工93人。2011年累计组织税费收入37473万元，同比增长30.01%。其中，组织税收收入20367万元，同比增长30.62%；组织社保费收入15377万元，同比增长24.39%。

近年来，该局坚持以科学发展观为指导，紧紧围绕税收中心工作，以政风行风建设为重点，以干部队伍建设为保障，把文明建设贯穿于税收各项工作的全过程，不断丰富和创新文明创建活动载体和内容，依托党建团建、青年文明号和优质服务窗口创建、税企共建、“一对一”帮扶工作、构建学习型组织、“服务之星”和“五好家庭”创建、送温暖、献爱心等活动载体，不断推动文明创建工作走向深入，尤其是在挂钩扶贫“双到”工作中，该局发动广大党员干部深入省级贫困村石寨村，开展送党课、送温暖、送技术、送项目、送文化“五送”活动，有力地促进了村民经济收入的提高，帮扶工作成效得到省扶贫开发“双到”考评组的充分肯定。该局先后荣获市、县“文明单位”、“三好班子”、“先进党总支部”、“优秀服务窗口”、“扶贫开发红旗团队”等荣誉，涌现出“优秀共产党员”、“党务先进工作者”、“勤廉兼优先进个人”、“服务之星”等一批先进模范人物。2011年12月被广东省委、省政府授予“广东省文明单位”称号。（黄德明）

2011年，惠州市惠阳区地方税务局获广东省委、省政府授予“广东省文明单位”称号。该局成立于1994年12月，在职干部职工203人。2009～2011年共组织税费收入58.98亿元，年均增长20.75%。其中，税收收入40.61亿元，年均增长20.29%；社保费收入14.18亿元，年均增长21.13%。税费收入的持续平稳较快增长，为惠阳区加快升级转型和促进社会民生发展提供了有力保障。在做好组织收入中心工作的同时，惠阳区地方税务局积极推进均衡发展，在全市地税系统率先实践专业化税源管理新模式、铺开办税服务厅规范化建设、建成基层分局专业化税费征管档案室、开展规范税务行政处罚裁量权试点工作、使用信息化系统进行固定资产管理等，有力地推动了各项税收工作上新水平，得到各级党政、社会各界以及广大纳税人缴费人的肯定。（黄　广）

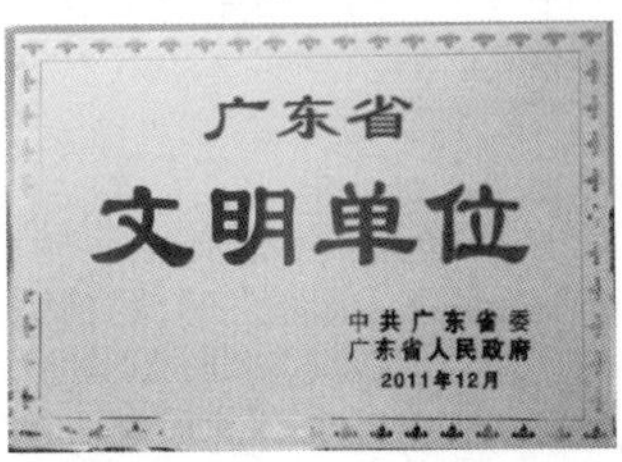

2011年12月，汕尾市海丰县地税局被广东省委、省政府授予2011年度“广东省文明单位”称号。近年来，海丰县局以组织税收收入为中心，坚持把文明创建贯穿于各项税收工作的全过程，形成积极向上的文化氛围。主要做法：一是抓组织收入，服务经济社会发展大局。践行聚财为国宗旨，助推经济发展，各项收入屡创历史新高，连续多年稳居全市首位。二是抓队伍建设，打造文明和谐地税团队。举办健康向上的文体活动，积极构建干群“连心桥”，畅通干群沟通渠道，增强干部队伍的凝聚力、向心力。三是抓纳税服务，构建诚信和谐征纳关系。深入开展“税法进企业”与“社保进企业”活动，努力打造纳税人和税务机关双赢局面。四是抓廉政建设，营造廉洁从税良好环境。深入开展行评工作，在2011年度全县民主评议政风行风中名列第一。（吴维浩）

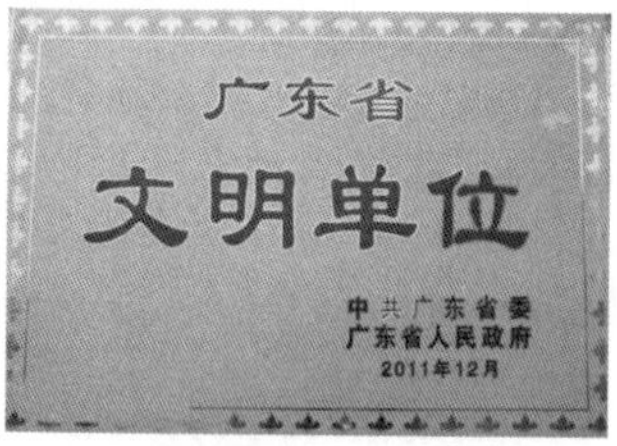

2011年12月,茂名市电白县地方税务局被广东省委、省政府授予“广东省文明单位”称号。该局成立于1995年4月,在职干部职工220人。2011年累计组织税费收入84652万元,同比增长56.1%。其中,税收收入48908万元,同比增长54.5%;组织社保费收入33174万元,同比增长58.3%,征缴率达97.5%。近年来,该局坚持以组织收入为中心,抓住茂名滨海新区快速发展的大好契机,不断加强队伍建设,积极推进依法治税,将精神文明创建工作贯穿于税收工作始终,依托党团工青妇组织,不断丰富和创新文明创建活动载体和内容,推动“青年文明号创建工程”和“纳税服务志愿者工程”建设,深入开展税法宣传下企业、入社区、进学校活动,经常组织员工参加篮球赛、演讲、征文、交谊舞会等文体活动,热心参加关爱留守儿童、孤寡老人、无偿献血、捐款等社会公益活动。该局青年干部自发成立的“爱心社”,从2006年至今,始终坚持对4名失学孤儿的资助,成为该局社会公益事业的一个品牌。在扶贫“双到”工作中,该局累计投入扶贫资金32万多元,帮助该县南海仔村17户困难家庭脱贫致富,受到省扶贫开发“双到”考评组的充分肯定。该局拥有2个全国税务系统文明单位和先进集体,1个全国青年文明号,1个全国模范职工小家,4个广东省级集体荣誉和4个省地税系统先进个人。该局现有1名同志当选为市人大代表,1名同志当选为县委委员,1名同志当选为市党代会代表,4位同志当选县人大代表、党代表或政协委员。(严　欣)

2011年,清远市地方税务局获广东省委、省政府授予“广东省文明单位”称号。该局成立于1994年9月28日,肩负着聚财为国、执法为民的历史使命。1994～2011年全市地税系统组织税费收入从1.1亿元增至107.9亿元,增长近百倍,税费规模成功突破百亿元历史大关,为清远市推进各项改革和建设事业提供了有力保障。

该局持之以恒地以文明创建带队伍,以文明创建促发展,开创出清远地税事业发展的崭新局面。清远地税建立“一把手”负总责、亲自抓,分管领导专门抓,职能部门协助抓创建活动的领导机制和党团工青妇齐抓的工作格局。通过思想教育聚人心,通过人文关怀促和谐,通过教育培训强素质,通过廉政建设保平安。始终将文明创建活动置于地税事业发展的大环境中,使文明创建为地税事业发展服务,与地税发展同步协调进行。把文明创建贯穿于纳税服务的全过程,不断创新服务手段,拓展服务内涵,纳税服务和税收宣传工作亮点不断。着力推行服务型执法、构建网上税务局,打造纳服和税宣品牌。整合资源,提升文化建设层次性;深化内涵,提升文化建设知识性;激发活力,提升文化建设群众性;美化环境,构建良好地税人文环境;回馈社会,树立地税良好社会形象。(邓颖瑜)

2011年11月,潮州市地税局获广东省委、省政府授予“广东省文明单位”称号,继2007年和2009年之后再次获此殊荣。近年来,该局始终牢记“聚财为国,执法为民”基本理念,以依法治税为先导,组织收入为中心,思想教育为重点,服务发展为己任,把文明单位创建工作与加强地税各项工作紧密结合起来,在文明创建中推进税收工作,在推进税收工作中落实文明创建,推动整体工作在更高平台上持续发展。税费收入持续稳定增长,2008年突破20亿元,2010年突破30亿元,2011年突破40亿元,为地方的科学发展提供了可靠的财力保障;征管质效逐步提高,制定实施服装、陶瓷等11个行业和企业所得税、营业税等6个税种的精细化管理办法,创出潮州地税管理品牌;依法治税水平有效提升,排查各执法岗位的执法风险,严格落实过错责任追究,实行对执法行为的全方位监控,不断整合服务资源,提高办税效率;数据管税能力不断增强,自行开发各类管理模块和监控软件,初步形成税源监控分析与税收管理的联动机制。队伍管理水平稳步提升,通过加强能力培训、树立先进典型、推进文化建设和政风行风建设,有效地推动了地税工作科学发展并取得显著成效。(张　骋)

2011年12月,揭阳市普宁市地税局获中共广东省委、广东省人民政府授予的“广东省文明单位”称号。近年来,该局紧紧围绕“法治、公平、文明、效率”的新时期治税思想,带领全系统干部职工,艰苦拼搏,励精图治,始终坚持以组织收入为中心,积极实施税收科学化、精细化管理,不断推进依法治税,优化纳税服务,扎实开展精神文明创建活动,树立起党政更加满意、社会各界更加满意、纳税人更加满意、干部职工更加满意的“普宁地税”形象。(刘创宏)

2011年,云浮市郁南县地方税务局获中共广东省委、广东省人民政府授予“广东省文明单位”称号。该局现有干部职工109人,其中女干部28人,占25.68%。2010年以来,该局被中共云浮市委组织部定为基层

党建示范点、荣获“云浮市文明单位”称号，被评为郁南县民主评议政风行风满意单位、先进基层党组织等。近年来，该局以创建省级文明单位活动为主线，内抓管理、外树形象，各项工作整体推进、协调发展、卓有成效。主要做法：一是明确思路，精心组织，统筹推动创建活动深入开展；二是立足税收岗位，丰富创建内涵，服务地方经济；三是拓展创建领域，延伸服务触角，树地税形象；四是深化载体建设，打造创建平台，激发创建热情。（陈　虹）

先进个人（获省部级以上奖项）

2010 年度全国税务系统打击发票违法犯罪活动工作成绩突出个人

蔡英旺，1964 年 4 月出生，现任佛山市地方税务局稽查局稽查一科科长。蔡英旺同志是税警联合执法的桥梁、打击假发票“买方市场”的主力、发票基础知识的传播者。作为佛山市地税局税警联合执法办公室主任，该同志利用税警联合执法办公室这一协作交流平台，经常与公安经侦的同志一起研究分析发票违法犯罪的特点和趋势，提出预防和打击发票违法犯罪的建议和措施，为税警实施联合打击行动发挥了积极作用。2010 年参与捣毁制售假发票窝点 5 个，打掉犯罪团伙 5 个，收缴假发票 76.95 万份（涉及地税假发票 56.86 万份）。组织并参加检查企业 67 户，查处接受假发票的企业 19 户，查获假发票 577 份，涉票金额 543.6 万元，查补收入 39.56 万元。积极开展咨询会、户外广告等形式的发票基础知识宣传活动，宣传真发票的识别方法、使用假发票的危害及后果，有效地调动社会各界参与打击发票违法犯罪工作的积极性、主动性。2011 年 6 月，蔡英旺同志获国家税务总局授予的“2010 年度全国税务系统打击发票违法犯罪活动工作成绩突出个人”奖项。（姚友谊）

全国税务系统纪检监察先进工作者

蒋万军同志怀着对纪检监察事业的敬仰和热爱，跨地域、跨行业，从一名检察官、税官，成长为一名党的忠诚卫士。“在平凡中追求卓越”，是他的工作信条。从事纪检监察工作 7 年来，他身兼信访、案件管理、廉政风险防范多职，对事业高度负责，勤奋敬业，大胆创新，不懈追求，精益求精，在认真履职中维护党纪国法的尊严，在务实奉献中实现人生的价值，较好地树立了一个纪检监察干部可敬、可亲、可信的形象。2006 年被评为全省地税纪检监察工作先进个人，2007 年被评为优秀公务员，2008 年被省纪委、监察厅评为信访举报工作先进个人，2011 年被国家税务总局评为纪检监察先进工作者。（覃干乐）

广东省精神文明建设先进工作者

罗群忠,1969 年 11 月出生,大学本科学历,2008 年 6 月至 2011 年担任惠州大亚湾经济技术开发区地方税务局党组书记、局长。2008 ~2011 年,大亚湾区地方税务局累计组织各项税费收入 91 亿元,为全区经济建设和社会发展作出积极贡献。继 2007 年被评为"广东省文明单位"后,大亚湾区地方税务局 2009 年被人力资源和社会保障部、国家税务总局联合授予"全国税务系统先进集体"荣誉称号,2010 年、2011 年连续在大亚湾区执法职能部门政风行风评议活动中名列第一。2011 年,罗群忠同志获省委、省政府授予的"广东省精神文明建设先进工作者"称号。(黄　广)

广东省五一劳动奖章

梁友平,1955 年 7 月出生,现任肇庆市地方税务局党组书记、局长。他始终以高度的事业心、责任感,扎扎实实"收好税、带好队",使肇庆地税工作连年迈上新台阶。他科学组织征收,税费收入总量屡创新高,2011 年肇庆地税组织税费收入首次突破百亿元。他提出强化责任、法治、服务、廉政、效能"五种意识"、树立"服从服务于经济社会发展大局"理念,为全系统统一思想、提升合力奠定了坚实的思想基础。他积极调研,并完成《促进肇庆 GDP 尽快实现超千亿元目标的税收职能作用研究》、《肇庆地税税收发展研究报告》等著作,为地方经济发展建言献策。他始终把提高全市地税系统干部职工素质作为一项重要工作,注重加强干部业务教育,着力打造学习型地税机关。他率先垂范,常怀律己之心,坚持廉洁从政,确保队伍平安稳定。2011 年,梁友平同志被省政府授予广东省"五一劳动奖章"。(莫桑妮)

第八篇

税收文选

税源专业化管理模式：国际经验与广东地税探索*

揭　晔

【内容摘要】 税源专业化管理模式是指在一定税收思想或税收管理理论指导下建立起来的，较为稳定的税源专业化管理活动结构框架和活动程序。国际上主要有单纯按税种管理的专业化管理模式、单纯按纳税人类型管理的专业化管理模式、混合型专业化管理模式三种模式。广东地税系统税源专业化管理的探索，本质上属于以纳税人类型为主的混合型税源专业化管理模式。从国际上税源专业化管理的发展趋势判断，以纳税人类型为主的混合型税源专业化管理模式将是中国税源专业化管理模式的发展方向。

【关键词】 专业化　税源管理　广东地税　模式

税源管理是税收征管工作的核心。在贯彻落实国家税务总局提出的税收管理科学化、专业化、精细化要求大背景下，研究税源专业化管理及其模式问题，对构建专业化税源管理新模式，提高税源管理效能，建立税收可持续增长机制，具有重大的理论和现实意义。

一、税源专业化管理模式的内涵及其特征

在经济学和管理学的视域里，专业化指的就是技术性分化。专业化思想提出的时间较早，在西方可以上溯到柏拉图，在中国可以上溯到管子，但专业化理论的形成和专业化实践的真正展开，是在西方大工业革命后的事。西方大工业革命后，工业企业的大量诞生、企业规模的迅速扩大、市场规模的持续扩张、产业形态的日趋多样，催生了专业化理论的形成和专业化实践的发展。专业化是社会分工的必然产物，专业化的深化是一个不断演进的过程，受到多种因素的影响和制约。

在新公共管理运动的浪潮冲击下，公共管理受工商管理的影响越来越深，新管理主义的内容不断被吸收到公共管理领域。税源专业化管理即是其中之一。国家税务总局提出专业化管理后，税源专业化管理成为研究和实践中的热点问题。但对什么是税源专业化管理，什么是税源专业化管理模式，在税收领域仍然还没有形成相对统一的概念和理论。根据学者对专业化的理解，笔者把税源专业化管理界定为：税务机关或税务干部根据法律法规，按照技术性分化理念，减少其管理活动中的不同职能的操作种类，采用一定程序、方式和方法，以征收应征税款为目的，对税收的来源包括纳税人、课税对象、课税环节和税基等税源要素进行调查、分析、评估、鉴定、预测和监督，提高管理效率，尽可能科学、准确、迅速地把握税基规模和分布的动态管理过程。与传统的税源管理相比，税源的专业化管理体现为管理中的技术性分化，而不是税务管理人员身份的分化；在形式上表现为减少税务干部在管理活动中的不同职能的操作种类；价值追求上的“管理主义”，即在给定的管理成本下，实现税收收入最大化，在税收收入给定的情况下，实现管理成本最小化；处于不断演进和深化中，专业化程度受多种因素影响和制约。

而所谓管理模式，指管理所采用的基本思想和方式，是指一种成型的、能供直接参考运用的完整的管理体系，通过这套体系来发现和解决管理过程中的问题，规范管理手段，完善管理机制，实现既定目标①。以种属法定义税源专业化管理模式，即指在一定税收思想或税收管理理论指导下建立起来的，

* 本文原载于《税务研究》2011年第9期。

① http://wiki.mbalib.com/wiki/%E7%AE%A1%E7%90%86%E6%A8%A1%E5%BC%8F.

较为稳定的税源专业化管理活动结构框架和活动程序。结构框架,意在凸显税源专业化管理模式从宏观上把握税源管理活动整体及各要素之间内部关系的功能;活动程序,意在突出税源专业化管理模式的有序性和可行性。

税源专业化管理模式是在长期税源专业化管理实践中不断总结、改进管理而逐步形成的,它源于税源专业化管理实践,又反过来指导税源专业化管理实践,具有几个重要特征:①典型性。税源专业化管理模式是一种典型的税源管理模式,具有较强的代表性和一般性特点。它既具有一般税源管理理论和实践的共性,又有其特殊性,其特殊性内涵的管理思想为"技术性分化"理念。②相对稳定性。税源专业化管理是一种成型的、定型化的结构框架和活动程序,能够突出税源专业化管理的有序性和可行性。③多样性。在税源专业化管理过程中,同时存在多种模式的可能,各种模式相互影响和相互借鉴。④内生性。税源专业化管理模式内生于一个国家或地区的税收征管体制和税收管理水平,并随着税收征管体制和税收管理环境的变化演进。选择何种税源专业化管理模式,主要取决于税制结构、征管体制、信息化水平、企业形态、税务人员素质等综合因素。

二、国际上税源专业化管理主要模式及其借鉴

根据对税源专业化管理模式的定义,对税源专业化管理的模式进行类型化后,可以归纳出国际上主要存在的三种税源专业化管理模式,即单纯按税种管理的专业化管理模式、单纯按纳税人类型管理的专业化管理模式、混合型专业化管理模式。

(一)按税种进行税源专业化管理模式

按税种进行税源专业化管理,是历史最悠久又最常见的税源管理模式。在该模式下,以税种类型设置不同的机构和部门,每一个部门负责他所管辖税种的全部管理职能。如增值税管理部门、消费税管理部门、所得税管理部门。该模式是许多国家和地区选择的较为初始的税源管理方式。

这种模式的主要优点:①税种管理权责明确,可以对每个税种明确责任和措施;②管理针对性强,能够使管理部门对不断变化的环境作出反应,有利于研究和制订适合税种管理要求的工作方案①。这种模式的主要缺点:①各个税种管理部门功能重叠,总体效益较低。②纳税人纳税成本高,特别是经营复杂的纳税人,因涉及多个税种,税法遵从成本和税务部门的管理成本都较高。③各个部门信息难以共享,人为地造成多方割据局面,易造成不同尺度的税务处理结果,对纳税人不公平。④造成税务管理人员知识结构单一,限制了税务人员灵活处理问题的能力②。

国外的实践证明,按税种类型进行税源专业化管理,一般适用于税收管理机构设立的初期。在税收体系没有完全确立的情况下,新税种不断地出现、旧税种不断废除是常态,以税种类型对税源进行专业化管理,可以保证新税种在短期间内的开征和税法的贯彻落实。世界上单纯按税种进行税源专业化管理的国家(瑞士是其中之一)和地区非常少。

(二)按纳税人类型进行税源专业化管理模式

按纳税人类型进行税源专业化管理的理论基础是纳税人的异质性假设。该模式认为,不同的纳税人群体,具有不同的行为特征,特征差异就带来不同的风险。为减少管理风险,税务部门需要根据不同的特征差异来对不同特质的纳税人进行专业化管理,使管理更具针对性,从而提高所有纳税人的税法遵从度③。按照这一理论,一些国家和地区将纳税人进行分类,按规模、行业、企业性质等一定的逻辑分设专业化管理部门。

这种模式的主要优点:①有利于实现税收管理目标,容易评估各部门在税源管理中的业绩;②有利于合理配置管理资源,可以根据不同纳税人的风险程度配置管理资源,符合管理的效率原则;③管理的针对性和主动性更强,专业的管理部门具有全部管理职能,可以找到纳税服务和税收强制的最佳结合点。这种模式的主要缺点:①管理成本较高,因为存在职能重叠问题;②部门的自主权较大,容易导致管理腐败和执法不公;③高素质的税务管理人员是该种模式成功与否的关键④。

美国和澳大利亚是单纯按纳税人类型进行税源专业化管理的代表性国家。澳大利亚 1994 年引入这种模式管理税源,并设立 4 个独立的部门进行专业化管理:一是负责工薪所得税纳税人管理;二是负

① 王志荣. 税收管理公共化研究. 北京. 中国财政经济出版社. 2008:154.

② 靳东升、付树林. 外国税收管理的理论与实践. 北京. 经济科学出版社. 2008:103.

③ 靳东升、付树林. 外国税收管理的理论与实践. 北京. 经济科学出版社. 2008:103-104.

④ 王志荣. 税收管理公共化研究. 北京. 中国财政经济出版社. 2008:154.

责小企业所得税纳税人管理；三是负责大企业所得税纳税人管理；四是负责扣缴所得税和缴纳各种间接税企业管理。美国2000年重组国内收入局，将原来按地域和职能设置的4个大区局、33个分局、10个数据处理中心和数百个征收局改为按纳税人类型设置的4个业务征管局和1个犯罪调查局。4个业务管理局即大中型企业税收管理局、薪金与投资税收管理局、自雇与小企业管理局、免税与政府部门税收管理局。

（三）混合型税源专业化管理模式

在按税种、税源类型进行税源专业化管理的同时，一些国家和地区还按功能设置机构对税源进行专业化管理。混合型税源专业化管理模式，就是按照上述两种模式进行税源的专业化管理。不同的是，有的混合型模式侧重于税种类型，有的混合型模式侧重于纳税人类型。现在有一种比较明显的趋势是，单纯的税源专业化管理模式越来越少，单纯的税源专业化管理模式逐渐向混合型税源专业化管理模式演变。英国就是典型的混合型税源专业化管理模式的代表。英国负责税收工作的机构包括国内收入局和国内消费局。两个部门的组织结构设置均为全功能混合型。即按税种、按功能和按纳税人类型混合的模式。日本、俄罗斯等国也是混合型税源专业化管理模式。

不同的税源专业化管理模式存在诸多共性，即合理设置适应专业化管理的组织机构；推行信息化管理和信息共享；对纳税人实行分类管理；强化对重点税源的管理监控；加强税收预测；高度重视纳税评估；注重开展专业、周到、形式多样的纳税服务；各国均采取重点审查，从严处罚的稽查制度。虽然中国的税收管理环境与其他国家比存在差异，但经济全球化带来税收管理环境趋同现象，因此，这些经验对建设中国的税源专业化管理体系有着一定的启示和借鉴意义。

三、广东地税系统构建税源专业化管理模式的探索

2004年以来，按照国家税务总局提出的科学化、专业化、精细化管理要求，广东地税系统全面实施税收管理员制度，开发了税收管理员工作平台和纳税评估软件，积极推进纳税评估工作，税源管理水平有了显著提高，但无所不包的全能型集权式税收管理员制度越来越不适应税源管理的要求。在这种管理模式下，由于没有真正意义上的专业化，也就难以做到科学化、精细化。为此，广东地税系统开始探索构建“以信息共享为基础，以分类管理为核心，以征管流程为导向，优化服务，强化评估”的专业化税源管理新模式，打破全能型集权式税收管理员制度格局，以专业化为抓手重构税源管理架构，在科学分工的基础上合理设置税收管理员岗位，理顺税收管理员职责，并在部分地区先行试点的基础上再全面推广。2008年5月，在珠海市香洲区地方税务局开始构建专业化税源管理新模式的试点探索。2009年印发《构建专业化税源管理新模式工作方案》（粤地税发〔2009〕90号），决定在全省逐步建立专业化税源管理新模式。具有广东地税特色的专业化税源管理新模式从2009年11月起在全省逐步推广。

（一）广东地税系统构建以纳税人类型为主的混合型税源专业化管理模式中出现的三种样态

1. 珠海香洲地税：外分离式税源专业化管理模式①。香洲区是珠海市的中心行政区和核心商业服务区。该局将区内税源划分为普通税源、重点税源和涉外税源，分别由城区分局、南湾分局、前山分局管理，对三类税源分别实施不同的分类和专业化管理。①对一般税源户和个体税源户实施“管事与管户相结合的专业化管理”，打破全能型管理员集权式分片管理、各税费统管的模式，设置户籍管理、催报催缴、涉税事项办理、评估监控和个体管理5个组别8类岗位，形成以户籍管理组为桥梁和纽带，各组别、岗位专业化分工、紧密合作、互相监督的完整、紧密的“税收管理产业链”。②对重点税源和涉外税源实施分行业与专业化管理相结合，强化重点税源监控，提升纳税服务水平。③突出纳税评估和纳税服务，实现管理、监控和服务“三位一体”。特别是将纳税服务贯穿于税收管理中，在实行分行业管理上，每个税收管理员只负责一个行业的管理，使税收管理员能专心研究、易于掌握行业的税收政策和办

① 外分离式税源专业化管理模式与内分离式税源专业化管理模式的区别，主要表现在税源管理机构的设置上。机构外分离是指不同规模的税源分别由不同的税源管理分局（局）管理。如重点税源管理分局（局）对重点税源实行跨区域集中式管理，一般税源管理分局（局）对非重点税源进行属地管理。机构内分离是指税源管理分局（局）全面负责重点税源、一般税源和小税源的管理，但在税源管理分局（局）内部设重点税源管理科（股、组）、一般税源管理科（股、组）、小税源管理管理科（股、组）。

事程序,以便为管户提供更到位的纳税服务。

2. 佛山禅城地税:内分离式税源专业化管理模式。针对辖区内税源管理的状况和发展形势,佛山市禅城区地方税务局实施机构内分离模式,重点构建按“抓大、控中、规范小”税源分类管理模式;建立纳税评估员制度,将评估职责单独设岗;按税源管理流程设置专业化工作岗位,将专项专类业务归拢;开发税源监控应用平台提供技术支持,构筑数据采集、分析预警、评估测算和考核监督四环节紧密衔接的动态税源监控网;创新八大征管手段,优化服务,力求发挥专业化税源分类管理的复式效应,全面提升税源管理的科学化、精细化水平。

3. 揭阳地税:建筑业、房地产业税源专业化管理。揭阳市地方税务局于 2005 年 1 月 1 日,制定《揭阳市转让(销售)房产税收管理实施办法》,对从事房地产开发销售的纳税人实行按开发项目建立专户征管档案制度。在市区房地产项目纳税评估工作成功的基础上,该局于 2007 年 12 月向揭阳市政府请示全程采集建安、房地产业的开发经营各环节涉税信息,得到政府的大力支持。该局依托信息化手段,将涉税信息导入“建安、房地产业税源控管系统”,基本构建起部门协作,全面采集建安、房地产项目开发经营各环节的涉税信息,依托信息化系统进行数据分析比对,有针对性地采取征管措施,全面强化“两业”税源控管的社会综合治税体系。

广东地税系统在部分地区的试点成效表明,专业化税源管理新模式能集中管理力量管好重点税源,确保税收收入持续稳定协调增长;能有效地解决全能型集权式管理税收管理员权力过大的问题;能有效地解决税收管理员管理事务多穷于应付的问题;能有效地解决不同素质的税收管理员工作适应性问题;能有效地提高税收遵从,防范税收风险;能有效地提高税收征管效率和征管质量。

(二)广东地税系统税源专业化管理模式的特征

广东地税系统在推进税源专业化管理过程中,创新方式方法,进行了三类试点。因试点还在进行中,存在很多不确定性因素,还会有较大变化。与国际上定型化、类型化的税源专业化管理模式相比,广东地税系统的税源专业化管理模式有其共性,也有其个性。

1. 广东地税税源专业化管理模式表现出的共性:①突出税收管理环节。在税收管理中,“征、管、查”3 个环节在不同时期的地位也有所不同,对不同环节的强调将致使管理资源的重新配置。广东地税系统对税源专业化管理模式的探索,就是突出强化税收管理环节措施的具体化。②强化税源管理的技术性分化。2004 年推行的新型税收管理员制度,在如何实现税源的基础性管理方面,走的依然是“全能型”(万能型)税收管理员的路子。广东地税系统实行的几种税源专业化管理模式,是对“全能型”新型税收管理员制度的修正和优化。修正和优化的最大特点是强化税源管理的技术性分化。这与国际上税源专业化管理的理念具有内在的一致性。③本质上属于以纳税人类型为主的混合型税源专业化管理模式。这是一种比以单纯税种为主的税源专业化管理模式更高级的形态。④大量运用现代税源管理方法和工具。积极借鉴发达国家和地区的现代税源管理方法和工具,在税源管理中运用纳税评估、风险管理、税收预警、大企业管理等措施和工具,提升税源的专业化管理水平。

2. 广东地税税源专业化管理模式的特殊性:①是一种新模式的雏形。广东地税系统总结出的模式(样态),还在不断地进行适应性调整和修正,但坚持了技术性分化的理念,从国际经验看,代表着税源专业化管理的发展方向。这也是国家税务总局认同、总结、宣传和推广广东地税系统税源专业化管理模式的重要原因。②广东地税系统税源专业化管理模式内生于广东地税系统税收管理的大环境。广东地税系统能够进行税源专业化管理探索,离不开广东大环境提供的条件,即企业交易的复杂化,全省性税收信息化平台(简称“大集中”工程)提供的重要支撑,“人才教育培训工程”为新模式提供了人才保障,各级党政部门提供了良好的外部环境。③与其他模式的交互存在性和竞合性。相比于北京、上海等经济发达城市,广东地税系统的税源专业化管理模式更具有复杂性、多样性、竞合性。

在一个国家或一个省份,如果税源专业化管理模式太多,反而会提高管理成本。从税收管理发展的规律看,只能在模式的多种样态中,存在一种样态推广,成为模式的核心范式。从国际上税源专业化管理的发展趋势判断,在很长一个时期内,以纳税人类型为主的混合型税源专业化管理模式将是中国税源专业化管理模式的发展方向。广东地税系统将继续探索,进一步对税源专业化管理模式定型化,并在丰富税收管理实践中为中国税源专业化管理新模式的形成提供更多经验支持。

(作者系广东省地方税务局副局长)

论科学组织税收收入的八大关系*

广东省地方税收研究会课题组

【内容摘要】 本文通过总结1994年以来中国税收工作的实践，运用科学发展观的理论，提出了处理好税收征收与经济发展、税收征收与税源培植、税收征收与财政需求、税收征收与税收服务、税收征收与税收环境、税收征收与税收成本、税收征收与税收政策、税收征收与征税人才科学组织税收的八大关系，以及解决税收征收工作的八个基本问题。

【关键词】 科学发展观　税收收入　八大关系

1994年分税制改革以来，中国税收收入高速增长，从1994年的5071亿元增加到2010年的77390亿元，16年间税收总额增长14倍，年均增速高达18.57%。总结16年的税收实践，最基本的经验是科学组织税收，即处理好税收征收与经济发展、税收征收与关注民生等八大关系，解决好打牢基础、关注民生等八个税收征收的基本问题。

一、打牢基础：处理好税收征收与经济发展的关系

经济是税收的源泉和基石。税收作为重要的经济杠杆，是影响经济社会发展的重要因素。

（一）经济决定税收，税收反作用于经济，两者相辅相成、相互促进

经济发展水平、经济结构和经济效益对税收收入起决定作用。一是经济发展水平决定税收收入规模。在税制基本不变的前提下，经济发展水平越高，可供税收分配的财力越丰富，税收收入规模便越大；反之则税收收入规模越小。以广东近年来的经济和税收情况为例，1995～2010年，经济总量从5933亿元增长到45473亿元，增长6.66倍。经济总量的迅速扩大，给税收分配扩大提供了巨大空间。1995～2010年，广东地税组织税收收入从208亿元增长到3256亿元，增长了14.6倍，年均增长20.14%。二是经济效益决定税收分配的深度。从理论上来说，税收是对国民经济中的剩余价值部分参与分配，经济效益越好，经济总量中的利润水平越高，税收参与分配的程度越深。三是经济结构决定税收结构。无论从产业结构还是行业结构方面均是如此。以广东为例，2004～2010年，广东一、二、三产业结构比例从6.5∶49.2∶44.3至5.0∶50.4∶44.6，广东地方税收结构也从0.2∶33.2∶66.6提升至0.1∶32.3∶67.6。随着产业结构和经济效益的显著提高，地方税负水平从3.50%提升到7.16%，平均税收弹性达到1.38。

同时，适度的税收收入既是经济持续发展的基本条件，又反作用于经济，在总量和结构上影响经济增长速度、效益和结构。一是适度的税收总量是政府和经济社会运行的基本保证，有利于拉动内需、扩大就业、营造良好的投资环境，确保经济社会持续、稳定、健康发展。二是税收影响经济、社会效益。税收分配参与企业利润分配，直接影响企业的经济效益。三是税收分配结构影响产业结构。税收通过政策引导，对不同行业设置轻重不同的税负，或给予有差别的税收优惠，引导企业不断调整生产方式和经营策略，影响经济产业结构。

---

* 本文原载于《广东经济》2012年第1期。广东省人大常务副主任钟阳胜批示："报告已阅。好。值得学习。希望以后有什么好报告都送我学习和研究"。广东省政府副秘书长李春洪长批示："《论科学组织税收收入的八大关系》我认真拜读了。我认为"八大关系"概括得很好，既有宏观层面的分析，也有税收征管领域相对微观的分析，是一篇有分析、有论据、有说服力的好文章"。广东省地税局党组书记、局长王南健10月18日批示："该报告比较全面地分析论述了科学组织税收收入需要处理好的若干基本关系，看似老生常谈，但其中不乏发人深思的观点"。11月8日批示："《论科学组织税收收入的八大关系》得到有关领导同志的重视和肯定，并提出指导意见，说明该文的分量，请研究会课题组的同志精益求精，再作修改，使该文成为能代表广东地税的引人注目的科研成果"。

（二）轻视税收的反作用是当前经济税收关系问题的突出表现

随着经济发展水平不断提高，税收收入持续多年高速增长成为中国经济运行中一个令人关注的问题。税收超经济高速增长的原因包括产业结构优化、征管手段创新等因素。要客观分析中国长时期税收超速增长这一现象，从中重点关注税收三大职能作用是否失衡。

一是较高的宏观税负水平对经济的负面反作用不可低估。税负水平直接影响经济主体的行为。过高的税负水平必然使得企业经营成本提高，投资减少，导致经济增长速度降低，经济效益下降，经济环境偏紧，对税基有长期性、根本性的影响。

二是税收对经济的调控、调节功能不到位。近年来，通过实施一系列的税制改革和重大税收政策调整，税收调控的范围不断拓展，调控的方式不断丰富，税收对经济的调控作用有所加强。但总的来说，税收对经济的反作用仍未得到充分重视，税收调控的目标缺乏长期性，三大职能作用缺乏统筹性，顾此失彼，时有偏失。中国当前宏观经济和社会发展所面临的经济增长依托方式失衡、城乡发展失衡、区域发展失衡、收入分配失衡、投资与消费增长失衡、国际收支失衡、利用外资结构失衡等方面问题，其形成的决定性、先导性因素虽不能归咎于税收，但是一些税收制度和税收管理体制的滞后为有效防范和化解这些失衡也带来了不同程度的负面影响，成为经济发展的制约因素之一。

（三）妥善处理两者关系，促进经济税收协调发展

妥善处理经济与税收的关系，是确保税收收入长期、稳定增长的前提，也是经济可持续发展的基本条件。税收收入水平只有适应经济发展水平，才有可靠的经济增长基础。税收收入增长过快，必然影响正常的国民收入比例关系，加重市场主体的负担，影响经济增长，最终制约税收收入持续增长；如果税收收入水平过低，增长太慢，会导致政府可用财力不足，影响政府宏观调控能力的有效发挥。因此，要深入研究并正确把握税收与经济的关系，进一步推动税制改革，完善税收政策，使税收收入增长建立在现实经济增长基础上，力求把税收收入弹性系数控制在合理区间。

同时，应充分发挥税收的经济杠杆调节作用。税收是财政的重要组成部分，政府对税收的驾驭和运用，对于经济健康发展起重要作用。政府通过发挥税收的调控职能，可以对转变经济增长方式、社会供需平衡、资源优化配置、产业结构调整起到积极的促进作用。

二、关注民生：处理好税收征收与税源培植的关系

税源是税收征收各环节的起点，是税收的生命，也是十分重要的民生问题。培植好税源有助于税收的持续稳定增长，利国利民。

（一）税源是税收征收的依托

税源是税收的经济来源。在国家财税政策一定的前提下，税收征收强度就在具体层面影响着税源培植。实现税收征收与税源培植良性互动，会对税源的发展壮大起到积极作用；恶性循环，则会限制税源发展，起到消极作用。一方面，经济税源决定税收收入。税源的丰裕程度决定税收收入规模，税收总量与经济总量具有高度的一致性。从较长时期看，税收增长必然随着经济增长波动，但经济增长波动和税收收入波动在时间上并不完全同步。另一方面，税收征收对税源具有调节作用。在经济规模一定的情况下，财税政策和征管能力决定实际的税收收入。税收制度的调整是影响经济税源变化的直接原因，而加强征管是税收调控作用的表现。因此，涵养税源的重要基准，就是按照税收政策依法征管，不折不扣地体现国家税收征管意图，通过税收杠杆作用，实现对各种经济税源的调节，促进民生发展。

（二）税源培植意识弱化、时有失衡

在实际工作中，对税收征收与税源培植的关系，仍存在一些认识和执行上的误区甚至明知故犯，不按经济税收规律办事，突出表现在：重税收计划下达，轻税源培植规划；重税收催缴，轻税源培植；重税收完成奖励，轻税源枯竭惩戒。

出现这些问题的原因是多方面的，其中财政因素较为突出。财政状况的优劣既是地区经济发展水平的反映，又是影响地区经济发展的重要因素。欠发达地区财政困难，客观上需要地方多收税，从而陷入财政越困难、地方征税就越多、企业税负就越重的不良循环之中。从体制方面看，由于中国目前经济体制仍处在转轨时期，中央与地方事权划分未完全明晰，地方党政对税收执法行政干预过强；税收管理仍相当程度沿袭了“基数加增长”的传统做法，使得税源分析的作用虚拟，效应不强。

正是这种体制惯性导致不同地区不同时期不同程度地存在“税法服从计划”的现象。税源宽裕时，

计划执行达到预期的时期或地区，往往实行人为调节，推迟征收；税源紧张时，计划执行达不到预期的时期或地区，则往往“竭泽而渔”，通过地方政府过度干预，寅吃卯粮，收过头税。若不考虑经济发展环境一味地加大征收力度，必然导致税源萎缩或枯竭，影响民生。

（三）涵养税源，促进税收与民生同步发展

组织税收收入、培植税源是税务机关的应尽之责，两者不可偏废。特别是在当前创新社会管理、构建和谐社会的新形势下，涵养税源是协调各阶层利益、改进民生的重要途径。

坚持依法治税，公平公正对待各种经济税源发展，坚持依法治税，是现代市场经济法治国家的必然要求。坚持依法治税，首要的就是给各种经济税源，包括国有经济、民营经济等发展提供一个合法、公平、公正的竞争平台，使各种经济主体对税源的发展环境充满信心，促使其全力以赴地运用自己的优势资源通过合法、正当的手段和渠道发展壮大。

切实落实各种税收优惠政策，充分发挥税收的调控职能作用。发挥税收调控职能作用是促进税源发展壮大持续、稳定增长的良策。2008 年世界金融危机期间，中国政府实施结构性减税政策。从表面上看，这似乎是“让利于民”，会减少税收收入，但实际上为企业提供了较为宽松的税收环境，不但帮助纳税人渡过难关，而且壮大了税源，整体税收不但没下降，反而保持了增长态势。

积极构建促进税收与税源和谐发展的税收规划核算体系。传统的税收计划模式已日益严重制约税源与税收的相互促进和协调发展。随着依法治税观念日益深入人心、税收信息化水平不断提高，应该进一步借鉴西方以征收率、征管质量、征管绩效等为核心的税收评价体系，以准确把握微观和宏观税源发展趋势为基础，构建基于信息化基础上的税收规划核算体系，从体制机制上理顺税收征收与税源培植的关系，正确把握税收征收的强度、力度与节奏，增强经济社会发展的后劲和动力。

三、统筹协调：处理好税收征收与财政需求的关系

税收是财政的主要来源，财政需求是税收增长的内在动力；税收征收应尽力满足财政的适度需求，财政需求要以客观的税源为基础。

（一）满足财政需求是税收征收的主要目的，税收征收是财政需求的基本保证

当今社会税收收入是财政收入的主要部分，接近九成的财政收入通过税收途径筹集。税收征收主要目的是为了满足政府财政需要，财政支出增加是税收增长的重要动因之一。只有在遵循经济发展规律的前提下提出合理的税收任务，才能保证税收征收合理有度，满足适度的财政需求。

新中国成立以来，对于财政收入（税收）和财政支出之间的关系，一直有“以收定支”和“以支定收”两种意见之争。二者之间既密切相关，又存在矛盾：一方面，财政需求是税收征收的目的和动力，税收征收是财政需求增长的前提和条件，相互联系紧密。另一方面，二者自身的规律性决定了相互间的矛盾，财政需求是在一定历史条件下政府为行使其政治、经济和社会职能而对财力的主观需求；而税收征收由经济发展水平、税制结构、征管水平等主客观因素综合决定，主客观之间难以保持一致，主观对客观判断的误差导致二者间的矛盾不可避免。

（二）财政需求过度可能损害税收征收正常秩序

分税制改革以来，随着地方财政分配比例的下降和地方经济建设对财力需求的增大，地方财力入不敷出的矛盾日益突出，“以支定收”确定的税收任务对税收增长的影响极大。以广东为例，1995 ~ 2010 年，经济年均增长率为 14.54%，而地方税收年均增长速度为 20.14%，高出前者 5.6 个百分点，这诚然有经济效益提高、产业结构升级的经济客观因素使然，但地方各级政府对税务机关下达较高的税收任务也是重要原因。一方面，这促使各级税务机关加强税收征管，提高税收管理水平，这是积极的一面。另一方面，其负面效应也很突出。从近年来审计部门对各级税务机关的审计报告看，少数欠发达地区为了完成税收任务，超前征收、混库等违规违法征收行为时有发生，这也是税收“被增长”的重要因素。

（三）平衡财政需求无度与税收征收有度的关系，制定合理的税收任务

经济发展有其自身的规律性。税收任务下达合理，既能满足政府财政需要，又能为企业提供较为适度、公平的经营环境，推动经济社会良性发展。

调整财政支出结构和重点，缓解财政需求压力。各级政府应大幅下调投资性支出比重，增加民生福利支出。当前，一些地方政府对于改善民生的支出投入不够、欠账太多，但为了政绩工程的需要，却积极投资于公路、市政等基础建设，甚至无效投资，导致财政需求的低效无限扩张。

财力适当向基层政府倾斜，降低地方政府对财力需求的冲动。造成税收增长冲动的重要原因之一就是地方政府特别是一些贫困地区的基层政府财力不足，硬性开支大，只能加大对税务机关的需求压力，人为地拔高税收收入任务指标，会造成竭泽而渔的恶性循环。因此，建议中央财力应适当向地方倾斜，为基层政府财政需求减轻压力。

强化预算约束，合理下达税收任务。现阶段税收计划管理有其合理性，一定程度上能强化税收征收管理，但要妥善处理财政需求与税收计划的关系。近期要优化税收计划下达与考核的外部环境，通过科学的经济税收预测分析与建议，完善管理机制，建立以税收征管质量为主的考核体系，抑制财政需求过度冲动。长远要完善财政预算体制，从根本上改变政绩考核与开放式财政需求的税收依赖，并确保预算的法律效力。

四、相互促进：处理好税收征收与税收服务的关系

税收服务贯穿于税收征收管理的全过程，优化税收服务是构建和谐征纳关系、提高纳税遵从度、促进税收征收的有效途径。

（一）税收服务是促进税收征收的有效途径

税收征收管理，是国家的一项重要职能，是政府的重要职责，而税务部门是负责税收征收管理的具体组织者和实施者，因此，收好税、管好税是税务部门为党和人民履行职责的过程。与此同时，税收的征收管理也是党和政府与纳税人沟通联系的桥梁之一。更进一步而言，税收服务是提升税收征收管理水平、保障税收任务完成的重要途径。行之有效的税收服务措施，有助于纳税人便捷准确地履行纳税义务，强化税收执法的保障和有效性，提高税收遵从度与依法纳税意识，从而实现与税收征收的相互促进。

（二）税收服务仍欠缺深层次、实质性突破

全国推进税收征管改革以来，各级税务部门按照新征管模式要求，通过建设办税服务厅、12366 热线、税收门户网站等，多种渠道多种方式积极优化税收服务，取得明显成效。但税收征管与税收服务之间仍存在着不少不协调之处。主要体现在：税务机关与纳税人的关系长期定位于执法和管理、打击与遵从的管理与被管理的模式，征纳双方的法律地位不平等；服务理念仍停留在精神文明和职业道德范畴，缺乏实质性突破；税收服务措施流于表面，以纳税人需求为导向的深层次的服务措施还相对较少，远不能适应新的税收工作形势发展的需要。

（三）积极完善以纳税人需求为导向的税收服务体系

适应当前加强和创新社会管理、构建和谐税收征纳关系的形势发展，税务机关需要从根本性的指导思想和工作理念上转变，由原来的管理型机关向管理服务型机关转变，从观念、职能以及制度上实现税收征收与服务的和谐统一，构建并逐步完善以纳税人合理需求为导向的纳税服务体系。

从思想上强化征收与服务并重的理念。税务机关应牢固树立纳税人主体观念，把工作的主导方向由以满足自身的征税管理需求为主转变为征税管理与服务纳税人的纳税需求并重。在税收制度的制订、管理流程的设置和纳税方式的提供等方面，尽可能以方便纳税人、尊重纳税人、服务纳税人为目标，在征收管理过程中充分体现尊重和维护纳税人权益。要将税收服务寓于税收征收和管理的全过程，充分认识到公正执法、落实政策是最好的纳税服务，做到在严格执法中完善管理，在完善管理中优化服务，实现执法、管理与服务的良性互动和最佳结合。

从制度上保障服务与征收同等的法律地位。税法是国家与纳税人依法征税、依法纳税的行为准则，其目的不仅是保证国家的财政收入，同时也保障国家利益和纳税人的合法权益，维护正常的税收秩序。从这个角度看，税收征收与税收服务之间处于同等地位。这种同等地位，需要通过制定或修改完善有关法律，在制度层面予以确认。

从职能上实现税收征收与服务的有机结合。应建立起科学的岗责体系以及快捷、方便、高质的税收服务体系，推行税收服务计划，加大税收宣传与辅导力度，进一步规范办税服务厅建设，开辟办税绿色通道，提供个性化服务。同时，最大限度地简化办税程序和手续，探索建立适合税收实情的办税流程，完善纳税评估等征管措施，努力提高税收征收的行政效能，以此实现税收征收与纳税服务的有机结合。

五、良性互动：处理好税收征收与税收环境的关系

良好的税收环境是税收征收的重要保障，而公平公正的税收征收是良好税收环境的核心内容。营造和谐的税收环境，需要多方努力，调动各方面积

极性。

(一)税收环境是税收征收的重要保障

税收环境是指影响或决定税收制度产生、运行及其成效的各种外部因素的总和。具体而言,税收环境包括公民和企业法人的纳税意识与遵从度、当前的社会经济状况、政府及各部门对税收的重视程度和配合情况、税负及当前税法执行情况等。

公平、高效的税收环境能维护税法的刚性,规范纳税人的纳税行为以及税务机关的征收管理行为,强化税收执法的权威性;和谐的税收环境能营造诚信纳税的良好氛围,能正确处理好各方面重大税收关系问题,实现税收与经济、与社会相协调,促进和谐征纳关系构建,调控经济发展,促进社会公平,使税收更加适应科学发展观的要求和最广大人民根本利益的要求。

(二)当前的税收环境还不理想、存在不少未解难题

虽然多年来税务部门依靠党政支持、部门协作在优化税收环境上作了积极努力,但总体上税收环境仍不理想,存在不少长期未解的发展难题,离发达国家法治化轨道运作仍有较大差距:税收政策的制订因缺乏长远的预判和充分的调研而稳定性不足,而许多现行的税收政策又未能适应变化而作相应的调整,令征收管理难度加大,税负不公平的矛盾比较突出,容易扩大征纳矛盾,增加和谐税收环境建设的难度。另外,中国的社会综合治税水平偏低,虽然已比较重视社会协税护税网络建设,但很少从立法的角度明确规定各协税护税单位的责任和义务。许多部门和单位往往因自身利益需要不愿意承担协税护税义务,致使协税护税网络难以完善,直接影响税收环境的建设。

(三)努力协调各方利益,营造和谐税收环境

首先,应建立制度,充分发挥政府部门及社会各界的作用,构建及完善综合治税网络体系,建立信息交换和共享制度,实现部门配合协作形式由人为协调到制度规范的转变,由单纯靠协商沟通向受责任义务关系约束的转变。其次,应切实维护纳税人的合法利益。要在强化税收征收管理服务、广泛开展宣传教育的同时,更要注重维护纳税人的合法权利,让纳税人真正感受到有付出就有回报。税收遵从思想、依法纳税意识在权利得到尊重和保护的前提下才能真正得到提高,并成为建立和谐税收环境的坚实基础。

六、创造条件:处理好税收征收与税收成本的关系

税收成本是税收征收的必要条件。创造必要的条件,争取以最少的成本取得最多的税收收入,是税收征收的一个基本价值取向。

(一)税收成本是税收征收的必要条件

税收成本是国家征税者与纳税者在税收征纳过程(始于税收政策的制订,终于税款的全额入库)中所付出的一切有形和无形的代价。衡量税收成本的指标体系主要有税收征收成本指标和税收纳税成本指标等。

税收征收要有适当的必要的税收成本。特别是在当前经济迅猛发展、信息技术日新月异的情况下,纳税人成倍增长,经营活动灵活多样,适度加大投入、优化成本结构,摒弃“人海战术”、积极推进税务信息化建设,是完全必要的。通过一段时间的高强度投入,最终降低征收成本,并为降低纳税成本创造条件。

(二)多种因素追高中国现阶段税收征收成本

就中国的税收征收成本而言,目前尚无权威、完整、系统的统计资料,但有相当部分学者曾进行过该方面的调查研究,总结出的突出问题是:与发达国家相比,中国的征税成本过高。从税收征收成本率来看,1994 年税制改革前为 3.12%,1996 年达到 4.73%。有关专家估计,目前大体维持在 5% ~ 8%。① 而西方发达国家税收征收成本率一般控制在1%左右,如美国为 0.58%、日本为 1.13%、新加坡为 0.95%、英国为 1.76%、澳大利亚为 1.07%。② 比较而言,中国的税收征收成本率远远高于世界发达国家的水平。虽然近年来中国大范围不断推进税制改革、征管改革和信息化建设,集中投入大、次数多,但仍然存在相当的不合理性。

造成中国税收征收成本畸高的主要原因在于:一方面,现行的税收管理体制、税制与税收政策仍不尽合理。税收管理体制方面,基于行政区划的多层结构,纵向层次过多、横向部门安排不灵活,增加了征收成本。税制与政策调整方面,设计上的主观性较大,连续性不强,变化过于频繁,对征管能力考虑

① 傅道忠:《税收成本及其控制探析》,《扬州大学税务学院学报》,2006 年第 2 期。

② 郭列民:《提高我国税收征管效率的思考》,《税务研究》,1999 年第 6 期。

过少，不可避免地导致征收成本的增加。另一方面，与发达国家相比，客观上中国的税收征管环境和能力仍有较大差距。法治环境尚未形成，金融体制改革滞后，税务机关与其他相关职能部门缺乏法定合作机制，靠税务部门"单打独斗"，都是征收成本高企的重要原因。同时，现阶段中国税务信息化建设不平衡，征管能力不足严重影响税收征收成本。

（三）加强税收成本控制，提高税收征收效能

一是进一步优化税收管理体制和税制调整机制。坚持"精简、高效"的原则，大胆打破多层结构，进一步按照经济区域推进税务机构设置的集约化、扁平化。推进国、地税工作的协调统一。可借鉴西方先进管理模式，以法定形式推进社会化协税护税管理体制，借助社会化网络加强涉税信息的共享以及税源的综合控管。同时，进一步简化和完善税制，优化税收政策调整机制，建立一个相对稳定和便于操作的税制模式。

二是大力推进税务信息化建设。应继续加大信息化投入，加快税收管理电子化、网络化步伐，建立"广覆盖、高集中度"计算机网络，扩大计算机系统与其他部门的联网范围，全面建设"电子税务局"，努力实现税收管理全过程的无纸化和集约化。提升征管效能，全面降低征纳双方的交易费用。

三是建立和完善税收成本核算制度。要牢固树立税收成本观念，尽快建立规范、系统、科学的税收成本核算制度和目标管理制度，并建立相应的奖惩机制，以努力实现税务资源的合理配置，提高税收工作效率。

七、明确依据：处理好税收征收与税收政策的关系

税收政策是税收征收的依据。深入分析税收政策与税收征收的关系，对于合理有效发挥税收职能作用，意义重大。

（一）税收政策是税收征收的依据

税收政策，就其最宽泛意义而言，是国家根据经济社会发展需要，在税收分配活动中选择确立的指导思想和原则，以及采取的行动或制定的行为准则，包括国家税收方针政策以及税收法律、法规、规章和规范性文件等。

正如前述，经济活动提供税收来源的基本潜力，财税政策和征管能力决定实际的税收收入。税收就是通过落实税收政策、加强税收征管实现的。税收政策是税收征收的依据，执行政策是税收征收的基础和前提。离开了税收政策，税收征收就是无据之事，税务机关就没有权，也没有力。税收征收是税收政策的落实过程，是税收政策的具体体现。

（二）税收政策价值有偏，传导失真，影响征收质效

随着中国经济社会的发展，当前税收政策制订与具体执行，都还存在一定问题。一方面，税收政策价值取向尚未到位。税收政策的核心问题是税收负担问题。1999～2008 年，中国 GDP 平均增速为 10.1%，财政收入则高达 20.2%。1996～2007 年，政府最终分配比率从 17.1% 提高到 24.1%，企业由 13.6% 提高到 18.4%，居民则由 69.3% 下降到 57.5%，与国际平均 70% 以上相比，已经降到了严重制约居民消费水平的最低点。① 在较长一段时间，政府组织收入的能力和速度，远远超过同期经济产出的增速与居民收入的增长速度。这反映出现行税收政策过多关注财政职能，而相对忽略经济调控职能。税收政策对"税收中性"原则的偏离，最终将影响税收征收质效。另一方面，税收政策效应分析机制不健全。税收政策之所以能起作用，是因为税收政策手段与税收政策目标之间存在内在的必然联系。目前实际执行环节中税收政策评估缺乏计划性、针对性，没有健全的税收政策评估体系，没有形成政策效应的反馈系统。税收政策预期效果如何，执行是否到位，很大程度上都以组织收入成果论"英雄"，而其中存在的问题，往往得不到系统反馈。此外，税收政策传导方式和手段有待改善，基础数据欠缺或多个口径，各个信息化应用系统缺乏整合，数据资源难以共享或统一比对，这些都容易导致税收政策的传导阻断或变形。

（三）积极促进税收征收与政策管理协调发展

面对当前中国宏观总体税负偏重、财政支出关注民生比重较低的现实，应以轻税负、保民生作为税制改革和税收政策调整的基本方向。一方面，明确并坚守税收政策的基本价值取向。"十二五"发展规划明确要求，积极构建有利于转变经济发展方式的财税体制。按照优化税制结构、公平税收负担、规范分配关系、完善税权配置的原则，健全税制体系，加强税收法制建设。适应这一要求，税收政策调整需要解决好以下问题：一是适度减轻国民税收负担，

① 数据来源：《财税改革专题》，《瞭望》，2011 年第 2 期。

实行有利于科学发展的财税制度，为纳税人创造一个有利于发展自主创新能力的发展环境；二是加强税制的弹性建设，发挥税收自动稳定器功能；三是增强现代税收征收能力，进一步实现轻税严管、民主理财的价值取向。另一方面，积极完善税收政策传导机制。健全税收政策需求调研启动制度，设立税收政策反馈触发机制；畅通信息反馈机制，确保客观评价税收政策；建立科学的税收政策评价体系，通过确立评价标准、规范数据口径和采集要求、健全评价方法等，不断提高政策评估质量；积极借鉴经济数学模型，尝试加强政策效应分析模型建设，确保准确评估政策效应，为税收政策的完善特别是价值目标的实现提供客观、真实的征管依据。

八、抓住关键：处理好税收征收与征税人才的关系

近年来，税务人才管理在中国税务部门得到越来越多的关注，税务人才对推动税务工作发展，提升税务部门整体绩效水平起到非常关键的作用。

（一）税收人才是做好税收征收工作的关键

一方面，人才是决定税收征收的基础动力。社会经济的不断发展，税收事业的发展，对税务人员的素质要求越来越高。引进和用好各类人才，发挥他们的聪明才智，调动其积极性和创造性，直接影响税收征收工作的效能。优秀的税务干部是税收征收工作，包括政策制订、纳税评估、税收执法、日常征管等活的灵魂。实践证明，高素质的人才可以缓解工作手段落后、经费不足、干部绝对数量不足等一系列制约税收征收工作正常开展的瓶颈问题，为税收事业提供强大的智力支持。另一方面，税收征收为培养税收人才提供平台和发展的空间，从而吸引、凝聚和造就更多的人才。

（二）税收人才培养使用未能满足税收征收的需求

具体表现为：人才在现代税收征收工作中的地位和作用未被充分认识，对人才的招录、培养和使用思想上不够重视、措施上不够落实、使用上不够得当。人才队伍结构不尽合理，人才队伍整体综合素质不够高，领导管理人才、特殊业务人才及复合型人才明显不足。人才管理模式比较简单，缺少分类管理，对人才的评价标准过于统一，忽略税收征收工作的层次和类型。尚未建立起促进优秀人才脱颖而出的激励机制，税收人才动力不足。

（三）健全机制、拓宽渠道，全方位加强税收人才队伍建设

首先，以科学发展观规划税收人才的培养利用。要按照不同目标所需要的人才种类、层次，对不同基础、特长和发展方向的干部进行培育。以现有人才的能力提升作为主要方向，围绕解决税收征收的实际问题、提高工作创新能力及税收执法水平，积极探索和建立适应市场经济发展要求及科学发展观的税务人才培养新路子。其次，探索建立激励税收人才机制。制定与人才发展特点相适应的激励机制，准确评价税收人才对税收征收工作的贡献，给予相应的政治、精神、物质特遇，形成有利于税收人才成长的科学导向，鼓励税收人才为税收征收事业发挥聪明才智，推动税收事业的不断发展。第三，积极拓宽税收人才素质提升渠道。对于不同层次、不同职位的税收干部，培训措施和方式也要有所不同，满足税收征收事业的各方面需求。对于一般性税收岗位干部，要以各级培训中心为基地，以长短结合、脱产非脱产结合的各类培训班为载体，力求通过培训使绝大多数干部都能得到较系统的有效培训；对于特殊业务型人才和综合管理型人才，在定期进行更新知识培训的同时，要注重提高理论水平、实践能力和综合管理能力。

参考文献：

[1] 广东省地方税收研究会课题组．经济波动发展和税收平稳增长研究[J]．税务研究，2011(1)．

[2] 王乔，龚志坚．从税收征纳交易费用看税收征管制度改革[J]．税务研究，2010(6)．

[3] 安毅．我国中长期税制改革研究[J]．税务研究，2010(10)．

[4] 税收政策传导机制研究．中国税收政策前沿问题研究(第三辑)．中国税务出版社，2006.

（课题组组长：鲁兰桂
课题组副组长：王永民　龚学泉
李殿相　钟文锋
课题组成员：曾玉勤　徐清祥
李瑞贤　陈壮练）

广东地税系统推行绩效管理可行性分析调研报告*

广东省地税局绩效管理专题调研组

【编者按】 2011年5月初，省局党组书记、局长王南健同志在佛山禅城地税上报的目标绩效管理经验材料上作出重要批示，要求省局科研所组织力量调研和论证在全省地税系统推行绩效管理的必要性和可行性。经过深入调研，调研组向党组提交了《广东地税系统推行绩效管理可行性分析调研报告》。该报告在介绍绩效管理原理的基础上，重点比较了禅城地税目标绩效管理模式与国际通行做法、顺德地税绩效管理模式、南通地税绩效管理模式的异同，深入分析了我省地税系统推行绩效管理的必要性和可行性，着重强调了在推行绩效管理过程中需要注意的几大问题，并提出了有关建议。王南健同志在报告上作出重要批示，认为这是一份值得一读的调研报告，对于深化、优化我省地税系统的管理颇有启发。

2011年5月初，省局党组书记、局长王南健同志在佛山市禅城地税提交的《禅城区构建目标绩效管理新体系调研报告》上作出重要批示，要求省局科研所组织力量对禅城区目标绩效管理新体系进行总结论证，研究在全省地税系统推广的必要性和可行性。省局党组成员、副局长揭晔同志随即召集科研所负责人研究落实王南健同志批示，并在第一时间牵头成立了省局绩效管理专题调研组，先后赴禅城地税、顺德地税、珠海地税、广州地税、云浮地税和江苏南通地税6个单位开展实地调研，并在广州、珠海、汕头、佛山等11个市的地税干部职工中进行了问卷调查，收回有效问卷1644份。在深入分析禅城区局绩效管理实践的基础上，充分吸收发达国家政府绩效管理的通行做法，借鉴南通地税、顺德地税等单位的经验启示，结合广东地税实际，调研组认为，广东省地税系统基本具备实施绩效管理的条件，建议以禅城地税的绩效管理模式为蓝本，在试点的基础上逐步在全省地税系统推广绩效管理。现报告如下：

一、绩效管理的原理及禅城地税目标绩效管理新模式的主要做法与成效

绩效管理是指为实现组织战略，利用绩效信息协助设定统一的绩效目标，进行资源配置与优先顺序安排，通过持续开放的沟通过程，以激励员工业绩持续改进，最终实现组织战略和目标的一种管理活动。公共部门绩效管理的核心理念是追求法律框架下的有效执行，通过绩效循环（每一个绩效循环包括绩效标准设定—绩效观察—评估或诊断—绩效面谈—绩效改进五个环节），强调现代行政管理应坚持的经济、效率、效益和公正原则。绩效管理始于20世纪初，随着新公共管理运动的兴起而流行于英美等发达国家。一些发展中国家政府部门亦随之引入这一现代管理方法和工具。

中国公共部门对绩效管理的普遍关注在20世纪90年代中后期之后，主要以目标责任制、效能监察、行风评议等绩效评估形式出现。现在整体上还处于起步阶段。在全国税务系统，南通地税早在2001年就开始系统探索并推行绩效管理，到2009年成功开发出电子绩效管理系统，为中国税务部门实施绩效管理积累了丰富的经验。

佛山市禅城地税从2009年以来，在总结多年使用执法责任制、效能监察等平台经验的基础上，开拓创新，引入现代管理新理念，有效整合各项管理改革成果，初步形成了“目标明确、职责分明、运转规范、

* 广东省地税局党组书记、局长王南健在2011年7月8日对报告作了重要批示：“这是一份值得一读的调研报告，它对于如何深化、优化我省地税系统的管理颇有启发。印发局党组成员阅，拟召开局党组会研究所提建议”。

控管有力”的目标绩效管理新模式。其主要做法是：

（一）创建了比较完备的绩效管理体系

在广泛征求意见和问卷调查的基础上，出台了机关科室和基层单位的部门目标绩效管理办法、实施细则、工作人员绩效管理办法和个人岗责说明书。确立了8大类100多项的部门绩效指标和近2000条的个人绩效指标。指标体系涵盖了税收工作的各个方面，涉及各个部门和各级干部职工。实现了“硬指标”与“软指标”相结合、内部评价与外部评价相结合，领导评议、集体评议、基层评议相结合。

（二）建立了比较科学合理的绩效目标确立机制

强调全员参与作用，充分发挥绩效目标双向沟通机制，及时准确把握不同时期基层税收工作的执行标准，有效地将区局的战略目标科学分解，转换为各部门和个人的分目标，借助绩效目标反馈机制，最终形成上下协调统一的工作标杆，进而不断提升效能考核指标与日常税收工作执行标准的适应性。

（三）注重绩效管理的全过程控制

注重绩效管理的全过程覆盖，强调绩效辅导、绩效预警、绩效评价和反馈、绩效诊断和提升、绩效建档等各个环节的全方位控管，将探索推行过程管理和风险管理作为改革的核心任务。在目标确定后开展持续监控，对潜在影响因素进行准确评估和识别，大力推行管理预警，及时调整管理措施，切实防范执法风险，确保各项工作在预定的绩效目标轨道上顺利前行，从而形成良性的管理循环。

（四）着力构建与能级管理相容的激励机制

探索出一套以能级管理为导向的激励机制，将激励和职业生涯规划相结合，借助绩效评价，把部门和个人绩效成绩与资金、晋升、评优等相挂钩，对干部职工给予差别化的收入待遇、晋升机会和荣誉授予，逐步探索建立能级管理体系和职业生涯管理制度，形成“能级能上能下、待遇能升能降”的阶梯型人才培养动态发展机制，促进个人追求和组织价值同步提升。

（五）积极开发高度信息化的绩效管理系统

成功开发目标绩效管理应用平台，通过分步对“大集中”征管系统、税收管理员平台等数据资源进行梳理和整合，形成目标绩效管理应用系统。平台可实现自动下达绩效管理任务、分解目标任务、跟踪完成情况、发送督导预警信息和统计考核成绩等功能，最大限度地减少人为因素的影响。借助管理平台的绩效排名公示，达到无形鞭策、改进绩效的目的。

禅城区地税在推行目标绩效管理新模式上走过了摸索、试点、基层运行、全面推广四个阶段，积累了许多宝贵经验，取得了阶段性成效。一是征管质量和效率得到有效提升。累计组织5期绩效管理跟踪，协助各部门及时排查和解决80多个风险点，申报率、税收预测准确率、注销企业清算率、办税时间、平台任务完成情况等指标得到全面提升。二是税收执法行为得到有效规范。通过合理设置岗责、优化业务流程，把相对集中的税收执法权进行了合理分解，形成机构间、环节间的密切配合、相互监督的工作机制，促进了执法责任制的落实。2011年1～5月发生税收执法过错行为同比减少41.2%。三是干部职工的工作积极性得到有效激发。以工作绩效为导向的激励引导机制，使干部由以往的“等事做”转变为“抢事做”，由以往的“完成任务型”转变为“关注质量型”，营造了自我加压、比学赶超的良好工作氛围，提高了工作效率。四是绩效管理信息化水平得到权威部门肯定。成功开发的目标绩效管理平台，顺利通过科学技术成果鉴定，被认为达到国内同类领先水平，正积极申报佛山市科学技术奖。

与国际上通行的做法相比，禅城地税探索推行的目标绩效管理新模式，符合绩效管理的基本理念、方法和要求（见附件1和附件2）；与顺德地税的绩效管理相比，禅城地税的目标绩效管理新模式做到了全覆盖，而“顺德模式”仅覆盖协税员，其适用范围有限（见附件3）；与南通地税推行的绩效管理相比，禅城地税的目标绩效管理新模式与南通地税的思路基本相同（见附件4），都坚持做到考核指标全覆盖，坚持充分利用现代信息技术的支持，坚持沿着绩效考核—绩效管理—绩效文化方向发展，把绩效管理逐渐上升为新的组织文化，是一次比较全面而彻底的管理绩效化改革实践。但“禅城模式”的自动化考核程度高于“南通模式”，特别是在对部门的考核上，“禅城模式”基本做到了自动化的软指标的硬考核，更显科学合理，而“南通模式”对部门的考核还以手工操作为主。

二、广东地税系统推行绩效管理的必要性分析

（一）推行绩效管理是地税部门践行科学发展观的客观需要

党的十七大对转变政府职能、开展绩效评估、推行行政问责制等提出了明确要求。十七届二中全会

通过的《关于深化行政管理体制改革的意见》指出，要"推行政府绩效管理和行政问责制度，建立科学合理的政府绩效评估指标体系和评估机制"。在2008年2月中共中央政治局第四次集体学习会上，胡锦涛总书记强调："要优化政府组织结构，加强公共服务部门建设，推进以公共服务为主要内容的政府绩效评估和行政问责制度。"温家宝总理在第十一届全国人大第一次会议上所作的《政府工作报告》中提出，要"推行政府绩效管理制度"。国家"十二五"规划提出，要"完善政府绩效评估制度，提高政府公信力"。在此背景下，广东省地税系统必须按照科学发展观的内在要求，适应地税工作新形势，顺应服务对象新需求，满足社会新期待，坚持绩效导向，坚持科学规范，坚持统筹规划，结合广东地税实际稳步推进，充分发挥绩效管理的导向、激励和约束作用，不断提高服务科学发展的能力。

（二）推行绩效管理是完成地税组织使命和发展战略的迫切需要

实现管理现代化是国家和地方对税务组织战略发展的总体要求，结合广东地税实际，省局在"十二五"规划中确立了打造法治型、数字型、和谐型、幸福型四型地税的战略目标，这一目标使命实现必然要求加速推进税务管理现代化。绩效管理作为行政管理制度创新和有效管理的工具成为最佳选择之一（见表1）。推行面向组织使命和组织战略目标的绩效管理模式，不但正确引导部门和个人从组织使命和发展战略层面明确绩效改进的切入点，促进组织整体绩效的提升，还有效克服了传统模式下考核目的不明确、考核过程形式化、考核方法简单化、考核指标模糊化、考核结果趋同化等弊端。

表1 **传统考核与绩效管理的区别**

比较项	传统考核	绩效管理
出发点	一维：注重员工过去做什么	三维：注重员工的过去、现在、将来
关注点	最终结果，关注问题，扣分为主	过程为主，肯定成绩，正面激励
实现效果	评分或等级评定	主要是诊断，其次才是评分
互动方式	由上而下单向沟通，心态封闭	注重绩效沟通反馈，开放心态、双向沟通

（三）推行绩效管理是优化整合现有资源和实现管理升级的必然需要

近年来，广东地税始终坚持科技创新和管理改革，税务管理信息化取得了长足进步。但随着管理改革的不断深入，系统分割、过于复杂、标准不一、适应性差等问题愈发突出。问卷调查显示，59.4%的调查对象认为在新的形势下"很有必要"或"有必要"开发一套新的综合考评管理系统，整合现行的执行监督考核系统和惩防系统等，以减轻基层税务干部的负担。优化整合信息资源、简化管理流程、统一管理标准，实现资源共建共享，已成为当前最为紧迫而重要的任务。而绩效管理注重过程管理和结果管理有机结合的特性，将有效诊断信息资源整合和管理升级中的关键问题，借助沟通辅导、绩效改进、绩效激励等在内的系统性循环过程，有效保障组织战略目标——全省一个电子税务局的实现。

（四）推行绩效管理是激发广大干部职工干事创业热情的现实需要

结合组织战略目标需要，科学分解确定个体目标，让员工工作有劲头，有方向；借助绩效诊断、绩效激励等环节，促进个体发现问题、寻找差距、强化学习、发掘潜能，营造出"争优创先、干事创业"的良好工作氛围，使个人的充分发展与地税系统的健康运行结合起来。调查表明，禅城区局接近70%的干部职工认为绩效管理有利于促进个人发展、有利于改进工作；而近五成受访者认为传统考评管理模式的考核结果与个人晋升、培训机会、评优关联不强的现实说明，目前实行的传统考核管理认可度低、改进空间较大，而推行目标绩效管理模式能够更好地将管理工作与个人发展结合，有效地激发广大干部职工干事创业的热情。南通地税面对公务员津（补）贴改革逐步到位，以经济手段为主体的激励功能日趋弱化情况下，创新了目标激励、评价激励、知识激励、岗位激励、关爱激励、负面激励等激励手段，取得了整个干部精神面貌改变和创业热情激发的良好成效。

三、广东地税推行绩效管理的可行性

各地实践以及调研表明，在广东地税推行绩效管理基本上具有可行性。其可行性建立在以下“四大基础”上：

（一）思想基础：人心所向，认识趋同

在广东地税系统推行绩效管理具有坚实的思想基础。一是绩效管理思想的传播越来越广泛深入。借助新公共管理运动，绩效管理的理论已经成熟，并写进了教科书，包括中国在内的在公共部门工作的公务人员都不同程度接触或学习过绩效管理理论。二是公众对政府部门的行政体制改革寄予厚望。从社会大环境看，中国的公共部门绩效管理虽然起步较晚，但是政府部门进行效能建设，提高行政效率，提升服务的满意度，已经成为建设服务型政府的必然要求。公众对公共服务的要求也越来越高，希望政府部门降低行政成本，提升行政效率。公共部门绩效改革已经成为民心所向。三是法治型效能型地税建设深入人心。从内部管理来看，绩效管理的观念逐渐深入人心，广东地税干部职工对于从“权力型地税”向“责任型地税”转变、从“控制型地税”向“服务型地税”转变已逐渐形成共识。问卷调查表明，广大干部职工反对流于形式的传统考核方式，已经意识到建立现代的绩效管理模式是地税发展的内在需求。

（二）实践基础：探索积极，经验形成

近年来，广东地税各市局、区局和分局在不同层面上开展了精细化管理、目标管理、能级管理与效能建设的探索，在激励措施与考核指标的设置方面积累了宝贵的经验，不少地方积累了可资使用的基础数据，这为进一步推行目标绩效管理新模式打下了坚实的实践基础。省局要求在全省推行的执法责任考核制和税管员平台，把税收执法人员的日常管理纳入了绩效管理的轨道。佛山市禅城区地方税务局从2009年开始酝酿推行目标绩效管理新模式。2010年5月该局开始在下属南庄税务分局进行目标绩效管理的改革试点，2010年9月该管理模式向该局基层试运行，2011年第一季度该管理模式进一步向该局基层和机关全面推行。顺德地税局对协税员队伍实施了多年的能级管理。珠海市地方税务局对稽查队伍进行能级管理，促进了稽查队伍的工作积极性。云浮市地方税务局积极探索绩效考核方法，将考核结果公示，促进考核的公平。南通地税推行的绩效管理，提供了可比性强的可资借鉴的资源。这些地方的积极探索与实践，为全面实施绩效管理提供了宝贵的经验。

（三）技术基础：系统已建，方法成熟

全省地税系统推行绩效管理具备了基本的技术条件。一方面，有大集中平台的强有力支撑。从广东地税已有信息系统来看，已经拥有了大集中平台、税收管理员平台、执法监督考核系统、惩防体系和效能监察等较完善的系统，许多工作环节已纳入信息化管理体系中，有利于开展绩效管理的数据提取、绩效预警、绩效评价和反馈、绩效诊断、绩效辅导等工作。另一方面，有现代管理方法和工具的强有力支撑。从进行绩效管理的方法来看，目标管理（MBO）、关键成功因素法（CSF）、关键绩效指标法（KPI）、平衡计分卡（BSC）、层次分析法、模糊综合评估等方法，在很大程度上解决了评估的精确性要求与绩效本身非精确性之间的矛盾，已经能够为税务部门绩效管理提供有效的分析工具，为税务部门绩效管理的开展提供了广阔的运用空间。绩效管理的技术与方法的不断成熟，使广东地税能够在借鉴西方国家政府绩效管理经验的基础上，立足广东省经济社会发展的现实情况，构建较为科学、合理的地税系统绩效管理指标体系。

（四）制度基础：岗位明晰，机制初建

经过多年的管理实践，广东地税系统已经形成一套现代化的、较为科学完善的岗位说明书，且员工对岗位说明书的科学合理性有较高认同。问卷调查表明高达72.72%的人认为本单位有非常科学合理或比较科学合理的岗位说明书，只有8.18%的人认为岗位说明书不太合理，不到1%的人认为岗位说明书非常不合理。尽管地税系统各岗位系列的工作有差异，但具备较为科学完善的岗位说明书，对于进一步做好工作分析，优化岗位设置，制定和完善各岗位的绩效评价指标奠定了良好的基础。同时，考核机制也基本建立。广东地税系统对公务员的考核，以《公务员法》和《公务员考核规定》、《税收征收管理法》为依据，制定了《税收执法责任制考核评议办法（试行）》、《税收执法过错责任追究办法》等一系列配套制度，按照管理权限，坚持客观公正、民主公开和注重工作实绩的原则，实行领导与群众、定性与定量、平时与定期考核相结合的方法全面考核公务员的德、能、勤、绩、廉五个方面。这为在全省范围内推行绩效管理打下了坚实的制度基础。

四、广东地税推行绩效管理需要解决的几个关键问题

广东地税推行绩效管理，调研组认为要注意以下问题并针对问题提出相关建议：

（一）针对存在的认识误区，建议强调领导的作

用,加强刚性考核要求

广大地税干部对工作有强烈的事业心和责任感,但不少干部职工对绩效管理存在"三大认识误区",与南通地税在推行绩效管理初期碰到的问题相似。一是对通过目标绩效管理提升地税部门形象的紧迫性缺乏深刻认识。二是部分干部职工甚至对目标绩效管理存在误解,将目标绩效管理等同于简单的检查考核和"扣钱扣分",没有认识到目标绩效管理的根本目的不在于考核与监督,而是为了提高工作绩效和提升执行力。三是部分领导没有认识到在管理过程中帮助下属改进绩效是其重要职责。

有鉴于此,需要采用四大措施应对。一是发挥领导的作用。借鉴发达国家和南通地税、禅城地税经验,在推行绩效管理改革初期,首先统一领导层的认识,强调领导的积极参与支持,带动全体干部认同绩效管理理念。二是制定刚性的考核要求。在推行阶段,通过刚性考核,逐渐改变税务干部的思维定式和行为习惯。三是加大培训力度。结合禅城的目标绩效管理新模式,对全省税务干部进行一轮目标绩效管理理论与实务的宣讲,让干部职工认识到地税部门推行目标绩效管理是要谋求管理上的共振,绩效上的提升,实现组织与个人的双赢。四是开展绩效沟通。在绩效沟通中确立共同愿景、制定绩效目标、铸造价值认同,从而最大限度减少干部的抵触心理。

(二)针对各地管理存在的差异,建议采用渐进的方法,先试点后推广

总体而言,广东各个地方税务局管理水平与信息化管理存在差异。一是珠三角地区的管理基础相对较好。以岗位说明书为例,珠三角地区只有12.02%的税务人员指出本单位没有岗位说明书,而粤北、粤西、粤东的这一比例分别为17.28%、20.8%、24.89%。认为岗位说明书不太合理和很不合理的比例,珠三角、粤北、粤西、粤东分别为7.81%、6.79%、12.54%和9.33%。认为有非常科学合理与比较科学合理的岗位说明书的比例,珠三角、粤北、粤西、粤东分别为80.16%、75.93%、66.66%和65.78%。二是珠三角地区地税的信息化基础相对较好。调研中发现,部分非珠三角地区地税局考核还主要依靠人工操作。

推行绩效管理要有一定的管理基础,要解决绩效指标数据的收集、绩效指标的设定、绩效考核结果与原因的科学分析、绩效反馈、绩效辅导与改进、信息化技术的应用等关键问题。由于广东省地税各地区的管理水平和管理基础参差不齐,因而在推行绩效管理应该采用渐进的方法。通过先试点后推广的方式不断积累经验,夯实基础,不能采取一步到位的方式。可以考虑选择一个在珠三角地区管理基础较好的市局试点,同时选择1~2个非珠三角地区的区局试点。在试点的基础上,比较在省一级层面考核,还是在市一级层面考核的模式选择。

(三)针对岗责设置匹配问题,建议增强岗责匹配度,提高工作目标分解合理性

岗位设置的合理化与工作目标分解的合理化是推行绩效管理的前提。目前的岗责设置还存在一些不合理之处,岗责设置还有优化空间,主要表现在:一是存在一人多岗现象;二是岗责匹配度不高。问卷调查显示,42.9%受调查对象担心绩效管理不能体现公平。这两个问题是影响推行绩效管理排第二位和第四位的关键因素。岗位设置与工作目标的分解在一定程度上是一体两面的关系,如果将这两个问题合并起来作为一个关键因素,它在关键因素中的排名将超过奖惩制度合理化的排名,而上升到第一位(见图1)。

因此要合理设置岗责,科学分解工作目标。一是进一步优化工作流程。利用基础数据或聘请人力资源管理专家做好工作分析,优化工作流程,科学设置工作岗位。二是科学设置绩效指标。解决好在工作难度、工作强度和可量化程度不一样的情况下,如何合理测量与考核工作品质与工作数量的问题,避免多做多错多扣分、鞭打快牛的现象。公平处理不同职务层次、不同岗位系列人员的考核,使考核标准获得干部职工的普遍认同。三是干部职工参与绩效指标设定。尽可能让基层员工参与考核指标的制定工作。通过员工参与,增强其对绩效管理制度的认同感。

(四)针对有效激励不足,建议采用合理的奖惩机制,提高绩效管理的针对性

有效激励不足问题是公务员管理中的世界性难题,在广东地税同样存在。一是公务员考核结果等级少。现只设优秀、称职、不称职三个等级,没有拉开等级之间的差距,考核激励作用得不到应有的发挥。二是对绩效考核结果应用的重视程度不够。没有针对公务员在考核中发现的问题制定个人发展和培训计划,也没有将考核结果与薪金调整、职务调整、选拔培训挂钩,致使考核流于形式,没有对干部职工和组织产生实质性的作用。

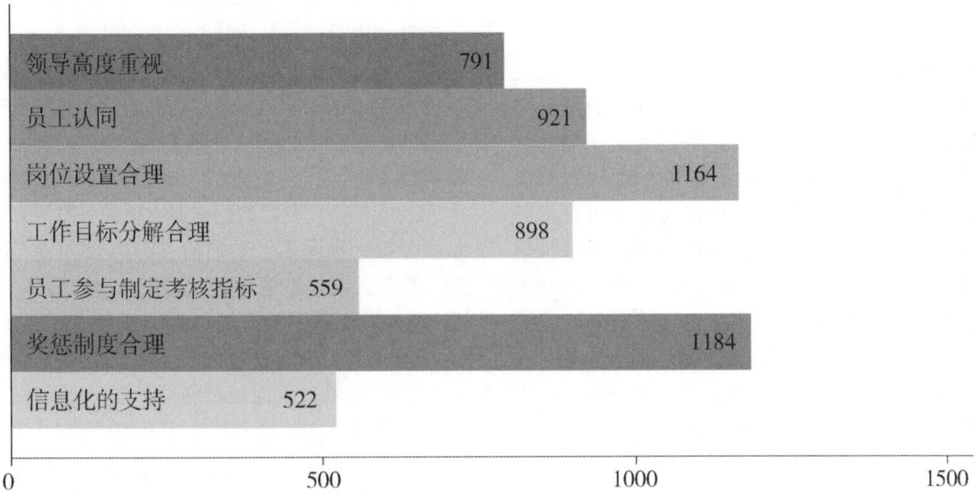

图1　影响推行绩效管理的关键因素

需要制定合理的奖惩制度,并尽可能根据地税干部职工的内在差异选择有效的激励手段。在公务员津(补)贴逐步规范的情况下:一是将地税干部的个人绩效与其培训及发展计划相挂钩。通过绩效考核,可以知道被考核者哪些地方做得好,哪些地方做得不好,可以了解到被考核者的能力状况和发展潜力,从而根据组织和被考核者当前的状况制定出有针对性的各种公务员培训及发展计划,即根据公务员有待发展提高的方面所制定的一定时期内完成的有关工作绩效和工作能力改进和提高的系统计划。二是将地税干部的个人绩效与其职务与职位调整相挂钩。通过对绩效考核结果的分析,可以判断被考核者是否符合某职务和某职位对其素质和能力的要求,组织可以及时给予适当的调整和改变,最大限度地发挥公务员的潜能,使得人适其岗,以保证整个组织的高绩效运行。三是绩效管理与地税干部个人的荣誉激励挂钩。对高绩效的地税干部,优先获得评选优秀、各类模范的资格。

附件:1. 美国和英国政府绩效管理情况
2. 佛山禅城区局积极构建目标绩效管理新体系
3. 顺德地税绩效管理情况
4. 南通地税构建现代绩效管理体系的创新
5. 地税系统内部管理调查问卷

(专题调研组人员:
组　　长:揭　晔
成　　员:钟文锋　何亦名
向　景　陈壮练
刘中虎　周　鹏
李兴蕊　胡　斌
执　　笔:何亦名(广东金融学院)
刘中虎　周　鹏)

附件1

美国和英国政府绩效管理情况

广东省地税局绩效管理专题调研组

绩效管理是发达国家普遍采用的一项政府改革举措,近年来在中国公共行政中越来越受到广泛关注。绩效型和服务型政府将成为中国各级地方政府行政改革的基本价值取向。英美国家政府绩效管理的发展与成功经验将为中国政府部门的行政改革提供借鉴。

一、美国政府的绩效管理实践

从20世纪70年代起，美国政府开始进行公共服务绩效管理，这场改革体现了四个特点：一是高层领导重视与推动；二是实行渐进主义；三是通过国会立法途径；四是绩效管理改革与其他方面的改革措施相结合。通过绩效管理，美国政府能运用较科学的方法、标准和程序对各部门的业绩、成就和实际工作做出尽可能准确的评价，并在此基础上采取有效措施对其绩效进行改善和提高。

美国绩效管理是由相互联系的三大环节所构成的动态过程：一是确定使命和所期望的结果；二是设计绩效测度和制订年度绩效计划；三是绩效评估、报告和利用相关信息来改善政府绩效。

（一）绩效战略规划

按照美国的《政府绩效与结果法》，战略规划须有四个要素：系统的使命陈述、目标体系的确定、手段与策略表述、外部因素和内部风险分析。

在绩效管理中，战略规划的第一个要素是确定使命。使命指组织担负的历史责任或追求实现的终极目标，它是组织存在的根本理由。例如美国空军《20年战略规划》中的使命陈述是“通过对天空和外空的控制和探索来保卫美国”。战略规划的第二个要素是目标体系的确定。首先是目标的层级体系，实践中一般分为三个层次：战略目标、总目标、绩效目标。战略规划的第三个要素是“手段和策略描述”。按照预算和管理办公室的说法，策略指“项目、政策、管理等方面的重大革新创意”。手段可以简单理解为“所掌握的资源，包括财政、人力、信息等资源”。手段和策略描述的核心是“调协”，即根据目标实现的需要进行策略创新并合理利用资源，从而确保目标的实现。调协包括策略和目标的调协以及手段和目标的调协。第四个要素是外部因素和风险分析。外部因素描述的内容有三项：确认并界定各个关键因素；说明因素和目标之间的内在联系；描述特定目标怎样受到这些因素的制约和影响。在年度绩效计划中，这些都得到进一步的细化。对于内部风险分析，除了上述三方面的要求外，还要说明化解内部风险的具体措施。原因主要是因为内部风险是组织可以控制的因素。

（二）年度绩效计划

年度绩效计划的一些要素跟战略规划阶段相同，都要有目标体系，都要有外部因素和风险分析，都要有策略和手段描述，但要求的具体性不一样。

第一要素是目标体系的确立和目标分解。年度绩效计划中目标的具体化相应有两种方式：一是将跨年度目标具体化为年度目标，二是年度目标要设立相应的测度体系。第二要素是跨部门合作机制的确立。包括跨部门关系的确认、明确领导协调机制、信息共享机制、跨部门合作的激励机制。第三要素是信息核实和效度确认。包括数据来源方面的信息、提高绩效信息完整性和可靠性的措施、信息和数据局限性说明。第四要素是绩效协议。需要强调的第一个理念是“以共识为基础”，强调绩效协议是平等协商的结果，就是讨价还价是可以的；第二个理念是契约精神。

（三）绩效报告与信息利用

绩效报告与信息利用主要包括三方面，即绩效状况的监测和反馈；年度绩效报告的内容和要求；绩效信息的利用。

绩效状况监测和反馈，就以小布什的“记分卡”为例。利用“记分卡”技术，监测各部在各领域的进展状况，每一季度公布一次。在美国，根据有关法规，年度绩效报告的主要内容包括绩效水平展示和未尽目标的原因解释。绩效水平展示主要通过比较的方式，包括实际绩效水平与年度目标的比较；部门绩效水平的纵向比较与横向比较。根据管理预算办公室的要求，解释分为两类：一般性解释与具体解释。一般性解释可以覆盖几个未尽目标，适用于实际绩效与目标相差不大，不会对战略目标带来大的影响的情况。具体解释比较详细，而且只能针对单个未尽目标。

至于绩效信息的利用，主要有四种方式。第一是绩效奖惩。实践中物质奖励依然是绩效信息利用的一个重要方面。目前发展趋势是，加大奖惩力度，完善奖惩机制。第二是责任与灵活性交易，或者说以责任来换取灵活性。如果组织绩效好，它在管理过程中享受的自主权就大，受到的监测、控制就少。这是目前绩效信息利用中比较多的做法。第三是诊断与指导。最初主要是排行榜，以此来形成社会压力迫使部门改进。现在主要是建设性策略，即帮助诊断问题、提供建议、解决问题。也有人把它称作绩效评估的“三D模式”：诊断；发展；设计，即帮助你设计改进方案。第四是绩效预算。它的基本理念其实很简单，就是根据绩效来拨预算，或者说预算与绩效结果挂钩。但绩效预算涉及复杂技术，美国从克林顿时期开始尝试，至今还没有成熟。

二、英国政府的绩效管理实践

英国政府绩效管理主要是围绕其建立的“公共服务协议”体系来开展的，目的是建立一种现代的公共支出和绩效管理框架，为制定审慎、有效的中长期支出计划服务。公共服务协议的框架建立在公共服务绩效的四项原则基础上：一是由政府制定清晰的、侧重成果的国家级目标；二是将责任转移到公共服务提供者自身，为基层提供最大的改革的灵活性和能动性，以及保证地方需求能够得到满足的激励措施；三是独立、有效的审计和监督安排，以加强责任；四是对取得成效的透明度，特别对地方和全国的绩效目标实现情况完善的信息披露。

英国政府绩效管理的主要特点有三：一是制度化、法制化。随着绩效意识的树立和强化，历届英国政府通过发表如《1992年公民宪章首次报告》、1999年颁布新的《地方政府法》等来要求各级政府部门加强绩效管理。二是公民导向性。从英国政府绩效管理的整个过程来看，始终强调以人为本、以公民为中心、以满意为尺度，所以透明度和公开性一直是其重要原则。三是高层领导大力支持和积极推动。这是英国政府绩效管理取得持续、稳定发展的关键因素。

在美国和英国的政府改革中，绩效管理几乎是改革的全部。随着其他管理工具的出现，绩效管理虽不再居于垄断地位，但作为整合各种改革策略的基本框架，其核心地位却仍然没有被动摇。美国和英国政府的改革仍然持续进行，关注的重点依然是政府绩效。

附件2

佛山禅城区局积极构建目标绩效管理新体系

2009年以来，面对金融风暴的冲击，佛山禅城区局启动了新一轮的综合性改革攻坚，成功地在税源管理新模式和新型办税体系建设中打造出享誉全省乃至全国的“禅城模式”，外部管理整体“硬实力”全面提升。为进一步巩固发展改革成果，同步提升基层地税的整体“软实力”，禅城区局进一步把改革攻坚点放在执行力的管理上，重点探索把现代化绩效管理理念应用于基层地税工作中。在近两年的探索道路上，该局在局内累计组织20多场业务研讨会，面向100多名基层人员展开了详细的问卷调研，对60多项绩效指标和流程进行了反复修正，对改革中累计100多项的大小问题实施了有效研究和解决，并在属下南庄分局组织两个月的改革测试和全局范围内3个月的试运行，收到了改革的丰硕成果。2011年3月，具有禅城特色的“目标绩效管理新体系”构建任务圆满完成，改革成果在局内全面推广应用。

一、关于“绩效管理”

绩效管理是现代化内部管理的一个流行主题，是企业和政府部门培育自身竞争优势、获取核心竞争力的优质手段。关于绩效管理的定义，还没有统一的标准，在GOOGLE搜索引擎中给出的答案是：“指管理者与员工之间就目标与如何实现目标达成共识的基础上，通过激励和帮助员工取得优异绩效从而实现组织目标的管理方法。”由此可见，绩效管理是一项关于执行力管理的新模式，它打破了只一味追求“利润最大化”的企业传统经营理念，绩效管理关注的是员工绩效的提高，而员工绩效的提高又是为组织目标的实现服务，它强调的是组织和个人的共同发展。

二、基层地税绩效管理现状和存在问题

当前，绩效管理在政府机关层面的探索尚处于初始起步阶段。对于绩效的管理，目前大多基层地税采用“检查评比”形式开展。以禅城区局为例，2005年曾一度推行效能考核，主要形式是每年成立检查组，以抽查形式对部门和个人的工作情况进行考核评价，并把考评结果与奖惩挂钩。这种效能考核模式对排查工作疏漏、提升工作质效有一定促进作用，但由于把绩效管理简单定位于一次检查，其弊端也十分突出，主要集中反映在四个方面：

（一）指标体系不健全，控管不全面

基于时间和工作量的考虑，效能考核通常只选取若干指标开展抽查，指标的涉及范围远未能全面覆盖基层日常税收工作，导致很大部分的税费业务未能纳入绩效监控范畴，“疏于管理、淡化责任”等问题仍不同程度地存在于基层执法中。

（二）重结果轻过程，风险防控效果不明显

效能考核采取“一年一检查”的简单模式，工作的重点放在事后的静态检查环节，事前事中未能介入有效的动态控管，使管理仅能亡羊补牢不能未雨绸缪,未能发挥指导工作和降低风险的作用,造成"年年考核整改、年年问题再现"的情况时有发生。

(三)工作量大,实际成效低

效能考核依赖人工抽查取证,工作量大、透明性低,整体效率不高。如:禅城区局以往每年需从各部门抽调近20名业务骨干,耗时约一个半月实施效能检查,但能完成的抽查户数仅为300多户,相对全局5万多户的管户总数而言抽查面不足1%,难以全面真实反映基层税收工作情况。

(四)激励机制不完善,队伍抵触情绪多

传统的效能考核是一项阶段性的任务,激励模式集中体现在一次性的奖惩,没有形成促进税务人员职业发展的长效机制,未能从根本上解决税务队伍中"干多干少一个样"等问题,不少基层人员甚至认为效能考核是一年一度地给自己挑毛病,从而产生了较强的抵触情绪。

三、构建目标绩效管理新体系的改革思路和具体措施

古语云:不破不立。为科学用好绩效管理理念,禅城区局积极从效能考核旧模式中剖析症结、吸取经验教训,并积极借鉴现代企业绩效管理的先进经验,激发改革新思维。历经近两年的探索和研究,禅城区局确立了"全方位的内控体系"的改革定位,以打造"目标绩效管理新体系"(以下简称新体系)为改革方向。新体系主要包括目标管理、过程管理、风险管理、激励管理和信息化建设五大核心改革项目,目的是在全局范围内形成"目标明确、职责分明、运转规范、控管有力、和谐共进"的良性管理循环,力争全面提升地税核心竞争力。

新体系分为部门(一级)目标绩效管理和个人(二级)目标绩效管理两部分,两级绩效指标层层分解,绩效管理环环相扣,致力实现集体与个人"心往一处想,劲往一处使"。

目标绩效管理新体系与效能考核旧模式对比表

	旧模式	新体系
1. 管理定位	"一年一检查"	定位于全方位的内控体系,包括目标管理、过程管理、风险管理、激励管理和信息化建设五大核心改革项目
2. 管理范围	采取抽查形式,只有少量考核指标	建立覆盖税收工作各条战线的绩效指标体系,为部门和个人树立明确的工作标杆
3. 管理模式	借助检查发现问题、实施整改	大力推行税收预警和辅导,重在过程管理和风险防控
4. 管理手段	依赖人工抽查取证、工作量大、透明度低,整体效率不高	借助信息化应用平台,最大限度减少人为因素的影响,提升工作效率
5. 激励机制	以短期物质奖惩为主,对队伍激励作用不大	将奖励激励和职业生涯规划相结合,促进个人追求和组织价值同步提升

(一)基础任务:目标管理

针对效能考核模式指标设置不全面,未能与日常税收工作执行标准紧密配合的弊端,禅城区局把目标管理作为构建新体系的基础改革任务,主要思路是通过准确把握基层税收工作的执行标准,有效地将区局的战略目标科学分解,转换为各部门和个人的分目标,形成上下协调统一的工作标杆。

如:因应2010年的基层工作实际,禅城区局出台了部门一级指标100多项,涵盖组织收入、税收征管、社保费管理、纳税服务、队伍建设、后勤管理各战线;个人二级指标因应一级指标的要求分解,累计形成180个岗位的岗责说明书、2000多项指标。其中:税收征管方面,除了申报率、核定率、入库率等传统征管指标以外,因应专业化税源管理新模式的需要,设置了纳税评估完成情况、监控线完成情况、平台任务完成率等特色征管指标,在个人二级指标方面相应设置了日常管理岗、催报催缴岗、户籍管理岗、纳税评估岗等岗位,对口完成专业化税源管理各项任务;社保费全责征收方面,在部门一级设置了"社保费征缴率"、"社保扩面征缴达标情况"、"社保费查账征收按期申报率”、“社保费按期入库率”等指标，明确了科室和基层在社保费申报、入库、扩面等方面的职责分工、工作要求和考核标准。在个人二级指标方面，在税政科对应设置了社保费管理岗，在基层部门对应设置了专门的社保费业务岗，负责日常申报和缴费辅导工作。此外，在日常管理岗、催报催缴岗等岗位上亦相应增设了有关社保费的工作职责；纳税服务方面，对办税服务厅设置了“纳税人满意度”、“纳税人投诉情况”、“平均办理时间”、“平均等候时间”等绩效指标，并把有关要求分解到每一位前台征收人员；综合管理方面，针对队伍建设、后勤管理等工作指标设置量化难度大的情况，主要采用评议类等“软指标”进行规范，部门一级设置了局领导评议、集体评议、基层评议等指标，个人二级设置了岗位贡献度测评等指标，以加强对各项工作的软性约束和柔性管理。

（二）核心任务：过程管理和风险管理

没有强大的执行力，再完善的绩效指标体系也是一纸空文。针对效能考核模式偏重事后的静态检查的弊端，禅城区局在构建新体系过程中注重对工作各个环节的全方位控管，将探索推行过程管理和风险管理作为改革的核心任务，主要思路是在制定目标后大力开展持续的跟踪监控，对可能影响目标完成的情况进行准确评估和识别，大力推行税收预警，及时调整管理措施，切实防范执法风险，确保各项工作在预订的绩效目标轨道上顺利地开展，形成良性的管理循环。

具体而言，目标绩效管理的核心任务包括绩效辅导、绩效预警、绩效评价和反馈、绩效诊断和提升、建立绩效档案等环节。绩效辅导是指要求通过培训等形式让各部门和税务人员充分掌握绩效指标体系的执行要领，保证目标绩效管理工作得到全体基层税务人员的广泛认可。绩效预警是指要求对绩效指标的执行情况实施跟踪和监控，对执行情况不理想的，及时发出预警信息，提示和督促相关部门和人员改进完善工作，确保各项税收工作顺利推进。绩效评价和反馈是指在目标绩效管理周期结束后，根据各项任务的完成情况计算出部门和个人的目标绩效管理得分，以检验工作完成质效。绩效诊断和提高是指结合绩效评价反映出的情况，实施横向纵向的绩效分析，帮助各部门和个人查找自身工作的不足，并有针对性地制定措施、排除障碍，进一步提升工作绩效。建立绩效档案是指仔细记录各部门和个人绩效管理完成情况、问题和建议、经验和教训等，形成绩效档案，为目标绩效管理的深入推进提供详尽的资料参考。

由此可见，相对于效能考核的“检查”定位，目标绩效管理新体系是一项系统化的管理工程，好比农业生产，必须遵循松土、播种、浇水、施肥、养护等劳作规律，才有春种秋实的收获。目标绩效管理新体系需要完成一系列管理举措，各项任务环环相扣、缺一不可。它要求科室和基层、领导和税务人员之间建立起双向沟通机制，重在持之以恒的过程控管，重在为基层打造一张保护税务人员的安全网、一道降低执法风险的“防火墙”。

如：2010 年 9 ~ 12 月试运行期间，禅城区局对各基层分局和办税服务厅开展 4 期绩效管理培训，及时通过指标变动分析和双向沟通，协助各部门排查和解决 50 多个风险点，全系统的申报率、注销企业清算率、平台任务完成情况等多个指标得到全面提升。（详见各典型案例）

过程管理和风险防控典型案例

案例一：祖庙分局 2010 年第二季度的“申报率”为 89.9%，低于区局同期的平均水平。因此区局对该分局发出绩效预警，利用“一对一”绩效沟通长效机制，与该分局共同深入分析申报率偏低的原因，指导分局制定绩效改进方案。一方面加强日常催报催缴，进一步明确了催报催缴岗的岗位职责，按照前期准备、文书派送、制作台账、后续管理四个步骤制定详细的业务操作指引；另一方面，落实非正常户管理工作，明确了欠税公告、走逃失踪户统计、建立文书台账等环节的工作要求，安排专人对拟转非业户进行逐一到户核查。经过绩效诊断，该分局的全年申报率提升至 91%，提升了基层税收工作质效。

案例二：石湾分局 2010 年第三季度的“税收预测准确率”为 93.7%，低于区局同期的平均水平。在收到绩效预警后，该分局在区局的指导下，不断加强涉税数据的收集和分析工作，形成税收预测综合分析台账，建立起按日按月按季的入库数据模型，组织纳税评估岗人员开展业务培训，不断提升纳税评估员的业务水平和收入预测分析能力。通过实施有效的过程管理，该分局全年的税收预测准确率提升至 100%。

案例三：张槎分局 2010 年第三季度的“注销企业清算率”为 62%，低于区局全年工作目标 80% 的要求。区局对该分局发出绩效预警，积极开展绩效沟通，指导分局在区局注销企业规范化流程基础上，进一步细化对注销企业进行清算的工作要求，督促企业在注销前必须完成有关清算工作，并通过纳税评估审查注销清算的真实性和准确性。经过为期一个季度的整改，该分局的全年注销清算率提升至80.6%，降低了基层税收工作的风险。

案例四：南庄分局2010年第三季度的"办税服务厅平均办理时间"为11分钟。为进一步提升工作绩效，南庄分局切实开展绩效诊断，不断优化办税流程，进一步完善了审核前置、免填单服务和一站式办理等办税服务，同时全面开展绩效辅导，加强对导税咨询岗、税务登记管理岗、申报征收岗、发票销售岗、二手房业务岗等岗位人员业务培训，定期组织业务交流会，互相分享提高业务办理效率的工作经验。经过持之以恒的绩效沟通，南庄分局2010年全年"办税服务厅平均办理时间"缩短至8.8分钟。

案例五：办税服务厅2009年政务信息积分在区局5个基层部门中排名第四位，低于平均水平。在收到绩效预警后，办税服务厅全面开展绩效诊断，发现主要原因是工作人员政务信息写作积极性偏低，因此，办税厅出台《办税服务厅信息工作办法》，采取积分制要求各股每月报送不少于4篇政务信息，并定期公布各股及个人排名情况，营造了"人人都是信息员"的良好氛围，同时定期组织文秘事务岗人员开展政务信息交流会和业务培训，鼓励文秘事务岗人员学习和交流写作技巧和心得，共同提高写作水平。经过持之以恒的绩效沟通和辅导，办税服务厅政务信息工作质效显著提高，2010年全年积分突破1000分，在区局内部排名上升到第一名。

（三）关键任务：激励管理

浅谋管理，深谋在人。提升队伍执行力是新体系改革的最终目标追求，科学的激励机制是改革的关键要素。针对传统的效能考核奖惩模式过于单一、激励成效较弱等问题，禅城区局分步探索以能级管理为方向的激励机制，主要思路是：将奖励激励和职业生涯规划相结合，借助绩效评价，把部门和个人的考核奖金与绩效成绩相挂钩，对税务人员给予差别化的收入待遇、晋升机会和荣誉授予，逐步探索建立能级管理体系，达到个人追求和组织价值同步提升。

2010年第四季度，禅城区局在协税员队伍中率先启动个人绩效与奖励挂钩机制，开展岗位职责、公共行为、岗位贡献度和奖励加分四大项目绩效测评。根据评价结果，协税员的收入形成差距，在协税员队伍营造出自我加压、比学赶超的良好工作氛围。2011年，奖惩挂钩工作将分步在各部门和全体税务人员中推广。下一阶段，禅城区局计划通过3年的时间深入推行目标绩效管理新体系，采集出完整的绩效水平发展数据，并以这些历史资料作为探索推行能级管理的重要依据，继而通过设定梯级式的岗位能级，分步建立一套完善的职业生涯管理制度，形成"级别能上能下、待遇能升能降"的阶梯型人才培养动态发展机制，最大限度地释放税务人员的工作潜能。

（四）配套任务：建立目标绩效管理应用平台

目标绩效管理是一项系统性改革工程，与税收工作的方方面面息息相关，涉及大量的数据采集和统计工作。为此，禅城区局积极探索开发目标绩效管理应用平台，通过分步对"大集中"征管系统、税收管理员平台等信息化数据资源进行梳理和整合，形成目标绩效管理应用系统，最大限度地减少人为因素对绩效管理的影响，全面提升工作成效。

平台开发工作顺利推进，实现了自动下达绩效管理任务、目标任务分解、跟踪完成情况、发送督导预警信息和统计考核成绩等功能，其中部分绩效指标结果实现由系统采取数据产生。如纳税服务方面，实现了与办税服务厅智能评价系统、排队叫号系统等信息平台的数据链接，纳税人满意度、办税服务厅平均办理时间等数据可与目标绩效管理平台连通，提升了管理效率。目标绩效管理应用平台受到佛山市科技局的充分肯定，通过了专家组的科学技术成果鉴定。鉴定结果评价该平台达到国内同类领先水平。

四、改革难点和攻坚方向

禅城区局两年多的反复实践和探索，充分证明目标绩效管理新体系的正确性和科学性。但另一方面，新体系的改革尚处于"摸着石头过河"的初级阶段，实践中仍然存在着不少困难和挑战。具体包括四方面：

（一）难点一：队伍理解误区多、执行阻力大

受以往效能考核旧模式的固化思维影响，不少税务人员仍把新体系简单等同于检查考核和扣发奖金，存在较强的抵触情绪。

攻坚方向：以人为本、和谐共赢。一方面做好宣传发动工作，使大家深刻理解目标绩效管理的精髓和要义；另一方面，实践中不仅要谋求管理上的共振，绩效上的提升，更要获得感情上的共鸣。管理方式要以沟通互动为主、惩罚和控制为辅，兼顾组织管理目标和干部职工权益，尤其在奖惩挂钩方面，要充分考虑干部和协税员的承受力，做到公平合理、分步实施、水到渠成；要借助改革在广大基层税务人员中营造出被重视、被赞赏、被了解、被宽容、被帮助的氛围，让税务干部和协税员都能分享改革带来的成果

和实惠,全面提升队伍幸福感。

(二)难点二:指标体系建设要求高、改革基础有待夯实

任何一个体系的建立必须有一定的环境条件,基层地税的目标绩效管理必须建立在专业化税收管理体系之上。尤其是绩效指标体系设计的合理性、科学性和导向性,必须有完善的管理制度和业务流程作支撑。在前一阶段的改革中,由于部分税收业务专业化管理水平仍待提高、职责分工不明、制度流程不完善等情况依然存在,造成相应的绩效指标数据无法收集、绩效指标的界定不明确、绩效考核结果不能反映实际水平等问题。

攻坚方向:深入推行以规范化流程和精细化分工为主导的专业化税收管理。重点把税源管理新模式的经验推广应用到征收、社保费征管、纳税服务、内部管理、后勤管理等方面,全方位提升税收专业化管理水平,从而建立起与基层税收战略完全结合的绩效指标体系,不断优化完善税务人员岗责说明,帮助税务人员在绩效管理中明确工作目标、职责权限和评价标准,为新体系的深入推进筑牢基础。

(三)难点三:重考核轻管理的问题仍然存在,过程管理和风险防控"知易行难"

绩效沟通是目标绩效管理的生命,但实践中沟通却成了最薄弱、最容易被人忽视的一个环节。尤其在二级管理中,不少部门把工作的重心放在考核环节,不愿意下大力气为基层税务人员开展绩效辅导、绩效预警、绩效诊断等服务,使新体系的建设成效大打折扣。

攻坚方向:畅通绩效沟通渠道,全面确立过程管理和风险防控的核心地位。建立日常化、多渠道的绩效沟通机制,在制定绩效指标环节,充分尊重基层的"知情权"和"发言权",确保绩效指标体系符合基层工作实际,得到广大干部的充分认同;在过程跟踪和风险排查环节,强化绩效辅导和预警督导,积极协助基层开展绩效诊断,共同研究制定解决问题和改进工作的方案,实现部门与部门之间、人与人之间畅所欲言,以诚相待,在共同的工作中产生巨大的共鸣和力量,全面提升队伍执行力。

(四)难点四:数据采集难度大、信息化建设水平亟待提升

至2011年底,禅城区局常用的信息化平台有13个,涉及税收征管、社保费征管、纳税服务等方面。这些平台大多相对独立、数据互通性不高,从而给绩效管理数据的采集、统计和运用造成较大阻力。

攻坚方向:争取支持、资源整合。以2011年全市地税"信息提升年"为契机,加快推进目标绩效管理信息化应用平台建设工作。率先从征管综合应用平台、排队叫号系统等区局自主开发的平台入手,把相关模块融入目标绩效管理平台之中,积极争取上级部门的支持和指导,强化"大集中"和"税收管理员平台"的数据运用,在信息化平台功能完善、数据共享、操作便捷等方面积极探索,努力打造全市地税信息化建设的新样板。

附件3

顺德地税绩效管理情况

广东省地税局绩效管理专题调研组

顺德地税是全省第一个也是目前唯一一个被并入政府部门的地税局,现有干部职工328人,2010年的税费收入规模达到160亿元,人均收税费4000多万元。至2011年底,区局地税管辖的纳税业户超过14万户,干部职工人均管户420多户,全区养老保险参保人数接近70万人。

一、顺德区局绩效管理的主要做法

(一)建立一个愿景目标,为实行绩效管理提供科学的方向和依据。通过多年的不断探索、完善,顺德地税树立以"高标准、高效能、高关怀"为核心的"三高"管理理念。2010年,区局根据"三高"理念提出"满意地税、卓越地税、幸福地税"的目标愿景。同时,区局每年确定一个阶段性目标和工作主题,如2010年确定为"制度建设年"。

(二)推行"竞先、创优"的效能管理办法,引导树立争先创优良好氛围。一是推行效能考核办法。从2001年开始推行效能考核。每年根据发展愿景和年度工作计划,制订考核指标并设定具体的考核达标分数线,对局内各单位、各分局进行考核;同时对考核结果实行"前位奖励制"和"末位及不合格处

理制”。二是推行协税员能级管理。从2009年开始，按照“以能定级、以岗定责、岗能匹配、按级取酬、动态管理”思路，对协税员实行能级管理。每年一评，以业绩和纳税人满意度作为最重要的评定依据，与工资待遇挂钩；对于连续两年差评的人员可予以辞退。

（三）实施教育、制度和监督并重的配套管理，为绩效管理提供有力保障。一是推行文化管理，提升凝聚力。先后推行以“温馨、认真”和“高标准、高效能、高关怀”为核心的管理文化。多年来，区局员工对单位和工作的满意率达到90%以上，2010年达到98%。二是推行内部督导办法，提升执行力。包括：推行多种形式的能力培训、加强制度建设和推行专职督导员制度。三是建立创新激励机制，提升创新力。包括积极推行合理化意见建议制度，积极开展改革创新活动，设立各类管理论坛等。

经过多年在绩效管理方面的积极尝试，顺德地税形成以“竞先、关爱、创新”为特质的管理文化，建立一支团结、文明、高效、廉洁、争先的地税队伍，税收收入从1996年的约5亿元，到2010年的160多亿元，15年间组织税收收入翻了五番多；在日常管理方面，多年来区局多项工作获省局和区政府等上级好评。

二、顺德地税在推行绩效管理中遇到的挑战

（一）管理考核指标体系如何科学合理设置、信息化技术应用存在一定难度。主要包括：绩效指标数据的收集、绩效指标的设定、绩效考核结果的科学分析、信息化技术的应用等。

（二）管理对象对绩效管理认识不足一定程度上影响了绩效管理办法的推行。一些员工常把“绩效管理”简单等同于扣奖金，对于绩效管理对个人的帮助认识不到位、不配合；部分部门管理者容易将绩效沟通等同于“诫勉谈话”，对绩效辅导、绩效预警、绩效诊断等工作认识不到位。

（三）绩效管理结果的运用受制度等因素制约一定程度上影响实施效果。

三、顺德地税对下阶段加强绩效管理的设想

（一）完善考核机制，提高考核准确性和公平性。扩大能级管理的范围，涵盖干部职工；完善考核办法，包括：建立完整的单位、个人双主体绩效考核体系，分序列进行考核，推行电子化考核，完善绩效量化体系，完善绩效沟通机制，加大对绩效考核结果的利用；继续优化督导督办制度。

（二）加强文化管理，提升凝聚力。加大力度推广“法治、和谐、勤廉、创先”的核心价值观；建立完善的教育培训机制，包括完善定期交流平台，加强轮岗力度，推行多向挂职机制，分片小班教学模式，建立师资库，建立培训意向收集机制；广开民意民智采集渠道，包括开设常规化、长期化的沟通平台，和实施员工帮助计划。

（三）加强现代征管手段应用力度。如开发电子档案系统、应用电子公章、推进同城通办、广开自助办税网点、建设综合治税平台、密切国地税合作等。

附件4

南通地税构建现代绩效管理体系的创新

广东省地税局绩效管理专题调研组

南通地税在2001年开始探索绩效管理，在2009年开发出电子化绩效管理系统，2010年上线试点运行，2011年初在全局全面实施电子化绩效管理考核。作为地市一级组织而言，南通地税不仅是要实现绩效考核模式的转变，更重要的是要实现从单纯的绩效考核向绩效管理的提升，建立完整科学绩效管理体系。而设计这一体系主要还是要解决好考什么、谁来考、怎么考这三个问题，否则绩效考核就会失去应有的意义。围绕这三个问题，南通地税在突破传统考核方式，构建现代绩效管理体系过程中，实现了“五个创新”。

一、创新考评理念

让绩效管理思想深入全体员工心中，消除和澄清对绩效考核的错误及模糊认识。绩效考核不是上级对员工挥舞的“大棒”，不是为了制造员工间的差距，而是实事求是地发现员工工作的长处、短处，以扬长避短，使其有所改进提高，激发员工发展并整合为组织成长。绩效考核以尊重员工的价值创造为主旨，它虽是按行政职能结构形成的一种纵向延伸的考核体系，但也应是一种双向的交互过程，这一过程包含了考核者与被考核者的工作沟通。通过沟通，考核者把工作要项、目标以及工作价值观传递给被考核者，双方达成共识与承诺。而且借助纵向延伸的考评体系，在组织中形成价值创造的传导和放大机制。

二、创新考评标准

进行工作分析，制定切实可行的考核标准，实现从单维模型（结果）到双维模型（结果+行为）的转变。考核标准的制定一直是考核工作的难点，对考核指标的把握上宜遵循：贵精戒多，贵明确戒模糊（能被有效量化）；贵关键戒空泛（抓住关键指标）。以税务组织为例，对一线执法人员相对好办，可将执法责任与其个人考核相结合，着重解决淡化责任、不作为的问题。而行政人员与执法人员相比更具复杂性，可让员工对自己工作的流程与职责有十分明确的认识，根据对职位要求的描述，制定出切实可行的考核标准，再由考核部门确认每个人的绩效考核指标。对单位也进行类似的整合。与此同时，引入关键业绩指标考核机制，应抓住那些急需改进的指标，适度调整考核内容，“要什么，考什么”，以便突出考核的重点与关键点。作为上层机关而言，每年考核的主要内容就是这些关键业绩指标，而基层侧重日常量化的应完成指标，以体现工作导向。

三、创新考评方式

在考核方式上体现效能和以人为本导向，由决策层统一与有关部门协调，对考核的文书内容进行简并，全面简化各种台账和表证单书，防止将精力过多牵扯到无意义的文字台账和档案资料上。适度简考核次数，注重日常收集、积累的绩效观察的信息或将其中一些关键性行为记录下来（正面负面的都可以）进行评分。引入信息化手段，对一些固化指标进行电子化考核，修正人为偏差，改善管理和控制，提高绩效考核的信度和效度。同时淡化末位岗概念，通过设立几个硬性指标，以此为高压线，凡触线的即定为末位，从而让员工认识到推行强势管理，不是给员工以无情的压力，而是通过一套体系，形成组织内部文化，目的是帮助员工提高绩效，组织与员工之间是帮助和被帮助的关系。

四、创新考评结果应用

考核如何达到持续增进绩效的目的，其根本在于考评结果的应用，绩效改进计划的制订。如果忽视结果的反馈，那么一切努力都等于白费。因此在绩效考评中，注意避免本末倒置、虎头蛇尾，不仅要得出高质量反映事实的考评结果，更以此为基础，通过绩效面谈、绩效辅导及时制订有效的绩效改进计划，发挥考评结果的多种用途，实现提高员工绩效，进而达到提高组织整体绩效的根本目的。

五、创新考评维度

组织管理的关键是要在管理中形成管理回路，形成组织成长的正向反馈机制，这也是通常所说的组织成长机制。管理学认为，组织对员工的管理有三种境界：一是人力成本境界，组织认为员工是成本，缺乏对员工的尊重和信任；二是人力资源境界，组织认识到员工自觉干与被动干所产生的效果是不一样的，于是开始制定各类有关员工激励制度，出台不同的考评办法；三是人力资本境界，组织认识到要把员工当资产，实现资产增值，这时员工革新能力和创造能力是最重要的。组织必须以整体战略的眼光来构筑整个人力资源管理大厦，让绩效考核与人力资源管理的其他环节（如培训开发、管理沟通、岗位轮换晋升等）相互联结、相互促进。同时，要注重考核评价作用的有效性，使绩效考评体系成为价值创造与价值分配体系的中介，即考核评价一方面要在组织的价值创造中发挥牵引和激发作用；另一方面要解决好价值分配杠杆作用的发挥，更主要的还是要加强工作本身的激励，不断创造有挑战性的工作岗位并将之赋给有创造力、进取心强的高绩效员工，给他们创造更大的个人生涯发展空间，让考核评价真正成为组织内部成员价值分配的客观、合理依据。

总之，要真正把绩效考核落到实处，组织在体系设计与组织实施的过程中，就必须要有系统的眼光和思维，同时又要敢于迈开步伐，在实施绩效考核的过程中适时推动组织的变革前进，把组织推进为一个具有现代意识观念、行为模式以及能力结构的成长型组织。

附件 5

地税系统内部管理情况问卷调查

尊敬的地税人：

您好！我们是省地方税务局课题组的调研人员，正在做全省地税系统内部管理情况的调查研究。非常感谢您在百忙之中抽出时间填写问卷。问卷采用匿名形式，数据仅供课题组做统计分析。您的任何个人信息都将保密，请根据您的真实感受，回答以下问题。您的大力支持是此项研究成功的关键！非常感谢您的真诚合作！

广东省地方税务局课题组

2011 年 6 月 12 日

填写说明：请在您认为最合适的答案的方框或字母上打“√”，无特别说明的问题均为单选，多选题均有特别提示。

基本信息部分：

1. 您的性别：□男　□女
2. 您的年龄：□25 岁以下　□26 ~ 35 岁　□36 ~ 45 岁　□46 ~ 55 岁　□56 岁以上
3. 您的学历：□中专及以下（包括高中、职高）　□大专　□本科　□研究生
4. 您的现任职务：□处级　□科级　□科员　□办事员　□协税员
5. 您当前所在的岗位系列：□办公室（综合）系列　□法规税政系列　□税收征收系列　□税务管理系列　□计会统系列　□信息管理系列　□人事政工监察系列　□稽查系列　□后勤保障系列　□纳税人服务系列
6. 您现所属工作单位：□市局　□区局　□分局
7. 您现工作单位所在地区：□珠三角九市　□粤北山区　□粤东　□粤西

问卷主体部分：

8. 您了解本单位的工作规划吗？
   A. 了解本单位的长期工作规划和短期工作规划　B. 只了解本单位的长期工作规划
   C. 只了解本单位的短期工作规划　D. 根本不了解本单位的任何工作规划
9. 您认为本单位当前的考核管理与职务晋升联系的紧密程度如何？
   A. 联系很紧密　B. 联系比较紧密　C. 联系不太紧密　D. 完全没有联系
10. 您认为本单位目前的考核管理与培训机会挂钩的紧密程度如何？
   A. 挂钩很紧密　B. 挂钩比较紧密　C. 挂钩不太紧密　D. 完全没有挂钩
11. 您认为本单位目前考核管理与评优挂钩的紧密程度如何？
   A. 挂钩很紧密　B. 挂钩比较紧密　C. 挂钩不太紧密　D. 完全没有挂钩
12. 您认为本单位目前考核管理与收入挂钩程度如何？
   A. 挂钩很紧密　B. 挂钩比较紧密　C. 挂钩不太紧密　D. 完全没有挂钩
13. 您认为本单位现行的绩效考评模式把应该考虑的重要因素都考虑进去了吗？
   A. 都考虑进去了　B. 大部分考虑进去了　C. 有许多重要因素都没有考虑进去
14. 如果您在工作中出现失误，领导会帮助您一起查找原因吗？
   A. 会在第一时间帮助查找原因　B. 会在事情过了较长时间之后才查找原因
   C. 不会帮助查找原因
15. 您单位的考核管理制度对您的工作有促进作用吗？
   A. 有很大的促进作用　B. 促进作用较大　C. 一般　D. 促进作用较小
   E. 促进作用很小

16. 您认为地税系统现行执法监督考核系统有无弊端？

A. 不了解　B. 无明显弊端　C. 弊端较少　D. 弊端很多

17. 您认为地税系统现行的惩防体系和效能监察系统有无弊端？

A. 不了解　B. 无明显弊端　C. 弊端较少　D. 弊端很多

18. 您认为有无必要开发一套综合考评管理系统，取代现行的执法监督考核系统、惩防系统与效能监察系统？

A. 很有必要　B. 较有必要　C. 没有必要　D. 完全没有必要

19. 您认为本部门同事对本职工作的胜任能力如何？

A. 都能胜任　B. 大部分能胜任　C. 只有少部分人能胜任　D. 基本不能胜任

20. 您认为本部门同事对工作的敬业程度如何？

A. 都很敬业　B. 大部分敬业　C. 只有少部分人敬业　D. 都不敬业

21. 您认为本单位的岗位说明书编制得科学合理吗？

A. 没有岗位说明书　B. 有非常科学合理的岗位说明书

C. 有比较科学合理的岗位说明书　D. 岗位说明书不太合理　E. 岗位说明书非常不合理

22. 您单位一人多岗现象严重吗？

A. 非常严重　B. 比较严重　C. 较不严重　D. 不存在一人多岗

23. 您认为本单位现行的考核管理与个人发展关系密切吗？

A. 非常密切　B. 比较密切　C. 较不密切　D. 非常不密切

24. 如果您单位实行新的综合考评管理系统，您最担心的是什么？

A. 不能体现公平　B. 福利待遇会减少　C. 害怕一切变革　D. 工作量增大

E. 其他（请注明：__________________）

25. 要充分调动工作积极性，最有效的激励手段是以下哪两种？（请选择两个选项）

A. 奖金　B. 带薪休假　C. 培训　D. 资助深造　E. 晋职

F. 评优　G. 出国出境学习考察

26. 如果您单位推行新的综合考评管理系统，您认为要注意的关键因素有哪些？（可多项选择）

A. 领导高度重视　B. 员工认同　C. 岗位设置合理　D. 工作目标分解合理

E. 员工参与考核指标的制定　F. 奖惩制度合理　G. 信息化支持

H. 其他（请注明：__________________）

27. 如果您单位推行新的综合考评管理系统，会遇到什么样的困难？（最多选 2 项）

A. 工作任务量化困难　B. 一人多岗现象普遍，使个人考核指标增多，影响合理性和公平性

C. 数据采集缺乏客观性　D. 结果运用不直接（如：不能及时运用到职务晋升、福利待遇等方面）

E. 其他（请注明：__________________）

28. 您认为本单位如果要成功推行新的综合考评管理系统，要进行哪些准备工作？

A. 员工培训　B. 先部门试点后推广　C. 设定奖惩措施　D. 领导与员工对方案的认同

E. 其他（请注明：__________________）

29. 您认为对个人绩效考评的结果在多大范围内公开比较合适？

A. 市局公开　B. 区局公开　C. 分局公开　D. 仅限于上级领导

E. 仅限于本部门　F. 仅限于考核小组　G. 不公开

30. 您认为考评管理中进行绩效评价与反馈的周期多长比较合适？

A. 多于一年　B. 一年　C. 半年　D. 一个季度　E. 一个月

F. 其他（请注明：__________________）

粤港税收征管合作研究*

广东省国际税收研究会课题组

【内容提要】 中央高度重视并全力支持和维护香港保持长期繁荣稳定。为促进粤港合作与发展,维护香港繁荣稳定,粤港政府建立了粤港合作联席会议机制;合作领域已从经贸合作向教育、卫生、环保、文化等全方位合作发展。税收作为社会经济活动的重要组成部分,在推动区域经济、社会、文化发展与合作过程中,有着重要的作用。粤港税收合作一直滞后于经济合作,税收征管协调与合作几近空白,直接影响了税收在粤港经济发展中的作用。为更好地发挥税收在促进粤港经济发展中的作用,粤港税收征管合作亟待加强。为此,本文在粤港经济加强合作的大背景下,阐述粤港税收征管合作的必要性和可行性的同时,分析了粤港税收之间的差异,探讨了当前亟待解决的粤港税收征管合作主要难题;并在借鉴国际区域税收合作经验的基础上,对加强粤港税收征管合作提出了建议和对策。

【关键词】 粤港　税收管理　合作

随着经济全球化发展,区域经济合作不断深入,粤港经济一体化趋势越来越明显。为贯彻落实中央关于全力支持和维护香港保持长期繁荣稳定的政策,促进粤港合作与发展,粤港政府建立了粤港合作联席会议机制;合作领域已从经贸合作向教育、卫生、环保、文化等全方位合作发展。而粤港税收合作一直滞后于经济合作。目前,除《内地与香港关于建立更紧密经济关系安排》(CEPA)规定对香港原产货物实行零关税外,粤港税务部门的合作主要在于落实《内地和香港特别行政区关于对所得避免双重征税的安排》(以下简称《税收安排》)。而税收安排更多的是在管辖权的约定上,除此之外,更为迫切的税收征管合作几近空白。粤港税收征管合作滞后于经济合作,直接影响了税收在粤港经济发展中的作用。因此,在"一国两制"下,如何进一步加强粤港税收征管合作的研究和实践,发挥税收促进经济发展的作用,拓展粤港经济发展空间,建立互利共赢的区域合作关系,进一步提高粤港区域经济国际竞争力,具有重要的理论意义和现实意义。

一、粤港经济发展历史与现状

在1840年之前,与深圳一河之隔的香港原属于广东省宝安县,与广东当时大多数的沿海岛屿一样,都是贫穷落后的地方。中英《南京条约》将香港割让给英国之后,在长达100多年的发展过程中,由于其一直坚持自由贸易制度,市场经济获得长足进步。到20世纪70年代末,与中国台湾、新加坡、韩国一起进入世界中等发达国家或地区的行列,被称为亚洲"四小龙"。

党的十一届三中全会以后,中国内地实行改革开放,广东成了改革开放的前沿,利用中央赋予广东省实行特殊政策和灵活措施率先对外开放,探索经验。中央在深圳、珠海和汕头设立经济特区。要发展经济,首先要解决资金问题,为此广东以"摸着石头过河"的精神,千方百计吸引外来投资。港资成了广东吸引的最主要外资。因为此时的香港,由于成本攀升,传统制造业已无发展空间,内地的开放和引资使香港的制造业可以北迁到广东,利用优惠的土地资源和廉价的劳动力,为香港的制造业拓宽了发展空间。此后的30多年,粤港之间一直持续着这种"双赢"的合作局面。广东通过承接香港的投资,带动了经济的发展,使广东经济从一个封闭的以农业和轻工业为主的经济体转变为一个开放的以外向型制造业为主的经济体,经济实力大大增强。而香港同时也取得了瞩目的成绩,制造业的转移提高了产品的竞争力,为香港的经济转型赢得了难得的时间和空间。由此,香港开始大力发展与制造业相匹

* 广东省地税局党组书记、局长王南健在2011年12月15日对报告作出批示:"该文对粤港税收征管合作研究有一定的广度和深度,值得一读。"

配的金融、物流、会计、法律等服务行业。同时，由于香港商人率先进入内地，建立了广泛的贸易网络和人脉关系，使得后来的全球资本主要以香港作为投资中国的桥头堡，美日欧跨国公司和银行纷纷进驻香港，设立其亚洲总部，促成香港逐渐发展成为国际金融、贸易、航运、旅游和信息中心。

在广东30多年的对外开放史上，香港始终占据着举足轻重的地位。主要体现在几个方面：

一是全省利用外资中港资最多。港资约占全省外商直接投资总额的60%～70%。以2009年为例，全年共有106个国家和地区到广东投资，来自香港的实际利用外资金额为118.8亿美元，比2000年增长59.5%，占全省实际利用外资金额的60.8%；来自香港的合同外资金额为125.0亿美元，比2000年增长205%，占全省合同外资金额的71.2%。

广东省近年外商投资与港商投资对比表　　单位：亿美元

年度 / 金额 / 项目	2000年			2005年			2009年		
	全部外资	港资		全部外资	港资		全部外资	港资	
		金额	比重（%）		金额	比重（%）		金额	比重（%）
实际利用外资	122.4	74.5	60.9	123.6	58.2	47.1	195.4	118.8	60.8
合同外资金额	86.9	41.2	47.4	237.4	122.1	51.4	175.6	125.0	71.2

资料来源：《广东统计年鉴》。

二是全省外资企业中港资企业最多。广东外商投资企业户数由2004年的49865户增加到2010年的71525户，其中2010年港资企业为47755户，占当年全省外资户数66.77%。

广东省外投资与港商投资户数对比表　　单位：户

年份	外商投资企业户数	港资企业户数	港资占全省外资户数之比（%）
2000	49865	37924	76.05
2010	93756	47755	50.94

资料来源：广东省工商行政管理局提供。

三是全省涉外税收收入中港资企业和港人纳税最多。广东省涉外税收收入从1982年的2616万元增长到2010年的3132.41亿元，年均增长39.58%。在全部的涉外税收收入中，港澳台投资企业所占的比重最高达到74%，即使到2008年，全球投资蜂拥至中国的情况下，广东涉外税收收入中，港澳台资企业所占比重依然达47%，可见在广东外商投资企业中，港澳台资企业一直占有极其重要的地位①。

同样，在广东任职受雇的外籍人员中，缴纳个人所得税的主力依然是港澳台同胞。2010年，全省港澳台同胞合计缴纳个人所得税25.80亿元，占全省外籍人员个人所得税纳税总额64.44亿元的40%。

1997年香港回归祖国，2001年底中国加入世界贸易组织（WTO），促使广东以更深入开放的姿态迎接全球范围的技术和产业转移，由此，粤港之间的经济合作揭开了新的篇章，搭建了更新更广阔的平台。继1998年粤港合作联席会议后，2003年的《内地和香港关于建立更紧密经济关系的安排》（CEPA）和2004年《泛珠三角区域合作框架》（9+2）签订，使粤港合作越趋紧密。2009年颁布的《珠江三角洲地区改革规划纲要》（以下简称《规划纲要》），将珠三角地区的未来发展提升到国家发展战略层面，并把粤港合作明确为国家战略，要求双方在原有的基础上，更新合作理念，创新合作模式，推动粤港经济合作迈

① 由于国家法定的统计口径问题，中央和省市的统计数据均将港澳台划分为一类，合并在一起，没有继续进行细分。因此，各地的财政和税务报表口径均为港澳台，但从实际征管经验来判断，香港的数据毫无疑问在其中占主要部分。

上一个新的台阶。

2010年,为落实《规划纲要》、CEPA及其补充协议,广东省政府和香港特别行政区政府签署了《粤港合作框架协议》,并在此框架协议下双方有关部门签订了《粤港教育合作协议》、《粤港环保合作协议》、《粤港金融合作专责小组合作协议》、《粤港知识产权合作协议》等一系列合作协议,由此可见,粤港政府层面的合作必将越来越深入和全面,要求建立更高水平的粤港税收征管合作机制变得更迫切。

港澳台企业纳税情况表

单位:万元

年份	全省涉外税收收入	港澳台投资税收收入	港澳台投资税收占涉外税收比重(%)
1995	1.325.189	980.618	74
2000	4.831.453	3.069.806	63.54
2005	14.007.738	6.537.797	46.67
2008	23.567.063	11.127.680	47.22
2010	31.324.093	16.058.011	51.26

资料来源:广东省国家税务局、广东省地方税务局提供。

港澳台籍人员个人所得税纳税情况表

单位:万元

年份	全省外籍人员缴纳个人所得税	港澳台籍人员缴纳个人所得税	港澳台籍人员个人所得税占涉外个人所得税比重(%)
2008	491.708	198.462	40.36
2009	570.970	230.036	40.29
2010	644.401	257.963	40.03

资料来源:广东省国家税务局、广东省地方税务局提供。

二、粤港两地税收征管合作的必要性与可行性

目前粤港经济合作与发展已迈上新台阶,粤港区域已发展成为一个经济共同体,下一步如何在新的起点上完善创新合作机制,携手打造世界级新经济区域,是摆在两地政府面前的重大课题。经济发展离不开税收,税收是经济发展的重要调节杠杆,税收在推动粤港经济合作发展过程,具有重要的作用。因此,加强粤港税收征管合作,发挥税收作用,是促进两地经贸发展,推动两地实现经济一体化,提升区域国际竞争力的必然要求。

(一)粤港税收征管合作的必要性分析

1. 加强税收征管合作是推进粤港经济合作深入发展的必然要求。改革开放以来,粤港之间以人缘地缘关系为背景,以优势互补为基础,以投资贸易为主体,建立了紧密的经贸关系,经济合作不断深入发展。截至2010年底,在粤投资港资企业约47755户,直接投资额累计超过2000亿美元,港人在粤工作经商人数超过10万人。目前粤港合作已经从过去的前店后场制造业转变为制造业和服务业全面合作;从过去单纯的经济合作转变为经济与社会全方位合作;从过去的民间自发合作与联系,转变为政府指导、民间推动的高层合作。CEPA以及《粤港合作框架协议》不但为粤港合作提供依据,而且为粤港合作明确了发展方向。在这样的大环境、大背景之下,需要加强两地税收征管合作,为两地经济合作创造相适应的税收环境,从而有力地促进两地经济合作深入发展。

2. 加强税收征管合作是促进粤港经济一体化发展,提升粤港整体竞争力的必然要求。从全球来看,经济一体化进程越来越快,区域合作也越来越重要,过去地缘越近竞争越大,现在靠得越近合作的需

求就越强烈。从国际视野看，粤港是大中华的一部分，客观要求粤港必须加强合作，实现经济一体化，提升粤港整体竞争力，才能促进区域经济共同发展。实现经济一体化，意味着要消除两地经贸障碍，实现商品、资本、技术、服务跨境自由流动大发展，推动企业“走出去”、“引进来”。而税收征管合作的协调发展，有利促进税制改革和完善，减少或消除跨境税收的问题和障碍，提高两地税收征管效能，公平税收利益分配，提升纳税服务水平，从而促进两地资本、劳务、技术双向自由流动，推动实现经济一体化，提升粤港整体竞争力，促进区域经济共同发展。

3. 加强税收征管合作是粤港税收制度求同存异的需要。香港税制属于分类税制，以所得税为主，辅之征收行为税和财产税等，与内地税制比较，香港税制具有税率低、易操作，地域概念即征税范围只限于从香港赚取或获得的收入，属地管理、评税基期不同于内地等特点。内地税种多，以间接税为主，实行居民税收管辖权和来源地税收管理权结合的税收管辖权制度。香港实行一级财政，税务局是从属于财政司的税收法规执行机关，所有法规政出一门，税收征管成本以及纳税人税收遵从成本较低。在内地，地方没有税收立法权，执行全国统一的税收政策法规，纳税人税收遵从度相对较低。粤港税收制度差异，造成征纳成本高，效率低。如两地居民企业认定、纳税期差异造成纳税人经营成本大大增加。两地税收制度差异、共同监管制度的缺失及征管协调不足，加上电子商务的发展等，不可避免地产生避税、重复征税及相关税收征管漏洞问题，从而阻碍经济要素的自由流动，妨碍两地经济的融合与发展。因此，税收制度差异客观要求粤港两地加强税收征管合作，互相沟通，加强协调，增进税收制度兼容和征管协调，使两地税收征管更加方便纳税人，更有利于经贸往来。

（二）粤港税收征管合作实践的可行性

1. 粤港经济发展战略定位，为税收征管合作提供机遇。2008 年国家出台的《规划纲要》，将粤港合作提升到国家发展战略地位，并赋予广东先行先试、科学发展的政策优势；两地政府签署的《粤港合作框架协议》又是一份落实 CEPA 和《规划纲要》无比厚重而意义深远的协议，它为两地广泛深入合作搭建了一个重要平台，必将开启粤港合作的新时代，这也是开启粤港税收全面合作的新机遇。同时，珠海横琴和深圳前海两大“特区中的特区”的建立，更将粤港经济合作推向了前所未有的高度和深度。粤港将携手打造亚太地区最具活力和国际竞争力的城市群，将形成最具发展空间和增长潜力的世界级新经济区域。为此，粤港可以在《规划纲要》框架下，利用“先行先试”政策优势，积极向中央争取相关的税收管理权限，以缩小粤港两地税收差异，协调税收征管，实现税收征管合作制度化。

2. 粤港经贸合作制度及基础设施建设，为税收征管合作提供条件。经过改革开放 30 多年发展，粤港地区已成为当今世界上最具发展活力、影响力、投资吸引力的地区之一，两地 GDP 之和居亚洲各国和地区第 4 位，进出口总值约占中国内地五成。CEPA 的签署为粤港经贸合作注入新的动力，《粤港合作框架协议》为粤港合作明确了方向，每年两次粤港合作联席会议制度为粤港合作提供交流和拓展平台。同时，香港特别行政区的相关部门如教育署、环境署、财经事务及库务署、知识产权署均已分别与广东省政府的相关部门如教育厅、环境保护局、省金融工作办公室、省知识产权局签署了一系列的合作协议，展开了多方面的合作。经贸合作离不开税收合作，而且有内地与香港税收安排奠定的基础，只要将税收合作融入经贸合作，融入政府联席会议，税收合作就能发挥其积极作用。同时，粤港地区已形成全国最密集的机场群以及铁路和高速公路、港口、信息网络，正在建设的高铁也将在 2012 年完工，将实现粤港一小时生活圈，为粤港税收征管合作提供了两地税务人员沟通交流和信息交流便利和基础。

3. 国际区域税收合作经验为粤港税收征管合作提供借鉴。随着国际区域经济合作发展，国际区域税收合作也在不断推进，欧洲有欧盟地区税收合作、美洲有北美自由贸易区税收协调、亚洲有东盟地区，非洲也有非洲联盟。从发展历史和成功经验比较来看，欧盟在世界区域经济体中税收一体化层次最高，范围最广，涉及税种最多。其在避免双重征税、避税、防止有害税收竞争方面取得了良好成效，创造了经验。欧盟税收一体化大大推动了欧共体的经济发展，增强了成员国经济实力，值得世界各区域经济合作体学习和借鉴，粤港税收征管合作应借鉴其成功经验。

三、粤港税收差异分析

要加强粤港之间的税收合作，首先要把握双方在税收制度、税收收入结构、税收管理体制等方面的差异，在充分理解有关差异的基础上，才能更好地就共同关心的税收问题进行深入有效的沟通与合作。

（一）粤港税收制度比较

一是粤港税制结构不同。香港税种少,目前开征了薪俸税、利得税、物业税、遗产税、印花税、博彩税、货品税、酒店房租税、差饷税、机场离境税、隧道使用税、车辆登记税12个税种。香港税制以直接税为主,除了对酒类、烟草、碳氢油、甲醇和化妆品征收货品税以及对酒店房租征税外,没有全面的间接税制度。香港的主体税种是利得税、薪俸税、物业税3个直接税税种,此三税的收入约占香港全年财政收入的40%以上。而内地现行税种19个,比香港多7个。内地目前实际上是实行以间接税为主的税收制度,财政收入严重依赖间接税,增值税、消费税、营业税的收入约占内地财政收入的60%。

二是粤港税收管辖权不同。香港在税收管辖权方面实行的是单一的来源地税收管辖权,或称属地税收管辖权。这与内地实行居民税收管辖权与来源地税收管辖权相结合的税收管辖权有不一致之处。香港实施来源地税收管辖权,征税范围有限,居民企业和个人适用仅是体现在税收协定执行,税收管理较为简单,与他国之间双重征税的问题亦较少。香港一直是以税制简单、税种少、税负低而著称,与其实施单一的来源地税收管辖权有密切的关系,这也是香港作为自由港存在的一个重要条件。而内地在实施征税权时,一般都要划分居民与非居民,对居民实施无限征税权,即对居民来自于境内外的全部收入实施征税;对非居民实施有限征税权,即仅对其来自于境内的收入实施征税。

(二)粤港税收管理体制比较

首先,税收管理的法律权限不同。内地一直强调税权集中,税政统一。目前有权制定税法或者税收政策的国家机关有全国人民代表大会及其常务委员会和国务院;省、自治区、直辖市人民代表大会及其常务委员会、民族自治区人民代表大会和省级人民政府,在不与国家的税收法律、法规相抵触的前提下,经过授权,可以制定一些地方性的税收法规和规章。因此,广东省在税收立法权限方面极其有限,税收征管办法则可以在上位办法基础上进行细化。

香港基本上实行一级财政管理,立法会在财政上有权统一制定法例和审议全港预算收支。作为财政司下属行政机关的税务局,则是税收法规的执行机关,在执行税法时,有独立依法办事的权力,任何部门无权干预,且可以就税收法规修改问题向财政司提出意见和建议。

其次,税收管理机构设置不同。广东省与香港都采用税务局与海关分设制。在广东,设有国家税务局、地方税务局、海关等机构。国家税务局主要负责中央税和共享税的税收征收管理,地方税务局主要负责地方税和地方各项规范收费的征收管理,海关主要负责关税的征收管理。香港税务管理机关比较简单,在港府的一级财政体制下,相应设置一级税务机关,采用一级征管。税务局是财政司的下属机构,在局长直辖科的领导下,设立5个执行分科,税务局根据香港税收法规来制定税收执行方案,全局征、管、查三条线分工明确,职责分明,相互监督、相互促进。

再次,税收管理理念和方法有区别。内地税收管理理念可概括如下:第一,有利于政府收入(税收财政原则),也是内地一直强调的重要原则。第二,调节经济,促进经济发展。第三,公平税负,合理负担。第四,简化税制,降低税收成本,提高征收效率。而香港的治税思想可概括为:第一,有助于取得足够的经常收入,并将财政储备维持在一个满意的水平上。这一原则表明香港政府税务指导思想是着眼于筹措政府经费以及公共开支。第二,尽可能不影响香港经济的成本、价格结构以及投资决定。第三,税制简单。这是税收便利原则的反映。第四,公平原则。香港税制对各阶层的纳税人要尽可能公平对待。第五,适时调节经济原则。尽管香港一直坚持"税收中性"原则,但20世纪80年代以来,香港政府也在必要的时候,利用税收调节功能,为香港实现有关的经济政策和社会政策服务。相比较,广东省的税收征管策略更偏重税收的财政和经济调节功能,香港则更重视税收中性和便利原则。

四、粤港税收征管合作亟须解决的主要问题

实践证明,在经济一体化进程中,各阶段各环节都会面临或多或少的税收问题。因粤港两地税收体制、征管机制、征管水平、人员素质等存在差异,两地税收征管合作面临一些需要协调解决的问题。主要表现在以下五方面:

(一)两地缺乏实质性的税务沟通与协调

目前,粤港政府层面交流相对紧密,建立了粤港合作联席会议制度,同时有关部门也建立了沟通协调机制和平台。而税务方面,自香港回归以来,粤港两地税务部门沟通大都是客套的礼尚往来,基本没有开展税收业务实质性研究和合作,没有建立起沟通协调机制和平台,落后于政府层面及其他有关部门,这种状况与两地经济发展局面很不相适应。

(二)两地税制差异影响了税收利益合理分配

由于香港企业和个人主要涉及的所得税、薪俸税税率相对较低，而且各项费用扣除相对宽松，虽然内地所得税税率下调并有部分产业优惠政策，但仅企业所得税和个人所得税与香港比较优势相差甚远，加上内地属于以增值税、营业税等间接税为主的税制，企业和个人税负相对较高，香港税收竞争优势十分明显。因此，粤港两地公司税和个人所得税存在较大税负差异，从而出现大量企业经济总部设在香港、而生产基地在广东的局面，造成内地税收大量流失，影响税收利益分配。粤港两地因税制差异长期存在，不仅使内地大量自然和社会资源消耗得不到应有的回报，而且阻碍了粤港两地经济社会的平衡快速发展，对两地的社会和谐产生不利的影响。

（三）粤港两地法律和制度差异影响了税收征管合作

税收是国家或地区财政收入分配范畴，是行政区域经济利益的重要内容。香港作为中国一个特别行政区，拥有立法、司法和行政独立地位，财政税收都是独立的，在税收管理方面很自然会维护自身的独立性，对涉及内地与香港的政策，香港都希望直接向中央提请。广东作为省级行政区，没有税收立法权，在许多领域包括税收管理制度必须与全国保持一致。因此，在粤港税收征管合作和直接沟通方面，由于缺乏相应法律依据和机制，不可自主安排或者沟通环节复杂，影响工作效率，产生税收征管合作障碍。主要有三方面：

1. 情报交换停留在条款规定阶段，合作广度和力度有待加强。国际税收情报交换是一国或地区作为缔约方应承担的义务，也是缔约双方税务当局进行征管合作，保护双方税收合法权益的重要方式，是缔约双方权利和义务的统一。《税收安排》同样规定了税收情报交换双方的权利和义务。随着粤港两地经济融合，资本流动、人员往来日益频繁，为避免两地税收流失，双方税收管理信息交换越来越迫切。但是目前粤港税收情报交换只停留在条款上，缺乏一个合作机构配合执行，缺乏具体操作指引和跟踪机制，合作乏力，直接影响了税收执法刚性。如：2007年起广东省地税局相继层报了部分对港专项税收情报，至今仍没有得到相应的处理。究其原因主要：一是税收情报交换程序烦琐，需要层层上报，层层转发，效率不高；二是缺乏税收情报交换跟踪机制，合作难以有效落实；三是可能存在利益冲突，两地税务部门出于考虑本地区企业和个人利益，或当事人商业秘密等原因，影响了情报交换的顺利合作，这是情报交换面临的最大障碍。

2. 缺乏反避税协作机制，不利于打击国际避税和营造粤港公平税收环境。随着世界经济一体化程度的加深，国际资本互相渗透，国际避税已成为跨国公司追求成本最小化、利润最大化惯用的手段。打击国际避税，减少直至消除避税地，已经成为国际共识。据调查统计，20世纪80年代，进入中国的合资企业几乎都变成了独资或外方控股公司，外商取得控股权后，不但牢牢掌握生产经营、价格制定和财务安排等主动权，而且可以充分利用在港关联公司过渡的优势，采用各种手段进行避税，以达到整体利润最大化目的。目前企业和个人避税主要手段有：（1）转让定价；（2）资本弱化；（3）利用新办企业税收优惠避税；（4）利用避税港避税；（5）滥用税收协定（安排）；（6）回避税收管辖权等。从近年反避税情况分析，转让定价避税和利用避税港避税是两地企业常用的避税手段。虽然香港未列入避税港，但香港整体税负较内地明显偏低，反避税措施和征管力度不同，再加上粤港税务信息不互通，为两地企业避税筹划提供环境和可乘之机。近年内地反避税力度不断加大，广东作为吸引外资的大省，反避税工作一直走在全国前列。随着广东省对粤港公司反避税审计案件的不断增加，也暴露出粤港间缺乏反避税协作机制的问题越来越突出。如反避税审计阶段，涉及两地关联公司信息情报的收集和交换；案件查结阶段，内地对纳税人进行了转让定价调整，香港税务局是否应进行对应调整，以何依据进行调整，都需要粤港税务部门加强协调和沟通，建立相应制度。否则会发生对纳税人双重征税情况，影响两地投资环境。另外，对“三来一补”企业转型升级以固定资产作价出资情况面临香港税务局反避税调查问题，可能对内地产业结构调整产生影响。因此，粤港税务部门有必要携手合作，建立反避税协作机制，共同打击恶意避税行为，共同维护税收管理秩序。

3. 征管合作不畅，增加了征纳成本和影响了纳税服务质量。粤港地理位置相近，加上税制差异及征管等原因，每年都有相当数量的欠税企业从一地逃到另一地，以逃避纳税义务；两地从事商务人员个人所得税逃税问题更为突出。目前，部分在内地工作港人纳税遵循度不高，不申报或少申报收入情况十分普遍，在部分地区工作的港人如实申报率不足50%。主要原因是部分港人瞒报境外取得的收入，而香港实行来源地征税原则，该部分港人在港也没有申报纳税；内地派往香港工作人员在港税收征管也存在同样的问题。非居民企业间境外交易境内投资企业股权涉及税收征管问题都需要粤港税务部门合作。粤港税务部门征管协调与合作不足，信息不畅，助长了部分跨境经营纳税人偷逃两地税款的侥幸行为，给粤港税收带来损失，增加了征管难度和管理成本；香港税收居民享受税收安排的优惠待遇管理，关系香港企业和个人切身利益，也需要粤港加强税收征管协调与合作。由于香港税务局需要内地税务部门发出请求函件才给纳税人开具税收居民身份证明，造成纳税人往返数十天，才能取得有关证明，纳税期限可能已过，滞纳金、罚款随之产生，纳税人对此意见很大，迫切需要粤港税务部门加强沟通，改善信息传递方式，提高服务水平，方便纳税人，降低纳税成本，促进粤港经济融合与发展。

（四）电子商务的高速发展，粤港税收管理面临新的挑战

电子商务作为信息技术和商务活动的结合，它是指网络用户（交易双方）使用计算机、通讯设备和网络基础设施，采用无纸化的电子方式，通过国际互联网所进行的包括商品、服务、技术和资本等在内的全方位的多主体交易活动。电子商务无纸化操作和匿名交易给税收管理带来挑战。目前，对营业利润征税权主要依据常设机构原则进行，但对跨境营业所得产生的征税权划分是否适用既定的常设机构概念是一个新问题。粤港经济往来频繁，大量商品交易、劳务都通过网络完成，通过国际银联结算，很容易产生国际避税。对该类活动的税源管理，境内外劳务划分，所得来源地判断等都需要粤港两地税务部门共同探讨。但，目前两地对该税源管理法律支持缺失，合作缺位，造成两地税源流失。

（五）税收政策和征管制度差异，产生双重征税

虽然内地与香港签订了避免双重征税《税收安排》，但由于内地与香港两地税收制度、法律差异，部分领域仍会产生税收管辖权争议甚至冲突，出现双重征税问题，主要表现在三方面：一是企业所得税方面。内地税制规定，居民纳税人来源于境内外的所得都要缴纳企业所得税。居民来源于境外的所得虽然可以通过抵免的办法避免双重征税，但由于所得来源的判定差异以及规定的抵免程序、方法、限额和纳税期等因素，造成部分所得出现重复征税，不利于企业“走出去”。二是个人所得税方面。（1）内地税法规定港人在境内居住天数按实际居住天数计算，来回路程计两天，而香港则计一天，确定纳税义务时间不一致，出现重复征税；（2）港人在粤子公司任全职，偶尔回香港开会或汇报等，加上境外休假时间，在内地负完全纳税义务，在港也可能有纳税义务，存在双重征税；（3）港人受雇于香港派往内地工作，有境内外工作时间，但年终奖、股权激励等所得需在内地负全部纳税义务，在港也有纳税义务，存在重复征税。三是纳税义务确定复杂。税款计算烦琐，计算公式应用、计算方法等不可避免地产生双重征税。如：对境内担任董事高层管理人员个人所得税的计算就可能产生双重征税。

五、欧盟税收合作的经验

国际区域税收合作经验很多。在世界区域经济体中税收一体化层次最高，范围最广，涉及税种最多的是欧盟地区。尽管粤港区域经济合作不论在内容、方式上有别于欧盟，但欧盟税收合作的经验仍值得借鉴。

（一）税收征管合作

欧盟成员国在欧委会的协调下开展了全方位的税收征管合作，具有一定的典型性。欧盟成员国通过签署一系列指令和双边相互协助协定，开展直接税和间接税领域的管理合作。此外，欧盟成员国在税收、关税和某些收费返还方面的相互协助机制。早在 1976 年就通过 76/308/EC 号指令的实施建立起来，并随区内跨境经贸活动的增多和电子商务发展不断优化管理合作，内容涉及增值税、消费税、所得税、资本利得税以及社保费等领域。如：部分欧盟国家签订协议对跨境人员个人所得税实行属人征税原则，即对在边境一定范围以内工作并每日往返的跨境人员实行居民国征税原则，必要时，可以在两地政府之间采取财政返还补偿机制。为加强跨国资本利得税管理，2004 年 5 月 19 日，欧盟委员会和瑞士政府在布鲁塞尔签署了由瑞士银行代扣欧盟储户利息税的协议，协议自 2006 年 1 月 1 日起生效，从而解决了欧盟国家公民存款瑞士银行逃税问题。作为对签署协议的回报，欧盟对瑞士的人员和货物开放边界，促进了瑞士与欧盟经济融合，实现共赢。欧盟与瑞士国家间税款相互代征返还的征管合作，为地区加强跨国税源管理提供了典范。为进一步提高成员国税务管理的效率，2007 年 11 月 22 日，欧盟理事会批准了为期五年的《2008—2013 年纳税规划》。该规划的宗旨是加强欧盟成员国税务部门在打击税务欺诈方面的协作和信息交流，并削减与贸易有关的增值税和消费税遵从成本。主要内容包括：打击纳税欺诈，特别是增值税方面的“旋转木马避税欺诈”；降低税务机构的行政成本，降低贸易方面的增值税和消费税遵从成本；通过泛欧税收管理信息系统有效地交换各国税务部门与企业之间的相关信

息;为税务培训工具的开发提供支持;健全各国税务管理机制和纳税工具,通过审计工具的自动化提高税务部门的工作效率等。欧盟推进税收征管机制化无纸化,实现税收征管电子化,有利于提高信息交换效率,提高纳税服务质量,降低企业纳税成本和有效打击税收欺诈,降低征税成本。

(二)双重征税、避税、税收竞争的协调与合作

欧盟通过消除双重征税、有害税收竞争和高遵从成本以及共同打击跨境偷逃税等协调,促进跨境经济活动,提高欧盟生产部门竞争力,实现成为世界上最具竞争力经济体目标。

由于欧盟各国之间在公司所得税体制上存在着较大的差异,欧盟委员会消除双重征税、避税和有害税收竞争协调主要体现在公司所得税方面。

在应征税基的确定上,各成员国财务及税收处理政策差别较大。如有形资产的折旧方式,各国因会计类型不同,有的采用直线法,有的采用余额递减法。部分成员国不允许对无形资产摊销,部分对无形资产准许摊销。在对亏损的处理上,向前、向后结转的期限上也有不同的规定。近年来,欧盟为简化税制,降低遵从成本和管理成本,在直接税协调方面采取了一项重要举措,即拟推行"统一的公司税税基",并提出了《详细立法提案》。

在避免重复征税上,最早取消了对股息的源泉扣税,后来扩大到取消同一集团公司内各公司间的利息收入、专利权使用费收入的源泉扣税。同时,欧盟广泛地实行了单边免税、税收抵免以及通过成员国之间的双边税收协定而进行协调,避免双重征税。

对利息所得预扣税率的协调,建议各成员国将利息预扣率最低税率统一规定为15%;实现对所得或资本征税的实际税率保持大体一致,以保证资本和人员的自由流通。

对于跨国境的收入,除了法国实行属地原则外,其他各国都实行属人原则,但都保留对非居民公司的征税权,即对非居民公司又采取属地原则。

1988年,欧盟签订了《税务行政相互协助公约》1,各国共享在打击非法避税中的有效经验,确认和识别各种非法避税交易,打击非法避税者。各国还在现有的税收协定框架内,互相交换相关信息,提高打击非法避税行动的效率。

1997年,欧盟还通过《行为准则》2,目的是消除国家间有害税收竞争。虽然不具有法律约束力,但各成员国都承诺要遵循公平竞争的原则,在政策上保证不会采取任何可能会产生有害税收竞争的措施,有效消除国家间税收竞争对企业投资方向选择的影响。

(三)税收情报交换合作

欧盟长期致力于促进税收情报交换,打击偷税、避税行为,并呼吁取消避税地,制定打击偷税法令,建立全球自动税收情报交换机制,共同防止国际偷逃税。

欧盟各国税务当局进行税收情报交换的法律依据主要有3个:"双边税收协定"、"相互援助指令"和"税务相互协助公约"。通常双边税收协定中都订有税收情报交换条款,通过双边税收协定进行税收情报交换是国家间情报交换的主要依据。欧盟国家在双边税收协定基础上,1977年还签订《税务相互援助指令》3,并不断进行修改完善,以协调成员国之间的义务和利权。"相互援助指令"只适用于对直接税情报的交换,它规定了进行税收情报交换的几种主要方式包括请求交换、自动交换和同时交换。"税务相互协助公约"在三方面对税收情报交换的有关内容作了进一步的拓宽:一是在对人的适用范围方面,不仅限于缔约国一方或双方的居民或国民,而且对非缔约国的法人居民,如其在缔约国一方设有分公司,则亦可适用;二是在税种的适用范围方面,除关税另有协定外,包括现行税种以及以后实施的一切税种,都可进行税收情报交换;三是在税收情报交换的方式方面,可以包括应对方请求交换、一方自动交换、双方主动交换、双方通过税务检查取得情报交换和一方到缔约国另一方进行税务检查取得情报交换等。如果缔约国双方认为有必要,还可增添其他交换方式。

(四)电子商务税收的协调与合作

1998年初,欧盟委员会确立了对电子商务征税的原则:一是目前尚不考虑征收新税;二是在增值税征税系统下,少数商品的交易视为提供劳务;三是在欧盟境内购买劳动力要征收增值税,境外不征税。同年欧盟发表了《关于保护增值税收入和促进电子商务发展》的报告,决定对成员国居民通过网络购进商品或劳务时,不论其供应者是欧盟网站或外国网站,一律征收20%的增值税,并由购买者负责扣缴。欧盟一直坚持在欧盟成员国内对电子商务交易征收增值税,以保护其成员国的利益。2000年6月,欧盟委员会提出了新的网上交易增值税议案,规定对欧盟境外的公司,通过互联网向欧盟境内顾客销售货物或提供应税劳务,销售额在10万欧元以上的,应在欧盟国家进行增值税纳税登记,并按当地税率缴纳增值税,并逐步建立起完善的电子商务税收管理体系。2002年5月,欧盟通过了一项针对现行

增值税法的修正案，该修正案对原增值税法中要求非欧盟居民销售数字产品要缴增值税的规定作了修正，非欧盟居民在向欧盟居民销售数字产品时，可以享受免征增值税的待遇。该法案 2003 年 7 月生效，并自生效日后三年内对非欧盟居民向欧盟居民销售数字产品免税。

六、粤港税收征管合作发展的方向与建议

基于粤港地域和经济制度的特殊性，粤港税收征管合作应有战略思维，采取更务实的态度，从区域经济发展方向上思考和强化，重点从微观上协调解决目前税收体制、征管机制、情报交换和纳税服务存在的具体问题，以促进两地经济共同发展，实现共赢。

（一）构建粤港税收征管合作平台，建立长效合作机制

构建税收征管合作平台是加强粤港两地税收征管合作的重要前提。当前粤港两地不论在政府层面还是民间，交流与合作非常广泛和深入。而内地税务部门只停留在与香港税务学会、“四大”会计师事务所等民间组织和机构的沟通。因此，粤港税务部门有必要构建税收合作平台，建立两地税收管理协调机制，协调粤港跨境税收管理问题。可考虑借鉴欧盟委员会税收管理年会和参照粤港政府联席会议做法，在粤港政府联席会议下增加税务沟通组别，同时成立由粤港税务局长共同主持、两地税务局相关管理部门为成员的粤港税收征管合作机构，通过联席会议制度形式搭建税收合作平台；定期召开会议，共同研究两地税收征管合作重大问题，协同跨境税收征管，跟踪落实相关合作措施，协调解决税收征管合作的困难和问题。

（二）创新粤港税收征管合作内容与形式

加强粤港税收征管合作，必须有大局意识和国际视野，解放思想，继承和发扬粤港“敢为天下先”的人文精神，明确合作内容，创新粤港税收征管合作形式。

1. 建立粤港直接进行税收情报交换机制。税收情报交换是税收征管合作的重要内容之一，但目前税收情报交换仍停留在传统的收集、层报、回复等低效率的运作。由于粤港同属中国的行政区，粤港税收情报交换不必通过国家税务总局这一环节来开展，就可以实现粤港两地税务部门直接进行税收情报交换，只需要国家税务总局授权广东税务部门，从而简化情报交换程序，提高情报交换效率，有利于粤港共同加强税收征管，打击跨境偷逃税行为。为有效开展两地税收情报直接交换，建议：一是在粤港税务局内部设立粤港专司税收情报交换的专业小组，指定联络人员，通过专线电话等“点对点”的直通车方式，优化畅通情报交换渠道。二是创新情报交换方式。商定信息交换内容，通过网络方式，采取定期分批交换，实现信息共享，改变目前纸质层报的低效方法。三是尝试同期税务检查和授权代表访问等情报交换方式，开展合作联查，加强跨境企业税务检查。

2. 建立反避税协作机制，加强反避税合作，共同打击跨境逃税行为。粤港税务部门要借鉴欧盟税收一体化的经验，加强反避税合作。一是成立反避税协调机构。开展反避税，单靠一方税务部门很难掌握纳税人避税的实际情况，只有建立沟通平台，才能实现信息交换和共享。二是根据内地与香港《税收安排》中的情报交换条款，两地签订反避税协作协议，在区域内尝试联合开展反避税调查合作。三是制定一套防止转让定价、滥用税收安排等避税应对措施，共同建立反避税资料信息交换平台，及时掌握两地企业避税新形式、新动向、新趋势。四是积极开展粤港两地预约定价谈签与转让定价双边磋商，消除双重征税。

3. 建立税收管理服务合作制度，降低征纳税成本，提高纳税服务水平。粤港税收征管合作是降低征纳成本，提升纳税服务质量的基础。欧盟税务相互援助和协助机制和税收征管无纸化经验值得借鉴。目前，粤港税务部门可在以下三方面建立相关制度，加强合作：一是建立税务行政互助制度。明确规定粤港税务部门可以代为执行部分征税行为，如代送达税务文书、税收保存措施以及部分境外交易或支付收入应交税款等，以加强对跨境税源征管，有效打击通过离境交易、境外支付逃避纳税的行为。同时，粤港还可以在税务检查方面加强合作，建立互为跨境经营纳税人进行税务检查制度，提高税收征管效率，降低双方征税成本。二是建立跨境经营纳税人纳税信息传递电子化制度。改变跨境纳税人征管信息函件传递形式，以解决税收居民认定、税务登记及商业登记信息核对、反避税资料以及境外交易和收入境外支付等信息交换不畅、效率不高的问题，促进降低征纳成本和有效打击税收欺诈，提高纳税服务水平。三是建立联合开展税收宣传制度。粤港税务部门应建立联合开展税收宣传制度，共同确定相关税收宣传合作项目和内容，共同为两地纳税人

提供税收法规政策咨询等服务，增强税收宣传服务的针对性和时效性。

（三）推进电子商务税收管理合作，构建两地电子商务税收管理体系

粤港跨境电子商务发展迅速，对两地国际收税管理体系提出了挑战。粤港税务部门应加强电子商务税收管理合作，共同研究跨境电子商务税收理论、政策和原则，制定相应措施和工作方案，共同加强电子商务税收管理，打击利用电子商务跨境偷税或避税行为。一是在“税收安排”基础上，签订电子商务税收管理协议，明确管辖权、征税原则、常设机构判定等，广泛开展税收征管协调，消除影响粤港贸易和资本流动的税收征管障碍。二是信息互通，对跨境电子商务纳税人进行全程监控，防止利用避税港开设网站进行避税行为。三是提高税收管理信息技术水平，实现跨境电子商务税收监控网络化，对跨境纳税人各项活动自动进行跟踪管理并及时相互通报。

（四）有效消除双重征税，促进企业“走出去”、“引进来”

由于各国或地区税收制度、税收政策差异，国际税收普遍存在双重征税的问题。双重征税会刺激纳税人避税，阻碍资金、人才、技术自由流动，妨碍各国或地区经济的合作和发展。消除双重征税通常通过税收协定（安排）规定的税收抵免或税收饶让等办法解决。粤港两地税务部门应共同研究，将目前内地与香港存在双重征税领域或项目进行梳理，拟定消除双重征税程序和方法，推动实施相关消除双重征税措施。如对企业所得税境外所得税抵免操作指南进行细化。特别是研究对粤港跨境工作人员个人所得税试行特别简便征收：一是所得来源征收方式。即按实际境内外工作时间划分境内外应纳个人所得税，包括工资薪金、奖金和其他所得税。二是支付代征方式。借鉴欧盟委托所得支付地代征税款，再按所得来源地税款返还。三是属人征收方式。借鉴欧盟边境地区实行属人征收原则，即按内地居民和香港居民分别由对方税务部门负责征收个人所得税，再按所得来源地税款或约定利益返还。通过消除双重征税、相互让利，促进粤港企业和个人“走出去”、“引进来”，推动粤港两地加快经济发展方式转变和产业结构升级，实现共赢。

（五）加快信息化建设步伐，实现粤港税收信息互联共享

加快信息化建设是促进粤港资本流、货物流以及信息流发展，加快实现粤港经济一体化发展的必然要求。粤港税收征管合作离不开信息化依托，只有加快信息化建设，实现粤港税收信息联网，粤港税收征管合作才能深入有效地发展。粤港税务部门可借鉴欧盟税收信息管理系统规划，开展相应的研究和实施工作。一是强化数据信息电子化分类管理。粤港税务部门管理数据源庞大，每天数据不断变化。两地都应加强自身信息化建设，从基础数据入手加强对数据进行科学的分类和管理，以确保数据的真实、准确和完整，夯实信息交流基础。二是规划先行，研究制定合作方向。通过粤港税收信息技术管理人员交流和了解，共同研究粤港税收信息互联平台和合作方向，必要时可邀请信息化方面专家指导，在充分论证的基础上制定粤港税收信息化合作方向、技术可行性以及实施方案等。三是协商确定信息共享内容，建立信息交换方式和规范。粤港共享的税收信息可按缓急分类分期实施，对征管中急待交换和协作的信息如上述情报交换信息、跨境经营纳税人纳税信息以及反避税信息等应优先考虑共享；对实际征管需要的其他信息可协商解决。同时研究确定信息传输方法，建立信息交换以及技术开发和维护等制度，确保粤港税收信息安全互联共享，全面提高粤港税收征管合作水平。

（六）开展两地税务人员业务交流与培训合作，提高税务人员税收合作能力

要推动粤港税收征管全面合作发展，需要建立高素质的税务人才队伍。粤港税务部门应通过合作方式开展税务人员培训，加强粤港税务人员交流，从而增进对相互税制和征管模式的认识和理解，建立相互信任和理解的沟通平台。一是相互邀请对方的专业人员为税务人员进行专业培训；二是定期举办税收业务特别是国际税收管理研讨会或交流会；三是定期互派税务人员挂职工作。

参考文献：

[1] 中国国际税收研究会.《跨国经济税收的国际借鉴研究》（上、下）[M]. 中国税务版社，2008.

[2] 苏明，王晓悦. 建立国际税收合作组织的研究[EB/OL]. 中国会计网.

[3] 孙玉坤，王璘珂. 欧盟税收情报交换及其对我国的启示[J].《现代情报》，2007（6）.

[4] 郑天祥. 粤港澳经济关系[M]. 中山大学出版社，2001.

[5] 金心异，丙中校，等. 香港+深圳：升级中国引擎[M]. 中山大学出版社，2008.

[6] 关于粤港合作的最新发展[C]. 香港立法会CB（1）347/09-10（01）号文件.

[7] 广东省对外贸易经济合作厅．广东外经贸发展报告[R].

有关数据来源:广东省工商行政管理局网站、《广东统计年鉴》、广东省地税局规划核算处。

(课题组指导:黄炎光(广东省国际税收研究会会长)
靳东升(国家税务总局科研所副所长)
组　　长:谭惠坚(广东省国际税收研究会副会长)
副 组 长:钟文锋(广东省国际税收研究会秘书长)
(广东省地税局科研所所长)
成　　员:曾昭孔(广东省国税局国际处处长)
黎明良(广州市地税局国际处副处长)
李　刚(广州市国税局国际处副处长)
陈新宇(深圳市国税局国际处副处长)
梁国亮(珠海市国税局副局长)
傅平辉(东莞市国税局副局长)
何　凡(广东省地税局税政二处主任科员)
胡　斌(广东省地税局科研所主任科员)
陈静贞(广州市国税局直属局副科长)
丘　勤(珠海市高新区国税局局长)
杜艳馨(东莞市地税局税政科科员)
执　　笔:钟文锋　黎明良　何　凡)

第九篇

文件选编（目录）

综合类

1. 关于印发2011年全省地方税收工作要点(分工)的通知
   2011年4月14日　　粤地税办发〔2011〕14号
2. 关于印发《广东省地方税务局公文分办规则》的通知
   2011年9月8日　　粤地税办发〔2011〕35号
3. 关于做好行政执法审批权委托事宜的通知
   2011年11月4日　　粤地税函〔2011〕791号
4. 关于印发《广东省地方税务局督办工作规程》的通知
   2011年12月15日　　粤地税发〔2011〕153号
5. 转发国家税务总局关于印发《税务系统信访工作规定》等制度的通知
   2011年12月21日　　粤地税发〔2011〕160号
6. 关于在《广东省人民政府公报》发布《广东省地方税务局关于公布现行有效、部分条款废止或失效、全文废止或失效的税收规范性文件目录的公告》等4份公告的函
   2011年12月30日　　粤地税函〔2011〕1010号

执法监督类

1. 关于做好行政执法审批权委托事宜的通知
   2011年11月4日　　粤地税函〔2011〕791号
2. 关于贯彻《广东省地方税务局规范税务行政处罚裁量权实施办法(试行)》的通知
   2011年12月22日　　粤地税发〔2011〕161号

营业税类

1. 关于调整增值税和营业税起征点的通知
   2011年12月7日　　粤财法〔2011〕109号(省财政厅、省国税局、省地税局联合下发)

个人所得税类

1. 转发国家税务总局关于全国职工优秀技术创新成果奖奖金免征个人所得税的通知
   2011年2月24日　　粤地税函〔2011〕98号
2. 转发国家税务总局关于切实加强高收入者个人所得税征管的通知
   2011年5月31日　　粤地税发〔2011〕73号

3. 转发国家税务总局关于贯彻实施修改后的个人所得税法的通知
2011 年 8 月 18 日　　　粤地税发〔2011〕111 号
4. 转发国家税务总局关于进一步做好修改后的个人所得税法贯彻实施工作的通知
2011 年 9 月 29 日　　　粤地税发〔2011〕128 号

规费管理类

1. 关于解决市县级价格调节基金地税代征有关问题的函
2011 年 1 月 27 日　　　粤地税函〔2011〕68 号
2. 关于认真做好《关于完善企业职工基本养老保险继续缴费有关规定的通知》实施工作的通知
2011 年 1 月 28 日　　　粤人社函〔2011〕297 号(与人社厅联合)
3. 关于调整省直社保费征收经费有关问题的请示
2011 年 2 月 21 日　　　粤财社〔2011〕4 号(与财政厅、人社厅联合)
4. 关于贯彻落实广东省地方教育附加征收使用管理暂行办法的意见
2011 年 3 月 17 日　　　粤财综〔2011〕58 号(与财政厅、教育厅、人社厅)
5. 关于进一步加强社保费征缴前台服务工作的通知
2011 年 3 月 22 日　　　粤地税函〔2011〕163 号
6. 关于全面开展社会保险费欠费清理的通知
2011 年 3 月 23 日　　　粤地税函〔2011〕180 号
7. 关于建立社保费征管信息数据异常事件预防和处理制度的通知
2011 年 3 月 31 日　　　粤地税办发〔2011〕13 号
8. 转发省审计厅关于《发送 2009 年度广东省社会保险基金收支管理情况审计综合报告》的通知
2011 年 4 月 21 日　　　粤地税函〔2011〕266 号
9. 关于加强社保缴费信息发布工作管理的通知
2011 年 3 月 28 日　　　粤地税函〔2011〕186 号
10. 关于我省保险费地税全责征收工作的报告
2011 年 4 月 6 日　　　粤地税发〔2011〕44 号
11. 关于在大集中系统设置滞纳金封顶和挂账问题的批复
2011 年 4 月 22 日　　　粤地税函〔2011〕273 号
12. 关于我省社会保险费地税全责征收工作的报告
2011 年 4 月 28 日　　　粤地税发〔2011〕59 号
13. 关于代收工会经费事项的批复
2011 年 5 月 23 日　　　粤地税函〔2011〕370 号
14. 关于请审定《转发人力资源和社会保障部　财政部关于解决未参保集体企业退休人员基本养老保障等遗留问题意见的通知》的请示
2011 年 5 月 25 日　　　粤人社报〔2011〕156 号(与人社厅、财政厅联合)
15. 转发《省人力资源和社会保障厅关于做好广东电网直供直管范围农电体制改革单位职工社会保险工作》的通知
2011 年 5 月 27 日　　　粤地税函〔2011〕369 号
16. 关于贯彻社会保险法有关问题的请示
2011 年 6 月 8 日　　　粤地税发〔2011〕77 号
17. 关于印发《广东省地税系统收入规划核算工作综合考核办法(试行)》的通知
2011 年 6 月 27 日　　　粤地税函〔2011〕460 号

18. 关于开展教育费附加和地方教育附加分析评价工作的通知
2011 年 9 月 30 日　　　粤地税发〔2011〕129 号

国际税收类

1. 转发财政部、国家税务总局关于我国石油企业在境外从事油(气)资源开采所得税收抵免有关问题的通知
2011 年 7 月 8 日　　　粤地税发〔2011〕99 号
2. 转发国家税务总局关于韩国出口保险公司更名后继续享受税收协定相关待遇的通知
2011 年 7 月 18 日　　　粤地税函〔2011〕532 号
3. 转发国家税务总局关于国税发〔1993〕045 号文件废止后有关个人所得税征管问题的通知
2011 年 7 月 28 日　　　粤地税函〔2011〕551 号
4. 转发国际税务总局关于美国税收居民身份证明样式变更的通知
2011 年 9 月 7 日　　　粤地税函〔2011〕657 号

其他地方税类

1. 转发国家税务总局关于做好统一内外资企业和个人城市维护建设税和教育费附加制度有关工作的通知
2011 年 1 月 17 日　　　粤地税函〔2011〕48 号
2. 关于我省地税部门征收契税和耕地占用税使用凭证有关事项的通知
2011 年 2 月 14 日　　　粤地税发〔2011〕14 号
3. 关于个人住房转让时间认定问题的批复
2011 年 5 月 23 日　　　粤地税函〔2011〕357 号
4. 关于贯彻落实《中华人民共和国车船税法》及其实施条例有关问题的通知
2011 年 12 月 23 日　　　粤地税发〔2011〕163 号

征收管理类

1. 关于发票专用章有关问题的通知
2011 年 2 月 24 日　　　粤地税函〔2011〕100 号
2. 转发财政部　国家发展改革委关于取消部分涉企行政事业性收费的通知
2011 年 3 月 7 日　　　粤地税函〔2011〕126 号
3. 转发省财政厅　省物价局关于取消部分涉企行政事业性收费的通知
2011 年 3 月 28 日　　　粤地税函〔2011〕179 号
4. 关于增设《广东省道路客运限额发票》的通知
2011 年 3 月 28 日　　　粤地税函〔2011〕195 号
5. 关于配合推行天翼税通有关问题的通知
2011 年 4 月 11 日　　　粤地税函〔2011〕218 号

6. 关于进一步做好网上办税系统推广工作的通知
   2011 年 4 月 12 日　　粤地税发〔2011〕47 号
7. 关于印发《广东省地方税务局“大集中”系统权限管理暂行办法》的通知
   2011 年 4 月 13 日　　粤地税发〔2011〕48 号
8. 关于印发《广东省地方税务局信息化项目管理办法（试行）》的通知
   2011 年 4 月 25 日　　粤地税发〔2011〕56 号
9. 关于印发《广东省地方税务局信息化项目业务需求管理办法（试行）》的通知
   2011 年 4 月 25 日　　粤地税发〔2011〕57 号
10. 关于贯彻落实国家税务总局关于进一步完善税务登记管理有关问题的公告有关问题的通知
   2011 年 5 月 5 日　　粤地税函〔2011〕286 号
11. 关于顺丰速运（集团）有限公司使用全省统一式样发票的通知
   2011 年 5 月 16 日　　粤地税函〔2011〕302 号
12. 转发国家税务总局办公厅关于修改税务登记表相关内容的通知
   2011 年 5 月 16 日　　粤地税办发〔2011〕19 号
13. 关于贯彻广东省涉税信息交换与共享规定有关问题的通知
   2011 年 8 月 2 日　　粤地税发〔2011〕101 号
14. 关于机关等八类组织办理税务登记证有关问题的函
   2011 年 8 月 8 日　　粤地税函〔2011〕571 号
15. 关于我省地方税收通用发票（电子）使用核定有关问题的通知
   2011 年 8 月 8 日　　粤地税函〔2011〕572 号
16. 关于贯彻广东省涉税信息交换与共享规定有关问题的通知
   2011 年 8 月 10 日　　粤地税发〔2011〕109 号
17. 广东省地方税务局关于地方税收发票网络开具的管理办法
   2011 年 8 月 10 日　　广东省地方税务局公告 2011 年第 2 号
18. 关于财产保险行业在线打印发票有关问题的函
   2011 年 11 月 3 日　　粤地税函〔2011〕792 号
19. 转发国家税务总局关于进一步做好个体工商户税收管理工作的通知
   2011 年 11 月 25 日　　粤地税发〔2011〕147 号
20. 广东省地方税务局关于“南粤金税”发票抽奖的暂行办法
   2011 年 12 月 6 日　　广东省地方税务局公告 2011 年第 5 号
21. 转发广东省财政厅　广东省物价局关于免征小型微型企业部分行政事业性收费的通知
   2011 年 12 月 21 日　　粤地税函〔2011〕992 号

规划核算类

1. 转发国家税务总局关于严格执行税款退库办理制度的通知
   2011 年 2 月 23 日　　粤地税函〔2011〕97 号
2. 关于进一步加强税费安全管理的紧急通知
   2011 年 3 月 4 日　　粤地税函〔2011〕127 号
3. 转发国家税务总局关于税务机关代征各种基金、费有关征缴入库和会统核算问题的通知
   2011 年 3 月 31 日　　粤地税函〔2011〕203 号

人事管理类

1. 关于冯绍伍等同志任职的通知
   2011 年 1 月 14 日　　　粤地税任免字〔2011〕4 号
2. 关于林兆华同志职务任免的通知
   2011 年 1 月 17 日　　　粤地税任免字〔2011〕7 号
3. 关于林兆华同志职务任免的通知
   2011 年 1 月 17 日　　　粤地税组发〔2011〕6 号
4. 转发省纪委关于朱汉锋同志任职的通知
   2011 年 1 月 28 日　　　粤纪驻地税纪发〔2011〕1 号
5. 关于黄新发同志职务任免的通知
   2011 年 1 月 28 日　　　粤地税任免字〔2011〕10 号
6. 关于龚学泉等同志职务任免的通知
   2011 年 1 月 30 日　　　粤地税任免字〔2011〕11 号
7. 关于省市县地税局纳税人服务中心机构调整的函
   2011 年 2 月 14 日　　　粤地税函〔2011〕84 号
8. 转发省纪委关于谭举正等同志职务任免的通知
   2011 年 3 月 31 日　　　粤纪驻地税纪发〔2011〕4 号
9. 转发省委组织部关于王中福、许振嘉等同志职务任免的通知
   2011 年 4 月 1 日　　　粤地税组发〔2011〕15 号
10. 关于胡泽民同志任职的通知
    2011 年 4 月 12 日　　　粤地税任免字〔2011〕22 号
11. 转发省人力资源社会保障厅关于王南健、吴昇文同志职务任免的通知
    2011 年 5 月 11 日　　　粤地税发〔2011〕61 号
12. 转发省委组织部关于吴昇文同志职务任免的通知
    2011 年 5 月 12 日　　　粤地税组发〔2011〕20 号
13. 关于林永锋同志任职的通知
    2011 年 5 月 12 日　　　粤地税任免字〔2011〕28 号
14. 转发省人力资源社会保障厅关于杨荣华、苏振钿同志任职的通知
    2011 年 5 月 17 日　　　粤地税发〔2011〕66 号
15. 关于张楚标同志免职退休的通知
    2011 年 5 月 27 日　　　粤地税任免字〔2011〕35 号
16. 转发中共广东省委组织部　省人力资源社会保障厅关于印发《广东省事业单位工作人员考核办法(试行)》的通知
    2011 年 6 月 1 日　　　粤地税函〔2011〕386 号
17. 关于蒋安平等同志任职的通知
    2011 年 6 月 21 日　　　粤地税任免字〔2011〕37 号
18. 关于吴凤雄等同志职务任免的通知
    2011 年 7 月 6 日　　　粤地税任免字〔2011〕40 号
19. 关于聂鸿杰等同志任职的通知
    2011 年 7 月 26 日　　　粤地税任免字〔2011〕43 号

20. 关于严贵杨同志任职的通知
2011 年 8 月 31 日　　　粤地税任免字〔2011〕53 号
21. 关于黄映宣、杨敢丰同志任职的通知
2011 年 8 月 31 日　　　粤地税任免字〔2011〕54 号
22. 关于罗增庆同志任职的通知
2011 年 9 月 15 日　　　粤地税任免字〔2011〕61 号
23. 关于罗镜文同志任职的通知
2011 年 9 月 15 日　　　粤地税任免字〔2011〕62 号
24. 关于钟佛金等同志职务任免的通知
2011 年 9 月 29 日　　　粤地税任免字〔2011〕65 号
25. 关于阎志同志职务任免的通知
2011 年 9 月 30 日　　　粤地税任免字〔2011〕68 号
26. 关于陈关宇同志任职的通知
2011 年 9 月 30 日　　　粤地税组发〔2011〕31 号
27. 转发《关于陆宇、刘茂坤同志任职的通知》
2011 年 10 月 24 日　　　粤地税组函〔2011〕84 号
28. 关于印发《全省地税系统推行绩效管理试点工作实施方案》的通知
2011 年 10 月 31 日　　　粤地税发〔2011〕134 号
29. 关于黎明礼同志任职的通知
2011 年 11 月 21 日　　　粤地税任免字〔2011〕78 号
30. 关于印发《关于进一步加强市、县地方税务局领导班子建设的意见》的通知
2011 年 11 月 21 日　　　粤地税组发〔2011〕38 号

教育培训类

1. 关于印发《"十二五"时期广东省地方税务系统干部教育培训改革发展规划》的通知
2011 年 10 月 31 日　　　粤地税发〔2011〕136 号
2. 关于印发《广东省地税干部进修学校教研组管理暂行办法》的通知
2011 年 12 月 15 日　　　粤地税办发〔2011〕49 号

纪检监察类

1. 关于组织开展全省地税系统公款出国（境）专项检查工作的通知
2011 年 1 月 28 日　　　粤纪驻地税纪发〔2011〕2 号
2. 关于印发《广东省地方税务局 2011 年全面深入推进工程建设领域项目信息公开和诚信体系建设工作实施方案》的通知
2011 年 8 月 22 日　　　粤地税发〔2011〕112 号
3. 关于印发《广东省地方税务系统基层党务公开实施意见》和《广东省地方税务系统基层党务公开参考目录》的通知
2011 年 9 月 20 日　　　粤地税函〔2011〕687 号
4. 转发国家税务总局党组关于进一步加强纪检监察部门查办案件工作意见的通知
2011 年 9 月 26 日　　　粤地税组发〔2011〕29 号

5. 关于加大查办案件工作力度的意见
   2011 年 10 月 11 日　　　粤地税组发〔2011〕34 号
6. 关于在珠海红山票证印刷有限公司脱钩划转中严肃工作纪律的通知
   2011 年 10 月 13 日　　　粤地税组发〔2011〕36 号
7. 广东省地方税务局党组关于贯彻落实《全国税务系统领导班子和领导干部监督管理办法》的意见
   2011 年 11 月 9 日　　　粤地税组发〔2011〕37 号
8. 关于全面推行党务公开深化政务公开的意见
   2011 年 12 月 31 日　　　粤地税发〔2011〕166 号

内审管理类

1. 关于印发《广东省税务系统内部审计工作暂行办法》和《广东省地方税务系统经济责任审计工作联席会议制度》的通知
   2011 年 7 月 22 日　　　粤地税发〔2011〕95 号
2. 关于印发《2011 年广东省地方税务局"小金库"专项治理工作方案》的通知
   2011 年 5 月 20 日　　　粤地税办发〔2011〕23 号

纳税服务类

1. 关于进一步加强社保费征缴前台服务工作的通知
   2011 年 3 月 27 日　　　粤地税函〔2011〕163 号
2. 关于印发《广东省地税 12366 纳税服务系统运维管理办法》的通知
   2011 年 4 月 13 日　　　粤地税发〔2011〕49 号
3. 关于印发《广东省地税局网站"局长信箱"栏目管理办法》的通知
   2011 年 4 月 13 日　　　粤地税函〔2011〕242 号
4. 关于全省地税系统办税服务厅评估情况的通报
   2011 年 4 月 13 日　　　粤地税函〔2011〕225 号
5. 转发总局关于开展办税服务厅自查和检查工作的通知
   2011 年 8 月 22 日　　　粤地税办函〔2011〕45 号
6. 关于开展全省地税门户网站群分站改版工作的通知
   2011 年 9 月 20 日　　　粤地税函〔2011〕685 号
7. 转发总局关于进一步做好税务系统窗口纳税服务工作的通知
   2011 年 9 月 27 日　　　粤地税发〔2011〕126 号
8. 关于印发《12366 纳税服务热线管理暂行办法》的通知
   2011 年 9 月 27 日　　　粤地税发〔2011〕127 号
9. 关于印发《纳税服务工作联席会议制度》的通知
   2011 年 10 月 8 日　　　粤地税函〔2011〕728 号
10. 关于印发《行政效能及纳税投诉管理办法》的通知
    2011 年 12 月 23 日　　　粤地税发〔2011〕162 号
11. 关于印发《广东省地税门户网站群工作办法》的通知
    2011 年 12 月 29 日　　　粤地税发〔2011〕165 号

财务管理类

1.《转发省府办公厅关于继续执行地税系统经费管理办法的通知》
2011 年 1 月 19 日　　　粤地税发〔2011〕6 号
2.《关于明确我省地税系统基建项目立项前审核有关事项的通知》
2011 年 6 月 13 日　　　粤地税函〔2011〕398 号
3. 关于印发《广东省地税系统固定资产管理办法》的通知
2011 年 12 月 22 日　　　粤地税发〔2011〕151 号
4.《关于印发〈广东省地税系统财务管理办法（暂行）〉的通知》
2011 年 12 月 22 日　　　粤地税发〔2011〕152 号

省级税收管理类

1. 关于印发《广东省地方税务局省级税收管理办法》的通知
2011 年 12 月 19 日　　　粤地税发〔2011〕157 号

信息管理类

1. 关于印发《广东省地方税务局信息系统运行维护管理办法（试行）》的通知
2011 年 4 月 18 日　　　粤地税发〔2011〕51 号
2. 关于广东地税工作平台在全省推广应用的通知
2011 年 5 月 19 日　　　粤地税函〔2011〕320 号
3. 关于组织 2011 年度广东地税系统信息安全检查的通知
2011 年 8 月 24 日　　　粤地税函〔2011〕633 号
4. 转发《国家税务总局关于加强电子税收数据质量管理工作的意见》的通知
2011 年 9 月 27 日　　　粤地税函〔2011〕703 号
5. 关于加强全省地税系统网站域名管理和安全管理的通知
2011 年 10 月 24 日　　　粤地税办发〔2011〕41 号
6. 关于进行 2011 年度广东地税关键应用系统灾难恢复演练及切换的通知
2011 年 10 月 25 日　　　粤地税函〔2011〕768 号
7. 关于切实做好广东省地方税务局市局网络扁平化改造及核心重构项目实施工作的通知
2011 年 11 月 25 日　　　粤地税办发〔2011〕46 号

大企业税收管理类

1. 转发国家税务总局关于大企业税收专业化管理试点工作意见的通知
2011 年 11 月 3 日　　　粤地税发〔2011〕140 号